Kohlhammer

Theologische Wissenschaft

Sammelwerk für Studium und Beruf

Herausgegeben von

Traugott Jähnichen
Otto Kaiser
Eduard Lohse
Adolf Martin Ritter
Ulrich Schwab

Band 7

Gottfried Seebaß

Geschichte des Christentums III

Spätmittelalter – Reformation – Konfessionalisierung

Verlag W. Kohlhammer

Alle Rechte vorbehalten
© 2006 W. Kohlhammer GmbH Stuttgart
Umschlag: Data Images GmbH
Reproduktionsvorlage: Andrea Siebert, Neuendettelsau
Gesamtherstellung:
W. Kohlhammer Druckerei GmbH + Co. KG, Stuttgart
Printed in Germany

ISBN-10: 3-17-018780-5
ISBN-13: 978-3-17-018780-1

Für Elisabeth, Katharina und Christiane

Vorwort

Dies Buch hätte längst erscheinen sollen und können, wenn ich mich nicht immer wieder gedrängt gesehen und gefühlt hätte, mich über die Pflichten hinaus an der Selbstverwaltung der Wissenschaft in Universität und Akademie sowie in der Organisation und Durchführung von Forschungsvorhaben und deren Kontrolle und Evaluierung intensiv zu beteiligen.

Zu danken habe ich den vielen studentischen Hörerinnen und Hörern, die an meinen, der Reformationsgeschichte gewidmeten Vorlesungen und Seminaren mit regem Interesse und deutlicher Freude teilnahmen und mich immer wieder zwangen, ihnen eine so weit zurückliegende Zeit mit ihren uns kaum noch zugänglichen Problemen nahezubringen und verständlich zu machen. Daß sie an dem fertigen Band als interessierte und herausfordernde Gesprächspartner beteiligt waren, wird man ihm anmerken. Neben ihnen habe ich vor allen den Herausgebern der Reihe zu danken, daß sie die Geduld mit dem sie immer wieder Hinhaltenden nicht verloren.

Die Abkürzungen entsprechen dem Abkürzungsverzeichnis der Theologischen Realenzyklopädie, zusammengest. von Siegfried M. Schwertner, [2]Berlin/New York 1994. Die Abkürzung DGQD verweist auf: Deutsche Geschichte in Quellen und Darstellung 3, Reformationszeit 1495–1555, hg. v. Ulrich Köpf, Stuttgart 2001; 4: Gegenreformation und Dreißigjähriger Krieg, hg. v. Bernd Roeck, Stuttgart 1996. Bei Päpsten und Fürsten sind nicht nur die Regierungsdaten, sondern auch die Lebensdaten angegeben. Das zuerst genannte Jahr ist das Geburtsjahr, dann folgen nach schließender eckiger Klammer die Regierungsjahre; falls deren Ende nicht mit dem Todesjahr zusammenfällt, ist das Todesjahr nach einer öffnenden eckigen Klammer ebenfalls angegeben.

Danken möchte ich Frau Isabell Arnstein für die Erstellung des Orts- und Herrn Jan Herrmann für die des Personenregisters. Der Kontrolle beider und der Korrekturen insgesamt haben sich dankenswerterweise Herr Privatdozent Dr. Thomas Wilhelmi, ferner Herr Jörg Wöhe und Herr Dr. Stephen E. Buckwalter angenommen. Ein besonderer Dank gilt Herrn Kollegen Meusburger und dem Kartographen Herrn Volker Schniepp, die einen Teil der beigegebenen Karten bearbeitet haben.

Gewidmet ist der Band meinen drei Töchtern, die nach der Lektüre vielleicht noch besser verstehen, daß man gerade diesem Abschnitt der Kirchengeschichte sein lebenslanges Interesse widmen kann.

Heidelberg, im November 2005   *Gottfried Seebaß*

Inhaltsverzeichnis

11

Epochenproblem und Gliederung

Gottfried Seebaß, Reformation, in: TRE 28, Berlin, New York 1997, S. 386–404. – Gottfried Maron, Katholische Reform und Gegenreformation, in: TRE 18, Berlin, New York 1989, S. 45–72. – Eike Wolgast, Reform, Reformation, in: GGB 5, hg. v. Otto Brunner, Werner Conze, Reinhart Koselleck, Stuttgart 1984, S. 313–360. – Thomas Kaufmann, Die Konfessionalisierung von Kirche und Gesellschaft. Sammelbericht über eine Forschungsdebatte, in: ThLZ 121, 1996, Sp. 1008–10025 u. 1112–1121. – Ders., Dreißigjähriger Krieg und Westfälischer Friede. Kirchengeschichtliche Studien zur lutherischen Konfessionskultur, Tübingen 1998 (BHTh 104). – Stefan Ehrenpreis, Ute Lotz-Heumann, Reformation und konfessionelles Zeitalter, Darmstadt 2002, S. 17–29 u. 62–80 (Lit!). – Dieter J. Weiss, Katholische Reform und Gegenreformation, Darmstadt 2005.

Seit dem 17. Jahrhundert hatte sich im Humanismus eine Sicht der Geschichte gebildet, die Antike, Mittelalter und Neuzeit unterschied. Dabei begann die Neuzeit mit Humanismus, Renaissance und Reformation. Bei einer späteren und genaueren Gliederung unterschied man dann ein Früh-, ein Hoch- und ein Spätmittelalter, während die Neuzeit mit der Reformation begann. Zu einer Epoche der deutschen, ja der Universalgeschichte wurde die Reformation insbesondere vor dem Hintergrund der Geschichtsanschauung von Romantik und Idealismus im Deutschland des 19. Jahrhunderts, vor allem durch Leopold von Ranke. Doch schon Ende des Jahrhunderts wurden in der Kultur- und Geschichtsphilosophie Wilhelm Diltheys, bei Adolf v. Harnack und Ernst Troeltsch mit seiner Unterscheidung von Alt- und Neuprotestantismus Bedenken dagegen erhoben, die Reformation mit Aufklärung und Idealismus als Beginn der Neuzeit zu werten. In Auseinandersetzung damit brachte der Erste Weltkrieg eine national-ideologische Aufladung von Reformation und Person Luthers, prägend auch für die Lutherrenaissance Karl Holls. Er arbeitete einen Luther heraus, der sich nicht nur grundsätzlich vom ‚katholischen‘ Mittel- und Spätmittelalter abhob, sondern auch Antworten auf die Probleme seinerzeitiger Gegenwart geben sollte. Diese Sicht der Dinge hat die Luther- und weithin die Reformationsforschung bis in das letzte Drittel des vergangenen Jahrhunderts bestimmt. Auf protestantischer wie auf katholischer Seite verband sich das mit der Vorstellung eines umgreifenden Verfalls der Kirche am Ende des Mittelalters und einer von daher unabweisbaren und notwendigen Reformation.

Dieses Geschichtsbild wurde seit den 60er Jahren des vorigen Jahrhunderts aus verschiedenen Gründen zunehmend fraglich:
– Zum einen sah die katholische Kirchengeschichtsschreibung Hubert Jedins eine im Spätmittelalter und mit den Reformkonzilien einsetzende Reformbewegung in der Kirche, in die freilich nur Luthers Anfänge bis zum Ablaßstreit noch eingeordnet werden konnten. Diese ‚katholische Reform‘ wurde schließlich, Jedin folgend, durch die Päpste im Trienter Konzil zum folgerichtigen Abschluß gebracht. Zugespitzt wurde das gelegentlich mit der Behauptung, die Reformation habe das Fruchtbare der religiösen Bewegungen des 14. und 15. Jahrhunderts zunichte gemacht und sei daher als Abbruch einer positiv zu wertenden Bewegung zu sehen.

– Zweitens begann – gefördert vor allem durch Heiko A. Oberman und den Tübinger Sonderforschungsbereich ‚Spätmittelalter und Reformation' – seit den siebziger Jahren des vorigen Jahrhunderts eine intensivierte Erforschung von Theologie und Kirche des Spätmittelalters, die sich vor allem für die Kontinuitäten zwischen Spätmittelalter und Reformation interessierte. Zugleich ergaben lokale und regionale Studien sehr eindeutig, daß die Kirche sich am Vorabend der Reformation weithin in einem sehr viel besseren Zustand befand, als gewöhnlich angenommen.

– Drittens wurde in der Geschichtswissenschaft die Reformation als Einschnitt zwar nicht explizit aufgegeben, wohl aber ergab sich im Blick auf die westeuropäische Staatenbildung und ihre Verdichtung eine deutlich andere Gliederung, bei der man die Zeit vom 14. bis zum 17. Jahrhundert zusammenfaßte. Dagegen standen lediglich die auf den Linkshegelianismus zurückgehenden marxistisch beeinflußten Geschichtsdarstellungen, die an der spätmittelalterlichen Gesamtkrise und dem Epocheneinschnitt der Reformation festhielten. Sie sahen in ihr mit der ‚frühbürgerlichen' neben dem englischen Bürgerkrieg und der Französischen Revolution die erste der drei großen abendländischen Revolutionen.

– Viertens trat seit der Mitte der 60er Jahre des vorigen Jahrhunderts in der protestantischen Kirchengeschichtsforschung die stark geistes- und theologiegeschichtlich bestimmte Forschung zurück und machte – gerade auch in Auseinandersetzung mit der marxistischen Sicht – einer stärker die politisch-sozialen Faktoren berücksichtigenden Forschung Platz. Die Reformation erwies sich aus dieser Sicht als eine dem gewachsenen Selbstbewußtsein der Laien und den sie prägenden kommunalen Werten entsprechende Form des Christentums.

Eine ausdrückliche Infragestellung des epochalen Charakters der Reformation ergab sich vor diesem vierfachen Hintergrund aber doch erst im Zusammenhang mit der von Heinz Schilling und Wolfgang Reinhard vertretenen Konfessionalisierungsthese. Konfessionalisierung meinte dabei nicht nur die Herausbildung der vier großen Konfessionen – Katholizismus, Luthertum, Calvinismus, Anglikanismus in ihren Unterschieden –, sondern die strukturell gleichläufigen Prozesse des damit verbundenen umfassenden sozialen und modernisierenden Wandels, der sich vor allem in drei Bereichen zeigt: in der Umformung der politisch-administrativen Organisation und ihrer Begründung in der frühmodernen europäischen Staatenbildung, in der Formierung der Gesellschaft durch das, was man Gerhard Oestreich folgend ‚Sozialdisziplinierung' genannt hat, und schließlich – mit dem allen verbunden – in der Herausbildung kulturell untermalter politisch-nationaler Identitäten im neuzeitlichen Europa. Daß sich komplementär dazu auch die Bereiche zeigten, die sich dem Konfessionalisierungsdruck mit ersten Ansätzen zur Säkularisierung und Entkonfessionalisierung widersetzten, wird dabei nicht übersehen.

Das Ende des damit angenommenen Zeitalters der Konfessionalisierung ließ sich mit der Auflösung des bestimmend konfessionellen Moments in der beginnenden Aufklärung einsichtig an das Ende des 17. Jahrhunderts und in das beginnende 18. Jahrhundert verlegen. Umstrittener war die Antwort auf die Frage, wann dieser Prozeß der Konfessionalisierung begann. Mit der Frage nach ihrem Anfang geriet die Konfessionalisierung in den Horizont der Frage nach dem Beginn der Frühen Neuzeit und damit nach dem epochalen Charakter der Reformation. Schilling beantwortete die Frage „Reformation – Umbruch oder Gipfelpunkt eines Temps des Réformes?" unter nachdrücklichem Hinweis auf Ergebnisse der neueren Spätmittelalterforschung so, daß er mit „einer langgestreckten ‚Zeit der Reformen‘ oder auch Reformationen" rechnete, die vom Spätmittelalter bis zum 17. Jahrhundert reicht, in der die Reformation nur als eine „Hauptetappe" erscheint. Denn mit einer epochalen Wertung der Reformation ist für Schilling eine „Unterbewertung der nachweislich tiefgreifenden Wandlungsprozesse des späten Mittelalters in Kirche, Staat, Gesellschaft und Mentalität" verbunden. Damit werde auch der „gesamteuropäische Prozeß kirchlich religiöser Erneuerung und deren Verkoppelung mit dem gesellschaftlichen und politischen Wandel", den er mit Wyclif und Hus beginnen sieht, „unsachgemäß zertrennt". Gleichzeitig würden alle der Reformation sich entgegenstellenden Kräfte „als per se unmodern, statisch und unwandelbar kategorisiert". So ergab sich ihm mit einem Bild aus dem Flugverkehr, daß das Spätmittelalter die boarding-, die Reformation die runway- und die Konfessionalisierung die take-off-phase der alteuropäischen Modernisierung war. Dieser Kontinuitäts- und Langzeitperspektive gegenüber bezeichnet Schilling die These vom universalgeschichtlich-epochalen Einschnitt der Reformation als den ‚Mythos der Aneignung der Reformation durch die Nachwelt‘.

Niemand wird bestreiten, daß die neuere Forschung tatsächlich auf vielen Gebieten das Herauswachsen der Reformation aus dem Spätmittelalter und die Kontinuitäten zwischen beiden eindrucksvoll herausgestellt hat, so eindrucksvoll, daß man versucht sein könnte, die bei Katholiken wie Protestanten verbreitete Vorstellung, die heutige römisch-katholische Kirche befinde sich in ungebrochener Kontinuität zum Mittelalter, die evangelische aber nicht, geradezu umzukehren. Denn das Spätmittelalter findet in vielen Punkten seine ihm entsprechende Fortsetzung tatsächlich eher in der vielgestaltigen Welt des Protestantismus als in dem erst in der Abwehr der Reformation entstandenen und deswegen gegen die Reformation ausgebildeten tridentinisch-römischen ‚Zentralismus‘. Dafür kann man auf die Tendenz zu National- und Landeskirchen ebenso verweisen wie auf die kirchlich geduldete Breite und Unterschiedenheit theologischer Ansätze sowie auf manches andere. Die mittelalterliche westlich europäische Kirche findet insofern durchaus in den großen Konfessionen, den protestantischen wie der römisch-katholischen, ihre legitime Fortsetzung. Freilich sind deswegen die Diskontinuitäten, ja der Systembruch, als den man die Reformation im Verhältnis zum Mittelalter bezeichnet hat, nicht zu übersehen. Auch besteht vieles von dem, was man als Kontinuitäten zwischen Spätmittelalter und Reformation behauptet, nur dann, wenn man bei einem rein formalen und strukturellen Vergleich von Vorstellungen und Begriffen stehen bleibt. Fragt man nach deren Gehalt, stellen sich die Dinge sehr anders dar. Dafür zwei Hinweise: Was die reformatorische Obrigkeit mit dem landesherrlichen Kirchenregiment erreichte, war zweifellos dem verwandt, was die vorreformatorischen Obrigkeiten bereits erstrebten. Die theologischen und juristischen Begründungen aber, die Reichweite und die Folgen waren vollkommen anders. Ebenso ist es richtig, daß es eine Priester und Laien in neuer Weise umgreifende Frömmigkeit und Spiritualität im Spätmittelalter gab. Aber damit waren eben nicht wie später bei dem reformatorischem Priestertum aller Getauften eine prinzipielle Aufhebung des besonderen Charakters der Geweihten als eigenen Standes und die daraus gezogenen Konsequenzen verbunden.

Der tiefgreifende Umbruch – ja der epochale Charakter der Reformation läßt sich in fünf knappen Thesen mit kurzer Andeutung der Folgen begründen:

Erstens: Die Reformation hat den Kanon der Heiligen Schrift, entsprechend seiner Entstehung in der alten Kirche, erneut der davon klar abgesetzten Tradition und damit der Kirche gegenübergestellt. Dies aber – jedenfalls bei Luther – nicht in einem formal-äußerlichen Sinn, sondern so, daß die Mitte der Heiligen Schrift, nämlich Person, Wort und Geschick Jesu von Nazareth in den Mittelpunkt gerückt und damit auch das Gottesbild wieder im Sinn der altkirchlichen Trinitätslehre von Jesus Christus aus bestimmt und inhaltlich gefüllt wurde. Diese Berufung auf die Schrift allein hob – auch wo sie anders verstanden wurde – eine Fülle tradierter Ordnungen und deren Legitimation aus den Angeln.

Zweitens hat die Reformation mit der Verkündigung der bedingungslosen Annahme des Sünders durch Gott in Christus die spätmittelalterlich-religiöse Leistungsgesellschaft aufgehoben. Inhalt der kirchlichen Verkündigung war nicht mehr, wie der Mensch zu Gott kommt, sondern wie Gott zum Menschen kommt. Damit verbindet sich ein völlig neues Verständnis des Gottesdienstes. Denn im Gottesdienst ging es nun nicht mehr um einen Dienst, den der Mensch Gott, sondern um den, den Gott dem Menschen erweist, dem seinerseits nur die confessio peccati et laudis (das Bekenntnis von Sünde und Lob) blieb. Das bedeutete einen tiefgreifenden Wandel der Frömmigkeit. Im Gottesdienst, der ja nun in der Volkssprache gehalten wird, sieht man nicht mehr, was heilig ist – den Leib Christi in der Hostie –, sondern man hört, was heilig macht, weil es heiligend wirkt. Damit wurde aber gleichzeitig die das Spätmittelalter charakterisierende Fiskalisierung der Kirche beseitigt.

Drittens hat die Reformation mit ihrem Hinweis darauf, daß alle Getauften Anteil am Priestertum Christi haben und Priester sind, in einer grundsätzlichen Wendung gegen das tradierte Kirchenrecht den Unterschied zwischen Laien und Geistlichen aufgehoben. Sie hat damit einen einheitlichen Rechtsraum geschaffen und einen die Gesellschaft bis in die Grundlagen verändernden Wandel herbeigeführt. Daß auch dies in den zunehmend nicht klerikalen Wahrheitsbegründungen des Spätmittelalters vorbereitet wird, hat Volker Leppin mit Recht hervorgehoben. Nur ändert das nichts an dem Umbruchcharakter der Aufhebung des geweihten Standes mit der die Aufhebung des Zölibats verbunden war.

– Viertens hat die Reformation den Maßstab des eigentlich Christlichen in Mönchtum und Askese aufgehoben. Daß man das Handeln im weltlichen Beruf zum Dienst am Nächsten als gottgewollte Liebestat verstand, wertete das weltlich-bürgerliche Leben in ganz neuer Weise auf und wurde als eine ungeheure Befreiung empfunden. Damit war auch die Möglichkeit einer ersten umfassenden Säkularisierung kirchlicher Güter verbunden, die in ihrer Bedeutung kaum überschätzt werden kann.

– Fünftens wurde durch die der Reformation folgende Ausbildung der Konfessionen das Christliche in ganz neuer Weise – wenn auch nicht faktisch, so doch tendenziell – wieder zu einem persönlichen Bekenntnis, dem unterschiedliche Kirchen entsprachen. Damit war die Ausbildung der vier großen Konfessionen (Katholizismus, Luthertum, Calvinismus und Anglikanismus) innerhalb der westlich-abendländischen Kirche und die Konfessionalisierung verbunden. Gleichzeitig damit entstanden aber auch die Tendenzen zur Entkonfessionalisierung und Säkularisierung bestimmter Lebensbereiche. Beides zusammen bildet eine wesentliche indirekte Voraussetzung für die Entwicklung einer Trennung von Staat und Kirche, eine Voraussetzung auch für die Herausbildung von Toleranz und letztlich Religionsfreiheit, selbst wenn beides zunächst nur gelegentlich direkt intendiert wurde.

Für die Kirchengeschichte und die des Christentums kann der epochale Charakter der Reformation kaum bestritten werden. Für die Geschichte insgesamt kann man sicher darauf hinweisen, daß der Reformation in den verschiedenen Ländern Europas keineswegs überall der gleiche Umbruchcharakter eignet. Gleichwohl haben alle in der einen oder anderen Weise an den Folgen der Reformation teilgehabt, so daß auch für sie der epochale Charakter vertreten werden kann.

Die Reformation intendierte keine Spaltung der Kirche, sondern deren umfassende Reform. Da sich die aber nicht durchsetzte, kam es zur Bildung von Konfessionskirchen, die sich auf Dauer behaupten konnten. Doch war bis in die 40er Jahre des 16. Jahrhunderts die Ausbildung der Konfessionen noch keineswegs klar, geschweige denn abgeschlossen. Man hat die Zeit der allmählich sich bildenden und dann prägend werdenden Konfessionen unter dem Aspekt der Reaktion der katholischen Kirche auf die Reformation und dem Einfluß Rankes lange als das Zeitalter der ‚Gegenreformation‘ bezeichnet. Doch trat dieser Begriff, der ursprünglich nur im Plural und für einzelne Territorien verwendet worden war, zurück, als Hubert Jedin unter der katholischen Reform die aus ihren ureigenen Kräften sich vollziehende Erneuerung der katholischen Kirche seit den Reformkonzilien des 15. Jahrhunderts und unter Gegenreformation die Selbstbehauptung dieser Kirche im Abwehrkampf gegen den Protestantismus verstand. Nicht selten verband man in der Folge ‚Katholische Reform und Gegenreformation‘ als Epochenbezeichnung miteinander, ohne immer zu beachten, daß die katholische Reform für Jedin den Zeitraum von den Reformkonzilien bis zur tatsächlichen Durchsetzung der tridentinischen Reform im 17. Jahrhundert meinte, während Gegenreformation im allgemeinen auf die Zeit bis zum Ende des Dreißigjährigen Krieges beschränkt blieb. Daß es sich dabei um eine einseitig römisch-katholische Sicht handelt, wird daran deutlich, daß die Reformation hier als eigene Epoche nicht mehr auftauchen mußte, sondern – bis zu dem Punkt, an dem man sie noch für katholisch tragbar hielt – unter die katholische Reform subsumiert, dann aber nur noch als abzuweisende, nichtkatholische Bewegung in den Blick genommen werden, bzw. aus dem Blick geraten konnte.

Tatsächlich eignet sich aber die Bezeichnung ‚Katholische Reform und Gegenreformation‘, die früher im deutschen Sprachraum weithin üblich war und es im anglophonen noch jetzt ist, nicht zur Bezeichnung der auf die Reformation folgenden Epoche, weil sie die protestantische Konfessionsbildung und deren Durchsetzung nicht abzudecken vermag. Diesen Zeitraum als den der ‚Konfessionalisierung' im Sinne des Paradigmas von Wolfgang Reinhard und Heinz Schilling zu verstehen trifft aber auch auf Bedenken unterschiedlicher Art. Man wird aus diesem Grund die Zeit der Konfessionenbildung, der Ausbildung von Konfessionskulturen (vgl. u. S. 232) und der Konfessionalisierung am besten mit einer von Hans Baron geprägten Wendung als ‚Konfessionelles Zeitalter' bezeichnen. Hinsichtlich der zeitlichen Eingrenzung ist dann anzumerken, daß dessen Ende erst mit der Durchsetzung säkularisierender Tendenzen, die mit der Ausbildung der Konfessionen und ihren Auseinandersetzungen von Anfang an verbunden waren, erreicht wird, also erst um die Mitte des 17. Jahrhunderts oder sogar noch später. Aufgrund der Planungen des Gesamtwerks ‚Geschichte des Christentums' endet der vorliegende Band aber gleichwohl mit der Wende vom 16. zum 17., im ersten Dezennium des 17. Jahrhunderts.

So ergeben sich für die Geschichte des Christentums im thematisierten Zeitraum drei große Abschnitte: Spätmittelalter, Reformation und Konfessionelles Zeitalter. Diese Epocheneinteilung, die gleichzeitig die Epoche der Renaissance und des Humanismus (vgl. u. S. 69–82) umgreift, orientiert sich allerdings ganz an der Geschichte des westlichen Christentums, sie kann sinnvoll auch nicht auf das östliche Christentum übertragen werden. Gleichwohl werden um der Übersichtlichkeit willen die knapp gestreifte Geschichte des östlichen Christentums ebenso wie die der Geschichte der Mission und des Christentums in Übersee in diese Epochen jeweils als eigene Abschnitte mit hineingenommen.

I. Das Christentum im Spätmittelalter

Handbook of European History, hg. v. Thomas A. Brady, Heiko A. Oberman, James D. Tracy, 2 Bde., Leiden, New York, Köln 1994/1995. – Erich Meuthen, Das 15. Jahrhundert, [3]München 1960 (Oldenburg Grundriß der Geschichte 9). – Heinz Schilling, Die neue Zeit. Vom Christenheitseuropa zum Europa der Staaten 1250–1750, Berlin 1999.
Michael Borgolte, Die mittelalterliche Kirche, München 1992 (Enzyklopädie deutscher Geschichte 17). – Die Geschichte des Christentums Bd. 6: Die Zeit der Zerreißprobe (1274–1449), hg. v. Michel Mollat du Jourdin und André Vauchez, deutsche Ausgabe bearb. u. hg. v. Bernhard Schimmelpfennig, Freiburg u.a. 1991. – Die Geschichte des Christentums Bd. 7: Von der Reform zur Reformation (1450–1530), hg. v. Marc Venard, deutsche Ausgabe bearb. u. hg. v. Heribert Smolinsky, Freiburg u.a. 1995. – Bernd Moeller, Spätmittelalter, Göttingen 1966 (KIG H1).

A. Die Kirche und ihre Strukturen

1. Das Avignonesische Papsttum

a) Die Päpste in Avignon

Die Nachfolger des durch die Konfrontation mit Philipp dem Schönen von Frankreich jäh aus seinen Allmachtsträumen (Bulle ‚Unam sanctam' 1302, KTGQ 2, Nr. 51b) gerissenen Bonifaz VIII. (ca.1235]1294–1303) waren mit Ausnahme des ersten (Benedikt XI., 1240]1303–1304) alle Franzosen, die nicht in Rom, sondern im französischen Einflußbereich, ab 1312 im (nominell zum Reich gehörenden) Avignon regierten. Dort errichteten sie ab 1335 einen riesigen Palast für Hof und Verwaltung und betrachteten es, nachdem sie es 1348 von Johanna von Neapel käuflich erwarben, als zum Kirchenstaat gehörend. Aus italienisch-römischem Blickwinkel erscheint diese Zeit als eine ‚babylonische Gefangenschaft'. Doch sollte nicht vergessen werden, daß schon die Päpste des Hochmittelalters sich häufiger in den festen Städten des Kirchenstaates als in Rom selbst aufgehalten haben und es längst die These ‚Ubi Papa ibi Roma' (Rom ist, wo der Papst ist) gab. Für die Entwicklung des Papsttums zu einer europäisch zentralen Instanz der Kirche, war die verkehrsgünstige Lage der Rhonestadt viel besser geeignet als Rom. Erst in Avignon kam es denn auch zu einer dem inzwischen gewachsenen Zentralismus in der Kirche angemessenen Verwaltung. Und mochte der Druck des französischen Königs auch hoch sein, er besaß nicht die gleiche Unmittelbarkeit wie die in Rom stets drohend-präsente Einbindung des Papsttums in die stadtrömischen Adelsfehden und die Machtpolitik der Herrscher der italienischen Staatenwelt.
Freilich wurde die Kurie ‚französisch'. Denn schon Clemens V. (ca.1200]1305–1314) sorgte für ein Übergewicht von Franzosen (und Nepoten) im Kollegium der Kardinäle, das dann seinerseits für die Wahl französischer Päpste sorgte, davon allein drei (Clemens VI., (1290]1342–1352; Innocenz VI., ca.1180/90]1352–1362 und Urban V., ca.1310]1362–1370) aus dem Limousin stammten. Selbstverständlich be-

vorzugten sie vertrauenswürdige Landsleute im Kardinalskollegium wie in den niederen Ämtern.

Die avignonesischen Päpste haben mit wenigen Ausnahmen die Macht des Papsttums deutlich ausgebaut und gefördert. Es handelte sich auch großenteils um politisch und kirchenpolitisch erfahrene Männer, die hervorragend juristisch-kanonistisch gebildet waren und von denen einige zuvor als Räte und Kanzler den Königen von Neapel und Frankreich gedient hatten. Daher betrieben sie weithin eine anjou-, guelfen- und vor allem frankreichfreundliche Politik.

b) Das Papsttum und die weltlichen Mächte

Justus Hashagen, Staat und Kirche vor der Reformation, Essen 1931.

Schon der noch in Rom regierende Nachfolger Bonifaz' VIII., Benedikt XI., mußte zwar zunächst Frankreich gegenüber einlenken und König Philipp den Schönen (1291]1285–1314), seinen Kanzler Guillaume de Nogaret (gest. 1313) und dessen Helfer aus dem Kardinalskollegium vom Bann lösen, erneuerte diesen jedoch, als er sich in Perugia in Sicherheit gebracht hatte. Doch schon der erste der französischen Päpste, Clemens V., gab dem König nach. Um den von diesem verlangten Ketzerprozeß gegen Bonifaz VIII. zu verhindern, fand er sich, nachdem das Konzil von Vienne 1311 dies noch abgelehnt hatte, bereit, das Vorgehen des Königs gegen die Templer zu dulden und den Orden aufzuheben (1312). Dessen reicher Besitz fiel auch nicht, wie vorgesehen, an den Johanniterorden, sondern größtenteils an die weltlichen Mächte. Wie Clemens V. so standen auch die folgenden Päpste unter dem Einfluß Frankreichs und waren, um den Einfluß des Reiches in Italien zurückzudrängen, nicht willens, den Streit mit Kaiser Ludwig dem Bayer (1314]1328–1347) beizulegen. Außerdem unterstützten die Päpste die französischen Könige aus dem Haus Valois immer wieder durch die Gewährung von Zehnten und Subsidien in ihrem (hundertjährigen) Krieg mit England. Diese Parteinahme brachte England gegen die Kurie auf und führte mit Zustimmung gerade des niederen Klerus zu einem deutlichen Ausbau der Macht von Parlament und König über die Kirche Englands.

In den Auseinandersetzungen mit Frankreich hätte das deutsche Reich für die Päpste einen gewissen Rückhalt darstellen können. Dennoch kam es schon unter Heinrich VII. (1308]1312–1313) wegen dessen Vorgehen gegen Robert von Anjou und Neapel (1309–1343) zu einer scharfen Auseinandersetzung. In ihrem Verlauf ergriff der Papst in der Bulle ,Pastoralis cura' (1313/14) nicht nur für Robert Partei, sondern begrenzte das Imperium räumlich, reklamierte in der Bulle ,Romani principes' (1313/14) das Recht zur Einsetzung eines Reichsvikars bei Vakanz des deutschen Königtums und die Approbation des gewählten deutschen Königs für den Papst. Der Streit weitete sich zur letzten großen Auseinandersetzung zwischen sacerdotium und regnum aus, ging es doch nicht mehr um die libertas ecclesiae in der Frage der Investitur, sondern um die der Unabhängigkeit des deutschen Königtums vom Papst. Der von den Päpsten abwertend ,der Bayer' genannte Ludwig griff nach Erringung der Alleinherrschaft gegenüber Friedrich von Habsburg (1286/89]1314–1330) persönlich in Italien ein, brachte den Papst um den Sieg über die Visconti in Mailand, ließ sich in Rom zum Kaiser krönen und setzte mit Nikolaus V. (ca.1296]1328–1330) einen Gegenpapst ein, der freilich den Stuhl Petri bald wieder räumen mußte. Den päpstlichen Bann hatte Ludwig schon vorher in der Sachsenhäuser Appellation mit der Häresieanklage gegen Papst Johannes XXII. (ca.1244]1316–1333) beantwortet, für die der Armutsstreit und später auch die Auseinandersetzung über die unter Hinweis auf Apk 6,9 abgelehnte visio beatifica Marias und der Heiligen die Gründe boten (vgl. u. S. 27f). Daß auch unter dem Nachfolger Benedikt XII. (ca.1285]1334–1342) kein Ausgleich zu erreichen war, schwächte die Stellung der Kurie im Reich. Der Kaiser, beraten von einigen aus Avignon zu ihm geflohenen Franziskanern, erhielt vom Frankfurter Reichstag 1338 die Bestätigung, daß die königliche und kaiserliche Gewalt unmittelbar von Gott stamme (vgl. u. S. 29f), und die Versammlung der Kurfürsten zu Rhense (1338) erklärte, daß der zum König Gewählte keiner Zustimmung des Papstes zur Ausübung seines Amtes bedürfe (KTGQ 2, Nr. 55a). In Deutschland kam es über all dem zur Zerrüttung der kirchlichen Verhältnisse, gleichgültig, ob man sich an Bann und Interdikt hielt oder sich darüber hinwegsetzte (vgl. ‚Planctus ecclesiae in Germaniam‘ des Konrad von Megenberg, 1309–1374). Der kurz vor Ludwigs Tod als Gegenkönig gewählte Karl IV. (1316]1346–1378) ging zwar 1356 in der ‚Goldenen Bulle‘, die das deutsche Königswahlrecht festschrieb, wortlos über alle päpstlichen Ansprüche hinweg (KTGQ 2, Nr. 55b), kam aber den Päpsten entgegen, indem er die Reichshoheit über Burgund und Italien nicht geltend machte.

Jürgen Miethke u. A. Bühler, Kaiser und Papst im Konflikt. Zum Verhältnis von Kirche und Staat im späten Mittelalter, Düsseldorf 1988 (Historisches Seminar 8).

In Italien versuchten die Päpste immer wieder im Interesse des Patrimonium Petri, des Kirchenstaates, zu handeln. Faktisch aber zerfiel dieser in eine Fülle kleiner Herrschaften und Stadtstaaten. Doch konnte Clemens V. Ferrara im Kampf mit Venedig erwerben. In Rom selbst war die Herrschaft des Stadtadels nicht einzudämmen. Daran änderte auch der illusorische Versuch des Cola di Rienzo (gest. 1354), ein erneuertes Rom als Zentrum eines gegen jede Fremdherrschaft geeinten Italiens zu schaffen (1347), nichts. Im übrigen versuchte man, im Gegensatz zu Aragon und zum Reich ein guelfisch-angiovinisches (antikaiserliches und französisches) Italien zu stärken und die Entstehung einer starken Macht der Visconti in Mailand zu verhindern. Erst mit Innocenz VI. konnte unter dem Kardinal Albornoz (um 1298–1367) der Kirchenstaat seit 1353 wiedergewonnen, durch Festungen im Innern gesichert, mit einer vorzüglichen Verwaltung (mit den Constitutiones Aegidianae, dem liber constitutionum sanctae matris ecclesiae, als Rechtsgrundlage) versehen und auch die kommunale Regierung Roms durch eine neue Verfassung stabilisiert werden.
Damit wurde eine wichtige Voraussetzung für die Rückkehr der Päpste nach Rom geschaffen. Denn daß die Päpste in Avignon blieben, wurde oft mit der verworren-unsicheren politischen Situation in Rom und Italien begründet, obwohl gerade das Fehlen der päpstlichen Macht das Vakuum förderte. Im Übrigen gab es in Anjou-Neapel, Florenz und Mailand durchaus bedeutende Machtzentren. Zwar haben nicht

wenige Päpste eine Rückkehr der Kurie nach Rom erwogen. Ernsthafte Anstrengungen dazu aber machte man erst, als Avignon selbst durch Söldnerhaufen bedroht wurde und der Kirchenstaat befriedet worden war. Daß schließlich die in Rom lebende Birgitta von Schweden (1303–1373) und Katharina von Siena (1347–1380) – beide bereits in hohem Ansehen – neben dem bewunderten Humanisten Francesco Petrarca (1304–1374, vgl. u. S. 73) und dem deutschen Kaiser zur Rückkehr nach Rom drängten, kam hinzu. Urban V. machte 1365 einen Versuch, kehrte aber schon 1370 enttäuscht von seinen politischen Mißerfolgen nach Avignon zurück. Erst mit dem Nachfolger Gregor XI. (um 1330]1370–1378) wurde Rom seit 1376/77 wieder auf Dauer der Sitz des Papsttums.

c) Kirchlicher Zentralismus und Fiskalismus

Den schon im 13. Jahrhundert erhobenen Anspruch auf die „plenitudo administrationis" in der Kirche haben die avignonesischen Päpste realisiert. Das bedeutete die Jurifizierung, Fiskalisierung und Zentralisierung der Kirche. Um die drohenden und sich mehrenden Eingriffe der weltlichen Gewalten abzuwehren, die libertas ecclesiae zu wahren und die potestas directa gegenüber den unteren kirchlichen Instanzen zum Zug kommen zu lassen, ,reservierte' sich das Papsttum auf verschiedenen Wegen die Vergabe immer größerer Gruppen von Pfründen und Einzelpfründen. Selbst eine Reformmaßnahme wie die Anordnung, man dürfe in Zukunft neben einer Pfründe mit Seelsorgeverpflichtung nur noch eine weitere ohne diese Pflicht innehaben, konnte genutzt werden, indem man alle dadurch freiwerdenden Stellen der Kurie reservierte. Die damit enorm ansteigende Pfründenverwaltung und ebenso die an die Kurie gezogenen und über Appellationen an sie verschobenen Prozesse förderten die potestas directa und verlangten nach einem verstärkten Zentralismus. Dies wiederum zog einen gewaltigen Ausbau der kurialen Verwaltung und Bürokratie nach sich. Unter den Renaissancepäpsten wurden dann zunächst die Stellen käuflich, deren Inhaber von Gebühren oder freiwilligen Spenden lebten und deswegen nicht selten aus dem Verkauf ihrer Stellen Gewinn erzielen wollten. Später wurden eine Fülle neuer Stellen eigens für den Verkauf und ohne wirkliche Funktionen an der Kurie gegründet, um sie fiskalisch zu nutzen.

Mit Verwaltung, entsprechender Hofhaltung und der Verwicklung in die politisch-kriegerischen Auseinandersetzungen in Europa wuchs der Finanzbedarf der Kurie, da die Entlohnung in Geld erfolgte. Doch weder die zurückgehenden Einnahmen aus dem Kirchenstaat, die erst in der zweiten Hälfte des 15. Jahrhunderts wieder reichlicher flossen, noch die Abgaben aus den lehenspflichtigen Königreichen (England zahlte seit 1365 nicht mehr) oder der in manchen Ländern erhobene Peterspfennig (England, Polen, Ungarn) konnten ihn decken. Wie die zeitgenössischen Fürsten entwickelte auch die Kurie deswegen einen ausgesprochenen Fiskalismus, der angesichts der bestehenden Strukturen unausweichlich war:

– Mit Hilfe von ,Reservationen' (Zusammenfassung und Erweiterung 1335) vermehrte man die Zahl der von der Kurie zu vergebenden Stellen. Im Vorfeld ihrer

Besetzung konnten Expektanzen und Kommenden gewinnbringend vergeben werden. Bei der Besetzung einer Stelle wurden die Servitien (Ernennungsabgabe, von der die eine Hälfte dem Papst, die andere dem Kardinalskollegium zukam) und die Annaten (die Hälfte der Jahreseinnahmen einer Stelle) fällig. Durch Umsetzungen konnte man das System noch lukrativer gestalten. Beim Tod eines Bischofs erhob man Anspruch auf die Spolien (den Nachlaß). Auch Vakanzen waren einträglich, da die die Interkalarfrüchte (Einkünfte des Bistums bei Vakanz) seit 1326 an die Kurie fielen.

– Eine zweite große Einnahmequelle stellte der laufende Betrieb der Kurie dar, in dem offizielle Gebühren (Kanzleiordnung von 1331), Zahlungen für Dispense und Privilegien, Strafgelder sowie erkleckliche Bestechungsgelder anfielen.

– Eine dritte Art von Einnahmen ergab sich aufgrund jeweils neu zu treffender Beschlüsse. Zu ihnen rechneten die zu bestimmten Zwecken außerordentlich erhobenen Zehnten, daneben der Ablaß, der für besondere Zwecke (Kreuzzüge etc.), aber auch in immer kürzeren Abständen (seit dem Heiligen Jahr 1300) als Jubelablaß ausgeschrieben werden konnte (KTGQ 2, Nr. 51a). Hinzu kamen das ursprünglich freiwillige, dann aber zwangsweise erhobene subsidium caritatis (für bestimmte Zwecke) und schließlich die der Kurie reservierten Prokurationen, Gelder für Visitationsreisen von Bischöfen, die aber oft nicht durchgeführt wurden.

Ernest F. J. Partner, The Budget of the Roman Church in the Renaissance Period, in: Italian Renaissance Studies, hg. v. Ernest Fraser Jacob, London 1960, S. 256–278. – I. Mieck, Ämterhandel im Spätmittelalter und im 16. Jahrhundert, Berlin 1984. – Brigide Schwarz, Römische Kurie und Pfründenmarkt im Spätmittelalter, in: ZHF 20, 1993, S. 129–159.

Daß die Kurie mit den ihr zur Verfügung stehenden geistlichen Strafen (Suspension, Exkommunikation, Interdikt) die von ihr geforderten Abgaben rücksichtslos eintrieb, mußte nicht nur deren Wirkung, sondern vor allem das Vertrauen in ihre geistliche Handhabung untergraben. Doch bleibt bei aller Kritik festzuhalten, daß die Ausbildung des Systems nicht einfach auf Habgier beruhte, sondern – wie der gleichzeitige fürstliche Fiskalismus zeigt – strukturell bedingt war, daß das entstehende Bankwesen (vor allem in Florenz) in dieses System eingebunden wurde und daß die darüber klagenden weltlichen und kirchlichen Obrigkeiten auf mancherlei Wegen versuchten, diesen kirchlichen Fiskalismus auch für sich selbst zu nutzen. Schließlich darf nicht übersehen werden, daß zumindest ein Teil der avignonesischen Päpste (Benedikt XII., Innocenz VI. und Urban VI.) die Schäden der Kurie durchaus erkannte und jedenfalls in Ansätzen auch Reformen versuchte. Doch hatten sie angesichts der bestehenden strukturellen Schwächen keinerlei dauernden Erfolg.

d) Widerstände und Folgen

Der Armutsstreit
Machtstreben und Fiskalismus der Kurie ließen die seit dem Hochmittelalter unter Berufung auf die Bibel erhobene Forderung nach einer ‚armen Kirche‘ nicht mehr

verstummen. Das zeigt sich im franziskanischen Armutsstreit, der auch durch die Unterschiede zwischen der 3. Regel des Ordens und dem Testament des Franz von Assisi bedingt war, aber auch noch später bei John Wyclif und Jan Hus (vgl. u. S. 47–49). Vor allem in Italien und der Provence vertraten schon im 13. Jahrhundert die franziskanischen ‚Spiritualen‘ im ‚praktischen Armutsstreit‘ den entschiedenen usus pauper (KTGQ 2, Nr. 52a; Nr. 53a), den sie im Unterschied zur laxeren ‚Kommunität‘, der Mehrheit des Ordens, die sich auf die Bulle Nikolaus’ III. ‚Exiit qui seminat‘ (1279) berufen konnte, seit Cölestin V. (1294) auch leben durften. Angesichts der Unterdrückung durch die Kommunität betrieben die Spiritualen durch Ubertino von Casale (1273–1317) in Avignon die Trennung vom Orden. Das Konzil von Vienne (1311/12) führte zu keiner Entscheidung, bestätigte aber den usus pauper der Spiritualen (DH 908).

Der die Kommunität und die Inquisition (KTGQ 2, Nr. 52b) in ihrem Vorgehen gegen die Spiritualen (Fraticelli) stützende Johannes XXII. (KTGQ 2, Nr. 52c; DH 930–931) geriet im folgenden ‚theoretischen Armutsstreit‘ über die Fragen, ob das Eigentum zum Urstand oder zur Welt nach dem Fall gehöre und ob Christus und die Apostel einzeln oder gemeinsam Besitz gehabt hätten oder nicht, schließlich in Gegensatz zum gesamten Minoritenorden. Die Entscheidungen des Papstes, der sich für den jeweils ersten Teil der Alternativen aussprach und darüber hinaus dem Orden nicht nur das Eigentum an Verbrauchsgütern (Nahrung und Kleidung) zusprechen, sondern ihm auch das Eigentum an den genutzten, aber offiziell der Kirche gehörenden Gütern übergeben wollte, überschritten den Rahmen einer bis dahin nur über Interpretationen geführten Auseinandersetzung und zerbrachen das Bündnis zwischen dem Franziskanerorden und der Kurie, das beiden Seiten zugute gekommen und in gewisser Weise die Grundlage des Ordens war. Der Papst traf damit nicht nur die Spiritualen, sondern den gesamten Orden in seinem Selbstverständnis. Damit trieb die Kurie einen Teil der Franziskaner in der laufenden Auseinandersetzung mit Kaiser Ludwig dem Bayer an dessen Seite. Später kam es dann bei den Franziskanern wie bei andern Orden zur Spaltung in die strengen Observanten und die laxeren Konventualen. Die Probleme brachen aber immer erneut auf. So wurde der Minorit Dionysius Foullechat noch 1365 und 1370 zum Widerruf seiner Behauptungen gegen die Thesen Johannes XXII. gezwungen (DH 1087–1097).

Karl Balthasar, Geschichte des Armutsstreites im Franziskanerorden bis zum Konzil von Vienne, München 1911 (VRF 6). – Ulrich Horst, Evangelische Armut und päpstliches Lehramt. Minoritentheologen im Konflikt mit Papst Johannes XXII. (1316–1334), Stuttgart u.a. 1996 (MKHs 8).

Die Begründung eigenständig weltlicher Gewalt

Von Bedeutung war der ‚theoretische Armutstreit‘ auch für die Auseinandersetzungen zwischen den deutschen Kaisern und den avignonesischen Päpsten, die zu einem erneuten Ringen um die rechte Bestimmung der weltlich-kaiserlichen und der geistlich-päpstlichen Macht führten. Die dabei entstehenden Streitschriften, die bis in die Zeit des Schismas nachwirkten, hielten universitäres Niveau; Verfasser und Leser aber kamen aus höfisch-kirchlichen und weltlichen Kreisen.

Auf kurialistischer Seite entstand eine eigene Gattung von Schriften ‚de potestate papae‘, mit denen man an die Werke von Aegidius Romanus (1243/47–1316; De ecclesiastica potestate, 1302; KTGQ 2, Nr. 50) und Jakob (Capocci) von Viterbo (gest. 1308; De regimine christiano, 1302) anknüpfte, die der Verteidigung der Ansprüche Bonifaz' VIII. gedient hatten: die Summa de potestate ecclesiastica (1320) des Augustiner-Eremiten Augustinus Triumphus (1243–1328) sowie De statu et planctu ecclesiae (1330/32) des Franziskaners Alvarus Pelagius (gest. 1352)

– Augustinus Triumphus kam zu seinen kurialistischen Konsequenzen, indem er die Eigenständigkeit des Natürlichen und damit auch der weltlichen Gewalt anerkannte, sie aber der Heilsordnung einfügte, der sie zu dienen hat. Deswegen hat das christliche Regiment die geistliche Gewalt, als einzig unmittelbar von Gott stammend, über sich. Von dieser Grundlage aus konnten extrem papalistische Konsequenzen gezogen werden. Ordnungen und Gesetze der weltlichen Gewalt sind nur verbindlich, soweit der Papst sie bestätigt. An ihn kann deswegen in jedem Fall appelliert werden. Im Blick auf den deutschen König wird die Ausübung des Amtes nach der Wahl anerkannt; der für das gesamte christliche Volk zuständige Kaiser müsse aber vom Papst bestätigt, gekrönt und gesalbt werden; dieser könne den Kaiser aber auch selbst bestimmen, den Kurfürsten also das Wahlrecht (im Blick auf die kaiserliche Stellung des Gewählten) entziehen, oder ihn absetzen.

– Der Titel der Schrift des Alvarus erklärt sich vornehmlich aus ihrem zweiten Teil, in dem die Schäden der Kirche benannt werden. Ihr erster Teil aber vertritt mit der These: ‚Papa non homo simpliciter sed quasi deus in terris est‘ (Der Papst ist nicht einfach Mensch, sondern gleichsam wie Gott auf Erden) einen extremen Papalismus, der den Kaiser nur als vicarius papae in temporalibus (Vertreter des Papstes im Zeitlichen) verstehen kann, denn der Papst regiert die multitudo fidelium sive universitas christianorum (die Menge der Gläubigen oder die Gesamtheit der Christen).

Doch fanden sich, den ersten Versuchen der Begründung einer eigenständig herrscherlichen Gewalt im Tractatus de regia potestate et papali (1302) des französischen Dominikaners Jean Quidort (ca.1255–1306) folgend, auch wortgewaltige Verteidiger einer vom Papsttum unabhängigen weltlichen Gewalt.

– Ausgehend von der Vision einer starken, von römischer – und das heißt für ihn kaiserlicher – Herrschaft gestalteten Universalmonarchie, begründete Dante Alighieri (1265–1321) in ‚De monarchia‘ (um 1311) eine von der Kirche unabhängige Gewalt des Kaisers, der im Unterschied zu den vielen kleinen, eigennützigen Machthabern – Dante litt an den Zuständen im zeitgenössischen Italien – irdisches Glück in Gerechtigkeit und Frieden bescheren wird.

– Realitätsnäher und differenzierter waren die Vorstellungen, die Marsilius von Padua (ca.1290–ca.1343) in seinem ‚Defensor pacis‘ (1324, gedr. erst 1522) zunächst im Blick auf die italienischen Kommunen seiner Zeit entwickelte, die sich aber auch für die Auseinandersetzung zwischen regnum und sacerdotium eigneten. Auf selbständig durchdachter Grundlage der aristotelischen Politik begründete er eine eigenständige weltliche Macht als Wahlmonarchie auf dem Boden der Volkssouveränität, versuchte aber vor allem die den bürgerlichen Frieden bedrohenden

Ansprüche des Papsttums abzuweisen. Dafür konstruierte er einerseits eine Geschichte des Abfalls der Kirche vom Urchristentum, das er nach dem franziskanischen Armutsideal stilisierte, andrerseits spitzte er ein das Generalkonzil herausstellendes korporatives Verständnis von Kirchenverfassung, wie es Johannes de Poullie (gest. nach 1321) in Paris vertreten hatte, weiter zu: Er negierte jegliche Hierarchie, sprach allen Priestern die gleiche, ausschließlich geistliche Gewalt zu (KTGQ 2, Nr. 54a) und verlangte die Einordnung der Kirche in die bürgerliche Gemeinschaft. Die gesamte äußere Verwaltung der Kirche legte er in die Hände der weltlichen Gewalt. Daß Ludwig der Bayer nach seiner, dieser Theorie entsprechenden Kaiserkrönung den zu ihm geflohenen Rektor der Sorbonne zum vicarius in spiritualibus (Vertreter im Geistlichen) ernannte, ist verständlich.

– Anders als Marsilius setzte Wilhelm von Ockham (ca.1280/5–1347) in seinen politischen Schriften ('Opus nonaginta dierum'; 'Dialogus'), die eine Folge des theoretischen Armutsstreits und seiner franziskanischen Option waren, bei der Klärung der Herrschaft über Sachen (dominium), nicht bei der über Menschen (iurisdictio) ein. Für Ockham war – anders als für Marsilius – klar, daß der Mensch vor dem Fall weder Eigentum noch Herrschaft gekannt hatte, beides mit der Sünde zusammenhing und in seiner konkreten Ausformung historisch von Menschen gestaltet worden war. Nach dem Fall aber gehört beides zum Menschen und hat in der jeweiligen Ausprägung Gültigkeit, allerdings nicht unbedingt. In casu necessitatis (bei Notwendigkeit) besteht im Blick auf das Eigentum die Verpflichtung, anderen mitzuteilen, und im Blick auf eine Herrschaft, die die Grenze des Erlaubten überschreitet, gibt es ein natürliches Widerstandsrecht und die potestas variandi principatus (Macht des Herrschaftswechsels). Eine nur von Natur- und göttlichem Recht begrenzte Universalgewalt des Papstes hielt Ockham für häretisch (KTGQ 2, Nr. 53b). Einem häretischen Papst aber muß Widerstand geleistet werden. Weil die wahre Kirche unter Umständen nur noch in einem einzigen Individuum erhalten bleibt, sind ganz selbstverständlich auch die Laien in einer nach ihrer Stellung abgestufter Form verpflichtet, helfend einzugreifen.

Jürgen Miethke, Die päpstliche Amtskompetenz im Widerstreit der politischen Theorie von Thomas von Aquin bis Ockham, Tübingen 2000. – Ders., Die Traktate „De potestate Papae". Ein Typus politiktheoretischer Literatur im späteren Mittelalter: Les Genres littéraires dans les sources théologiques et philosophiques médiévales, Louvain La Neuve 1982, S. 193–211. – Wilhelm von Ockham, Dialogus, hg. v. Jürgen Miethke, Darmstadt 1992. – Volker Leppin, Ockham/Ockhamismus, in: TRE 25, Berlin/New York 1995, S. 14–16.

2. Die Zeit des großen Schismas

Walter Brandmüller, Papst und Konzil im Großen Schisma, Paderborn u.a. 1990.

a) Das Problem der Einheit (causa unionis)

Nach der Rückkehr des Papsttums aus Avignon unter Gregor XI. befürchtete man bei der Wahl des Nachfolgers eine erneute Abhängigkeit von Frankreich. So entschied man sich – unter einem gewissen Druck der Römer – für den Italiener Urban VI. (ca.1318]1378–1389). Als der aber in seiner Regierung die mehrheitlich französischen Kardinäle in ihren ‚ständischen' Ansprüchen und als pars corporis papae nicht berücksichtigte, beantworteten sie das mit einer Unfähigkeitserklärung und Zweifeln an der Rechtmäßigkeit der Wahl. Sie erhoben mit Robert von Genf als Clemens VII. (1342]1378–1394) einen neuen Papst, der seine Residenz, da Urban sich militärisch durchsetzte und in Rom blieb, nach Avignon verlegte – die Zeit des Schismas (1378–1415) begann (KTGQ 2, Nr. 64a).

Da das Schisma in eine Zeit sich verdichtender Macht der sich bildenden europäischen Staaten fiel, verquickte es sich mit den politischen Gegensätzen, spaltete aber vor allem auch die inzwischen stärker zentralisierte Kirche (die Hierarchie, die Orden, die Universitäten) und die Staaten in ‚Oboedienzen': Zur römischen Oboedienz gehörten – gelegentlich auch mit Wechseln – Italien, Mittel- Ost- und Nordeuropa, zur avignonesischen Westeuropa (Spanien, Frankreich, Burgund, Schottland und einige Fürsten im Reich). Verstand man das Schisma nur als Rechtsproblem der Kirche und nicht als Trennung des Leibes Christi, so mußte das die Aufspaltung des Kirchenbegriffs in ein corpus politicum und ein corpus mysticum fördern.

Eine Beilegung des Schismas war auf dem Weg der gewaltsamen Verdrängung eines Papstes durch den anderen (via facti) nicht möglich. Als ebenso unmöglich erwiesen sich die Versuche, einer der beiden Seiten den Gehorsam zu entziehen (via subtractionis) oder durch Übereinkunft zwischen den beiden Päpsten (via conventionis) zur Lösung zu kommen. Und selbst von den drei Möglichkeiten, die die Pariser Universität erwog, den Rücktritt beider Päpste zu erreichen (via cessionis) oder sie zur Anerkennung des Urteils einer Kommission zu bewegen (via compromissi), blieb am Ende nur die Entscheidung eines Konzils (via concilii).

b) Das Problem der Reform (causa reformationis)

Schon vor der Zeit der avignonesischen Päpste hatte es auf dem 2. Konzil von Lyon (1272) und dann auf dem von Vienne (1311) Reformforderungen gegeben, die eine correctio ecclesiae in capite et membris (Verbesserung der Kirche an Haupt und Gliedern) verlangten. Die avignonesischen Päpste haben dann auch Reformen versucht, aber gleichzeitig hat ihr Zentralismus und Fiskalismus das Verlangen nach einer Reform der Kirche nur stärker werden lassen. Der Ruf nach einer Reform der

Kirche ‚an Haupt und Gliedern' wurde ständig lauter. Zur Zeit des Schismas war es bereits so, daß man das Schisma nicht etwa als Ursache einer notwendigen, sondern als die Folge einer nicht vollzogenen Reform betrachtete. Man war daher der Auffassung, daß auch ganz unabhängig vom Schisma ein allgemeines Konzil zur Kirchenreform überfällig sei. So richtete sich etwa eine Klagschrift des Matthäus von Krakau (ca.1345–1410), Rat des deutschen Königs Ruprecht von der Pfalz (1352]1400–1410), unter dem Titel ‚De squaloribus curiae Romanae' (Über die üblen Ausdünstungen des römischen Hofes) vor allem gegen die Praxis der Pfründenvergabe der Kurie, die er offenbar sehr genau kannte. Und bis zu den Reformkonzilien folgten eine Fülle weiterer derartiger Schriften anderer Verfasser (Paulus Vladimiri, ca.1370/73–1436; Nicolaus von Clemanges, ca.1360–1437; Dietrich von Nieheim, ca.1340–1418), in denen nicht nur das Schisma, sondern die drei zentralen Übel: Kurie, Kammer und die päpstliche potestas plenaria scharf herausgestellt und auch die Forderung erhoben wurde, den Fiskalismus zu beseitigen.

c) Das Problem des Glaubens (causa fidei)

Mit der Frage der Kirchenreform war die Glaubensfrage eng verbunden. Denn in England hatte John Wyclif (vgl. u. S. 47f) eine radikale Kirchenkritik vorgetragen und mit ihr die Forderung nach einer Kirchenreform verbunden, mit der die gesamte Entwicklung, die sich seit dem Hochmittelalter in der Kirche vollzogen hatte, in Frage gestellt wurde. Zwar hatte man Wyclif in England bereits verurteilt, aber seine Gedanken waren von dem Magister Jan Hus an der Prager Universität aufgegriffen und weitergeführt worden (vgl. u. S. 48f). Und es war keineswegs sicher, daß es auf Dauer bei den vorerst noch nationalen Eingrenzungen dieser Theologie bleiben würde. So zwangen Wyclif und Hus dazu, auch die causa fidei auf die Tagesordnung zu setzen.

3. Die Reformkonzilien

Die Entwicklung des Konziliarismus. Werden und Nachwirkungen der konziliaren Idee, hg. v. Remigius Bäumer, Darmstadt 1976 (WdF 279). – Heribert Smolinsky, Konziliarismus, in: TRE 19, Berlin/New York 1990, S. 579–586.

Schon seit dem 13. Jahrhundert war die Frage des Verhältnisses von Papst und Generalkonzil immer wieder kurialistisch für den Papst und antikurialistisch für das Generalkonzil erörtert worden. Angesichts des Schismas untermauerte man die Lösung durch ein Generalkonzil intensiver kanonistisch (Heinrich von Langenstein, gest. 1397, und Konrad von Gelnhausen, 1320/22–1390) als theologisch (Pierre d' Ailly, ca.1351–1420; Johannes Gerson, 1363–1429).

a) Das Konzil von Pisa

Das bei den Kardinälen gewachsene korporative Selbstverständnis (der sogenannte ‚Präkonziliarismus') trieb in der Situation des Schismas den gesamtkirchlichen Konziliarismus hervor, als die Kardinäle beider Oboedienzen 1409 ein Konzil nach Pisa einberiefen. Es setzte beide Päpste ab (KTGQ 2, Nr. 64b) und ließ mit Alexander V. (1340]1409/10), dem Johannes XXIII. (ca.1360]1410–1415) folgte, einen neuen Papst wählen. Da sich aber die beiden bisherigen Amtsträger weigerten, das Urteil und die Wahl des Konzils anzuerkennen, verschärfte sich das Problem des Schismas.

b) Das Konzil von Konstanz

Auf Initiative von König Sigismund (1368]1411–1437) berief Johannes XXIII. dann ein Konzil nach Konstanz, das vier Jahre tagen sollte (1414–1418).
– In der causa unionis konnte man nach langen Verhandlungen den römischen Papst Gregor XII. (ca.1335]1406–1415) zum Verzicht bewegen; der Pisaner Papst Johannes XXIII. und der (avignonesisch-)aragonesische Benedikt XIII. (ca.1342]1394–1417) wurden abgesetzt. Mit Martin V. (1368]1417–1431) wählte man einen allseits anerkannten Papst. Das Schisma war beigelegt. Gleichzeitig verkündete man – allerdings ohne Zustimmung der Kardinäle – im Dekret ‚Haec sancta' (6.4.1415), daß im Bereich der drei causae (unionis, fidei, reformationis) jedermann, auch der Papst, dem Konzil Gehorsam schulde, und im Dekret ‚Frequens' (9.10.1417. – KTGQ 2, Nr. 70a), daß das Generalkonzil zunächst nach fünf, dann nach sieben und schließlich alle zehn Jahre zusammentreten solle.
– In der causa fidei versuchte Hus in dem gegen ihn geführten Ketzerprozeß immer wieder deutlich zu machen, daß er sich von Wyclif, wo dieser häretisch sei, distanziere, war aber nicht bereit, einen Widerruf zu leisten. So wurde er schließlich verurteilt (DH 1201–1230) und trotz des zugesicherten freien Geleits verbrannt (6. 7. 1415; KTGQ 2, Nr. 67b). Gegen die Hussiten, die zwar nur zum Teil die wyclifsche Remanenzlehre mit der Ablehnung der Transsubstantiation und dem Verständnis des unveränderten Brotes als Hinweis auf den präsenten Christus, wohl aber den Laienkelch vertraten, dogmatisierte man die communio sub una specie (den Empfang der Kommunion unter einer Gestalt) für die Laien (DH 1198–1200).
Eine Lösung der Glaubensfrage wurde damit nicht erreicht, im Gegenteil: Als die böhmische Krone 1419 auf eben den Sigismund überging, der die Geleitszusage für Johannes Hus gebrochen und ihn hatte verbrennen lassen und nun auch gegen die Hussiten (Fremdbezeichnung!) zu den Waffen griff, kam es seit 1426 zur Gegenoffensive des Hussitentums, das keineswegs einfach in der Nachfolge von Hus stand, sondern sich stärker an den radikaleren Kräften (Jacobellus von Mies, gest. 1426, u.a.) orientierte. Der gemäßigte Teil, die Prager Utraquisten oder Calixtiner, formulierte sein Programm 1420 in den vier Prager Artikeln (Freie Predigt des Wortes, Laienkelch, Säkularisierung des Kirchenguts und Rückkehr zur ‚armen Kirche' sowie Ausschluß der Todsünder; KTGQ 2, Nr. 68a) und fand die Unterstützung des auf

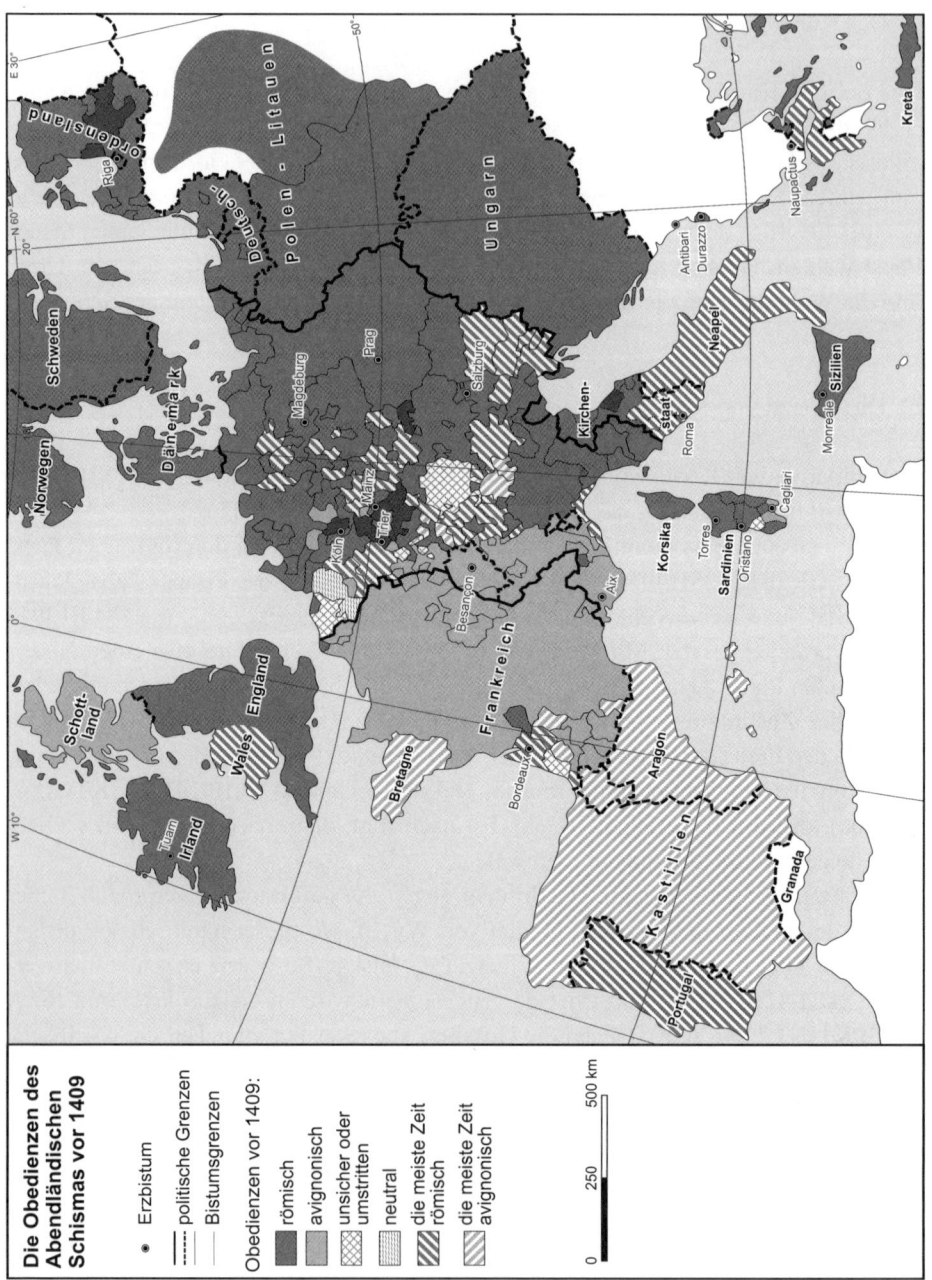

Die Obedienzen des Abendländischen Schismas vor 1409

• Erzbistum
----- politische Grenzen
——— Bistumsgrenzen

Obedienzen vor 1409:

▓	römisch
▒	avignonisch
▨	unsicher oder umstritten
▦	neutral
▧	die meiste Zeit römisch
⧄	die meiste Zeit avignonisch

0   250   500 km

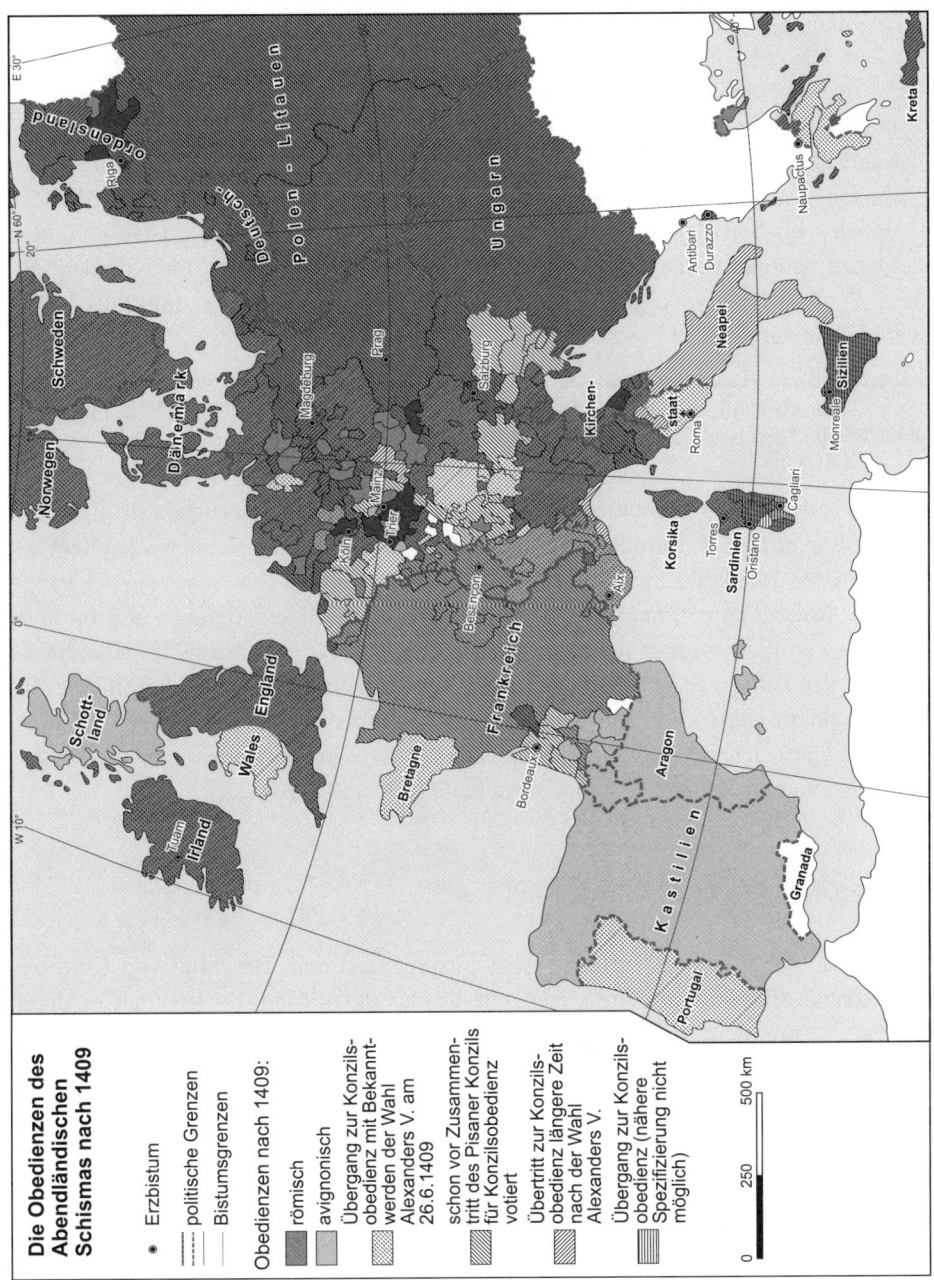

Die Obedienzen des Abendländischen Schismas nach 1409

- ● Erzbistum
- --- politische Grenzen
- — Bistumsgrenzen

Obedienzen nach 1409:

- römisch
- avignonisch
- Übergang zur Konzilsobedienz mit Bekanntwerden der Wahl Alexanders V. am 26.6.1409
- schon vor Zusammentritt des Pisaner Konzils für Konzilsobedienz votiert
- Übertritt zur Konzilsobedienz längere Zeit nach der Wahl Alexanders V.
- Übergang zur Konzilsobedienz (nähere Spezifizierung nicht möglich)

0   250   500 km

35

seine Standesrechte bedachten Adels sowie des tschechischen Bürgertums in den Städten. Dagegen fanden sich die treibenden Kräfte hauptsächlich bei den auf dem Land in Süd- und Westböhmen sowie in Mähren verbreiteten radikal hussitischen Taboriten und Orebiten, die alles in der Kirche verwarfen, was sich nicht ausdrücklich auf das in der Schrift enthaltene göttliche Gesetz zurückführen ließ. Im Innern gespalten – es gab in den religiös-theologischen Ansichten deutlich unterschiedene Gruppen – blieben die Hussiten nach außen einig. Die von ihnen bis 1436 geführten Feldzüge nationalisierten die Bewegung und verwüsteten Teile von Norddeutschland, Franken, Bayern und Ungarn, ohne daß man ihrer zunächst militärisch Herr werden konnte.

Robert Kalivoda, Alexander Kolesnyk, Das hussitische Denken im Lichte seiner Quellen, Berlin 1969. – Franz Machilek, Hus/Hussiten, in: TRE 15, Berlin/New York 1986, S. 710–735. – Ferdinand Seibt, Hussitica, ²Köln/Graz 1990. – Ders., Hussitenstudien, ²München 1991.

– Auch in der causa reformationis brachte das Konzil keinen wirklichen Erfolg. Zwar beschloß man fünf Reformdekrete (9.10.1417), doch bezogen sie sich vor allem auf die erwähnte ständige Einrichtung des Generalskonzils und die Sicherung der Papstwahlen. Außerdem hob man einige der besonders anstößigen Abgaben auf. Im übrigen aber verpflichtete man den neuen Papst lediglich, vor Auflösung des Konzils die Reform der Kurie vorzunehmen. Der aber dachte nicht an eine durchgreifende Reform, sondern zog es vor, mit den einzelnen Nationen und Ländern Konkordate zu schließen, also jenen Weg zur Nationalisierung der Kirchen weiterzugehen, der sich schon in avignonesischer Zeit angebahnt hatte (vgl. u. S. 39–41).

c) Das Konzil von Basel – Ferrara – Florenz

Die Päpste der Folgezeit beriefen zwar entsprechend dem Beschluß von Konstanz das Konzil, allerdings nur, um es sofort wieder aufzulösen. So geschah es durch Martin V. mit dem Konzil von Pavia und Siena (1423/24), gleiches versuchte Eugen IV. (1383]1431–1447) mit dem nach Basel einberufenem Konzil (1431–1449), freilich vergeblich.
– In der causa fidei nahm man Verhandlungen mit den Hussiten auf und gestand ihnen die gegenüber den Prager Artikeln stark abgeschwächten Prager Kompaktaten (1433) zu, die nur den Kelchempfang zuließen. 1436 brachten dann die 1437 vom Konzil, nicht aber von der Kurie anerkannten Kompaktaten von Iglau eine Friedensbasis und die Anerkennung Sigismunds als König von Böhmen. Doch die verschiedenen Parteien im Land blieben bestehen: Neben den Katholiken stand die große Mehrheit der gemäßigten Utraquisten (nach der Kommunion sub utraque specie [unter beiden Gestalten]), die in Johann von Rokyczana (vor 1400–1471) zunächst einen Erzbischof wählten, danach aber die Leitung einem Konsistorium anvertrauten. Auf ihrer Seite stand nach 1448 auch Georg Podiebrad (1420]1458–1471). Er besiegte 1453 die letzten Reste der Taboriten, die bereits 1434 von den Utraquisten geschlagen worden waren.

Vom Radikalismus der Taboriten hatte sich Peter Chelčhiký (ca.1380–1447) schon früher losgesagt und eine nach urchristlichem Vorbild strukturierte, jede Gewalt ablehnende Gemeinde geschaffen, aus der bis zum Ende des Jahrhunderts die Böhmischen Brüder hervorgingen. Mit dem Religionsfrieden von Kuttenberg (1485) kam es zu einem innerböhmischen Arrangement zwischen Katholiken und Utraquisten.

– Die causa reformationis ging das Basler Konzil im Blick auf die Überordnung des konziliar-synodalen Elementes in der Kirche gegenüber der Hierarchie und den Fiskalismus der Kurie so kräftig an, daß es darüber erneut zu Spannungen mit dem Papst kam, in deren Konsequenz man die Oberhoheit des Konzils über den Papst als Glaubenswahrheit erklärte (KTGQ 2, Nr. 70b). Daß dies nicht mehr im Blick auf ein zu beseitigendes Schisma, sondern prinzipiell formuliert wurde, belastete die Akzeptanz. Der Papst benutzte dann die Verhandlungen mit den Griechen, das Konzil zunächst nach Ferrara (1438), später nach Florenz (1439) und Rom (1443) zu verlegen, wobei ihm eine Minderheit des Basler Konzils (als sanior pars – vernünftigerer Teil – bezeichnet) folgte. Daß die Union tatsächlich zustande kam (vgl. u. S. 85f), schwächte, obwohl sie in den Ostkirchen kaum Anerkennung fand, das Ansehen des Basler Konzils erheblich.

Die Mehrheit des Basler Konzils verlor jeden Rückhalt an den politischen Mächten, als es mit Felix V. (1383]1439–1449) zur Wahl eines Gegenpapstes schritt und damit ein neues Schisma heraufbeschwor. Daß dies durch ein Konzil geschah, mußte den Konziliarismus in Mißkredit bringen. Der Rest des Konzils, das zuletzt in Lausanne tagte, beugte sich schließlich 1449 dem Papst, der Gegenpapst trat zurück.

d) Nachwirkungen

Mochte der ‚Konziliarismus‘ als Theorie der Herrschaft des Konzils über den Papst Schaden genommen haben, als Mittel der Reform der Kirche, die päpstlicherseits nicht in Angriff genommen wurde, schien das Generalkonzil weiterhin der geeignete Weg. Es war dann ausgerechnet Pius II. (1405]1458–1464), der zunächst Konziliarist und dann Neutraler gewesen war, der als Papst in einer Retraktationsbulle seine früheren Äußerungen verwarf (KTGQ 2, Nr. 72) und jede Appellation vom Papst an ein Konzil untersagte (Bulle ‚Exsecrabilis‘, 1460; KTGQ 2, Nr. 70c). Ein Versuch zur Wiederbelebung des Basler Konzils (1482) freilich scheiterte. Gestärkt aber wurde mit dem Ende der Reformkonzilien die Stellung der Kardinäle, die seitdem in den Zusagen, die der für die Wahl in Aussicht Genommene vorher anzuerkennen hatte (Wahlkapitulationen) die Reformforderungen der Konzilien teilweise weitertrugen und ihre Mitregierung zu verankern suchten. Doch wurden die vor der Wahl beschworenen Kapitulationen selten eingehalten. Bei den Papstwahlen kam es gelegentlich auch zu simonistischen Machenschaften. Sie boten, falls nötig, einen Grund, gegen einen Papst vorzugehen. Erst Leo X. (1475]1513–1521) brach nach der Aufdeckung einer Verschwörung mit einer Massenkreation von 31 neuen Kardinälen im Jahr 1517 die Macht des Gremiums der Kardinäle.

‚Politisch‘ wirkte der Konziliarismus darin weiter, daß nun die Obrigkeiten die Reformen in der Kirche – wenn auch nicht gegen, sondern im Zusammenspiel mit der Kurie – lokal (z. B. in den deutschen Reichsstädten), territorial (wie in den deutschen Territorien) oder national (wie in Frankreich mit der Pragmatischen Sanktion von Bourges und in Spanien) in die eigene Hand zu nehmen versuchten.

4. Das Renaissancepapsttum

a) Die Päpste als italienische Fürsten

Das Interesse der Päpste der Renaissance war nicht die immer wieder geforderte Reform der Kurie und der Kirche, selbst wenn es an ernsthaften und guten Plänen dazu unter Pius II. (1405]1458–1464) und Alexander VI. (1431]1492–1503) nicht gefehlt hat. Aber da die Einnahmen aus Europa nicht mehr so flossen wie in avignonesischen Zeiten mußte auf der einen Seite der Kirchenstaat die Finanzen liefern, wozu die großen Alaunvorkommen bei Tolfa (1462), die die Tuchindustrie benötigte, ebenso beitrugen wie die anderen zwangsweisen Einkünfte (Zölle und Steuern, Annaten, Servitien) der ‚Giusticia‘, die in der Kammer verwaltet wurden, zum andern das, was der Ämter- und Dispensverkauf einbrachte, die zur ‚Gracia‘ gerechneten Einnahmen, die die Datarie verwaltete. Die Päpste dieser Zeit waren in erster Linie italienische Fürsten. Ständig von den Auseinandersetzungen stadtrömischer Adelsfamilien (Orsini, Colonna) tangiert und in sie hineingezogen, versuchten sie sich eine Machtposition aufzubauen, indem sie – stets beargwöhnt von den benachbarten Mächten Neapel und Florenz und immer wieder in kriegerische Auseinandersetzungen verwickelt – den Kirchenstaat stabilisierten und, dynastisch denkend, ihre Nepoten, unter Innocenz VIII. (1432]1484–1492) und unter Alexander VI. auch ihre Kinder aus vor- und pontifikaler Zeit, als Kardinäle versorgten und in deren Kollegium ihre Landsleute und Klienten (Katalanen bei Calixt III., 1378]1455–1458, Seneser bei Pius II., Ligurer bei Sixtus IV, 1414]1471–1484, Genuesen bei Innocenz VIII.) beriefen. Von ihnen konnte man die benötigte Loyalität, gelegentlich sogar die Wahl eines zweiten Papstes aus der eigenen Familie erwarten. Da die Versorgung der Familie und Klienten enorme Kosten verursachte, ließ sich an dem fiskalistischen System der Kurie nichts ändern, wollte man nicht den Bankrott riskieren.
Politisch versuchten alle mit Ausnahme von Sixtus IV., der eine in dieser Beziehung geradezu störende Politik betrieb, das im Frieden von Lodi (9.4.1454) nur mühsam erreichte Gleichgewicht der fünf großen italienischen Herrschaften (Venedig, Mailand, Florenz, Papst, Neapel) zu wahren, selbst wenn dazu immer wieder Frontwechsel nötig waren. Dazu gehörte auch das Interesse, die starken europäischen Mächte, und das hieß vor allem Spanien und Frankreich, später dann Habsburg, vom Boden Italiens fernzuhalten. Das gelang bis gegen Ende des 15. Jahrhunderts. Mit dem Einmarsch der Franzosen unter Karl VIII. (1470]1483–1498) in Norditalien 1494 wurde dies Gleichgewicht dann für lange Zeit gestört.

Wolfgang Reinhard, Nepotismus. Der Funktionswandel einer papstgeschichtlichen Konstante, in: ZKG 86, 1975, S. 145–185.

Mag die Zeit der Renaissancepäpste für die eigentlich kirchlichen Aufgaben ihres Amtes dunkel gewesen sein – kulturell war sie von erheblicher und weitreichender Bedeutung. Mit wenigen Ausnahmen waren diese Päpste großzügige Förderer des Humanismus und der Künste. Ihnen verdankt man die neue Einrichtung von Bibliothek und Archiv des Vatikans, vor allem aber auch die Verwandlung des mittelalterlichen Rom in die glänzende Metropole der Renaissance durch Ausbau und Neubau prächtiger Kirchen und der Paläste von Kardinälen und hohen Prälaten.

In Julius II. (1453]1503–1513), der schon unter Sixtus IV. die Politik bestimmt hatte, fanden Politik und Mäzenatentum des Papsttums ihren Höhepunkt: Es gelangen ihm die Sicherung der päpstlichen Autorität in Rom, die Rückgewinnung und der innere Ausbau des Kirchenstaates, nachdem schon unter seinem Vorgänger die vielen kleinen Gewalthaber dieses Gebietes gestürzt worden waren. Dagegen hatte er bei dem Versuch, den Einfluß der großen ausländischen Mächte in Italien einzuschränken, nur begrenzten Erfolg, zumal er Spanien durch die Belehnung Ferdinands von Aragon (1452]1461–1516) mit Neapel ein erhebliches Gewicht verschaffte. Skrupellos wie in der Politik war der Papst auch in seinem Mäzenatentum. Den Plan eines Abrisses der konstantinischen Petersbasilika und eines riesigen Neubaues, den schon Nikolaus V. gehabt hatte, setzte er in die Tat um (Baubeginn 1506). Auf ihn geht die Ausmalung der Sixtinischen Kapelle durch Michelangelo Buonarrotti (1475–1564) und der Stanzen des vatikanischen Palastes durch Raffaelo Santi (1483–1520) zurück. Der gigantische Plan seines Hochgrabes durch Michelangelo wurde allerdings nicht vollendet.

Die Amtsführung der Päpste wurde im Kardinalskollegium kritisiert, doch die von ihnen mit Wahlkapitulationen versuchte Abhilfe gelang nicht. Auch der Konziliarismus war nicht tot. Aber Drohungen der französischen Könige mit ihm konnte man abwenden; ein Versuch, das Basler Konzil neu zu beleben, scheiterte. Schließlich aber mußte wegen eines von frankreichfreundlichen Kardinälen nach Pisa einberufenen Konzils Julius II. selbst eines nach Rom einberufen, das 5. Laterankonzil (1512–1517). Doch war von dem Papst, den die Zeitgenossen „il terribile" nannten und dem Erasmus in seiner anonymen Satire ‚Iulius exclusus' von Petrus den Eintritt in den Himmel verwehren ließ, keine Reform zu erwarten, selbst wenn er wegen seiner politischen Erfolge als ‚Retter des Papsttums' galt. Sein Pontifikat war derart, daß Kaiser Maximilian I. (1459]1486–1519) auf den Gedanken kommen konnte, nach seinem Tod selbst Papst oder Gegenpapst zu werden.

b) Nationalisierung, Territorialisierung und Kommunalisierung der Kirche

Konkordate

Angesichts der Reformunfähigkeit der Kirche und im Interesse einer Intensivierung ihrer Herrschaft suchten die weltlichen Mächte für ihren Zuständigkeitsbereich Reformen in Gang zu setzen. Die Zeiten des Schismas und der Reformkonzilien mußten solche Bestrebungen fördern. In Konstanz war es neben den conciliariter beschlossenen Reformdekreten auch zu den nationaliter gebilligten Konkordaten mit den Nationen, den Spaniern, den Franzosen, den Engländern und den Deutschen gekommen, die aber alle, bis auf das englische nur für einen begrenzten Zeitraum (5 Jahre) gelten sollte. Den damit beschrittenen Weg versuchte man auch weiterhin zu gehen.

Frankreich übernahm in der Pragmatischen Sanktion von Bourges (1438) die Reformbeschlüsse der Konzilien von Konstanz und Basel, schränkte den kurialen Fiskalismus, die geistliche Gerichtsbarkeit und die Möglichkeit der Appellation nach Rom ein und verschaffte dem König erheblichen Einfluß auf die Besetzung kirchlicher Stellen. Damit wurde sie zur Grundlage für den ‚Gallikanismus‘, die ‚Freiheit‘ der französischen Kirche, die aber auch leicht zur ‚Knechtschaft‘ unter dem Königtum werden konnte.

Die deutschen Kurfürsten versuchten dasselbe während des Basler Konzils mit der die Neutralität erklärenden Mainzer Akzeptation (1439). Doch gelang es der Kurie, den neugewählten König Friedrich III. (1440]1452–1493; seine Kaiserkrönung 1452 war die letzte durch einen Papst in Rom vollzogene) auf ihre Seite zu ziehen und im Wiener Konkordat (1448) die Reformvorhaben der Akzeptation rückgängig zu machen, so daß von den zuvor erklärten ‚Gravamina nationis Germanicae‘ (Beschwerden der deutschen Nation) keine abgestellt wurden. Man trug sie weiter bis in die Reformationszeit hinein.

Königlicher, landesherrlicher und städtischer Einfluß auf die Kirche

Tendenzen, die obrigkeitlichen Einflüsse auf die Kirche auszudehnen, die es schon seit dem 14. Jahrhundert gab, setzten sich in der Zeit nach den Reformkonzilien verstärkt fort. Hinter ihnen stand keineswegs nur ein ‚Streben nach autonomer Weltlichkeit‘ oder das nach Verdichtung von Herrschaft in der Sammlung von Rechten, sondern sie waren die Reaktion auf ständige Konflikte mit geistlichen Privilegien und Rechten, resultierten aber auch aus dem Willen zur Reform der Kirche, da man der Überzeugung, war, daß rechte Gottesverehrung die Voraussetzung der salus publica (des öffentlichen Wohls) darstelle. Nicht zuletzt deswegen versuchte man, Einfluß auf die Kirche und ihre Reform zu nehmen.

In den westeuropäischen Königreichen kam es angesichts einer starken Königsmacht tendenziell schon früh zur Nationalisierung der Kirche.

– Im Verhältnis zu Frankreich arbeiteten die Päpste unablässig an der Beseitigung der Pragmatischen Sanktion, die Leo X. (1475]1513–1521) im Zusammenhang des Konkordats von Bologna 1516 erreichte (KTGQ 3, Nr. 4). Doch wurde mit ihm der Einfluß des französischen Königs auf die Kirche erheblich gesteigert. Denn König Franz I. (1494]1515–1547) stimmte der Aufhebung der Pragmatischen Sanktion und der Bulle ‚Unam sanctam‘ im Blick auf sein Land nur zu, weil er das Recht auf die Besetzung aller hohen und niederen Pfründen in Frankreich erhielt und die Parlamente die geistliche Gerichtsbarkeit kontrollieren durften.

– Auch in England regierte der König die Kirche wie eine Eigenkirche. Die theoretischen Grundlagen dazu wurden bereits in der avignonesischen Zeit gelegt, als – vor dem Hintergrund kurialer Unterstützung Frankreichs im Hundertjährigen Krieg – mit der statute of provisors (1351) und der statute of praemunire (1353) die Einflußmöglichkeiten der Kurie auf der Insel erheblich eingeschränkt wurden, bis das Land vom Konstanzer Konzil das erwähnte Konkordat erhielt.

– In Spanien hatte schon Peter IV. (1319]1336–1386) durch Einrichtung einer eigenen Institution zur Verwaltung der Pfründen Einfluß auf deren Vergabe erhalten. Alfons I. (1396]1416–1458) nutzte dann ebenfalls das Schisma, um den Einfluß auf die Kirche seiner Länder zu erweitern. Daß die Veröffentlichung päpstlicher Bullen der Zustimmung des Königs bedurften, war ebenso selbstverständlich wie die Möglichkeit, vom geistlichen an ein weltliches Gericht zu appellieren. Vor allem die ‚katholischen Majestäten‘, Isabella von Kastilien (1451]1474–1504) und Ferdinand von Aragon (1452]1461–1514) haben dann am Ende des 15. Jahrhunderts den Einfluß auf die Kirche des Landes und die Inquisition systematisch erweitert, mit ihm allerdings auch reformierende Kräfte freigesetzt und unterstützt.

– Angesichts der Schwäche des Kaisers und der Institutionen des Reiches konnte sich im Deutschen Reich keine Nationalkirche entwickeln. Hier kam es deswegen zu einer Territorialisierung und Kommunalisierung der Kirche. Die Fürsten strebten nach Landesbistümern oder versuchten reichsunmittelbare Bistümer unter ihre Gewalt zu bringen (Mediatisierung). Entsprechend intendierte man in den Reichsstädten eine ‚städtische Kirche‘. Nicht selten im Zusammenspiel mit der bei Geldzahlungen stets willigen Kurie, notfalls aber auch ohne ihre Zustimmung und gelegentlich auch gegen die Interessen der Kirche erhielten die weltlichen Obrigkeiten – über Inkorporationen, Stiftungswesen, Schutzvogtei und auf anderen Wegen – Einfluß auf die Besetzung kirchlicher Stellen, Rechte zu Visitation und Reform von Stiften und Klöstern, Anteil an Ablaß- und Kreuzzugsgeldern und Einfluß auf die Verwaltung und Nutzung des Kirchengutes. In der Tendenz bedeutete das: ‚Dux Cliviae est papa in terris suis‘, (In seinen Ländern ist der Herzog von Cleve Papst) selbst wenn man dahinter nicht in erster Linie säkularisierendes Machtstreben vermuten darf, sondern die Überzeugung in Anschlag bringen muß, daß von der rechten Gottesverehrung und einer ihre Aufgaben erfüllenden und intakten Kirche das bonum commune und der ‚gemeine Nutzen‘ abhänge. Wenn man das nicht selten als vorreformatorisches landesherrliches Kirchenregiment bezeichnet, darf der gravierende Unterschied zu dem der Reformationszeit, das eben nicht auf Verhandlungen mit der Kurie und ihrer Zustimmung beruhte, nicht vergessen werden.

Manfred Schulze, Fürsten und Reformation. Geistliche Reformpolitik weltlicher Fürsten vor der Reformation, Tübingen 1991 (SuR.NR 2). – Kirche und Gesellschaft im Heiligen Römischen Reich des 14. und 15. Jahrhunderts, hg. v. Hartmut Boockmann, Göttingen 1994. – Bernd Christian Schneider, Ius Reformandi, Tübingen 2001 (JusEcc 68), S. 11–49.

Die kirchliche Einteilung Europas um 1500

0   250   500   750 km

W 10°   0°   10°

Drontheim

Lu

St. Andrews

Glasgow

Armagh

Tuam

York

Dublin

Cashel

Bremen

Magdebu

Canterbury

Köln

Reims

Rouen   Trier   Mainz

Sens

Tours

Bourges   Besancon   Salz

Lyon

Bordeaux   Tarentaise

Santiago de   Vienne   Mailand   Udi

Compostela

Auch   Avignon   Embrun   Venedig

Braga   Toulouse   Arles   Genua   Ravenna

Zaragoza   Aix   Pisa   Florenz

Narbonne   Siena   (S

Lissabon   Rom

Toledo   Tarragona   Bene

Valencia   Torres-Sassari   Capua

                                                Neapel

                                        Sorrento

Sevilla   Oristano   Amalfi

                                        Salerno

Granada   Cagliari   (

                                    Palermo   Me

                                    Monreale

42

Römische Kirche:

⚚ Sitz eines Patriarchen

⚱ Sitz eines Erzbischofs

Patriarchat Konstantinopel:

⚲ Sitz des Patriarchen

⚳ Sitz eines autokephalen Erzbischofs

⚴ Sitz eines Metropoliten mit den Titeln eines Hypertimos und Exarchos (der betreffenden Kirchenprovinz)

Patriarchat Antiocheia:

⚲ Sitz des Patriarchen

(zu Uppsala)

Jppsala

(zu Lund)

N 60°

Riga

Moskovion

(zu Gnesen)

Kammin

Nowogrodek

50°

Gnesen

'rag

'rg

Gran

Kalocsa

(zu Gran)

a

Tyrnovon

Trapezus

Spalato
(Salona)

Neokaisereia

40°

Ragusa

Philippupolis Adrianupolis **Konstantinopel**

Siponto Antivari Durazzo

Serrhai Herakleia Chalkedon
Nikomedeia

nt Barletta
Trani
Co. Bari

Achrida Philippoi Nikaia Ankyra

Brindisi

Ac. Ma. Otranto

Thessalonike Kyzikos

Larissa Mytilene Kaisareia

Rossano

enza S. Severina

Philadelphia Ikonion

Thebai Euripu

na

Patrai Athenai

Ephesos **Antiocheia**

Reggio

Korinthos

Lakedaimonia Monembasia

Rhodos

Nikosia

Ac. - Acerenza
Co. - Conza
Ma. - Matera

Kypru

20° 30° E 40°

B. Theologie

Heiko A. Oberman, Theologie des späten Mittelalters, in: ThLZ 91, 1966, Sp. 401–416.

1. Die Spätscholastik

Das 14. und 15. Jahrhundert gelten als die Zeit der ,Spätscholastik' und damit im Blick auf die großen Synthesen des 13. Jahrhunderts als die der Desintegration und als ,das Ende der Reise' (Gilson). Unter dieser negativen Sicht leiden weithin noch die Darstellungen der Theologiegeschichte in den entsprechenden Lehrbüchern. Doch ist eine solche Sicht ganz einseitig an den Systemen der Hochscholastik ausgerichtet und wird der Vielfalt der Neuansätze und Neuaufbrüche in keiner Weise gerecht.

Zwar ist es richtig, daß sich nun unter dem massiven Einfluß der Generalkapitel die beiden großen Schulen der Thomisten und Scotisten bilden. Aber sie sind weit davon entfernt, ihre ,Väter' einfach zu reproduzieren. Der Zwang, das Werk des Thomas verteidigen zu müssen – die Vertreter heißen nicht umsonst ,defensores' – läßt sich vom Gegner die Problem- und Schwerpunkte vorgeben. Insofern trifft man dann auch eine bestimmte Auswahl (die Thomisten legen den Schwerpunkt z.B. auf den frühen Thomas des Sentenzenkommentars und auf die an ihm kritisierten philosophischen Implikationen).

Ein wichtiges Grunddatum sind die Verurteilungen eines radikalen Aristotelismus von 1270 und 1277, der aus einem nicht christlich vereinnahmten Aristoteles die Konsequenz eines allen Menschen gemeinsamen Intellekts mit der daraus sich ergebenden Leugnung der individuellen unsterblichen Seele, einer Ewigkeit der Welt sowie die einer deterministisch gedachten alles bestimmenden Kausalität zog. Ließ man das unvermittelt neben den christlichen Lehren stehen, so konnte das den Anschein erwecken, als lehre man eine ,doppelte Wahrheit'. Wenn man gleichzeitig forderte, in der artes-Fakultät solle keine Theologie gelehrt werden, konnte man dort den Aristoteles umso ungestörter von der Theologie treiben. Trotz der Verwerfungen ließ sich der radikale Aristotelismus nicht unterdrücken, sondern wurde auf unterschiedliche Weise weitergeführt.

– Man konnte, ohne zu einer wirklichen Widerlegung in der Lage zu sein, die aristotelischen Überlegungen referieren und sie schlicht als Häresie abtun, oder sie anführen, ohne sich zur Wahrheitsfrage klar zu äußern (so John Baconthorpe, ca.1290–1348).

– Man konnte den Nachweis versuchen, daß das, was verdammt worden war, gar nicht gelehrt wurde (Richard Fitzralph, gest. 1360).

– Schließlich konnte man sie genau reproduzieren, um sie dann im Nachsatz aufgrund der Kirchenlehre für falsch zu erklären (Angelo von Arezzo, um 1325) oder aber – die Annahme einer doppelten Wahrheit implizierend – die entgegenstehenden Glaubenslehren als richtig, aber unbeweisbar zu charakterisieren und so den Glauben an sie als besonders verdienstvoll zu bezeichnen (Johann von Jandun, 1285/89–1328). Damit wollte man sich wohl weniger gegen die Inhalte des Glaubens als vielmehr gegen das Unternehmen einer ‚wissenschaftlichen' Theologie wenden. Jedenfalls gab es in Paris wie vor allem bei den Artisten und Medizinern in Padua eine weitergehende Tradition des Aristotelismus, die bis zu Pietro Pomponazzi (1462–1525) in das 15. Jahrhundert reichte und eine frühe erste ‚Säkularisierung' der Philosophie darstellte.

Diese Herausforderung der Theologie hatte Duns Scotus in seinem großartigen System angenommen (vgl. Geschichte des Christentums Bd. 1,2). Damit wurde er grundlegend auch für die überragende Gestalt der nächsten Generation: Wilhelm von Ockham (ca.1285–1347). In der erkenntnistheoretischen Debatte über die Universalien (Allgemeinbegriffe) vertrat Ockham einen Konzeptualismus, erkannte also den Universalien zwar keine extramentale Realität zu, betrachtete sie aber auch nicht wie der Nominalismus als reine Worte, sondern als zutreffende Begriffe (conceptus) der geschaffenen Entitäten (KTGQ 2, Nr. 48a). Daraus ergab sich ganz selbstverständlich eine stärkere Betonung des Einzelnen. Für die artes-Fakultäten verband sich damit der Gegensatz zwischen den Realisten, die den Allgemeinbegriffen Realität zugestanden und den Nominalisten wie Robert Holcot (gest. 1349) und Adam Wodeham (1295–1358), die sich auch auf Ockham stützten. Am Ende des 14. Jahrhunderts standen sich dann die realistisch denkenden antiqui und die nominalistisch denkenden moderni als ‚zwei Wege' gegenüber, wobei die Bezeichnungen, in einer Zeit, in der nur das Alte zählte, gleichzeitig Wertungen implizierten, die erst allmählich zurücktraten. Denn zunächst entschieden sich die Universitäten entweder für die via antiqua (Paris 1339) oder die via moderna und ließen erst seit der Mitte des 15. Jahrhunderts immer öfter auch beide nebeneinander zu.

Die erkenntnistheoretischen Grundentscheidungen implizierten Folgen für die Theologie. Im Unterschied zu den Theologen, die der via antiqua folgten und davon überzeugt waren, daß man einen an die vernünftige Weltordnung gebundenen Gott und seine Wege rational verstehen und entfalten könne, mußten die sich an Ockham anschließenden Vertreter der via moderna stärker ‚positivistisch' beim Zeugnis der Bibel ansetzen. Zwar verneinte Ockham eine natürlich-philosophische Gotteslehre nicht grundsätzlich, sie war ihm aber zweifelhaft. Theologie als Wissenschaft ruht auf der Wahrheit des Glaubens und ist Bearbeitung dessen, was ihr als Offenbarung in der Schrift und in der Tradition vorgegeben ist. Dabei nahm er aber durchaus eine Abstufung der Autoritäten vor, ohne ein Schriftprinzip im Sinn der Reformation zu vertreten, und sprach die Entscheidung über die rechte Auslegung und Aneignung nicht Hierarchie und Papst, sondern der Gesamtheit der Kirche als Gesamtheit der Gläubigen zu. Die Theologie bedarf deswegen auch nicht eines Vorbaus aristotelischer Physik oder Metaphysik, sondern lediglich der Logik.

Als Ausgangspunkt ist für Ockham der Gedanke der absoluten Souveränität Gottes entscheidend. So versteht Ockham die gesamte Heilsgeschichte als Ergebnis einer freien und barmherzigen Selbstbindung Gottes (potentia ordinata), die aber in der völligen Freiheit seiner potentia absoluta wurzelt. Indem Gott stets ‚ordinate' handelt, folgt er nicht innerweltlichen ‚Regeln', sondern seinen eigenen Anordnungen, so daß Wunder nicht ausgeschlossen sind (KTGQ 2, Nr. 48b). Das bedeutet allerdings auch, daß es vor Gott verdienstliche Akte aufgrund der habitualen Gnade nur kraft der potentia ordinata und der acceptatio Gottes gibt. Daher kann diese Theologie ein ausgesprochenes Doppelgesicht zeigen: einen geradezu prädestinatianischen Gnadenabsolutismus auf der einen, einen pelagianisierenden Zug auf der anderen Seite. Ein Beispiel für Ockhams kirchlichen Positivismus bieten seine Überlegungen zur Transsubstantiationslehre. Ockham schien das Hinzutreten der Substanz von Leib und Blut Christi zu der von Brot und Wein (Konsubstantiation) philosophisch akzeptabler als die dogmatisierte Transsubstantiationslehre, die er aber gleichwohl anerkannte.

Volker Leppin, Wilhelm von Ockham, Darmstadt 2003. – Ders., Geglaubte Wahrheit. Das Theologieverständis Wilhelms von Ockham, Göttingen 1995 (FKDG 63).

Die Fruchtbarkeit von Ockhams Erkenntnistheorie und Logik zeigte sich zunächst im Studium der artes. Hier führte Johannes Buridan (1304/5–1360) von Ockham ausgehend die Logik weiter. Doch war er stärker an den naturphilosophischen Schriften des Aristoteles interessiert, die er freilich in einer sie hinter sich lassenden Wendung zu empirischer Beobachtung und Forschung im Blick auf Bewegung und Fall kritisierte. Seine Überlegungen führten ihn aber auch zu Anfragen an die Theologie, etwa die: Warum die Himmelskörper aufgrund eines ersten Impetus von Gott – gesetzt, es hindere nichts – nicht in Bewegung bleiben sollten? In ähnliche Richtung gingen die Arbeiten von Albert von Sachsen (ca.1316–1390) und Nikolaus von Oresme (ca.1320–1382), die sich dem Bereich von Schwere und Gewicht, den Fragen des Falls, aber auch dem Problem der täglichen Bewegung der Erde widmeten. Weiter als sie ging in der Kritik des Aristoteles Nicholas von Autrécourt (ca. 1298/99–1369), der ausgehend vom Satz vom Widerspruch nicht nur den wissenschaftlichen Erweis einer Kausalität, sondern von da aus auch die schlüssige Unterscheidung von Substanz und Akzidens in Frage stellte. Für ihn konnte man nur der Objekte der fünf Sinne und der eigenen denkerischen Arbeit sicher sein. Damit solle man sich statt mit Aristoteles und Averroes beschäftigen. Auch das hatte unmittelbare Folgen für die Frage einer philosophischen Gotteserkenntnis, insofern ihm auch eine erste Ursache fraglich schien. Man kann sich nicht wundern, daß man ihn zum Widerruf zwang (DH 1028–1049). So trafen auch den Nominalismus, selbst wenn er sich allmählich durchsetzen konnte, noch bis zum Ende des 14. Jahrhunderts universitäre Verdammungsurteile.

Theologisch konnten sich die Vertreter der via antiqua durchaus an unterschiedlichen Zentralgestalten orientieren, in erster Linie sicher an Thomas von Aquin, daneben aber auch – etwa in Köln – an Albertus Magnus, während sich die Vertreter der via moderna auf Duns Scotus und Ockham beriefen. Für letztere schuf Gabriel Biel, (ca. 1410–1495) mit seinem ‚Collectorium' eine Art Handbuch (KTGQ 2, Nr. 82b). Doch zeigt sich gerade bei ihm, wie schon früher bei Gerson die Verbindung zwischen Scholastik und Frömmigkeitstheologie (vgl. u. S. 49). Neben den Schulen der Scotisten und Thomisten sowie den Nachfolgern Ockhams kam es im 14. Jahrhundert zu einer ‚Augustin-Renaissance'. Zwar war schon aufgrund der Sentenzen des Petrus

Lombardus alle Theologie im Grundzug augustinisch geprägt, aber für die Vertreter jener Renaissance war Augustin nicht einer unter anderen, sondern die Autorität rechten Evangeliumsverständnisses schlechthin. Die antipelagianische Wendung Augustins und Prospers von Aquitanien stand hier im Mittelpunkt (KTGQ 2, Nr. 49) und konnte von Thomas Bradwardine (doctor profundus. – ca.1290/1300–1349) auf realistischer, von Gregor von Rimini (ca.1305–1358) auf nominalistischer Grundlage angeeignet werden. Auf dem stets notwendigen gnädigen Handeln Gottes am Menschen beruht nach Gregor trotz aller habitualen Gnade alles Heil des Menschen.

Heiko A. Oberman, Spätscholastik und Reformation Bd. 1: Der Herbst der mittelalterlichen Theologie, Zürich 1965. – Gregor von Rimini. Werk und Wirkung bis zur Reformation, hg. v. Heiko A. Oberman, Berlin 1981 (SuR 20). – Via Augustini. Augustin in the Later Middle Ages, Renaissance and Reformation, hg. v. Heiko A. Oberman, Leiden u.a. 1991 (SMRT 48).

2. Theologie einer biblisch begründeten Kirchenreform: Wyclif und Hus

Zusätzlich zur Frage des Schismas hatten sich Probleme mit theologischen Konzeptionen ergeben, die vorerst noch deutlich national begrenzt waren und denen die übrige Kirche ablehnend gegenüberstand. Sie konzentrierten sich auf den Tschechen Johannes Hus, gingen aber letztlich auf den Engländer John Wyclif (um 1330–1384; doctor evangelicus) zurück.

Für den sich vor allem auf Augustin stützenden Wyclif, der die Bibel in seiner ‚Postilla super bibliam‘ durchgehend kommentierte, wurde sie schließlich zur alles umfassenden Seins- und Sollensordnung, zu deren Verständnis es keines Lehramts bedarf. Deswegen wollte er die Bibel den Laien in der Volkssprache zugänglich machen. Vor allem den Evangelien und der Apostelgeschichte entnahm er die Kennzeichen Christi und christlicher Gemeinde: Armut, Demut und Leiden. Von da aus bestimmte er in seinen Schriften seit 1375 in sich steigernder Radikalität das Verhältnis von Kirche und weltlicher Obrigkeit neu. Nur die Nachfolge des erniedrigten Christus weist den Menschen als Christen aus, und nicht das Sakrament, sondern die Vollmacht zur Erbauung macht den wahren Priester. Deswegen ist auch der Papst, der offensichtlich nicht Nachfolger des demütig leidenden Christus ist, nicht dessen Stellvertreter, sondern der Antichrist. Die Kirche, die Wyclif als Gemeinschaft der Prädestinierten verstand, werde besser kollegial als monarchisch geleitet (vgl. KTGQ 2, Nr. 65). Im Unterschied dazu war ihm die weltliche Obrigkeit Stellvertreterin des erhöhten, die Welt regierenden Christus. Sie sollte auf dem Wege der Enteignung die Kirche zur Armut zurückzuführen und Todsünder aus der Gemeinde entfernen.

Die englische Krone, die Wyclifs Thesen in Verhandlungen mit Rom angesichts des Krieges mit Frankreich fiskalistisch instrumentalisieren wollte, hielt beim ersten Prozeß in England 1378 noch die schützende Hand über ihn, konnte aber die päpstliche Verurteilung (1377; DH 1121–1139) nur für England unwirksam machen. Als Wyclif dann aber in seinem Tractatus de eucharistia 1381 Konsequenzen für die Abendmahlslehre zog und nicht nur die 1215 dogmatisierte transsubstantiatio (Wandlung der Substanz), sondern auch die annihilatio (Vernichtung) der Substanz

der Elemente ebenso wie identificatio (Ineinssetzung) und impanatio (die Einschließung im Brot) ablehnte und in Brot und Wein wahrhaft, aber figürlich den Leib
Christi sah, verurteilte ihn die Universität Oxford. Er mußte sich in seine Pfarrei
Lutterworth zurückziehen. Nach dem Prozeß von 1382 ging dann auch die Krone, da
man ihn fälschlich für einen Bauernaufstand des Vorjahres verantwortlich machte,
gegen die ‚Lollarden' vor, die aufgrund entsprechender Predigten einige seiner
Grundüberzeugungen teilten. Ihn selbst ließ man bis zu seinem Tod unbehelligt. Erst
das im Zusammenhang des Prozesses gegen Hus in Konstanz auch gegen ihn gefällte
Urteil (1415, KTGQ 2, Nr. 67a, DH 1151–1195) führte vor dem Hintergrund des
Aufstandes von Sir John Oldcastle zur Verbrennung seiner Gebeine (1427).

Gustav-Adolf Benrath, John Wyclif, in: Gestalten der Kirchengeschichte, hg. v. Martin Greschat,
Bd. 4, Stuttgart u.a. 1983, S. 219–233. – Ders., John Wyclif, in: Theologen des Mittelalters, hg.
v. Ulrich Köpf, Darmstadt 2002, S. 197–211. – Wyclif in his Times, hg. v. A. Kenny, Oxford
1986. – A. Hudson, The Premature Reformation. Wycliffite Texts and Lollard History, Oxford
1988.

Über die Heirat Richard II. von England (1367]1377–1399[1400) mit Anna von
Böhmen (1366–1394) im Jahr 1382 kamen Ende des 14. Jahrhunderts böhmische
Studenten an die englischen Universitäten und wurden von Wyclif beeindruckt und
beeinflußt. So konnte er bis nach Böhmen hinein wirken. Dort gab es schon vor Hus
Volksprediger (Konrad von Waldhausen, ca.1325–1369; Jan Milič von Kremsier,
ca.1320/25–1374; Matthias von Janov, nach 1350–1393), die eine auch gegen den
Klerus von den Gemeinden zu vollziehende Reform zu einer urchristlich armen Kirche propagierten, mit der sich die Kirchen- und Obrigkeitskritik Wyclifs verbinden
konnte. Unterstützung fanden sie in der Prager Universität (Matthäus von Krakau,
ca.1345–1410). Auch der Magister Jan Hus (ca.1370–1415) repräsentierte, als er
1402 an der Bethlehemskapelle Prediger wurde, diese Verbindung von Reform-
willen, Volkspredigt und universitärer Lehre.
Von Wyclif rezipierte Hus zunächst dessen philosophischen Realismus, der sich an
der Prager Karlsuniversität gegen die nominalistisch lehrenden deutschen Magister in
der seit 1384 schwelenden Auseinandersetzung zwischen böhmischer und deutscher
Nation instrumentalisieren ließ, selbst wenn Hus wohl nicht führend an dem Streit
beteiligt war. Schließlich kam es nach dem Kuttenberger Dekret König Wenzels
(1361]1378–1419) von 1409, das der böhmischen Nation ein Übergewicht in der
Universität zusprach, zum Auszug der Deutschen und zur Gründung der Universität
Leipzig.
Zu dieser Zeit versuchte Hus, theologisch von Wyclif geprägt und wie jener von der
alleinigen und umfassenden Verbindlichkeit des in der Schrift repräsentierten Got-
teswillens überzeugt, das kirchliche Urteil über den Engländer aufheben zu lassen.
Das führte zum Verbot seiner Predigten in der Bethlehemskapelle und schließlich,
aufgrund einer Verurteilung von 45 aus seinen Schriften gezogenen wyclifitischen
Artikeln 1412 zum Bann. Die Unterstützung, die Hus mit seiner Kirchenkritik zunächst auch beim König gefunden hatte, verlor er, als er einen von diesem geförderten Kreuzzugsablaß kritisierte. Doch schützte ihn nunmehr der national gesinnte und

an Patronatsrechten und Kirchengut interessierte Adel. Auf dessen Schlössern fand Hus Zuflucht und Ruhe für weitere Schriften (‚De ecclesia'). Am biblischen Gesetz sollten sich Kirche und Obrigkeit messen lassen. Dabei kritisierte Hus nicht nur den Reichtum der Kirche und die ‚Simonie', sondern auch die Verfassung insofern, als er sich angesichts des Schismas anstelle des zentralen Papsttums für eine nach Nationen gegliederte Kirche einsetzte, die Todsünder ausscheiden müsse. Die Reform der Kirche sei Sache der Obrigkeit, die er aber gleichfalls wegen Ausbeutung und Habgier anklagte, ohne wirklich revolutionäre Töne anzuschlagen (KTGQ 2, Nr. 66). Da die Hus-Sache nicht zur Ruhe kam, brachte sie der Bruder des böhmischen Königs, der deutsche König Sigismund (1368]1411–1437) vor das Konstanzer Konzil (vgl. o. S. 33f).

Häresie und vorzeitige Reformation im Spätmittelalter, hg. v. František Šmahel, München 1998 (Schriften des Historischen Kollegs 39).

3. Frömmigkeitstheologie

Christoph Burger, Aedificatio, Fructus, Utilitas. Johannes Gerson als Professor der Theologie und Kanzler der Universität Paris, Tübingen 1986 (BHTh 70). – Berndt Hamm, Frömmigkeitstheologie am Anfang des 16. Jahrhunderts. Studien zu Johannes von Paltz und seinem Umkreis, Tübingen 1982 (BHTh 65). – Sven Grosse, Heilsungewißheit und Scrupulositas im späten Mittelalter, Tübingen 1994 (BHTh 85).

Spätere Kritik hat der Scholastik unangemessene curiositas (Neugier) und überflüssige Fragen wie die, in welcher Jahreszeit Gott die Erde geschaffen habe oder wie viele Engel auf einer Nadelspitze Platz hätten, vorgeworfen. Doch gab es in der Spätscholastik durchaus ein Empfinden für die Distanz zwischen universitärer Scholastik und gelebter Frömmigkeit, die nicht wenige zu überbrücken versuchten. Man faßt diese Bemühungen unter dem Begriff der ‚Frömmigkeitstheologie' (Hamm) zusammen. Ihre Werke sind seelsorgerlich auf die geistlichen Bedürfnisse der frommen Laien ausgerichtet, und es war ihnen vor allem um die christliche Gestaltung von Leben und Tod zu tun. Die entsprechenden Schriften wurden vielfach in die Volkssprachen übersetzt, gelegentlich auch in ihnen verfaßt. Jedenfalls wandten sie sich an ein lesefähiges Laienpublikum unter dem Adel und vor allem den Bürgern der Städte. Die Verfasser waren teilweise Universitätslehrer wie etwa die zur Wiener Schule gehörenden Theologen Heinrich von Langenstein (gest. 1397) und Nikolaus von Dinkelsbühl (gest. 1433). Der deutlich herausragende Vertreter dieser Theologie aber war Johannes Gerson (1383–1425), Professor an der Pariser Universität. Neben der verstandesorientierten scholastischen Theologie im Rahmen der via moderna, wobei er vor unangemessener Neugier in theologicis warnte (KTGQ 2, Nr. 69a), griff er die affektorientierten Traditionen der Mystik auf. Seinen Auslegungen von Katechismusstücken wie den 10 Geboten, und einem damit zusammenhängenden Beichtspiegel sowie einer ars moriendi (Bereitung zum Sterben) traten ähnliche Schriften, Vaterunserauslegungen, Meßerklärungen und manches andere, zur Seite (KTGQ 2, Nr. 76d). Diese Frömmigkeitstheologie fand sich vor allem im Umfeld monastischer

Theologie und Reform. In Deutschland sind im Vorfeld der Reformation Johann von Paltz (1445–1511) und Johann von Staupitz (ca.1468–1524), beide Augustiner-eremiten, zu nennen. Während Paltz seine augustinische Betonung der Gnade spannungslos mit den kirchlichen Gnadenmitteln bis hin zum Ablaß verbinden und diesen sogar fördern konnte (KTGQ 2, Nr. 76e), stand bei Staupitz die in Christus begegnende Gnade Gottes vor dem Hintergrund augustinischen Prädestinationsdenkens im Mittelpunkt.

C. Frömmigkeit, Kirchenkritik und Außenseiter

1. In Erwartung des Endes von Leben und Welt

Zu den ständigen Begleitern der Zeit des Spätmittelalters gehörten Hunger, Krieg und epidemienhafte Seuchen. Aber selbst wenn sie normalerweise räumlich und zeitlich begrenzt auftraten, erinnerten sie in ihren Folgen und mit der ihnen gegebenen Deutung ständig an das Ende des eigenen Lebens und das Ende der Welt. Daneben gab es die nur gelegentlich auftretenden Bedrohungen, zu denen Erdbeben oder eine Heuschreckenplage gehörten. Von erheblicher Bedeutung wurde die Pest, als sie 1348 aus orientalischen Häfen nach Italien eingeschleppt wurde. Es kam zu einer ersten großen Pestwelle, die allmählich das gesamte Europa bis nach Rußland hin erreichte. Da die Pest seitdem in immer neuen Wellen, wenn auch begrenzter, wiederkehrte, hatte sie erhebliche demographische und, damit zusammenhängend, wirtschaftliche Folgen. Die Zeitgenossen erklärten sie sich auf verschiedene Weise: Man dachte an eine ungünstige Konstellation der Gestirne, man erwog eine natürliche oder verbrecherische Verpestung von Luft oder Wasser. Letzteres löste, wo man – im Süden Frankreichs und in Deutschland – den Juden die Schuld gab, Pogrome aus. Zwar waren die Unterschichten im allgemeinen stärker betroffen, prägend aber blieb die Erfahrung, die die späteren Totentänze thematisierten, daß der Tod vor keinem Stand in der Welt haltmachte. Daneben gab es die allgemeine Erklärung als Strafe Gottes für die Sünden der Menschheit. Der konnte man nur durch Buße, Gebet und Fasten wehren. Neben den von kirchlicher und weltlicher Obrigkeit verordneten Buß- und Bittprozessionen standen die gleichzeitig auftauchenden, von der Kirche beargwöhnten und später auch von den Obrigkeiten kritisierten Züge der Flagellanten (ausschließlich Männer), die in teilweise großen Gruppen (bis zu Hunderten) auftauchten und ein genau umschriebenes Ritual vollzogen (KTGQ 2, Nr. 78b), nach der Pestzeit aber wieder verschwanden. Doch gab es neben der Buße auch einen angesichts der Gefährdung nur umso ungehemmteren Lebenswillen und -genuß. Davon hoben sich die Bruderschaften ab, die sich der Betreuung der Kranken und der Bestattung der Toten widmeten; denn die Angst vor Ansteckung führte auch zur Auflösung traditioneller Sitten der Bestattung (KTGQ 2, 78a).

50

Neithard Bulst, Pest, in: LMA 6, München/Zürich 1991, Sp. 1915–1920. – Frantisek Graus, Pest – Geissler – Judenmorde. Das 14. Jahrhundert als Krisenzeit, [2]Göttingen 1988. – Volker Leppin, Totentanz: TRE 33, Berlin/New York 2002, S. 686–688. – Franz-Reiner Erkens, Buße in Zeiten des Schwarzen Todes, in: ZHF 26, 1999, S. 483–513. – Thilo Esser, Die Pest – Strafe Gottes oder Naturphänomen, in: ZKG 108, 1997, S. 32–57. – Berndt Hamm, Luthers Anleitung zum seligen Sterben vor dem Hintergrund der mittelalterlichen Ars moriendi, in: JBTh 19, 2004, S. 311–362.

Vertieft wurde diese Todesnähe in der ars moriendi (Kunst zu sterben), einer literarischen Gattung, der es eigentlich um ein Leben ging, das angesichts des Todes und vor Gott Bestand haben konnte (KTGQ 2, Nr. 78c). Am schrecklichsten schien das plötzliche Sterben des ‚jähen Todes‘, das keine Vorbereitung zuließ. Seit dem Hochmittelalter fürchtete man weniger die Hölle, die inzwischen auch ihre unterschiedlichen ‚Räume‘ hatte (den limbus parvulorum für die ungetauften Kinder und die ohne Aktualsünde, den limbus patrum für die vor Christus verstorbenen biblischen Frommen), sondern vor allem das reinigende Fegfeuer, durch das hindurch man – in Dantes ‚Divina comedia‘ den sieben Todsünden folgend – schließlich das Paradies erreichen konnte.

Im Blick auf die Furcht vor den Qualen des Fegfeuers erhielt der Ablaß in seinen unterschiedlichen Formen immer größere Bedeutung: die Plenar- und Jubelablässe, die es in immer kürzerer Folge (alle 100, 50, 33, 25 Jahre) gab, die ad instar-Ablässe, bei denen man die an einem bestimmten Ort gebundenen Ablässe auch andernorts erwerben konnte, und schließlich der Ablaß für bereits Verstorbene. Freilich führte die Inflation der Ablässe auch dazu, daß mit dem Beginn der 16. Jahrhunderts der Ablaß als Ware nicht mehr in gleicher Weise gesucht wurde.

Gustav Adolf Benrath, Ablaß, in: TRE 1, Berlin/New York 1977, S. 347–364.

Ebenso angstvoll wie auf das Ende des individuellen Lebens wartete man auf das Ende der Welt. Im Blick darauf beobachtete man die Konstellationen der Gestirne und die Absonderlichkeiten, die sich auf der Erde zutrugen. Die oft zusammengestellten 15 Vorzeichen des Endes bewiesen, daß die Welt, alt geworden, dem Ende entgegeneilte. Endzeitprophezeiungen über das Kommen eines Priesterherrschers Friedrich, wie in der ‚Reformatio Sigismundi‘ (KTGQ 2, Nr. 73) und die Prophezeiungen Johann Lichtenbergers (gest. 1503) gingen um. Buchdruck und Holzschnitt verbreiteten sie. Die Legende vom Antichrist, der aus dem jüdischen Stamm Dan kommend vor dem Ende auftreten wird, verstärkte den Antijudaismus. Wie kein anderes zog das letzte Buch der Bibel Künstler und Leser an. Auch der hochgebildete Nikolaus Cusanus (vgl. u. S. 76f) berechnete den Zeitpunkt der Wiederkunft Christi. Schon der Armutsstreit und das Ringen um die rechte Bestimmung von sacerdotium und imperium hatten Enderwartungen gefördert. Es waren vor allem die Vertreter der ‚armen Kirche‘ und die Gegner päpstlicher Machtansprüche, die wie Petrus Johannis Olivi (1247/48–1296) oder Arnaldo von Villanova (gest. 1311; Leibarzt von König Jayme II. von Aragon) chiliastische Hoffnungen hegten und damit rechneten, daß das Ende nahe sei und die Erwählten an die Stelle der abgefallenen Hierarchen in der Kirche treten würden. Daß man gegen sie als calculatores und speculatores Front machte, focht sie nicht an. Und daß Johannes XXII. die ‚lectura super apocalipsim‘ des Petrus Johannes Olivi (1247/48–1296) verdammte, konnte die Erwartung des Antichristen und des Endes nur bestätigen. Die Kirche ging hart gegen chiliastische Bewegungen vor: Führende Köpfe der apostolischen Brüder, die die prophetische Geschichtsschau Joachims von Fiore weiterentwickelten und – wie Gerardo Segarelli und Fra Dolcino – Gewaltbereitschaft erkennen ließen, wurden verbrannt (1300, 1307). Gleichwohl lebte der Chiliasmus auch bei den hussitischen Taboriten wieder auf. 1476 gab es geradezu eine Wallfahrt zu den messianischen Predigten des Hans Behm in Niklashausen (KTGQ 2, Nr. 75), bis der Bischof von Würzburg zugriff und das ‚Pfeiferhänslein‘ verbrennen ließ. Aber auch der Versuch des Dominikaners Girolamo Savonarola (1452–1498), aus Florenz einen Gottesstaat zu machen, hatte chiliastischen Hintergrund.

2. Frömmigkeitsvollzug – Massenhaftigkeit und Quantifizierbarkeit

a) Gesteigerte Frömmigkeitsübungen

Je intensiver das religiöse Leben im Spätmittelalter und am Vorabend der Reformation erforscht wird, um so weniger will die ‚Pulverfaßtheorie‘ – die Behauptung, krisenhafte Zustände in der Kirche hätten so oder so nach Reformation verlangt – überzeugen. Das ausgehende Mittelalter war eher die Zeit einer gesteigerten Frömmigkeit – allerdings aufgrund der in ihr enthaltenen Spannungen auch mit problematischen Zügen.

Es bestand ein deutlicher Unterschied zwischen den Städten und dem Land. Auf dem Land gab es normalerweise nur den traditionellen Meßgottesdienst von meist ungebildeten Priestern und Vikaren, was gelegentlich – wie in England – zur Selbsthilfe der Laien führte. In den Städten dagegen wurde zunehmend gepredigt, vor allem in den riesigen Kirchen der Bettelorden. Devotio moderna und Humanismus (vgl. u. S. 61f, 75–83) lockerten die tradierte ars praedicandi und machten die Predigt meditativer und erbaulicher: instructio fidei und instructio morum (Glaubens- und Sittenlehre) standen gleichberechtigt nebeneinander. Berühmte Wander- und Bußprediger wie Bernhardin von Siena (1380–1444) und Johannes Capestrano (1386–1456) zogen geradezu Massen an. Das Interesse der städtischen Bevölkerung an der Predigt belegen aber auch die vielen Predigerstellen, die nun an den Stadtkirchen gestiftet und eingerichtet wurden, wobei man mit den Anstellungsbedingungen die Qualität der Predigt zu garantieren versuchte. Gute Prediger waren gesucht und wurden gern gehört. Ihre Predigten stellten den Gehorsam fordernden, strengen und richtenden Christus und Gott (Girolamo Savonarola in Florenz) in den Mittelpunkt, betonten im Gegensatz dazu angesichts menschlicher Schwäche die unergründliche Gnade Gottes (Johann von Staupitz, 1465–1524 in Nürnberg: KTGQ 3, Nr. 6) oder versuchten beides in ein ausgewogenes Verhältnis zu bringen.

Berndt Hamm, The Reformation of Faith in the Context of Late Medieval Theology and Piety, Leiden/Boston 2004, S. 50–87. – Ders., Bürgertum und Glaube, Göttingen 1996. – Laienfrömmigkeit im späten Mittelalter, hg. v. Klaus Schreiner, München 1992.

Neben die Predigt trat die erbauliche Literatur, deren Verbreitung auf einem damit entstehenden Markt die Erfindung des Buchdrucks mit beweglichen Lettern durch Johannes Gensfleisch von Gutenberg (ca.1400–1468) ermöglichte und die jedenfalls in den städtisch-literaten Schichten verbreitet war. Es gab Bibelübersetzungen in die Volkssprachen, so etwa 20 deutsche Bibelübersetzungen, aber auch Teilübersetzungen. Daneben stand vor allem eine reiche katechetische Literatur, in erster Linie Schriften, die man zur Frömmigkeitstheologie rechnet: Beichtspiegel und Auslegungen der Zehn Gebote, des Vaterunsers und des Ordo der Messe. Daneben die ars moriendi, die eine Anleitung zum rechten Leben im Blick auf das Sterben darstellte, die ‚Vita Christi‘ des Ludolf von Sachsen (ca.1300–1378) sowie die Schriften aus dem Umkreis der Mystik und der Devotio moderna (Imitatio Christi des Thomas von Kempen, 1379/80–1471).

Den ungebildeten Analphabeten boten Kunstwerke und Bilder Vergleichbares. Kein Altar, der nicht ein Retabel gehabt hätte, das im Flügelaltar besonders aufwendig und reich gestaltet werden konnte; hellere Glasfenster mit klar zu identifizierenden Szenen und Bildprogrammen; daneben eine wachsende Zahl lehrhafter Bilder; in und vor den Kirchen Calvarienberge und immer wieder neben der Maria mit dem Kind die das Leiden ihres Sohnes Mittragende. Einblattdrucke traten lehrhaft und erbaulich neben die Tafelgemälde, wobei das Bild immer häufiger durch eingefügte Texte zum Sprechen gebracht wurde, gelegentlich auch in ganzen Folgen, etwa des Marienlebens, des Lebens Jesu, der Passion. Natürlich gab es auch Bilder, denen man besondere Kraft zuschrieb und zu denen man wallfahrtete; vor allem der Blick auf die in den Kircheneingängen zu findenden, gelegentlich riesigen Christophorus-Darstellungen sollte ebenso wie der auf die heilige Barbara mit dem Kelch vor dem gefürchteten ‚jähen Tod‘ schützen. Bruderschaften, zu denen man sich im allgemeinen dem Stand nach und oft zu besonderen Zwecken (Pflichten im kirchlichen Kult, Altersversorgung, Krankenpflege, Bestattung) vereinigte, bereiteten die Prozessionen vor, in denen die Bilder aus den Kirchen zu den Menschen kamen.

Berndt Hamm, The Reformation of Faith in the Context of Late Medieval Theology and Piety, Leiden/Boston 2004, S. 1–49 (Lit!). – Ruth Slenczka, Lehrhafte Bildtafeln in spätmittelalterlichen Kirchen, Köln u.a. 1998. – Johannes Tripps, Das handelnde Bildwerk in der Gotik, Berlin 1998.

Lebende Bilder und Szenisches prägten das Weihnachtsfest, die Karwoche und Ostern mit dem Kind in der Krippe, dem Einzug Christi in Jerusalem, der Grablegung und der Himmelfahrt, wobei man mit beweglichen Plastiken (Jesus auf dem rollenden Palmesel; bewegliche Arme des Gekreuzigten für Abnahme und Grablegung) arbeitete. Schauspiele boten zu Weihnachten und Ostern in den Mysterienspielen heilsgeschichtliche Dramen.
Die Fasten- und Festzeiten, neben den großen Festen vor allem die Marienfeste, prägten neben den Tagen mit besonderen Ritualien und Segenshandlungen das Jahr. Ob die Wochentage wirklich in der Weise meditativ begangen wurden, wie Johannes Gerson es vorschlug, kann man bezweifeln, – aber jeden Tag rief das Angelus- und

Mittagsläuten zum Innehalten, zu Gebet, mindestens aber zur vielfachen Bekreuzigung.

Als problematisch erscheint das Moment des Massenhaften, Quantifizierbaren und Quantifizierten, das allenthalben zu beobachten ist, ein kaum zu stillender ‚Hunger nach Heiligem‘. Das Meßopfer stand dabei deutlich im Mittelpunkt und in ihm der Moment der Wandlung, hervorgehoben durch die Elevation von Patene und Kelch. In den Monstranzen machte man die Hostie sichtbar, in den Sakramentshäusern schuf man immer großartigere Aufbewahrungsorte. Die Meßstiftungen mit Altären – vor allem im Blick auf die Messen für die Toten – und eigens bestellten Meßpriestern häuften sich und führten zu einer Fülle von Kapellenanbauten. Konnte man selbst keine Stiftung machen, so nahm man an dem Teil, was die Bruderschaften ihren Mitgliedern an Messen, Paternostern und Aves bereithielten. Man berechnete den ‚Wert‘ der Messe und versprach sich neben dem geistlichen immer stärker auch einen irdisch-leiblichen Gewinn von Besuch und Teilnahme, die man aber oft auf den Moment der Wandlung beschränkte. Trotz der differenzierenden Transsubstantiationslehre hatte man massive Wandlungsvorstellungen. Sie fanden bildlichen Ausdruck in den zahlreichen Darstellungen der ‚Gregorsmesse‘, sie drückten sich aus in den Berichten über blutende Hostien und den Wallfahrten zum ‚heiligen Blut‘ wie dem von Wilsnack in der Mark Brandenburg. Den Elementen der Sakramente Taufe und Abendmahl wurden besondere Kräfte zugeschrieben, was eben auch magischen Mißbrauch nahe legte. Die damit zusammenhängenden Vorwürfe des Ritualmordes und des Hostienfrevels (KTGQ 2, Nr. 79a) gegen die Juden förderten den Antijudaismus und konnten Pogrome auslösen. Das Meßopfer war eben zentral und wurde zunehmend auch in volkssprachlichen Meßerklärungen den Laien nahegebracht (KTGQ 2, Nr. 76c). Seit 1264 (KTGQ 2, Nr. 76b) feierte man es mit dem neu gegründeten Fronleichnamsfest. Es blieb neben der Beichte und trotz der in Florenz am 22.11.1439 dogmatisierten Siebenzahl der Sakramente (KTGQ 2, Nr. 76a) das wichtigste unter ihnen, selbst wenn man unter anderem Aspekt auch die beiden ‚großen Sakramente‘, Taufe und Eucharistie, hervorheben konnte.
Neben den Meßstiftungen standen die Stiftungen besonderer Andachten, die etwa mit dem ‚Salve regina‘ prächtig ausgestaltet wurden. Zahlreich wiederholend vollzog man die Gebete im Rosenkranz, mit dem man das Marienleben von der Verkündigung bis zur Krönung begleiten konnte, die Ave Marias und Paternoster, die man geradezu ‚sammelte‘. ‚Gute Werke‘ hatten Hochkonjunktur in der Stiftung von Hospitälern, Suppenküchen und Speisungen sowie anderen Hilfeleistungen für das Heer der Armen und der wandernden Bettler. Die Spender erwarteten dafür den Dank des in den Armen präsenten Christus und des Empfängers in Form von Frömmigkeitsübungen.

b) Marienfrömmigkeit und Mariologie

Immer suchte man Hilfe, Beistand und Schutz. Vertreter aller Stände flüchteten sich unter den ‚Schutzmantel' der Maria; man vertraute sich den Heiligen an, die bestimmten Ständen und Nöten nahe waren.

Bei der Auslegung und Meditation der in den Mariengebeten (Ave Maria, Salve regina, Ave regina coelorum u.a.) üblichen Ehrennamen für Maria und aufgrund der Regel, daß Maria eher mehr als weniger Verehrung zukommen solle, kam es seit dem 12. Jahrhundert zu einer sich steigernden und vor allem von den Orden und durch die Marienfeste (Empfängnis: 8.12.; Geburt: 8.9.; Darstellung 21.11.; Annuntiatio 25.3.; Visitatio 2.7., Reinigung 2.2.; Himmelfahrt 15.8.) gesteigerten Marienfrömmigkeit, die sich besonders im Rosenkranzgebet zeigte. Aber auch die Mariologie wurde weiterentwickelt. Allegorische und typologische Auslegungen lieferten, was in der Schrift an klaren Aussagen fehlte. Die Titel der ‚Gottesmutter' und der ‚Königin der Gnaden' rechtfertigten es, Maria mit Jesus als Fürbitterin und mediatrix (Mittlerin) zu sehen. Wie man über sie Zugang zu ihrem Sohn erhielt (KTGQ 2, Nr. 77a), so zu ihr über ihre Eltern Anna und Joseph, so daß auch diese beiden vor allem seit dem 15. Jahrhundert besondere Verehrung erfuhren und nun die ‚heilige Familie' in drei Generationen die städtisch-bürgerliche zu spiegeln vermochte. ‚Voll der Gnade' unterschied sich die Mutter Gottes von den Heiligen, aber auch von Christus, insofern ihr geschenkt wurde, was jener von Natur besaß. Man war überzeugt davon, daß ihre Geburt wie die Isaaks, Simsons und Johannes des Täufers vorverkündet und sie im Mutterleib geheiligt worden sei. Von der allgemeinen Herrschaft der Sünde hatte schon Augustin Maria ausgenommen. Die Frage, ob es sich dabei nur um die Aktual- oder auch um die Erbsünde handele (Gregor von Rimini), führte zwischen Dominikanern und Franziskanern zu erbitterten Auseinandersetzungen über die unbefleckte Empfängnis. Das von Bernhard von Clairvaux und Thomas von Aquin benutzte Argument, Maria hätte, wenn sie von der Erbsünde frei gewesen wäre, der Erlösung durch Christus nicht bedurft und das mindere die Ehre Christi, beantwortete Duns Scotus damit, daß es sich in ihrem Fall nicht um erlösende, sondern bewahrende Gnade gehandelt habe. Dogmatisch blieb die Frage noch lange unentschieden, da der Beschluß des Basler Konzils (vgl. o. S. 36f), man dürfe gegen die unbefleckte Empfängnis weder lehren noch predigen (KTGQ 2, Nr. 77b), erst gefaßt wurde, als das Konzil von der Kurie schon nicht mehr akzeptiert, sein Beschluß aber gleichwohl in verschiedenen europäischen Ländern anerkannt und dann auch von päpstlichen Verlautbarungen (KTGQ 2, Nr. 77c) gestützt wurde. Auch das Fest der unbefleckten Empfängnis Mariens setzte sich im 14. und 15. Jahrhundert durch. Und um die Wende vom 15. zum 16. Jahrhundert verlangten nicht wenige Universitäten bei Vergabe eines akademischen Grades das Bekenntnis zur unbefleckten Empfängnis. Ebenso unentschieden blieb aber auch die Frage ob, Maria, die ‚Himmelskönigin', gestorben sei oder nach Seele und Leib direkt in den Himmel aufgenommen wurde. Gegen Übertreibungen des Marienlobs, wie sie sich bei Dionys dem Kartäuser (van Rijkel, 1402–1475) und Bernhardin von Busti (gest. 1513) fanden, regte sich gelegentlich Widerspruch. Eine ausufernde Verehrung aber blieb unangefochten. Die häufigen Darstellungen der Gottesmutter lösten sich von den byzantinischen Vorbildern, schufen im 14. Jahrhundert die Madonnen des ‚weichen Stils' und wandten sich im 15. zunehmend Szenen des ‚Marienlebens' zu, die sich nun – ob in Gebäuden oder im Freien – vor einem realistischen Hintergrund abspielten. Lehrhaft zusammengefaßt wurde das in den ‚sieben Freuden', vor allem aber auch den ‚sieben Schmerzen' Marias, die sie als mater dolorosa eng mit dem Schmerzensmann verbanden und in der pietà und dem ‚Vesperbild' plastischen Ausdruck fanden.

Georg Söll, Mariologie, Freiburg u.a. 1978 (HDG 3/4). – Handbuch der Marienkunde, hg. v. Wolfgang Beinert u. Heinrich Petri, Regensburg 1984. – Heiner Grote, Maria/Marienfrömmigkeit II, in: TRE 22, Berlin/New York 1992, S. 119–137. – Klaus Schreiner, Maria: Jungfrau, Mutter, Herrscherin, München 1994.

c) Passionsfrömmigkeit

Auch im Blick auf die Passion Christi vollzogen sich tiefgreifende Wandlungen. Nachdem das Hochmittelalter die wahre Menschheit Christi betont hatte, konzentrierte sich nun die Meditation seines Lebens auf die Passion. Das machte sich in den Kruzifixen bemerkbar, die nun nicht mehr den schmerzüberwindenden König, sondern den geschundenen und leidenden Menschen zeigten. Man begnügte sich auch nicht mehr mit den in den Evangelien erwähnten Leidensstationen, sondern erweiterte sie um die ‚geheimen Leiden', die der Herr auf dem Weg in die Gefangenschaft oder in der Nacht im Haus des Kaiphas ertragen mußte. Das verband sich mit einer Hervorhebung von einzelnen Stücken der Passion, etwa aller der Gegenstände, mit denen dem Herrn Leiden zugefügt wurden (Arma Christi) oder auch den einzelnen Wunden, bei denen man zu den fünf Kreuzeswunden eine Menge weiterer hinzufügte. Doch blieb vor allem die Seitenwunde, die man mit den Sakramenten Taufe und Abendmahl verbinden konnte, zentral. Die Verbindung zwischen Kreuzes- und Meßopfer schuf eucharistische Passionsbilder, von denen der ‚Christus in der Kelter', die ‚Hostienmühle' und die ‚Gregorsmesse' die bekanntesten und verbreitetsten wurden. Hinzutrat die Abbildung der gesammelten Arma Christi, nicht selten verbunden mit dem Herzen Christi.

Ulrich Köpf, Passionsfrömmigkeit, in: TRE 27, Berlin/New York 1997, S. 722–764.

d) Heilige, Reliquien und Wallfahrten

Arnold Angenendt, Heilige und Reliquien, [2]München 1994

Die Heiligenverehrung gewann eine überragende Bedeutung. Sie zeigt sich schon darin, daß die Nachbenennung nach dem Heiligen des Tauftages die Namenkonzentration und damit auch die Bildung eines Zweitnamens beförderte. Der Fürsprache und Hilfe des Heiligen versicherte man sich aber auch vom Namen abgesehen: den verschiedenen Körperteilen und ihren Krankheiten wurden nun die Heiligen ebenso zugeordnet wie den unterschiedlichen landwirtschaftlichen Tätigkeiten und den Haustieren. Der Ausdifferenzierung der Berufe folgte die der zugeordneten Heiligen. Die Begründungen lieferten die Viten der Heiligen, die nun in großen, die ‚Legenda aurea' des Jacobus a Voragine (1228–1268) übertreffenden Sammlungen zusammengestellt wurden, ebenso wie die sie charakterisierenden Kennzeichen oder Ableitungen aus ihren Namen. Länder, Territorien und Städte erkoren sich ihre besonderen Patrone, die als Repräsentanten galten und deswegen gelegentlich selbst in evangelischen Gebieten eine die Reformation überdauernde Verehrung genossen.

Die Kurie hielt sich mit offiziellen Kanonisationen durchaus zurück und bevorzugte bei der Erhebung zur Ehre der Altäre diejenigen, die sich durch Gehorsam, Rechtgläubigkeit und Gelehrsamkeit auszeichneten. Diese Zurückhaltung aber führte dazu, daß es örtlich oder regional eine Fülle von Volksheiligen gab, die als solche verehrt wurden, weil sie sich in der Verwaltung obrigkeitlicher Ämter als Wohltäter erwiesen oder in Armut und williger Übernahme von Leiden ein evangeliumgemäßes Leben auf sich genommen hatten. Da aber der Titel sanctus offiziell eigentlich den von der Kirche anerkannten Heiligen vorbehalten blieb, hießen sie nicht selten Beati, ohne daß mit dieser Bezeichnung schon eine Vorstufe zur Kanonisierung im späteren Sinn verbunden gewesen wäre.

Mit dem Heiligenkult verbunden waren die Reliquien und die Wallfahrten. Längst waren die Reliquien auch außerhalb des Raumes der Kirchen verfügbar, wurden von Fürsten, aber auch von Bürgern gesammelt und gehortet. Es genügte nicht mehr, ihre Behältnisse den in ihnen aufbewahrten Körperteilen oder einem charakteristischen Stück der vita nachzubilden, man wollte sie sichtbar hinter Glas präsentieren, ihnen nahe sein, sie gemeinsam zur Schau stellen, am Ende auch der Öffentlichkeit über gedruckte ‚Heiltumsbücher' zugänglich machen, zumal mit ihrer Verehrung immer auch Ablaß verbunden war. Über die Reliquien wurde, da man gegen Aufteilungen, Tausch und Kauf – selbst Diebstahl und Raub kamen vor – nichts einzuwenden hatte, die Verehrung der gleichen Heiligen befördert. Im Blick auf die Echtheit war man freilich nicht mehr gutgläubig, man verlangte die sie verbürgenden fingerbreiten Pergamentstreifen mit dem Namen (Authentiken). Doch gab es gerade in diesem Bereich viel Betrug, und der letztlich gültige Echtheitserweis blieb eben das Wunder.

Das beförderte immer auch das Wallfahrtswesen. Denn das Ziel der libido currendi (der religiösen Reiselust) waren längst nicht mehr allein jene Stätten, an denen die Heiligen durch ihr Grab präsent waren. Die Wallfahrten hatten auch nicht mehr nur ihren individuellen Hintergrund in der Hoffnung auf Beistand, im Dank für erfahrene Hilfe oder der Sühne für bestimmte Verbrechen. Es waren jetzt vor allem Orte wunderbaren Eingreifens der Himmlischen, die nicht selten auf dem flachen Land lagen und sehr schnell zu Gnadenorten werden konnten. Die Nähe solcher Gnadenorte konnte dann aber auch ganz andere Massen in Bewegung setzen und gelegentlich – wie etwa bei der schönen Madonna von Regensburg in den Jahren nach 1519 – so epidemisch ausarten, daß die kirchlichen und weltlichen Obrigkeiten dagegen einschritten, wenn sie nicht selbst von der Wallfahrt massiv profitierten.

3. Verinnerlichung der Frömmigkeit

a) Mystische Traditionen

Kurt Ruh, Geschichte der abendländischen Mystik, 4 Bde., München 1988–1999.

Die aufgrund der Schriften Bernhards von Clairvaux stark zisterziensisch geprägten Traditionen der christlichen Mystik, der Braut- und der Leidensmystik wurden im 13. Jahrhundert noch einmal verstärkt, nicht nur durch die Wirkung neuplatonischer Schriften wie der ‚Elementatio theologica‘ des Proklos (gest. 485) und des Corpus der Schriften des Dionysius Areopagita, sondern auch durch die franziskanische Nachfolge Christi, die sich gerade in der Meditation des Lebens des Poverello als vita mystica mit einer verstärkten Meditation von Leben und Leiden Christi verband.

Ihre Rezeption erfolgte keineswegs nur durch Kleriker und Theologen. Vielmehr gab es seit dem 13. Jahrhundert in den alten Städtelandschaften, in Oberitalien, Südfrankreich und vor allem im Südwesten des Reiches und den Rhein abwärts bis in die Niederlande, eine gerade auch bei den mulieres religiosae, den Dominikanerinnen und Klarissinnen, den Tertiarinnen und Beginen sowie Reklusinnen getragene volkssprachliche Mystik. Es handelt sich in dem, was davon in Chroniken, ‚Gnadenviten‘ und Visionen, das tatsächliche Erleben verdeckend, überarbeitet und nicht selten von Klerikern aufgezeichnet, vorhanden ist, um eine ‚praktische Mystik‘, die aber über Visionen und Erscheinungen, Auditionen und Prophezeiungen, Ekstasen und dem donum lacrimarum (der Gabe/dem Charisma der Tränen) den Zusammenhang mit den theoretisch-gelehrten Traditionen nie verlor oder verleugnete, teilweise sogar diesen zugerechnet werden muß (vgl. KTGQ 2, Nr. 57c). Mystische Erfahrungen solcher Art waren allerdings nicht auf Frauen beschränkt. Und man sollte darin, auch dort, wo diese Mystikerinnen wie Birgitta von Schweden und Katharina von Siena sich berufen fühlten, in die Geschichte einzugreifen (vgl. o. S. 26), keine emanzipative Frauenbewegung gegen eine ‚Männerherrschaft‘ in der Kirche sehen. Denn mochte neben dem Willen zur weltflüchtigen Nachfolge auch Abscheu vor einer als Unterwerfung und Bedrohung empfundenen Ehe beim Entschluß zum Leben einer religiosa mitgespielt haben und gelegentlich eine Verbesserung der sozialen Stellung und eine Erweiterung eigengestalteten Lebensraumes bedeuten, so hatten die Frauen doch meist ein sehr gutes Verhältnis zu ihren Seelenführern und Beichtvätern und entwickelten kein weibliches ‚Wir‘- oder Solidaritätsgefühl.
Die Gaben dieser Nonnen lassen sich allerdings auch nicht einfach daraus erklären, daß sie über Seelsorge, Predigt und brieflichen Austausch in vielfältigem Kontakt zu berühmten ‚Mystikern‘ standen, zumal sich diese, wie etwa Meister Eckhart (um 1260–1328), durchaus kritisch zu manchen Erscheinungen bei den Nonnen verhielten.

Religiöse Frauenbewegung und mystische Frömmigkeit im Mittelalter, hg. v. Peter Dinzelbacher und Dieter R. Bauer, Köln/Wien 1988 (BAKG 28). – Frauenmystik im Mittelalter, hg. v. Peter Dinzelbacher und Dieter R. Bauer, Ostfildern 1985.

Bei dem Straßburger Dominikaner Johannes Tauler (ca.1300–1361), der vor allem in seiner Vaterstadt, in Basel und bei verschiedenen dortigen Aufenthalten in Köln wirkte und auch Kontakte zu den ‚Gottesfreunden‘, zu Heinrich von Nördlingen (ca. 1300–nach 1356) und anderen Mystikern unterhielt, fließen die verschiedenen Ströme mystischer Traditionen zusammen. Gleichzeitig wird von ihm die Mystik Meister Eckarts in seinen, in Nachschriften erhaltenen Predigten verkirchlicht. Scharf betont er in seinem dreiteiligen Heilsweg, zunächst die Erkenntnis der Gottesferne und die notwendige Abkehr von der Welt. Die damit verbundene Last der Feindschaft Gottes muß die Seele bis in die resignatio ad infernum (die Bereitschaft, selbst in die Hölle gehen zu wollen, um damit die volle Ergebung in den Willen Gottes zu vollziehen) willig ertragen, ehe sie der Erfahrung des innigen Einswerdens mit Gott gewürdigt wird. Darin ist der Mensch dann Christus in seiner Passion gleichförmig (vgl. auch KTGQ 2, Nr. 58c). Erst danach wird die ausgeräumte Seele mit den beiden letzten der sieben Gaben des Heiligen Geistes (Erkenntnis und Weisheit) erfüllt und frei zu allen Tugenden in der Einheit von tätigem und beschaulichem Leben. Diesem Weg entspricht auch die Armut des Menschen. Nicht alle sind zu der äußerlichen Armut berufen, aber alle müssen ihre Armut als Sünder erkennen und sollten zur geistlichen Armut gelangen, in der wir von nichts in Besitz genommen sind, sondern in vollkommener Gelassenheit Gott allein uns besitzt. In diesem Sinn versuchte Tauler auch den Empfang der Sakramente geistlich zu vertiefen, wie es ihm überhaupt gegenüber den nur äußerlich vollzogenen Riten um wahre innerliche Frömmigkeit ging.

Die Predigten Taulers aus der Engelberger und Freiburger Handschrift sowie aus Schmidts Abschriften der ehemaligen Straßburger Handschriften, hg. v. Ferdinand Vetter, Berlin 1910 (Deutsche Texte des Mittelalters 11). – Louise Gnädinger, Johannes Tauler, München 1993.

Wie Tauler durch den Druck seiner Predigten von 1501, so wirkte auch ein in seiner Nachfolge stehender Traktat von einem bisher nicht genauer identifizierten ‚Frankforter‘ Custos des Deutschordenshauses durch den Druck, den Luther 1516/18 unter dem Titel ‚Ein Theologia deutsch‘ herausbrachte, auf die reformatorische Theologie, vor allem auf Andreas Bodenstein von Karlstadt und die Vertreter des mystischen Spiritualismus (vgl. u. S. 150–157). Möglicherweise aus klösterlichen collationes (Unterredungen) entstanden und dann erweitert, behandelt er ohne eine klar zu erkennende Gliederung, aber in ständiger Auseinandersetzung mit den ‚freien Geistern‘ die rechte Vergottung des Menschen. Der neuplatonische Hintergrund wird zurückgedrängt durch eine Mystik, die die unio (Kap. 24, 27f) ganz wesentlich als Aufgabe des eigenen Willens und Wollens im Sichselbstlassen in den göttlichen Willen versteht. Eben das ist an Christus als dem Gegenbild Adams (Kap. 15; vgl. KTGQ 2, Nr. 58d) und an seinem Gehorsam gegen den Vater vorbildlich. Der Mensch muß deswegen wie dieser Gottes Werk an sich erleiden, ihm, dem einzigen Mittler (Kap. 52f) muß er nachfolgen, mit ihm eins werden.

‚Der Franckforter‘ (‚Theologia Deutsch‘), hg. v. Wolfgang von Hinten, München/Zürich 1982 (MTUDL 78). – Alois M. Haas, Die „Theologia Deutsch“, in: FZPhTh 25, 1978, S. 304–350. – Henrik Otto, Vor- und frühreformatorische Taulerrezeption, Gütersloh 2003 (QFRG 75).

Beziehungen hatte Tauler auch zu seinem Ordensbruder Heinrich (von Berg) Seuse (Suso, der Name nach seiner Mutter, ca.1295–1362), der zunächst in seiner Vaterstadt Konstanz wirkte, als Schüler Meister Eckarts in Köln nach 1324 seinen Lehrer nicht ohne Nachteile für sich selbst verteidigte und anschließend Lektor und Prediger in Konstanz war, bis man ihn 1348 wegen schwerer Verleumdungen nach Ulm versetzte. Doch besaß er aufgrund seiner zahlreichen pastoralen Reisen und seines Briefwechsels einen weiten Wirkungskreis. In strengster, marterhafter Askese suchte er die Abtötung des Selbst und die Nachfolge des leidenden Christus. In seinen Schriften, die auch Formen der weltlichen Liebesdichtung aufnahmen, sang er als geistlicher Ritter das Lob der ewigen Weisheit, um die Menschen zu jener wärmenden Liebe und wahren Frömmigkeit zu erwecken, die er selbst lebte (vgl. KTGQ 2, Nr. 58b). Das fiel bei Dominikanerinnen süddeutscher und Schweizer Klöster auf fruchtbaren Boden, wie sich an seiner engen Verbindung zu Elsbeth Stagel (ca.1300–1360) aus dem Kloster Töß zeigt.

Alois M. Haas, Kunst rechter Gelassenheit. Themen und Schwerpunkte von Heinrich Seuses Mystik, Bern u.a. 1995.

Neben den großen Dominikanern steht der nach seinem Geburtsort bei Brüssel genannte Jan van Ruysbroeck (1294–1381). Nach langer seelsorgerlicher Tätigkeit als Kaplan an St. Gudula in Brüssel zog er sich 1343 mit Freunden in die Einsiedelei Groenendal bei Brüssel zurück, nahm für seine Gemeinschaft später Habit und Regel der Augustiner an und wurde selbst Prior des damit gegründeten Augustiner-Chorherrn-Stifts. In den drei Büchern seiner ‚Zierde der geistlichen Hochzeit‘, einem kunstreich aufgebauten Ganzen mit vielen Bildern und Gleichnissen, schildert er das tätige, das innige und das beschauliche Leben. In steter Auseinandersetzung mit quietistisch-mystischen Ansätzen und den ‚Brüdern und Schwestern vom freien Geist‘ strebt er danach, Innerlichkeit und äußeres Leben zu jener Einheit werden zu lassen, die in Ruhe und Dynamik der des dreieinigen Gottes gleichen sollte.

Angeregt von den Schriften dieser Männer gab es in den Städten rheinabwärts Kreise von ‚Gottesfreunden‘, die, ohne sich aus der Welt zurückzuziehen, in Gelassenheit und lockerer Verbindung lebten. Sie wurde ermöglicht durch herumreisende Wanderprediger und Seelsorger wie Heinrich von Nördlingen, der durch seinen Briefwechsel mit Margareta Ebner (1291–1351) aus dem Kloster Maria Medingen bekannt wurde, aber auch durch die Schriften des ‚großen Gottesfreundes aus dem Oberland‘, Rulman Merswin (1307–1382), jenes Straßburger Kaufmanns, der sich 1367 aus Geschäft und Ehe in die Stille des verfallenden Benediktinerklosters auf dem Grünen Wörth in Straßburg zurückzog.

Wo eine solche Frömmigkeit ohne vorsichtige Rücksichtnahme auf Rechtgläubigkeit und kirchliche Gnadenvermittlung artikuliert oder gar gelebt wurde, verfiel sie nur zu leicht dem Verdikt der Häresie. So wurde 1310 Marguerite Porète, eine Begine aus Valenciennes in Paris verbrannt, deren ‚Spiegel der einfachen Seelen' bis zur Mitte des 15. Jahrhunderts ein als ketzerisch verfolgtes Werk blieb (KTGQ 2, Nr. 57a). 1311/12 versuchte man auf dem Konzil von Vienne mit dem Dekret ‚Cum de quibusdam mulieribus', die vom Niederrhein ausgehende beginische Lebensform, die sich als freiwillig frommer Zusammenschluß von Frauen ohne kirchliche Leitung schwer fassen ließ, einer gewissen Ordnung zu unterwerfen. Gleichzeitig verurteilte man auf dem Konzil Spitzensätze einer in verschiedenen Gruppen vermuteten übersteigerten Mystik, die man fälschlich als weit verbreitete Häresie der ‚Brüder und Schwestern des freien Geistes' zusammenfaßte (DH 891–899; KTGQ 2, Nr. 57b). Die 1317 erfolgte Promulgation dieser Verurteilung durch den Papst (Bulle: ‚Ad nostrum') löste eine Verfolgung aus, unter der auch viele Unschuldige zu leiden hatten. Freilich erregten diese nichtregulierten ‚Frommen' nicht nur den Unwillen der Weltgeistlichen und Mendikanten, sondern gelegentlich auch den der städtischen Laien.

Kurt Ruh, Geschichte der abendländischen Mystik 2, München 1993, S. 338–371. – Robert E. Lerner, The Heresy of the Free Spirit in the Later Middle Ages. – Berkeley 1972. – R. Vaneigem, Le mouvement de Libre Esprit, Paris 1986. – Volker Leppin, Mystische Frömmigkeit und sakramentale Heilsvermittlung im späten Mittelalter, in: ZKG 112, 2001, S. 189–204.

b) Devotio moderna und die sog. Vorreformatoren

Émile Brouette/Reinhold Mokrosch, Devotio moderna, in: TRE 8, Berlin/New York 1981, S. 605–616. – Kaspar Elm, Die Bruderschaft vom gemeinsamen Leben, in: OGE 59, 1985, S. 470–496. – Verschiedene Beiträge von Erwin Iserloh, in: Ders., Kirche – Ereignis und Institution 1, Münster 1985 (RGST.S 3/1), S. 111–167. – Ulrich Hinz, Die Brüder vom gemeinsamen Leben im Jahrhundert der Reformation, Tübingen 1997 (SuR NR 9).
Theodor Mahlmann, „Vorreformatoren", „vorreformatorisch", „Vorreformation". Beobachtungen zur Geschichte eines Sprachgebrauchs, in: Reformer als Ketzer. Heterodoxe Bewegungen von Vorreformatoren, hg. v. Günter Frank und Friedrich Niewöhner, Stuttgart-Bad Canstatt 2004 (Melanchthon-Schriften der Stadt Bretten 8), S. 13–56. – Gustav Adolf Benrath (Hg.), Wegbereiter der Reformation, Bremen 1967, S. 414–474. – Ders., Reformtheologen des 15. Jahrhunderts, Gütersloh 1968.

Seit dem 13. Jahrhundert war der status tertius (der im religiösen Sinn dritte Stand) oder das genus medium (die mittlere Lebensweise) zwischen den Religiosen (Mönchen und Nonnen) und den Laien aufgrund des Bevölkerungswachstums, der sozialen und intellektuellen Mobilität der Stadtbewohner stetig angewachsen. Die Kirche bestand bei solchen Gemeinschaften auf Unterordnung unter die Hierarchie, auf Teilnahme am gottesdienstlichen Leben und der klaren Trennung vom status religiosorum (kein Gelübde, kein Gehorsam unter Oberen, keine Kennzeichnung nach Außen), obwohl man geregeltes Leben wünschte.

Daran hielt sich auch der aus dem niederländischen Deventer stammende Geert Groote (1340–1384), als er sich nach umfassenden Studien unter dem Einfluß des Kartäusers Heinrich Egher von Kalkar (1328–1408) nach 1370 zu einem armen Leben und zum Einswerden mit Gott in einem tätigen Leben entschloß und sein Haus für fromme, gottsuchende Frauen – die späteren ‚Schwestern vom gemeinsamen

Leben' – zur Verfügung stellte. Dem trat sehr bald ein weiteres Haus des von ihm bekehrten Florens Radewijns (1350–1400) für die ‚Brüder vom gemeinsamen Leben' an die Seite. Doch blieben die Schwesternhäuser immer deutlich in der Überzahl. Man verstand sich selbst, den ordo religiosus als vincula (Fesseln) und carceres (Kerker) deutlich abwertend, als Nachfolger der Urgemeinde, wenn man im Unterschied zu Beginen und Begarden allen Besitz gemeinsam hatte und in freiwilligem Gehorsam gegenüber den Haus- und oft selbstgewählten Ordnungen, in gemeinsamen Gebet und Gewissenserforschung unter brüderlicher Zurechtweisung lebte. Man lebte von dem, was man selbst verdiente, vor allem mit der Herstellung von Büchern erbaulichen Inhalts. Daneben widmete man sich der Seelsorge (nicht dem Unterricht) an Schülern, um so ein Gegengewicht gegen die Wissenschaft zu bilden, die man ebenso wie die spekulative Mystik ablehnte. ‚Modern' war diese devotio moderna (die der Zeit entsprechende Hingabe) genannte Bewegung also nicht im Blick auf ihre Organisationsstruktur, sondern in der Hinwendung zur frommen Erfahrung und Intensivierung der affektiven Kräfte. Nicht nur in den Niederlanden, sondern auch in Deutschland breitete sich die Bewegung nach der päpstlichen Anerkennung 1401 um Münster, Hildesheim, am Mittelrhein und in Württemberg aus; doch kam es erst 1499 zur Bildung eines Generalkapitels.

Die Wirkungen der Devotio moderna reichten weit.

– Selbst wenn das Verhältnis zum Humanismus heute differenzierter beurteilt wird als früher, so bleiben doch viele persönliche Berührungen und strukturelle Ähnlichkeiten in der Hinwendung zu den Schriften des kirchlichen Altertums, der Förderung einer echten und verinnerlichten Laienreligiosität und später auch einer mindestens teilweisen Förderung von Schule und Wissenschaft.

– Die Reformation ist durch die Bewegung nicht wesentlich vorbereitet oder gefördert worden, selbst wenn Luther die praxis pietatis der Brüder anerkannte und lobte. Und dem entsprach auch die durchaus unterschiedliche Stellung der Häuser zur Reformation. Aber es war ein bewußt christliches Leben zwischen Welt und Kloster und eben damit ein Versuch, christlich und fromm in der Welt zu leben – eben das, worum es dann auch zentral in der Ethik der Reformatoren ging.

– Sehr viel mehr verdankt der spanische und französische Reformkatholizismus (Ignatius von Loyola) den Schriften der Devoten, vor allem der in der Zuweisung an Thomas von Kempen nicht unumstrittenen ‚Nachfolge Christi' (vgl. o. S. 53). In dieser bis in das 19. Jahrhundert hinein immer wieder aufgelegten und übersetzten, wenig klar strukturierten Sammlung von Kernsprüchen geistlichen Lebens findet sich eine auf Christi Passion zentrierte, leib- und weltfeindliche Innerlichkeit, die den ursprünglich wesentlichen Zusammenhang von vita activa und contemplativa zu verlieren droht. Daneben wäre das ‚Rosetum' des Johannes Mauburnus (ca.1460–ca. 1501) zu nennen, ebenfalls eine der ‚Rapuarien' genannten Sammlungen, in denen Früchte von Lektüre und eigener geistlicher Erfahrung weitergegeben wurden.

Unter dem Einfluß der Devotio moderna und der Gnadenlehre Augustins entwickelten vor allem in den Niederlanden und am Niederrhein in der zweiten Hälfte des 15. Jahrhunderts einige, auch untereinander freundschaftlich verbundene Theologen kritische Ansätze gegen eine veräußerlichte Frömmigkeit, ohne jedoch grundsätzlich mit Tradition und Kirche zu brechen. In der Reformation wurden ihre Schriften teilweise ‚wiederentdeckt', publiziert und in einem völlig veränderten Kontext gelesen. Nicht zuletzt deswegen konnte man sie im 19. Jahrhundert als ‚Vorreformatoren' betrachten. Doch damit reißt man sie ebenso wie mit der Bezeichnung ‚Reformtheologen' aus dem zeitgenössischen Kontext in den sie gehören.

Johann Pupper von Goch (am Niederrhein; ca.1415–1475) gehörte – wohl nach einem Studium – als Kleriker zu den Brüdern vom gemeinsamen Leben in Amersfoort, war dann vielleicht selbst Augustinerchorherr, jedenfalls Beichtvater der Augustinerchorfrauen in Mecheln. In der Gnadenlehre vertrat er einen entschiedenen Augustinismus (KTGQ 2, Nr. 81a). Vorrangig ging es ihm um das Heil, das allein in Christus zu finden ist. In dessen demütiger Nachfolge erschließt sich die Wahrheit der Heiligen Schrift; und nur kraft der aufgrund seines Verdienstes geschenkten Gnade kann der Mensch, in der Aufgabe des eigenen und der Übereinstimmung mit Gottes Willen, das evangelische Gesetz erfüllen, bei dem die übliche Unterscheidung zwischen praecepta und consilia verworfen wird. Gute Werke bringen keinerlei Verdienst, und sind für das Heil ohne Bedeutung, selbst wenn ihnen Lohn verheißen ist. Die Reformation entdeckte seine Schriften neu. Cornelius Grapheus (1482–1558), der sie zum Druck brachte, mußte das schwer büßen (1522). Für die ‚Fragmenta' Puppers schrieb Luther 1522 ein Vorwort, in dem er ihn als echten deutschen Theologen neben Tauler und der Theologia Deutsch wertete.

Wessel Gansfort (ca.1419–1489) lebte zunächst lange in Zwolle bei den Brüdern vom gemeinsamen Leben, studierte in Köln, Heidelberg und Paris, lernte auch Griechisch und Hebräisch. Im Blick auf die Wissenschaftlichkeit der Theologie bevorzugte er gegenüber der via antiqua die via moderna. Eine Vermittlung im Streit um die nationalkirchlichen Interessen Frankreichs zwischen König und Papst gelang ihm nicht, gleichwohl waren beide weiterhin an Wessel interessiert, ohne daß dieser darauf einging. Nach Reisen in Italien lebte er geachtet in Zwolle, später in Groningen. Wessel betonte gegenüber einer Theorie selbständig wirkender Zweitursachen die Alleinwirksamkeit Gottes. Wahrheit besaßen für ihn im Unterschied zu allen menschlichen Aussagen nur die inspirierten Aussagen der Schrift, deren Mitte er im Gebot der Gottes- und Nächstenliebe fand. Für Absolution und Erlösung galt ihm der Glaube als hinreichend (KTGQ 2, Nr. 80b); zum Eintritt in die Herrlichkeit Gottes aber bedarf es der Liebe. Am Fegfeuer betonte er gegenüber der Strafe das Reinigende. Die sakramentalen Gnadenmittel traten zurück. Im Abendmahl ging es ihm um die Erinnerung an Christus und die geistliche Teilhabe. Luther gab 1522 seine ‚Farrago rerum theologicarum' mit einer Vorrede heraus und im gleichen Jahr erschien eine Übersetzung seiner Schrift ‚De dignitate et potestate ecclesiastica'.

Johann (Ruchrat) von Wesel (ca.1420–1481) absolvierte das Artes- und Theologiestudium in Erfurt und war dann mit kurzer Unterbrechung durch eine Basler Professur der Heiligen Schrift seit 1460 Domherr und Domprediger in Worms. Wegen ablaßkritischer Äußerungen 1477 entlassen, wurde er Dompfarrer in Mainz; aber auch hier kam es, weil er die Verbindlichkeit kirchlicher Ordnungen leugnete, zum Prozeß und der Verurteilung als Häretiker. Aufgrund seines Widerrufs 1479 blieb es bei einer Haft im Kloster der Augustinereremiten in Mainz, in der er 1481 starb. Schon in Erfurt diskutierte Ruchrat über die Autorität der Schrift, die er nicht nur gegen das filioque, sondern auch gegen die augustinische Erbsündenlehre und den Ablaß ins Feld führte. Ebenso bestritt er, daß Papst und Konzilien Gesetze und Ordnungen iure divino (kraft göttlichen Rechts) erlassen könnten. Seine Schriften wurden zwar verbrannt, doch blieb die Erinnerung an ihn als eigentlich unschuldig Verurteilten bei den Humanisten lebendig. An die Bedeutung seiner Schriften für die Lehre in der Erfurter Universität erinnerte sich Luther später, obwohl er seine Ablaßkritik nicht kannte und Ruchrat auf die Reformatoren kaum Einfluß hatte. Gleichwohl wurde er dann bei Flacius (vgl. u. S. 241f) zum Zeugen der Wahrheit.

c) Monastische Reform

Reformbemühungen und Observanzbestrebungen im spätmittelalterlichen Ordenswesen, hg. v. Kaspar Elm, Berlin 1989 (BHSt 14). – Ralph Weinbrenner, Klosterreform im 15. Jahrhundert zwischen Ideal und Praxis, Tübingen 1996 (Spätmittelalter u. Reformation, NR 7). – Dieter Stievermann, Klosterreform und Territorialstaat in Süddeutschland, in: RoJKG 11, 1992, S. 149–160.

Das späte Mittelalter brachte nur noch wenige neue Orden hervor, darunter den Brigittenorden, der sich von Schweden aus im Ostseeraum und Nordwesteuropa verbreitete, die Paulaner und die Hieronymiten. Sie blieben meist territorial begrenzt und erreichten keine abendlandweite Verbreitung. Hingegen kam es bei einigen der älteren Orden zu einer Welle neuer Gründungen, vor allem bei den Kartäusern, die nun gerade in und vor den Städten eine Blütezeit erlebten, aber im Unterschied zu den Mendikanten eine strenge Klausur übten

Noch bedeutender wurden die Reformen des Ordenswesens. Sie fanden sich in den monastischen, den kanonikalen, den mendikantischen sowie den Ritter- und Spitalorden in unterschiedlicher Weise. So wurde das Spätmittelalter zur Zeit der Ordensreformen. Innerhalb der alten Orden entstand – wie schon früher immer wieder – der Wille, der jeweiligen Regel strenger zu folgen, ohne deswegen neue Orden zu konstituieren. Vielmehr kam es in den Orden zu Verbindungen, bei der sich die strengeren Observantenklöster und -konvente von den laxeren Konventualen abgrenzten und in eigenen Kongregationen zusammenschlossen.

Für die *Benediktiner* wurden in Italien die Kongregation von S. Giustina in Padua und nördlich der Alpen das oberpfälzische Kastl, später Melk in Österreich und vor allem das niedersächsische Bursfelde von großer Bedeutung. Bei den *Zisterziensern* gab es zwar weniger in Frankreich, umso mehr aber im übrigen Europa eine Erneuerung des Ordenslebens. Für die *Kanoniker* ist S. Giorgio in Alga bei Venedig zu nennen, daneben die Lateranensische Kongregation. Angesichts der Zensur, die Gerd Groote traf, weil er in seiner Wanderpredigt gegen veräußerlichte Frömmigkeit und die Schäden in Welt- und Ordensklerus zu Felde zog, aber auch wegen der Verdächtigungen gegen die Brüder vom gemeinsamen Leben, könnte noch er selbst als früherer Canonicus in Aachen die Gründung des Augustiner-Chorherrnstiftes erwogen haben, zu der es 1387 in Windesheim bei Zwolle kam. Es wurde zum Zentrum der Windesheimer Kongregation, die unter Johannes Busch (1399/1400–479/80) vom Konzil zu Basel mit einer Reform der deutschen Augustinerchorherrnkonvente beauftragt wurde, der sich bis 1500 fast hundert Konvente in Mitteleuropa anschlossen. Unter den *Bettelorden* erlebten die Franziskaner in ihren Observanten geradezu eine Wiedergeburt, doch bildeten sich auch bei den Dominikanern, den Augustinereremiten und den Karmeliten (Kongregation von Mantua) strenge Observanzen in eigenen Kongregationen aus.

Diese Reformen kamen in erster Linie aus den Orden selbst, führten aber, wenn die Observanz ausgedehnt, oder nichtobservante mit observanten Konventen vereint werden sollten, wie es in Luthers frühen Jahren bei den Augustinereremiten geschehen sollte, zu heftigen Auseinandersetzungen. Interessiert an der Klosterreform der Observanten waren aber auch die Obrigkeiten, die deswegen Klosterreformen teilweise auch unter massivem Druck durchsetzten.

4. Kritik an Klerus und Kirche

Seit der Zeit des Schismas und der Konzilien nahm die Kritik am Klerus zu. Sie galt den Ordens- und den Weltgeistlichen in gleicher Weise. Man kritisierte den dummen, wohllebenden, die gelobte Keuschheit nicht haltenden Mönch, dem man genau wie dem Weltklerus Bordellbesuch und Frauenverführung zutraute. Allerdings trug zu den entsprechenden Vorwürfen nicht selten der Klerus selbst bei, wenn der Ordensklerus dazu aufrief, die Konkubinen der Weltkleriker zu vertreiben und deren Messen nicht zu besuchen, und Ordens- und Weltklerus sich gegenseitig der Simonie und Habgier ziehen. Insbesondere die Humanisten stellten dann mit ihrer Spottlust und in Satiren neben den Schäden der Gesellschaft immer auch die des Klerus bloß, in Sebastian Brants (1457–1521) ‚Narrenschiff‘ (1494) ebenso wie in des Erasmus ‚Lob der Torheit‘, wobei mit Recht die ungenügende Bildung und Ausbildung sowie das ethische Verhalten des Klerus im Mittelpunkt stand. Im Vorfeld der Reformation schrieb sich der Bischof Berthold Pürstinger von Chiemsee (1465–1543) in seiner anonymen Schrift Onus ecclesiae (1524) eine scharfe Kleruskritik von der Seele. Sicher gab es neben der Kritik auch ausgesprochenen Haß auf den Klerus dort, wo man persönlich unter seinen Lastern gelitten hatte, aber man darf daraus nicht auf ‚Antiklerikalismus‘ im Sinn des 19. Jahrhunderts schließen. Denn trotz allem blieb die Heilsvermittlung über die Sakramente an den Klerus gebunden, und seine Vollmacht dazu wurde nicht in Zweifel gezogen.

Anticlericalism in Late Medieval and Early Modern Europe, hg. v. Peter A. Dykema und Heiko A. Oberman, Leiden u.a. 1993 (SMRT 51).

Kritik an der Kirche fand sich aber seit dem Schisma und den Reformkonzilien nicht

mehr nur bei den geistlichen Oberen, sondern zunehmend auch bei den Obrigkeiten, fürstlichen wie städtischen, die im Wesentlichen eine dreifache Klage erhoben:
– über die Praktiken bei der Besetzung kirchlicher Stellen und Pfründen (insbesondere Expectanzen und Kommenden)
– über die Erhebung und Verwendung kirchlicher Abgaben, die Annaten (Zahlung der Hälfte der jährlichen Einkünfte einer vergebenen Stelle) und Servitien (die Weihesteuern, Palliumsgelder etc.), und
– über die jurisdiktionellen Probleme, die sich immer wieder ergaben.
In Deutschland stellte man solche Klagen als ‚Gravamina' – Beschwerungen durch die römische Kurie, die erst allmählich die Bedeutung von Beschwerden annehmen – zusammen. Ursprünglich handelte es sich um Klagen von Geistlichen über die Kurie, die dann von den Obrigkeiten übernommen und ausgebaut wurden. Sie hatten ihre Hauptgründe in den Mißständen bei der Vergabe von kirchlichen Stellen, im Fiskalismus der Kirche, in den aus der exemten Stellung des Klerus sich ergebenden Spannungen und Schwierigkeiten und darüber hinaus von geistlicher Seite in den Übergriffen weltlicher Gerichte, von weltlicher Seite in der Transferierung von Prozessen an geistliche Gerichte (vgl. KTGQ 2, Nr. 74). Die Gravamina wurden seit Maximilian I. zu einem auch von den Reichstagen bis 1526 eingesetzten Mittel der Politik gegenüber der Kurie und vor allem durch ihre Aufnahme in Luthers Adelsschrift weit verbreitet.

Eike Wolgast, Gravamina nationis Germanicae, in: TRE 14, 1985, S. 131–134. – Heinz Scheible, Die Gravamina, Luther und der Wormser Reichstag 1521, in: Ders., Melanchthon und die Reformation, hg. v. Gerhard May und Rolf Decot, Mainz 1996, (VIEG 41), S. 167–183.

Mit der Kritik an der Kurie verbanden sich in Deutschland nationalistische Untertöne, die sich gegen alles ‚Welsche' wandten. Man fühlte sich gegen Ende des 15. Jahrhunderts von der Kurie und den Italienern ‚ausgenommen' und vor anderen Nationen geschädigt. Doch zeigt der europäische Vergleich, daß dem die Realität nicht entsprach. Tatsächlich aber bestand zwischen dem Reich und der Kurie eine Art ‚Entfremdung', was sich nicht zuletzt darin zeigt, daß die Deutschen unter den Kardinälen kaum Vertreter hatten, daran aber offensichtlich auch nicht sonderlich interessiert waren.

Erich Meuthen, Reiche, Kirchen und Kurie im späteren Mittelalter, in: HZ 265, 1977, S. 597–637.

5. Die Außenseiter: Ketzer – Hexen – Juden

Es ist immer wieder aufgefallen, daß im 14. und 15. Jahrhundert, verglichen mit den vorangehenden – sieht man von der Verfolgung der Waldenser in Frankreich ab – keine intensiven *Ketzerverfolgungen* stattfanden. Zwar gab es weiterhin vereinzelte Prozesse, gegen waldensische Prediger, gelegentlich auch gegen abweichende Theologen und auch die wenig erfolgreichen Aktionen gegen die Hussiten könnte man in diesem Zusammenhang nennen; aber eine intensive Verfolgung von abweichenden Gruppen ist nicht wahrzunehmen. Das mag einmal daran liegen, daß die Kirche der dualistisch gestimmten Gruppen und der Armutsbewegung mit Hilfe von verschiedenen Orden weithin Herr geworden war, mag aber auch mit der Tolerierung einer größeren Bandbreite in der Theologie zusammenhängen.

Euan Cameron, The Reformation of the Heretics. The Waldenses of the Alps 1480–1580, Oxford 1984.

Gleichzeitig aber ist ein Phänomen zu beobachten, das seine epidemische Verbreitung erst nach hundert Jahren entfalten sollte: die *Hexenverfolgung*. Die ‚schwarze Magie' der zauberischen Praktiken hatte es neben der ‚weißen', die Wahrsagerei und Heilungspraktiken umfasste, immer gegeben. Beide standen im römisch-kaiserlichen Recht, das nun zunehmend rezipiert wurde, unter Todesstrafe. Seit dem 13. Jahrhundert vollzog sich aber auch ein Wandel der Bewertung von Zauberei und Hexerei. Die Gelehrten hatten bis dahin beides oft nicht wirklich ernst genommen. Vor allem der Hexenflug wurde im Canon Episcopi des Decretum Gratiani als Traumvorstellung abgetan. Nun aber entstanden Werke, mit denen man die Phänomene sammelnd und ernsthaft behandelte. Johann Nider (ca.1380–1438) mit seinem ‚Formicarius' (gedruckt 1475 und weit verbreitet), Claude Tholosans ‚Et magorum et maleficiorum errores' und Johann Hartliebs ‚Buch aller verbotenen Kunst' (1456; KTGQ 2, Nr. 79b) sind Beispiele dafür. Eugen IV. machte den Inquisitoren zur Pflicht, auf die Zauberei zu achten. Entsprechend gab es nach 1350 und dann nach 1420 eine Zunahme der Prozesse wegen Zauberei (meist Schadenszauber), ausgehend von den Alpentälern Savoyens. Doch blieben auch weiterhin Vorbehalte. Deswegen warnte Innocenz VIII. in der Bulle ‚Summis desiderantes affectibus' 1484 davor, Zauberei und Zauberinnen nicht ernstzunehmen. So brachte der 1487 erstmals gedruckte ‚Malleus maleficarum' (Hexenhammer) der Inquisitoren Jakob Sprenger (1435–1496) und Heinrich Institoris (ca.1430–1505) eine Zusammenfassung und Systematisierung des gesamten Hexenwesens. Von nun an finden sich Hexen, Hexenflug, Hexentanz und anderes auch in bildlichen Darstellungen der Druckgraphik, und auch angesehene Künstler wie Altdorfer, Baldung Grien und Dürer nehmen neben anderen die Themen auf. Freilich löste der Hexenhammer, gegen den sich der Konstanzer Jurist Ulrich Molitor (1442–1507) in einer ebenfalls weit verbreiteten Schrift wandte, keineswegs sogleich jene Flut von Hexenprozessen aus, die in der zweiten Hälfte des 16. Jahrhunderts beginnend fast hundert Jahre währte.

Ch. Daxelmüller, Hexen, Hexerei, in: LMA 4, München/Bern 1989, Sp. 2201–2204. – Andreas Blauert, Frühe Hexenverfolgungen. Ketzer- Zauberei und Hexenprozesse des 15. Jahrhunderts, Hamburg 1989. – Ders., Ketzer, Zauberer, Hexen. Die Anfänge der europäischen Hexenverfolgungen, Frankfurt/M. 1990. – Sigrid Schade, Kunsthexen – Hexenkünste. Hexen in der bildenden Kunst vom 16. bis 20. Jahrhundert, in: Hexenwelten, hg. v. Richard van Dülmen, Frankfurt 1987, S. 170–218.

Im Mittelalter wurden die Juden aufgrund der Überzeugung, daß das Schicksal ihrer Vertreibung und das Fehlen eines eigenen Landes die Wahrheit des christlichen

Glaubens bezeuge, unter den Christen geduldet, selbst wenn es – in der Zeit der Kreuzzüge – zu Pogromen kam. Im Spätmittelalter gab es jüdische Gemeinden vor allem in Spanien, auf Sizilien und Sardinien sowie in den Herrschaften Südfrankreichs und Italien, im übrigen Europa deutlich weniger. Die Juden lebten hauptsächlich in den Städten und üblicherweise unter einer unterschiedlich strukturierten Selbstverwaltung, die von reichen und angeseheneren Gemeindegliedern sowie den Rabbinen ausgeübt wurde. Das Spätmittelalter aber wurde für das europäische *Judentum* zu einem tiefen geschichtlichen Einschnitt als eine Zeit der Verfolgungen und Vertreibungen. Für die rechtliche Situation war ausschlaggebend, daß die Päpste im 13. Jahrhundert ein einheitliches Judenrecht geschaffen hatten, das – augustinische Traditionen aufgreifend – auf der einen Seite Schutz und berechenbare Regelungen bot, auf der anderen aber auch eine diskriminierende Trennung festschrieb. Dieses Judenrecht, das von Thomas von Aquin weithin theologisch legitimiert wurde, beeinflußte auch die Gesetzgebung der Herrscher. Für Verfolgungen und Vertreibungen wurde von Bedeutung

– daß sich die wirtschaftliche Lage seit Beginn des 14. Jahrhunderts deutlich verschlechterte und dazu führte, daß die Versuchung, sich jüdischer Gläubiger zu entledigen, groß wurde,

– daß die kaiserliche ‚Kammerknechtschaft‘ und der Judenschutz sich zu einem disponiblen Judenregal entwickelte und in die Hände nachgeordneter Obrigkeiten geriet,

– daß sich die Legenden des Ritualmords und des Hostienfrevels festsetzten,

– und daß sich mit der Ausbreitung der Pest die Legende der Brunnenvergiftung durch Juden verbreitete.

Die Situation des sephardischen (Spanien, Frankreich, England) und des aschkenasischen (Nordfrankreich, Deutschland und die osteuropäischen Länder) Judentums war in den einzelnen Ländern unterschiedlich. Verfolgung und Vertreibung vollzog sich von West nach Ost deutlich zeitversetzt, so daß sich das Judentum noch im 14. Jahrhundert in Polen ausbreiten konnte. In England wurden die Juden bereits 1290 ausgewiesen. In Frankreich geschah dies nach Pogromen um die Mitte des 14. Jahrhunderts erst 1394. In Spanien betrieb die Kirche, von Hetzpredigern unterstützt, seit dem 14. Jahrhundert eine scharfe Abgrenzung von den Juden, die gegen Ende des Jahrhunderts zu immer weitergehenden diskriminierenden Einschränkungen und Pogromen führte. Das auf Betreiben von Vincenz Ferrer (1350–1419) veranstaltete Religionsgespräch von Tortosa (1412–1414), an der die Juden als Zuhörer teilnehmen mußten, führte wie vorher die Pogrome zu zahlreichen Übertritten und – trotz offiziellen kirchlichen Verbots – zu Zwangstaufen, die wiederum den Rückfallsverdacht gegen alle Konvertiten und das Vorgehen der Inquisition gegen sie förderte. Schließlich wurden 1492 alle Juden, gegen 150.000, aus Spanien ausgewiesen, bald darauf auch – nach Zwangstaufen – aus Portugal. Daß die Portugal ebenfalls verlassenden conversos sich in Italien zu den Judengemeinden hielten, andernorts aber in christlichen Gemeinden lebten, konnte den Austausch zwischen Juden und Christen fördern. In Deutschland brachte die Pest in den Jahren 1348–1350 furchtbare Pogrome und Vertreibungen, die teilweise später zurückgenommen wurden. Aus der

Kammerknechtschaft folgerte der Kaiser das Recht einer an ihn zu leistenden Judensteuer und zu Steuern aus besonderen Anlässen sowie die Möglichkeit, gegen Zahlungen an ihn, die Schulden bei Juden aufzuheben, ließ sich aber im übrigen die Verleihung seiner Schutzrechte und gelegentlich auch Pogrome bezahlen, so daß die Juden von nun an als ‚Schutzjuden‘ der jeweiligen Obrigkeit ausgeliefert waren. Neben erzwungenem Predigtbesuch gab es immer wieder wandernde Prediger (Johannes von Capestrano, 1386–1456; Bernhardin von Feltre, 1439–1494; Bernhardin von Busti, ca.1450–1513), die mit ihren Haßpredigten die alten antijüdischen Legenden am Leben hielten und das Judentum dämonisierten, obwohl sich die Päpste dagegen wandten. Schließlich kam es auch in den Territorien des Reichs seit der zweiten Hälfte des 15. Jahrhunderts zu Vertreibungen, die von den Städten, die allerdings die Ansiedlung im Umkreis zuließen, rigoros, von den Territorien aber weniger konsequent durchgeführt wurden. Nur Polen und Oberitalien blieben den Juden als Zufluchtsländer.

Handbuch zur Geschichte der Juden in Europa, hg. v. Elke-Vera Kottowski, Julius H. Schoeps, Hiltrud Wallenborn, Friedrich Battenberg, Darmstadt 2001. – Robert Bonfil, Aliens within: The Jews and Antijudaism, in: Handbook of European History 1400–1600. Late Medieval Ages, Renaissance and Reformation, hg. v. Thomas A. Brady, Heiko A. Oberman, James D. Tracy, Bd. 1, Leiden u.a. 1994, S. 263–302. – Hans-Martin Kirn, Antijudaismus und spätmittelalterliche Bußfrömmigkeit. Die Predigt des Franziskaners Bernhardin von Busti, in: ZKG 108, 1997, S. 147–175. – Das europäische Zeitalter der Juden, Geschichte der Juden im Mittelalter von der Nordsee bis zu den Südalpen, hg. v. Alfred Haverkamp, Hannover 2002. – Manuela Niesner, „Wer mit Juden well disputiren“. Deutschsprachige Adversus-Judaeos-Literatur des 14. Jahrhunderts, Tübingen 2005.

D. Renaissance und Humanismus

Peter Burke, Die europäische Renaissance. Zentren und Peripherien, München 1998. – Paul Oskar Kristeller, Humanismus und Renaissance, 2 Bde., München o.J. (UTB 914, 915). – John Hale, Die Kultur der Renaissance in Europa, München 1994.

Für die Kirchengeschichte wird man an der Reformation als einer Epoche im Sinn sowohl des Einschnitts wie eines Zeitraumes festhalten. Für die Universalgeschichte muß das nicht in gleicher Weise gelten. Jedenfalls spricht man seit dem 19. Jahrhundert vor allem außerhalb Deutschlands von der Renaissance auch als einer Epoche der abendländischen Geschichte, die man früher mit dem Sacco die Roma 1527 enden ließ, während man heute für die Früh- (1300–1490), Hoch- (1490–1530) und Spätrenaissance (1530–1630) rund drei Jahrhunderte ansetzt (also jenen Zeitraum, der kirchenhistorisch hier mit Spätmittelalter, Reformation und Konfessionellem Zeitalter umschrieben wird). Dabei tritt freilich zurück, daß sich vor allem neben Früh- und Hochrenaissance das Mittelalter in vielen seiner Erscheinungen verändernd fortsetzte. Außerdem wurde die Selbstbezeichnung Renaissance nie universal, sondern stets für bestimmte Gebiete (Sprache, Philosophie, Künste) gebraucht. Die neuere Forschung trennt auch die Renaissance, so wie man inzwischen die Rückbindungen und das Herauswachsen der Reformation aus dem Spätmittelalter wahrnimmt, nicht mehr so scharf vom Mittelalter, wie das früher (Jules Michelet,

Jakob Burckhardt) geschah. Allerdings hat sich die Renaissance selbst ganz bewußt vom Mittelalter abgesetzt, ja mit dieser Abgrenzung und der Wiederanknüpfung an heidnische und christliche Antike das Mittelalter, das sich ja stets problemlos als Fortsetzung der Antike betrachtete, erst als solches konstituiert. Noch am Ende der Renaissance bringt 1620 das ‚Novum Organon‘ des Francis Bacon (1561–1626) den Gegensatz des ‚neuen‘ zum ‚alten‘ Organon des Aristoteles zum Ausdruck. Die Verwendung des Begriffs der Renaissance wird im Blick auf die unterschiedlichen Bereiche des kulturellen Lebens immer wieder problematisiert, ganz unbestritten ist er auf dem Feld der bildenden Künste.

1. Renaissance in den Künsten

Hochrenaissance im Vatikan 1503–1534. Kunst und Kultur der Päpste I, Bonn 1998.

Wie die Wissenschaften (vgl. u. S. 72) so fanden auch die Künste ihre herausragenden Förderer zuerst in den italienischen Stadtrepubliken und an den fürstlichen Höfen. Die sie prägenden Eigenheiten werden aber erst mit der Wende vom 15. zum 16. Jahrhundert, als die italienischen Künstler zu den gesuchten Vorbildern ihrer nordeuropäischen Kollegen werden, auch im übrigen Europa übernommen, was gleichwohl auch Kritik an italienischer ‚Mode‘ nicht ausschloß.
– In der *Architektur* wandte man sich bewußt gegen den gotischen ‚deutschen‘ Stil und orientierte sich an den zehn Büchern des Vitruv über die Baukunst, versuchte aber auch, die monumentalen Reste römischer Baukunst zu erhalten und bekannt zu machen. So kam es zur anverwandelnden Aufnahme römischer Portici und Gesamtanlagen im Bau von Rathäusern, Palazzi und Kirchen, zu den großen Neubauten von Kathedralen mit einer großartigen Entwicklung des Kuppelbaus. Und für die Verwendung dorischer, korinthischer und ionischer Säulen und Kapitelle schuf man geradezu einen Kanon.
– Mindestens ebenso bedeutend war der Umbruch in der *Malerei*, in der neben das vor allem in Italien gepflegte Fresko nun zunehmend auch das großformatige Gemälde trat. Bei den Heiligen- und Marienbildern wird der Goldgrund zunächst durch einen naturalistischen ersetzt, der bald das gesamte Bild füllt und die Figuren der Heiligen – nicht selten mit porträthaften Zügen der Auftraggeber ausgestattet – in ein natürliches oder architektonisches Umfeld hineinstellt. Für beides wurde die Entdeckung der mathematisch berechneten Perspektive von entscheidender Bedeutung und neben ihr, mit dem Fortschritt der Optik, die Darstellungen unterschiedlicher natürlicher und künstlicher Lichtverhältnisse. Die Bilder erhalten nun aber auch über die der religiös-christlichen hinaus ganz neue Themen: Neben denen aus der antiken Mythologie das Porträt berühmter Zeitgenossen und ihrer herausragenden und historisch bedeutsamen Lebensstationen, aus der Beobachtung von Pflanzen und Tieren, allmählich auch aus dem bürgerlichen und bäuerlichen Alltagsleben. Das alles muß nicht vollkommen durchgeführt werden, sondern kann auch das Moment des Unvollendeten (non finito) pflegen.

– Gleiches gilt für *Plastik*, in der man nun versucht, unterschiedliche Bewegung mit der Monumentalität der Antike zu verbinden. Auch hier waren es die erhaltenen und neuaufgefundenen antiken Stücke (der Apollo vom Belvedere, die Laookongruppe), die befruchteten. Aus den Innenräumen der Kirchen und Palazzi tritt die Plastik nun mit freistehenden Standbildern und Brunnendekorationen in den öffentlichen Raum der Plätze.

Das alles brachte einen tiefgreifenden Wandel auch für die Motive christlicher Tradition mit sich, wenn man die ‚gotische' und die ‚byzantinische' Manier ablehnte, die biblischen Gestalten mit antiken Heroen verschmolz, ihre Körperlichkeit und Leiblichkeit herausarbeitete, ohne die Nacktheit (bis hin zu einem nackten Kruzifixus) zu scheuen, und biblische Szenen in ein naturalistisch zeitgenössisches Umfeld stellte. Man spürte, daß hier die Bilder nicht mehr in erster Linie um der und des Dargestellten, sondern um ihrer selbst willen gestaltet wurden. So entstand ‚Kunst' im eigentlichen Sinn, die denn auch sogleich zum Sammel- und Repräsentationsobjekt wurde. Und das konnte im kirchlichen Raum zu Kritik und zu erneuter Diskussion über die Bilder führen.

Diejenigen, die das alles ‚schaffen' – wobei die Analogie zum göttlichen Schöpfer nahe liegt – werden nun auch mit Namen bekannt, gefeierte und gesuchte Individuen, die ihre Werke signieren, deren Leben und Lebensläufe interessieren. Ihre Wanderungen – vor allem die zwischen Italien und dem übrigen Europa – trugen erheblich zur europaweiten assimilierenden und transformierenden Rezeption der Renaissance bei. Dabei sind es nicht nur die großen Einzelnen, sondern auch die Kleinräume und -gruppen, die von Bedeutung sind: Klöster, Universitäten, Akademien, kaufmännische Niederlassungen. Doch darf daneben auch die schnelle und leichte Verbreitung durch die Druckerkunst, durch Holzschnitt und Kupferstich nicht unterschätzt werden.

2. Literarische und wissenschaftliche Renaissance – der Humanismus

Cornelis Augustijn, Humanismus, Göttingen 2003 (KIG H2). – Kurt Flasch, Das philosophische Denken im Mittelalter, [2]Stuttgart 2000. – Renaissance Humanism: Foundations, Forms, and Legacy, hg. v. Albert Rabil Jr, 3 Bde, Philadelphia 1988. – Die Renaissance und ihre Antike, hg. v. Enno Rudolph, 3 Bde., Tübingen 1998 (Religion und Aufklärung 1–3). – Humanismus in Europa, hg. v. der Stiftung „Humanismus heute" des Landes Baden-Württemberg, Heidelberg 1998.

Im Unterschied zum Begriff Renaissance hat sich der des Humanismus nicht zum Epochenbegriff ausgebildet. Dennoch umgreift er mit dem Frühhumanismus der italienischen Städte und Höfe mit den Schwerpunkten in Florenz, Rom, Neapel und Mailand, seiner vor allem von Rom geprägten und nach Ungarn und Polen ausstrahlenden Blüte im 15., und seiner europäischen Ausweitung im frühen 16. Jahrhundert kulminierend bis zum Späthumanismus der zweiten Hälfte des 16. Jahrhunderts den gleichen Zeitraum wie die Renaissance. Man versteht ihn deutlich umgrenzter als eine mit der Renaissance unlöslich verbundene geistige Bewegung, die die seit dem 15. Jahrhundert so genannten studia humanitatis in den Mittelpunkt stellte, das alte

Trivium von Grammatik, Rhetorik und Dialektik unter Zurückdrängung der Logik mit der Philologie verband und daneben vor allem Ethik und Geschichte thematisierte.

Die Humanisten wirkten in der Hauptsache als freie Schriftsteller, als Räte und Stadtschreiber in den Städten, in den Kanzleien von Fürsten und zunächst gelegentlich, später häufiger auch an den Universitäten. Sie fanden sich aber auch in den Klöstern und unter den Bürgern der Städte. Man schloß sich zusammen in Akademien oder auch Sodalitäten, man suchte einander auf, tauschte Manuskripte und Bücher aus und hielt untereinander brieflichen Kontakt. Patronage von Fürsten und vor allem auch Fürstinnen (Beatrice von Aragon in Ungarn, Königin Isabella von Kastilien, Königin Bona Sforza in Polen, Königin Katharina von Aragon in England, Marguerite von Navarra) spielte für die Humanisten des 15. Jahrhunderts und danach eine erhebliche Rolle. Und über die interessierten und gebildeten Fürstinnen hinaus gab es eine Reihe humanistisch gebildeter Frauen (Cassandra Fedele, 1465–1558; Caritas Pirckheimer, 1467–1532; Olympia Fulvia Morata, 1526–1555), denen hohe Anerkennung zuteil wurde.

Irene Leicht, Gebildet und geistreich: Humanistinnen zwischen Renaissance und Reformation, in: „In Christo ist weder Man noch Weyb". Frauen in der Zeit der Reformation und der katholischen Reform, Münster 1999 (KLK 59), S. 23–48.

Wie für die Renaissance war für den Humanismus die Überzeugung von der ‚Wiedergeburt' der Antike gegenüber den Entstellungen des Mittelalters charakteristisch. Das wahre Alte sollte wiederaufleben und maßgebend sein.

– Das galt bereits für die *Schrift*, bei der die Humanisten – wie gelegentlich auch bei Texten – Mittelalterliches für antik hielten, so daß man in Italien aus der karolingischen Minuskel die antiqua, die ‚italische' Schrift entwickelte, in der – allmählich im übrigen Europa übernommen – vor allem lateinische Texte gedruckt wurden. Ihr folgte wenig später dann auch die humanistische Kursive.

– Daneben ging es den Humanisten um die *Sprache*, in erster Linie um eine Berichtigung des mittelalterlichen Latein anhand der Antike. Dabei wurde für die Prosa besonders Cicero, an dem man neben seiner Ethik auch sein aktiv politisches Leben schätzte, für die Dichtung aber Vergil als klassisch angesehen (Pietro Bembo, 1470–1547). Darüber wurde das Lateinische aus einer gelehrten Umgangssprache allmählich zu einer Kunstsprache, konnte langfristig gesehen aber auch zur ‚toten' werden. Freilich mokierte man sich gelegentlich auch über eine allzu enge Anlehnung an Cicero und wandte sich bewußt von der Imitation seines Stils ab.

Hinzutrat – nicht erst nach dem Fall von Konstantinopel, der in seiner Bedeutung dafür oft überschätzt wurde – sondern längst vorher ein neues Interesse am klassischen Griechisch. Noch Ambrogio Traversari (1386–1436) mußte sich das Griechische im Selbststudium erarbeiten; später konnte man es aufgrund eines intensiveren Austausches mit Byzanz erlernen (Manuel Chrysoloras, ca.1350–1415; Georgios Gemistos Plethon, 1360–1452). So brachte Francesco Filefolo bereits 1427 etwa 40 Manuskripte von Konstantinopel nach Italien. Das beschränkte sich freilich bis 1500 im wesentlichen auf Italiener, darüber hinaus auf nur wenige Gelehrte. Doch in den ersten beiden Dezennien des 16. Jahrhunderts wurde der Griechischunterricht dann in den humanistisch geprägten Universitäten allgemein installiert (Krakau 1500; Alcalá 1513; Leipzig 1515; Paris 1517, Wittenberg 1518).

Neben diese Sprache griechisch-antiker Poesie und Prosa und des Neuen Testaments trat, befördert vom Interesse an der ‚geheimen Weisheit' der Hebräer und aufgrund des titulus (Überschrift) des Kreuzes Christi vom Ideal des homo trilinguis, auch das Hebräische. Zwar waren die vom Konzil von Vienne 1311 geforderten fünf Hebräischlehrstühle an den europäischen Universitäten damals nicht eingerichtet worden, aber es gab zunehmend Gelehrte, die sich für diese Sprache und das in ihr Überlieferte interessierten. Egidio de Viterbo hielt das Lateinische gar für eine barbarische Sprache verglichen mit dem Hebräischen. Für dieses schuf Johannes Reuchlin (vgl. u. S. 78f) erstmals Grammatik und Wörterbuch. Aber wie beim Griechischen kam es erst im frühen 16. Jahrhundert zur Gründung eigener Professuren und zum collegium trilingue (Löwen 1517; Paris 1530). Es waren diese Sprachen, in denen für Luther das Messer des Geistes steckte.

Doch nicht nur die klassischen Sprachen interessierten. Vielmehr bedienten sich die Humanisten, wie schon Dante, Giovanni Boccaccio (1313–1375) und Francesco Petrarca (1304–1374) auch der Volkssprache. Dante wurde dann für die Dichtung, Bocaccio für die Prosa zum Vorbild. Auch für die Volkssprachen schuf man die ersten sprachwissenschaftlichen Hilfsmittel (Antonio de Nebrija 1492 für das Spanische). Das konnte gegen Ende des 15. Jahrhunderts in einer Wendung gegen den italienischen Humanismus im übrigen Europa zur Heraushebung der jeweils eigenen Volkssprache führen und sich mit einem neuartigen Nationalgefühl verbinden, mit dem man sich vom ‚Römischen' – gerade auch in Deutschland – bewußt absetzte. Doch wollte man mit Übersetzungen in die Volkssprache auch ein größeres Publikum erreichen.

Latein und Nationalsprachen in der Renaissance, hg. v. Bodo Guthmüller, Wiesbaden 1998.

– Die Sprachen ebneten den Weg zu den *Quellen*. Und zu ihnen zählten neben architektonischen und künstlerischen Resten der Antike, um deren Bergung, Sammlung und Veröffentlichung man sich bemühte, vor allem die Werke der antiken Autoren und der Kirchenväter. Schon Petrarca wandte sich gegen die einseitige Bevorzugung des Aristoteles (KTGQ 2, Nr. 62a und b). Nicht wenige Humanisten gingen auf regelrechte Entdeckungsreisen in die Bibliotheken der Klöster und Stifte (Poggio Bracciolini, 1380–1459), vervollständigten das Werk der bekannten (Bracciolini: Cicero, acht Reden; Quintilian, Institutio oratoria) und fügten die Werke bis dahin unbekannter Autoren hinzu (Bocaccio: Apuleius, Der goldene Esel). Das galt in besonderem Maße für die griechische Antike. Was nicht von griechischen Gelehrten, schon vor dem Fall Konstantinopels, in den Westen gebracht wurde, das spürten in den griechischen Osten reisende Humanisten (Giovanni Aurispa, 1376–1459) auf. Eine Fülle bisher unbekannter Werke – vor allem Platos, des Aristoteles, aber auch Lukians – wurden erstmals, andere in verbesserter, von den Kommentaren befreiter

Form zum Druck gebracht. Vor allem aber kam es, da das Griechische noch weithin unbekannt war, zu einer Fülle von Übersetzungen ins Lateinische, wobei sich Theorie und Praxis der Übersetzung (Leonardo Bruni, 1370–1444) deutlich verbesserten. Neben das Interesse an der antiken Überlieferung trat bei den europäischen Humanisten die Begeisterung für die Überreste und literarischen Quellen des eigenen Volkes. In Deutschland entdeckte man die Werke der Hrotsvit von Gandersheim und nahm die Germania des Tacitus als Quelle der eigenen Vergangenheit (Conrad Celtis, 1459–1508, und Jakob Wimpfeling, 1450–1528). In antikurialer Wendung kulminierte das schließlich in den Attacken des Ulrich von Hutten (1488–1523) gegen Rom.

In erster Linie interessierten stets Rede und Dichtung, Geschichtsschreibung und Moralphilosophie. Aber das Interesse erstreckte sich auch auf die Gebiete des Rechts, der Medizin, der mathematischen und naturwissenschaftlichen Schriften, so daß sich die studia humanitatis (die dem menschlichen Leben gewidmeten Studien) schließlich nicht nur reformierend und umgestaltend auf den Bereich des artistischen Studiums, sondern auch auf die höheren Fakultäten bezogen und auswirkten.

– Um die Mitte des 15. Jahrhunderts trat neben die Erschließung neuer Quellen die *philologisch-historisch-kritische Arbeit* an ihnen, wie sie sich bei Leonardo Bruni (1370–1444), Flavio Biondo (1392–1462) und Lorenzo Valla (1405/07–1457) findet. Letzterer erwies die Donatio Constantini als Fälschung (1517 publiziert von Ulrich von Hutten, vgl. KTGQ 2, Nr. 63a) und bemühte sich um ein korrektes Verständnis des Neuen Testaments aufgrund des Urtextes (Collatio Novi Testamenti, publiziert von Erasmus 1516). Wenn die Reformatoren später das mittelalterliche Kirchenrecht nicht mehr mit dem Ziel der concordantia discordantium (Übereinstimmung des voneinander Abweichenden), sondern historisch lasen und einordneten, so taten sie genau das, was man mit dem römisch-kaiserlichen Recht tat und was sich im 16. Jahrhundert als mos Gallicus (französischer Umgang mit dem Recht) konstituierte.

– Die Humanisten wollten aber auch mit ihren *eigenen Werken* den großen Vorbildern nacheifern, dem Vergil mit den seinen entsprechenden Epen, den Geschichtsschreibern, in dem man sich von der Chronik löste und die Historie der eigenen Stadt und des eigenen Landes niederschrieb, nicht selten aufgrund der Anregungen städtischer und fürstlicher Auftraggeber. Im übrigen bediente man sich einer Fülle von Gattungen, des Dialogs wie des Briefs, des Traktats und der kurzen Abhandlung. Man verglich die politischen Verfassungen bis hin zu utopischen Idealentwürfen (Thomas Morus 1477/78–1535: Utopia, 1516). Man verfaßte ‚Fürstenspiegel‘, in denen man darlegte, auf welche Weise zu regieren sei, wie das durch Erasmus von Rotterdam in Verbindung von antiker und christlicher Tradition geschah, in Niccolo Macchiavellis (1469–1527) ‚Il principe‘ (1527) aber die Grenzen christlicher Ethik tangierte. Man erörterte die Frage von persönlichem und Geburtsadel, verglich Wert und Nutzen unterschiedlicher Künste und Berufe und behandelte im Blick auf die Erziehung ihre Ausübung und die mit ihnen verbundenen Pflichten. Vor allem aber widmete man sich dem, was alle Menschen anging: der Frage von vita activa (weltgestaltendem Leben) und contemplativa (beschaulichem Leben), wobei erstere höher bewertet und letztere als das Leben des Gelehrten und Schriftstellers gegenüber dem des Mönchs neu bestimmt wurde. Die Fragen nach Würde und Erhabenheit des Menschen, seiner Stellung in Kosmos und Geschichte wurden in Auseinandersetzung mit Innocenz III. Schrift ‚de miseria humanae conditionis‘ ebenso erörtert wie die nach dem Verhältnis von Erkenntnis, Wille und Liebe, die nach Zufall und Glück, Freiheit und Schicksal, Tod und Unsterblichkeit.

a) Humanismus und christliche Tradition – christlicher Platonismus

Zwar verband sich bei den italienischen Humanisten die Wiedergeburt der Antike mit dem Gedanken an die einstige und wiederherzustellende Größe Roms, doch kam es nicht zu dezidiertem Paganismus oder zur Wiederbelebung der antiken Religion, auch zu keiner direkten Wendung gegen das Christentum und nur am Rande zu irreligiöser Haltung (Biagio Pelacani da Parma, gest. 1416). Man kritisierte wie andere die allbekannten Schäden der Kirche, Korruption und Heuchelei des Klerus und Ignoranz der Mönche. Kritik gab es aber auch an der veräußerlichten Ritualfrömmigkeit, die man mit den Gegensätzen von Geist und Fleisch, Zeitlichem und Ewigem, Innerlichem und Äußerlichem abwertete. Man wandte sich, ohne deswegen die Scholastik grundsätzlich abzulehnen, gegen deren Schematismen und Spitzfindigkeiten. Die ‚Dunkelmännerbriefe‘ (vgl. u. S. 78) und der Angriff des Luis Vives (1492–1540) auf die Pseudodialektiker der Pariser Universität (‚In Pseudodialecticos‘, 1520) sind keineswegs allgemein kennzeichnend. Man wußte zwischen Klerus und Kirche, Kirche und ‚Christentum‘ zu unterscheiden. Zu einer innerlichen, das Leben in Demut und Liebe prägenden Religion und zu den Quellen christlicher Antike und Klassik im Neuen Testament und bei den Kirchenvätern wollte man zurück.

So gab es gelegentlich auch Vorbehalte gegenüber der intensiven Beschäftigung mit den antiken Autoren, weil man auf diese Weise sein Seelenheil gefährde (Giovanni Dominici, ca.1355–1419, gegen Coluccio Salutati, 1331–1406). Dagegen verteidigten sich die Humanisten gern mit dem Hinweis auf die Kirchenväter, die sich doch auch der antiken Traditionen bedient hätten, freilich auswählend wie die Bienen beim Nektarsammeln, gefahrverhindernd, wie die Israeliten im Umgang mit Gefangenen, in die christliche Tradition aufnehmend, wie die Israeliten das ägyptische Gold beim Auszug mitnahmen. Aber noch bei Erasmus regte sich später der Verdacht, daß die Italiener mit ihrer Schwärmerei für Cicero letztlich einem Paganismus huldigten. Ebenso äußerte er Bedenken gegen den Versuch der Florentiner Platonisten, alle Weisheit der alten Welt mit dem Christentum zu verbinden.

Wirklich problematisch wurde es, wenn man aufgrund der Kenntnis der Originaltexte aus den traditionell anerkannten antiken Philosophen der christlichen Tradition widersprechende Lehren erhob, selbst wenn man sie nicht selbst vertrat. Das erklärt den heftigen Widerspruch, den Pietro Pomponazzi (1462–1525) fand, als er in seinem ‚Tractatus de immortalitate animae‘ 1516 behauptete, Aristoteles habe die Seele als sterblich bezeichnet, wobei er dem Glauben Raum ließ, wenn er erklärte, man könne weder die Sterblichkeit noch die Unsterblichkeit der Seele beweisen. Nur zwei

Jahre später konnte Luther in der Heidelberger Disputation die Abweichungen des Aristoteles von den Glaubenswahrheiten ohne größere Folgen darlegen.

Wilhelm Kölmel, Scolasticus Literator. Die Humanisten und ihr Verhältnis zur Scholastik, in: HJ 93, 1973, S. 301–335.

b) Christlicher Platonismus

So sehr man sich an den Werken der Vergangenheit und der Antike orientierte, so wenig wollte man sie repristinieren oder nachahmen, vielmehr sich an ihnen in Freiheit des Geistes bilden. Deswegen verschrieb man sich auch nicht einer bestimmten philosophischen Position, sondern ging, die Antike als Einheit nehmend, eklektisch vor. Dabei erhielten freilich die stoischen und vor allem platonischen Traditionen eine besondere Bedeutung. Das zeigt sich an Nikolaus Cusanus und den italienischen Platonisten.

– *Nikolaus Cusanus* (eigentlich Krebs, aber nach seinem Geburtsort Kues Cusanus genannt, 1401–1464) entwickelte sich, nach dem Studium von Philosophie, Theologie und Kirchenrecht in Heidelberg und Padua, in Köln und Paris, beeinflußt auch vom Frühhumanismus und dessen Interessen am kritischen Umgang mit Handschriften, mit seinem umfangreichen Lebenswerk zu einem genialen philosophisch-theologischen Einzelgänger.

Unter Rückgriff auf neuplatonische Traditionen verstand er unter Abkehr von der scholastisch-aristotelischen Methodik die Theologie als docta ignorantia, in der im Unterschied zum stets hypothetischen Wissen der Welt und des Zähl- und Meßbaren, des Vielen und Unterschiedenen, die Wahrheit über den trinitarischen Gott aufgrund seiner Offenbarung aussagbar wird. Gott ist der Urgrund des Seins, in dem alles Seiende enthalten ist (complicatio), das sich in der Schöpfung (explicatio) entfaltet und differenziert. In ihm gibt es keinen Unterschied zwischen Möglichkeit und Wirklichkeit, in ihm vollzieht sich auch die Versöhnung jener Gegensätze (coincidentia oppositorum), die das rationale Weltwissen stets konstatieren muß (KTGQ 2, Nr. 80a). Von solchen Ansätzen aus konnte er die Kirche als in Vielfalt (westliche und östliche Kirche) eine verstehen (KTGQ 2, Nr. 80b) und – in Kenntnis der Arbeiten des Raimundus Lullus (doctor illuminatus; 1232/33–1315/16) – nach dem Fall Konstantinopels im Blick auf Islam und Judentum den Gedanken der in ihren Riten unterschiedenen einen Religion (una religio in rituum varietate) konzipieren, ohne freilich den Wahrheitsanspruch des Christentums preiszugeben. Wie später Johannes Reuchlin die Kabbala (vgl. u. S. 78), so hielt er den Koran für insgeheim auf das Christentum ausgerichtet (Cribratio Alcorani 1460/61). Der Vorwurf des Pantheismus, den ihm der Heidelberger Theologe Johann Wenk (gest. 1460; ‚De ignota litteratura‘, 1442/43) machte, trifft nicht zu, selbst wenn er die Welt gelegentlich als deus visibilis (sichtbaren Gott) und den Menschen als humanatus deus (menschgewordenen Gott) bezeichnete. Mit alldem gehört er über seine Bekanntschaft mit vielen der italienischen Humanisten in die Philosophie der Renaissance.

Der Gelehrte entzog sich, wie die Humanisten überhaupt, nicht den Problemen seiner Zeit. Auf dem Konzil von Basel (vgl. o. S. 36f) trat er für Reformen ein und bereitete die Union mit den Griechen vor, was ihn veranlaßte den Konziliarismus aufzugeben. Ein bedeutender Prediger, wurde er 1448 (der deutsche) Kardinal, wahrte als Bischof von Brixen seit 1450 seine Rechte gegenüber Herzog Sigmund von Tirol (1427]1439–1496), wurde als päpstlicher Legat in Friedensmissionen nach Böhmen und Frankreich gesandt und vertrat als solcher auch die Interessen der Kurie in Deutschland.

Kurt Flasch, Nicolaus Cusanus, München 2001. – Rudolf Haubst, Streifzüge in die cusanische Theologie, Münster 1991. – Erich Meuthen, Nikolaus von Kues 1401–1464, [7]Münster 1992. – Josef Stallmach, Ineinsfall der Gegensätze und Weisheit des Nichtwissens, Münster 1989.

– Zum Hauptsitz eines neubelebten und *christlichen Platonismus in Italien* wurde die von Cosimo il Vecchio di Medici (1389–1464) im Geist des Georgios Gemistos Plethon (1355–1450) 1462 gegründete Platonische Akademie von Florenz. Neben dem Kardinal Bessarion (1403–1473), der sich literarisch ‚Wider den Verleumder Platons' (‚Adversus calumniatorem Platonis', 1469) wandte, wurde *Marsilio Ficino* (1433–1499) zum gefeierten Haupt der Florentiner Platoniker. Ihnen ging es nicht mehr wie den Humanisten der städtischen Republik Florenz um die Erinnerung und Aufnahme römischer Tugenden im Interesse des Allgemeinwohls (bonum commune), sondern um ein alle Weisheit auf das Christentum ausrichtendes Wissen der Eingeweihten. Ficino übersetzte nicht nur das Corpus Platonicorum, die Werke Platos und Plotins, ins Lateinische, sondern legte mit der ‚Platonischen Theologie' (‚Theologia Platonica'), und ‚Über die Unsterblichkeit der Seele' (‚De immortalitate animae', 1482) eine die Kontinuität von Geist und Natur, von Intelligiblem und Materiellem, von Unendlichkeit und Endlichkeit herausstellende Weltsicht vor, wobei die stufenartig zugeordneten Gattungen durch die unterste der jeweils höheren mit der höchsten der darunterstehenden verbunden gedacht wurden und die grundlegende Vermittlung zwischen den unsterblichen und den sterblichen Geistern in der menschlichen Seele gegeben ist. Damit wollte Ficino, der auch Paulus auslegte, im Unterschied zu den von ihm als antireligiös betrachteten Aristotelikern in Padua eine philosophische Hinführung zur vollkommenen Religion, eben der christlichen, bieten. Und er war überzeugt, daß man in der ägyptisch eingekleideten hermetischen Literatur des von ihm übersetzten Corpus Hermeticum, in der griechischen Philosophie und Dichtung wie in den hebräisch-jüdischen Traditionen eine uralte Theologie (prisca theologia) vor sich habe, von der aus der Weg zum Christentum leicht zu beschreiten sei (vgl. KTGQ 2, Nr. 63b).

Paul Oskar Kristeller, Die Philosophie des Marsilio Ficino, Frankfurt/M. 1972. – Jörg Lauster, Die Erlösungslehre Marsilio Ficinos. Theologiegeschichtliche Aspekte des Renaissanceplatonismus, Berlin u.a. 1998 (AKG 69).

– In diesem Zusammenhang gehört auch *Giovanni Pico della Mirandola* (1463–1494). Er kam nach dem Studium der aristotelischen Philosophie in Padua ganz unter den Einfluß Ficinos in Florenz. Mit seinen 1487 für eine Disputation in Rom aufgestellten 900 philosophischen und theologischen Thesen, für die er seine ‚Rede über die Würde des Menschen (‚Oratio de dignitate hominis') als Eröffnung konzipierte (KTGQ 2, Nr. 63c), wollte er die gesamte antiquissima sapientia (uralte Weisheit) – Platonismus und griechische Dichtung, Astrologie, Alchemie und jüdische Kabbala, zu denen er aufgrund seiner enormen Sprachkenntnisse Zugang hatte, – zusammen mit der christlichen Offenbarung zu einer Gesamtsicht zusammenfügen. Ebenso versuchte er in ‚De ente' eine Verbindung von aristotelischer und platonischer Philosophie. Gegen das Verbot der Disputation setzt er sich in einer ‚Apologie' zur Wehr, war aber nur durch den Schutz des französischen Königs und Lorenzos di Medici (1449–1492) sicher, bis von Papst Alexander VI. die ihm angedrohten Strafen aufgehoben wurden. Sein oft publizierter und übersetzter Brief an einen Neffen zeigt eine demütig-schlichte, ganz auf Christus gerichtete Frömmigkeit.

Walter Andreas Euler, „Pia philosophia" et „docta religio". Theologie und Religion bei Marsilio Ficino und Giovanni Pico della Mirandola, München 1998 (Humanistische Bibliothek R. 1,48). – Bernd Roeck, Die Rezeption Pico della Mirandolas in Deutschland, in: Die Welt im Augenspiegel, hg. v. Daniela Hacke und Bernd Roeck, Sigmaringen 2002 (Pforzheimer Reuchlinschriften 8), S. 133–146.

– Der in Freiburg, Basel, Paris und Orleans gebildete und in Württemberg und der Pfalz tätige Jurist *Johannes Reuchlin* (Capnio, 1455–1522), der auf Italienreisen auch den dortigen Humanismus, vor allem auch Pico kennenlernte, Melanchthon an seiner Stelle für die Universität Wittenberg als Professor für Griechisch empfahl und diese Position später selbst in Ingolstadt und Tübingen wahrnahm, hat neben dem Griechischen vor allem die Hebraistik befördert. Mit den ‚Rudimenta Hebraica' legte er 1506 die ‚Grundlage für das Studium des Hebräischen'. Von besonderer Bedeutung aber wurde, daß Reuchlin 1494 mit ‚De verbo mirifico' (der in Jesus aussprechbare, ‚schauerregende' Name Jahwes) und 1517 mit ‚De arte cabbalistica' (‚Über die Kunst der Kabbalistik', 1517) versuchte, die kabbalistischen Traditionen für die christliche Offenbarung in Anspruch zu nehmen (KTGQ 3, Nr. 1a, b). Berühmt wurde er durch sein Eintreten für die Erhaltung der jüdischen Literatur (KTGQ 3, Nr. 1c) gegen den Konvertiten Johannes Pfefferkorn (1469–1522/3), die aber keinem Philosemitismus entsprang. Gegen Reuchlins Verteidigung im ‚Augenspiegel' strengte Jakob van Hoogstraaten (ca.1465–1527) einen Prozeß an, der vom Bischof von Speyer zugunsten Reuchlins entschieden, dann aber nach Rom verlagert wurde. Die von den Humanisten Crotus Rubeanus (gest. ca.1545) und Ulrich von Hutten verfaßten ‚Briefe der Dunkelmänner' (‚Epistolae obscurorum virorum', 1515 und 1517) – der Titel griff Reuchlins Veröffentlichung der an ihn gerichteten ‚Briefe berühmter Männer' (‚Epistolae clarorum virorum') auf – gossen in einem barbarischen Latein ihren Spott über Hoogstraaten und die Kölner Dominikaner aus (KTGQ 3, Nr. 2). Die Reuchlinsache wurde, da es in der Ablaßsache zunächst um einen Zusammenstoß mit Dominikanern zu gehen schien, sehr schnell mit der causa Lutheri verbunden, über der die schließlich 1520 erfolgte Verurteilung Reuchlins durch die Kurie kein Aufsehen mehr erregte. Selbst von einem kurialen Prozeß bedroht und schließlich verurteilt, hat Reuchlin zwar die ersten Schriften Luthers begrüßt, sich aber seit 1520 immer eindeutiger von ihm distanziert. Da das aber nicht plakativ und öffentlich geschah, galt er den Zeitgenossen und der Nachwelt als Wegbereiter und Förderer der Reformation. Als solcher wurde er noch im 19. Jahrhundert auf dem Lutherdenkmal in Worms plaziert.

Hans Peterse, Jacobus Hoogstraeten gegen Johannes Reuchlin. Ein Beitrag zur Geschichte des Antijudaismus im 16. Jahrhundert, Wiesbaden 1995 (VIEG 165). – Reuchlin und die Juden, hg. v. Arno Herzig und Julius Schoeps, Sigmaringen 1993 (Pforzheimer Reuchlinschriften 3). – Reuchlin und die politischen Kräfte seiner Zeit, hg. v. Stefan Rhein, Sigmaringen 1998 (Pforzheimer Reuchlinschriften 5). – Eike Wolgast, Die Universitäten im Streit um die jüdischen Bücher 1510–1513, in: Studien zur jüdischen Geschichte und Soziologie, hg. v. Mitarbeitern der Hochschule für Jüdische Studien, Heidelberg 1992, S. 143–163. – Charles Zika, Reuchlin und die okkulte Tradition der Renaissance, Sigmaringen 1998 (Pforzheimer Reuchlinschriften 6). – G. Mensching, Die Kölner Spätscholastik in der Satire der Epistolae obscurorum virorum, in: Die Kölner Universität im Mittelalter, hg. v. Albert Zimmermann, Berlin/ New York 1989 (MM 20), S. 508–523. – Fides Rädle, Die *epistolae obscurorum virorum*, in: Kirche und Gesellschaft im Heiligen Römischen Reich des 15. und 16. Jahrhunderts, hg. v. Hartmut Boockmann, Göttingen 1994 (AAWG.PH III,206), S. 103–115. – Gottfried Seebaß, Reuchlin und die Reformation, demnächst in: Pforzheimer Geschichtsblätter.

c) Hinwendung zur Bibel und den Kirchenvätern

Im Lauf des Mittelalters hatte sich für die Auslegung der Bibel der vierfache Schriftsinn ausgebildet, den man in dem Merkvers ‚Litera gesta docet, quid credas allegoria, moralis quid agas, quo tendas anagogia‘ (Der Buchstabe lehrt, was geschah; die Allegorie, was man glaubt; der moralische Sinn, was zu tun ist; der hinweisende, woraufhin man sich entwirft.) festhielt. Das war also keineswegs eine Spielerei, sondern eine durchaus auf die applicatio zielende Auslegung, wenn man zunächst den sachlich-historischen Gehalt erheben (sensus literalis) und dann seine Bedeutung für den Glauben (sensus allegoricus), für das Handeln (sensus moralis) und die Zukunftserwartung (sensus anagogicus) erfassen wollte. Aber schon am Beginn des 14. Jahrhunderts war in der Bibelauslegung dieser vierfache Schriftsinn fraglich geworden, und es hatte, ohne daß man ihn grundsätzlich verwarf, eine stärkere Konzentration auf den Literalsinn stattgefunden, was sich in der ‚Postilla litteralis‘ des Nikolaus von Lyra (1270/75–1349; vgl. KTGQ 2, Nr. 60a und b) ebenso niederschlug wie bei Jean Gerson (KTGQ 2, Nr. 69b). Auch der Humanismus in Italien war stets an Bibel und Kirchenvätern als antiken Quellen und Grundlagen von Theologie und Frömmigkeit interessiert. Laurentius Valla erschloß nicht nur über den Urtext ein besseres Verständnis des Neuen Testaments (vgl. o. S. 74), sondern wollte auch in Kritik der boethianischen Tradition der mittelalterlichen Philosophie (‚De voluptate‘, ‚De libero arbitrio‘) an deren Stelle die Lektüre der Kirchenväter setzen. Wie ihm so blieb den späteren Humanisten die Bibel der Fluchtpunkt ihrer Frömmigkeit. Und neben sie traten die Kirchenväter, deren Werke man aufgrund der großen Ausgaben des frühen 16. Jahrhunderts (Augustinus 1506; Hieronymus 1516; 1517 Chrysostomus, 1520 Cyprian, Tertullian 1521) im Zusammenhang studieren konnte.

Europaweite Verbreitung

Die Studenten und Professoren, die Italien besuchten und den Humanismus kennen-lernten, waren immer auch an seiner Bedeutung für die theologischen und sonstigen Studien interessiert. Das prägte den Humanismus jenseits der Alpen, den man gleichwohl nicht wegen der Verbindungen in die Reformation hinein als ‚Bibel-humanismus‘ aus seinem historischen Kontext herausnehmen sollte.

– In England war es John Colet (1467–1519), der von den italienischen Platonisten beeinflußt sich dem Werk des Dionysius Areopagita zuwandte und in Kontakt mit Erasmus an Stelle der Scholastiker nachdrücklich patristische und biblische Studien empfahl.

– In Frankreich war es Jacques Lefèvre d'Etaples (1450–1536), der sich nicht nur um einen neuen Zugang zu den Werken des Aristoteles bemühte, sondern sich nach Übersetzungen von Kirchenvätern mit seinem ‚Fünffachen Psalter‘ (‚Psalterium quincuplex‘, 1509) und den Kommentaren zu den paulinischen Briefen, den Evange-lien und den katholischen Briefen vor allem der Schrift selbst zuwandte und auch für ihre Übersetzung sorgte. Stärker noch als er legte Guillaume Budé (1468–1540) Wert darauf, daß das Christliche der heidnischen Antike überlegen sei.

– In Spanien war eines der großen Ergebnisse des dortigen Humanismus die an der Universität von Alcalá erarbeitete mehrsprachige Bibelausgabe der Complutensi-schen Polyglotte (nach dem römischen Namen Alcalás Complutum, 1520), ebenso aber die Neuausgaben der Werke des Aristoteles auf Griechisch mit lateinischer Übersetzung. Freilich gerieten die spanischen Humanisten, wie sich an Juan Valdés (um 1500–1541) und anderen zeigte, immer wieder in das Visier der Inquisition, ver-stärkt, seitdem diese auch die Schriften des Erasmus und ihre Lektür zu unterdrücken versuchte.

Erasmus von Rotterdam

Der Fürst des europäischen Humanismus wurde Desiderius Erasmus von Rotterdam (1469–1536). An den antiken Schriftstellern hervorragend gebildet, übte er doch Kri-tik an deren sklavischer Imitation und der Einkleidung christlicher Inhalte in antikes Gewand. Was die heidnische Antike Hervorragendes zu bieten hatte, war ihm in Christus aufgenommen und überboten. Stets ging es ihm um eine Verbindung von Frömmigkeit und Bildung, um die er sich vor allem mit seinem ‚Handbüchlein des christlichen Streiters‘ (‚Enchiridion militis christiani‘, 1501, wirksam aber erst nach 1518) bemühte und für die er Kenntnis der drei Sprachen des Kreuzestitulus (obwohl er nie Hebräisch lernte) für unerläßlich hielt (KTGQ 3, Nr. 3d). Von daher ist seine Wendung zum christlichen Altertum in Bibel und Kirchenvätern verständlich. 1516 gab er das Neue Testament mit kritischen Annotationen (philologisch, historisch-kri-tisch, inhaltlich) und einer neuen lateinischen Übersetzung heraus. Die ihr beigege-benen Hinführungen, der ‚Aufruf‘ (‚Paraclesis‘), die ‚Methode‘ (‚Methodus‘, in der 2. Auflage ‚Theologische Methodenlehre oder das Verfahren, wie man zur wahren Gottesgelehrsamkeit gelangt‘ – ‚Ratio seu Methodus compendio perveniendi ad veram theologiam‘) und die ‚Rechtfertigung‘ (‚Apologia‘) bieten Wesentliches für die Theologie des Erasmus (DGQD 3, Nr. 13). Dem folgten die ‚Paraphrasen‘ zur

Erneuerung von Predigt und Erbauungsliteratur; vor allem aber widmete er sich der Herausgabe der Texte der Kirchenväter. Am verweltlichten Papsttum übte er anonym mit dem vom Himmel ‚Ausgeschlossenem Julius' (‚Julius exclusus', 1513) eine ebenso spöttisch-beißende Kritik wie im ‚Lob der Torheit' (‚Laus stultitiae, 1509) und in den ‚Vertrauten Gesprächen' (‚Colloquia familiaria', 1518) an Scholastik, an Klerus, Mönchtum (KTGQ 3, Nr. 3b) und den veräußerlichten Zeremonien der Kirche, die er als ‚Judaisierung' verstand. Ihm ging es nicht um ‚leuchtende Kerzen, sondern brennende Herzen' (Oberman). Sein eigentliches Ziel blieb die philosophia Christiana, nicht eine theoretische Erkenntnis des Christentums und seiner Lehren, sondern deren Konzentration auf das Wesentliche und ihre Aneignung in der Nachfolge Jesu (KTGQ 3, Nr. 3c), der vollkommene Christenmensch, der in Demut und Liebe seinem Herrn nachfolgt.

Daß seine spiritualistisch geprägte Theologie mit ihrem Gegensatz von Geist und Fleisch, Buchstabe und Geist, Zeitlichem und Ewigem, Innerlichem und Äußerlichem bei Zwingli und im ‚linken Flügel der Reformation' Wirkung zeigte und sich nicht wenige seiner Bewunderer der Reformation anschlossen, brachte ihm Schwierigkeiten, denen er sich mit dem Angriff auf Luther (vgl. u. S. 146f) entziehen wollte. Gleichwohl galt Erasmus vielen Zeitgenossen als Wegbereiter der Reformation. Das brachte seine Schriften, die mit der Reformation größere Erfolge als früher hatten, schließlich auf den Index. So griff die Luthersache tief in Erasmus' Leben ein; sie veranlaßte ihn, der ab 1516 in den südlichen Niederlanden gelebt hatte, nach Basel zu gehen; aber auch diese Stadt verließ er, als dort 1529 die Reformation eingeführt wurde, um sich ins ungeliebte Freiburg zurückziehen; nur kurz vor seinem Tod kehrte er 1535 noch einmal nach Basel zurück. Aber auch in den Wirren der Reformation blieb Erasmus, der überzeugte Pazifist (‚Querela pacis'), dabei, daß man Ketzer nicht verfolgen und töten solle, plädierte für Duldung, wo kein Aufruhr drohe, und hoffte, auf der Basis seiner Theologie die sich bildenden Konfessionen versöhnen zu können, ein Zeichen, daß er die Tiefe des konfessionellen Zwiespalts, wie er damals erfahren wurde, nicht wirklich verstand.

Erasmus von Rotterdam, Ausgewählte Schriften, hg. V. Werner Welzig, Darmstadt 1967. Cornelis Augustijn, Erasmus von Rotterdam, München 1986. – Ders., Erasmus – der Humanist als Theologe und Kirchenreformer, Leiden u.a. 1996 (SMRT 59). – Gerhard B. Winkler, Erasmus von Rotterdam und die Einleitungsschriften zum Neuen Testament. Formale Strukturen und theologischer Sinn, Münster 1974. – Peter Walter, Theologie aus dem Geist der Rhetorik. Zur Schriftauslegung des Erasmus, Mainz 1991.

d) Die Stellung des Humanismus zur Reformation

Der Humanismus beeinflußte die katholische Reform ebenso wie die Reformation. Dabei gestaltet sich das Verhältnis von Reformation und Humanismus höchst unterschiedlich:

– Zweifellos bereitete er mit seiner moralischen Kritik am Klerus, mit seiner spiritualisierenden Kritik ritualisierter Frömmigkeit, aber auch mit seinem Bildungsprogramm und vor allem mit der Konzentration auf die Schrift und die Kirchenväter der Reformation den Boden.

– Dementsprechend gab es Reformatoren und reformatorische Strömungen, die nachhaltig vom Humanismus geprägt waren, ihn aber auch reformatorisch korrigierten, wie Philipp Melanchthon, Huldrych Zwingli, Johannes Calvin und eine Reihe südwestdeutsch-städtischer Reformatoren, unter ihnen vor allem Martin Bucer.

– Daneben stand freilich auch eine entschiedene Abkehr, zumal der älteren Humanisten von der Reformation seit 1525, weil sie zwar eine Reform der Kirche, aber keine derartige wollten und weil sie sich von den mit der Reformation entstehenden Unruhen abgestoßen fühlten. Gleichwohl verstand man die Reformation als Fortsetzung des Humanismus und die Auseinandersetzung zwischen Luther und Erasmus schützte diesen nicht wirklich davor, daß man ihm die lutherische Bewegung und die Reformation anlastete.

– Da es auf beiden Seiten der sich bildenden konfessionellen Lager die humanistisch gebildeten und geprägten Theologen gab, waren sie es, die in den 30er und 40er Jahren des 16. Jahrhunderts die konfessionelle Trennung, wenn auch vergeblich, aufzuhalten versuchten.

– Dennoch vermochten sich die Späthumanisten – vor allem im Bereich von Politik, Recht, Philosophie und Medizin – teilweise dem Konfessionalisierungsdruck zu entziehen, hielten Kontakte über die Konfessionsgrenzen hinweg aufrecht und versuchten, konfessionell nicht besetzte Freiräume zu schaffen.

Ulrich Köpf, Bemerkungen zur theologiegeschichtlichen Einordnung des spätmittelalterlichen Humanismus, in: Dona Melanchthoniana, FS Heinz Scheible, hg. v. Johanna Loehr, Stuttgart-Bad Canstatt 2001, S. 247–266. – Bernd Moeller, Die deutschen Humanisten und die Anfänge der Reformation, in: Ders., Die Reformation und das Mittelalter, hg. v. Johannes Schilling, Göttingen 1991, S. 98–110. – Lewis W. Spitz, The Religious Renaissance of the German Humanists, Cambridge/Mass. 1963.

E. Die Kirche im byzantinischen Reich und dessen Ende – Moskau das ‚dritte Rom' – Die orientalischen Kirchen

1. Die Situation des byzantinischen Reiches

Noch im 13. Jahrhundert ging das lateinische Kaisertum, das die Kreuzfahrer nach ihrem Sieg über Byzanz errichtet hatte, wieder unter. Der Usurpator Michael VIII. (1224]1259–1282) aus dem Geschlecht der Palaiologen konnte Konstantinopel erobern und ihm ein Ende bereiten, aber eine neue Blüte des Reiches wurde damit nicht eröffnet. Es erhielt keinen Frieden im Innern und blieb unter ständiger Bedrohung seiner Nachbarn auf dem Balkan (Serben und abendländischen Herrschaften) und in Kleinasien (Turkmenen und Seldschuken). Unter den folgenden Palaiologen kam es das 14. Jahrhundert hindurch wiederholt innerhalb der Dynastie, aber auch mit dem Usurpator Johannes VI. Kantakuzenos (ca.1295]1341–1354) zu verwüstenden Bürgerkriegen um die Macht. In diesen inneren Auseinandersetzungen verband man sich immer wieder mit äußeren Feinden, die man nicht mehr abwehren konnte, da das feudalisierte Land, in dem Großgrundbesitzer und Kirche keine Steuern zahlten, finanziell am Ende und die Bevölkerung verarmt war. Auf dem Balkan drangen zunächst Bulgaren und Serben vor, letztere konnten ein Großreich errichten. Das war freilich nicht von langer Dauer, da die Türken nicht nur in Kleinasien, sondern in der zweiten Hälfte des 14. Jahrhunderts auch auf dem Balkan ihren Machtbereich ausdehnten, die Bulgaren unterwarfen, die Serben besiegten (Schlacht auf dem Amselfeld 15.7.1389) und, nachdem ein westliches Heer geschlagen worden war (Nikopolis 1396), auch Ungarn bedrohten. Nur der Einbruch der Mongolen in Kleinasien und Auseinandersetzungen um die Alleinherrschaft unter den Türken verschaffte dem Reich zu Beginn des 15. Jahrhunderts eine Atempause. Danach wurden die Kaiser von den Türken, nun unter der Herrschaft der osmanischen Dynastie, erneut zu Tributen gezwungen. Mehrfach wurde Konstantinopel belagert; unter Johannes VIII. (1392]1425–1448) und Konstantin XI. (1405]1449–1453) kam das Ende. Im April 1453 begann der Kampf um Konstantinopel, der mit dem Fall der Stadt am 29. Mai und dem Tod des Kaisers endete. Wenig später endete die griechische Herrschaft auch auf der Peloponnes und in Trapezunt.

2. Die Kirche und das Verhältnis zum Westen

Die Kirche war mit dem Geschick des Reiches aktiv und passiv eng verbunden. Die Bischöfe zeigten sich den Kaisern im Blick auf Patriarcheneinsetzungen meist willfährig, doch deren Prestige nahm ab. Auch ihre materielle Basis wurde angesichts der Bistümer, die unter türkischer Herrschaft standen und entweder bestehenden Bistümern als epidosis zugewiesen, zusammengelegt oder gar nicht mehr besetzt wurden, brüchig. Die Patriarchen selbst aber konnten für die Kaiser zum Problem werden und ihre Kirchenpolitik konnte bis zu Schismen führen. So standen, ehe Andronikos II. (1256]1282–1328) eine Wende vollzog (1310), diejenigen, die ausschließlich die Dynastie der Laskariden mit dem Patriarchen Arsenios (1261–1265) als legitim anerkannten und die Union von Lyon (1274) ablehnten, gegen den Kaiser. Auch bei den dynastischen Auseinandersetzungen der Palaiologen und denen mit Johannes Kantakuzenos gab es eine Spaltung der Kirche. Schwer erschüttert wurde sie, als um die Mitte des 14. Jahrhunderts der Hesychastenstreit (von ἡσυχία = [innere] Ruhe) und die Kontroversen um die Theologie des Gregorios Palamas (1296/97–1359), Mönch auf dem Athos und später Erzbischof von Saloniki ausbrachen.

Humanistisch gebildet, widmete sich Palamas, angeleitet von Gregorios Sinaites (gest. 1346), als Mönch auf dem Athos und andernorts dem ,fortwährenden geistigen Gebet' (I Thess 5,17), dem mit einer bestimmten Atemtechnik verbundenen ,Jesusgebet' (Herr Jesus Christus, Sohn Gottes, erbarme dich meiner), das verbunden mit ständiger Buße zur leibgeistigen Schau des Taborlichtes (Mt 17,1–13) führte, in dem Gott und Mensch erkannt und vereinigt werden. Als diese Gebetspraxis angegriffen wurde, verteidigte sie Palamas und gab in seinen dreiteiligen drei ‚Triaden‘ die theologische Begründung, bei der es ihm vor allem auf die von dem in seinem Wesen nicht zu erkennenden dreieinigen Gott ausgehenden und ihn offenbarenden, ungeschaffenen und als Gottheit bezeichneten Energien ging, die eine die natürliche Vernunft und jede systematisch entfaltete Theologie übersteigende Erkenntnis bringen (KTGQ 2, Nr. 61a–c).

Die Auseinandersetzungen, die sich auch mit dem Gegensatz zu denen verbanden, die sich als ‚lateinisch Gesinnte‘ (Latinophrones) der Übersetzung lateinischer Kirchenväter ins Griechische widmeten, sich Scholastik und westlicher Theologie öffneten und teilweise auch die Konversion vollzogen, verliefen in etwa in drei Phasen: Auslösend war der Angriff des aristotelisch gebildeten Theologen Barlaam von Seminara in Kalabrien (um 1290–1348), der mit der Verurteilung Barlaams durch eine Synode in Konstantinopel 1341 endete. Doch ging man dann gegen Palamas vor, als dieser weiterhin Kontroversschriften veröffentlichte. Nun wurde sein einstiger Schüler Gregor Akindynos (um 1300–1349) zum Hauptgegner von Palamas. Das Mönchtum war gespalten, die Bevölkerung eher auf seiten der Antipalamiten und Palaiologen. Doch wurde der Akindynos begünstigende Patriarch 1346 gestürzt. Gleichwohl wandten sich Nikephoros Gregoras (ca.1293–ca.1361) und verschiedene Bischöfe seit 1347 weiterhin gegen Palamas, der, gestützt von Johannes Kantakuzenos, schließlich seinen Bischofssitz in Thessaloniki einnehmen konnte. Die unterschiedlichen kaiserlichen Stellungnahmen führten während des Streites dazu, daß manche Bischöfe mehrfach und schnell die Seiten wechselten. 1351 brachte dann eine Synode den endgültigen Sieg des Palamismus, der zwar weiterhin Gegner fand, seinen Einfluß aber auch in der bulgarischen, serbischen und russischen Kirche geltend machen konnte. Palamas selbst wurde schon neun Jahre nach seinem Tod kanonisiert.

Fairy von Lilienfeld, Hesychasmus, in: TRE 15, Berlin/New York 1986, S. 282–289. – Gerhard Podskalsky, Gregorios Palamas, in: TRE 14, Berlin/New York 1985, S. 200–206. – Dorothea Wendebourg, Geist oder Energie. Zur Frage der innergöttlichen Verankerung des christlichen Lebens in der byzantinischen Theologie, München 1980 (MMHST 4).

Die politisch schwachen Kaiser und der Prestigeverlust der Patriarchen machten sich auch im Verhältnis zu anderen Kirchen bemerkbar. Unter erheblichem Druck mußte Konstantinopel seit der Mitte des 14. Jahrhunderts Litauen und Moskau einen Metropoliten zugestehen, die dann beide die Jurisdiktion über ganz Rußland beanspruchten. Ebenso wurde schließlich Serbien ein autokephaler Patriarch zugestanden. In beiden Fällen fand sich der bulgarische Patriarch von Trnovo zur Weihe bereit. Gleichzeitig aber entwickelten die Patriarchen in Konstantinopel – da es nach dem ‚Abfall‘ der ‚Monophysiten‘ und den islamischen Eroberungen die Konkurrenz der anderen östlichen Stühle (Antiochien, Jerusalem, Alexandria) kaum noch gab – als ‚ökumenische‘ Patriarchen geradezu papale Ansprüche.

Aufgrund kaiserlicher Politik spielte auch das Verhältnis zur Westkirche eine ständig beunruhigendere Rolle. Beide Kirchen standen, nachdem sich die oktroyierte Union von Lyon als Fehlschlag erwiesen hatte, wieder gegeneinander. Dabei ging es nicht nur um das Problem, ob man – gegen das Ephesinum von 431 – das Bekenntnis von Nicäa und Konstantinopel verändern dürfe, wie es mit dem filioque im Westen geschehen war, und ob der Zusatz theologisch legitim sei. Daneben standen die Frage des päpstlichen Primats im Unterschied zum Prinzip der östlichen Pentarchie (Rom, Konstantinopel, Alexandrien, Antiochien, Jerusalem) und einige Unterschiede, die erst neuerlich entstanden oder entdeckt worden waren wie die Epiklese des Geistes nach den Einsetzungsworten bei der Eucharistie und die Lehre vom Fegfeuer, die für die Griechen eine ‚Allversöhnung (ἀποκατάστασις πάντων) zu implizieren schien. Für die Mönche und die Laien hatten freilich andere, theologisch unbedeutendere, aber stets wahrnehmbare Unterschiede gleiches Gewicht: die bartlosen Priester des Westens, ihre aus Seide hergestellten Gewänder, die geringere Schätzung der Bilder, der Vollzug mehrerer Messen am selben Altar, am selben Tag durch denselben Priester, die Verwendung der runden Hostien, die Bekreuzigung mit allen statt mit drei Fingern und vieles andere. Umfangreiche Zusammenstellungen von Irrtümern und Häresien der jeweils anderen Seite hielten die Unterschiede wach. Darüber hinaus war die Erinnerung an die Plünderung Konstantinopels durch die Kreuzfahrer 1204 lebendig. Außerdem war man in den unter westlich-lateinischer Herrschaft stehenden Gebieten im östlichen Mittelmeer ständig mit der Unterdrückung orthodoxer Traditionen konfrontiert. Eine Union hatte also nichts Verlockendes.

Die Kaiser aber waren, obwohl sie um die Gegnerschaft der Mönche und des Volkes wußten, aus politischen Gründen an der Aussöhnung interessiert, die vom Westen als Bedingung militärischer Hilfe gefordert wurde. Sie konnte aber – nach dem Fehlschlag von Lyon (1274) – nur auf einem ökumenischen Konzil zustande kommen. Das aber wurde von den Päpsten stets abgelehnt. So hatten weder Johannes VI. Kantakuzenos noch Johannes V. (1332]1341–1391) mit ihren Offerten an die Päpste irgendeinen Erfolg und selbst des letzteren Unterschrift unter ein westliches Bekenntnis (1355) half nicht weiter. Verständlich, daß sich die Kaiser Manuel II. (1350]1391–1425) und Johannes VIII. unter Umgehung der Päpste mit der Bitte um Hilfe direkt an einige Herrscher des Westens wandten, freilich auch ohne Erfolg. Wenn andrerseits die Päpste stets mit dem Kaiser verhandelten, so setzten sie in Byzanz einen Cäsaropapismus voraus, den es dort, und erst recht zu dieser Zeit, so nicht gab. Ein Entgegenkommen des Westens gab es erst, als man selbst immer direkter mit der türkischen Expansion konfrontiert wurde und die Zeit des Schismas und der Reformkonzilien die Stellung zu einem ökumenischen Konzil veränderte. Schon in Konstanz waren die Griechen vertreten; doch kam es nicht zu Verhandlungen. Nach langen Auseinandersetzungen über den Tagungsort und gleichzeitigen Versuchen des Basler Konzils und Eugens IV. den Kontakt aufzunehmen – als die Flottillen des Konzils und des Papstes in Konstantinopel eintrafen, mußte man eine gewaltsame Auseinandersetzung zwischen beiden verhindern –, kam es in Ferrara und später in Florenz zu Verhandlungen, an denen immerhin etwa 200 Vertreter der Ostkirche teilnahmen. Tatsächlich erreichte man mit der Bulle ‚Laetentur coeli‘ (6.7.1439, KTGQ 2, Nr. 71a) nicht nur die Union mit den Griechen, sondern mit den Bullen ‚Exultate Deo‘ (22.11.1439) und ‚Cantate Domino‘ (4.2.1442) auch die mit den Armeniern und den syrisch-ägyptischen Kirchen (DH 1310–1353). Die Union mit den Griechen ließ sich aber im Osten nicht durchsetzen, da nicht nur ein Bruder des Kaisers, sondern auch ein Teil des Klerus sich in einer ‚heiligen orthodoxen Synaxis' (einer – gottesdienstlichen – Zusammenkunft) dagegen verwahrten. Die Hoffnungen, die sich mit dem Balkanzug des Ungarn Johannes Hunyadis (1407–1456) verbanden, zerstoben mit der Niederlage bei Varna (1444). Auch Isidor von Kiew (gest. 1463) fand in der russischen Kirche kaum Zustimmung. Doch konnte er als Kardinal und päpstlicher Legat die Union am 12.12.1452 in der Hagia Sophia feierlich verkünden – freilich nur vor einem kleinen Auditorium und ein halbes Jahr vor dem Fall von Konstantinopel und dem Ende des Reiches.

3. Die Orthodoxie nach dem Fall Konstantinopels und Kreuzzugspläne im Westen

Der Fall Konstantinopels (oder wie die Türken unter Aufnahme der griechischen Wendung εἰς τὴν πόλιν – gesprochen: stimbólin – sagten: Istanbul), den die Unionsfreunde als Strafe für die Ablehnung der Union (sie wurde 1484 außer Kraft gesetzt), die Gegner als Strafe für ihre Annahme ansahen, stellte für die Orthodoxie keineswegs eine Katastrophe dar, zumal bald danach auch die Peloponnes (1460) und Trapezunt (1461) unter türkische Herrschaft fielen. Man kannte den Islam und seine türkischen Vertreter längst. Es gab immer wieder türkische Machthaber unter den oströmischen Kaisern, und diese wurden ihrerseits dem Sultan tributpflichtig. So war man – auch angesichts der fehlenden Hilfe des Westens – darauf eingerichtet, sich mit muslimischer Herrschaft abfinden zu müssen. Zwar war die Eroberung der anatolischen Provinzen und des Balkan, wo man sich nicht auf Gnade und Ungnade ergab, mit Verwüstungen und Zwangskonversionen verbunden; aber wenn sich die Herrschaft stabilisiert hatte, konnten die unterworfenen Christen bei Zahlung der Kopfsteuer ziemlich unbehelligt leben. Es gab dann auch sehr bald – und schon vor dem Fall Konstantinopels – freiwillige Konversionen, vor allem in Südbosnien und Nordalbanien. Beide Landschaften wurden schnell islamisiert; Ostanatolien (das Sultanat von Konya – Ikonium) war es schon längst. Daß die Türken auf dem Land periodisch christliche Knaben aushoben, sie in türkischer Sprache und dem Islam unterrichteten und daraus die Elitetruppe der Janitscharen bildeten, bedeutete eine Belastung. Um dem entgegenzuwirken – Verheiratete wurden nicht gezogen – setzte die Kirche das Heiratsalter auf 12 Jahre herab. Man fand sich ab, aber man erwartete doch eine Wiederherstellung des Reiches oder aber die Nähe des Jüngsten Tages. Die Hierarchie aber, die von den Türken als Verwaltungsinstitution betrachtet, in ihrem Besitz nicht angefochten und nicht besteuert wurde, distanzierte sich von solchen Hoffnungen. Der Patriarch freilich, der für alle byzantinisch orthodoxen Nichtmuslime als zuständig galt (für die ‚monophysitischen orthodoxen war es der Patriarch der Armenier), wurde zu einem Beauftragten des Sultans, ebenso wie die Bischöfe. Ihre Einsetzung wurde nach Zahlung einer Abgabe bestätigt, was die Ämter schnell käuflich werden ließ und sie auch dem Einfluß christlicher Herrscher aus den Randgebieten muslimischer Herrschaft öffnete.

Nicht die Fürsten Europas, wohl aber die Päpste nahmen den Fall Konstantinopels zum Anlaß, immer erneut Kreuzzugspläne zu schmieden. Unter Nikolaus V. gelang das nicht, aber Calixt III. (1378]1455–1458) konnte 1456/57 die türkische Flotte besiegen, und auf dem Balkan gelang es den Ungarn die Türken zum Rückzug zu bringen. Doch die folgenden Aufrufe Pius II. hatten keinen Erfolg; lediglich aus Süditalien konnte man die Türken unter Sixtus IV. vertreiben. Die Pläne Karls VIII. von Frankreich zur Rückeroberung der heiligen Stätten wurden von Papst Alexander VI. hintertrieben. Seitdem waren weder die Päpste noch die Fürsten Europas zu einer gemeinsam-großen Aktion willens. Die Türken wurden zu einer dauernden Bedrohung im Südosten des Kontinents – eine der politischen Voraussetzungen für das Überleben der Reformation.

4. Moskau – das ‚dritte Rom'

Die Union von Florenz und der Fall Konstantinopels hatten erhebliche Auswirkungen in Rußland, denn sie begünstigten die Entstehung des russischen Kaisertums und eines Patriarchats in Moskau. Die Metropolie für ganz Rußland lag damals noch in Kiew, und der Metropolit Isidor war ein Anhänger der Union. Doch konnte er den Moskauer Großfürsten Vassilij II. (1415]1425–1462) dafür nicht gewinnen, wurde vielmehr von einer Versammlung der Bojaren und der Bischöfe als Häretiker bezeichnet. 1448 setzte man dann mit Jonas den ersten Metropoliten von Moskau (1448–1461) ein (KTGQ 2, Nr. 71b). Das Recht zu diesem Schritt schien gut begründet zu sein, als 1458 von Papst Calixt III. in Kiew Gregor ‚der Lateiner' (gest. vor Dez. 1472) als Metropolit eingesetzt und vom Patriarchen in Konstantinopel für ganz Rußland bestätigt wurde. Wenn Moskau darauf keine Rücksicht nahm, bedeutete das faktisch die Loslösung von Byzanz und die Selbständigkeit, also die Autokephalie. Unter dem nächsten Großfürsten Ivan III. (1440]1462–1505) verstärkte sich diese Entwicklung. Er heiratete in 2. Ehe Zoe (Sophia), eine Nichte des letzten byzantinischen Kaisers, und knüpfte so an die byzantinische Kaisertradition an. Außerdem bezeichnete er, selbst wenn er die Bestätigung der Moskauer Metropoliten durch den Patriarchen in Konstantinopel wünschte, seine Kirche als unabhängig. Bei seinem Kampf gegen Nowgorod (1478), das er annektierte, und mit seinen Feldzügen gegen Polen-Litauen konnte er sich als Vorkämpfer der Orthodoxie darstellen. So entwickelte sich in Moskau unter ihm eine Theokratie, in der die Kirche vom Großfürsten als neuem Konstantin und von Moskau als seiner Stadt sprach. Ivan konnte 1498 den Titel Zar und Selbstherrscher von ganz Rußland annehmen. Als er daran dachte, im Blick auf die Entwicklung eines ihm ergebenen Dienstadels Kirchen- und Klosterbesitz zu säkularisieren, stimmten dem die Bojaren zu. Aber auch innerhalb der Kirche gab es bei Nil Sorskij (gest. 1508) und seinen Anhängern, die ein strikt asketisches Leben der Mönche verlangten, Zustimmung, und es bildete sich eine Partei der ‚Besitzlosen' oder ‚Uneigennützigen'. Doch sprach sich die Synode von 1503 dagegen aus. Wenn auch nicht in dieser Frage, waren die ‚Besitzenden' oder ‚Josephiten' dann eben doch die zarergebenen und letztlich von ihm unterstützten. Sie konnten sich auch gegen die sogen. ‚Judaisierenden', die eine reine Geistkirche anstrebten, aber auch antihierarchische und bilderfeindliche Lehren vertraten, durchsetzen. Unter Vassilij III. (1479]1505–1533) sprach man dann schon von Moskau als ‚dritten Rom', nachdem das erste wegen seiner ‚Ketzerei' und das zweite wegen der ‚Union' gefallen sei – ein viertes konnte es nicht geben. Man war auf dem Weg, Byzanz zu beerben.

Der Aufstieg Moskaus, hg. v. Peter Nitsche, Bd. 2, Graz u.a. 1967. – Fairy von Lilienfeld, Nil Sorskij und seine Schriften, Berlin 1963.

5. Die orientalischen Kirchen

Friedrich Heiler, Die Ostkirchen, München-Basel 1971. – Friedrich Heyer, Konfessionskunde, Berlin 1977.

Von den orientalischen Kirchen hatten nur die Kirche Georgiens, die maronitische Kirche in Syrien und die mit Byzanz verbundenen und deswegen melkitisch genannten Kirchen die Entscheidungen des Konzils von Chalkedon 452 angenommen. Die anderen hatten das Konzil abgelehnt. Von ihnen stand allein die ostsyrisch-persische Kirche in nestorianischer Tradition, alle anderen, die armenische, die westsyrisch-jakobitische, die koptische, die nubische und äthiopische aber in der der Mono- (oder Diplo)physiten. Für die Geschichte dieser Kirchen wurde prägend:
– daß sie nur selten unter einer christlichen Obrigkeit, sondern meist unter einer unterschiedlich toleranten bzw. sie bedrückenden oder verfolgenden Oberherrschaft leben mußten, so daß es auf der einen Seite zu Auswanderungen und zur Bildung einer weitgestreuten Diaspora kommen konnte, auf der anderen aber die Kirchen eine ethnisch-national bewahrende Funktion erhielten;
– daß sie angesichts ihrer Ausdehnung nicht selten unter verschiedenen und miteinander verfeindeten Oberherrschaften (Persern, Mongolen, Seldschuken, Mameluken, Türken) leben mußten, was zur Spaltung von Patriarchaten und zu mehreren Katholikoi führen konnte;
– daß sie aus diesem Grunde, aber auch weil kaum Möglichkeiten zum Aufbau eines eigenen Bildungswesens bestanden, in besonderer Weise auf die bewahrende Kraft ihrer Klöster und des Mönchtums sowie auf die ihrer Gottesdienste angewiesen waren, die in der Volkssprache oder in der zur Kirchensprache gewordenen Volkssprache gehalten wurden;
– daß sie stets in enger Verbindung zum Heiligen Land blieben, sich vielfältig dorthin orientierten und dort auch eigene Klöster unterhielten;
– daß es immer wieder auch zu Begegnungen und Unionsversuchen mit der westlich-katholischen Kirche von deren Seite kam, da diese weniger an den christologischen Differenzen als an der Unterstellung unter den Papst interessiert war. Doch hatten solche Versuche zur ‚Mission' und Union, selbst wenn man einzelne Hierarchen gewinnen konnte, in den Kirchen selbst wenig Erfolge, trugen aber zusätzliche Spannungen und Spaltungen in diese Kirchen hinein.

Die chalkedonensisch-*georgische Kirche* erlebte nach einer Zeit von Tributen an die Mongolen, die auch mit dem Druck zur Islamisierung verbunden war, in der ersten Hälfte des 14. Jahrhunderts unter König Georg V. (1318–1346) ‚dem Glänzenden‘, noch einmal die Einheit des Reiches und eine Zeit, in der auch die kirchliche Hierarchie eine Art von feudalem Status erhielt. Nach 1385 aber verwüsteten die Mongoleneinfälle und die Oberherrschaft Timur Lenks (Timur der Lahme, 1336]1363–1405), der dann auch die Islamisierung forderte, das Land. Dieser Druck ließ erst allmählich im 15. Jahrhundert nach und erlaubte eine gewisse Regenerierung der Kirche. Die Beziehungen zu den Klöstern auf dem Athos, auf Zypern und in Jerusalem blieben erhalten. Auch die beliebten Wallfahrten und Pilgerreisen ins Heilige Land wurden unternommen. Als man sich in der zweiten Hälfte des 15. Jahrhunderts der Türken erwehren mußte, versuchte man vergeblich auch über die Kontakte zur westlich-katholischen Kirche, die eigene Niederlassungen im Land besaß, Hilfe zu erhalten.

Die *Maroniten* im Libanon, die seit dem Ende des 7. Jahrhunderts eine eigene Kirche bildeten bekannten sich zu Chalkedon, doch gab es wohl auch Übernahmen monotheletischer Lehre. Unter mamlükischer Herrschaft (1257–1517) lebten die Maroniten zurückgezogen in den Berge des Libanon ein ärmlich-asketisches Leben. Viele von ihnen wanderten nach Zypern aus und gründeten dort unter einem Bischof neue Gemeinden. Der hier stattfindende Austausch mit Kopten und Jakobiten führte auch zu Rückwirkungen auf die Kirche im Libanon. Doch gab es auf Zypern bis zur türkischen Invasion von 1571 auch intensive Beziehungen zur westlich-katholischen Kirche.

Die mittelalterliche Glanzzeit der *nestorianisch-chaldäischen Kirche* mit ihrer über Innerasien bis nach China ausgreifenden Mission war längst vorbei. Von den Gemeinden in Zentralasien hört man seit dem Ende des 14. Jahrhunderts nichts mehr, selbst wenn sie nicht einfach untergingen. Aber sie verloren den Kontakt mit der Kirche im Westen. Nur die nestorianischen Christen an der Malabar- und der Koromandelküste Indiens (vgl. u. S. 327f) konnten sich unbehelligt und auch den Kontakt nach Westen halten. Als die Mongolenchans seit dem Beginn des 14. Jahrhunderts den Islam annahmen, wurde – im Unterschied zum früheren arabischen Islam – der Islamisierungsdruck stärker und wandte sich auch gegen die für die Existenz von Hierarchie und Gemeinden wichtigen Klöster. Im Verlauf des 15. Jahrhunderts gingen die Gemeinden im südlichen Zweistromland und im Irak weitgehend unter. Nur kleine Reste hielten sich im nördlichen Mesopotamien, um den Urmia-See und Mossul. Deutlich besser ging es der Diaspora, die sich in Damaskus, in Kilikien und auf Zypern fand. Die westliche Diaspora hatte auch Verbindungen zu Rom. Der zyprische Metropolit etwa gab seine Zustimmung zu den Dekreten des Konzils von Florenz (vgl. o. S. 85f), doch hatte das keine Auswirkungen auf die restliche chaldäische Kirche, und der unierte Bischofssitz auf Zypern endete 1489.

Die *westsyrisch-jakobitische Kirche* hatte im Mittelalter ebenfalls Gläubige bis

Innerasien gefunden. Doch verlor sie unter dem Druck der islamischen Chane und den verwüstenden Zügen des Timur Lenk am Ende des 14. Jahrhunderts diese Gebiete ebenso wie die Gemeinden, die in Persien und im Zweistromland unter einem Delegierten des Patriarchen, dem Maphrian, in Mossul gelebt hatten. Zu den Hierarchen der nestorianischen Kirche bestand ein gutes Verhältnis, ebenso aber auch, besonders auf Zypern, zur koptischen Kirche und ihren Gemeinden. Auch zur westlich-katholischen Kirche gab es auf der Insel gute Kontakte. Dagegen hatten die Unionsversuche mit Rom keinerlei Erfolg, weder das entsprechende Dekret von Florenz (‚Cantate Domino‘, 4.2.1442) noch spätere Versuche. Daß die jakobitischen Gemeinden unter verschiedenen Herrschaften, unter mongolischer im Osten, unter mamlükischer im Westen, unter armenischer in Kilikien lebten, führte dazu, daß von 1295 bis 1495 ein langdauerndes Schisma der Patriarchen bestand.

Die *armenische Kirche* spaltete sich schon im Hochmittelalter über der Frage der Union mit Rom und dem Westen. Zwar nahm man aufgrund des Gegensatzes zu Byzanz stets eine eher romfreundliche Haltung ein. Als dann aber der Katholikos des kleinarmenischen Reiches in Kilikien 1197 die Union vollzog, kam es in Großarmenien zu einer Gegenbewegung unter einem eigenen Katholikos. Die prowestliche Linie wurde von den Königen Kleinarmeniens aus politischen Gründen um der Hilfe des Westens willen massiv unterstützt. Aber auch in Ostarmenien gab es im 14. Jahrhundert unter dem Einfluß von dort wirkenden Dominikanern und Franziskanern die eine Union mit Rom betreibenden Fratres Unitores. Allerdings beendete eine Synode zu Sis 1361 die Union und wenig später wurde das kleinarmenische Reich von den Mamlüken vernichtet (1375). Als dann der Katholikos von Sis unter dem Einfluß der Krim-Armenier und der Fratres Unitores 1439 in Florenz (vgl. o. S. 85) erneut eine Union mit Rom einging, schuf man ein Gegenkatholikat in Edschmiadzin, das nun neben dem Katholikat in Aghtamar bestand. Längst gab es auch ein Patriarchat für die in das Heilige Land ausgewanderten Armenier in Jerusalem. Außerdem errichtete man unter türkischer Herrschaft seit 1461 ein armenisches Patriarchat in Istanbul, dem später alle monophysitischen Kirchen unter türkischer Herrschaft unterstellt wurden. Die armenische Diaspora wurde trotz der Pentarchie von der Kirche mit der Schrift Mesrops und mit dem Bekenntnis Gregors des Erleuchteten zusammengehalten.

Nachdem noch das 13. Jahrhundert eine Glanzzeit der *koptischen Kirche* Ägyptens gewesen war und einige bedeutende koptisch-arabische Werke hervorgebracht hatte, begann mit der Herrschaft der Mamlüken im 14. Jahrhundert eine Zeit schwerer Verfolgungen, in der Kirchen und Klöster zerstört und die Gemeinden unterdrückt wurden. Das führte zu Massenübertritten zum Islam, die die Kirche schwer trafen. Auf dem Konzil von Florenz kam es zwar zu einer Union mit den Kopten (4.2.1442), doch konnte die in Ägypten nicht durchgesetzt werden. Mit der koptischen hing die *Kirche Nubiens* zusammen, die ebenfalls im 14. und 15. Jahrhundert von Norden, durch die Mamlüken, vom Süden durch die Fung zur Islamisierung gedrängt wurde. Im Unterschied dazu erlebte die über die Einsetzung des Abun ebenfalls mit Alexandria verbundene *äthiopische Kirche* in der ersten Hälfte des 14. Jahrhunderts unter Amda Seyon eine Blüte, die auch unter dem Nachfolger anhielt. Heidnische Reste, judaisierende und heterodoxe Tendenzen konnten überwunden und eine eigene Orthodoxie ausgebildet werden. Auch am Unionskonzil in Florenz nahm man teil, ohne daß das wesentliche Auswirkungen auf die Kirche hatte. Erst die türkische Herrschaft brachte eine Wende.

Die koptische Kirche, hg. v. Albert Gerhards und Heinzgerd Brakmann, Stuttgart 1994.

II. Reformation

Die Kirche im Zeitalter der Reformation, ausgew. u. kommentiert v. Volker Leppin, Neukirchen 2005 (KTGQ 3). – Reformation Europe. A Guide to Research II, hg. v. Stephen E. Ozment, St. Louis 1992. Stefan Ehrenpreis, Ute Lotz Heumann, Reformation und konfessionelles Zeitalter, Darmstadt 2002.
Geoffrey Elton, Europa im Zeitalter der Reformation, [2]München 1982. – Harm Klueting, Das konfessionelle Zeitalter 1525–1648, Stuttgart 1989 (UTB 1556). – Luise Schorn-Schütte, Die Reformation, München 1996. – Heinrich Lutz, Reformation und Gegenreformation, [5]München 2002 (Oldenbourg Grundriß der Geschichte 10). – The Oxford Encyclopedia of the Reformation, hg. v. Hans J. Hillerbrand, 4 Bde, Oxford 1996. – Die Entstehung des neuzeitlichen Europa, hg. v. Josef Engel, [4]Stuttgart 1994 (HEG 3). – Erich Hassinger, Das Werden des neuzeitlichen Europa, [2]Braunschweig 1964. – Günter Vogler, Europas Aufbruch in die Neuzeit 1500–1650, Stuttgart 2003 (Handbuch der Geschichte Europas 5, UTB 2385). – Bernd Moeller, Deutschland im Zeitalter der Reformation, [4]Göttingen 1999. – Peter Blickle, Die Reformation im Reich [3]Stuttgart 2000 (UTB 1181). – Hans Jürgen Goertz, Deutschland 1500–1648, Paderborn u.a. 2004. – Horst Rabe, Deutsche Geschichte 1500–1600, München 1991. – Heinz Schilling, Aufbruch und Krise. Deutschland 1517–1648, Berlin 1988. – Johannes Burckhardt, Deutsche Geschichte 1517–1617, Stuttgart 1995. – Wolfgang Reinhard, Probleme deutscher Geschichte 1495–1806. – Reichsreform und Reformation 1496–1555, Stuttgart 2001 (HdtG 9). Kommunalisierung und Christentum, hg. v. Peter Blickle u. Johannes Kunisch, Berlin 1989. – Von der Reformation zur Reform (1450–1530) hg. v. Marc Venard, deutsche Ausgabe bearb. u. hg. v. Heribert Smolinsky, Freiburg u.a. 1995 (Die Geschichte des Christentums 7). – Die Zeit der Konfessionen (1530–1620/30), hg. v. Marc Venard, deutsche Ausgabe bearb. und hg. v. Heribert Smolinsky, Freiburg u.a. 1992 (Die Geschichte des Christentums 8). – Rudolf Mau, Evangelische Bewegung und frühe Reformation, Leipzig 2000 (KGE 2/5).
Die Reformationszeit I u. II, hg. v. Martin Greschat, Stuttgart 1981 (GK 5/6). – The Reformation Theologians, hg. v. Carter Lindberg, Oxford 2002. – Die Bischöfe des Heiligen Römischen Reiches 1448–1648, hg. v. Erwin Gatz, Berlin 1996.

A. Luther

Martin Luther, Studienausgabe, hg. v. Hans-Ulrich Delius, 6 Bde, Berlin u. Leipzig 1979–1999. – Luthers Werke in Auswahl für Studierende, 8 Bde, Berlin 1966. – Luther Handbuch, hg. v. Albrecht Beutel, Tübingen 2005. – Bernhard Lohse, Martin Luther. Eine Einführung in sein Leben und sein Werk, [2]München 1982. – Martin Brecht, Martin Luther, 3 Bde, [3]Berlin 1986/87. – Leben und Werk Martin Luthers von 1526–1546, hg. v. Helmar Junghans, Berlin/Göttingen 1983. – Reinhard Schwarz, Martin Luther, Göttingen 1986 (KIG 3/I; auch UTB 1026). – Martin Luther und die Reformation in Deutschland. Ausstellung zum 500. Geburtstag Martin Luthers, Frankfurt/M. 1983. – laufende Bibliographie in: LuJ. – Volker Leppin, Luther-Literatur seit 1983 I–III, in: ThR 65, 2000, S. 350–377, 431–454; 68, 2003, S. 315–340.

1. Luthers Werdegang

a) Der Weg ins Kloster und an die Universität

Martin Luther (der Name leitet sich wohl vom Vornamen Lüder oder Lothar ab), geboren am 10.11.1483 in Eisleben, entstammte einer bäuerlichen Familie aus

**Europa
im 16. Jahrhundert**

0   250   500   750 km

W 10°   0°   10°

Kgr.
Norwegen

Christiania

KGR.
SCHOTTLAND

Edinburgh

KGR. DÄNEMARK

Kope

KGR. ENGLAND

Amsterdam

Hamburg

Be

London

NIEDER-
LANDE

Köln

DEUTSCHES

Frankfurt

Paris

Trier

Nürnberg

REICH

KGR.
FRANKREICH

EID-
GENOSSEN-
SCHAFT

R
E
P

T

Mailand

Turin

Venedig

Parma

P

KGR.

KIRCHEN-

Genua

Florenz

STAAT

KGR.

Madrid

Korsika
(gen.)

PORTUGAL

Rom

KO

Lissabon

SPANIEN

KGR.
SARDINIEN

KG
SIZIL

KGR. SCHWEDEN

Jppsala

Z A R T U M

Moskau

gen

Königsberg

Preußen

K G R .

R U S S L A N D

Brest-
Litowsk

P O L E N

ag

KGR.

Vien

Sieben-

Moldau

Pest

bürgen

UNGARN

Walachei

Belgrad

Bukarest

Sarajewo

O

S

Monte-
negro

M

A

N

I

S

C

H

E

S

R

E

I

C

H

NEDIG

Konstantinopel

NEAPEL

Kandia
(ven.)

Möhra, südlich von Eisenach. Aus dem gleichen Ort stammte auch Luthers Mutter Margaretha, geb. Lindemann. Die Familie verließ Eisleben bereits 1484 und siedelte nach Mansfeld über. Dort brachte es der Vater in wenigen Jahren als Pächter mehrerer Hüttenfeuer zu einem, freilich immer unsicheren Wohlstand und als Vierherr der Stadt Mansfeld auch zu Ansehen. Die Nachrichten über Kindheit und Jugend reichen keinesfalls, um daraus Folgerungen für eine psychologische Erklärung seines späteren Weges und Denkens abzuleiten (gegen Erikson). Beim Vater gab es die übliche Kritik an der Kirche. Doch ist Luther in spätmittelalterlicher Frömmigkeit, die auch mit der Realität von Dämonen und Teufeln rechnete, aufgewachsen. Er besuchte die Lateinschule in Mansfeld, dann für ein Jahr, in dem er bei den Brüdern vom gemeinsamen Leben wohnte (vgl. o. S. 61f), die Domschule in Magdeburg und schließlich die St. Georgs-Pfarrschule in Eisenach.

1501 bezog er die Universität Erfurt und lebte als Bursale in fast klösterlicher Strenge. Das Studium in den artes war in Logik und Dialektik nominalistisch, insgesamt von den Werken des Aristoteles bestimmt. Doch lernte Luther auch den Humanismus kennen und wurde von ihm geprägt. 1502 zum Baccalaureus, 1505 zum Magister promoviert, folgte Luther dem Wunsch des Vaters und nahm das den gesellschaftlichen Aufstieg ermöglichende Jurastudium auf, brach es aber noch im selben Jahr ab. Auf der Rückreise von Mansfeld nach Erfurt, in der Nähe des Dorfes Stotternheim, zwangen ihm die durch verschiedene Todesfälle in seinem nahen Umfeld ohnehin verstärkte Furcht vor dem ‚jähen Tod‘ und ein Blitzschlag das Gelübde ab, in ein Kloster zu gehen. Widerwillig, gegen den Rat der Freunde und mit Verärgerung des Vaters erfüllte er es und trat in das zur Observanz (vgl. o. S. 64f) gehörende Augustiner-Eremitenkloster ein (17.7.1505). Von den Oberen wurde Luther zunächst zum Priester (1507) und dann zum Theologiestudium bestimmt, während dessen er im Ordensstudium und 1508/9 an der Universität Wittenberg eine philosophische Lektur zu versehen hatte. 1509 wurde er baccalaureus biblicus und noch im selben Jahr baccalaureus sententiarius.

Als er im Auftrag seines Klosters 1510 in Rom persönlich die Vereinigung der observanten mit den anderen Konventen seines Ordens verhindern sollte, gelang ihm das nicht. Die dort wahrgenommenen Mißstände haben ihn damals nicht wesentlich berührt. Zurückgekehrt, stellte er sich gegen seinen Konvent auf die Seite des Generalvikars Johann von Staupitz. Dieser versetzte ihn nach Wittenberg und drängte ihn zur theologischen Promotion (18.10.1512), deren Kosten Kurfürst Friedrich der Weise (1463]1486–1525) gegen die Versicherung übernahm, Luther werde lebenslang die biblische Professur mit den üblichen Vorlesungen und Disputationen versehen. Die Universität Wittenberg (gräzisiert: Leucorea) war erst 1502 infolge der sächsischen Landesteilung 1485 zwischen den Albertinern und den Ernestinern als Landesuniversität für das ernestinische Kurfürstentum gegründet worden, da die Landesuniversität Leipzig im albertinischen Herzogtum lag.

Die Forderungen des Gelübdes und der Konstitutionen seines Ordens haben Luther weder als Novize noch später Schwierigkeiten bereitet. Dagegen stürzten ihn die mit dem Mönchtum verbundene Leistungsfrömmigkeit, der Zwang gewissenhafter Selbstbeobachtung, vor allem in der Beichte, die Forderung an den Priester, würdig

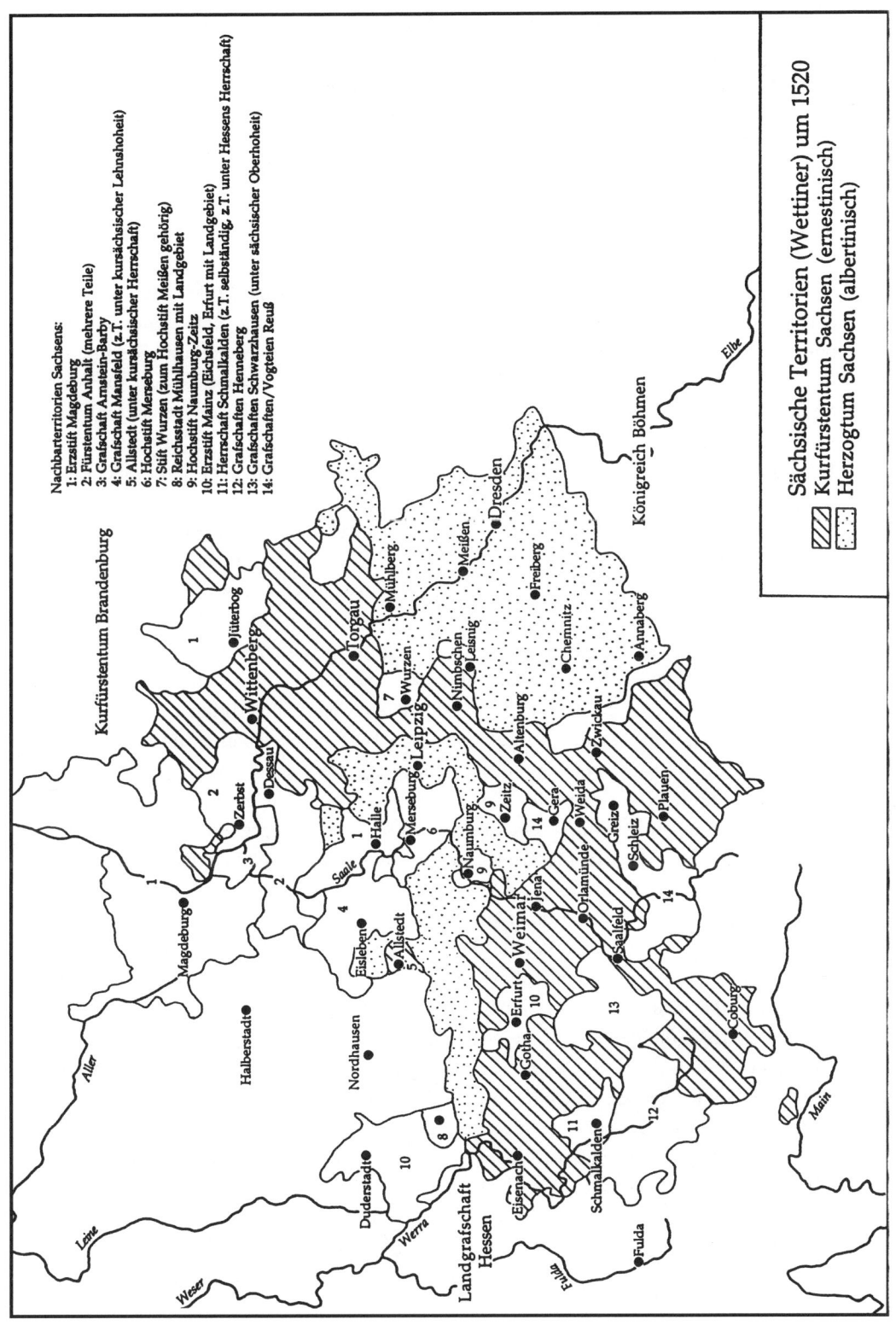

Sächsische Territorien (Wettiner) um 1520

Kurfürstentum Sachsen (ernestinisch)
Herzogtum Sachsen (albertinisch)

Nachbarterritorien Sachsens:
1: Erzstift Magdeburg
2: Fürstentum Anhalt (mehrere Teile)
3: Grafschaft Anhalt-Barby
4: Grafschaft Mansfeld (z.T. unter kursächsischer Lehnshoheit)
5: Allstedt (unter kursächsischer Herrschaft)
6: Hochstift Merseburg
7: Stift Wurzen (zum Hochstift Meißen gehörig)
8: Reichsstadt Mühlhausen mit Landgebiet
9: Hochstift Naumburg-Zeitz
10: Erzstift Mainz (Eichsfeld, Erfurt mit Landgebiet)
11: Herrschaft Schmalkalden (z.T. selbständig, z.T. unter Hessens Herrschaft)
12: Grafschaften Henneberg
13: Grafschaften Schwarzhausen (unter sächsischer Oberhoheit)
14: Grafschaften/Vogteien Reuß

Kurfürstentum Brandenburg

Königreich Böhmen

Landgrafschaft Hessen

Magdeburg
Halberstadt
Nordhausen
Duderstadt
Eisenach
Schmalkalden
Fulda
Coburg
Gotha
Erfurt
Weimar
Jena
Orlamünde
Saalfeld
Greiz
Schleiz
Plauen
Zwickau
Weida
Gera
Zeitz
Naumburg
Eisleben
Allstedt
Halle
Merseburg
Leipzig
Altenburg
Chemnitz
Annaberg
Freiberg
Leisnig
Nimbschen
Meißen
Dresden
Mühlberg
Wurzen
Torgau
Wittenberg
Dessau
Zerbst
Jüterbog

97

vor Gott selbst hinzutreten, sowie der Gedanke an den richtenden Christus in schwere Anfechtung, die sich bis zur Prädestinationsangst steigern konnte. So wurde ihm der Hinweis von Staupitz auf den in der Gottesferne leidenden Christus, dem Gott doch nahe war, von hoher Bedeutung. Doch wurde die Anfechtungserfahrung auch theologisch bedacht und in die exegetische Arbeit hineingenommen.

b) Arbeit in Orden und Universität

Von Staupitz gefördert, machte Luther schnell eine Karriere im Orden. Das Kapitel der Kongregation unter Wenzeslaus Linck (1483–1547; später Reformator Altenburgs und in Nürnberg) in Köln (Mai 1512) beschloß seine Promotion und bestimmte ihn zum Subprior. Das Gothaer Kapitel 1515 machte ihn zum Distriktsvikar. In Vertretung des Generalvikars Staupitz beaufsichtigte er die 10 Augustinereremitenkonvente in Meißen und Thüringen. Außerdem war er Konventsprediger und hatte seit 1514 auch die Predikatur an der Wittenberger Stadtkirche mit Vor- und Nachmittagspredigt zu versehen.

Seine exegetischen Vorlesungen begann er, da dem Mönch die Psalmen aufgrund des Stundengebets vertraut waren, mit deren Auslegung (Dictata super Psalterium) 1514/15. Schon in ihr findet sich eine hermeneutische Konzentration auf Christus (KTGQ 3, Nr. 8a–c). Es folgte die Römerbriefvorlesung (bis Sommersemester 1516, geprägt von einer Demutstheologie, in der bereits im Unterschied zu mystischen Traditionen die bleibend fremde Gerechtigkeit, die uns Gott gewährt, betont wird (KTGQ 3, Nr. 9a, b). Anschließend las Luther über den Galaterbrief, den er besonders liebte, später als ‚seine ‚Käthe' unter den Briefen bezeichnete und mehrfach auslegte (1523, 1534). Dem könnte die Auslegung des Richterbuches gefolgt sein, sicher aber die des Hebräerbriefes (1517) und ihr folgend die zweite Psalmenvorlesung (Operationes in Psalmos). Die übliche Form der glossierenden Vorlesung hatte Luther seit der über den Hebräerbrief zugunsten der zusammenhängenden Auslegung aufgegeben.

Innovativ in der Lehre, ließ Luther die biblischen Texte mit breitem Zeilenabstand und Rand für die interlinearen Worterklärungen und die ausführlicheren Randglossen drucken. Die zusammenfassende Auslegung brachten die Scholien. Für die Psalmen benutzte Luther das Psalterium quincuplex des Faber Stapulensis, für das Neue Testament ab 1516 die neue Ausgabe des Erasmus. Kritisch bezog sich Luther auf die Glosse des Nikolaus von Lyra und die Auslegungen der Kirchenväter. In den späteren Jahren las Luther hauptsächlich über alttestamentliche Bücher, von 1535 an über Genesis. Ihn deswegen als ‚Alttestamentler' zu bezeichnen wäre irreführend, da seine Auslegung noch die Theologie insgesamt – ohne die spätere Disziplinenaufteilung – berücksichtigte.

c) Die Entwicklung von Luthers Theologie und die ‚reformatorische Wende‘

Oratio, meditatio und tentatio (Gebet, Aufmerken und Nachdenken, Anfechtung als Erfahrung) erschließen für Luther die Schrift. Indem er sie ständig heranzieht wächst seine Theologie in anverwandelnder Aufnahme und in Abstoßung der Theologie Augustins, der Traditionen nominalistisch bestimmter Scholastik, humanistischer Gelehrsamkeit und Frömmigkeit und der spätmittelalterlich-mystischen Traditionen. In den Psalmen findet er den angefochtenen Sünder, und in seiner Demutstheologie arbeitet er die bleibende Sündhaftigkeit des Menschen vor Gott heraus, angesichts deren der Mensch sich vor Gott mit seinen Werken zu behaupten versucht, damit aber den gnädig erlösenden Gott zum Lügner erklärt. Nur wo die Sünde bekannt wird, erhält Gott seine Ehre als Erlöser. In seiner Selbstverurteilung stimmt der Mensch dem vernichtenden Urteil Gottes zu. Doch gibt es noch keine Gewißheit des Heils, und gerade an Christus kann das strafende Handeln Gottes offenbar werden, freilich auch sein Dasein für uns. In Christus kann der demütige Mensch seines Heils gewiß sein: peccator in re, iustus in spe.

Gewinn brachten die Schriften Augustins. Dem Ordensheiligen begegnete Luther in den Sentenzen des Petrus Lombardus, las aber auch früh die großen Werke, später die antipelagianischen Schriften. Seit 1516 sieht er sich von der Mystik des späten Mittelalters bestätigt, durch die Predigten des Johann Tauler und die von ihm 1516, vollständiger 1518 herausgegebene ‚Theologia deutsch‘ (vgl. o. S. 58f). Was Luther an diesen Traditionen anzog, war die Überzeugung, daß der aus dem Nichts schaffende Gott aus dem nichts machen könne, der nicht nichts sei. Der Eigenwille muß zugunsten des in uns wirkenden Gotteswillen aufgegeben werden So liegt unter dem Gott fremden Werk (opus alienum), in dem der Mensch zunichte wird, Gottes eigentliches, erlösendes Werk (opus proprium) verborgen.

Mit dem Humanismus drängte Luther auf Sprachenkenntnis, schätzte auch die von ihm bereitgestellten Hilfsmittel zum Studium, kritisierte aber philologische Gelehrsamkeit, die sich nicht mit echter Frömmigkeit verband. Im Reuchlinstreit (vgl. o. S. 78f) nahm er für diesen Partei, hielt sich aber von der Polemik der Dunkelmännerbriefe fern. Schon 1516 war ihm der Unterschied zwischen seiner und der Theologie des Erasmus (vgl. o. S. 80f) deutlich. Auch stieß ihn der spöttische Umgang der Humanisten mit den Schäden der Kirche eher ab. Da beides aber nicht publik wurde, konnten ihn die Humanisten noch lange zu den ihren zählen und zu Promotoren der Reformation werden.

In Gegensatz geriet Luther zur scholastischen Theologie der ‚Sautheologen‘, weil er den freien Willen und jede Möglichkeit der Vorbereitung auf die Gnade ebenso ablehnte wie ein Zusammenwirken mit der Gnade zum Heil. Diese Auseinandersetzung wurde vor allem in Disputationen geführt: in den Promotionsthesen (KTGQ 3, Nr. 10a) des Bartholomäus Bernhardi (1487–1551) von 1516, in den 151 antischolastischen Thesen (KTGQ 3, Nr. 10b) des über der Augustinlektüre für Luther gewonnenen Andreas Bodenstein von Karlstadt (1486–1541) vom April 1517, schließlich in Luthers Thesen ‚Contra scholasticam Theologiam‘ im September 1517 (KTGQ 3, Nr. 11). Das dagegen gestellte Programm der ‚Kreuzestheologie‘ fand sich in der aus

Anlaß des Treffens der sächsischen Augustinerkongregation stattfindenden Heidelberger Disputation vom 26.4.1518. Die 28 theologischen und 12 philosophischen Thesen (KTGQ 3, Nr. 13) zeigen daß der Mensch mit seinem Handeln, seinem Willen und seiner Erkenntnis Gott nicht erreicht und gerecht wird. Er hat nur die passive Macht, sich von Gott zur Buße führen zu lassen. „Wer noch nicht nichts ist, aus dem kann Gott auch nichts machen." Scharf stellt Luther die Kreuzestheologie (theologia crucis) gegen die der Herrlichkeit (theologia gloriae): „In Christus, dem Gekreuzigten, besteht alle wahre Theologie und alle Gotteserkenntnis." Deswegen wird man nicht mit, sondern nur gegen Aristoteles ein Theologe. Mit diesen Thesen gewann Luther eine Reihe von Männern für sich, die für die südwestdeutsche Reformation erhebliche Bedeutung erlangten (Johannes Brenz, 1499–1570; Martin Bucer, 1491–1551; Erhard Schnepf, 1495–1558).

Karl Heinz zur Mühlen, Zur Erforschung des „jungen Luther" seit 1876, in: LuJ 50, 1983, S. 48–125. – Heiko A. Oberman, Headwaters of the Reformation, in: Luther and the Dawn of the Modern Era, hg. v. Heiko A. Oberman, Leiden 1974, S. 40–88. – Helmar Junghans, Der junge Luther und die Humanisten, Göttingen 1985. – Erwin Iserloh, Kirche – Ereignis und Institution, Bd. 2, Münster 1985, darin: Luthers Stellung in der theologischen Tradition, S. 14–36; Luther und die Mystik, S. 88–106; Sacramentum et exemplum. Ein augustinisches Thema lutherischer Theologie, S. 107–125. – Leif Grane, Contra Gabrielem. Luthers Auseinandersetzung mit Gabriel Biel in der Disputation contra scholasticam Theologiam 1517, Gyldendal 1962. – Ders., Modus loquendi theologicus. Luthers Kampf um die Erneuerung der Theologie (1515–1518), Leiden 1975. – Volker Leppin, „Omnem vitam fidelium penitentiam esse voluit". Zur Aufnahme mystischer Traditionen in Luthers erster Ablaßthese, in: ARG 93, 2002, S. 7–25.

Im Blick auf Luthers theologische Entwicklung stellt sich die Frage nach der ‚reformatorischen Erkenntnis‘ oder der ‚reformatorischen Wende‘. Sie ergibt sich aufgrund einer Reihe von Rückblicken Luthers, nach denen er – inhaltlich nicht immer gleich – zu einem plötzlich-befreienden neuen Verständnis der Bibel gekommen sei (KTGQ 3, Nr. 7a, b). Die Vorrede zur Ausgabe seiner lateinischen Schriften von 1545 (DGQD 3, Nr. 17) nennt das Verständnis der Gerechtigkeit Gottes entscheidend. Da aber die frühen Vorlesungen nirgends eindeutig das von Luther rückblickend Beschriebene erkennen lassen, ist die Datierung umstritten. Die Frage ist aber zudem grundsätzlich damit belastet, daß systematisch-theologisch bestimmt werden muß, was eigentlich ‚reformatorisch‘ ist. Ein sehr früher Ansatz wurde schnell zugunsten einer Datierung in die Zeit der frühen Psalmenvorlesung fallengelassen (Ebeling und viele andere). Ihr wurde eine Spätdatierung in die Zeit nach den Ablaßthesen entgegengestellt (Bizer, Bayer, Brecht). Vermitteln läßt sich beides, wenn man zwischen ‚reformatorischer Erkenntnis‘ als dem Verständnis der Gerechtigkeit Gottes und der ‚reformatorischen Wende‘ als der Zentrierung der gesamten Theologie von ihr aus und ebenso zwischen ‚Durchbruch‘ und ‚allmählicher Entwicklung‘ unterscheidet. Dann läßt sich die ‚Erkenntnis‘ in die Zeit der Römerbriefvorlesung setzen, deren umfassend bewußt gewordene theologische und kirchenkritische Tragweite aber als ‚Wende‘ in das Frühjahr 1518 datieren. Auch Entwicklung und Ereignis müssen nicht Gegensätze sein, da letzteres in augustinischer Tradition auch topischen Charakter besitzt. Der Ort von Luthers Entdeckung ist nur deswegen zu erwähnen, weil man daraus, daß es in dem Südwestturm des Klostergebäudes, in dem Luthers Arbeitszimmer lag, auch eine Toilette gab, gelegentlich allerlei polemische und psychologische Folgerungen gezogen hat.

Der Durchbruch der reformatorischen Erkenntnis bei Luther, hg. v. Bernhard Lohse, Darmstadt 1968 (WdF 123). – Der Durchbruch der reformatorischen Erkenntnis bei Luther. Neuere Untersuchungen, hg. v. Bernhard Lohse, Wiesbaden/Stuttgart 1988 (VIEG Beiheft 25).

d) Universitäts- und Wissenschaftsreform

Zur Zeit der reformatorischen Wende hatte Luthers ‚neue Theologie' bereits Folgerungen für die Universitätsreform gezeitigt. Noch 1516 klagte man gegenüber dem Kurfürsten nur über fehlende finanzielle Mittel, hielt sich aber an die herkömmlichen Vorlesungen. Schon 1517/18 aber gab es Vorlesungen über die Kirchenväter. 1518 erwartete Luther neben der Ermöglichung des Studiums der drei Sprachen des Kreuzestitulus (also auch des Griechischen und Hebräischen), die Reform des artes-Studium, in dem nicht mehr die mittelalterlich adaptierten, sondern die antiken Texte selbst gelesen werden sollten (Plinius, Quintilian, Aristoteles). Im Frühsommer 1518 erfolgten die Reformen. Eine Professur für Griechisch wurde auf Dauer glänzend mit Philipp Melanchthon (1497–1560), eine für Hebräisch, weniger erfolgreich, mit Johann Böschenstein (1472–1540) besetzt. Zwischen Luther und Melanchthon entwickelte sich schnell eine enge Zusammenarbeit: Luther verbesserte seine Sprachkenntnisse, während Melanchthon für Luthers Theologie gewonnen wurde. Daneben wurden Lektionen über neue Übersetzungen der Schriften des Aristoteles angeordnet, die auf den mittelalterlichen Lehrbüchern beruhenden aber nicht aufgegeben. Diese humanistische Universitätsreform wurde von Melanchthon nachdrücklich unterstützt (KTGQ 3, Nr. 15; DGQD 3, Nr. 31) und führte zu deutlichem Anstieg der Attraktivität Wittenbergs. Luther verstand sie als eine Voraussetzung für die Reform der Kirche. 1519 schlugen die Theologen die Aufhebung der thomistischen Lehrveranstaltungen vor und forderten die Einrichtung einer Druckerei. Mit dem Reformprogramm, das Luther für die artistische, die theologische und juristische Fakultät in der Adelsschrift entwickelte, setzte er sich freilich nicht durch. Die Reform der artistischen Fakultät führte Melanchthon 1521 zum Abschluß. Zugespitzt formuliert: „Die Reformation der Universität ging auf Luther zurück, die Universität der Reformation jedoch auf Melanchthon." (Hammerstein)

Rainer Christoph Schwinges, Prestige und gemeiner Nutzen. Universitätsgründungen im deutschen Spätmittelalter, in: Beiträge zur Wissenschaftsgeschichte 21, 1998, S. 5–17. – Notker Hammerstein, Bildung und Wissenschaft vom 15. bis zum 17. Jahrhundert, München 2003 (Enzyklopädie deutscher Geschichte 64) – Jens Martin Kruse, Universitätstheologie und Kirchenreform, Mainz 2002 (VIEG 187).

2. *Die causa Lutheri*

Dokumente zur Causa Lutheri (1517–1521), hg. v. Peter Fabisch u. Erwin Iserloh, 2 T., Münster 1988 (CCath 41/42). – Wilhelm Borth, Die Luthersache 1517–1524, Lübeck/Hamburg 1970 (HS 414). – Leif Grane, Martinus Noster. Luther in the German Reform Movement 1518–1521, Mainz 1994 (VIEG 155).

a) Der Ablaßstreit

Der Ablaß bezog sich ursprünglich nur auf die zeitlichen, von der Kirche verhängten Sündenstrafen und bedeutete deren Umwandlung oder Erlaß. Im Spätmittelalter wurde er auf die von Gott verhängten zeitlichen Sündenstrafen, auch auf die mit dem Tod nicht gebüßten, sondern im Fegfeuer zu büßenden, ausgedehnt. Ablässe waren daher im Volk sehr beliebt (KTGQ 3, Nr. 12a). Der zunächst an bestimmte Orte und Zeiten (Kreuzzug/Rom) gebundene Plenarablaß wurde im Spätmittelalter von beidem gelöst und so für den kurialen Fiskalismus eine wichtige Einnahme. An ihr wollten auch die Obrigkeiten teilhaben, wenn sie den Verkauf erlaubten. Zwar war der Ablaß offiziell an Bußernst und Eigenleistung gebunden. Doch trat das beim Petersablaß (seit 1515), den Albrecht von Mainz (1490–1545) seit 1517 zum Bau der Peterskirche in Rom (vgl. o. S. 39) und zur Deckung der eigenen Schulden, in die ihn die Kosten für die Dispense zur Kumulation einer Reihe von Bistümern (Mainz, Magdeburg, Halle) gebracht hatte, in den Bistümern Mainz, Magdeburg und Brandenburg für acht Jahre verkaufen durfte, in der Ablaßinstruktion (KTGQ 3, Nr. 12b; DGQD 3, Nr. 18) und in der Ablaßpredigt des Dominikaners Johann Tetzel (ca.1465–1519) deutlich zurück.

Der Verkauf dieses Ablasses wurde in den sächsischen Fürstentümern nicht genehmigt, da die Wettiner die Kumulation von Bistümern in der Hand des Hohenzollern Albrecht von Mainz nicht gern sahen. Schon Zeitgenossen haben zu Luthers Schrekken darin den eigentlichen Grund seines Widerspruchs gesehen. Doch hatte der auf dem Hintergrund von Luthers eigenen Anfechtungen und Schwierigkeiten mit dem Bußsakrament seelsorgerliche und theologische Gründe. In seinen 95 Thesen (KTGQ 3, Nr. 12c; DGQD 3, Nr. 19), die Luther zunächst dem Erzbischof von Mainz und dem für Wittenberg zuständigen Bischof von Brandenburg, Hieronymus Schultz (gest. 1522), zuschickte, wird die Buße nicht als sakramentaler Akt, sondern als lebenslanger Stand des Christen bestimmt. Der Papst kann nur Strafen erlassen, die er selbst verhängt hat. Ins Fegfeuer, das Luther spiritualisiert interpretiert, reicht seine Gewalt nicht. Auch solle man Buße und Werke der Liebe dem Ablaß vorziehen. Der wahre Schatz der Kirche sind nicht die überschüssigen Verdienste der Heiligen, sondern das Evangelium. Aber Luther griff auch die im Volk umlaufenden ‚spitzen Fragen‘ auf, die der Ablaß damals bereits auslöste. Ob Luther seine Thesen am 31. 10. 1517 (oder später) an die Tür der Schloßkirche heftete, ist umstritten; doch war der Vorgang für ihn bedeutend, wenn er seine Briefe seinem Namen ‚eleutherius‘ hinzusetzend unterzeichnete. Bekannter noch als die Thesen, die schnell auch übersetzt und durch den Druck verbreitet wurden, machte Luther sein ‚Sermon von Ablaß und Gnade' (DGQD 3, Nr. 20).

Wie nicht anders zu erwarten, kam es zu heftigen Auseinandersetzungen, freilich nicht mit den Bischöfen – Albrecht von Mainz informierte allerdings die Kurie – sondern mit Tetzel (KTGQ 3, Nr. 12d) und mit dem Ingolstädter Theologieprofessor Johann Eck (1486–1543), so daß Luther die ‚Resolutionen' mit einer Widmung an den Papst als Erläuterungen seiner Thesen publizierte.

Bernd Moeller, Die letzten Ablaßkampagnen. Der Widerspruch Luthers gegen den Ablaß in seinem geschichtlichen Zusammenhang, in: Ders., Die Reformation und das Mittelalter, Göttingen 1991, S. 53–72. – Wilhelm Ernst Winterhager, Ablaßkritik als Indikator historischen Wandels vor 1517: Ein Beitrag zu Voraussetzung und Einordnung der Reformation, in: ARG 90, 1999, S. 6–71.

b) Der römische Prozeß

Die Kurie trat wegen der Luthersache zunächst an seinen Orden heran. Da aber Luther nicht schwieg, sondern den Angriff auf den Ablaß mit Diskussionen über den Bann fortsetzte, lud man ihn wegen des Verdachts auf Ketzerei nach Rom. Die Anklage stützte sich auf ein Gutachten des Dominikaners und Magisters sacri palatii Silvester Mazzolini aus Prierio (daher: Prierias, ca.1456–1523), das im wesentlichen den Angriff auf die Hoheit des Papstes monierte (KTGQ 3, Nr. 14a). Darüber kam es zum Streitschriftenwechsel mit Luther (DGQD 3, Nr. 21). Seine Bitte, den Prozeß um der Ehre der Universität Wittenberg willen nach Deutschland zu verlagern, wurde vom Kurfürsten unterstützt. Dem mußten auch Kaiser und Papst entgegenkommen. Denn Maximilian I. wollte auf dem Augsburger Reichstag 1518 seinen Enkel Karl (1500]1519–1558; damals bereits König von Spanien) zum König wählen lassen. Papst Leo X. aber wollte eben diese Wahl verhindern. So gelang es, ein Verhör Luthers durch den Kardinal Thomas de Vio aus Gaeta (daher Cajetanus, 1469–1534), einen gelehrten Thomisten, durchzusetzen. Noch im Vorfeld wurde der Prozeß wegen notorischer Ketzerei eröffnet, Cajetan mit richterlicher Gewalt versehen und angewiesen, Luther zum Widerruf zu bewegen oder in seine Gewalt zu bringen.

Das in Augsburg geführte Gespräch mit Cajetan (12.–14.10.1518) drehte sich um die Fragen, ob aufgrund der Bulle ‚Unigenitus' (1343) die Verdienste Christi mit dem Schatz der Kirche gleichgesetzt werden dürften und der Empfang der Sakramente Glaubensgewißheit verlange. Luther protestierte, legte eine schriftliche Verantwortung vor und appellierte schließlich an den besser zu unterrichtenden Papst (KTGQ 3, Nr. 14b), eine Appellation, die er später durch eine an ein Konzil verschärfte. Gleich den Ordensbrüdern Linck und Staupitz, der Luther vom Ordensgehorsam dispensierte, verließ Luther Augsburg fluchtartig.

Friedrich der Weise, dem Luther nicht widerlegt schien, lehnte seine Auslieferung ab und konnte auch durch die Übersendung der ‚goldenen Rose' und die damit verbundenen Verhandlungen mit dem päpstlichen Boten Karl von Miltitz (1490–1529) nicht zur Aufhebung des Lutherschutzes bewogen werden. Luther aber war bereit, einige deutsche Bischöfe als Richter anzuerkennen. Als Miltitz eine Verhandlung vor dem Erzbischof von Trier veranlassen wollte, war die Entwicklung darüber hinausgeschritten. Luther lehnte ab. Denn nach dem Tod Maximilians I. stand die Kaiserwahl bevor, für die die Kurie Friedrich den Weisen als Kandidaten gewinnen wollte. Eine direkte Fortsetzung des Prozesses war deswegen erst zu erwarten, nachdem Karl V. (28.6.1519) gewählt worden war.

c) Die Leipziger Disputation und die großen Schriften des Jahres 1520

So gingen die Auseinandersetzungen um Luther und seine Schriften weiter. Von erheblicher Bedeutung wurde die ursprünglich nur zwischen Johann Eck und Andreas Bodenstein von Karlstadt angesetzte Leipziger Disputation (27.6.–15.7.1519), an der dann aber auch Luther als wichtigster Diskussionspartner teilnahm. Da Luther mit historisch-kirchenrechtlicher Begründung das Lehramt des Papstes ablehnte – ohne dies öffentlich zu sagen, hielt er schon damals das Papsttum für den endzeitlichen Antichristen – und – unter Hinweis auf Konstanz und Hus – die Irrtumsfähigkeit von Konzilien vertrat (DGQD 3, Nr. 22.1 u. 2), betrachtete ihn Eck als überführten Ketzer (KTGQ 3, Nr. 16). Er und Hieronymus Emser (1478–1527), Hofkaplan Herzog Georgs des Bärtigen von Sachsen (1471]1500–1539), der die Disputation veranlaßt hatte und daraufhin Luthers bleibender Feind wurde, führten nun vor allem den Kampf gegen Luther.

Zwischen 1518 und 1521 veröffentlichte Luther eine Fülle von Schriften in deutscher Sprache, die sich großenteils, wie die Sermone zu den Sakramenten der Taufe, der Buße und des Abendmahls, ebenso wie der ,Sermon von der Bereitung zum Sterben' seelsorgerlich an die Laien wandten und in vielen und hohen Auflagen erschienen. Das Jahr 1520 brachte dann weitere grundlegende Schriften: Neben dem ,Sermon von dem Neuen Testament und der Messe', in dem er das Meßopfer scharf kritisierte, den ,Sermon von den guten Werken', eine erste evangelische Ethik als Auslegung der Zehn Gebote, wobei die im Glauben vollzogene Erfüllung des ersten als Quelle der Erfüllung aller anderen herausgestellt wurde (KTGQ 3, Nr. 19). In einem Nachspiel zur Leipziger Disputation setzte sich Luther mit dem Leipziger Franziskaner Augustin Alfeld (gest. ca.1535) in der Schrift ,Von dem Papsttum zu Rom' über das päpstliche Amt auseinander. Er unterschied, ohne beide zu trennen, innerliche und äußerliche Christenheit und war bereit den Papst als Haupt der äußeren anzuerkennen, doch solle man dessen Habgier und Machtstreben nicht akzeptieren.
Der eigentlichen Kirchenreform aber war die kurz danach erscheinende Schrift ,An den christlichen Adel deutscher Nation' gewidmet, die ein großes Echo fand (DGQD 3, Nr. 24), da Luther damit seine mit der Sache des Reiches verband. In ihr forderte Luther die Obrigkeiten auf, sich über die drei Mauern hinwegzusetzen, mit denen sich die Kirche gegen jede Reform schütze – die Behauptung, daß die geistliche über der weltlichen Gewalt stehe, die dem Papst vorbehaltene gültige Auslegung der Heiligen Schrift und die dem Papst vorbehaltene Konzilseinberufung. Anschließend trug

er eine Fülle von Reformforderungen vor, die sich großenteils auch in den Gravamina (vgl. o. S. 66; DGQD 3, Nr. 9; DGQD 3, Nr. 23) fanden, aber mit theologischer
Begründung versehen wurden (KTGQ 3, Nr. 20a). Luther unterstützte damit aber
auch einen auf Sprache und Kultur konzentrierten ‚Nationalismus‘, den vor allem die
Humanisten antirömisch, aber auch antifranzösisch ausgebildet hatten.

Arthur Geoffrey Dickens, The German Nation and Martin Luther, London 1974. – Karl Stadt-
wald, Patriotism and Antipapalism in the Politics of Conrad Celtis's „Vienna Circle", in: ARG
84, 1993, S. 83–102. – Georg Schmidt, Luther und die frühe Reformation – ein nationales Ereignis?, in: Die frühe Reformation in Deutschland als Umbruch, hg. v. Bernd Moeller, Gütersloh
1993 (SVRG 199), S. 54–75.

Dem folgte – weil es sich um eine theologische Auseinandersetzung handelte, in lateinischer Sprache – die Schrift ‚De captivitate Babylonica ecclesiae praeludium‘,
eine grundlegende Auseinandersetzung mit der traditionellen Sakramentslehre, in der
Luther als Sakrament nur gelten ließ, was mit materialem Zeichen und sündeverge-
bendem Wort von Christus selbst eingesetzt wurde. So blieben von den sieben traditionellen Sakramenten nur noch Taufe und Abendmahl, allenfalls noch Buße mit Absolution (KTGQ 3, Nr. 20b).

‚Praeludium‘ nannte Luther die Schrift, weil er die Absicht hatte, sich noch sehr viel
deutlicher gegen das Papsttum und seine Lehre zu wenden. Doch zunächst schrieb er
mit ‚Von der Freiheit eines Christenmenschen‘ eine Grundlegung der Rechtfertigungslehre, wobei er inneren und äußeren Menschen vor Gott und der Welt unterschied und die Schrift in den beiden Thesen zusammenfaßte, daß ein Christ ein freier
Herr aller Dinge und niemandem untertan, aber auch ein dienstbarer Knecht aller
Dinge und jedermann untertan sei – was nicht Untertanengehorsam meinte, sondern
den Dienst der den Nächsten wahrnehmenden Liebe, den der Christ jedermann
schulde (KTGQ 3, Nr. 20c). Diese Schrift sandte Luther aufgrund einer weiteren Initiative durch Miltitz mit einem Sendschreiben an Leo X., den er als Gefangenen seiner Umgebung sah.

Thorsten Jacobi, „Christen heißen Freie". Luthers Freiheitsaussagen in den Jahren 1515–1519,
Tübingen 1997 (BHTh 101).

d) Wiederaufnahme und Ende des Lutherprozesses

Der römische Prozeß gegen Luther hätte einen ganz anderen Verlauf genommen,
wenn nicht der sächsische Kurfürst Friedrich der Weise eine Luther konsequent
schützende Politik betrieben hätte. Hinter ihr stand zu Beginn des Ablaßstreites die
Rivalität zwischen den Häusern Wettin und Hohenzollern, hinzutraten das Interesse
am Schutz der Wittenberger Universität und das Mißtrauen gegenüber der kurialen
Gerichtsbarkeit.
Gefördert wurde Friedrichs Politik durch die nach dem Tod Maximilians I. (Ende
1518) anstehende Kaiserwahl, bei der mehrere europäische Fürsten als Kandidaten

erwogen wurden (DGQD 3, Nr. 14). Die Kurie wollte die Wahl des Habsburgers Karl von Spanien im Blick auf die Präsenz Spaniens in Italien verhindern und kam daher dem sächsischen Kurfürsten (als Wähler und möglichem Kandidaten) entgegen. Erst als die Wahl Karls V. unter den Bedingungen der Wahlkapitulation (DGQD 3, Nr. 15) abgeschlossen war, nahm man den Prozeß in Rom 1519 wieder auf und fertigte am 15.6.1520 die Bannandrohungsbulle aus (KTGQ 3, Nr. 17; DGQD 3, Nr. 25). Ihre Publikation in den kaiserlichen Erblanden (so in den Niederlanden) vollzog sich ohne Schwierigkeiten, nicht aber im Reich und in Kursachsen. Der Kurfürst verlangte die Neueröffnung des Prozesses vor Universitäten und die Verlegung nach Deutschland. Luther behandelte die Bulle in Gegenschriften als Machwerk Ecks, drohte aber für den Fall, daß sie doch von der Kurie komme, seinerseits den Bann an, verteidigte in einer eigenen Schrift, was die Bulle an seiner Lehre inkriminierte und erneuerte seine Appellation an ein Konzil. Als Antwort auf die Verbrennungen seiner Bücher, die es mancherorts gab, verbrannte Luther am 10.12.1520 in Anwesenheit von Universitätsangehörigen vor dem Elstertor in Wittenberg zum Entsetzen der Juristen die Bulle und das geistliche Recht (DGQD 3, Nr. 26) und ließ eine Apologie seines Vorgehens folgen.

Am gleichen Tag war auch die Widerrufsfrist abgelaufen. Daher fertigte man in Rom die Bannbulle ‚Decet Romanum Pontificem' (3.1.1521) aus und stellte sie dem Kaiser zu (DGQD 3, Nr. 27). Mit ihm stand man Luthers wegen schon längst in Kontakt. In mühsamen Verhandlungen erreichte es der sächsische Kurfürst, daß Luther auf dem Reichstag in Worms verhört wurde. Freilich ging es in der Verhandlung im kaiserlichen Quartier dann nur um die Frage, ob Luther seine Schriften widerrufen wolle. Das lehnte er nach einem Tag Bedenkzeit ab (18.4.1521), wobei er sich in seiner berühmten kurzen Äußerung, mit der Forderung nach Widerlegung aus der Schrift oder klaren Gründen auf das kanonische Recht bezog und sich auf sein an die Schrift gebundenes Gewissen berief (KTGQ 3, Nr. 21a; DGQD 3, Nr. 28.2). Die Reichsstände waren damit einverstanden, daß der Kaiser, der überzeugt gegen Luther stand (KTGQ 3, Nr. 21b; DGQD 3, Nr. 28.3), ein vom päpstlichen Legaten Hieronymus Aleander (1482–1542) verfaßtes Mandat gegen Luther erließ (KTGQ 3, Nr. 21c; DGQD 3, Nr. 28.4). So erschien das ‚Wormser Edikt' gegen Luther, seine Anhänger und seine Schriften zwar mit dem Datum des 8.5.1521, aber erst nach Ende des Reichstags am 25. Mai.

Zu dieser Zeit allerdings befand sich Luther längst auf der Wartburg, wohin ihn Friedrich der Weise zu seinem Schutz hatte bringen lassen (DGQD 3, Nr. 29), während die Öffentlichkeit nach seinem Verschwinden zunächst mit seiner Ermordung rechnete (KTGQ 3, Nr. 21d). Als ‚Junker Jörg' lebte er dort, setzte die Auseinandersetzung mit seinen Gegnern fort, schuf für die Prediger seine Advents- und Weihnachtspostille und übersetzte das Neue (September-)Testament (KTGQ 3, Nr. 22a), eine sprachlich geniale Leistung. Damit begann die Arbeit an der Bibelübersetzung, die später mit dem Alten Testament fortgesetzt wurde, bis 1534 die gesamte Bibel vorlag.

Inzwischen begann man in Wittenberg, reformatorische Änderungen vorzunehmen, woran Gabriel Zwilling (ca.1487–1558) im Augustinerkloster, Melanchthon und

Andreas Bodenstein von Karlstadt beteiligt waren. Dabei ging es vor allem um die Messe. Man feierte das Abendmahl unter beiden Gestalten (DGQD 3, Nr. 30). Aufgrund der Schriften und des Einflusses Karlstadts kam es zu einer vom Rat erlassenen ‚Ordnung' für Wittenberg (KTGQ 3, Nr. 28a2; DGQD 3, Nr. 33), am 6.2.1522 sogar zu einem Bildersturm (DGQD 3, Nr. 34).

Luther versuchte von der Wartburg aus, mit verschiedenen Schriften im Sinn evangelischer Freiheit einzugreifen, vor allem zum Thema der Messe und – wegen der inzwischen vollzogenen Klosteraustritte – zu dem der Klostergelübde (KTGQ 3, Nr. 22b). Als er von den um die Jahreswende in Wittenberg auftauchenden und sich auf Offenbarungen berufenden ‚Zwickauer Propheten' (KTGQ 3, Nr. 28a1) und dem Bildersturm hörte, entschloß er sich gegen den Willen des Kurfürsten zur Rückkehr nach Wittenberg. In seinen ‚Invocavitpredigten' lehnte er jede Form reformatorischer Gesetzlichkeit ab und sprach sich nachdrücklich für die Schonung der Schwachen aus (KTGQ 3, Nr. 28a3). Dies, und daß die bis dahin erzielten Reformen größtenteils rückgängig gemacht wurden, führte zum Bruch mit Karlstadt, der in den Fragen des von ihm aus Altem und Neuem Testament erhobenen Gesetzes keinerlei ‚Schonung' dulden wollte (wie später auch die Radikalen im Unterschied zu Zwingli in Zürich). Er nahm eine Pfarrstelle in Orlamünde im oberen Saaletal an und führte dort – mit Zustimmung von Rat und Bevölkerung – eine Reformation in seinem Sinn durch, die bei einer Visitation auch Luther gegenüber von der Gemeinde verteidigt wurde (KTGQ 3, Nr. 28b).

3. Der Reformator

Luther blieb in Bann und Acht, war also nur im kursächsischen Gebiet wirklich sicher. So konnte er persönlich – soweit man ihn nicht in Wittenberg aufsuchte, was vielfältig geschah, – an Religionsverhandlungen nur ausnahmsweise wie etwa am Marburger Gespräch 1529 teilnehmen (vgl. u. S. 189). Um so intensiver trieb er die Reformation mit seinen Schriften voran. Er blieb die theologisch überragende Gestalt, was sich in den Auseinandersetzungen über die Sakramente (vgl. u. S. 142–146) und mit Erasmus (vgl. u. S. 146f) ebenso zeigte wie bei innerlutherischen Differenzen über die Frage des Gesetzes (vgl. u. S. 240f). Aber auch am Fortgang und der Institutionalisierung der Reformation (vgl. u. S. 165ff) nahm er regen Anteil und äußerte sich immer wieder auch zu den politisch und kirchlich drängenden Fragen seiner Zeit, zum Bauernkrieg (vgl. u. S. 132–137), zur Frage eines protestantischen Verteidigungsbündnisses (vgl. u. S. 189f) und den daraus sich ergebenden politischen Komplikationen (vgl. u. S. 191f). Über all dem wurde die seelsorgerliche Arbeit in Predigt und Briefwechsel, Katechismus und Lied (vgl. u. S. 123, 171f) und die universitär-gelehrte in der Auslegung der Bibel, vor allem der Bücher des Alten Testaments – über lange Jahre der Genesis – und den in den 30er Jahren wiederaufgenommenen Disputationen nicht versäumt. Die Luther im Blick auf die bedrohte Situation des Reiches durch die Türken und die Gefährdung der Reformation immer wieder bewegenden apokalyptischen Ängste verdichteten sich im Alter und führten zu massiven Invektiven gegen die, die er als Feinde der Christenheit identifizierte: das Papsttum, die Juden (vgl. u. S. 291f) und die Türken. Das Kloster, dessen Hauptbau ihm der Kurfürst schenkte, verließ Luther erst 1525, als er die frühere Nonne Katharina von Bora (1499–1552) heiratete, die ihm – seines Erachtens gelegentlich mit zu viel Fürsorge – einen großen Haushalt kompetent führte. Daß man seine Äußerungen über Tisch weitgehend mit- und nachschrieb, hat Luther nicht nur gern gesehen. Um zwischen den Mansfelder Grafen Frieden zu stiften, reiste er trotz Krankheit nach Eisenach, wo er am 18.2.1546 starb.

4. Grundzüge der Theologie Luthers

Paul Althaus, Luthers Theologie, [4]Gütersloh 1975. – Gerhard Ebeling, Luther. Einführung in sein Denken, Tübingen 1964. – Otto Hermann Pesch, Hinführung zu Luther, [3]Mainz 2004. – Wilfried Joest, Martin Luther, in: Die Reformationszeit I, hg. v. Martin Greschat, Stuttgart 1981 (GK 5), S. 129–186. – Bernhard Lohse, Luthers Theologie in ihrer historischen Entwicklung und in ihrem systematischen Zusammenhang, München 1995. – Karl-Heinz zur Mühlen, Luther II: Theologie, in: TRE 21, Berlin/New York 1991, S. 530–576. – Bernhard Lohse, Evangelium und Geschichte. Studien zu Luther und der Reformation, Göttingen 1988. – Gerhard Ebeling, Lutherstudien Bd. 1, Tübingen 1971, Bd. 3, Tübingen 1985.

Luthers Theologie ist in erster Linie seelsorgerlich ausgerichtete Schrifttheologie Er hat sie nie wie Melanchthon in loci systematisch aufbereitet, vielmehr stets – ohne die spätere Aufschlüsselung theologischer Disziplinen – exegetisch und vor allem in der Auseinandersetzung mit einem jeweils konkreten Gegenüber entfaltet. Sie ist daher in eminentem Sinn Schrifttheologie – deswegen gilt für Luther: solo verbo.

Oswald Bayer, Theologie, Gütersloh 1994 (HAST 1), S. 35–126.

Das Wort Gottes findet sich als Gesetz und Evangelium in der Bibel, die im Sprachlichen äußere und in ihrer Glauben weckenden Kraft innere Klarheit besitzt, genauer freilich in deren jeweils mündlich-gegenwärtiger Auslegung – deswegen sola scriptura als viva vox. Darum wird die gesamte kirchliche Tradition – auch Konzilien und Väter – der Schrift nach- und untergeordnet und an ihr gemessen. Gegen den Spiritualismus, der das äußere Wort der Schrift, zugunsten des Geistes abwertet, und gegen eine Hierarchie, die das Urteil über die rechte Auslegung in Anspruch nimmt, betont Luther die Notwendigkeit des äußeren Wortes und die Klarheit, Selbstauslegung und Geistwirksamkeit der Schrift. Sie muß deswegen jedermann in Übersetzung zugänglich sein. In der Schrift gibt es für Luther die heilsgeschichtliche Abfolge, das Alte Testament als Gesetz und das Neue mit dem Evangelium. Dabei unterscheidet Luther im Alten Testament das, was nur dem jüdischen Volk galt und gilt, von dem, was als allgemeines Sittengesetz auch für den Christen Gültigkeit hat. In Gottes Forderung, Zusage und Verheißung findet Luther aber Gesetz und Evangelium auch in beiden Testamenten, und zwar nicht auf bestimmte Stellen verteilt. Vielmehr versteht er das, was als forderndes und verurteilendes Wort Gottes begegnet als Gesetz, was aber als befreiendes und tröstendes Wort begegnet, als Evangelium. Diese Unterscheidung zu treffen, macht den Theologen. Sie ist allerdings angesichts heilloser Vermischung erst von Christus her möglich. Christus ist deswegen das Zentrum der Schrift und in seiner Person Gottes Vergebungswort deswegen: solus Christus.

Friedrich Beißer, Claritas scripturae bei Martin Luther, Göttingen 1966 (FKDG 18). – Heinrich Bornkamm, Luther und das Alte Testament, Tübingen 1948. – Gerhard Ebeling, Evangelische Evangelienauslegung, Neudr. Darmstadt 1962. – Albrecht Peters, Gesetz und Evangelium, Gütersloh 1981 (HAST 2), S. 29–57.

Christus ist deswegen auch für Luthers Gottesverständnis bestimmend. Zwar kennt Luther ein natürlich-vernünftiges Wissen um Gott, das aber ist kein ‚wirkliches' (wirkendes), weil den Menschen nicht als Sünder identifizierendes Wissen. Wer Gott ist, zeigt sich in seiner heilsgeschichtlichen trinitarischen Gestalt als Vater und Sohn und Geist – ein in Erhaltung, Neuschöpfung und Heiligung ständig schöpferischer Gott. Doch bleibt er trotz seiner Offenbarung als deus absconditus dem Menschen unverfügbar und rätselhaft, anfechtend und bedrohlich in seinem Handeln in Natur und Geschichte. Deswegen muß sich der Glaube an den deus revelatus halten. Denn als ein exzentrisch, responsorisch und eschatologisch angelegtes Wesen (Joest) ist der Mensch stets auf Gott oder Abgott bezogen.

Marc Lienhard, Luthers christologisches Zeugnis. Entwicklung und Grundzüge seiner Christologie, Göttingen 1979. – Wilfried Joest, Ontologie der Person bei Luther, Göttingen 1967. – Albrecht Peters, Kommentar zu Luthers Katechismus Bd. 2: Der Glaube, hg. v. Gottfried Seebaß, Göttingen 1991.

Den Menschen bestimmt Luther im Unterschied zur Philosophie, die die Sonderstellung des Menschen im innerweltlichen Vergleich herausstellt, als den homo peccator iustificandus (der Mensch als zu rechtfertigender Sünder; KTGQ 3, Nr. 48). Luther sieht den Menschen in zwei Verantwortungsbereichen: vor den Menschen oder der Welt und vor Gott. Gegen die Antinomer – diejenigen, die das alttestamentliche Gesetz in seiner Gültigkeit für Christen insgesamt ablehnten –, hält Luther fest, daß dem Menschen seine grundsätzliche Abkehr von Gott in der Bezogenheit auf sich selbst, seine Verfallenheit an die Todesmächte (Sünde, Tod und Teufel) und die Herrschaft der Sünde in ihren verschiedenen Dimensionen (der Teufel, die Welt und unseres Fleisches Wille) erst durch die Konfrontation mit der Predigt des Gesetzes bewußt werden (vgl. u. S. 240f). Von jenen Mächten aber vermag sich der Mensch nicht kraft freien Willens zu befreien. Daher die Wendung gegen das scholastische ‚facere, quod in se est' und der spätere Streit mit Erasmus. Erlösung und Befreiung verdanken sich der freien Zuwendung Gottes zum Sünder in Christus – deswegen sola gratia. Sie vollzieht sich im Evangelium mit dem Zuspruch von Sündenvergebung und Gerechtigkeit um Christi willen. Auf das Wort des Evangeliums, das Christus selbst und ein verheißendes Wort ist, richtet sich der von diesem neuschöpferischen Wort hervorgerufene Glaube, der angesichts der Geborgenheit in Gott in der Liebe die Zuwendung zum Nächsten ermöglicht und eben deswegen mit der Erfüllung des ersten und grundlegenden Gebotes auch alle anderen erfüllt – deswegen sola fide.

Hans Martin Barth, Der Teufel und Jesus Christus in der Theologie Martin Luthers, Göttingen 1967 (FKDG 19). – Albrecht Peters, Rechtfertigung, ²Gütersloh 1990 (HAST 12), S. 27–62. – Gerhard Ebeling, Disputatio de homine, 3 Teile, Tübingen 1977/82/89 (Gerhard Ebeling, Lutherstudien 2). – Martin Schlömann, Natürliches und gepredigtes Gesetz bei Martin Luther, Berlin 1961.

Da der Mensch im Glauben ständig im Kampf mit der Sünde und deswegen in Anfechtung steht, aber ebenso um seiner Leiblichkeit willen, begegnet das Evangelium nicht nur im Wort, sondern auch in den mit äußeren materiellen Zeichen verbundenen Worten der Sakramente. Sakramente gibt es deswegen nur dort, wo die Zeichen mit der Glauben weckenden und ihn stärkenden Verheißung der Sündenvergebung verbunden sind und eben darin mit Christus selbst verbinden und von ihm eingesetzt sind: in Taufe und Abendmahl. In beiden Sakramenten ereignet sich sakramental im voraus, was sich über das gesamte Leben des Christen hin bis zu Tod und Auferstehung erstreckt: in der Taufe das Töten des alten, sündigen Menschen und das Heraufkommen des neuen Menschen, im Abendmahl die von Christus ermöglichte Liebesgemeinschaft mit ihm und der Christen untereinander, die sich doch erst in der Ewigkeit ganz verwirklicht. In der Taufe geschieht Gottes Zusage und die Verbindung mit Christi Tod und Auferstehen ein für allemal gültig, so daß es keines Bußsakraments nach der Taufe, sondern nur der Rückkehr in sie bedarf. Doch werden Beichte und Absolution seelsorgerlich beibehalten. Auch verteidigt Luther unter Hinweis auf den Taufbefehl und die Glauben wirkende Macht des Wortes auch dort, wo sie uns in der fides infantium (dem Glauben der Kinder) verborgen bleibt, stets die Kindertaufe. Im Abendmahl naht sich Christus mit und unter den unverändert bleibenden Elementen dem Sünder, der von sich aus keine Würdigkeit besitzt, sondern den sein Glaube würdig macht.

Wolfgang Schwab, Entwicklung und Gestalt der Sakramententheologie bei Martin Luther, Frankfurt/Bern 1977 (EHS.T 79). – Albrecht Peters, Kommentar zu Luthers Katechismen, Bd. 4, hg. v. Gottfried Seebaß, Göttingen 1993. – Lorenz Grönvik, Die Taufe in der Theologie Martin Luthers, Abo 1968 (AAAbo.H 36/1). – Eero Huovinen, Luthers Lehre vom Kinderglauben, Mainz 1997 (VIEG 159).

Weil der Glaube von den Mächten des Bösen befreit und sich auf Gott verläßt, ermächtigt er zu dankbar liebender Zuwendung zum Nächsten. Dabei unterscheidet Luther – wenn auch keineswegs in terminologischer Klarheit und Eindeutigkeit – im Blick auf das Leben des Christen zwischen den augustinisch eschatologisch gefärbten Reichen Gottes und der Welt (bzw. des Teufels) sowie den beiden Regierweisen Gottes, den Regimenten: Im geistlichen Regiment streitet Gott direkt gegen die Sünde mit Hilfe seines Wortes in Gesetz und Evangelium. Im weltlichen Regiment, in dem sich der Mensch im Unterschied zum Reich Gottes durchaus mit Hilfe der aristotelischen Philosophie orientieren kann, kämpft Gott gegen die zerstörenden Folgen des Bösen mit Hilfe der Obrigkeit. Sie hat notfalls auch unter Anwendung zwingender Gewalt für Recht, Frieden und Wohlstand zu sorgen (KTGQ 3, Nr. 33d1). In diesem Kampf gegen das Satansreich nimmt Gott den sündigen Menschen, den Gläubigen, der gegen seine Sünden und das Böse angeht, willentlich, den Ungläubigen gegen seinen Willen und – geheimnisvoller Weise – manchmal sogar das Böse selbst in seinen Dienst. Daneben übernimmt Luther aus katechetischer Tradition die drei von Gott gesetzten Erhaltungsordnungen: oeconomia, politia und ecclesia. Es handelt sich bei ihnen nicht um sozial unterschiedene Stände, sondern um lebens- und welterhaltende Funktionsbereiche des Menschen (KTGQ 3, Nr. 53a). Wenn Luther sie Hierarchien nennt, so steht dahinter die Vorstellung, daß Gott durch seine Engel die Stände stützt und mit ihrer Hilfe eingreift und handelt, wo der sündige Mensch seine Pflichten in oeconomia, politia und ecclesia nicht erfüllt. Der Christ steht dabei für Luther stets unter den im Liebesgebot zusammengefaßten Forderungen der Bergpredigt, deren Geltung nicht als ‚Ratschläge‘ auf ‚vollkommene‘ Christen eingeengt werden darf. Da es aber immer um die Erfüllung des Liebesgebotes geht, unterscheidet Luther im Blick auf die konkreten Forderungen der Bergpredigt das Handeln ‚für sich‘ und ‚für andere‘: Für seine Person muß der Christ selbst die unrechte Gewalt dulden, niemals aber, wo sie sich gegen seinen Nächsten wendet. Unrecht beim Namen zu nennen, gehört zu den Pflichten jedes Christen, zum Schutz des Nächsten notfalls auch gewaltsam einzugreifen, bleibt denen vorbehalten, zu deren ‚Amt‘, zu dessen beruflichem Auftrag es gehört. Die dahinter stehende Unterscheidung von ‚Christperson‘ und ‚Weltperson‘ darf nicht als doppelte Moral mißverstanden werden. Daher nimmt Luther die in diesem Sinn verstandene Liebesforderung der Bergpredigt katechetisch als Aufforderung liebender Zuwendung zu dem Nächsten in die Auslegung des Dekalogs hinein, ohne daß sich daraus ein eigentlicher tertius usus legis, wohl aber ein usus puerilis im Sinne des guten ‚Leitseils‘ ergibt. Dabei vollzieht sich Nachfolge für Luther immer in den unterschiedlichen ‚Ständen‘ oder ‚Berufen‘, in denen man – weil man in ihnen ganz für den anderen wirken und ihn darin ein Stück der Liebe Gottes erfahren lassen soll – den immer auf sich selbst bezogenen alten Menschen tötet und, indem man das tut, eben auch das Kreuz der Nachfolge auf sich nimmt.

Wilfried Joest, Gesetz und Freiheit. Das Problem des Tertius usus legis bei Luther und die neutestamentliche Paränese, [4]Göttingen 1968. – Albrecht Peters, Kommentar zu Luthers Katechismen, Bd. 1: Die Zehn Gebote, hg. v. Gottfried Seebaß, Göttingen 1990. – Ulrich Duchrow, Christenheit und Weltverantwortung. Traditionsgeschichte und systematische Struktur der Zweireichelehre, [2]Stuttgart 1983. – Wilhelm Maurer, Luthers Lehre von den drei Hierarchien und ihr mittelalterlicher Hintergrund, München 1970 (ABAW.PH 1970/4). – Gerta Scharffenorth, Den Glauben ins Leben ziehen …, München 1982. – Rudolf Mau, Beruf und Berufung bei Luther, in: Themen Luthers als Fragen an die Kirche heute, hg. v. Joachim Rogge u. Gottfried Schille, Berlin 1982, S. 11–28.

Luther hat sich freilich nicht nur zu den Grundlagen der Ethik, sondern immer wieder auch, und dann sehr konkret zu einzelnen gesellschaftlichen Problemen seiner Zeit geäußert, zu Ehe und Familie, zu Bildung und Schule, zur rechten Regierung, zu Krieg und Frieden, zu Zünften und Steuern, zu Handel und Geldgeschäften. Dabei begründet er seine Vorschläge üblicherweise auf vierfache Weise: mit den Geboten der Schrift, mit der Weisheit des Volkes im Sprichwort, mit den exempla der Geschichte und der vernünftigen Erwägung und Abwägung sowie – alles überwölbend – mit dem Gedanken, dem anderen ein Christus zu werden.

Luther und die politische Welt, hg. v. Erwin Iserloh und Gerhard Müller, Wiesbaden/Stuttgart 1984 (Historische Forschungen 9). – Hans Jürgen Prien, Luthers Wirtschaftsethik, Göttingen 1992. – Eike Wolgast, Die Wittenberger Theologie und die Politik der evangelischen Stände, Gütersloh 1977 (QFRG 47).

Der Glaube macht den Christen zum Glied am Leib Christi, der Kirche, der Gemeinschaft der ‚Heiligen' als der von Gott ‚Geheiligten'. Diese Gemeinschaft wird in den verschiedenen Sozialgestalten der Kirche anwesend geglaubt. Weil die Kirche keine Gewalt über Gottes Wort hat, sondern von ihm geschaffen wird, sind die Grundkennzeichen der Kirche, das was Glauben hervorzurufen und zu schaffen vermag: das Wort der Verkündigung und die Sakramente. Insofern aber zum Glauben immer das Leben aus dem Glauben gehört, kann Luther auch weitere Kennzeichen für die Kirche nennen, wie etwa Gebet, Kreuz, Erfüllung der Gebote. Ordnungen der Kirche, die das Zentrum des Evangeliums verdunkeln, müssen als ‚Menschenlehren' oder ‚Menschengebote' aufgehoben werden, ohne daß man deswegen ideale und auf Dauer gültige Ordnungen der Kirche entwickeln könnte. Durch Taufe und Gliedschaft am Leib Christi nehmen alle im allgemeinen Priestertum an Christi Priestertum teil. Dessen öffentliche Ausübung im Dienst der Verkündigung und der stiftungsgemäßen Sakramentsspendung bedarf aber der geordneten Berufung für die Gemeinde. Übergemeindliche Ämter (wie Bischof oder Superintendent) sind um besonderer Aufgaben willen notwendig, bilden aber keine Hierarchie, da sie keine andere oder über das gemeindlich-öffentliche Amt hinausgehende geistliche Vollmacht haben. Die Kirche dient der bürgerlichen Ordnung und der Obrigkeit, weil sie den Menschen im Glauben zur Wahrnahme der drei von Gott zur Bewahrung der Welt eingesetzten Stände oder Ordnungen (oeconomia, politia, ecclesia) auffordert, die Obrigkeit an ihre Pflichten erinnert und notfalls die Grenzen des Gehorsams gegen sie betont. Die Obrigkeit schafft, wenn sie ihre gottgewollte Aufgabe in der Wahrung von Recht und Frieden erfüllt, die Bedingungen dafür, daß die Botschaft der Kirche die Menschen erreichen kann.

Joseph Vercruysse, Fidelis Populus, Mainz 1968 (VIEG 48). – Konrad Hammann, Ecclesia spiritualis, Göttingen 1989. – Hans Schulz, Die Gestalt der Kirche. Die zentralen Lebensakte der nach dem Evangelium reformierten Kirche in den Werken D. Martin Luthers, Diss. theol. masch. Heidelberg 1975. – Harald Goertz, Allgemeines Priestertum und ordiniertes Amt bei Luther, Marburg 1997 (MThSt 46). – Martin Luther und das Bischofsamt, hg. v. Martin Brecht, Stuttgart 1990.

Der Schrift entnimmt Luther auch seine Vorstellung von der universalen Geschichte, die sich für ihn – prophetische Gesamtschau aufnehmend – in Perioden von der Schöpfung bis zum Jüngsten Gericht erstreckt. In ihm werden nicht Verdienste belohnt, sondern es kommt die gegenwärtig wirkende ‚Seligkeit' an ihr Ziel. In der Geschichte aber liegen stets die wahre Kirche Abels und die falsche Kirche Kains im Kampf miteinander. Mit der Wiederentdeckung des Evangeliums ist für ihn die Entlarvung des endzeitlichen Antichristen verbunden, den er im Unterschied zur spätmittelalterlichen Kritik am Papsttum in dessen die drei göttlichen Erhaltungsordnungen aufhebenden Ansprüchen seit Gregor VII. wirksam sieht. Mit dem Zwangszölibat wird die oeconomia (die Familie und das Haus), mit dem Anspruch allgemeiner potestas die politia (das Gemeinwesen im geordneten Zusammenleben) und mit dem Anspruch auf letztgültige Schriftauslegung die ecclesia (die Kirche) vernichtet. Mit Endzeit- und apokalyptischen Erwartungen argumentierte Luther üblicherweise nur dann, wenn es um den Trost der bedrängten evangelischen Gläubigen und Gemeinden ging. Einen apokalyptischen Dualismus zwischen den Gruppen der Frommen und Gottlosen gibt es bei ihm nicht. Im Blick auf den Kampf gegen die Sünde und die Mächte des Bösen, der dem einzelnen Christen aufgetragen und in den er stets in der Welt hineingestellt ist, muß sich der Mensch im Gebet bleibend an Gott wenden und bleibt auf ihn angewiesen.

John M. Headley, Luther's View of Church History, New Haven/London 1963. – Ernst Schulin, „… die geschichte und sprüche aller wellt …". Luther, die Reformation und die Veränderung des Geschichtsbewußtseins, in: „Gott kumm mir zu hilf". Martin Luther in der Zeitenwende, hg. v. Hans-Dietrich Loock, Berlin 1984 (JBrKG, Sonderband) S. 109–128. – Albrecht Peters, Kommentar zu Luthers Katechismen, Bd. 3: Das Vaterunser, hg. v. Gottfried Seebaß, Göttingen, 1992. – Hans Ulrich Hofmann, Luther und die Johannes-Apokalypse, Tübingen 1982 (BGBE 24).

B. Reformatoren neben Luther

Obwohl die massenhafte Verbreitung von Luthers Schriften in ihrer Bedeutung für die Wirkung reformatorischer Gedanken nicht unterschätzt werden darf, war es doch ausschlaggebend, daß eine Fülle von ‚Multiplikatoren' gewonnen werden konnten, die in Predigt und Schriften seine Gedanken aufgriffen. Zwar hat die theologiegeschichtliche Forschung inzwischen sehr deutlich herausgearbeitet, daß es sich bei ihnen keineswegs einfach um ‚Lutherschüler' handelte, sondern daß sie seine Gedanken jeweils unterschiedlich aufnahmen, in den eigenen Bildungshorizont einstellten, sie damit veränderten und weiterentwickelten. Dennoch haben die Zeitgenossen sie in erster Linie als ‚lutherisch' wahrgenommen. Selbst die Unterschiede zu dem sich seit 1521 immer deutlicher bildenden zweiten reformatorischen Zentrum in Zürich (vgl. u. S. 137–141) wurden in ihren Differenzen erst deutlich wahrgenommen, als sie im Abendmahlsstreit seit 1524 virulent und polemisch trennend wurden.

1. Melanchthon

Melanchthon, Studienausgabe, hg. v. Robert Stupperich, 7 Bde, Gütersloh 1951–1975. – Melanchthon deutsch, hg. v. Michael Beyer, Stefan Rhein, Günther Wartenberg, 2 Bde., Leipzig 1997. – Melanchthon, Heubtartikel Christlicher Lehre, hg. v. Johannes Schilling, Leipzig 2002. – Heinz Scheible, Melanchthon, in: TRE 22, Berlin/New York 1992, S. 371–410. – Ders., Melanchthon, München 1997. – Wilhelm Maurer, Der junge Melanchthon zwischen Humanismus und Reformation 2 Bde., Göttingen 1967/69. – Der Theologe Melanchthon, hg. v. Günter Frank, Stuttgart 2000 (Melanchthon-Schriften der Stadt Bretten 5). – Heinz Scheible, Melanchthon und die Reformation, Mainz 1996 (VIEG 41). – Philipp Melanchthon als Politiker zwischen Reich, Reichsständen und Konfessionsparteien, hg. v. Günther Wartenberg u. Matthias Zentner, Wittenberg 1998. – Werk und Rezeption Philipp Melanchthons in Universität und Schule, hg. v.

Günter Wartenberg, Leipzig 1999 (HerChr Sonderband 2). – Melanchthon und Europa, 1. T.: Skandinavien und Mitteleuropa, hg. v. Günter Frank u. Martin Treu, 2. T.: Westeuropa, hg. v. Günter Frank u. Kees Meerhoff, Stuttgart 2000 u. 2001 (Melanchthonschriften der Stadt Bretten 6,1 u. 2). – Melanchthon und der Calvinismus, hg. v. Günter Frank u. Herman J. Selderhuis, Stuttgart-Bad Canstatt 2005 (Melanchthon-Schriften der Stadt Bretten 9).

Von den Reformatoren neben Luther erhielt vor allem Philipp Melanchthon (1497–1560) eine für die Reformation in Europa entscheidende Bedeutung, weil er
– humanistische Traditionen und reformatorische Theologie in eingängig lehrhafter Weise miteinander verband und in lateinischen, europaweit gelesenen Schriften verbreitete,
– die Reformation auf Reichstagen und Religionsgesprächen und im Zusammenhang der Politik des Schmalkaldischen Bundes kompetent vertrat,
– zusammen mit Martin Bucer die Verbindung der oberdeutschen mit der lutherischen Reformation zu Wege brachte
– und als Kirchen-, Schul- und Universitätsreformer eine in alle reformatorischen Gebiete ausstrahlende Wirkung entwickelte.
Von seinem entfernten Verwandten J. Reuchlin (vgl. o. S. 78f), der auch seinen Namen Schwartzerdt gräzisierte, gefördert, schloß Melanchthon sein artes-Studium an den Universitäten Heidelberg und Tübingen schon 1514 mit dem Magister ab, widmete sich aber vor allem den Sprachen und als homo trilinguis (ein Mensch, der die drei Sprachen des Kreuzestitulus: Hebräisch, Griechisch und Lateinisch beherrscht) den humanistischen Studien. Als er auf Empfehlung Reuchlins 1518 die Griechisch-Professur an der Universität Wittenberg übernahm, war er bereits mit einer großen Zahl von späteren Reformatoren und Humanisten persönlich bekannt. Während des Tübinger Studiums an der Theologie nicht sonderlich interessiert, studierte er sie in Wittenberg, erwarb den Grad des baccalaureus biblicus (1519, ohne aber noch den des sententiarius, der zum Unterricht in den ‚Sentenzen‘ des Petrus Lombardus berechtigte, zu erwerben) und hielt – ohne in die theologische Fakultät überzuwechseln – stets auch exegetische Vorlesungen. Trotz vielfacher Angebote von auswärts und gelegentlicher Spannungen zu Luther blieb er zeitlebens in Wittenberg, wobei sich das Verhältnis zu Luther „von schwärmerischer Freundschaft zu solidarischer Kollegialität wandelte" (Scheible).

Sofort für Luther eingenommen, aber wohl doch erst im Frühjahr 1520 dessen reformatorische Position – freilich ohne eine vergleichbare Wende – ganz nachvollziehend (KTGQ 3, Nr. 18a), hat er schon 1521 mit den aus dem Römerbrief gewonnenen Grundbegriffen reformatorischer Theologie (Sünde, Gesetz und Evangelium, Gnade und Rechtfertigung, Unterschied der Testamente und Sakramente), den ‚Loci communes rerum theologicarum‘ die erste übersichtlich zusammengefaßte Darstellung reformatorischer Theologie vorgelegt (KTGQ 3, Nr. 18b; DGQD 3, Nr. 32). Er hat diesen ersten Entwurf 1535 noch einmal neu gestaltet (die sog. secunda aetas) und 1559 umgearbeitet (sog. tertia aetas). Melanchthon trieb Theologie, um das Leben zu bessern. Daraus und aus seinem Humanismus erklären sich gewisse Unterschiede seiner Theologie zu der Luthers. In diesem Zusammenhang ist hinzuweisen:

– auf die hohe Bedeutung, die dem Gesetz zukommt, das dem Menschen als natürliches Gesetz kraft des lumen naturale (naturhaft gegebenes Licht) ein grundlegendes Wissen um Gott gibt, und zwar sowohl – verstärkt durch die Erfahrungen von Bauernkrieg und Visitation – dem Gesetz im usus civilis (für das menschlich-geordnete Zusammenleben) wie dem im usus elenchticus (zur Überführung des Menschen als Sünder) im Blick auf die Buße. Das führte 1527 und 1536/37 zum ersten und zweiten antinomistischen Streit mit Johann Agricola (um 1494–1566), der die wahre Buße nicht am Gesetz (das gehört ,aufs Rathaus', also in das weltlich-bürgerliche Zusammenleben), sondern am Glauben entstehen lassen wollte (vgl. u. S. 240f);
– auf den Versuch, Sünden- und Gnadenlehre sowie Rechtfertigung und Bekehrung anthropologisch einsichtig und verständlich zu machen (notitia, assensus, fiducia – Kenntnisnahme, Zustimmung, existentielles Vertrauen). So verbindet Melanchthon 1521 eine traditionelle Affektenlehre mit der von der Sünde, gibt 1527 den früheren fast prädestinatianischen Determinismus auf, um in der Frage des Willens eine Position zwischen Luther und Erasmus zu beziehen, und bereitet später mit der Rede von den drei Ursachen der Bekehrung – dem äußerem Wort, dem Hlg. Geist und dem Willen des Menschen – sowie der Aufnahme der erasmianischen Formel von der facultas se applicandi ad gratiam (die Fähigkeit, sich mit der Gnade zu verbinden) die synergistischen Streitigkeiten vor (vgl. u. S. 241f), ohne freilich jemals die reformatorische Rechtfertigungslehre ernsthaft in Frage zu stellen;
– auf das Gewicht, das bei ihm auf die von der forensisch (als einem Gerichtsspruch und -urteil) verstandenen Rechtfertigung deutlich unterschiedene, vom Heiligen Geist gewirkte Heiligung und die Erfüllung des Gesetzes im tertius usus legis fällt, woran sich später der Streit um die guten Werke entzünden sollte (vgl. u. S. 240);
– auf die Bedeutung der kirchlichen Tradition, die zwar für Melanchthon stets unter der Schrift bleibt, aber in den altkirchlichen Glaubensbekenntnissen gegen die Antitrinitarier mobilisiert wird und in der Abendmahlsfrage dazu führt, Christi Präsenz auf die gesamte Feier (nicht speziell auf die Elemente) zu beziehen und die geistliche Nießung zu betonen, was ihn selbst im späteren Abendmahlsstreit mit Calvin (vgl. u. S. 252) nur zögernd Position beziehen läßt und manche seiner Schüler in dessen Nähe brachte.

Als „praeceptor Germaniae" (Lehrer Deutschlands) hat sich Melanchthon intensiv dem Bildungswesen gewidmet wobei er
– Luthers Anregungen aufgreifend eine Reihe von Neugründungen von Schulen vornahm, die zwischen der traditionellen Lateinschule und der Universität standen (Soest, Nürnberg 1526), und für ein Auslesesystem plädierte;
– an der Reform einer ganzen Reihe von Universitäten persönlich (Wittenberg, Tübingen und Heidelberg), durch Ratschläge (Frankfurt, Leipzig) oder über seine Schüler (Rostock und Greifswald) und darüber hinaus an Neugründungen (Marburg, Königsberg, Jena) beteiligt war;
– und nicht nur für die Grammatik der antiken Sprachen, sondern ebenso für Rhetorik und Dialektik, aber auch für die Anthropologie, die Ethik, die Geschichte und die

Protestantische und katholische Universitätsgründungen vom Beginn der Reformation bis in die zweite Hälfte des 17. Jahrhunderts

- ◉ lutherische Universität
- ▲ reformierte Universität
- ▲ reformierte Akademie, Hohe Schule, ref. Kollegium mit wiss. Lehrbetrieb
- ▲ anglikanisch - protest. College mit Universitätsrang
- ▣ katholische Universität, teilweise mit nur zwei oder drei Fakultäten
- ■ katholische Hochschulen, Akademien, wissenschaftliche Anstalten

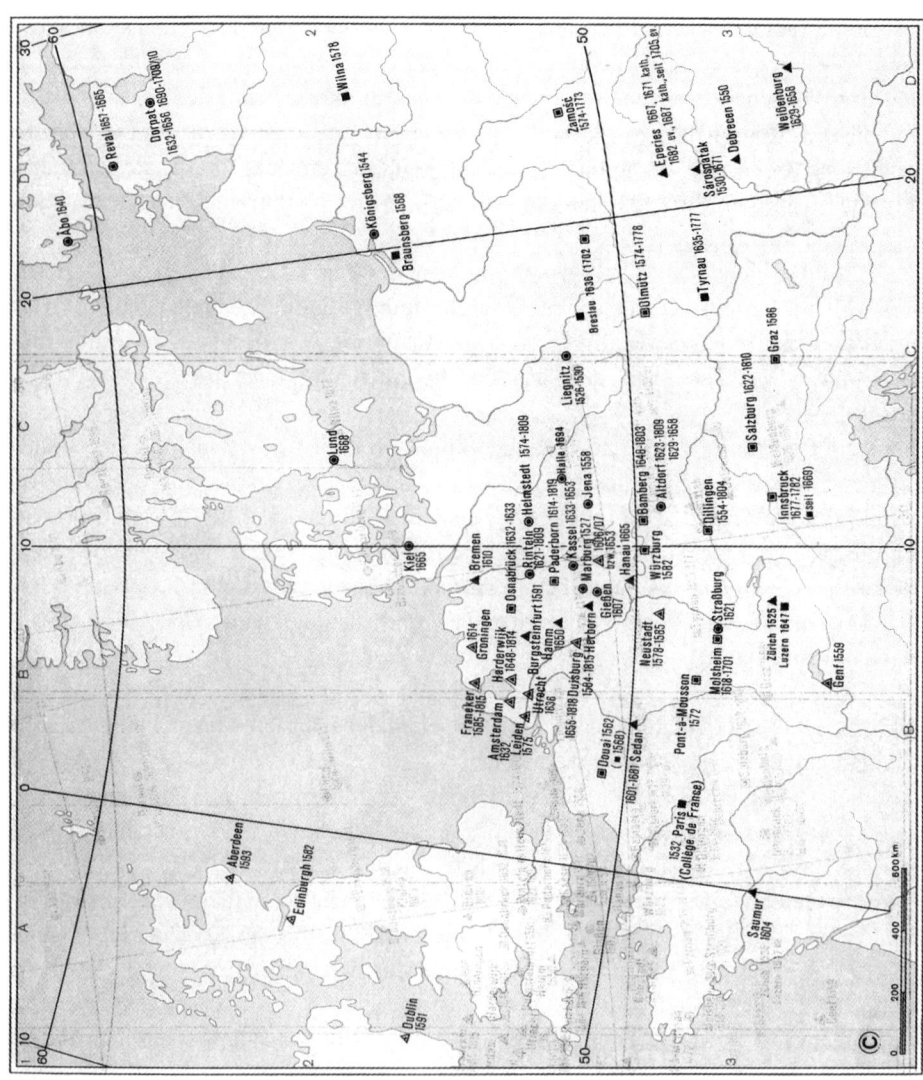

116

Physik unter Rückgriff auf aristotelische und stoische Traditionen die bis ans Ende des 17. Jahrhunderts maßgeblichen Lehrbücher schuf.

Von erheblicher Bedeutung wurde Melanchthon, da er im Unterschied zu Luther vor allem über lateinischsprachige Schriften wirkte, für die Verbreitung der Reformation in Form seiner humanistisch geprägten reformatorischen Theologie in Europa.

2. Weitere Reformatoren

Neben Melanchthon ist unter den Wittenberger Kollegen Luthers für die Jahre von 1519 bis 1521 *Andreas Bodenstein* aus Karlstadt zu nennen, von dem sich Luther aber mit den Invocavitpredigten deutlich distanzierte (vgl. u. S. 143, 150f) und neben ihm bleibend *Johannes Bugenhagen* (1485–1558), seiner Herkunft aus Pommern wegen ‚Pomeranus‘ genannt. Über die Lektüre von Lutherschriften kam er von einem erasmianischen Christentum zur Reformation, wurde Luthers Beichtvater und Stadtpfarrer in Wittenberg. Als Professor an der Universität entfaltete er über seine Bibelkommentare und eine lange gebrauchte Harmonie der Passion Jesu aus den vier Evangelien eine breite Wirkung. In den norddeutschen Städten (Braunschweig, Hamburg, Lübeck) wurde er zum geschätzten Reformator und mit seinen Kirchenordnungen (vgl. u. S. 182) zum Kirchenorganisator auch in Dänemark und in Pommern.

Luise Schorn-Schütte, „Papacaesarismus" der Theologen. Vom Amt des evangelischen Pfarrers in der frühneuzeitlichen Stadtgesellschaft bei Bugenhagen, in: ARG 79, 1988, S. 250–261. – Ralf Kötter, Zur Entwicklung der Rechtfertigungslehre Johannes Bugenhagens 1521–1525, in: ZKG 105, 1994, S. 18–34.

Von den städtischen Reformatoren, die sich schon früh vor allem in den Reichsstädten des deutschen Südwestens fanden, erreichten einige eine weit überregionale Bedeutung. Zu ihnen zählt in erster Linie *Johannes Brenz* (1499–1570). Als Prediger in Schwäbisch-Hall und Reformator dieser Stadt gewann er eine weit nach Schwaben hineinreichende Bedeutung für die lutherische Reformation. Er besaß großen Einfluß auf die reformatorische Neuordnung des Markgrafen Georg von Ansbach-Kulmbach, vertrat ein landesherrliches Kirchenregiment und eine – freilich nicht durchzusetzende – Sittenzucht. Das Interim (vgl. u. S. 198f) zwang ihn, Hall zu verlassen. Danach wurde sein konservatives Luthertum und seine Weiterentwicklung der lutherischen Christologie für das Herzogtum Württemberg bestimmend, in dem er lange der führende Geistliche war.

Aufsätze zum 500. Geburtstag von Brenz: BWKG 100, 2000.

Brenz war auch dem humanistisch gebildeten *Andreas Osiander* (1496–1552), der neben dem theologisch interessierten und gebildeten Ratsschreiber *Lazarus Spengler* (1479–1534) die Reformation in der Reichsstadt Nürnberg bestimmte, verbunden und weigerte sich daher auch später im und nach dem Osiandrischen Streit, dessen Verurteilung zuzustimmen. Gemeinsam mit Brenz erarbeitete Osiander die nürnbergisch-brandenburgische Kirchenordnung von 1533 (vgl. u. S. 182) und wurde von ihm auch in seinen Auseinandersetzungen mit dem Nürnberger Rat über die Frage der privaten Absolution unterstützt. Über Nürnberg hinaus wirkte Osiander durch die Reformation Pfalz-Neuburgs 1542. Wegen des Interims verließ er Nürnberg, begab sich ins ostpreußische Königsberg und löste hier den nach ihm benannten Streit aus (vgl. u. S. 238f).

Gottfried Seebaß, Osiander, Andreas, in: TRE 25, Berlin/New York 1995, S. 507–515. – Berndt Hamm, Lazarus Spengler (1479–1534), Tübingen 2004 (SuR NR 25).

Unter den Reformatoren der oberdeutschen Reichsstädte ist vor allem der aus Schlettstadt (Sélestat/Elsaß) stammende *Martin Bucer* (1491–1551) zu nennen. Der Dominikaner war bei der Heidelberger Disputation Luthers anwesend und verband dessen Theologie mit seiner humanistischen Prägung. Nach einem kurzen Aufenthalt bei Sickingen (vgl. u. S. 131) wurde er Prediger in Straßburg und entwickelte dort eine pneumatologisch auf die Heiligung zielende Theologie, wobei er sich zunehmend um einen Mittelweg zwischen Luther und Zwingli bemühte. Er vertrat ein obrigkeitliches Kirchenregiment, wie er es nach seiner Flucht aus Straßburg 1549 für England (vgl. u. S. 268f) entwickelte, erwog aber, wo das nicht funktionierte, sogar die Bildung einer Art ‚Freikirche'. Intensiv bemühte er sich angesichts der tiefen Spaltungen um die Einheit der Kirche: Ihm gelang nach immer neuen Anläufen in der Wittenberger Konkordie die Versöhnung der Oberdeutschen mit dem Luthertum. In den Religionsgesprächen (vgl. u. S. 195f) versuchte er, zu einer der Reformation die Türen öffnenden Einigung mit den Altgläubigen zu kommen, und wollte mit Konfirmation und Kirchenzucht den Intentionen der Täufer gerecht werden und sie gewinnen. Der Konfessionalismus ging über ihn hinweg, so daß sein Werk und seine Bedeutung erst im 20. Jahrhundert neu gewürdigt wurden.

Martin Bucer (1491–1551). Bibliographie, hg. v. Gottfried Seebaß, Gütersloh 2005. – Martin Greschat, Martin Bucer, München 1990. – Martin Bucer and Sixteenth Century Europe, hg. v. Christian Krieger u. Marc Lienhard, 2 Bde., Leiden u.a. 1993 (SMRT 52/53). – Gottfried Seebaß, Bucer-Forschung seit dem Jubiläumsjahr 1991, in: ThR 62, 1997, S. 271–300.

C. Die reformatorische Bewegung

1. Der politische Hintergrund

Karl V. hatte sich nach dem Wormser Reichstag 1521 nach Spanien begeben. Erst zum Augsburger Reichstag 1530 kam er wieder ins Reich. Weder er noch sein Bruder Ferdinand konnten zwischenzeitlich angesichts der außenpolitischen Schwierigkeiten mit den Türken im Südosten, mit Frankreich und der Kurie in Italien eine harte antireformatorische Politik durchsetzen, zumal die Kompetenz zur Verhängung der Acht umstritten war. Das Reich stand während der Abwesenheit des Kaisers aufgrund der zwischen 1495 und 1500 vollzogenen maximilianeischen Reichsreform unter der Leitung des Reichsregiments, dessen Vorsitz turnusmäßig wechselte.

Reichstagsordnung im 16. Jahrhundert
Gliederung, Sitzordnung, Beschlußverfahren

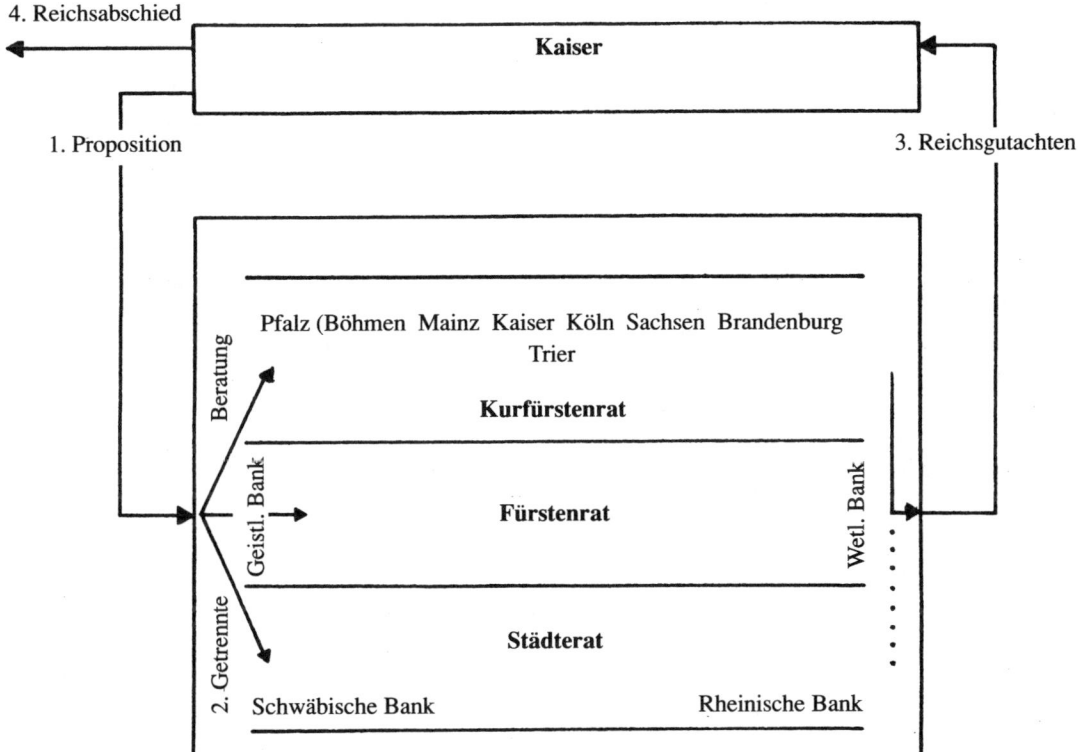

Bis 1524 wurden in Nürnberg drei Reichstage gehalten. Mit Ausnahme des ersten stand stets auch das neue Thema der Glaubensfrage zur Debatte. Auf dem 2. Nürnberger Reichstag (1523) trug der Nuntius von Papst Hadrian VI. (1459]1522–1523; Erzieher Karls V.), Francesco Chieregati (1478–1539), ein Schuldbekenntnis vor (KTGQ 3, Nr. 60a1). Im Blick auf das Wormser Edikt machten die Stände geltend, daß dessen Vollzug (es wurde nicht aufgehoben!) Aufstände zur Folge haben werde, legten erneut die Gravamina vor, verlangten ein freies Konzil auf deutschem Boden innerhalb eines Jahres und legten fest, daß die Predigt sich nach den von der Kirche approbierten Schriften richten solle. Das war eine durchaus doppeldeutige Formulierung, weil die evangelischen Stände darunter nur die Bücher der Bibel, nicht aber die kirchliche Tradition verstanden. Da der nach Hadrians Tod gewählte Papst Clemens VII. (1468]1523–1534) das Konzil nicht berief, verknüpften die Reichsstände auf

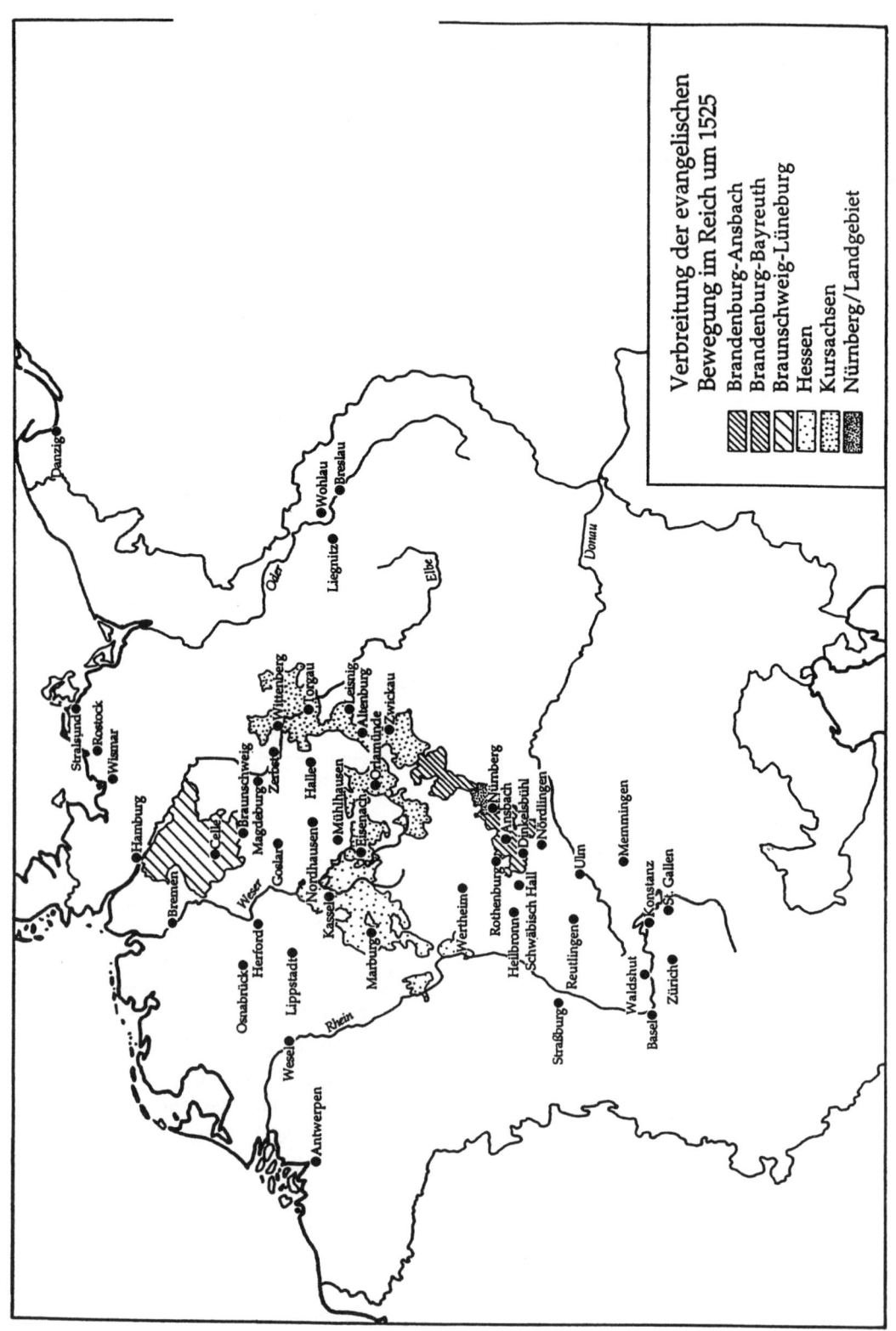

Verbreitung der evangelischen
Bewegung im Reich um 1525

Brandenburg-Ansbach
Brandenburg-Bayreuth
Braunschweig-Lüneburg
Hessen
Kursachsen
Nürnberg/Landgebiet

120

dem 3. Nürnberger Reichstag (1523/24) erneut die Luthersache mit der Gravaminafrage, wollten beides auf einem Nationalkonzil im Herbst 1524 geklärt sehen und schränkten das Wormser Edikt mit dem Versprechen ein, es, soweit möglich, vollziehen zu wollen. Das erwartete Nationalkonzil rief eine erste Welle evangelischer Bekenntnisbildung (vgl. u. S. 169f) hervor, wurde dann aber vom Kaiser verboten.

Armin Kohnle, Reichstag und Reformation, Gütersloh 2001 (QFRG 72).

2. Ausweitung der causa Lutheri zur causa reformationis

Unter diesen politischen Bedingungen weitete sich die ‚Luthersache' unaufhaltsam aus. Seine ersten Anhänger hatte Luther schon seit dem Ablaßstreit unter den Humanisten gefunden, die, teilweise in Sodalitäten vereinigt, untereinander durch ein Netzwerk von Korrespondenzen verbunden waren. Humanistisch beeinflußt aber waren nicht nur die Gelehrten in den Klöstern, sondern ebenso nicht wenige der Gebildeten in den städtischen und fürstlichen Kanzleien sowie Teile der städtischen Ehrbarkeit. Und zwischen ihnen bestand vielfach vor Ort ein mündlicher sowie ein weitreichend brieflicher Kontakt. Darüber hinaus aber spielte trotz der in den Städten wohl erheblichen Lesefähigkeit und der Verbreitung von Drucken durch wandernde Händler die mündliche Kommunikation eine große Rolle. Der Einzugsbereich reformatorischer Predigten in den Städten beschränkte sich nicht nur auf das unmittelbare dörfliche Umland, sondern zog Menschen von weither an. Märkte, Wirtshäuser und Mühlen waren außerhalb der Städte Zentren einer weitreichenden und intensiven mündlichen Kommunikation.

a) Schrift, Druck und Bild

Flugschriften der frühen Reformationsbewegung 1518–1524, hg. v. Adolf Laube, 2 Bde., Berlin 1983. – Flugschriften vom Bauernkrieg zum Täuferreich, hg. v. Adolf Laube, 2 Bde., Berlin 1992. – Flugschriften gegen die Reformation (1518–1524) hg. v. Adolf Laube, Berlin 1997. – Flugschriften gegen die Reformation (1525–1530), hg. v. Adolf Laube, 2 Bde., Berlin 2000.

In die Augen springt zunächst der publizistische Erfolg, den Luthers und seiner Anhänger Schriften innerhalb kurzer Zeit erreichten. Die gängige These von der Bedeutung des Buchdrucks für die Reformation umkehrend läßt sich auch sagen, daß erstmals die reformatorischen Flugschriften demonstrierten, welche Möglichkeiten in dem längst bekannten Medium steckten. Die Flugschriften wurden – oft nur einen oder zwei Bogen stark – in einer unglaublichen Fülle verschiedener Gattungen zu den ‚Sturmtruppen der Reformation' (vgl. KTGQ 3, Nr. 23–25). Im Unterschied zu den frühen Schriften Luthers, die vor allem seelsorgerlich, aber nicht kirchenkritisch ausgerichtet waren, änderte sich das bei den Flugschriften. Aufgrund der Nachfrage entstanden eine Fülle kleiner Druckereien, deren Produkte durch wandernde Händler verbreitet wurden. Im Unterschied dazu hatten altgläubige Autoren, die sich mit den reformatorischen Flugschriften auseinandersetzten, es schwer, Drucker und Absatz zu finden.

Mark U. Edwards Jr., Printing, Propaganda, and Martin Luther, Berkeley u.a. 1994. – Bernd Moeller, Flugschriften der Reformationszeit, in: TRE 11, Berlin/New York 1983, S. 240–246. – Ders., Stadt und Buch, in: Ders., Die Reformation und das Mittelalter, Göttingen 1991, S. 111–124.

Die Verfasser waren in erster Linie Geistliche, doch finden sich unter ihnen auch eine ganze Reihe von Handwerkern, von denen Hans Sachs (1494–1576) der bekannteste und auch fruchtbarste ist. Zu erwähnen sind aber in diesem Zusammenhang auch die Frauen. Neben Argula von Grumbach (1492–1554/53?), die eine ganze Reihe von Flugschriften im Zusammenhang eines Prozesses gegen den Ingolstädter Magister Arsacius Seehofer (um 1503–1542) verfaßte, ist vor allem die Straßburgerin Katharina Schütz (1492–1567) zu nennen, die nicht nur ihre Eheschließung mit dem Straßburger Prediger Matthias Zell (ca.1497–1562) öffentlich verteidigte, sondern auch in den späteren Jahren der Reformation weiterhin mit Publikationen hervortrat, während sich im übrigen das publizistische Engagement der Frauen wie etwa bei Ursula Weide meist auf die Frühzeit begrenzte. Neben den gelegentlich auftauchenden öffentlich lesenden und predigenden Frauen konnten auch solche Publikationen in endzeitlicher Stimmung als Erfüllung der Weissagung von Joel 3,1 verstanden und in Kombination mit Gal 3,28 gegen das Lehr- und Schweigeverbot aus I Tim 2,12 und I Kor 14,43 ins Feld geführt werden.

Martin Arnold, Handwerker als theologische Schriftsteller. Studien zu Flugschriften der frühen Reformation (1523–1525), Göttingen 1990 (GTA 42). – Olwen Hufton, Frauenleben. Eine europäische Geschichte 1500–1800, Frankfurt/M. 1998. – Gisela Möncke, Margarete von Treskow, eine unbekannte Flugschriftenverfasserin in der Reformationszeit, in: ZKG 108, 1997, S. 176–186. – Silke Halbach, Publizistisches Engagement von Frauen in der frühen Reformationszeit, in: „In Christo ist weder Man noch Weyb". Frauen in der Zeit der Reformation und der katholischen Reform, Münster 1999 (KLK 59), S. 49–68. – Dies., Legitimiert durch Notmandat. Frauen als Verfasserinnen reformatorischer Flugschriften, in: ZHF 25, 2000, S. 365–387.

Nicht nur für die Illiteraten spielte dann auch die Verwendung des Holzschnitt-Bildes vor allem im knapp kommentierten illustrierten Einblattdruck eine besondere Rolle. Er verherrlichte nicht nur die Person Luthers, sondern polemisierte kräftig gegen dessen Gegner, versuchte aber auch die reformatorische Lehre allegorisch oder in Gegenüberstellung zur ‚alten Lehre' ins Bild zu setzen, wobei gelegentlich auch vorreformatorische Stoffe durch leichte, aber charakteristische Änderungen übernommen werden konnten.

Die Verbindung von Wort und Bild, die sich in den reformatorischen Einblattdrucken fast überall fand, wurde bereits im Spätmittelalter vorbereitet. Diese Entwicklung bedeutete im Zusammenhang mit der intensiven Diskussion über die Bilder in den Kirchen und der insgesamt aufgehobenen Verehrung der Bilder durch die Reformation (vgl. u. S. 173f) einen tiefgreifenden Umbruch, da das Bild jetzt in erster Linie zum Illustrations- und Erinnerungsbild sowie zu einem Träger intendierter Information wurde (Belting).

Stefan Ehrenpreis, Ute Lotz-Heumann, Reformation und konfessionelles Zeitalter, Darmstadt 2002, S. 89–92 (Lit!). – Martin Luther und die Reformation in Deutschland (Ausstellungskatalog des Germanischen Nationalmuseums 1983), Frankfurt/M. 1983, S. 210–254; 352–378. – Robert W. Scribner, For the Sake of the Simple Folk, Cambridge 1984. – Gottfried Seebaß, Die Himmelsleiter des hl. Bonaventura von Lukas Cranach: zur Reformation eines Holzschnitts, Heidelberg 1985 (SHAW.PH 1985,4).

b) Mündliche Kommunikation – Predigt, Lied

Daneben aber verdankt sich die reformatorische Bewegung ganz wesentlich der mündlichen Kommunikation. Wir wissen, daß reformatorische Flugschriften privat und öffentlich vorgelesen wurden. Hinzu trat der Einfluß der Prediger, die die reformatorischen Gedanken aufgriffen und oft gerade deswegen von den Stadträten oder Gemeinden auf die im Spätmittelalter gestifteten Prädikaturen berufen wurden. Viele von ihnen kamen über den erasmisch-biblischen Humanismus zur Reformation, wobei es sich nicht selten um ‚ausgetretene‘ Mönche handelte, vor allem aus den städtischen Bettelorden. Wirkliche Laienprediger blieben ihnen gegenüber die Ausnahme, fanden sich eigentlich nur im ‚linken Flügel‘ (vgl. u. S. 148ff). Nicht selten wurden ‚Predigtsummarien‘ – Zusammenfassungen reformatorischer Lehre – auch gedruckt verbreitet (DGQD 3, Nr. 41).

Bernd Moeller u. Karl Stackmann, Städtische Predigt in der Frühzeit der Reformation, Göttingen 1996. – Johannes Schilling, Gewesene Mönche. Lebensgeschichten in der Reformation, München 1990 (Schriften des Historischen Kollegs 26).

Von Anfang an wurde auch das Lied für die Verbreitung der Reformation eingesetzt. Man dichtete vorreformatorische Lieder um oder fügte reformatorische Strophen hinzu. Daneben standen ausgesprochen lehrhafte Lieder (Nun freut euch, lieben Christen gmein. – Es ist das Heil uns kommen her) sowie die Umsetzung von Teilen des Gottesdienstes (Wir glauben all an einen Gott. – Jesaja dem Propheten das geschah) und katechetischer Stücke in das geistliche Lied (Dies sind die heilgen Zehn Gebot. – Vaterunser im Himmelreich. – Christ unser Herr zum Jordan kam). Charakteristisch sind aber auch die Trostlieder aus der Frühzeit der Reformation (Ach Gott vom Himmel sieh darein. – Mit Fried und Freud fahr ich dahin). Nicht selten wurde anfangs das Lied zum Kampfmittel der Gemeinde, mit dessen Gesang altgläubige Predigt gestört und beendet wurde.

3. Gründe für die Rezeption der evangelischen Bewegung und ihre Träger

a) Gründe der Rezeption

Man hat immer wieder versucht, die Akzeptanz der Reformation – vor allem durch die Obrigkeiten des 16. Jahrhunderts, die Stadträte und die Fürsten, – unter Hinweis auf den Nutzen aus den Kirchengütern und den Machtzuwachs durch Aufhebung der geistlichen Privilegien zu erklären. Tatsächlich kann nicht geleugnet werden, daß die Fürsten zum Teil – die Räte der Städte schon deutlich weniger – erheblichen finanziellen Nutzen aus den Kirchengütern gezogen haben: In Deutschland haben zum Beispiel der Kurfürst von Sachsen, der Landgraf von Hessen und der Herzog von Württemberg, ebenso wie die Krone in England erheblich von den eingezogenen Kirchengütern profitiert. Doch standen dagegen die damit übernommenen Verpflichtungen und die teilweise erheblichen politischen Belastungen und Komplikationen, ganz abgesehen davon, daß in Deutschland niemand vor dem Augsburger Religionsfrieden des Besitzes der kirchlichen Güter sicher sein konnte. Demnach ist nicht auszuschließen, wenn auch schwer direkt zu belegen, daß wirtschaftlicher Nutzen und der aus der Aufhebung der bischöflichen Jurisdiktion zu erwartende Machtzuwachs neben anderen Motiven eine Rolle gespielt haben können. Allein ausschlaggebend oder entscheidend dürften sie nicht gewesen sein, zumal nicht dort, wo Stadträte auf eine reformatorische Bewegung reagierten oder Fürsten die in ihren Gebieten geduldeten und erfolgten Gemeindereformationen zu territorialer Reformation zusammenfaßten.

Die Reformation erreichte Menschen jeden Alters und aller Schichten. Doch gab es dabei durchaus Unterschiede: In den Städten fand sie aus Gründen der intensiveren Kommunikation, vielleicht auch wegen der stärker verbreiteten Kirchenkritik mehr Resonanz als im ländlichen Bereich, in den unteren Schichten stärker als in den oberen, und verständlicherweise wurden jüngere Menschen zahlreicher erreicht als alte. Das gilt gerade auch für die führenden und die gebildeten Schichten der Städte.
– Im Gegensatz zu einer nicht selten geäußerten Ansicht verstanden die Menschen aber sehr genau, was die Rechtfertigung allein aus Glauben – und die muß von der theologisch entfalteten Rechtfertigungslehre unterschieden werden – bedeutete. Damit war einmal die Befreiung von einer ‚religiösen Leistungsgesellschaft‘ verbunden, die im Spätmittelalter die Kumulation der Möglichkeiten für Heilssicherung (Meßstiftungen, Klostereintritt, Bruderschaften Wallfahrten etc.) zu enormer Bedeutung und Ausweitung gebracht hatte. Wenn das Heil dank der Gnade Gottes jedermann im Glauben geschenkt wurde, folgten daraus unmittelbar die Forderung nach einer ‚wohlfeilen‘ Kirche und eine scharfe Wendung gegen all das, was nun als ‚Krämerei‘ in der Kirche gebrandmarkt wurde (vgl. Joh 2,13–17). Das verstand vor allem die große Masse derjenigen, denen aufgrund fehlender Mittel die weithin fiskalisierten Heilssicherungen verschlossen geblieben waren.
– Die reformatorische Verkündigung löste aber auch die Spannung zwischen einer vertieft innerlichen Spiritualität der Frömmigkeit auf der einen und der aus religiösem ‚Leistungsdruck‘ resultierenden Massierung und Veräußerlichung des Zeremonialwesens auf der anderen Seite, indem sie sich ganz auf das Wort konzentrierte. Im Unterschied zur Messe des Spätmittelalters, an der man hauptsächlich über das Auge teilnahm und der Moment der Elevation der gewandelten Elemente das Zentrum darstellte, sieht man nun im Gottesdienst nicht mehr, was heilig ist, sondern man hört, was heilig macht. Von daher wird das ‚Innere‘ dem ‚Äußeren‘ scharf entgegengesetzt. Verehrung im ‚Äußerlichen‘ kann nun geradezu als ‚Götzendienst‘, als Ver-

wechslung von Schöpfer und Kreatur verstanden werden. Desakralisierung und Entpaganisierung schienen notwendig. Sie zeigen sich in einem doppelten:

Zum einen in den ‚Bilderstürmen‘. Bei ihnen handelte es sich normalerweise allerdings nicht um tumultuarische Massenaktionen, sondern um eine von den Obrigkeiten gewollte und geordnete Entfernung von bestimmten (nämlich zur Verehrung auffordernden) Bildern. Sie sind daher auch nicht mit der Aversion gegen die in ihren Stiftungen in den Kirchen stets präsenten Oberschichten zu erklären.

Zum andern gibt es einen ‚spiritualisierenden Gegenschlag‘ gegen die materialisierte und sakramentalisierte Frömmigkeit in der von Zwingli und den Oberdeutschen geprägten Form der Reformation, die erkennbar rationalisierend und sichtbar entritualisierend vor allem in den unteren Schichten Beifall fand.

– Reformatorische Verkündigung löste aber auch den Gegensatz zwischen dem faktisch gelebtem Leben – gerade in der ausdifferenzierten städtischen Gesellschaft – und dem, was die Kirche mit dem Lob der vita angelica als ein dem weltlichen überlegenes wahrhaft christliches, nämlich asketisches Leben pries. Wenn nun in einer Neubestimmung der vor Gott ‚guten Werke‘ die Erfüllung alltäglicher Pflichten als gottgewollter ‚Beruf‘ und ‚Berufung‘ verstanden, Mönchen und Nonnen aber beides abgesprochen wurde, so war damit eine ungeheure Aufwertung des alltäglichen Lebens verbunden. Das konnte freilich auch schon bald eine ‚Verbürgerlichung‘ des Nachfolgegedankens mit sich bringen, die ihrerseits wieder das Verlangen nach radikaleren Formen der Nachfolge Jesu hervorrief.

– Die reformatorische Verkündigung unterstützte darüber hinaus massiv die ohnehin anerkannten Leitwerte des Kommunalismus, die nicht nur in den städtischen, sondern auch den dörflichen Gemeinden weithin akzeptiert waren: der ‚gemeine Nutzen‘ mit seinen Konkretionen in Friede, Eintracht, Auskömmlichkeit etc. sowie den entsprechenden Verwerfungen von Eigennutz, Unfriede, Zwietracht und Ausbeutung. Diese Werte wurden nun zusätzlich in der Kurzformel ‚Gottes Ehre und brüderliche Liebe‘ religiös unterfangen und aufgewertet. Es war durchaus von Bedeutung, wenn Luther die städtische Sozialgemeinschaft als Analogie für die Abendmahlsgemeinschaft der Christen und diese wiederum als wahre Erfüllung jener verstehen lehrte. Das hatte sehr konkrete Folgerungen. Auf der einen Seite erschien die alte Kirche mit ihrem im Spätmittelalter immer stärker ausgebauten Fiskalismus als eine Gesellschaft von Ausbeutern, so daß sich die Kritik an der Kirche noch einmal erheblich verschärfte. Doch wurden auch andere in ländlicher und städtischer Gesellschaft vorhandene ausbeuterische Tendenzen schärfer wahrgenommen und als unter Christen unrechtmäßig empfunden. So erklärt sich der Aufruhrvorwurf gegen die Reformatoren. Darüber hinaus verstand man aufgrund der Überzeugung vom ‚allgemeinen Priestertum‘ der Christen die Spaltung der christlichen Gemeinschaft in Laien und Geistliche, in Welt- und Ordensklerus als Zerreißung des einen Leibes Christi und der Gemeinschaft aller Christen. Auf der anderen Seite empfand man aus dem gleichen Grund den Bettel unter Christen in jeder Form als untragbar und fühlte sich zu einer verstärkten und umfassenden Fürsorge gegenüber den Armen verpflichtet. Daher waren Neuordnungen des Fürsorgewesens in den Städten oft die ersten konkret reformatorischen Maßnahmen. Nun wurde das städtisch-bürgerliche Fürsorgewesen, das sich längst neben der wenig effektiven Armen- und Krankenfürsorge der Klöster entwickelt hatte, zentralisiert. Doch bestanden im Blick auf die Möglichkeiten der Verwirklichung christlich-brüderlicher Gemeinschaft durchaus Unterschiede: Zwingli und die oberdeutschen Reformatoren hofften auf eine Durchsetzung mit Hilfe christlicher Ordnungen. Luther hingegen war von den Grenzen ‚gesetzlicher' Appelle überzeugt und rechnete mit dem Widerstand ‚bleibender Sünde' und den Mächten des Bösen.

Euan Cameron, The European Reformation, Oxford 1991, S. 293–313.

Mit alldem verstärkte sich aber auch eine schon im Spätmittelalter ausgebildete Kleruskritik. Sie hatte ihren Hauptgrund im sittlichen Verhalten des Klerus und wurde verstärkt durch die Kritik des erzwungenen Zölibats. Die exemte und privilegierte Stellung des Klerus – schon lange ein Stein des Anstoßes – erschien unberechtigt, die daraus resultierenden wirtschaftlichen Vorteile als Störung der Gemeinschaft. Mit der Reformation aber trat ungeheuer verschärfend hinzu der Vorwurf fehlender, und wenn nicht fehlender, so doch falscher Predigt, weil man in ihr den Weg zur Seligkeit bewußt versperrt, statt geöffnet habe. Und für all das erhielt man mit dem ‚Schriftprinzip', das allerdings durchaus unterschiedlich formal oder material verstanden wurde, eine die Komplexität der Verhältnisse überwindende einfache und zentrierende Argumentationsstruktur, mit der sich das gesamte komplizierte Rechtswesen der Kirche, und nicht nur der Kirche, aus den Angeln heben zu lassen schien.

Anticlericalism in Late Medieval and Early Modern Europe, hg. v. Peter A. Dykema und Heiko A. Oberman, Leiden 1993 (SMRT 51).

b) Träger und Spannungsfelder der Bewegung

Die Städte
Die neuere Forschung hat die These von der Reformation als ‚urban event' bestätigt, aber auch vor einer darin liegenden einseitigen Sicht gewarnt. In den Städten kam eine schon ausgedehnte Lesefähigkeit, eine Verbindung von Gelehrsamkeit und bildungsbeflissener Frömmigkeit und die Verbreitung des Humanismus in den Klöstern und über ihre Mauern hinaus bei den im Dienst der Stadt stehenden Gelehrten und der städtischen Ehrbarkeit der Reformation entgegen. Klöster und oft auch die Kreise und Sodalitäten der Humanisten wurden zu ersten Ansatzpunkten der Reformation in der Stadt. Hier vor allem bildeten die Werte des Kommunalismus einen Grundkonsens, selbst wenn an sie ‚von oben' und ‚von unten' in verschiedenen Situationen und mit verschiedener Zielrichtung appelliert wurde. Denn trotz der seit den innerstädtischen Auseinandersetzungen des 14. und 15. Jahrhunderts in den meisten Städten bestehenden Beteiligung der Zünfte am Stadtregiment, verstand sich dies deutlich als ‚Obrigkeit', ohne daß dadurch die Notwendigkeit des Konsenses von Regierenden und Nichtregierenden in Frage gestellt, gelegentlich auch ostentativ herausgestellt wurde. Hier fand sich schon vor der Reformation eine Tendenz zur

Ausweitung obrigkeitlicher cura religionis, die die Kommunalisierung der Kirche betrieb, nicht nur aus Machtstreben, sondern weil die Bürger an einer ihr Seelenheil garantierenden Kirche interessiert waren. Deswegen nutzte man die mit Präsentations- und Besetzungsrechten, mit Kirchenpflege und auf anderen Wegen gegebenen Möglichkeiten des Einflusses auf die Kirche für ihre ‚Kommunalisierung'. Hier bestand deswegen auch eine Tradition kritischer Auseinandersetzungen mit der Kirche, die zwar nie im neuzeitlichen Sinn antikirchlich oder antiklerikal wurde, aber heftige Kritik an den Vertretern der Kirche, vor allem an den vielen Privilegien der Kirche und nicht zuletzt am zuchtlosen und habgierigen Klerus einschloß. Hier zeigten sich aber auch die starken Spannungen spätmittelalterlicher Frömmigkeit in ihrer spirituellen, zarten und tiefempfundenen Innerlichkeit auf der einen und in ihrer starken Veräußerlichung in Gestalt der ungeheuren Massierung von ‚guten Werken' und Stiftungen auf der andern Seite. Hier gab es schließlich trotz des kommunalen Selbstverständnisses soziale Spannungen zwischen den tendenziell oder tatsächlich sich abschließenden Oberschichten und aufstrebenden Handwerkern, die nach mehr Mitbestimmung verlangten, zwischen einer großen Menge am Existenzminimum Lebender und den Wohlhabenden. Auch mit solchen Spannungen konnte sich eine Entscheidung für oder gegen die Reformation verbinden.

Die städtischen Obrigkeiten reagierten auf die reformatorische Bewegung sehr unterschiedlich:

– Bei schneller und massiver Ausbreitung in der Bevölkerung konnte der Rat die Impulse der Bewegung aufgreifen und dem Druck von Predigern und Gemeinde nachgeben; dann kommt es – nicht selten nach Disputationen – zur Reformation der Stadt (z.B. Zürich, Nürnberg).

– Der Rat konnte aber auch die Sache längere Zeit tolerieren, ohne selbst eine klare Entscheidung zu treffen; in diesem Fall entwickelte sich auf der einen Seite eine große Vielfalt reformatorischer Strömungen, andererseits aber auch ein immer nachdrücklicheres Drängen auf reformatorische Neuordnung durch den Rat (z.B. Augsburg, Straßburg).

– Setzte der Rat der Bewegung Widerstand entgegen, so konnte sich eine städtische Aufsteigergruppe der Reformation bemächtigen und sie durchzusetzen versuchen. Gelang das, so kam es zu einer Stabilisierung der Reformation (z.B. Mühlhausen, Bremen, Lübeck).

– Der Rat konnte aber auch von Anfang an eine harte und wirksame Kontrolle ausüben, so daß eine reformatorische Bewegung kaum Chancen hatte (z.B. Köln).

Das Verhalten der Räte hing nicht nur von der persönlichen Einstellung zur Reformation, sondern vor allem auch von Größe und Rechtsstellung der Stadt (Reichstadt, freie Stadt, Landstadt), von ihrer Verfassung (patrizischer/zünftisch-patrizischer Rat), der politischen (Stadt und Landgebiet, Verhältnis zu umliegenden Territorien) und wirtschaftlichen Situation (Ackerbürgerstadt, Handels- und Gewerbestadt, Fernhandelsstadt) sowie der Präsenz und Stärke geistlicher Institutionen (Bischofsstadt; Orden etc.) und den daraus sich ergebenden Rücksichten ab. Eine schlichte Alternative zwischen ‚Rats'-, und ‚Gemeindereformation' gibt es nicht. Wie in den Territorien gilt für die Städte, daß ohne anfängliche Duldung oder Förderung nichts geschah, daß aber auch die Durchsetzung ohne breite Unterstützung nicht erreicht worden wäre.

Insgesamt läßt sich beobachten, daß die norddeutschen Städte, in denen die humanistische Prägung geringer war, sowie die fränkischen mit Nürnberg und einige schwäbische Städte das Luthertum bevorzugten oder durchsetzten, während sich die südwestdeutschen Reichsstädte und die der Schweiz eher an Zürich orientierten. Doch waren die Städte gleichwohl daran interessiert, gegenüber fürstlichen Bedrohungen eine gesamtreformatorische Solidarität im Blick auf die politische Absicherung der Reformation zu wahren. Dabei ist freilich zu bedenken, daß sich die Forschung vor allem mit den Reichsstädten, weniger aber und erst neuerdings auch mit den Landstädten befaßt hat.

Eberhard Isenmann, Die deutsche Stadt im Spätmittelalter 1200–1500, Stuttgart 1988. – Heinz Schilling, Die Stadt in der frühen Neuzeit, München 1993 (Enzyklopädie deutscher Geschichte 24). – Stefan Ehrenpreis, Ute Lotz-Heumann, Reformation und konfessionelles Zeitalter, Darmstadt 2002, S. 29–39 (Lit!). – Bernd Moeller, Reichsstadt und Reformation, [2]Berlin 1987. – Berndt Hamm, Bürgertum und Glaube. Konturen städtischer Reformation, Göttingen 1996. – Werner Troß, Unterschiede und Gemeinsamkeiten bei der Durchsetzung der Reformation in den Hansestädten Wismar, Rostock und Stralsund, in: ARG 88, 1997, S. 118–165. – Peter Frieß, Die Bedeutung der Stadtschreiber für die Reformation der süddeutschen Reichsstädte, in: ARG 89, 1998, S. 96–124. – Bernd Moeller, Luther und die deutsche Stadtkultur, in: Ders., Luther-Rezeption. Kirchenhistorische Aufsätze zur Reformationsgeschichte, hg. v. Johannes Schilling, Göttingen 2001, S. 57–72. – Stadt, Kanzlei und Kultur im Übergang zur frühen Neuzeit, hg. v. Rudolf Suntrup u. Jan R. Veenstra, Frankfurt/M. u.a. 2004.

Die Fürsten

Die früher beliebte These einer (demokratisch verstandenen) Gemeindereformation und einer ihr folgenden (als autoritär geltenden) Fürstenreformation hat sich so nicht halten lassen. Daß sich die frühen Ansätze zur Reformation in den Städten finden, hängt vor allem mit dem Bildungsgefälle zwischen Stadt und Land und der umgrenzten Einheit der Stadt zusammen. Wenn es sich um Landstädte handelte, mußte die reformatorische Predigt anfangs mindestens durch die fürstlichen Obrigkeiten geduldet werden. Hinzu kommt, daß sich angesichts der Einbindung der Kirche in die gesamtgesellschaftlichen Verhältnisse faktische Reformen (die alle den Bereich des geistlichen Rechtes tangierten) in ihren Auswirkungen nur schwer auf den Raum und das Gebiet einer Stadt beschränken ließen, so daß auch von daher gesamtkommunale oder territoriale Reformationen nötig wurden. Darüber hinaus standen die frühabsolutistischen Tendenzen der Fürsten im allgemeinen gegen eine ‚neutrale' oder abwartende Haltung. Zudem wurde durch die Nürnberger Reichstage und das 1524 erfolgte Verbot des Speyerer Nationalkonzils klar, daß eine Lösung der Religionsfrage weder auf gesamtkirchlicher noch auf Reichsebene möglich war und also auf der Ebene der Territorien gesucht werden mußte. So beginnen denn auch danach die Entscheidungen für die Reformation in den Städten und Territorien. Darüber kam es bei den weltlichen Fürsten relativ schnell zu Bildung dreier Lager:

– Auf der einen Seite standen die entschieden altgläubigen Fürsten: neben Ferdinand, dem Statthalter und Bruder des Kaisers (1503]1531–1564), Georg von Sachsen, Joachim I. von Brandenburg (1484]1499–1535), Albrecht VII. von Mecklenburg

(1488]1503–1547), Heinrich von Braunschweig-Wolfenbüttel (1489]1514–1568) sowie die Herzöge Wilhelm IV. (1493]1508–1550) und Ludwig X. von Bayern (1495]1508–1545).

– Auf der anderen Seite wurden Johann von Sachsen (1468]1525–1532), Ernst von Braunschweig-Lüneburg (1497]1521–1546), der Hochmeister des Deutschen Ordens, Albrecht von Preußen (1490]1511–1568), Landgraf Philipp von Hessen (1504]1509–1547/1567), Heinrich V. von Mecklenburg (1479]/1503–1552) und Markgraf Georg von Brandenburg (1484]/1527–1543) schon früh für die Reformation gewonnen.

– Daneben gab es die aus Unsicherheit, politischen Gründen oder religiöser Indifferenz ,Unentschiedenen' wie Ludwig V. (1478]1508–1544) und Friedrich II. von der Pfalz (1482]1544–1556) oder Ernst von Baden-Durlach (1482]1527–1553).

Eike Wolgast, Formen landesfürstlicher Reformation in Deutschland, in: Die dänische Reformation vor ihrem internationalen Hintergrund. The Danish Reformation against ist International Background, hg. v. Leif Grane u. Kai Hørby, Göttingen 1990, S. 57–90. – Manfred Weitlauff, Die bayerischen Herzöge Wilhelm IV. und Ludwig X. und ihre Stellung zur Reformation Luthers, in: BABKG 45, 2000, S. 59–110.

Im Blick auf die geistlichen Fürsten lagen die Dinge ganz anders. Zwar gab es schon vor der Reformation Tendenzen bei weltlichen Fürsten, die Hochstifte möglichst eng mit der eigenen Dynastie zu verknüpfen, ihnen vielleicht sogar die Reichsstandschaft zu nehmen und sie landsässig zu machen, aber grundsätzlich wurde die Verbindung von weltlicher und geistlicher Gewalt in den Hochstiften nicht in Frage gestellt. Es ist aber charakteristisch, daß neben einigen Weihbischöfen, die ja nur die Spiritualia des Bistums verwalteten, und mit Ausnahme des Hochmeisters des Deutschen Ordens, Albrecht von Brandenburg (1490]1511–1568) und dem Kölner Erzbischof Hermann von Wied (1477]1515–1547/1552), nur die Bischöfe landsässiger Bistümer sich der neuen Lehre zuwandten, schon früh dem Landesherrn folgend Georg von Pomesanien (1478]1521–1550) und Erhard von Samland (1490]1523–1525/1529), später Magnus von Schwerin (1509]1516–1550) und Matthias von Brandenburg (1471]1526–1544). Bei Franz von Waldeck, Bischof von Münster, Osnabrück und Minden (1491]1531–1553), stand das später kurz bevor, von anderen wurde es gerüchtweise immer wieder behauptet, auch von Albrecht von Mainz. Die Reformatoren haben nach anfänglichen Voten zur Aufhebung der geistlichen Fürstentümer eigentlich immer nur die Trennung der Verwaltung von Geistlichem und Weltlichem gefordert, die duplex persona des geistlichen Fürsten aber akzeptiert. Insofern brauchte mit der Wendung zur Reformation keine Aufgabe des geistlichen Landesfürstentums verbunden zu sein. Andrerseits hing der Besitz der temporalia von dem der spiritualia ab. Darüber hinaus waren die Bischöfe familiär oft stärker mit den Domkapiteln als mit den benachbarten Fürstendynastien verbunden, hatten auch im Fall des Übertritts zur Reformation kaum mit Unterstützung der evangelischen Fürsten zu rechnen, während im Hochstift selbst mit Widerstand von seiten des Klerus und dem seine Rechte entschieden verteidigenden Domkapitel zu rechnen war.

Doch gehörten die Erzbischöfe und Bischöfe (mit Ausnahme des Erzbischofs Matthias Lang von Salzburg und den Bischöfen von Trient, von Passau-Salzburg, von Hildesheim und Straßburg) anfangs keineswegs zu den entschiedenen Gegnern der Reformation. In den Diözesen konnten sie gegen adelige und städtische Obrigkeiten die sich der Reformation zuwandten, die Jurisdiktion nicht aufrecht erhalten, und nicht selten gingen sie zunächst in ihren eigenen Gebieten, selbst humanistisch beeinflußt und antikurial denkend, gegen evangelische Bestrebungen nicht vor, selbst wenn sie den hochstiftlichen und mit ihm den konfessionellen Status und damit – trotz fehlender Solidarität untereinander – den Reichsepiskopat als Stand wahrten.

Eike Wolgast, Hochstift und Reformation. Studien zur Geschichte der Reichskirche zwischen 1517 und 1648, Stuttgart 1995 (BGRK 16), S. 15–196.

Der Adel

Eine deutlich standesspezifische Ausprägung im Verhältnis zur Reformation findet sich vor allem beim Adel, landständischem wie reichsständischem. Politisch unter dem Druck des intensivierten Fürstenstaates, wirtschaftlich an der sich allmählich bessernden Konjunktur für Agrarprodukte noch nicht partizipierend, von der sich ausweitenden Geldwirtschaft betroffen und daher dem wohlhabenden Stadtbürger unterlegen, sozial durch grundlegende Veränderungen im Kriegswesen und in anderen Funktionen von den juristisch gebildeten bürgerlichen Räten der Fürsten bedroht, befand sich der Adel in kritischer Situation. Das band ihn einerseits aus Versorgungsgründen an die alte Kirche und deren Angebote (Domstifte, Klöster), brachte ihn aber andrerseits in Gegensatz zu den ihn treffenden frühabsolutistischen Tendenzen der Fürsten, ließ ihn aber in jedem Fall den eigenen Stand betonen. Ihnen gegenüber konnte man, wo die Machtfrage zwischen Fürst und Ständen nicht entschieden und die Übereinstimmung mit der Option des Landesherrn nicht das von daher Gegebene war, versuchen, den politischen Gegensatz durch die Option für die Reformation ‚konfessionell‘ zu untermauern, oder aber in Anlehnung an den altgläubigen Kaiser Rückhalt zu suchen. In den österreichischen Ländern und Ostfriesland, im Kraichgau und – deutlich seltener – in Franken optierte der Adel schon früh für die Reformation. Und manche dieser Adeligen (Hans Landschad, 1486–1531; Hartmut von Kronberg, 1488–1549; Silvester von Schaumburg, ca.1471–1534) beteiligten sich an den Auseinandersetzungen über die Glaubensfrage mit eigenen Flugschriften.

Literarisch am bedeutendsten wurde Ulrich von Hutten (1488–1523). In seinem unsteten Vagantenleben verband sich humanistische Bildung mit ritterlicher Kampfeslust. Das zeigte sich in seinen publizistisch wirksamen Auseinandersetzungen mit Ulrich von Württemberg (1487]1498–1519/1534–1550) wegen der Ermordung seines Vetters wie in seinem Eintreten für Reuchlin gegen die Kölner Dominikaner. Scharfe Kurien- und Kirchenkritik brachte ihn zu rücksichtsloser Agitation für Luthers Sache und führte ihn an die Seite Franz von Sickingens (1481–1523). Als sich dessen Niederlage abzeichnete, floh er in die Schweiz und starb bald darauf an der Syphilis auf der Insel Ufenau im Zürichsee.

130

Franz von Sickingen versuchte, über die Klagen der Ritterschaft hinausgehend (DGQD 3, Nr. 11.2), die Reformation mit seinen Standesinteressen zu verbinden. Teils mit Unterstützung des Kaisers, aber auch geschickt die Fronten wechselnd, gelang es ihm, den väterlichen Machtbereich zu einem ‚Burgenterritorium‘ zu erweitern. Unter dem Vorwand nationaler Gründe, unter dem Einfluß Ulrich von Huttens und entschieden für die Reformation Partei ergreifend – seine Burgen boten als ‚Herbergen der Gerechtigkeit‘ manchem reformatorischen Prediger (Martin Bucer, Johannes Oekolampad, 1482–1531) Schutz – wagte er als Hauptmann der 1522 geschlossenen ‚brüderlichen Vereinigung‘ der oberrheinischen Ritter und in Erwartung ritterschaftlicher Unterstützung den Angriff auf das Kurfürstentum Trier (DGQD 3, Nr.11.1), um durch dessen Säkularisation ein territoriales Fürstentum zu errichten. Das Unternehmen mißlang, Sickingen selbst fand den Tod, und die folgende Niederlage der schwäbischen und fränkischen Ritter gegenüber dem Schwäbischen Bund bedeutete faktisch eine Stärkung des Territorialfürstentums.

Volker Press, Führungsgruppen in der deutschen Gesellschaft im Übergang zur Neuzeit um 1500, in: Deutsche Führungsschichten in der Neuzeit Bd. 12, hg. v. Hans Hubert Hofmann und Günther Franz, 1980, S. 29–77. – Ders., Kaiser Karl V., König Ferdinand und die Entstehung der Reichsritterschaft, Wiesbaden 1976. – Ders.: Adel, Reich und Reformation, in: Stadtbürgertum und Adel in der Reformation, hg. v. Wolfgang Mommsen, Stuttgart 1979, S. 330–383. – Ders., Adel im Alten Reich, hg. v. Franz Brendle u. Anton Schindling, Tübingen 1998 (Frühneuzeit-Forschungen 4). – Ulrich von Hutten in seiner Zeit, hg. v. Johannes Schilling und Ernst Giese, Kassel 1988. – Günter Vogler, Ulrich von Hutten – Ritter, Reformer, Rebell?, in: Ulrich von Hutten. Mit Feder und Schwert (Ausstellungskatalog Frankfurt/Oder) 1988, S. 7–38. – Volker Press, Ein Ritter zwischen Rebellion und Reformation, in: Blätter für pfälzische Kirchengeschichte und religiöse Volkskunde 50, 1983, S. 151–178.

Der gemeine Mann

Im Unterschied zum Bürger ist der ‚gemeine Mann‘ der von der Herrschaft und der Beteiligung an ihr Ausgeschlossene, der sich im städtischen, vor allem aber im ländlichen Bereich findet.

Da die Alphabetisierung auf dem Land angesichts fehlender Schulen erheblich geringer war als in den Städten, erreichte die reformatorische Verkündigung über die engen wirtschaftlichen und sonstigen Verbindungen zwischen den Städten und den umliegenden ländlichen Gemeinden dann auch deren Bewohner. Das ist der Grund, warum die Ausbreitung der reformatorischen Bewegung im städtereichen Südwesten und in Mitteldeutschland auch auf dem Land besonders intensiv war, übrigens dann ihrerseits auch auf die Städte zurückwirkte. Auf dem Land traf die reformatorische Verkündigung auf ähnliche kommunale Werte wie in der Stadt und weckte den Wunsch, reformatorische Änderungen nach dem Vorbild der Städte, aber bezogen auf die besondere Situation der dörflichen Gemeinden zu vollziehen. Gleichwohl bleibt umstritten, ob man dörfliche und städtische als kommunale oder ‚Gemeindereformation‘ (Blickle) zusammenfassen sollte. Vernachlässigung seelsorgerlicher Betreuung, der Fiskalismus der Kirche und mißbräuchliche Verwendung des Banns führten auch auf dem Land zu Aversionen gegen die Kirche. So kam es zur Forderung nach freier Predigt des Evangeliums, freier Pfarrerwahl, Verwaltung der Pfarren

durch deren Inhaber und damit Beseitigung des Vikariatssystems sowie ordnungs-
gemäßer Verwendung oder Kommunalisierung des Zehnten und einer Fülle weiterer
bäuerlicher Beschwerden. Erste Anzeichen ländlicher Reformation gab es mit Zehnt-
verweigerungen und der Anstellung reformatorisch gesonnener Geistlicher im Landgebiet der Stadt Zürich sowie um die Reichsstädte Memmingen und Nürnberg schon
seit 1523.

Stefan Ehrenpreis, Ute Lotz-Heumann, Reformation und konfessionelles Zeitalter, Darmstadt
2002, S. 41–47 (Lit!). – Peter Blickle, Gemeindereformation, München 1985 (mit der Rezension
von Heinz Schilling: ZHF 14, 1987, S. 325–332, u. Volker Press: Kommunalismus oder Territo-
rialismus? Bemerkungen zur Ausbildung des frühmodernen Staates in Mitteleuropa, in: Die Bildung des frühmodernen Staates – Stände und Konfessionen, hg. v. Heiner Timmermann, Saar-
brücken 1989, S. 109–135)

4. Der Bauernkrieg

Peter Blickle, Die Revolution von 1525, [3]München 1993. – Der deutsche Bauernkrieg, hg. v.
Horts Buszello, Peter Blickle, Rudolf Endres, [3]Paderborn u.a. 1995. – Gottfried Maron, Bauernkrieg, in: TRE 5, Berlin/New York 1980, S. 319–338.

a) Soziale Probleme

Insgesamt gab es keine zunehmende Verelendung auf dem Land, aber die Land-
bevölkerung war arm und lebte großenteils am Existenzminimum. Die Abgaben an
die Leibherrschaft waren für die davon Betroffenen weniger drückend als deren
rechtliche Folgen im Fehlen der Freizügigkeit und Einschränkungen bei der Heirat.
Stärker bemerkbar machten sich die Abgaben und die verschiedenen Dienste, die
dem Grundherrn geleistet werden mußten. Hinzu trat der den kirchlichen Institutionen zu leistende große Zehnt (als Getreide- und Blutzehnt), damals nicht selten auch
in Laienbesitz, sowie der besonders verhaßte kleine Zehnt (von den Gartenfrüchten)
neben einer Reihe weiterer Gebühren, die die Kirche erhob. Angesichts eines gleichzeitigen Anstiegs der Bevölkerung, schon knapp werdenden Landes, unterbundenen
Abzugs in die Städte und Realteilung im Erbfall waren immer mehr Dorfbewohner
auf die Teilhabe an der Allmende (Wasser, Weide und Wald) angewiesen, auf die
aber zunehmend wie auch in die dörfliche Autonomie der Landesherr zu- und eingriff. Dazu kamen Verbrauchssteuern und direkte Kopfsteuern der Landesherrn aus
verschiedensten Anlässen (Türkensteuer, Weihesteuer bei Bischöfen etc), die besonders drückend waren. Insgesamt trugen die Bauern Lasten von Institutionen, die ihre
erwarteten Gegenleistungen nicht mehr oder noch nicht erbrachten. So stellten die
Gemeinden auf jeweils ihre spezielle Situation bezogene ‚Beschwerden‘ auf, aus
denen sich nach ersten Unruhen im Sommer und im Herbst 1524 im März 1525 die
‚Zwölf Artikel‘ (auch das Glaubensbekenntnis wurde traditionell – den zwölf Apo-
steln zugeschrieben – in zwölf Artikel unterteilt; KTGQ 3, Nr. 33a; DGQD 3, Nr. 44)
und die ‚Memminger Bundesordnung‘ der ‚Christlichen Vereinigung‘ ergaben. Darin

bezog man sich nicht mehr auf das ja stets unterschiedliche ‚alte' Recht, das oft auch nicht ‚verbrieft' (also urkundlich zu belegen) war und daher angefochten werden konnte, sondern auf das alle Christen verpflichtende ‚göttliche Recht' der Bibel und des Evangeliums, zusammengefaßt in den Leitworten: Ehre Gottes, brüderliche Liebe und gemeiner Nutzen. Mit dieser Begründung konnte man den lokal oder regional begrenzten Rahmen sprengen, so daß es im Unterschied zu den Bauernaufständen der ersten beiden Dezennien des 16. Jahrhunderts im deutschen Südwesten zum ‚großen' Bauernkrieg kommen konnte. Die Forderungen waren neben den oben genannten kirchlichen Reformen: Aufhebung der Leibeigenschaft, wirtschaftliche Entlastung und Rechtssicherheit. Die politischen Ziele waren unterschiedlich und reichten von der überterritorialen Einung über die Einschränkung der Herrschaft durch ein ständisches Regiment oder die Abschaffung der Zwischengewalten zugunsten einer zentralen Herrschaft bis hin zur Vertreibung aller alten Obrigkeiten außer dem Kaiser oder der ausschließlichen Anerkennung eines rein bäuerlichen Regiments.

b) Der Aufstand, Verlauf und Ende

Bei den ersten Aufständen am Oberrhein und im Schwarzwald vom Sommer 1524 bis zum Ende des Jahres handelte es sich im Grunde noch um Unruhen herkömmlicher Art, die durch ein ordentliches Schiedsgericht zu lösen waren. Erst im Frühjahr 1525 änderten sich Ziel und Begründung der Unruhen so, daß vom Bauernkrieg gesprochen werden kann. Jetzt ging die Initiative zu herrschaftsübergreifenden Bündnissen von den sich schnell bildenden Baltringer, Allgäuer und (Boden)Seehaufen aus. Auf der Grundlage der Ende Februar/Anfang März entstandenen ‚Zwölf Artikel' (KTGQ 3, Nr. 33a) und der ‚Memminger Bundesordnung' schlossen sie sich zur ‚Christlichen Vereinigung' zusammen. Als diese Ende März nach entsprechender Ankündigung im ‚Artikelbrief' (KTGQ 3, Nr. 33b) gegen Klöster und Schlösser vorging (KTGQ 3, Nr. 33c), kam es auch am Oberrhein zum Aufstand, der schnell auf den Schwarzwald, das Elsaß, auf Baden, Speyer und die Pfalz übergriff. Noch im März und dann im April bildeten sich auf der genannten Basis auch im Fränkischen eine Reihe von Haufen. Und von Franken und Fulda aus griff der Aufstand dann auch, einen Flächenbrand auslösend, nach Thüringen hinüber. Städte und kleinere Herrschaften wurden vielfach zum Anschluß gezwungen oder schlossen sich freiwillig den Aufständischen an. Zu schweren Gewalttaten kam es – abgesehen von der Weinsberger Untat, bei der man die sich ergebende Burgbesatzung samt dem Grafen von Helfenstein durch die Spieße jagte – kaum, es blieb beim Kloster- und Schlösserstürmen (KTGQ 3, Nr. 33b). Angesichts der getrennt agierenden Haufen, schlechter militärischer Ausrüstung und fehlender erfahrener Führung konnten die Heere des Schwäbischen Bundes und der sich verbündenden Territorialfürsten die Bauernhaufen nacheinander in fürchterlichen Schlachten niederwerfen. Das geschah noch im April in Oberschwaben (Leipheim und Wurzach, 4. und 14.4.), im Mai in Württemberg (Böblingen, 9.5.), in Thüringen (Frankenhausen, 15.5.) und im Elsaß

Der deutsche Bauernkrieg

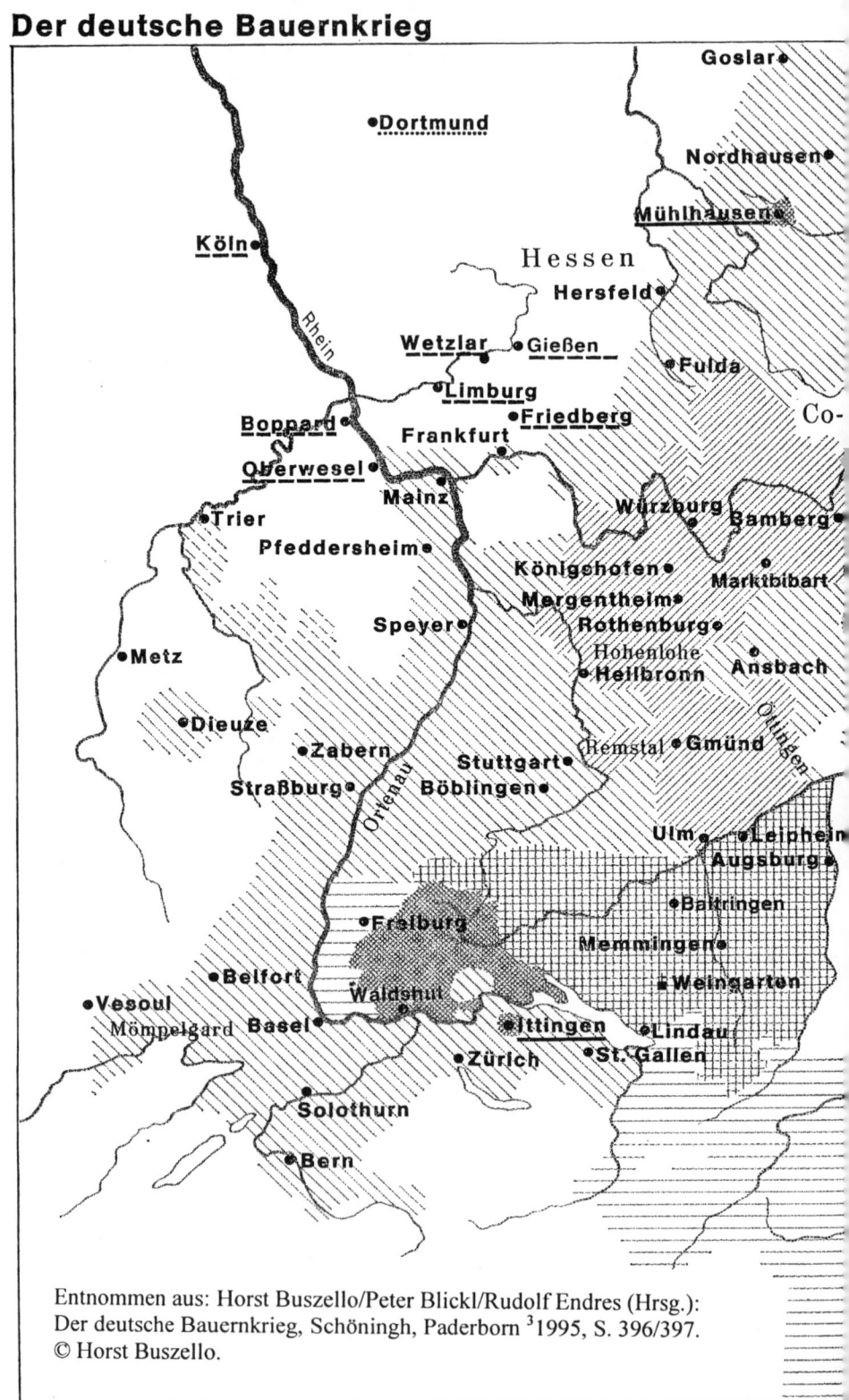

Entnommen aus: Horst Buszello/Peter Blickl/Rudolf Endres (Hrsg.):
Der deutsche Bauernkrieg, Schöningh, Paderborn ³1995, S. 396/397.
© Horst Buszello.

Aufstände seit 1524

Aufstände seit Januar 1525

Aufstände seit 15. März 1525

Aufstände seit 16. April 1525

Aufstände nach dem 30. April 1525

•Halberstädt

•Halle
Franken-
hausen •Merseburg
•Leipzig
•Erfurt   Freiburg•
•Chemnitz
Zwickau•
•Plauen
Joachimstal
•urg
Prag•
•Bayreuth ‡Waldsassen

‡Forchheim
•Nürnberg

Bm.
Eichstätt

Bayern

Donau

‡Zwetl
•Freistadt
Nieder-

•München

Ober-
•Melk   Wien•
Garsten• •Steyr
‡Lilienfeld
Österreich

•Spital a. P. Steiermark
Aussee• ‡Admont
Salzburg
Schladming• Rottenmann •Leoben
Murau• •St. Lambrecht
Windischmatrei• •Neumarkt
Obervellach• Kärnten •Friesach
Kirchheimer Tal
Tirol
•Villach

Krain

0 20 40 60 80 100km
•Trient •Laibach

(Lupfstein und Zabern, 16. und 17.5.), im Juni dann auch in Franken (Königshofen und Ingolstadt/Mfr. 2. und 4.6.). Letzte Reste des Aufstandes wurden am Oberrhein allerdings erst Ende 1525 niedergeschlagen. Dennoch wurde – abgesehen von den brutalen unmittelbar folgenden Strafaktionen – die Lage der Bauern nicht gravierend verschlechtert, manchenorts sogar deutlich verbessert. Doch blieb die Furcht vor einem neuen Aufstand virulent.

c) Reformation und Bauernkrieg

Altgläubige Theologen, Humanisten und Obrigkeiten haben schon vor dem Bauernkrieg vor ‚Luthers Bundschuh‘ gewarnt und sich durch ihn dann bestätigt gesehen. Luther selbst hat fälschlich ‚Winkelprediger‘ und Thomas Müntzer (vgl. u. S. 151–154) für den Aufstand verantwortlich gemacht. Tatsächlich ist der Bauernkrieg ohne die reformatorische Bewegung und ohne die Predigt zahlreicher, kaum noch bekannter Predikanten und ohne die ersten antireformatorischen Maßnahmen nicht denkbar. Reformatorische Predigt hat mit ihrer Herausstellung und Neubegründung der Werte des Kommunalismus und der damit verbundenen Kritik an den Phänomenen von Ausbeutung im kirchlichen wie weltlichen Bereich eine neue Öffentlichkeit der Diskussion geschaffen, die Wahrnahme der eigenen Lage verändert, und eine territorial übergreifende und leistungsfähige Legitimierung für die Forderungen der Bauern geboten. Deswegen wurden die bekannteren evangelischen Prediger und Theologen von den Bauern als ‚Richter des göttlichen Rechtes‘ – der Einfluß Zwinglischer Theologie (vgl. u. S. 139–141) ist unverkennbar – anerkannt. Freilich distanzierten sich die fast alle sehr schnell und deutlich vom Aufstand, wenn auch in unterschiedlicher Weise. Luther hat in seiner ‚Ermahnung zum Frieden‘ den Obrigkeiten die Schuld am Aufstand gegeben und die Forderungen der Bauern teilweise für berechtigt erklärt, sich dann allerdings der Gewaltanwendung wegen viel schärfer gegen die Bauern gewendet (DGQD 3, Nr. 45.1). Unter Hinweis auf die Heilige Schrift, positives Recht und das Sprichwort ‚Niemand kann sein eigener Richter sein‘ (sich also sein Recht selbst nehmen) empfahl er, eine neue rechtliche Basis auszuarbeiten (KTGQ 3, Nr. 33d2) und begrüßte aus diesem Grund auch später den ‚Weingartner Vertrag‘, dessen rein militärischen Zweck er nicht durchschaute. Seine Aufforderung an die Fürsten, den Aufstand niederzuschlagen, erschien erst im Druck, als es einer solchen schon nicht mehr bedurfte (DGQD 3, Nr. 45.2). Auch seine Mahnung, mit den Besiegten nachsichtig umzugehen, kam zu spät. Im Unterschied zu Luther brachten Johannes Brenz und Urbanus Rhegius (1489–1541), Zwingli und Balthasar Hubmaier (ca.1485–1528) den Bauern deutlich größeres Verständnis entgegen.

Der Bauernkrieg hat, selbst wenn die Altgläubigen der Reformation die Schuld an ihm gaben (DGQD 3, Nr. 46), die Reformation als Volksbewegung nicht beendet, hat allerdings in den betroffenen Gebieten den Obrigkeiten die Notwendigkeit von Entscheidungen deutlich gemacht. Keinesfalls aber hatten davon die Gruppen des ‚linken Flügels‘ erheblichen Gewinn, selbst wenn es Verbindungen zwischen den aufständischen Bauern und den Täufern sowohl in der Schweiz, wie später im Bereich des Hutschen, auf Müntzer zurückgehenden Täufertums gab (vgl. u. S. 158–160). Doch wurde auf evangelischer wie auf altgläubiger Seite ein Entscheidungsprozeß beschleunigt, der einerseits die obrigkeitlichen Reformationen, andrerseits gegenreformatorische Aktionen hervor- und vorantrieb.

D. Differenzierungen in der reformatorischen Bewegung

1. Zürich als zweites reformatorisches Zentrum

Volker Leppin, Zwingli, in: TRE 36, Berlin/New York 2004, S. 793–809. – Gottfried Locher, Die Zwinglische Reformation im Rahmen der europäischen Kirchengeschichte, Göttingen u.a. 1979. – Die Zürcher Reformation: Ausstrahlungen und Rückwirkungen, hg. v. Alfred Schindler u. Hans Stickelberger, Bern 2001.

Es sollte für den Gang der Reformationsgeschichte von höchster Bedeutung werden, daß in der Schweiz, die mit ihren dreizehn ‚Orten‘ (den drei Urkantonen, die zusammen mit fünf anderen die acht ‚alten‘ Orte bildeten, und fünf weiteren, den ‚zugewandten‘ Orten sowie den Gemeinen [gemeinsamen] Herrschaften) in Kämpfen mit Habsburg, Burgund, Frankreich und dem Deutschen Reich 1499 ihre faktische Unabhängigkeit erreicht hatte, in Zürich ein eigenes reformatorisches Zentrum entstand, dessen Mittelpunkt der Leutpriester (Prediger) am Münsterstift, Huldrych Zwingli (1484–1531), wurde.

a) Zwingli

Huldrych Zwingli, Schriften, 4 Bde., hg. v. Thomas Brunnschweiler u. Samuel Lutz, Zürich 1995. Zwingli, Hauptschriften, bearb. v. Fritz Blanke, Oskar Farner, Rudolf Pfister, 8 Bde. (1–4, 7–8,10–11), Zürich 1940–1963.

Über Zwinglis Leben und Entwicklung vor dem Antritt der Leutpriesterstelle in Zürich (1519) wissen wir nur wenig. Er stammte aus bäuerlicher Familie im Toggenburg. Über die Schulzeit in Weesen, Basel und Bern ist kaum etwas bekannt. Das Studium der artes (Magister 1506) und die Anfänge eines Theologiestudiums absolvierte er an den Universitäten Wien und Basel. Geprägt wurde er von der via antiqua und einer starken Tradition scotistischen Denkens. Wohl noch im Studium kam er auch mit dem Humanismus in Berührung. 1506 zum Priester geweiht, übernahm er zunächst das Pfarramt in Glarus, dann die Stelle des Leutpriesters (Predigers und Seelsorgers) in Einsiedeln (1518). Der Wechsel dorthin wurde für Zwingli als Pensionsempfänger der Kurie angesichts der profranzösischen Glarner Politik notwendig. Allerdings kritisierte Zwingli, der den Krieg in Oberitalien selbst kennengelernt hatte, damals bereits, vom erasmischen Pazifismus beeinflußt, den Solddienst – das ‚Reislaufen‘, weil die Männer monatelang ihren Familien fernblieben und ihren Frauen die Arbeit überließen. In diesen Jahren hat sich Zwingli scholastisch an Duns

Scotus weitergebildet, aber im Austausch mit humanistischen Freunden auch die Lektüre von antiken Schriftstellern und Kirchenvätern betrieben. Von Erasmus beeinflußt, schärft sich ihm der Unterschied zwischen Göttlichem und Kreatürlichem und damit verbunden die sittliche Aufgabe, das Irdische zu lassen und sich dem Geistigen anzunähern. Einfache Nachfolge Christi wurde den komplizierten Zeremonial- und sonstigen kirchlichen Ordnungen entgegengestellt. Er selbst hat die Hinwendung zum erasmischen Bibelhumanismus 1516 später als Wende in seinem Leben betrachtet. Er hielt brieflichen Kontakt zu den Humanistenfreunden, Joachim Vadian (1484–1551), später Bürgermeister und Reformator St. Gallens, zum Basler Humanistenkreis, zu Beatus Rhenanus (1485–1547), zu Caspar Hedio (ca.1494–1552) und Wolfgang Capito (ca.1481–1541), den späteren Straßburger Predigern, zu Heinrich Glarean (1488–1563) und Konrad Pellikan (1478–1556), vor allem zu Leo Jud (ca.1482–1542), seinem späteren Mitarbeiter in Zürich. 1515/16 lernte er Erasmus persönlich in Basel kennen.

1519 übernahm Zwingli die Leutpriesterstelle am Zürcher Großmünster und begann sogleich mit der fortlaufenden Auslegung biblischer Bücher, orientiert an der Urgeschichte des Christentums (Mt, Act, I Tim, II Tim). Um diese Zeit kommt ein neuer Ton bei Zwingli auf: Er betont die göttliche Gnade, die dem Sünder ohne jedes Verdienst zuteil werde, und verbindet damit die Betonung der aus der Glaubensgerechtigkeit fließenden sittlichen Verpflichtung. Entgegen älterer Forschung (Rich) wird man neben existentieller Krankheitserfahrung und intensivem Augustinstudium die Bedeutung der Lektüre von Lutherschriften für Zwinglis Entwicklung zwischen 1519 und 1522 heute höher veranschlagen. Die Kühnheit, mit der der Wittenberger seine Thesen gegen die Tradition der Kirche wendete und für sie eintrat, wurde für ihn vorbildlich.

Mit großem Freimut hat Zwingli seit 1520 auf der Kanzel die Schäden in Stadtstaat und Kirche kritisiert, verzichtete auf päpstliche Zuwendungen und wandte sich gegen das Pensions- und Soldwesen, so daß der Rat 1522 beides verbot. In Zwinglis scharfer Kirchenkritik besteht ein deutlicher Unterschied zu Luthers frühen deutschen Schriften. Wie in Wittenberg drängte man auch in Zürich auf praktische Konsequenzen. Man zog sie mit dem provokativen Bruch des Fastens im Haus des Druckers Froschauer (1522). Zwingli verteidigte das in ‚Von Auswahl und Freiheit der Speisen‘ (KTGQ 3, Nr. 26a1 und 2, Zwingli, Schriften 1, S. 13–74) und erreichte gegen den kleinen vom großen Rat die Erlaubnis zur Rechtfertigung vor dem Konstanzer Bischof. Nach einer Bittschrift um Aufhebung des Zölibats schloß Zwingli Ende des Jahres heimlich (öffentlich auf Drängen Martin Bucers erst 1524) die Ehe. Seine Predigten im Dominikanerinnenkonvent führten zum Austritt einer großen Zahl von Nonnen. Schon vorher hatte der Rat den Ordenspredigern geboten, nur nach der Schrift zu predigen. Die Zustände in der Stadt wurden unhaltbar, die Auseinandersetzungen zwischen Gegnern und Anhängern Zwinglis nahmen zu. Da der zuständige Konstanzer Bischof kein Provinzialkonzil zur Klärung berief, veranstaltete der Rat am 29.1.1523 eine Disputation, für die Zwingli 67 Schlußreden aufstellte (DGQD 3, Nr. 42.1, die er später mit ausführlicher Begründung veröffentlichte – ein in sich geschlossenes Reformationsprogramm (Zwingli, Schriften 2). Die Disputation, an der neben den 212 Personen des Rates rund 400 Geistliche sowie eine Gesandtschaft des Konstanzer Bischofs teilnahmen, endete mit einem Ratsmandat zu schriftgemäßer Predigt (KTGQ 3, Nr. 26b1–3; DGQD 3, Nr. 42.2). Damit wurde die akademische Disputation grundlegend verändert und eine Institution geschaffen, die für viele süddeutsche Städte bei der Einführung der Reformation vorbildlich wurde.

Im August führte man Leo Juds deutsche Taufordnung ein; Zwingli legte einen ersten, vorsichtigen Versuch zur Meßänderung vor (,De canone missae epicheiresis'). Radikalen Kräften ging das nicht weit genug. So kam es im September zum Bildersturm. Der Rat sah sich zu einer weiteren Disputation (26.–29.10.1523) über Messe und Bilder gezwungen. Zwingli lehnte beides ab, duldete aber, daß der Rat entsprechende Folgerungen zunächst nicht zog. Erst im Frühjahr 1524 unterließ man die üblichen Prozessionen, ließ vom 20.6. bis 2.7. die Bilder aus den Kirchen entfernen, hob Ende des Jahres die Klöster auf und erlaubte im Frühjahr 1525 eine deutsche Abendmahlsfeier (,Aktion und Brauch des Nachtmahls'). Dieses Abendmahl hielt man viermal im Jahr; sonst fand ein schlichter Wortgottesdienst ohne jeden Gesang statt. Anfang 1525 schuf man eine neue Armenordnung, es folgte am 10.5. eine Ehegerichtsordnung mit Einsetzung eines eigenen Ehegerichtes (2 Prediger, 2 Mitglieder des Großen, 2 des Kleinen Rates), das im folgenden Jahr zum allgemeinen Sittengericht erweitert wurde (KTGQ 3, Nr. 26c). Das Chorherrnstift des Münsters wurde eine Exegetenschule für die Zürcher Geistlichkeit, die ,Prophezei', in der man das Alte Testament fortlaufend auslegte. Daraus entstand die ,Zürcher Bibel', die bereits 1529 mit Apokryphen vollständig vorlag.

Ulrich Gäbler, Huldrych Zwingli im 20. Jh., Zürich 1975. – Ders., Huldrych Zwingli, München 1983. – Martin Haas, Huldrych Zwingli und seine Zeit, [2]Zürich 1982. – Fritz Büsser, Die Prophezei. Humanismus und Reformation in Zürich, Bern 1994. – Bernd Moeller, Zwinglis Disputationen I u. II, ZSav.RG (Kanon. Abt.) 56, 1970, S. 275–324; 60, 1974, 213–364. – Zwingli und Europa, hg. v. Peter Blickle u.a., Göttingen 1984.

Bei Zwingli läßt sich ein Entwurf reformatorischer Theologie greifen der sich vom Freiheitsgedanken her erschließt (Hamm). Es ist das helle klare, biblische Gotteswort, das gegen die verknechtenden und die Gewissen bindenden Menschenworte Freiheit erschließt: Freiheit von der Kreaturvergötterung für die rechte Gottesverehrung. Göttliches und Kreatürliches, Innerliches und Äußerliches, Geistig-Geistliches und Leiblich-Fleischliches werden bei Zwingli durch eine scharfe ontologische Schranke getrennt. Daß der trinitarische Gott Geist ist, führt zu starker Hervorhebung des Geistes und betonter Pneumatologie. Selbst bei Christus, wo diese Schranke durchbrochen wird, zeigt sich diese Grenze in dem Interesse an der klaren Trennung der beiden Naturen. Deswegen wird bei der Befreiung des Menschen auch die Freiheit Gottes gewahrt, insofern nur das Wirken des Heiligen Geistes selbst den Menschen freimachen kann. Von diesem Geist erreicht, können auch die vorzeitig gestorbenen Kinder und auch die tugendhaften Heiden des Altertums zur Seligkeit berufen sein, nicht um ihrer Tugend, sondern um Christi willen, weil eben der Geist des trinitarischen Gottes den Menschen immer auch mit Christus verbindet. Alles kirchliche

Handeln gehört dagegen zu den externa und sensibilia, also auf die Seite der Kreaturen, kann daher nur ‚Zeichen‘ sein. Auch das biblische Wort hat daher belehrende, aber nicht bekehrend-schöpferische Funktion. So erklärt sich die Reinigung von Gotteshaus und Gottesdienst von allem, was eine Vermischung von Kreatürlichem und Göttlichem repräsentieren oder nahelegen könnte.

Der Kreatur steht Gott gegenüber, der als Schöpfer und Erlöser in reiner Güte als Geber der natürlichen Güter jedem Geschöpf mit seiner lebensspendenden Kraft nahe ist und sich in seiner Barmherzigkeit erwählend und erlösend völlig frei den Kreaturen zuwendet. Dahinter steht der Gedanke der Alleinwirksamkeit Gottes und einer für die Erwählten geltenden Prädestination. Allerdings handelt Gott immer nur in den Kreaturen, nie durch sie hindurch. Deswegen darf der Geist nicht an das Wort oder die Sakramentshandlung gebunden werden, es gibt auch kein stetes gleichzeitiges Neben- und Miteinander von Geist und irdisch-äußerlichen Mitteln. Das gibt Zwinglis Theologie den spiritualistischen, geist-ontologischen Grundzug. So behält er die äußere Taufe, die als Zeichenhandlung der Eltern der inneren vorausgeht, bei und entwirft erstmals eine eigene Ordnung der Kindertaufe. Das Abendmahl ist ihm Bekenntnisakt des Gläubigen vor der Gemeinde.

Der Mensch, der durch Adams Fall ohne Schuld, da Schuld für Zwingli die bewußte Tatsünde voraussetzt, in die Sklaverei der Erbsünde gefallen ist, bedarf der Erlösung. Ihren Grund hat die erlösende Befreiung in der nur von Christus, dem Mensch gewordenen Gott, aber von keiner Kreatur zu leistenden Satisfaktion. Vor Gott ist Christus bleibend unsere vollkommene Gerechtigkeit, während unser neuer Gehorsam immer fragmentarisch und als kreatürlicher stets Gottes unwürdig bleibt. Für uns wird diese Gerechtigkeit heilvolle Gegenwart, wo wir in Kraft des geistgewirkten Glaubens auf Christus unser Vertrauen setzen, darin unseres Heils gewiß sind und zu einem Leben in gelöster Fröhlichkeit fähig werden. Damit wird das Gewissen von einer doppelten Gefangenschaft frei: einmal von der Sünde, die der Mensch erst durch das Wirken des Geistes wahrhaft erkennt und aus der es für ihn ohne Gottes Erlösung keinen Ausweg gibt; zum andern von der Verblendung, durch gute Werke oder von der Kirche geforderte Leistungen zum Heil zu gelangen. Deswegen kann Zwingli den Glauben als den Schlüssel zur Freiheit bezeichnen. In dieser Freiheit kann der Mensch die Welt und sich selbst Gott überlassen. Indem er so mit Gott, der die Liebe ist, verbunden ist, kann er selbst der Liebe Raum geben. Auf Christus vertrauen und Werke der Liebe üben sind für Zwingli ein und dasselbe, so daß er auch Glaube und Werke in den Bildern von Quelle und Wasser, Feuer und Wärme eng miteinander verbinden, ja den Glauben der Liebe gleichsetzen kann, so daß die Werke Zeichen des Glaubens sind. Da das Gesetz als der ewige unwandelbare Wille Gottes geradezu das göttliche Wesen offenbart, sind die Glaubenden nur vom alttestamentlichen Zermonial- und Judizialgesetz frei, nicht aber vom geistlichen Naturgesetz, das ihnen ins Herz geschrieben ist. Lediglich vom Fluch des Gesetzes wie auch von seinem als heteronom empfundenem Druck ist der Glaubende frei, insofern er es eben nicht mehr als heilsbedingend erfährt, sondern als in Christus erfülltes, so daß Zwingli das Gesetz für den Glaubenden auch als Evangelium bezeichnen kann. Denn beide haben ihre Einheit in dem gleichen gütigen Gott. Das läßt bei Zwingli vor allem in der Auseinandersetzung mit den Täufern den Gedanken an die Sünde als bleibende Macht im Leben des Christen ganz zurücktreten.

Freilich grenzt Zwingli die so gewonnene Freiheit ab von der der ,falschen Christen'. Es geht bei ihr nicht um das Ausleben antiklerikaler Ressentiments, nicht um einen Freibrief zum Leben ohne Ordnungen, nicht um eine weltliche Ordnungen und Zwänge (etwa Zins- und Zehntzahlungen) aufhebende Freiheit, aber auch nicht um ein Leben, das sich, der eigenen Christlichkeit gewiß, lieblos von den anderen trennt. Auch die Obrigkeit ist verpflichtet, ihr Land nach Gottes Gesetz zu regieren und das Evangelium notfalls auch mit Gewalt zu schützen und auszubreiten. Daher kommt denjenigen, die das göttliche Gesetz auf die konkreten Entscheidungen hin auslegen, eine indirekt leitende Funktion als ,Hirten' zu. Nur auf der Grundlage des göttlichen Gesetzes ist für Zwingli eine gute politische, soziale und wirtschaftliche Gestaltung möglich. Geistliche und weltliche Gemeinschaft, bürgerliche und kirchliche Gemeinde gehören daher ganz eng zusammen, bilden geradezu einen Leib und müssen, gegenseitig einander dienend, auf das Ziel göttlicher Gerechtigkeit zulaufen – eine Konzeption, mit der Zwingli dem Selbstverständnis und den ohnehin bestehenden Tendenzen spätmittelalterlicher Stadtregimente entgegenkam. Seine Theologie ist deutlich städtisch geprägt. Doch wird von ihm gleichwohl der Unterschied zwischen weltlicher (äußerlicher) und innerer (geistlicher) Gerechtigkeit nicht verwischt. Dennoch ist die theokratische Tendenz in Zwinglis Ansatz nicht zu übersehen; sie hat zu seinem Engagement in der Politik Zürichs gegenüber der Eidgenossenschaft und dem Reich geführt.

Berndt Hamm, Zwinglis Reformation der Freiheit, Neukirchen 1988. – Martin Sallmann, Zwischen Gott und Mensch. Huldrych Zwinglis theologischer Denkweg im De vera et falsa religione commentarius, Tübingen 1999 (BHTh 108).

b) Der Einfluß Zwinglis auf die Reformation in der Schweiz und in Oberdeutschland

Als zweites reformatorisches Zentrum hatte Zürich in der Eidgenossenschaft und über sie hinaus erhebliche Bedeutung. Sein Einfluß gerade auf die Städte reichte auch weit nach Süd- und Südwestdeutschland hinein. Bis zu der im Abendmahlsstreit aufbrechenden Trennung konnten Zwinglis Schriften nicht nur in den oberdeutschen, sondern auch in später dezidiert lutherischen Reichsstädten ihre Wirkung entfalten.

In Zürich wurde in Auseinandersetzung mit den radikalen Zwinglianhängern (vgl. u. S. 158) die Reformation in Zusammenarbeit mit dem Rat zu einer städtischen Landeskirche ausgebaut. In ihr wurde mit dem Ziel der ,christlichen' Stadt ein gemischt besetztes Ehe- und Sittengericht geschaffen, mit dem eine gemeindlich-obrigkeitliche und kirchliche Sittenzucht durchgeführt wurde. Sie wurde von Zwingli gegen die von Johannes Oekolampad in Basel und Leo Jud in Zürich ausgehenden Versuche, eine von der Obrigkeit unabhängige kirchliche Zucht zu installieren, stets verteidigt. Zwinglis Hoffnungen entgegenkommend, zeigten sich reformatorische Bewegungen in den folgenden Jahren auch andernorts in der Eidgenossenschaft. Deren nur locker verbundene Einheit von Land- und Stadtorten, den zugewandten Orten und gemeinsam regierten Herrschaften war damit bedroht. Die von den altgläubigen (inneren) Orten veranstaltete Disputation von Baden (19.5.–9.6.1526) endete mit der Bannung Zwinglis, konnte aber die Einheit nicht mehr herstellen. Vielmehr führten in den folgenden Jahren auch weitere Orte durch Ratsbeschluß die Reformation ein: St. Gallen unter Joachim Vadian schon 1527; 1528 dann auch Bern, der größte und mächtigste Ort, dessen Einfluß sich auch auf Genf und das Waadtland erstreckte. Hier wurden die intensive Vorarbeit des Münsterpredigers Berchtold Haller (1492–1536) und die Berner Disputation (6.–26.1.1528) entscheidend, an der eine großen Zahl von Predigern aus den oberdeutschen Städten und der Schweiz teilnahm. 1529 folgte auf Grund der Predigt Johannes Oekolampads (1482–1531) und des Drucks der Zünfte auf den Rat auch Basel, wo man aber im Unterschied zu Bern auch oberdeutschen und lutherischen Einflüssen offen blieb. In anderen Orten und vor allem den gemeinen Herrschaften wurden die reformatorischen Bewegungen gestärkt.

Der Einfluß Zwinglis reichte weit in die südwestdeutsche Städtelandschaft hinein. In Konstanz (Ambrosius Blarer, 1492–1562; Johannes Zwick, ca.1492–1546), und Memmingen, in Straßburg und Augsburg, in Kempten und Ulm war sein Einfluß auf die Prediger beträchtlich. Es waren der spiritualistisch-pneumatologische Grundzug, die Nähe zu humanistischer Frömmigkeit und der städtische Charakter von Zwinglis Theologie, der sie nicht nur in den genannten Städten, sondern auch in denen mit lutherischer Prägung beim ‚gemeinen Mann‘ attraktiv machte.

Walther Köhler, Zürcher Ehegericht und Genfer Konsistorium, 2 Bde., Leipzig 1932 u. 1942 (QASRG 7 u. 10).

Angesichts der Bedrohung durch Habsburg und die inneren Orte verbündete sich Zürich mit Bern im Burgrecht, zu dem später auch Konstanz und Straßburg stießen. Zu dem von Zwingli betriebenen, großen antihabsburgischen Bündnis mit den oberdeutschen Städten und den evangelischen Fürsten des Reiches kam es aber aufgrund des Abendmahlsstreites und der Reichsloyalität der Fürsten nicht. Als Zürich unter Zwinglis Einfluß – und ohne die Hilfe Berns – den Krieg mit den altgläubigen Orten aufnahm, erlitt es bei Kappel 1531 eine vernichtende Niederlage, in der Zwingli als Feldprediger das Leben verlor (DGQD 3, Nr. 66). Das hatte weitreichende Folgen, da eine in Oberdeutschland bestehende Neigung, sich um der politischen Absicherung willen mit den reformierten Schweizer Orten zusammenzuschließen, damit chancenlos und die Hinwendung zu den lutherischen Gebieten des Reiches notwendig wurde.

2. Die Trennung von schweizerischer, oberdeutscher und lutherischer Reformation im Abendmahlsstreit

Walther Köhler, Zwingli und Luther. Ihr Streit über das Abendmahl nach seinen politischen und religiösen Beziehungen, 2 Bde., Leipzig 1924, Gütersloh 1953 (QFRG 6 u. 7).

In einer ersten Phase der reformatorischen Bewegung wurden die Unterschiede, die zwischen Luther und Zwingli bestanden, wohl gelegentlich bemerkt, riefen aber als

‚Spielarten' reformatorischer Theologie keine Trennungen hervor. Das wurde anders, als mit einer stärker lehrhaften Ausformung auf beiden Seiten die Unterschiede scharf heraustraten. Es war kein Zufall, daß die Trennung zwischen einer humanistisch-spiritualistisch-pneumatologisch geprägten und einer stärker auf die Inkarnation zentrierten Theologie über der Sakramentenfrage aufbrach. Denn hier stand die Frage des Verhältnisses von Schöpfer und Kreatur, von Gott und Mensch, von Geist und Materie zur Klärung an. Der Abendmahlsstreit, in dessen Verlauf die Trennung vollzogen wurde, verlief im wesentlichen in drei Phasen.

a) Die erste Phase: Auseinandersetzung mit Karlstadt

Andreas Bodenstein aus Karlstadt (vgl. o. S. 106f u. unten S. 150f) hatte – aus Sachsen vertrieben – im Herbst 1524 mehrere Abendmahlstraktate veröffentlicht (vgl. KTGQ 3, Nr. 28c), in denen er zum Teil mit grober Polemik gegen Luther das Abendmahl als bloßes Gedächtnismahl bezeichnete, bei dem Christus bei den Worten ‚Das ist mein Leib' auf sich gedeutet habe. Mit Christus, der im Himmel zur Rechten Gottes sitze, seien wir nur durch den Glauben verbunden. Luther hatte zwar die auf dem 4. Laterankonzil 1215 vollzogene Dogmatisierung der ihm philosophisch problematischen Transsubstantiationslehre abgelehnt, aber gleichwohl an der Gegenwart von Christi Leib und Blut aufgrund der Einsetzungsworte festgehalten. In der Auseinandersetzung mit den Böhmischen Brüdern kritisierte er in der Schrift ‚Vom Anbeten des Sakraments' 1523 die Auffassung des niederländischen Juristen Cornelisz Hendricxzoon Hoen (gest. 1524), man müsse das ‚est' als ‚significat' verstehen. Deswegen warnte Luther in einem offenen ‚Brief an die Christen von Straßburg' (Dez. 1524) vor Karlstadt und fertigte ihn mit ‚Wider die himmlischen Propheten' scharf ab, nachdem schon vorher Urbanus Rhegius gegen jenen geschrieben hatte. Für Luther waren seitdem alle diejenigen, die eine Realpräsenz im Abendmahl leugneten, Schüler Karlstadts und Schwärmer.

Ralf Ponader, »Caro nihil prodest. Joan. Vi. Das fleisch ist nicht nutz / sonder der geist.« Karlstadts Abendmahlsverständnis in der Auseinandersetzung mit Martin Luther 1521–1524, in: Andreas Bodenstein von Karlstadt (1486–1541). Ein Theologe der frühen Reformation, hg. v. Sigrid Looß und Markus Matthias, Wittenberg 1998, S. 223–245. – B. J. Spuryt, Wessel Gansfort and Cornelis Hoen's Epistola Christiana, in: Wessel Gansfort (1419–1489) and Northern Humanism, hg. v. Fokke Akkerman, Leiden 1993, S. 122–141. – Martin Brecht, Luther und Karlstadt. Der Beginn des Abendmahlsstreites 1524/25 und seine Bedeutung für Luthers Theologie, in: ZSRG.K 101, 1984, S. 196–216.

b) Die zweite Phase: Die Diskussionen der Schweizer und Südwestdeutschen

Zwingli eröffnete die zweite, sich schnell ausweitende Phase der Auseinandersetzung. Er hatte anfangs nur die Transsubstantiation abgelehnt, im übrigen aber in der Realpräsenz eine Glaubenshilfe für die Einfältigen gesehen, scheint dann aber bald der tropischen Auffassung des ‚est' als ‚significat' sicher gewesen zu sein. Entscheidend wurde für ihn die ‚Epistola christiana' von Hoen, die der Utrechter Rektor Hinne Rhode (gest. nach 1535) 1523 bei Oekolampad und ihm bekannt machte. Von Hoen übernahm er, daß mit dem ‚hoc' das Brot gemeint sei, so daß der Tropos nicht in dem ‚das', wie Karlstadt annahm, sondern in dem ‚est' stecke (KTGQ 3, Nr. 39; Nr. 40b1). Außerdem griff er das Karlstadtsche Argument auf, daß Christi Leib bis zur Wiederkunft im Himmel zur Rechten Gottes sitze (KTGQ 3, Nr. 40c1).

In mehreren Publikationen trat Zwingli 1525 mit seiner Deutung an die Öffentlichkeit, am ausführlichsten in ‚De vera et falsa religione commentarius' (KTGQ 3, Nr. 40a1; Zwingli, Schriften 3, S. 31–452). Außerdem publizierte er seine Briefe an Erasmus Alber in Reutlingen und die Straßburger, beide aus dem Vorjahr. Zusätzlich erschien anonym – wohl von Bucer herausgegeben – der Brief Hoens. Als daraufhin Bugenhagen sich in einem Brief an den Breslauer Reformator Johann Heß (1490–1547) ‚Contra errorem de sacramento corporis et sanguinis domini' wandte, fertigte ihn Zwingli mit einer scharfen ‚Responsio' (Okt. 1525) ab.

Nun brach der Streit los. Oekolampad sammelte in ‚De genuina verborum Domini expositione' patristische Belege für Zwinglis Auffassung und widmete die Schrift im August 1525 den Schwäbischen Predigern – das erste Mal, daß in den theologischen Diskussionen der Reformatoren die Kirchenväter umfassend herangezogen wurden. Die Schwaben aber setzten unter Führung von Johannes Brenz das ‚Syngramma Suevicum' (Okt. 1525; Johannes Brenz, Werke, Bd. 1, S. 222–278) dagegen und beriefen sich auf den Wortlaut der Einsetzungsworte, deren unterschiedliches Verständnis bei den Gegnern deren Unrecht beweise.

Daß sich die humanistischen Reformatoren für die symbolische Deutung einsetzten, konnte auch Erasmus in schiefes Licht bringen. Er äußerte sich zwar nicht öffentlich, brieflich aber sagte er sich von der symbolischen Auffassung, der er durchaus nahestand, los und brachte den Nürnberger Humanisten Willibald Pirckheimer (1470–1530) dazu, sich scharf gegen Oekolampad zu wenden. Als Bucer es dann wagte, in einer Übersetzung des Psalmenkommentars Bugenhagens seine von Zwingli beeinflußte Abendmahlslehre einzutragen und in seiner lateinischen Übersetzung des vierten Bandes von Luthers Postille dessen Abendmahlslehre zu korrigieren, verwahrten sich die beiden Wittenberger im Sommer 1526 dagegen (WA 19, S. 462ff).

Der Streit bewegte keineswegs nur die Gelehrten. Vor allem den Bürgern in den oberdeutschen Städten und dem ‚gemeinen Mann' leuchtete die ‚vernünftigere' Lehre Zwinglis und seiner Anhänger ein. Das zeigte sich besonders in Augsburg, aber auch an vielen anderen Orten. Denn der stärker rationalistische Zug der Theologie Zwinglis mit ihren spiritualistischen Tendenzen vollzog eine viel deutlichere Wendung gegen die spätmittelalterliche Materialisierung des Heiligen als Luthers Inkarnationstheologie.

Thomas Kaufmann, Die Abendmahlstheologie der Straßburger Reformatoren bis 1528, Tübingen 1992 (BHTh 81).

c) Die dritte Phase: Zwingli und Luther

Nun wandten sich die beiden führenden Reformatoren direkt gegeneinander. Auslöser wurden drei Predigten Luthers, die jemand als ‚Sermon vom Sakrament des Leibes und Blutes' herausgab (WA 19, S. 482–523). Zwingli antwortete darauf mit der ‚Freundlichen Verglimpfung (wohlgemeinten Antwort) über die Predigt Luthers' im März 1527 (Zwingli, Schriften 4, S. 1–32). Kurz vorher hatte er im Februar seine ‚Amica exegesis' (Freundliche Auslegung, sc. der Einsetzungsworte) herausgebracht (CR 92, S. 548–758). Freundlich war sie, weil sie zwar die symbolische Auffassung vertrat, aber nicht nur von Erinnerung, sondern von präsentia Christi in mente hominis (Geist des Menschen) durch den Glauben sprach – eine Auffassung, die wohl unter Bucers vermittelndem Einfluß zustande gekommen war.

Luther arbeitete damals bereits an seiner Absage an Zwingli: ‚Daß diese Wort – nämlich die Einsetzungsworte – Christi noch feststehen' (WA 23, S. 38–283). Er trug wenige Argumente wiederholend und breit vor: Am ‚ist' der Einsetzungsberichte ist nicht zu deuten, die Vernunft hat sich zu beugen. Die Rechte Gottes sei nicht lokal zu verstehen, sondern als Gottes machtvolle Gegenwart. Joh 6,63 sei zu vernachlässigen, weil dort nicht vom Abendmahl gesprochen werde. Es gebe einen dreifachen Nutzen der Gegenwart Christi: Unsere Vernunft werde an ihre Grenzen erinnert, der Auferstehungsleib werde genährt und es werde uns damit die Sündenvergebung sinnenfällig zugesprochen. Allerdings geht es auch Luther in erster Linie um den geistlichen Genuß (KTGQ 3, Nr. 40a2).

Zwingli antwortete auf Luthers grobe Schrift ironisch und überlegen ‚Daß diese Wort ewiglich den alten Sinn haben werden'. Er trug erneut die schroff symbolische Deutung vor, konzentrierte sich aber auf die Christologie, die bei Luther doketisch das wahre Menschsein Christi verletze. Zwingli will die Naturen in Christus scharf getrennt halten. Er bezeichnet die Schriftstellen, die eine Mitteilung der Kennzeichen der einen Natur an die andere nahelegen, als Redefigur, als Alloiosis (Gegenwechsel). Christus ist nach seiner göttlichen Natur überall dort, wo Gott ist, nicht aber nach seiner menschlichen. Hier bleibt es, weil Gott Geist ist, bei der strikten Trennung der Naturen. Im übrigen geht Zwingli von Joh. 6 aus. Es gibt nur eine über den Glauben vermittelte präsentia spiritualis (geistliche Gegenwart) und daher nur eine manducatio spiritualis et fidelium (ein geistliches Essen und daher nur eines der Gläubigen). Das Sakrament ist nicht Glaubensstärkung, sondern Erinnerungs- und Bekenntniszeichen der Gläubigen.

Luther antwortete mit ‚Vom Abendmahl Christi Bekenntnis', 1528 (WA 26, S. 261–509). Er bleibt bei der klaren Aussage der Einsetzungsworte. Auch besteht kein Widerspruch zwischen leiblichem Essen und Glauben, denn nicht durch das Essen, sondern durch das Wort geschieht die Vergebung. Außerdem begründet Luther, der stets von der Einheit der Person des Gottmenschen ausgeht, die unlösliche Einheit von Gottheit und Menschheit auch im Abendmahl. Das ‚est' der Einsetzungsworte versteht er allerdings nicht als logische Identitätsaussage, sondern als alltäglich synekdochische Redeweise, bei der zugleich mit der Nennung des einen das andere gemeint ist (Ich greife an ein Faß und sage: Das ist Rotwein; KTGQ 3, Nr. 40b2). Er gebraucht auch das alte Bild vom glühenden Eisen, um die sakramentliche Einheit deutlich zu machen. Luther lehrt in der Christologie (KTGQ 3, Nr. 40c2) die communicatio idiomatum (Mitteilung der Eigenschaften) nicht nur – in der späteren Begrifflichkeit der lutherischen Orthodoxie – im genus idiomaticum (die Eigenschaften jeder Natur eignen der Person) und apotelesmaticum (beide Naturen sind am Werk der Person beteiligt), sondern auch im genus majestaticum (die menschliche Natur hat kraft personaler Einheit an den Eigenschaften der göttlichen Natur teil, nicht aber die göttliche an denen der menschlichen, weil die göttliche die menschliche Natur angenommen hat und nicht umgekehrt). Das war eine Neubildung gegenüber der Tradition. I Kor 10,16 belegt Luther die manducatio impiorum (den Genuß der Nichtglaubenden), bei der es freilich keinen geistlichen, sondern nur den leiblichen Genuß gibt. Denn Christus naht sich auch dem, der ihn ablehnt, wird ihm aber nicht zum Heil.

Zwingli hat noch einmal geantwortet mit ‚Über Luthers Buch Bekenntnis genannt‘, aber neue Argumente tauchten nicht mehr auf. Tatsächlich brach hier ein religiöser Gegensatz auf: Zwingli bestand darauf, daß der Glaube sich nur an die durch den irdischen Christus am Kreuz erworbene Erlösung halten dürfe, nicht aber an eine äußerliche Zeremonie. Für Luther, den stets Angefochtenen, war das Sakrament der Felsen, an den sich der in Anfechtung Ertrinkende klammert. Zwingli kann in ruhiger Glaubensgewißheit mit der Erinnerung zufrieden sein. Beide haben für ihre Auffassungen christologische Hilfskonstruktionen bemüht.

Die Folgen des Abendmahlsstreites waren beachtlich: Er hat, weil man auf beiden Seiten den Konsensus mit der alten Kirche betonte, zur Argumentation mit den Kirchenvätern geführt und die Aufnahme scholastischer Distinktionen in Abendmahlslehre und Christologie gefördert. Über das Theologiegeschichtliche hinaus führte er zu einer problematischen politischen Spaltung des Protestantismus – für Philipp von Hessen der Anstoß, im Marburger Religionsgespräch von 1529 eine Aussöhnung zwischen Luther und Zwingli zu versuchen, wenn auch ohne Erfolg (vgl. u. S. 189). Nicht nur deswegen bemühten sich die Straßburger und vor allem Martin Bucer schon sehr bald um eine vermittelnde Position. Bucer fand sie in Luthers Formel einer ‚unio sacramentalis‘ zwischen den Elementen und Christus. Sie wurde für ihn der Ausgangspunkt seiner im Herbst 1530 einsetzenden Bemühungen um eine Verständigung zwischen Zürich und Wittenberg.

Ernst Bizer, Studien zur Geschichte des Abendmahlsstreit im 16. Jahrhundert, [3]Darmstadt 1972. – Albrecht Peters, Realpräsenz. Luthers Zeugnis von Christi Gegenwart im Abendmahl, [2]Berlin 1966 (AGTL 5). – Eberhard Grötzinger, Luther u. Zwingli. Die Kritik an der mittelalterlichen Lehre von der Messe als Wurzel des Abendmahlsstreits, 1980 (ÖTh 5).

3. Luther und Erasmus

Luther hatte schon sehr früh bemerkt, daß seine paulinische Theologie mit der des Erasmus nicht übereinstimmte, machte dies aber nicht öffentlich und versuchte immer wieder, die direkte Konfrontation mit Erasmus zu vermeiden. Erasmus, seinerseits an der Reform der Kirche interessiert und Luthers kritischen Äußerungen zustimmend, ging ab 1521 zunehmend auf Distanz, weil er Luthers theologische Entwicklung ebenso wie seine grobe Polemik und die beginnenden reformatorischen Änderungen ablehnte. Dann aber zwang ihn 1523 eine Herausforderung Ulrichs von Hutten, sich über sein Verhältnis zur Reformation zu äußern, und schließlich gab er dem Drängen altgläubiger Fürsten und Kirchenmänner nach und wandte sich mit einer Schrift über den freien Willen direkt gegen Luther – auf einem Feld, das er aufgrund der spätmittelalterlichen Auseinandersetzungen über das Thema für diskussionswürdig, aber ungefährlich hielt.

Der friedliebende Erasmus wollte auch auf diesem Feld den Mittelweg zwischen Pelagianismus und striktem Augustinismus gehen (KTGQ 3, Nr. 32a3), dabei aber die Frage, wie sich freier Wille und göttliche Alleinwirksamkeit verhalten, unbeantwortet lassen (KTGQ 3, Nr. 32a2). Da die Schrift in dem Punkt dunkel bleibe, müsse man sich an die Auslegung der Väter halten, die mehrheitlich die Freiheit des Willens vertreten hätten (KTGQ 3, Nr. 32a1). Der Mensch bedürfe zwar der Gnade, könne aber aufgrund des freien Willens zu seinem Heil beitragen. Gäbe es keinen freien Willen, so gäbe es keine Verantwortlichkeit des Menschen vor Gottes Gericht; die Gebote und die Mahnungen zur Umkehr würden ebenso sinnlos wie die Lohnverheißungen. Die seiner These widersprechenden Schriftaussagen schwächte Erasmus ab.

Luther war durch die Ereignisse des Jahres 1525 (vgl. o. S. 132–137) so in Anspruch genommen, daß die Antwort, zu der ihn gerade seine humanistisch geprägten Anhänger drängten, mit ‚De servo arbitrio‘ erst Ende des Jahres erschien – ein Buch, das Luther auch später zu seinen bedeutendsten Schriften rechnete.

Mit Härte und Erasmus als Person treffender Polemik – obwohl er selbst seine Schrift später als maßvoll bezeichnete – wies Luther dessen Voraussetzungen insgesamt ab: Im Blick auf die Frage von Heil und Unheil muß die Wahrheit in klaren Behauptungen öffentlich vertreten werden: ‚Der heilige Geist ist kein Skeptiker‘. Im Blick darauf ist die Schrift auch durchaus klar (KTGQ 3, Nr. 30b1), und wo sie dunkel ist, kann sie von den hellen Stellen her verstanden werden. An sie, nicht an die von ihr aus zu beurteilende Kirche muß man sich halten. Ausführlich behandelt Luther die von Erasmus angeführten Bibelstellen, vor allem die in Röm 9 herangezogenen alttestamentlichen Verstockungsstellen. Insgesamt ergibt sich: Gottes Alleinwirksamkeit, an der man festhalten muß (KTGQ 3, Nr. 32b2), schafft in Christus das Heil des Menschen, andernfalls bliebe es auch immer ungewiß. Der Mensch als Gerittener folgt Gott oder dem Satan (KTGQ 3, Nr. 32b3). Doch werden in der Offenbarung in Christus – dem deus revelatus – nicht alle Rätsel in von Gott gelenkter Natur und Geschichte gelöst, sie bleiben ein Geheimnis des deus absconditus (KTGQ 3, Nr. 32b4). Das aber trägt keinen Dualismus in Luthers Gottesbild, weil dem Menschen nur der deus revelatus zugänglich bleibt und man sich an ihn halten kann und soll.

Luthers Schrift führte keineswegs zur Trennung von Humanismus und Reformation. Nur bei wenigen wirkte sie so. Erasmus selbst beschwerte sich ohne Erfolg bei Kurfürst Johann von Sachsen und veröffentlichte zunächst 1526 den ersten Teil seines

‚Hyperaspistes' (Schildhalter zum Schutz der Diatribe) gegen Luthers Voraussetzungen und seine Polemik. Der exegetisch schwerfällige und umfangreiche zweite Teil dieser Schrift erschien erst 1527, ohne irgendwelche Reaktionen auf lutherischer Seite auszulösen.

Harry J. MacScorley, Luthers Lehre vom unfreien Willen nach seiner Hauptschrift De servo arbitrio im Licht der biblischen und kirchlichen Tradition, München 1967 (BÖT 1). – Klaus Schwarzwäller, theologia crucis. Luthers Lehre von der Prädestination nach De servo arbitrio, 1525, München 1970 (FGLP, 10. Reihe. Bd. 39). – Widerspruch. Luthers Auseinandersetzung mit Erasmus, hg. v. Kati Kopperi, Helsinki 1997 (SLAG 37). – Dietrich Kerlen, Assertio. Die Entwicklung von Luthers theologischem Anspruch und der Streit mit Erasmus von Rotterdam, Wiesbaden 1976 (VIEG 78). – Humanismus und Reformation – Martin Luther und Erasmus von Rotterdam in den Konflikten ihrer Zeit, hg. v. Otto Hermann Pesch, München/Zürich 1985, S. 91–118. – Thomas Reinhuber, Kämpfender Glaube. Studien zu Luthers Bekenntnis am Ende von De servo arbitrio, Berlin/ New York 2000 (TBT 104).

4. Die Außenseiter der Reformation (Linker Flügel/Radikale Reformation)

Heinold Fast, Der linke Flügel der Reformation. Glaubenszeugnisse der Täufer, Spiritualisten, Schwärmer und Antitrinitarier, Bremen 1962 (KlProt 4). – George Huntston Williams, The Radical Reformation, [3]Kirksville/Missouri 1992 (SCES 15). – Gustav Adolf Benrath, Die Lehre außerhalb der Konfessionskirchen, in: Handbuch der Dogmen- und Theologiegeschichte 2, [2]Göttingen 1998, S. 560–664. – Ders., Die Lehre des Humanismus und des Antitrinitarismus: Handbuch der Dogmen- und Theologiegeschichte 3, [2]Göttingen 1998, 49–70. – Gottfried Seebaß, Der „linke Flügel der Reformation", in: Luther und die Reformation in Deutschland, hg. v. Kurt Löcher, Gütersloh 1988 (SVRG 194), S. 121–134. – Hans-Jürgen Goertz, Religiöse Bewegungen in der Frühen Neuzeit, München 1993 (Enzyklopädie Deutscher Geschichte 20). – Außenseiter zwischen Mittelalter und Neuzeit, FS Hans-Jürgen Goertz, hg. v. Norbert Fischer und Marion Kobelt-Groch, Leiden u.a. 1997. – Radikalität und Dissent im 16. Jahrhundert. Radicalism and Dissent in the Sixteenth Century, hg. v. Hans-Jürgen Goertz u. James M. Stayer, Berlin 2002 (ZHF Beiheft 27). – Bibliotheca Dissidentium. Répertoire des non-conformistes religieux des seizième et dix-septième siècles, hg. v. Andrè Séguenny, Bd. 1–24, Baden-Baden/Bouxwiller 1980–2005. – Radikale Reformatoren. 21 biographische Skizzen von Thomas Müntzer bis Paracelsus, hg. v. Hans-Jürgen Goertz, München 1978.

Diejenigen Kräfte, die es im Zuge der Konfessionalisierung des Christentums im 16. Jahrhundert nicht zu einem konfessionellen Staatskirchentum brachten, wurden lange Zeit unter dem von Luther gebildeten Begriff der ‚Schwärmer' zusammengefaßt. Von Luthers Theologie aus durchaus berechtigt, wurde eine solche Zusammenfassung freilich den voneinander deutlich unterschiedenen Gruppen nicht gerecht. Gerade die neuere Forschung hat ein hoch differenziertes Bild der Schwärmer erstellt. Soziologisch unterschied schon Ernst Troeltsch den Sektentyp der Täufer von der freien Geistgemeinschaft der Spiritualisten. Weiter aufschlüsselnd sprach Heinold Fast von vier Gruppen: den durch entschiedenen Dualismus von Kirche und Welt gekennzeichneten täuferischen Gruppen, den dualistisch Leibliches und Geistiges gegeneinandersetzenden und ersteres abwertenden Spiritualisten, den unter Berufung auf unmittelbare Offenbarungen eine neue Christenheit fordernden Schwärmern und den die altkirchlichen Dogmen leugnenden Antitrinitariern. Dieses Schema wurde von

George Huntston Williams dann noch einmal differenzierend überboten. Darüber wurde freilich auch die Problematik solcher Typenbildung deutlich, weil:

– im konkreten Fall Schwierigkeiten auftraten, eine bestimmte Person einer dieser Gruppen zuzuordnen;

– solche Typenbildung immer auch apologetischen Interessen dienen konnte;

– sie in der Gefahr stand, kristalline Endformen anachronistisch in die Anfangszeit zurückzutragen,

– sowie den historischen Zusammenhang, um dessen Verständnis es geht, eher zu verdecken, als offenzulegen.

Dennoch hat man auch nach dem Verzicht auf den Schwärmerbegriff immer wieder nach einer Bezeichnung gesucht, die dem Zusammenhang der verschiedenen Gruppierungen gerecht werden konnte. Roland. H. Bainton schuf die Bezeichnung des „left wing of the Reformation", die sich weitgehend durchsetzte. ‚Links' bezog sich dabei nicht auf analoge Ziele wie die der Linksparteien der Mitte des 19. und 20. Jahrhunderts, sondern sollte lediglich andeuten, daß man hier zu tieferem Bruch mit der Vergangenheit als in den großen Konfessionskirchen bereit war. Williams hat eben dies mit dem Begriff der ‚radical Reformation' im Unterschied zur ‚magisterial Reformation' auszudrücken versucht, wobei aber nicht mehr deutlich wird, daß auch die Zürcher Radikalen eine obrigkeitliche Reformation wollten und Balthasar Hubmaier sie auch durchführte (vgl. u. S. 158–160). Außerdem läßt sich gegen den Terminus ‚radical Reformation' einwenden, daß nicht nur in Anthropologie und Rechtfertigungslehre, sondern auch in der Konzeption des Verhältnisses von Obrigkeit und Kirche die Reformatoren ‚radikaler' waren als die Vertreter der ‚radikalen Reformation', die erst angesichts der Unmöglichkeit, die von ihnen erstrebte Christianisierung der Gesamtgesellschaft mit Hilfe der Obrigkeit durchzusetzen, eine ‚Absonderung' vorzogen und auch in sie gedrängt wurden.

Eine inhaltlich-zusammenfassende Charakteristik ist aber gleichwohl möglich, wenn man sieht, daß es allen diesen Gruppen um die vom Humanismus angestoßene ‚restitutio Christianismi' im Sinn eines Rückgriffs auf die vorbildlich gedachte Urgemeinde und die aus der Bibel erhobenen verpflichtenden göttlichen Ordnungen ging, die sie bei den Reformatoren vermißten. Charakteristischerweise gilt das in gleicher Weise für die sächsischen Radikalen (Karlstadt und Müntzer) wie für die Zürcher (um Konrad Grebel). Freilich unterschied man sich sehr grundsätzlich, wenn danach gefragt wurde

– was mit dieser Erneuerung des Christentums eigentlich gemeint sei,

– welche Voraussetzungen für diese Erneuerung erfüllt sein mußten

– und in welcher Weise diese Erneuerung zu vollziehen sei.

Wilhelm Maurer, Luther und die Schwärmer, in: Ders., Kirche und Geschichte 1: Luther und das evangelische Bekenntnis, Göttingen 1970, S. 103–133. – Ernst Troeltsch, Gesammelte Schriften 1: Die Soziallehren der christlichen Kirchen und Gruppen, Tübingen 1922.

a) Mystischer Spiritualismus

In der Forschung hat sich mit Recht der Terminus ‚mystischer Spiritualismus‘ zur Kennzeichnung einer Reihe von Theologen eingebürgert, die untereinander höchst unterschiedlich, doch alle von zwei Traditionsströmen bestimmt waren: vom biblischen Humanismus des Erasmus mit seiner Entgegensetzung von Äußerlichem und Innerlichem, Kreatürlich/Leiblichem und Göttlich/Geistigem sowie den mystischen Traditionen, wie sie vor allem durch die in der Devotio moderna geschätzte Imitatio Christi des Thomas von Kempen, die von Luther veröffentlichte Theologia Deutsch und die 1522 in Basel gedruckten Predigten des Johannes Tauler repräsentiert werden (vgl. o. S. 58–64). In den negativen Erfahrungen des Alltags erweist sich Christus als Tröster und Freund. Im Unterschied zu den ‚freien Geistern‘ und den Kirchenfrommen lösen sich die wahren Gottesfreunde von der Welt- und Eigenliebe, um im Grund ihrer Seele und im gelassenen Willen mit Christus und Gott ein Geist zu werden. Nur wer innerlich von der Welt frei und Christus konform geworden ist, gehört zu den Gliedern Christi und damit zur wahren Kirche.

Andreas Bodenstein von Karlstadt

Andreas Bodenstein, nach seinem Geburtsort stets Karlstadt (1486–1541) genannt, absolvierte das Studium der artes und der Theologie in Erfurt, Köln und Wittenberg, wurde dort 1511 Archidiakon des Allerheiligenstifts und Professor und kehrte von einem Romaufenthalt als Doktor beider Rechte zurück. Über die Lektüre Augustins trat er 1517 an Luthers Seite, entfernte sich aber von ihm durch eine intensive Rezeption mystischer Traditionen. Gegen die ‚Schonung der Schwachen‘, mit der Luther die biblisch-legalistische Begründung von Reformen durch Karlstadt ablehnte, hielt dieser fest, daß man göttlichen Anordnungen unbedingt folgen müsse. Zwischen 1523 und 1525 entwickelte er dann eine mystisch-spiritualistische Wiedergeburtstheologie, die augustinische, mystische und lutherische Traditionen verband. Der ehrgeizige Mann gab akademische Position und Ehren auf, um zunächst als ‚Bruder Endres‘ den Hof seiner Frau in Wörlitz zu bearbeiten und dann im Sommer 1523 die dem Allerheiligenstift Wittenberg inkorporierte Pfarrstelle in Orlamünde zu übernehmen. Gleichzeitig trat er mit einer Fülle von Traktaten an die Öffentlichkeit.

Die Sünde bestimmt Karlstadt als ‚Ungelassenheit‘ und als ‚Annehmlichkeit‘ (Aneignung, sc. der Welt) des Menschen, der sich vom Einen (Gott) zum Vielen (den Kreaturen) gewandt hat. Sie zeigt sich in Selbstbezogenheit, in Maßlosigkeit bei Essen und Trinken, im Streben nach Besitz und Ehre. Das alles muß in wahrer ‚Gelassenheit‘ überwunden werden, in der man sich Gott ergibt. Dafür ist Christus das Vorbild, dem man gleichförmig werden muß. Deswegen kann für Karlstadt – Luthers Sicht umkehrend – nur der Christus in uns der Christus für uns sein. Die Gelassenheit ist der im Dekalog geforderte Sabbat, über den Karlstadt einen Traktat veröffentlichte. Diese spiritualistische Deutung des alttestamentlichen Gesetzes konnte später in bestimmten Gruppen des Täufertums, die als Sabbatianer bezeichnet werden, in Legalismus umschlagen, insofern derjenige, der sich im geistlichen Sabbat wußte, versucht sein konnte, ihn auch äußerlich zu halten. Denn der Gelassene erfüllt den Willen Gottes, der aus Altem und Neuem Testament erhoben werden kann. Die Änderung des Menschen vom ungelassenen zum gelassenen kann nur Gottes Geist innerlich bewirken. Das äußere Wort der Bibel ist nur Zeugnis des Glaubens anderer, kann ihn aber nicht hervorrufen und wird auch erst in der Gelassenheit verständlich. Ebenso vermitteln die Sakramente nicht die Gnade, sondern sind äußere Zeichen vorhandenen Glaubens. Deswegen vollzieht Karlstadt keine Säuglingstaufe, ohne freilich die Wiederholung der früher vollzogenen zu verlangen. Im Abendmahl gibt es keine Präsenz Christi, sondern nur Erinnerung an seine Passion.

Diesem Spiritualismus entsprach die Reform, die Karlstadt mit Wissen und Willen der lokalen Obrigkeiten in Orlamünde und benachbarten Orten seit Frühjahr 1523 durchführte: Bilder, Altäre und Meßgewänder wurden abgeschafft, die Kindertaufe eingestellt. Das führte zu Luthers Eingreifen. Seine Reise in das obere Saaletal, ein Gespräch mit Karlstadt und der Orlamünder Gemeinde blieben erfolglos (KTGQ 3, Nr. 28b). Doch erreichte Luther beim sächsischen Hof im September 1524 Karlstadts Ausweisung. Dieser wandte sich nach Straßburg und Basel und veröffentlichte eine Reihe von Schriften zu den Sakramenten. Luther fertigte ihn in der Schrift ‚Wider die himmlischen Propheten‘ scharf ab, wobei er, weil ihm Karlstadt den Menschen für die Frage der Heilsgewißheit auf die Selbstprüfung zu weisen schien, besonderen Nachdruck auf die Bindung des Geistes an das Äußere legte (vgl. o. S. 143). Da man Karlstadt, der sich damals in Rothenburg o. d. Tauber aufhielt, eine Beteiligung am Bauernkrieg unterstellte, suchte er – um den Preis eines Widerrufs und des Versprechens, nichts zu veröffentlichen – Zuflucht in Sachsen. Bis 1529 fristete er in Kemberg ein bedrückt kümmerliches Leben, begab sich dann aber über Holstein, Ostfriesland und Straßburg in die Schweiz. Dort verschaffte ihm Zwingli eine Pfarrstelle, und schließlich erhielt er eine alttestamentliche Professur in Basel, die er bis zu seinem Tod 1541 innehatte. Über seine mystisch geprägten Schriften der Jahre 1523–1525 hat er großen Einfluß auf andere Spiritualisten bis hin zu den radikalen Pietisten gehabt.

Andreas Bodenstein von Karlstadt (1486–1541). Ein Theologe der frühen Reformation, hg. v. Sigrid Looß und Markus Matthias, Wittenberg 1998. – Alejandro Zorzin, Karlstadt als Flugschriftenautor, Göttingen 1990. – Hans Peter Hasse, Karlstadt und Tauler, Gütersloh 1993 (QFRG 58). – Jürgen Kaiser, Ruhe der Seele und Siegel der Hoffnung. Die Deutungen des Sabbats in der Reformation, Göttingen 1996 (FKDG 65). – Querdenker der Reformation – Andreas Bodenstein von Karlstadt und seine frühe Wirkung, hg. v. Ulrich Bubenheimer u. Stefan Oehmig, Würzburg 2001.

Thomas Müntzer

Thomas Müntzer (ca.1490–1525) stammte aus einer aufstrebenden Familie in Stolberg/Harz. Über familiäre Beziehungen erhielt er nach dem Studium an den Universitäten Leipzig und Frankfurt/Oder und der Priesterweihe in Braunschweig und andernorts kirchliche Pfründen, die ihm Zeit zum Studium der Kirchenväter und mystischer Schriften ließen. Die Wittenberger Reformatoren, denen sich Müntzer seit 1517 zuwandte, vermittelten ihn 1519 als Prediger nach Jüterbog, 1520 nach Zwickau. An beiden Orten kam es über Müntzers Polemik gegen die Scholastik, harsche

Kirchenkritik und seine spiritualistische Leidenstheologie zu schweren Auseinandersetzungen mit altgläubigen und humanistisch geprägten Geistlichen. Müntzers Hoffnung, im hussitischen Böhmen mit seiner apokalyptischen Erwartung des Gerichts über alle Gottlosen willkommen zu sein (‚Prager Manifest‘, 1521), wurde enttäuscht. Nach dem ‚Elend‘ immer erneuter Vertreibung erhielt er (Ostern 1523) in der kursächsischen Exklave Allstedt/Südharz eine Pfarrstelle und begann sofort eine umfassende Reform des Kirchenwesens (‚Deutsche evangelische Messe‘; ‚Deutsches Kirchenamt‘ – ein Entwurf eines reformatorischen Stundengebets; ‚Ordnung und Berechnung [Rechtfertigung] des deutschen Amts‘). Die zunächst brieflich und dann in publizierten Schriften polemisch vollzogene Wendung gegen die Wittenberger, der Zulauf zu seinen Predigten aus altgläubigen Gebieten, die Verteidigung auch gewaltsamen Vorgehens seiner Hörer (KTGQ 3, Nr. 29c), führte zu Luthers Eingreifen (‚Ein Brief an die Fürsten zu Sachsen‘, Sommer 1524). Dies und der mißlungene Versuch, mit seiner ‚Fürstenpredigt‘ (KTGQ 3, Nr. 29b; DGQD 3, Nr. 43.1) Herzog Johann von Sachsen zu einer Reformation in seinem Sinn zu bewegen, machten ein Bleiben in Allstedt unmöglich. Er floh in die Reichsstadt Mühlhausen (August 1524). Müntzers Eingreifen in die Auseinandersetzungen in der dortigen Bürgerschaft und seine Forderung nach einem in seinem Sinn christlichen Stadtregiment führten zur Ausweisung (September 1524). Über Nürnberg begab er sich nach Südwestdeutschland in das Gebiet des beginnenden Bauernkriegs, kehrte aber im Februar 1525 nach Mühlhausen zurück, um nun von dort aus den Bauernaufstand in Thüringen zu unterstützen. Nach der Schlacht bei Frankenhausen gefangengenommen, wurde er am 27. Mai 1525 vor Mühlhausen hingerichtet.

Im Unterschied zu Karlstadt ist Müntzers mystischer Spiritualismus apokalyptisch geprägt. Müntzer ist der Auffassung, daß die Zeit der Reinigung der Christenheit vor dem Anbruch des Reiches Christi gekommen sei. In ihr vollzieht sich die Trennung von Frommen und Gottlosen, da die Kirche seit den Tagen der Apostel mit Kindertaufe und fehlender katechetischer Unterweisung das ‚Unkraut unter dem Weizen‘ hat wachsen lassen (KTGQ 3, Nr. 29a). Verantwortlich dafür sind die Geistlichen, altgläubige ebenso wie die reformatorischen. Sie haben die Veräußerlichung in der Kirche geduldet: die Altgläubigen mit unverständlicher Kirchensprache, Bildern und dem Christus in der Monstranz, die Reformatoren mit dem Hinweis auf Christi stellvertretendes Leiden und der Abwertung der guten Werke. Fälschlich gründen sie den Glauben auf das äußere Wort der Schrift und die Sakramente. Ihrer Lehre entspricht ihr Leben: ‚sanftlebend‘ und geprägt von Gier und Ausbeutung (DGQD 3, Nr. 43.2 und 3). Ihnen gegenüber fühlt sich Müntzer als alttestamentlicher Prophet (wie Jeremia, Hesekiel, Daniel) und als der Bußprediger, der dem Kommen Christi vorausgeht. Ihm geht es um den nicht ‚fiktiven‘, den wahren Glauben. Dem sollen die deutschsprachigen Agenden seiner Gottesdienste und seine Schriften dienen. Er entsteht nur, wenn der Mensch erkennt, daß er die in der Abfolge der Schöpfungswerke von Gen 1 liegende Seins- und Herrschaftsordnung im Sündenfall verkehrt hat, so daß er nicht als Diener Gottes über die Kreaturen herrscht, sondern der Herrschaft der Kreaturen verfallen ist. Wiederhergestellt ist diese Ordnung bisher nur in Christus, der sich in seiner Passion bis ans Kreuz in den Willen Gottes ergab. Sein Leiden ist nicht im ,honigsüßen' ,Christus für uns' geschehen, sondern man muß dem ,bitteren Christus' im Leiden gleichförmig werden. Das löst von der Welt und den Kreaturen und läßt auf dem tiefsten Punkt, der Gottverlassenheit, den echten Glauben entstehen. Dies Leiden versteht Müntzer als das Fegfeuer; es entspricht in seiner Intensität dem Maß der Weltverfallenheit des Menschen. Das nicht vom Menschen, sondern von Gott selbst innerlich und äußerlich über den Menschen gebrachte Leid symbolisieren die bedrohenden und tötenden Wasser der Taufe und der dem Leiden hingegebene Leib Christi im Abendmahl. Daß der Mensch nur durch eine den Kreaturen Leid zufügende Bearbeitung diese an ihr schöpfungsgemäßes Ziel bringen kann, dem Menschen zu dienen, war ihm eine ,natürliche', auch Juden, Moslems und Heiden überzeugende Begründung seiner Leidenstheologie.

Müntzer genügte es nicht, durch seine Predigt die Trennung von Frommen und Gottlosen zu bewirken. Vielmehr wartete er auf die umfassende Zerstörung des Antichrists und das Reich Christi. Deren Beginn erwartete er 1521 von den Böhmen, später forderte er die sächsischen Herrscher auf, ihre Macht zur Reinigung der Christenheit einzusetzen. Über ihre Weigerung kam er zu der Überzeugung, daß in einer von Sünde strukturierten Welt, der Einzelne nicht zum Glauben kommen könne, so daß also Neuwerdung des Einzelnen und der Welt zusammengehörten. Doch hat Müntzer nur defensiv den Schutz seiner Anhänger, nicht aber aktiv den Aufstand betrieben. Erst als er in dem sich von Südwestdeutschland nach Thüringen ausbreitendem Bauernkrieg das endzeitliche Handeln Gottes zur Vernichtung der Gottlosen zu erkennen glaubte, rief er zur erbarmungslosen Vernichtung der Gegner auf und nahm aktiv am Aufstand teil. Über die Ziele, die er für die Zeit nach dem Aufstand verfolgte, gibt es keine klaren Aussagen. Wie Müntzer im Blick auf den Einzelnen nur an der durch Leid bewirkten Entstehung des Glaubens interessiert war, so im Blick auf die Gesellschaft nur am Vollzug des Urteils über die Gottlosen. Das ,neue Leben' des Glaubenden läßt sich bei ihm wie die Vorstellungen über die neue Christenheit im Reich Christi nur indirekt als Aufhebung dessen, was Mensch und Welt nach dem Fall charakterisiert, erschließen. Dazu gehörte die Aufhebung jeder Art gewaltsamer Herrschaft und in der Erwartung des ,omnia sunt communia' (alles ist Gemeingut, vgl. Act 4,32) die Aufhebung eigennützigen Besitzes.

An seiner Konzeption und Hoffnung ist Müntzer auch durch die Niederlage der Bauern nicht irregeworden. Er führte ihre Niederlage darauf zurück, daß sie den Kampf um eigener Interessen willen und deswegen eben nicht als reine Gottesstreiter geführt hatten (KTGQ 3, Nr. 29d). Seine Verbindung von mystisch geprägter Leidenstheologie und Apokalyptik hat Hans Hut in dem von ihm begründeten Zweig des Täufertums (vgl. u. S. 160f) kurzfristig noch lebendig erhalten. Von diesem beeinflußt tradierten auch die Hutterischen Brüder und andere Spiritualisten unter Aufgabe der Apokalyptik eine von Müntzer beeinflußte Leidenstheologie.

Nachdem sich schon Gottfried Arnold in seiner ,Unparteiischen Kirchen- und Ketzerhistorie' um eine gerechtere Bewertung des von Luther und Melanchthon als Aufrührer Gebrandmarkten bemühte und die marxistische Geschichtsschreibung seit dem 19. Jahrhundert einen sozialistischen Revolutionär in theologischer Verkleidung aus ihm machte, hat erst die Forschung der letzten vier Jahrzehnte zu einem wissenschaftlich fundierten Müntzerbild geführt.

Thomas Müntzer, Schriften und Briefe, hg. v. Günther Franz, Gütersloh 1968 (QFRG 33). – Quellen zu Thomas Müntzer, bearb. v. Wieland Held† u. Siegfried Hoyer, Leipzig 2004 (Thomas-Müntzer-Ausgabe 3). – Gottfried Seebaß, Müntzer, Thomas, in: TRE 23, Berlin/New York 1994, 414–436 (Lit!). – Der Theologe Thomas Müntzer, hg. v. Siegfried Bräuer u. Helmar Junghans, Berlin 1989.

Hans Denck

In Hans Denck (ca.1500–1527) greifen wir ein Bindeglied zwischen Karlstadt und Müntzer einer- und dem oberdeutschen Täufertum andrerseits. Nachrichten über sein Leben sind bruchstückhaft. Nach einem mit dem Grad eines Magister artium abgeschlossenen Studium in Ingolstadt war er stets von der Förderung seiner humanistischen Freunde abhängig. Die Augsburger verschafften ihm eine Hauslehrerstelle in der Familie eines Domherrn, die Regensburger eine im Hochstift Regensburg, bis er 1522 als Korrektor der Cratanderschen Druckerei nach Basel kam. Hier dürfte er bereits reformatorische Schriften, die Theologia Deutsch, deren späteren Ausgaben zuweilen die von Denck stammenden ‚Hauptreden‘ beigegeben wurden, und die Predigten Taulers kennengelernt haben. Durch Empfehlung Oekolampads kam er als Rektor der Sebalder Schule nach Nürnberg. Doch wurde er Anfang 1525 seines von Karlstadt und Müntzer beeinflußten mystischen Spiritualismus wegen ausgewiesen. Möglicherweise hat er sich kurz bei Müntzer in Mühlhausen aufgehalten, doch läßt sich von dessen Apokalyptik bei ihm nichts finden. Auch in Augsburg und Straßburg konnte er sich – damals bereits Objekt der Polemik reformatorischer Prediger (U. Rhegius, M. Bucer) – nicht lange halten. Zweifel an der Kindertaufe führten ihn in täuferische Kreise, von denen er aber seines Spiritualismus wegen abgelehnt wurde. Einen Aufenthalt in Worms nutzte er zur Publikation einiger kleiner Schriften. Da er sich von den Täufern getrennt hatte, nahm ihn Oekolampad 1527 in Basel auf. Doch war das, was Denck als ‚Widerruf‘ niederschrieb alles andere als ein solcher. Kurz darauf starb er an der Pest.

Denck wertete gegenüber dem in jedem Menschen wirkenden Gottesgeist und inneren Wort alle äußeren Mittel wie Schrift, Predigt und Sakramente ab. Der den Kreaturen verfallene Mensch, dem Denck unter Ablehnung der Lehre vom unfreien Willen freilich auch keinen einfach freien zugesteht, muß sich durch Leid von der Welt lösen und so, dem Vorbild Christi folgend, zur Erfüllung des göttlichen Gesetzes in der Liebe fähig werden. Dementsprechend wollte er selbst nichts anderes als ein fleißiger Schüler Christi sein. Es verbanden sich bei ihm mystischer Spiritualismus und humanistisches Nachfolgechristentum. Die Einheit der Christen im Geist der Liebe war ihm das Wichtigste. Daß Denck angesichts der starken Betonung der Einheit Gottes in einer Allversöhnungslehre den doppelten Ausgang der Heilsgeschichte leugnete, ist durchaus wahrscheinlich.

Denck hat mit seinem Spiritualismus Anhänger gefunden (Jakob Kautz, ca.1500–ca.1532) und Männer wie Ludwig Hätzer (ca.1500–1529), Hans Bünderlin (ca.1500–nach 1539) und Christian Entfelder (gest. nach 1544) zur Trennung vom Täufertum gebracht. Dennoch hat er oberdeutsches und österreichisches Täufertum stark beeinflußt und seine Schriften wurden auch bei den Hutterischen Brüdern tradiert.

Werner Packull, Mysticism and the Early South German Anabaptist Movement, Scottdale 1976. – Gottfried Seebaß, Hans Denk: Fränkische Lebensbilder hg. v. Gerhard Pfeiffer, Bd. 6, Neustadt 1976, 107–129. – Matthias Gockel, A Reformer's Dissent from Lutheranism: Reconsidering the Theology of Hans Denk (ca.1500–1527), in: ARG 91, 2000, S. 127–148.

Caspar von Schwenckfeld

Schwenckfeld (1489–1561), nach seinem Geburtsort ‚von Ossig‘ (bei Lüben im Herzogtum Liegnitz) genannt, stammte aus niederem schlesischem Adel. Nach dem Besuch der Lateinschule in Liegnitz, dem Studium der artes und vielleicht des kanonischen Rechtes in Frankfurt/Oder und Köln trat er 1511 in den Hofdienst des Herzogs von Oels, später des von Brieg und schließlich als Hofrat in den Herzog Friedrichs II. von Liegnitz (1480]1495–1547). Die frühen Schriften Luthers bewirkten eine Abwendung vom höfischen Leben. Intensive Lektüre reformatorischer, mystischer und Kirchenväterschriften machte ihn zum Laienprediger. Mit Gleichgesinnten erreichte er, daß der Herzog schon früh ein reformatorisches Predigtmandat erließ. Doch vermißte Schwenckfeld sehr bald die ‚Liebe der Besserung‘ und suchte die via media oder regia – nicht als Kompromiß, sondern als rechten Weg – zwischen dem früheren ‚gleißnerischem Leben‘ und der in seinen Augen ‚fleischlichen Freiheit‘ der Reformatoren. Unter dem Einfluß der Exegese des Liegnitzer Stiftsherrn Valentin Krautwald (1490–1545) entwickelte er seine Deutung der Abendmahlsworte von Joh 6 aus, daß nämlich Christus als geistliche Speise im Abendmahl gegenwärtig sei. Nach einer scharfen Zurückweisung durch Luther verstärkte sich der Spiritualismus Schwenkfelds in den folgenden Jahren. Da ihm eine Reinigung der Kirche von den Sündern nicht möglich schien, forderte er einen ‚Stillstand‘ aller Sakramentsfeiern und die Selbstabsonderung der Frommen. Als Niederschlesien 1528 unter habsburgische Herrschaft kam, mußte er ins Exil gehen und lebte seitdem vor allem in Südwestdeutschland. Aus Straßburg und Ulm von den reformatorischen Predigern (1534; 1539), vom Schloß der Familie Freyberg in Justingen durch Karl V. vertrieben (1547), fand er Zuflucht im Franziskanerkloster in Eßlingen (1547–1551), später wieder auf Justingen und in Ulm, wo er starb.

Sein theologisches Denken prägt ein durchgehender ontologischer Dualismus zwischen himmlisch/geistig/unsichtbar und irdisch/leiblich/sichtbar. Ziel aber ist die Umwandlung des Leiblichen in das Geistige, ein Prozeß, der für den Menschen, der beiden Sphären angehört, möglich ist. Geschehen ist das bereits in Christus. Freilich hat dieser nur Fleisch angenommen. Eben dies aber wurde von Christus vergottet, in die Glorie aufgenommen, ganz mit Gott eins. Abzulehnen ist die traditionelle Christologie, die aus dem einen Christus zwei macht: Gott und einen Menschen. Gott wurde Mensch, damit der Mensch göttlich werden kann. Darum ist das himmlische glorifizierte Fleisch Christi unsere Rettung. Es ist diese Christologie, die, von den Theologen des Schmalkaldischen Bundes verdammt, Schwenckfeld zum Ketzer machte.

Soll der Mensch gerettet werden, muß Adam aus ihm heraus- und Christus in ihn eingehen. Das aber kann nicht durch äußere Predigt und Sakramente geschehen, sondern ausschließlich durch das innere Wirken des Geistes (KTGQ 3, Nr. 31a). „Gott tut sein Kraft nicht überreichen durch das, was nicht ist seinesgleichen". Da sich in den Sakramenten lediglich vorhandener Glaube äußert, ist die Kindertaufe verboten, das Abendmahl nicht mit Ungläubigen zu feiern. Und wirksames Lehren des Amtsträgers setzt ebenfalls Glauben voraus. Wird man Lehrling Christi, so vollzieht sich das in zwei Stufen: In der Milchlehre ißt man die ‚saure Suppe' von Leid, Askese und Andacht, den bitteren vor dem süßen Christus. Im Unterschied aber zu Karlstadt und Müntzer ist ihm die zweite Stufe wichtiger, die Geburt des glorifizierten Christus in uns und seine Vermählung mit uns. So geht der alte Mensch aus, der neue ein. Es gibt keine Rechtfertigung des Sünders, sondern nur dessen Gerechtmachung.

Als numerus praedestinatorum (die Zahl der von Gott Vorherbestimmten) sind die Christen als einzelne verstreut; keine äußere Form von Einheit verbindet sie, nur die innerliche in Christus. Jede christliche Sozialgestalt ist für Schwenckfeld Sekte und Partei, die er aber nicht verachtet, denn das verstieße wiederum gegen die wahre Gelassenheit. Mit der Devise: „Ich lasse einen jeden machen, wie er's vor Gott weiß zu verantworten", forderte und lebte er Toleranz. Über seine ausgedehnte Korrespondenz trieb er Seelsorge an einzelnen, besonders auch an Frauen, die unter seinen Anhängern einen erheblichen Anteil stellten. Doch gewann er vor allem über seine gedruckten Schriften weitreichende Bedeutung. In der Zeit beginnender Konfessionalisierung mit ihrer Intoleranz wirkte sein Spiritualismus für humanistisch gebildete Stadtbürger, fürstliche Beamte und niederen Adel in hohem Maße anziehend.

R. Emmet McLaughlin, Caspar Schwenckfeld. Reluctant Radical. His Life to 1540, New Haven/London 1986. – Christof Windhorst, Der „königliche Weg" des Caspar von Schwenckfeld: Wort und Dienst 15, 1979, S. 133–152. – Horst Weigelt, Spiritualistische Tradition im Protestantismus. Das Schwenckfeldertum in Schlesien, Berlin/New York 1973 (AKG 43). – Wiebe Bergsma, Aggaeus van Albada (c. 1525–1587), schwenckfeldiaan, staatsman en strijder voor verdraagzaamheid, Meppel 1983. – „Deß Schwenkfeldts Lehr ... sey Jnen ain zeugnuß Jres hertzens. Frauen als Anhängerinnen Schwenckfelds, in: „In Christo ist weder Man noch Weyb". Frauen in der Zeit der Reformation und der katholischen Reform, Münster 1999 (KLK 59), S. 114–128.

Sebastian Franck

Sebastian Franck (1499–1542) aus Donauwörth hat während seiner Studienzeit in Ingolstadt und Heidelberg viele der späteren süddeutschen Reformatoren kennengelernt. Zunächst Priester im Bistum Augsburg, ging er wohl schon seiner reformatorischen Überzeugungen wegen in das Fürstentum Ansbach und war zunächst in Büchenbach, später in Gustenfelden als evangelischer Prediger tätig. Schon damals dürfte er mit spiritualistischen Kreisen in der Reichsstadt Nürnberg in Kontakt gekommen sein. 1528 veröffentlichte er seine ersten Schriften, die sein Interesse an den ‚Früchten' des Glaubens zeigen. Im Blick darauf beurteilte er auch seine eigene Predigt als wirkungslos, gab deswegen die Pfarrstelle auf, ging nach Nürnberg und dann nach Straßburg, wo man ihn wegen der Veröffentlichung seiner ‚Chronik oder Geschichtbibel' auswies. Nach kurzem Aufenthalt in Eßlingen zog er nach Ulm, wo er sich als Drucker unter dem Schutz des Bürgermeisters Bernhard Besserer (1471–

1542) bis zu seiner Verurteilung durch die Theologen des Schmalkaldischen Bundes 1540 halten konnte. Die erwirkten dann seine Ausweisung. Wirtschaftlich ruiniert und verbittert zog Franck nach Basel und verbrachte dort die letzten Jahre in Armut.

Die reformatorische Rechtfertigungslehre schien Franck das von ihm erstrebte Ziel der Christlichkeit von Gesellschaft und Einzelnen geradezu zu verhindern. Der Gedanke an Christi Stellvertretung habe nur die Folge, das ,die Welt auf seinen Kredit säuft'. Das Reich Gottes bestand für ihn nicht in Worten, sondern in Taten. Die Satiren des Erasmus auf die zeitgenössische Gesellschaft hielt er für richtig und vertrat gleich jenem im ,Kriegbüchlein des Friedens' einen ausgesprochenen Pazifismus. Die Fürsten schienen ihm genau so räuberisch wie ihre Wappentiere. Dennoch war für Franck nicht eine äußere, sondern eine innere Revolution notwendig. Die aber kann nicht durch Äußerliches bewirkt werden, auch nicht durch die Bibel, die ja ein von Menschen geschaffenes Buch darstellt und aufgrund ihrer Widersprüche ihren eigentlichen Inhalt nur dem wahrhaft Gläubigen eröffnet. Viel wichtiger ist das innere Wort, das in jedem Menschen verschüttet liegt und befreit wird, wenn sich am Menschen selbst Geburt, Sterben, Auferstehen und Himmelfahrt Christi vollziehen. Die Christförmigkeit im Leiden ist dabei nur die Vorstufe der folgenden Gottförmigkeit. Erst der auf diese Weise Wiedergeborene versteht auch die Schrift. Als konsequenter Spiritualist hielt Franck das Insistieren auf dem Äußerlichen (Sakramenten, Bildern) für ebenso unsinnig wie das aktive Vorgehen dagegen (Bildersturm). Deswegen schloß er sich nach Aufgabe des Pfarramtes auch keiner kirchlichen Gruppierung an, gründete auch selbst keine. Zwar war er anfangs der Auffassung, die verfallene Kirche könne durch Kirchenzucht gereinigt werden, aber sehr bald wurde ihm die eigentliche Kirche zum unsichtbaren Leib Christi, dessen Glieder allein Gott bekannt sind (KTGQ 3, Nr. 31b). Nicht an Wort und Sakrament, sondern allein an den Früchten, an Liebe und Leiden, sind die Christen kenntlich. Deswegen schienen ihm die verfolgten Täufer, trotz ihres Insistierens auf der äußerlichen Taufe, wie die Ketzer aller Zeiten Gott näher als die anderen Kirchen. Und im Blick auf das Leben sah er auch keinen Unterschied zwischen Christen und Heiden. Das obrigkeitliche Kirchenregiment, unter dem er selbst immer wieder litt, hat er scharf kritisiert. Im Blick auf die Toleranz ist er der erste, der den jungen Luther gegen die Äußerungen des alten ins Feld führt. Am Ende verzweifelte er auch daran, durch seine Schriften irgend etwas zu erreichen. Die Welt schien ihm alt geworden und auf das apokalyptische Ende zuzugehen.

Francks Schriften fanden in Oberdeutschland, Oberitalien, aber auch in Niederdeutschland und den Niederlanden eine zahlreiche Leserschaft und für den Spiritualismus des späteren 16. und des 17. Jahrhunderts wurde er zu einem der geistigen Väter.

Sebastian Frank (1499–1542), hg. v. Jan-Dirk Müller, Wiesbaden 1993 (Wolfenbütteler Forschungen 56). – Horst Weigelt, Sebastian Franck und die lutherische Reformation, Gütersloh 1972 (SVRG 186). – Siegfried Wollgast, Der deutsche Pantheismus im 16. Jahrhundert. Sebastian Franck und seine Wirkungen auf die Entwicklung der pantheistischen Philosophie in Deutschland, Berlin 1972.

b) Das Täufertum

Hans-Jürgen Goertz, Die Täufer. Geschichte und Deutung, [2]München 1978. – Ders., Umstrittenes Täufertum 1525–1975, [2]Göttingen 1977. – Stefan Ehrenpreis, Ute Lotz-Heumann, Reformation und konfessionelles Zeitalter, Darmstadt 2002, S. 55–59 (Lit!).

Schweizer Brüder

Im Zürcher Landgebiet gab es schon früh eine Reihe von Gemeinden, die mit Hilfe einer gemeindlichen Reformation eine größere Unabhängigkeit vom Ratsregiment der Stadt Zürich erreichen wollten. Das zeigte sich in der eigenmächtigen Anstellung reformatorischer Prediger wie Simon Stumpf und Wilhelm Reublin (ca.1480/4–nach 1559), im Bruch von Fasten und Zölibat, in Bilderstürmen sowie der Weigerung, den Zehnt weiterhin an altgläubige Institutionen zu zahlen. Der Rat war zwar zu Überlegungen einer Neuverwendung des Zehnt bereit, bestand aber, unterstützt von Zwingli, auf seiner Abgabe. In dieser Situation stellten sich radikale Anhänger Zwinglis in der Stadt Zürich, die eine wirklich christliche Gesellschaft in der Nachfolge Jesu anstrebten – führend unter ihnen Konrad Grebel (1498–1527), Felix Manz (1500–1527) und Andreas Castelberger – auf die Seite der Landgemeinden. Daß Zwingli sich dem sofortigen Vollzug einer in ihren Augen schriftgemäßen Reformation verweigerte, empörte seine radikalen Anhänger in Zürich, In der Stadt konnten sie sich nicht durchsetzen und entwickelten schon 1524 in einem Schreiben an Thomas Müntzer den Gedanken der abgesonderten, reinen und verfolgten Gemeinde (KTGQ 3, Nr. 30a1). Die kommunalen Ziele der Landgemeinden wiederum ließen sich mühelos mit den Zielen der aufständischen Bauern am Oberrhein verbinden und fanden so vor allem in der Ostschweiz breitere Unterstützung. Wohl in Kenntnis früher Zweifel Zwinglis und der Ablehnung der Säuglingstaufe durch Karlstadt und Müntzer erklärte man die Kindertaufe (DGQD 3, Nr. 48.1; KTGQ 3, Nr. 30a2) für ungültig und praktizierte die Glaubenstaufe. Nach einer Disputation über diese Frage am 17.1.1525 in Zürich (KTGQ 3, Nr. 30a3) und mit der der ersten derartigen (Wieder)Taufe am 25.1. wurde sie zum namengebenden Kennzeichen der Bewegung (Wiedertäufer, Täufer), die sich schnell über das Zürcher Gebiet hinaus verbreitete. In ihr konnte sich aber die Konzeption der gewaltlos leidenden, abgesonderten, reinen Gemeinde, deren Bestand beim Eintritt durch Erwachsenentaufe, und auf Dauer durch Anwendung einer scharfen Kirchenzucht garantiert werden sollte, erst durchsetzen, als der Bauernaufstand Ende 1525 endgültig niedergeschlagen war. Von einem ‚turning point' ist deswegen nicht bei Zwingli (Yoder), wohl aber bei den Täufern zu sprechen, insofern sie das ursprüngliche Ideal der gesamtgemeindlichen Reformation auf die abgesonderte reine Gemeinde zurücknahmen.

James M. Stayer, Die Schweizer Brüder. Versuch einer historischen Definition, in: MGB 34, 1977, S. 7–34. – Ders., Die Anfänge des schweizerischen Täufertums im reformierten Kongregationalismus, in: Umstrittenes Täufertum, hg. v. Hans-Jürgen Goertz, [2]Göttingen 1977, S. 19–49. – J. F. Gerhard Goeters, Die Vorgeschichte des Täufertums in Zürich, in: Studien zur Geschichte und Theologie der Reformation, FS Ernst Bizer, Neukirchen 1969, S. 239–281.

Zur grundlegenden Urkunde dieses Täufertums, mit der man sich gleichzeitig von spiritualisierenden Tendenzen absetzen wollte, wurde die auf Michael Sattler (1490; nach Ausweisung aus Straßburg hingerichtet in Horb, Februar 1527) zurückgehende ‚Brüderliche Vereinigung etlicher Kinder Gottes‘ von 1527. In sieben Artikeln wurden die Bekenntnistaufe, die strenge Bußzucht, das Abendmahl als Gedächtnis- und Gemeinschaftsmahl, die Absonderung von allem ‚weltlichen Leben‘, die Einsetzung von der Gemeinde unterhaltener, aber auch kontrollierter Vorsteher, die Ablehnung einer Gewalt und Zwang ausübenden Obrigkeit und die Verweigerung jeden Eides festgeschrieben (KTGQ 3, Nr. 30a4; DGQD 3, Nr. 50). Der insgesamt prägende Dualismus von Gemeinde und Welt kann aber nicht als ‚konsequente Zweireichelehre‘ im Sinn Luthers verstanden werden, sondern steht in schroffem Gegensatz dazu.

C. Arnold Snyder, Michael Sattler, in: The Oxford Encyclopedia of the Reformation 3, New York/Oxford 1996, S. 485f.

Vor allem mit den beiden letzten Punkten wurde auch das ‚friedliche‘ Täufertum implizit durchaus als eine Bedrohung der Gesellschaft empfunden, in der angesichts fehlender Kontrollmöglichkeiten dem Eid erhebliche Bedeutung zukam. Deswegen und nicht nur wegen der dem tradierten geistlichen und kaiserlichen Recht widersprechenden ‚Wiedertaufe‘ wurden die Täufer verfolgt. Zürich erließ schon im März 1526 ein Mandat gegen die ‚Wiedertaufe‘, dem dann die Hinrichtungen von Manz und Grebel 1527 folgten. Später wurden entsprechende Mandate von Ferdinand von Habsburg und dem Speyerer Reichstag von 1529 erlassen. Intensiviert wurde die Verfolgung mit dem Auftreten apokalyptisch lehrender und aufruhrverdächtigter Täufer. Doch gingen die reformatorischen Obrigkeiten im allgemeinen nicht mit gleicher Schärfe wie die altgläubigen gegen die Täufer vor. Die Verfolgung nahm dem Täufertum schon gegen Ende der 20er Jahre nicht nur die führenden Köpfe, sondern sorgte auch dafür, daß aus einer ursprünglich stärker städtischen, eine bäuerlich-ländliche Bewegung wurde.

Claus-Peter Classen, Anabaptism. A social History, 1525–1618, Ithaca, London 1972, 358–422. – Brad S. Gregory, Salvation at Stake. Christian Martyrdom in Early Modern Europe, [2]Cambridge/Mass. 2001.

Balthasar Hubmaier

Im wesentlichen von den Zürcher Täufern beeinflußt, aber dennoch durchaus eigenständig und der zweifellos bedeutendste Theologe des Täufertums war Balthasar Hubmaier (1480/85–1528), der gleichwohl keine eigene dauerhafte Gruppierung des Täufertums begründet hat.

Hubmaier hatte Theologie studiert und in Ingolstadt unter Eck den Doktorgrad erworben. Als Domprediger in Regensburg betrieb er die Ausweisung der Juden und wurde Prediger der Wallfahrt zur ‚Schönen Maria‘. Seit 1521 in Waldshut, öffnete sich Hubmaier der Reformation, wobei neben Luther und Zwingli vor allem auch Spiritualisten wie Karlstadt und Müntzer, später die Zürcher Radikalen von Bedeutung wurden. Von Wilhelm Reublin getauft (Ostern 1525), verteidigte er in seinen Schriften die Bekenntnistaufe (DGQD 3, Nr. 49). Da die Stadt Waldshut Hubmaier stützte, war sie selbst auf den Schutz und die Hilfe Freiwilliger aus Zürich und aufständischer Bauern angewiesen, auf deren Seite sich auch Hubmaier stellte. Nach der Niederlage Waldshuts Ende 1525, ging Hubmaier zunächst nach Zürich, wo man ihn zum Widerruf zwang, schließlich nach Nikolsburg (Mikulov) in Mähren, wo er die Herren von Liechtenstein für eine Täuferreformation gewinnen konnte. Hier kam es zu Auseinandersetzungen mit dem apokalyptischen Täufertum Hans Huts, aber auch dem wehrlosen der Schweizer Brüder, das Hubmaier ablehnte. Der Forderung nach seiner Auslieferung durch Ferdinand von Österreich konnten sich die Liechtensteiner nicht widersetzen; ihr folgten seine Verbrennung in Wien und die Ertränkung seiner Frau 1528.

Theologisch verarbeitete Hubmaier verschiedenste Einflüsse durchaus selbständig zu einer spiritualistisch bestimmten Konzeption, bei der die brüderlich-christliche Gemeinschaft im Mittelpunkt stand. In sie wird man durch die Geisttaufe eingefügt, bekennt sich zu ihr in der Wassertaufe und dem Abendmahl und lebt nach ihren Regeln unter der Kirchenzucht in leidender Nachfolge.

James M. Stayer, Balthasar Hubmaier: The Oxford Encyclopedia of the Reformation 2, 260–263. – Christof Windhorst, Täuferisches Taufverständnis, Leiden 1976 (SMRT 16). – Martin Rothkegel, Die Nikolsburger Reformation 1526–1535, phil. Diss. Prag 2000 (masch.).

Hans Hut

Ein ganz eigenes Täufertum entwickelte Hans Hut (ca.1490–1527). Als Buchführer zwischen Wittenberg und Nürnberg geriet er unter den Einfluß Müntzers und Karlstadts, wobei er Müntzers Verständnis der ‚Ordnung Gottes‘ zu dem von allen Kreaturen (vgl. Kol 1,23 lateinisch) gepredigten Evangelium des Leidens fortbildete, durch das allein der Mensch christusförmig und selig werden könne (KTGQ 3, Nr. 30b). Der Schlacht bei Frankenhausen entkam er, deutete die dortige Niederlage der Bauern ähnlich wie Müntzer und konnte daher nach seiner Taufe durch Denck in Augsburg 1526 den Termin der Endereignisse neu bestimmen. An der Ausrottung der Sünder sollten nach einer verkürzten Zeit von dreieinhalb Jahren Türken und Täufer im Sommer 1528 beteiligt sein. Bis dahin hatten die von ihm mit dem Kreuz an der Stirn versiegelten und ‚getauften‘ Frommen untereinander christlich und in Nächstenliebe friedlich zu leben. Hut setzte mit seiner Mission in Franken an, wandte sich dann nach Mähren, wo er im ‚Nikolsburger Gespräch‘ seiner Apokalyptik wegen mit Hubmaier zusammenstieß, durchzog, in den Städten kleine Kreise gründend, einige österreichische Landschaften, und wurde im Herbst 1527, anläßlich der sogenannten ‚Täufersynode‘ in Augsburg, die seine Apokalyptik nur als Arkanlehre dulden wollte, verhaftet. Bei einem Ausbruchsversuch kam er ums Leben. Da Hut seine Mission in Franken vor allem bei bekannten Teilnehmern am Bauernkrieg begann, verstanden die Obrigkeiten dies im Zusammenhang ohnehin befürchteter neuer Unruhen als Vorbereitung eines neuen Aufstands. So kam es zur ersten scharfen Verfolgung der Täufer.

Nach seinem Tod zerfiel das Hutsche Täufertum schnell. Manche wandten sich ganz von ihm ab, wenige führten die Apokalyptik mit erneut veränderter Berechnung fort (Augustin Bader), andere bildeten in der Begegnung mit den Schweizer Täufern das mystisch-spiritualistisch geprägte mittel- und oberdeutsche Täufertum aus, das seinerseits zur Bildung der Hutterischen Brüder beitrug.

Gottfried Seebaß, Hans Hut, in: TRE 15, Berlin/New York 1986, S. 741–745. – Ders., Müntzers Erbe.Werk, Leben und Theologie des Hans Hut, Gütersloh 2002 (QFRG 73).

Das mystisch-spiritualistische Täufertum und die Hutterischen Brüder

In dem von Hut und Hans Denck geprägten mittel- und oberdeutschen Täufertum bildeten sich vor allem zwei Richtungen, die Hutterischen Brüder in Mähren und die Kreise um Pilgram Marpeck (ca.1490/9–1556). Dort, wo man die konkreten Erwartungen Hutscher Apokalyptik ablegte und lediglich in der Erwartung des nahen Endes lebte, trat an deren Stelle eine verschärfte ‚Absonderung‘ der täuferischen Gruppen ähnlich der der Schweizer Brüder. Doch fiel hier unter dem Einfluß müntzerschen Denkens und vor dem Hintergrund des Vorbildes der Urkirche in Act 2 und 4 sowie der wahren Gelassenheit mystischer Traditionen alles Gewicht auf eine brüderliche Hilfe übersteigende Gütergemeinschaft. Das gilt für das oberdeutsch-österreichische Täufertum ähnlich wie für das hessische des Melchior Rinck (ca.1500–153/63). Nicht in erasmianischer Jesus- und Bergpredigtnachfolge, sondern erst in der Aufgabe des Eigentums zeigt sich die Überwindung der Sünde und damit wahres Christsein.

Werner O. Packull, Mysticism and the Early South German – Austrian Anabaptist Movement 1525–1531, Scottdale 1977. – James M. Stayer, The German Peasants' War and Anabaptist Community of Goods, 1991.

Nach Hubmaiers Tod kam es wegen der Stellung zur Obrigkeit und der zur Gütergemeinschaft zu einer Spaltung der Täufergemeinschaft in Nikolsburg (vgl. o. S. 160), die schließlich mit der Ausweisung der ‚Stäbler‘, die alle Waffen ablehnten, unter Jakob Wiedemann und der Gründung einer eigenen Gruppe in Austerlitz (Slavkov) endete. Neben ihr gab es aber auch andere Gruppen aus schlesischen und schwäbischen Täufern unter Führung von Gabriel Asherham und Philip Plener. In ihnen wurden Auseinandersetzungen über Fragen des Führungsanspruchs immer wieder mit denen der völligen Gütergemeinschaft verknüpft. 1531 schloß man wegen Kritik an den Folgen nicht streng durchgeführter Gütergemeinschaft Wilhelm Reublin und andere aus, die in Auspitz (Hustopeče) eine neue Gruppe bildeten; später wurde Reublin selbst wegen Zurückhaltung von Eigentum aus dieser Gruppe ausgeschlossen. 1533 übernahm in ihr Jakob Hutter (hingerichtet 1536) die Führung, indem er den Vorgänger auf gleiche Weise verdrängte. Dabei konnte er sich auf die Menge der Südtiroler Täufer stützen, die er in immer neuen Zügen nach Mähren geführt hatte. Von Hutter erhielten die hutterischen Brüder ihren Namen. Doch konnte die straff organisierte Form der gemeinschaftlichen Produktion und Konsumtion erst unter den folgenden Führern der Gemeinde in Mähren verwirklicht werden (vgl. u. S. 281).

Heinold Fast, Hutterische Brüder, in: TRE 15, Berlin/New York 1986, S. 752–756. – Abraham Friesen, Jacob Hutter, in: The Oxford Encyclopedia of the Reformation 2, Oxford 1996, S. 282–284. – Werner O. Packull, Die Hutterer in Tirol, Innsbruck 2000.

Eigene täuferische Kreise in Süddeutschland, der Schweiz und Österreich, die sich freilich aufgrund fehlender klar strukturierter Organisation nicht zu halten vermochten, betreute Pilgram Marpeck (ca.1495–1556), der als angesehener Bergrichter von Rattenberg zunächst zur Reformation, dann zum Täufertum kam. Deswegen aus Rattenberg vertrieben wandte er sich nach Straßburg, mußte aber nach einer Auseinandersetzung mit Bucer auch dort weichen. Nach Jahren im Verborgenen fand er als Ingenieur im Dienst der Stadt Augsburg Duldung und Auskommen. Stärker als andere betonte Marpeck die heilsgeschichtliche Abfolge von Altem und Neuem Testament sowie die unlösliche Verbindung von Außen und Innen im Christentum. Er erkannte deswegen auch Taufe und Abendmahl als Sakramente, in denen Gott handelt, an. In der Ethik warnte er vor jedem Legalismus, mahnte zu geduldig vorsichtigem Umgang mit der Kirchenzucht und warnte vor Provokationen der Obrigkeit, die er für eine notwendig Einrichtung hielt, selbst wenn er dem Christen gewaltsame Verteidigung und obrigkeitliches Amt versagte.

Walter Klaassen, Pilgram Marpeck, in: TRE 22, Berlin/New York 1992, S. 174–177. – Stephen Boyd, Pilgram Marpeck. His Life and Social Theology, Durham/Mainz 1992.

Melchior Hoffman, das niederländisch-westfälische Täufertum und das Täuferreich in Münster

Der aus Schwäbisch-Hall stammende Kürschner Melchior Hoffman (gest. 1543) geriet in den baltischen Städten unter den Einfluß Karlstadts, wurde aber aufgrund seiner Apologie von Luther akzeptiert, bis ihn nach kurzen Aufenthalten in Stockholm, Lübeck und Kiel in der Flensburger Disputation (1529) seine spiritualistische Abendmahlslehre endgültig von den Lutheranern trennte. Nachdem er damit beim ostfriesischen Adel Anhänger gewonnen hatte, wandte er sich nach Straßburg. Hier veränderte er in der Begegnung mit den unterschiedlichen Straßburger Dissidenten, mit denen er die Kindertaufe verwarf, nicht nur seine Rechtfertigungslehre (im Sinn einer im Geist vollzogenen Kooperation des schließlich sündlosen Menschen mit Gott), und in Auseinandersetzung mit Schwenckfeld seine Christologie (Christus konnte nur reines Sühnopfer sein, weil er kein irdisches Fleisch von Maria, sondern ein himmlisches gehabt hat), sondern auch die in allegorisch-typologischer Bibelauslegung entwickelte Apokalyptik, in der er nun vor einer irdischen Theokratie von König und Prophet eine von den Reichsstädten ausgehende Ausrottung der Gottlosen (Kaiser, Papst und reformatorische Geistliche) für 1533 erwartete.

Vor dem Hintergrund der scharfen Verfolgung aller reformatorischen Ansätze, eines schon traditionellen Spiritualismus und einer tiefen wirtschaftlichen Depression konnte Hoffman mit seiner scharfen Kirchenkritik und Antiintellektualismus bestätigenden Verkündigung zwischen 1530 und 1532 in Ostfriesland und den Niederlanden zahlreiche Anhänger finden. Weil er das neue Jerusalem in Straßburg erwartete, kehrte er 1533 dorthin zurück, wurde aber seiner Lehre wegen gefangengesetzt und starb im Gefängnis.

Klaus Deppermann, Melchior Hoffman, Göttingen 1979.

Das bedeutendste Ergebnis der niederländischen und friesischen Anhänger Hoffmans war aber mit einer nochmals veränderten Apokalyptik das Täuferreich in Münster. In dieser Stadt hatte sich die Reformation im Zusammenspiel und Widereinander von Bischof, Rat und Handwerkergilden vollzogen. Gegen Klerus und Bischof ließ der Rat die evangelische Predigt Bernd Rothmanns (ca.1495–?) und anderer zu, distanzierte sich aber, als dieser sich unter dem Einfluß der ‚Wassenberger Predikanten‘, den aus dem Jülicher Amt Wassenberg nach Münster geflohenen evangelischen Predigern, zur zwinglisch geprägten Sakramentslehre bekannte. In diese Situation trafen die Abgesandten, die Jan Matthijs (gest. 1534) als Führer der Amsterdamer Melchioriten ausgesandt hatte. Rothmann ließ sich von ihnen gewinnen, und die Täufer konnten sich, da Altgläubige und Lutheraner die Stadt verließen, der Bischof gewaltsame Aktionen vorbereitete und man in der Stadt nur auf diesem Weg, deren Freiheit zu wahren, für möglich hielt, sogar bei den Ratswahlen durchsetzen und dann gewaltsam die Nichttäufer vertreiben. Münster galt nun als Ort der Restitution eines endzeitlichen Reiches Christi, in das sich die wahren Christen flüchten sollten. Doch blieb der erhoffte massenhafte Zuzug aus. Nach dem Tod von Jan Matthijs bei einem Ausfall aus der belagerten Stadt machte sich – unterstützt von entsprechenden Schriften Rothmanns – Jan van Leiden (hingerichtet 1536) zunächst auf der Basis einer Ordnung von 12 Ältesten (KTGQ 3, Nr. 30c), dann auf der einer Hofordnung mit einer Fülle von unter ihm stehenden Ämtern zum König. Das verband sich mit Gütergemeinschaft und einer Polygamie, die ihren Grund weder in Libertinismus, noch einfach im bestehenden Frauenüberschuß, sondern auch in der Überzeugung hatte, daß es im Reich Christi (aufgrund von Eph 5) keine Frau ohne ‚Haupt‘ und ohne die Herrschaft des Mannes geben dürfe. Durchgesetzt wurde das in der Bevölkerung nur gegen deutliche Widerstände. Im Sommer 1535 konnte die Stadt nach langer Belagerung von den Truppen des Bischofs Franz von Waldeck und Philipps von Hessen genommen werden. Die führenden Täufer wurden grausam hingerichtet, die Stadt rekatholisiert (DGQD 3, Nr. 51). In den Augen der Altgläubigen wie der Protestanten ließ die Täuferherrschaft von Münster erkennen, was man von ihnen letzten Endes zu erwarten hatte. Luther freilich meinte, hier sei ein noch kleiner und dummer Teufel am Werk gewesen, weil er so grob und unverhohlen gehandelt habe.

Stefan Ehrenpreis, Ute Lotz-Heumann, Reformation und konfessionelles Zeitalter, Darmstadt 2002, S. 59–62 (Lit!). – Das Täuferreich zu Münster, hg. v. Richard van Dülmen, München 1974. – Karl-Heinz Kirchhoff, Die Täufer in Münster, Münster 1973. – Taira Kuratsuka, Gesamtgilde und Täufer: Der Radikalisierungsprozeß in der Reformation Münsters: Von der reformatorischen Bewegung zum Täuferreich 1533/34, in: ARG 76, 1985, 231–270. – James M. Stayer, The German Peasants' War and the Anabaptist Community of Goods, Montreal und Kingston 1991, S. 123–138. – Ders., Vielweiberei als ‚innerweltliche Askese‘, in: MGBL 37, 1980, S. 24–41. – Ralf Klötzer, Die Täuferherrschaft von Münster. Stadtreformation und Welterneuerung, Münster 1992 (RGST 131).

Die Mennoniten

Wie das Hutsche so endete auch das melchioritische Täufertum in unterschiedlichen Gruppierungen.

– Noch vor dem Ende der Münsteraner waren Gruppen in den Niederlanden gewaltsam gegen Rathäuser, vor allem aber Klöster und Kirchen vorgegangen. Solche Gruppen um Jan van Batenburg (1495–1538) und den einstigen Kanzler des Täuferkönigs von Münster, Heinrich Krechting, wurden letzten Endes zu Räuberbanden.

Gary K. Waite, From Apokalyptic Crusaders to Anabaptist Terrorists: Anabaptist Radicalism after Münster, 1535–1544, in: ARG 80, 1989, S. 173–193.

– Die meisten allerdings kehrten zu einer unspezifizierten Naherwartung des Endes und zur Ablehnung jeder Gewaltanwendung zurück. So hatte David Joris (ca.1501–1556) schon früh vor dem Münsterschen Experiment gewarnt. Später versuchte er, wobei er sich selbst nach Christus als dritten David sah, die getrennten Melchioriten zu einigen. Sein mystischer Spiritualismus, der vor allem auf Selbstverleugnung und innere Reinigung zielte, erlaubte nicht nur seinen Anhängern nach einer größeren Verfolgung eine nikodemitische Existenz, auch er selbst verbrachte seine letzten Lebensjahre als reicher angesehener Bürger unter dem Namen Johan van Brugge in Basel.

Gary K. Waite, David Joris and Dutch Anabaptism 1524–1543, Waterloo/Ontario 1990.

– Deswegen war es schon früher zwischen ihm und Menno Simons (1496–1561) zu Auseinandersetzungen gekommen. Dieser frühere Priester blieb zwar in seiner Christologie Hoffman treu, sagte sich aber von dessen Apokalyptik ebenso wie von der der Münsteraner Täufer los und sammelte täuferische Gemeinden, die unter einer Ältestenoligarchie in gehorsamer Nachfolge Christi und Leidensbereitschaft mit Erwachsenentaufe und scharfer Kirchenzucht in scharfer Absonderung von der ,Welt' die reine Gemeinde Christi darstellen wollten.
Zunächst über Fragen der Christologie, dann aber vor allem über die der oft gesetzlich verstandenen Nachfolge, der ,Meidung' von ungläubigen Ehepartnern und der Anwendung der Kirchenzucht kam es seit der zweiten Hälfte des 16. und bis zum Ende des 17. Jahrhunderts immer wieder zu neuen Spaltungen, denen Einigungsversuche und erneute Trennungen folgten. Ihres friedlichen Lebens und der wirtschaftlichen Erfolge wegen wurden die Mennoniten, deren Gemeinden sich zunächst hauptsächlich in den nördlichen Niederlanden und dem nordwestlichen Deutschland und im Ostseeraum fanden, später auch in Westpreußen, in Polen und in Rußland, geschätzt, und erhielten gegen entsprechende Kontributionen freie Religionsausübung und Befreiung vom Wehrdienst.

Hans-Jürgen Goertz, Menno Simons/Mennoniten, in: TRE 22, Berlin/New York 1992, S. 447–455.

c) Antitrinitarier

Nur vereinzelt traten in der ersten Hälfte des 16. Jahrhunderts Vertreter antitrinitarischer Gedanken auf: In Basel und Straßburg Martin Borrhaus, gen. Cellarius (1499–1564), Johannes Campanus (um 1500–um 1570) und Ludwig Hätzer. Doch sind von ihnen keine umfassenden Schriften überliefert. Anders bei Michael Servet (1509?–1553). Servet bestritt die kirchliche Trinitätslehre, die er auch für den Unglauben von

Juden und Moslems verantwortlich machte. Er vertrat eine heilsgeschichtlich-moda-listisch verstandene dreifache Erscheinung Gottes: in alttestamentlicher Zeit, als Christus in neutestamentlicher und als Geist in der weitergehenden Geschichte. Ob-wohl er Trinitäts- und Zweinaturenlehre ablehnte, verstand er Christus als Sohn Gottes. Nach der Erneuerung durch die Taufe könne der Mensch zu seinem Heil mit Gott zusammenwirken, wobei das Abendmahl ihn auf mystische Weise mit Christus verbindet. Auf einer Reise in Genf – er hatte mehrfach mit Calvin korrespondiert – gefangengesetzt, machte man ihm den Prozeß. Nach Einholung auswärtiger Gut-achten wurde er am 27.10.1553 verbrannt – Anlaß zu einer intensiveren Diskussion über die Toleranz (vgl. u. S. 287).

Lech Szczucki, Antitrinitarism, in: The Oxford Encyclopedia of the Reformation 1, Oxford 1996, S. 55–61. – J.F. Gerhard Goeters, Ludwig Hätzer (ca.1500–1529) Spiritualist und Antitri-nitarier, Gütersloh 1957 (QFRG 25). – Roland H. Bainton, Michael Servet 1511–1553, Güters-loh 1960 (SVRG 178). – Jerome Friedman, Servetus, Michael, in: The Oxford Encyclopedia of the Reformation 4, Oxford 1996, S. 48f.

E. Die Formierung reformatorischer Kirchen

1. Die Entstehung kommunaler und territorialer evangelischer Kirchen

a) Kommunale und territoriale Reformationen

Die reformatorischen Bewegungen in den Städten konnten auf unterschiedlichen Wegen schließlich zum Anschluß an die Reformation und zu ihrer Durchführung führen (vgl. o. S. 126–128). Dabei wird die Alternative von Rats- und Volks- oder Gemeindereformation der Sachlage kaum gerecht, da einerseits das Entstehen einer reformatorischen Bewegung immer auf anfängliche Duldung angewiesen war und die Räte, selbst wenn es deutliche Unterschiede der Formen des Stadtregiments gab, stets in der einen oder anderen Weise auf die Bürgerschaft Rücksicht nehmen mußten (DGQD 3, Nr. 39). Den fälligen Entscheidungen gingen meist innerstädti-sche Auseinandersetzungen über den einzuschlagenden Kurs voraus, wobei auch die politische Lage der Stadt bedacht werden mußte. In denjenigen süd- und südwest-deutschen Reichsstädten, die sich relativ früh der Reformation anschlossen, kam es nicht selten nach dem Vorbild Zürichs zu einer Disputation (vgl. o. S. 138f), bei der altgläubige und reformatorische Theologen gegeneinanderstanden und der Rat die Entscheidung traf. Die für solche Disputationen aufgestellten Thesen gehören zu den frühesten Ansätzen evangelischer Bekenntnisbildung. In einigen Städten kam es – vor allem im Blick auf den bedrohlichen Reichstagsabschied des Jahres 1530 (vgl. u. S. 187f) – zu regelrechten öffentlichen Abstimmungen der Bürgerschaft. Andere Städte nahmen einschneidend reformatorische Maßnahmen erst in den 30er Jahren vor, als sie sich durch den Schmalkaldischen Bund gedeckt wußten. Dabei drängten die Theologen, ob lutherisch, oberdeutsch oder zwinglisch, gleichermaßen auf die konsequente Reformation der Stadt, die von den Räten beschlossen und durchgesetzt wurde. Allerdings waren diese nicht überall in der Lage oder aus politischen Rücksichten nicht willens, die Reformation konsequent auf alle kirchlichen Institutionen der Stadt auszudehnen – Anlaß für immer neue Klagen der Theologen.

Vor den definitiven Trennungen im Abendmahlsstreit von Luthertum und Zwinglianismus sowie von Reformation und ‚linkem Flügel' gab es bei den städtischen Predigern eine große Vielfalt theologischer Ansätze und Konzeptionen. Erst danach trennten sich deutlich die zwinglisch und oberdeutsch bestimmten Städte von den lutherischen. Gleichzeitig wurden damit aber auch ‚Abweichungen' von den reformatorischen Zentren deutlicher vermerkt.

Die kleineren fränkischen Reichsstädte (Windsheim, Weißenburg, Rothenburg/Tauber, Schweinfurt), die großenteils zur Klientel Nürnbergs gehörten, folgten der dort von Andreas Osiander und dem luthertreuen Ratsschreiber Lazarus Spengler geprägten Reformation (vgl. o. S. 117f), die bereits 1525 vollzogen wurde. Lutherisch geprägt blieben auch Schwäbisch Hall, das mit Johannes Brenz (vgl. o. S. 117) einen herausragenden Theologen besaß, und die schwäbischen Reichsstädte Nördlingen, Dinkelsbühl, Heilbronn und Reutlingen. Stärker von Zwingli geprägt waren die Reformationen in den oberschwäbischen Städten, in Memmingen, wo Christoph Schappeler (1472–1552) wirkte, in Kaufbeuren und in Konstanz, das mit Johannes Zwick (ca.1496–1542) und Ambrosius Blarer (1492–1564) bedeutende Prediger hatte, sowie in Lindau. Ein eigenes und über die weit ausgreifende Tätigkeit des führenden Predigers Martin Bucer (vgl. o. S. 118) ausstrahlendes Zentrum oberdeutscher Theologie wurde Straßburg, das auch die Reformationen in Kempten, Ulm und Augsburg beeinflußte, wobei es nicht selten zu Auseinandersetzungen mit Vertretern lutherischer Theologie kam. Für die norddeutschen Hansestädte Braunschweig, Hamburg und Lübeck wurden die Kirchenordnungen des zur Reformation aus Wittenberg berufenen Johannes Bugenhagen (vgl. o. S. 117) von entscheidender Bedeutung.

Stefan Ehrenpreis, Ute Lotz-Heumann, Reformation und konfessionelles Zeitalter, Darmstadt 2002, S. 29–39 (Lit!). – Bernd Moeller, Reichsstadt und Reformation, [2]Berlin 1987. – Berndt Hamm, Bürgertum und Glaube. Konturen städtischer Reformation, Göttingen 1996. – Gottfried Seebaß, Reichsstädte, in: Handbuch der evangelischen Kirchengeschichte Bayerns, hg. v. Gerhard Müller, Horst Weigelt u. Wolfgang Zorn, St. Ottilien 2002, S. 233–252.

Neben den städtischen Reformationen, standen die territorialen. Dabei bleibt festzuhalten, daß es sich bei der Wendung von Fürsten zur Reformation in jedem Fall um eine, nicht selten von den Räten unterstützte, persönliche Entscheidung des Fürsten handelte, ein Schritt, der zumindest zwischen 1521 und 1526 sowie nach 1529 einen klaren Verstoß gegen das Reichsrecht bedeutete. Erst die Politisierung der Religionsfrage, der Schmalkaldische Bund und die folgenden Friedstände (vgl. u. S. 118–193) schufen eine entspanntere und der Reformation günstigere Lage. Ausschlaggebend war daher, vor allem in der Frühzeit, die persönliche Überzeugung des Fürsten, eingebettet freilich stets in Abwägungen der gesamtpolitischen Lage des Hauses und des Fürstentums im Verhältnis zum Reich und zu den unmittelbaren Nachbarn. Doch war die Entscheidung für die Reformation nicht selten auch mit einer politischen Neuorientierung verbunden. Die Stände jedenfalls konnten den Fürsten zu einem solchen Schritt nicht veranlassen, konnten aber für eine Reformation optieren oder sich ihr fügen. Dabei spielte nicht selten die Frage eine Rolle, wieweit sie an der Vereinnahmung der Kirchengüter beteiligt wurden und ob die Versorgung nachgeborener Kinder des Adels, die es in der alten Kirche gegeben hatte, auch weiterhin gesichert war. Der Zugriff auf die Kirchengüter konnte allerdings zunächst nicht ausschlaggebend für die Wendung zur Reformation sein, da das Reichskammergericht mit Prozessen drohte und lange unklar blieb, ob es bei der Vereinnahmung auf Dauer bleiben würde.

Fürstliche Reformationen konnten wie die städtischen einen durchaus unterschiedlichen Charakter haben. Sie konnten sich als obrigkeitliche Einhegung oder notwendige Erweiterung weithin bereits vollzogener Gemeindereformationen darstellen (Kurfürstentum Sachsen, Braunschweig-Lüneburg, Fürstentum Ansbach-Bayreuth), sie konnten aber in den späteren Jahren auch mit einem Herrscherwechsel verbunden sein (Herzogtum Württemberg, Herzogtum Sachsen, Kurfürstentum Brandenburg) oder sich als ausgesprochene ‚Spätreformationen' (Kurpfalz, Baden-Durlach) vollziehen.

Eike Wolgast, Formen landesfürstlicher Reformationen in Deutschland. Kursachsen – Württemberg/Brandenburg – Kurpfalz, in: Die dänische Reformation vor ihrem internationalen Hintergrund, hg. v. Leif Grane und Kai Hørby, Göttingen 1990, S. 57–90. – Die Territorien des Reichs im Zeitalter der Reformation, hg. v. Anton Schindling u. Walter Ziegler, 7 Bde., Münster 1992–1997 (KLK 49–53, 56, 57).

b) Mittel und Durchführung

Die Durchführung der Reformation vollzog sich in den Städten üblicherweise schrittweise. Zu Beginn steht im allgemeinen die Reform der städtischen Fürsorge. Ihr folgt die Reform des Gottesdienstes, oft zunächst nur in einer und dann in weiteren Gemeinden. Fiel eine Entscheidung des Rates, so war damit die bewußte Durchführung der Reformation, Überprüfung der Geistlichen, Entlassung der Untauglichen oder Unwilligen, Neubesetzung der freiwerdenden Stellen, die Auflösung und Übernahme der Klöster und des Kirchengutes, oft auch eine Neuordnung des Schulwesens und des Eherechtes verbunden.

Die territorialen Reformationen vollzogen sich ähnlich. Hier bedurfte es freilich wie im Landgebiet der größeren Reichsstädte einer Visitation des Kirchenwesens durch Visitationskommissionen, die aufgrund der sich mannigfach stellenden rechtlichen und wirtschaftlichen Probleme meist aus Theologen und Juristen bestanden. Die Visitationen erfolgten anfangs regional und zeitlich abgestuft, später normalerweise als ein geschlossener Vorgang. Zu ihm gehörte die Inventarisierung des Kirchenguts, die Überprüfung der Geistlichen und des Kirchenwesens vor Ort (KTGQ 3, Nr. 36b und c). Den Abschluß bildete im allgemeinen eine für das Gesamtterritorium gültige Kirchenordnung, wobei sich unterschiedliche Typen solcher Ordnungen entwickelten (vgl. u. S. 182f).

Christian Peters, Visitation I, in: TRE 35, Berlin/New York 2003, S. 153–159.

c) Begründungen

Die städtischen und territorialen Obrigkeiten, die sich für die Reformation entschieden und sie durchführten, intendierten keine Spaltung der Kirche, sondern wollten eine Kirchenreform vollziehen. Da sich die Kirche im Spätmittelalter weithin als nichtreformierbar erwiesen hatte, setzte man forciert eine Tradition fort, mit der man schon damals versucht hatte, in Stadt oder Territorium für eine funktionierende Kirche zu sorgen (vgl. o. S. 41). Dennoch bedurfte es angesichts der weitreichenden Reformen und ihrer Folgen besonderer Begründungen.

– Luther arbeitete mit dem Gedanken des ‚Notbischofs‘. Das beruhte auf der traditionellen Überzeugung, daß in entsprechenden Situationen das Geistliche dem Weltlichen oder das Weltliche dem Geistlichen zu Hilfe kommen müsse. Erweist sich die kirchliche Hierarchie, deren Aufgabe sie ist, zur Reform unfähig oder unwillig, so haben die vornehmsten Glieder der christlich-kirchlichen Gemeinde Recht und Pflicht, einzugreifen und die Reformen durchzuführen. In diesem Sinn wandte sich Luther bereits 1520 ‚An den christlichen Adel deutscher Nation‘ (vgl. o. S. 104f). Freilich hat Luther später das Kirchenregiment der Fürsten auch scharf kritisiert.

– Melanchthon und manche städtische Reformatoren griffen zu einer anderen Begründung. Sie bezogen sich auf die dem Alten Testament zu entnehmende Pflicht der Könige und Fürsten, für den rechten Gottesdienst zu sorgen (cura religionis). Die Obrigkeit ist als praecipuum membrum ecclesiae (vornehmstes Glied der Kirche) zur custodia utriusque tabulae (zur Wahrung beider Tafeln) des Dekalogs verpflichtet, was allerdings keine Herrschaft über die Kirche, sondern die Unterordnung unter das Wort Gottes meint. Insofern hat die Obrigkeit – immer in Absprache mit den Theologen – nicht nur für das weltlich-zeitliche Wohl, sondern ebenso für das geistlich-ewige Heil Sorge zu tragen (KTGQ 3, Nr. 36e).

Die städtischen und territorialen Obrigkeiten selbst begründeten ihre Entscheidung für die Reformation abgesehen von der Notwendigkeit, dem klaren Wort Gottes folgen zu müssen, üblicherweise mit drei Argumenten:

– einmal mit der Aufgabe der Friedenswahrung, die angesichts der teilweise mit Unruhen in der Bevölkerung einhergehenden Vorgänge der frühen Reformationszeit keineswegs nur vorgeschoben war. Man war überzeugt, daß unterschiedliche Predigt notwendigerweise politische Gefahren im Innern und von Außen mit sich bringen müßten;

– zum andern mit der schon aus altrömischer Tradition stammenden Überzeugung vom direkten Zusammenhang bürgerlichen Wohlergehens und rechter Gottesverehrung, da andernfalls mit dem Zorn Gottes und seinen zeitlichen Strafen (Krieg, Hunger und Pestilenz) über Stadt und Land zu rechnen war;

– schließlich mit der Verantwortung der Obrigkeit für das zeitliche und ewige Heil der Untertanen – ein Bewußtsein, das im Spätmittelalter gewachsen war und von den städtischen Theologen unter Hinweis auf die israelitisch-jüdische Königsgeschichte verstärkt wurde.

Es waren diese Gründe, mit denen man auch die Forderungen nach Toleranz und Beschränkung des städtischen Regiments auf die Friedenswahrung, die beim konfessionellen Abschluß in einigen deutschen Reichsstädten (Nürnberg, Straßburg, Augsburg) erhoben wurden, ablehnte (vgl. u. S. 287).

d) Grundlagen: Schrift, Bekenntnis und Katechismus

Alleinige Richtschnur für Predigt und Lehre sollte die Heilige Schrift sein, an Hand deren im Prinzip jeder Christ die Rechtmäßigkeit kirchlicher Lehre beurteilen sollte. Deswegen übersetzte Luther auf der Wartburg das Neue Testament, das mit einer gegenüber der lateinischen Fassung veränderten Anordnung der kanonischen Bücher (und ohne das den lateinischen Ausgaben des Neuen Testaments stets angefügte Buch 4. Esra) im September 1522 im Druck erschien. Allmählich folgten dem die verschiedenen Teile des Alten Testaments und der Apokryphen, bis schließlich 1534 die Bibelübersetzung abgeschlossen vorlag und bis 1545 weiterhin Revisionen unterzogen wurde. Durch Vorreden, Inhaltsangaben von Kapiteln, Randverweise auf Parallelstellen und Fettdruck zentraler Stellen wurde die Bibel dem Leser erschlossen. Der Kritik, er habe bei der Übersetzung seine Theologie eingetragen, begegnete Luther mit seinem ‚Sendbrief vom Dolmetschen‘ (1530). Noch vor Abschluß der lutherischen Bibelübersetzung hatten Vertreter des linken Flügels die Propheten übersetzt (‚Wormser Propheten‘, 1527), und auch in Zürich war schon 1531 eine Vollbibel in deutscher Sprache erschienen.

D. Martin Luther, Die gantze Heilige Schrifft Deudsch, Wittenberg 1545. Letzte zu Luthers Lebzeiten erschienene Ausgabe, hg. v. Hans Volz, 2 Bde., München 1972. – Hans Volz. Martin Luthers deutsche Bibel, Hamburg 1978. – Ph. Schmidt, Die Illustrationen der Lutherbibel 1522–1700, Basel 1977.

Mit der Reformation und der von ihr verlangten Entscheidung für oder gegen sie, wurde das Christsein in neuer Weise zu einem Bekenntnisakt. Es fanden sich daher schon früh mannigfache Vorformen dessen, was später in Bekenntnissen und Bekenntnisschriften fixiert wurde.

– Zur Erschließung der Schrift empfahl Melanchthon die Notierung von Schriftstellen zu den zentralen Punkten des christlichen Glaubens. Diese ‚Loci theologici‘ von 1521 (danach in zwei weiteren, deutlich umgearbeiteten Auflagen 1535 und 1559) sollten der Schrifterschließung und ihrer Hermeneutik dienen, wie später Calvins ‚Institutio christianae religionis‘ (Unterricht in der christlichen Religion).

– Von Bedeutung wurden aber auch die Schriften, die sich im Zuge der Durchsetzung der Reformation als notwendig erwiesen. Dazu gehörten die von den städtischen Theologen für die Religionsgespräche oder Disputationen aufgesetzten Thesenreihen, wie man sie dem Vorbild der 67 Schlußreden Zwinglis von 1523 folgend in vielen deutschen Städten aufstellte. Ihnen an die Seite traten die Rechtfertigungsschriften (Ausschreiben, Apologien), mit denen einzelne Theologen oder Kommunen die von ihnen vollzogenen reformatorischen Änderungen verteidigten.

– Eine erste Welle von ‚Bekenntnissen‘ rief das für Herbst 1524 in Speyer geplante und dann nicht zustande gekommene Nationalkonzil hervor. Nicht nur im Ansbacher

Fürstentum, sondern gerade auch in den Reichsstädten bereitete man sich durch ausführliche, die evangelische Lehre in ihren wichtigsten Punkten zusammenfassende Schriften auf dieses Konzil vor.

– Zu erwähnen sind auch die Predigtanordnungen, die von Kommunen oder Territorien seit 1523 erlassen wurden und die in späteren Jahren nicht nur einfach auf die Heilige Schrift, sondern dann auch auf die inzwischen entwickelten Bekenntnisse und Bekenntnisschriften verwiesen. Vor allem für die später folgenden Visitationen waren zur Überprüfung des Kenntnisstandes der Geistlichen wie auch, um ihnen Anleitungen zu geben, bekenntnisartige Zusammenstellungen in Form von Visitationsartikeln, -fragen oder -unterrichtungen notwendig. Melanchthons ‚Unterricht der Visitatoren‘ von 1527 mit Luthers Vorrede ist nur das bekannteste Beispiel dieser Art Schriften (DGQD 3, Nr. 62). Aber auch das Ergebnis der Visitationen, die Kirchenordnungen, enthielten in ihrem ersten Teil üblicherweise eine zusammenfassende Darlegung reformatorischen Lehre oder verwiesen auf dafür heranzuziehende Schriften.

– Zu solchen Bekenntnissen konnte es aber auch im Zuge der innerprotestantischen Abgrenzungen kommen, wie sich am dritten Teil von Luthers ‚Vom Abendmahl Christi Bekenntnis‘ (1528), aber auch den Schwabacher und Marburger Artikeln (1529) zeigte.

Gottfried Seebaß, Die reformatorischen Bekenntnisse vor der Confessio Augustana, in: Kirche und Bekenntnis, hg. v. Peter Meinhold, Wiesbaden 1980, S. 26–55.

– Die Verantwortung vor dem Kaiser brachte unter Rückgriff auf die bereits erwähnten Schriften 1530 grundlegende Bekenntnisse von lutherischer, oberdeutscher und zwinglischer Seite (vgl. u. S. 187f). Von weitreichender Bedeutung wurde vor allem die ‚Confessio Augustana‘, die seit dem Nürnberger Anstand von 1532 zunehmend auch eine religionspolitische und reichsrechtliche Bedeutung erhielt. In ihrem ersten Teil (Artikel 1–17, mit den Nachträgen 18–21) enthielt sie eine weithin unpolemische reformatorische Aneignung und Auslegung des apostolischen Glaubensbekenntnisses, wobei besonders der dritte Artikel – im protestantischen Bereich setzte sich die lutherische Dreiteilung des Apostolikums gegenüber der zwölffachen sehr schnell durch – aufgeschlüsselt wurde. Darüber hinaus sollte damit gegen die Angriffe Johannes Ecks die Übereinstimmung mit der Kirche aller Zeiten und die Trennung von ‚Sakramentierern‘ (Zwingli und den Oberdeutschen) und dem ‚linken Flügel‘ dokumentiert werden. Im zweiten Teil (Artikel 22–28) verteidigte sie, was man an den tradierten Ordnungen der Kirche geändert hatte: Abendmahl sub utraque specie [unter beiden Gestalten, also Brot und Wein], die Ehe der Geistlichen, Aufhebung des Meßopfers, Aufhebung des erzwungenen Fastens und der Klostergelübde sowie das Verständnis des Bischofsamtes und dessen Folgen (KTGQ 3, Nr. 42a). Eine ausführliche Weiterführung brachte die nach dem Scheitern der Augsburger Ausgleichsverhandlungen aufgrund der ‚Confutatio‘ der altgläubigen Seite nötig gewordene ‚Apologie‘ der Confessio durch Melanchthon vom September 1530.

– Nach diesen Anfängen setzte sich die Bekenntnisbildung später fort. Auf lutherischer Seite wurden teilweise Schriften mit ursprünglich anderer Bestimmung zu Bekenntnissen (Luthers ‚Schmalkaldische Artikel', 1537; vgl. u. S. 194), daneben traten weitere, die aus bestimmten Anlaß aufgesetzt wurden (Melanchthons ‚Confessio Saxonica' (das Sächsische Bekenntnis für das Konzil von Trient, 1552; Brenzens Confessio Virtembergica aus gleichem Anlaß; vgl. u. S. 270). Gleiches gilt für die Schweiz mit Zürich, wo Bullinger entsprechende Bekenntnisse aufsetzte (Confessio Helvetica prior [das frühere] 1536 und posterior [das spätere Schweizer Bekenntnis] 1566), aber auch für die calvinistischen Kirchen in Europa, die sich jeweils Bekenntnisse gaben.

Dabei gab es deutliche Unterschiede zwischen den lutherischen und reformierten Bekenntnisschriften. Erstere beschränkten sich üblicherweise auf die Stücke, die für die evangelische Lehre charakteristisch waren, während letztere die Lehre meist ganz umfassend darlegen wollten. Bei Fragen der Kirchenordnung lehnten die lutherischen nur ab, was der Rechtfertigung als dem Zentrum widersprach, während die reformierten nicht selten auch die Prinzipien oder einzelne Ordnungen einbezogen. Ein lehrgesetzliches Verständnis der Bekenntnisse gab es nicht. Man nahm keinen Anstoß daran, daß Melanchthon in den späteren Ausgaben der Confessio Augustana und deren Apologie Änderungen vollzog, da es nicht auf einen sakrosankten Wortlaut, sondern auf den Inhalt des Bekenntnisses ankam.

BSLK. – BSRK. – Reformierte Bekenntnisschriften hg. v. Heiner Faulenbach u. Eberhard Busch, Bd. 1/1 1523–1534, Neukirchen 2002. – Wilhelm Maurer, Historischer Kommentar zur Confessio Augustana, 2 Bde., ²Gütersloh 1979. – Gunther Wenz, Theologie der Bekenntnisschriften der evangelisch-lutherischen Kirche 2 Bde., Berlin 1996 u. 1998. – Christian Peters, Apologia Confessionis Augustanae. Untersuchungen zur Textgeschichte einer lutherischen Bekenntnisschrift, Stuttgart 1997 (CThM.STJ 15). – Jan Rohls, Theologie reformierter Bekenntnisschriften, Göttingen 1987 (UTB 1453).

Wenn dies alles eher für die Studierenden und Gelehrten gedacht war, so sollte mit katechetischen Arbeiten den Gemeindegliedern gedient werden. Aus Luthers schon ganz früh beginnenden und immer wiederholten Bemühungen um die katechetischen Stücke der Tradition (Dekalog, Glaubensbekenntnis und Vaterunser) und das Verständnis der Sakramente entstanden schließlich, für den lutherischen Bereich prägend, der kleine Katechismus (KTGQ 3, Nr. 36d; DGQD 3, Nr. 63) für die Gemeinde und der Große als Anleitung für die Pfarrer zur Auslegung des Katechismus, was später in den Katechismuspredigten geschah. Doch legte Luther die wichtigsten Katechismusstücke auch in Liedform für die Gemeinde aus (vgl. o. S. 123). Luthers Katechismus verdrängte im lutherischen Bereich erst allmählich eine Fülle anderer Katechismen, die es – wie etwa die von Johannes Brenz – zunächst gegeben hatte. Im oberdeutschen Bereich wurden Bucers Katechismen und in der Schweiz der Genfer Katechismus Jean Calvins von großer Bedeutung Sie unterschieden sich vor allem im Dekalog, da hier stets das bei Luther fehlende Bilderverbot als zweites aufgenommen wurde und man das neunte und zehnte als Begehrensverbote zusammenfaßte. Für die reformierten Kirchen erhielt später der von Kaspar Olevian und hauptsächlich Zacharias Ursinus entworfene Heidelberger Katechismus (1563) weitreichenden Einfluß. Im Unterschied zum lutherischen Katechismus folgte er nicht der

Abfolge der mittelalterlich-katechetischen Stücke, die als Predigtannexe von der Kanzel verlesen worden waren, sondern fügte sie in einen systematischen Gesamtaufriß (Elend, Erlösung und Dankbarkeit des Menschen) ein. Schon früh wurde die Auslegung des gesamten Katechismus in eigenen Katechismuspredigten zur festen Einrichtung, war allerdings hauptsächlich für Kinder und Dienstboten gedacht.

Albrecht Peters, Kommentar zu Luthers Katechismen, hg. v. Gottfried Seebaß, 5 Bde., 1994. – Christoph Weismann, Die Katechismen des Johannes Brenz, 3 Bde., Berlin/New York 1988. – Martin Bucers Deutsche Schriften Bd. 6,3: Martin Bucers Katechismen aus den Jahren 1534, 1537 1543, hg. v. Robert Stupperich, Gütersloh 1987, bes. S. 19–49. – M. B. van't Veer, Catechese en catechetische stof bij Calvijn, Kampen 1942. – Handbuch zum Heidelberger Katechismus, hg. v. Lothar Coenen, Neukirchen 1963. – Werner Jetter, Katechismuspredigt, in: TRE 17, Berlin/New York 1988, S. 744–760.

2. Reformatorische Neuordnung

a) Gottesdienstliche Reformen

Im Allgemeinen begann die Reformation mit einer Reform des gottesdienstlichen Lebens. Das betraf zunächst die traditionelle Messe, die nun umgestaltet wurde. Dabei ergaben sich zwei Hauptformen:
– Die eine entstand aus einer von allem, was reformatorischer Lehre widersprach, gereinigten Messe (DGQD 3, Nr. 36) – so vor allem im norddeutsch-lutherischen Bereich und in Nürnberg – für die Luther allerdings erst 1526 ein deutsches Formular vorlegte (‚Deutsche Messe'), wobei er den Gebrauch der biblischen Sprachen im Gottesdienst beibehalten und sogar auf das Hebräische ausgedehnt wissen wollte (KTGQ 3, Nr. 36a).
– Die andere entwickelte sich aus dem spätmittelalterlichen Predigtgottesdienst mit einem ihm nachgestalteten, ausschließlich volkssprachlichem Wortteil, in den das Abendmahl zu Zeiten integriert werden konnte; so vor allem in Oberdeutschland und der Schweiz.
Die Behauptung, die lutherische Gottesdienstreform sei ‚konservativ' gewesen, trifft nur im Vergleich mit den schweizerisch-oberdeutschen Ordnungen zu, verkennt aber zum einen, daß sich das Zentrum des Gottesdienstes nun auf das verständliche Wort verlagerte, zum andern, daß nun die gesamten ohne Gemeinde gehaltenen Opfermessen und eine Fülle anderer Zeremonien verschwanden, so daß Gottesdienst nicht mehr den Dienst des Menschen an Gott, sondern den Dienst Gottes am Menschen zum Inhalt hatte. Schließlich gab es auch nicht mehr die Masse der Sakramentalien und des Geweihten, so daß sich tendenziell die Aufhebung des Unterschiedes von Heilig und Profan, bzw. die Konzentration des Heiligen auf Gott und sein Handeln vollzog.

Alfred Niebergall, Agende, in: TRE 1, Berlin/New York 1977, S. 777–784 u. TRE 2, Berlin/New York 1978, S. 1–36.

Wie der Meßgottesdienst, so wurden die Agenden der Kasualhandlungen (Taufe, Eheschließung und Begräbnis) neu gestaltet. Dabei achtete man darauf, daß der Unterschied von Reich und Arm keine Bedeutung hatte. Deswegen wurden anfangs Glockenläuten und Instrumentalmusik eingeschränkt. Im Blick auf die Taufe übernahm Luther die herkömmliche, von der Mündigentaufe geprägte Taufagende, in der er nur Wiederholungen tilgte und dem Wort vor den Gesten den Vorrang gab, während Zwingli in der Auseinandersetzung mit den Täufern eine neue Ordnung der Kindertaufe schuf, die viele der traditionellen Zeremonien (vor allem die mehrfachen Beschwörungen [Exorzismen] sowie die an Ohren Nase und Mund des Täuflings vollzogenen Riten) beseitigte.

Bruno Jordahn, Der Taufgottesdienst im Mittelalter bis zur Gegenwart, in: Leiturgia. Handbuch des evangelischen Gottesdienstes Bd. 5: Der Taufgottesdienst, hg. v. Karl Ferdinand Müller u. Walter Blankenburg, Kassel 1970, S. 355–478. – Fritz Schmidt-Clausing, Zwingli als Liturgiker, Göttingen (und Berlin) 1952 (VEGL 7), S. 69f, 143–165.

b) Die Bilderfrage

Schon früh stellte sich die Frage, ob die Bilder in den Kirchen zu dulden seien. Die Bilder und ihre Verehrung spielten in der spätmittelalterlichen Kirche ja eine wichtige Rolle. Das aber wurde nun als Götzendienst empfunden. Karlstadt forderte unter Verweis auf das Bilderverbot des Dekalogs ihre Entfernung. Luther antwortete, man müsse die Bilder nicht äußerlich entfernen, sondern ‚aus den Herzen‘, dann könne man sie zur Belehrung auch beibehalten. So hat sich im lutherischen Bereich, in dem auch die im Katholizismus später fast durchgehende Barockisierung fehlte, die Hauptmasse an mittelalterlich-kirchlichen Kunstwerken erhalten. Auch in Zürich und von den oberdeutschen Reformatoren wurden die Bilder in den Kirchen abgelehnt, allerdings wollte man auch hier keine Bilderstürme, sondern eine geordnete Entfernung durch die Obrigkeit. Sie wurde zum eigentlichen Kennzeichen, nicht aber die spektakulären und deswegen bis heute in ihrer Bedeutung für die Reformation und ihr Verhältnis zu den Künsten überbewerteten, an manchen Orten vorkommenden Bilderstürme.

Aus ihnen auf eine grundsätzliche Kunstfeindschaft der Reformation zu schließen, ist verfehlt. Zwar hing der Rückgang kirchlicher Tafelmalerei mit den nun fehlenden neuen Meß- und Altarstiftungen zusammen, doch ebenso damit, daß Holzschnitt und Kupferstich für die Künstler weit einträglicher waren. Die lutherische Reformation hat eine Reihe eindrücklicher Lehr- (DGQD 3, S. 367–369) und Gedächtnisbilder (Albrecht Dürer, Vier Apostel) später auch neue Retabelaltäre hervorgebracht (Altargemälde Lukas Cranachs), daneben aber vor allem die Epitaphienkunst in den Kirchen gepflegt.

Stefan Ehrenpreis, Ute Lotz-Heumann, Reformation und konfessionelles Zeitalter, Darmstadt 2002, S. 82–89 (Lit!). – Carl Christensen, Art and the Reformation in Germany, Athens u.a. 1979. – Cécile Dupreux, Peter Jezler und Jean Wirth (Hg.), Bildersturm. Wahnsinn oder Gottes Wille, München 2000. – Bilder und Bildersturm im Spätmittelalter und in der frühen Neuzeit, hg. v. Bob Scribner, Wiesbaden 1990 (Wolfenbüttler Forschungen 46). – Hans von Campenhausen, Die Bilderfrage in der Reformation, in: Ders., Aus Tradition und Leben, Tübingen 1960, S. 361–407. – Margarete Stirm, Die Bilderfrage in der Reformation, Gütersloh 1977

(QFRG 45), Andreas Puchta, „Contra statuas et imagines": Bucers Haltung im Bilderstreit (1530), in: Martin Bucer zwischen Luther und Zwingli, hg. v. Matthieu Arnold und Berndt Hamm, Tübingen 2003, S. 107–12. – Johann Michael Fritz, Die bewahrende Kraft des Luthertums, Regensburg 1997. – Siegfried Müller, Repräsentationen des Luthertums – Disziplinierung und konfessionelle Kultur in Bildern, in: ZHF 29, 2002, S. 215–255. – Karl Arndt u. Bernd Moeller, Albrecht Dürers „Vier Apostel", Gütersloh 2003 (SVRG 202). – Dies., Albrecht Dürer im Spannungsfeld der frühen Reformation. Seine Darstellungen des Abendmahls Christi von 1523, Göttingen 2005 (NAWG.PH 2005,2).

c) Aufhebung von geistlichem Stand und Zölibat

Aus Luthers Auffassung vom allgemeinen Priestertum ergab sich die Aufhebung des geistlichen als eines eigenen Standes. Die Unterscheidung von Klerikern und Laien wurde hinfällig, sie galt als Zerreißung des einen Leibes Christi. Damit fiel auch die Fülle der Sonderrechte des Klerus, die schon vor der Reformation immer wieder zu Auseinandersetzungen und in den Städten auch zu der Tendenz geführt hatten, die Geistlichen in das Bürgerrecht zu bringen. Damit ergab sich tendenziell ein einheitlicher Bürger- und Untertanenverband.

Gleichwohl hielten die Reformatoren wie die Gemeinschaften des ‚linken Flügels', wenn sie zu gewisser Konsolidierung und Institutionalisierung gekommen waren, daran fest, daß es eines anerkannten und nach bestimmten Regeln vergebenen Amtes bedurfte, das man sich nicht selbst nehmen konnte, sondern zu dem man gewählt, berufen und in dem man bestätigt werden mußte. Solange man ausreichend früher geweihte Priester als evangelische Pfarrer und Prediger zur Verfügung hatte, war das kein Problem, seit den 30er Jahren aber entwickelte man neben der ‚Installation' durch die Obrigkeit auch eine eigene geistliche Ordinationshandlung, die anfangs gelegentlich auf Widerstand stoßen konnte, weil evangelische Obrigkeiten darin die Neukonstituierung eines unabhängigen geistlichen Standes zu erkennen glaubte. Die Ordination wurde nicht nur von den Superintendenten, sondern auch von den theologischen Fakultäten der Universitäten vollzogen.

Frauen blieben von diesen Ämtern ausgeschlossen. Zwar gab es in der Frühzeit der reformatorischen Bewegung – in den Städten und im Bauernkrieg ebenso wie im ‚linken Flügel' – predigende Frauen, aber im allgemeinen waren sie – auch im ‚linken Flügel' – doch darauf beschränkt, im ‚Haus' und im geselligen Verkehr ‚missionarisch' zu wirken. Es gab aber gebildete Pfarrfrauen, die in dieser Hinsicht einflußreich tätig wurden, so wie sich im altgläubigen Bereich die reformfreundlich beratenden ‚geistlichen Freundinnen' fanden. Nur Fürstinnen hatten unter Umständen die Möglichkeit, nachdrücklich im Interesse ihrer Konfession zu handeln. Ein wirkliches Amt aber wurde den Frauen – mit Ausnahme der Lehrerin, der Diakonin und der Witwe – in den Gemeinden nicht zugestanden. Calvin hob sogar die schon in der alten Kirche geübte und meist von den Hebammen vollzogene Nottaufe auf, weil Christus den Auftrag zu Taufen an die Apostel, nicht aber an Frauen oder andere gegeben habe (Inst. IV,15,20).

Marion Kobelt-Groch, Aufsässige Töchter Gottes. Frauen im Bauernkrieg und in den Täuferbewegungen, Frankfurt/New York 1992. – Nicole Grochowina, Zwischen Gleichheit im Martyrium und Unterordnung in der Ehe. Aktionsräume von Frauen in der täuferischen Bewegung, in: „In Christo ist weder Man noch Weyb". Frauen in der Zeit der Reformation und der katholischen Reform, Münster 1999 (KLK 59), S. 95–113. – Roland H. Bainton, Frauen der Reformationszeit, Gütersloh 1995.

d) Aufhebung der Klöster und Konvente

Mit der Reformation wurde auch die schon in der Alten Kirche beginnende Höherschätzung des Standes der Ehelosigkeit aufgehoben. Den Geistlichen wurde kein Konkubinat mehr gestattet, sondern die Eheschließung von ihnen verlangt, jedoch Karlstadts Forderungen nach legalistisch begründetem Keuschheitsverbot und einem entsprechenden Ehegebot zurückgewiesen. Allmählich bildete sich das Pfarrhaus in seiner für die Geschichte der evangelischen Kirchen und die allgemeine Kulturgeschichte erheblichen Bedeutung heraus.

Bernd Moeller, Pfarrer als Bürger, Göttingen 1972 (Göttinger Universitätsreden 56). – Stephen E. Buckwalter, Die Priesterehe in Flugschriften der frühen Reformation, Gütersloh 1998 (QFRG 68). – Luise Schorn-Schütte, Evangelische Geistlichkeit in der Frühneuzeit, Gütersloh 1996 (QFRG 62).

Die reformatorische Ethik mit ihrer Überzeugung, daß jeder mit seinen von Gott geschenkten Gaben dem Nächsten ‚in seinem Stande' zu dienen und gerade dabei das Kreuz und die Abtötung des auf sich selbst bezogenen alten Adam zu vollziehen habe, wertete das Mönchtum, das einseitig als Möglichkeit eigener Heilsfürsorge gewertet wurde, gegenüber dem weltlichen Leben ab. Hatte nach mittelalterlichem Verständnis nur der asketisch Lebende, Mönch oder Nonne, Berufung und Beruf, so schien er sich nun egoistisch der göttlichen Berufung zum Dienst am Nächsten entzogen zu haben. Die Klöster und Konvente der männlichen Religiosen leerten sich schnell und wurden im allgemeinen der Obrigkeit übergeben. Mönchen und Nonnen untersagte man altgläubigen Gottesdienst und suchte sie zum Übertritt in das weltliche Leben zu bewegen. Diejenigen, die Stadt oder Territorium gleichwohl nicht verlassen wollten, führte man in einem oder mehreren Klöstern zusammen und verbot Neuaufnahmen.

Bernhard Lohse, Mönchtum und Reformation, Göttingen 1963 (FKDG 12). – Johannes Schilling, Klöster und Mönche in der hessischen Reformation, Gütersloh 1997 (QFRG 67), bes. S. 120–158. – Ders., Gewesene Mönche. Lebensgeschichten in der Reformation, München 1990 (Schriften des Historischen Kollegs 26).

Bei den Frauenklöstern gab es verständlicherweise mehr Widerstand gegen die Auflösung (DGQD 3, Nr. 54). Das lag sicher auch daran, daß die Frauen oft früh in die Klöster gekommen waren und beim Austritt eine soziale Deklassierung fürchten mußten. Sie fanden allerdings nicht selten zunächst auch den Schutz der adeligen oder bürgerlichen Verwandtschaft, die an einer Rückkehr der unverheirateten weiblichen Verwandten nicht interessiert war. Daß Frauen die Klöster freiwillig oder gar fluchtartig verließen – Luthers Frau gehörte zu einer solchen Gruppe – kam vor, wurde aber charakteristischerweise zum Anlaß von Flugschriften über das Klosterleben der Frauen, wobei Luthers Schrift ,Ursach und Antwort, daß Jungfrauen Klöster göttlich verlassen mögen', in der er auch unter Hinweis auf die ,infirmitas' der Frau die Gabe der Keuschheit für selten erklärte und an ihre schöpfungsmäßige Bestimmung als Frau und Mutter erinnerte, die Diskussionen auslöste. Daß Nonnen von ihren Familien zum Austritt bewogen oder gezwungen wurden, kam vor, war aber eher selten.

Im Unterschied zum Spätmittelalter und dem tridentinischen Katholizismus schränkte der Protestantismus die Möglichkeiten kommunitären Frauenlebens erheblich ein, hob sie aber doch nicht völlig auf. In den Territorien – lutherischen wie reformierten – wurden nicht selten evangelische Frauenstifte eingerichtet, die üblicherweise, aber nicht immer und ausschließlich den adeligen Töchtern mit dem entsprechenden Nachweis adeliger Vorfahren (Ahnenprobe) vorbehalten blieben. Sie setzten das im Unterschied zu den Nonnen ohne Gelübde, aber unter eine Regel gefaßte Leben der mittelalterlichen Stiftsdamen fort. Diese evangelischen Damenstifte, bei denen die Klausur nicht völlig aufgehoben, aber doch erheblich gelockert wurde, sollte neben dem Gottesdienst der Erziehung und Vermittlung dessen, was man als weibliche Tugenden und Werte verstand, aber ebenso der Vorbereitung auf die sachgerechte Führung eines Hausstands und – neben der immer auch intendierten Versorgung – karitativen Zwecken dienen.

Antje Rüttgardt, Die Diskussion um das Klosterleben von Frauen in Flugschriften der frühen Reformationszeit (1523–1528), in: „In Christo ist weder Man noch Weyb". Frauen in der Zeit der Reformation und der katholischen Reform, Münster 1999 (KLK 59), S. 69–94. – Lucia Koch, Protestantische Damenstifte an der Wende zum 17. Jahrhundert, in: a.a.O., S. 199–230.

Daß der Protestantismus die mittelalterliche Form asketischer Nachfolge beseitigte, führte auf der einen Seite zu mönchisch erhöhten Forderungen an das Christsein in der Welt, angesichts der faktisch verbürgerlichenden Nachfolge aber auch zu dem immer wieder aufbrechenden und die Geschichte des Protestantismus begleitendem Verlangen nach intensiveren Formen der Nachfolge.

e) Armenfürsorge

Der Grundsatz, daß man sich nicht um die toten Heiligen, sondern die lebenden Glieder Christi in den Armen kümmern müsse, führte schon in den Anfangsjahren der Reformation zur Einrichtung ,gemeiner Kästen' (DGQD 3, Nr. 35), in die dann später teilweise auch das Kirchengut übernommen wurde, und zu dem Versuch flächendeckender Fürsorge, die sich den Armen, den ,verschämten' (ihre Armut verheimlichenden) Armen und den durch Unglücksschlag Verarmten zum Neuaufbau einer Existenz zuwandte, freilich immer auch mit Aufsicht, Kontrolle und Disziplinierung verbunden war. Dabei wollte man durch Beschränkung auf die aus der jeweiligen Gemeinde Stammenden oder in ihr Wohnenden vor allem das Heer der wandernden Bettler und Armen verringern, was freilich kaum gelang. Außerdem zeigte sich bald, daß die Stiftungsfreudigkeit im Blick auf die mit der Neuordnung verbundene Bürokratisierung nachließ, so daß das direkte und unmittelbare Almosengeben wieder auflebte.

Wolfgang von Hippel, Armut, Unterschichten, Randgruppen in der frühen Neuzeit, München 1995 (Enzyklopädie deutscher Geschichte 34). – Robert Stupperich, Armenfürsorge, in: TRE 4, Berlin/New York 1979, S. 29–34. – Martin Luther und die Reformation in Deutschland, Frankfurt/M. 1983, S. 424–428. – Die Entstehung einer sozialen Ordnung Europas, Bd. 1: Historische Studien und exemplarische Beiträge zur Sozialreform im 16. Jahrhundert, hg. v. Theodor Strohm und Michael Klein, Heidelberg 2004 (Veröffentlichungen des Diakoniewissenschaftlichen Instituts 22). – Die Entstehung einer sozialen Ordnung Europas, Bd. 2: Europäische Ordnungen zur Reform der Armenpflege im 16. Jahrhundert, hg. v. Theodor Strohm und Michael Klein, Heidelberg 2004 (Veröffentlichungen des Diakoniewissenschaftlichen Instituts 23). – Anneliese Sprengler-Ruppenthal, Zur Entwicklungsgeschichte der reformatorischen Kirchen- und Armenordnungen im 16. Jahrhundert, Heidelberg 2004 (Sonderdruck des Diakoniewissenschaftlichen Instituts der Ruprecht-Karls-Universität Heidelberg).

f) Schul- und Bildungswesen

Da die Reformation zugunsten des Gemeindegottesdienstes und des Gemeindeabendmahls eine Fülle der herkömmlichen kirchlichen Stellen für die Meßpriester beseitigte, war zunächst, da die Aussicht auf eine der vielen Pfründen nicht mehr bestand, mit der Reformation auch ein kurzer Niedergang des Bildungswesens verbunden, in dem sich aber auch die Überzeugung niederschlug, daß ‚die Gelehrten die Verkehrten‘ seien. Dem trat Luther schon 1524 mit seiner Aufforderung ‚An die Ratherrn aller Städte, dass sie christliche Schulen aufrichten‘ entgegen (DGQD 3, Nr. 37). Er forderte ein gegliedertes, auslesendes Bildungssystem, das sich aber nicht durchsetzte. Das, was die deutschen Schulen abdeckten (Lesen, Schreiben, Rechnen) wurde von der Reformation nicht intensiv bedacht, doch wurden später die Küsterschulen auf dem Land, in denen der Kirchendiener den Unterricht erteilte, gefördert. In den Städten kam es zu einer weithin von Melanchthons Vorstellungen bestimmten Reform der Lateinschulen, gelegentlich auch zur Neugründung von Gymnasien, aus denen später Universitäten hervorgingen (Straßburg, Nürnberg/Altdorf). Dem entsprachen in den Territorien die vor allem in Sachsen und Württemberg gegründeten Fürsten- (St. Afra in Meißen, Schulpforta) oder Klosterschulen (Blaubeuren, Maulbronn). Eine Reform der Universitäten, die Luther bereits in der Adelsschrift skizzierte, vollzog sich dann vor allem unter dem Einfluß Melanchthons, der wie die Reform bestehender (Wittenberg seit 1518, Tübingen 1535, Greifswald 1539, Heidelberg etc) so auch die Gründungen neuer Universitäten (Marburg 1527 – DGQD 3, Nr. 61. – Königsberg/Ostpreußen 1544) mit seinen Ratschlägen begleitete.

Studien zum städtischen Bildungswesen des späten Mittelalters und der frühen Neuzeit, Göttingen 1983 (AAWG.PH 3/137). – Humanismus im Bildungswesen des 15. und 16. Jahrhunderts, hg. v. Wolfgang Reinhard, Weinheim 1984 (DFG /Mitteilung XII der Kommission für Humanisforschung, Weinheim 1984). – Anton Schindling, Schulen und Universitäten im 16. und 17. Jahrhundert, in: Ecclesia militans, FS Remigius Bäumer, hg. v. Walter Brandmüller, Herbert

Immenkötter, Erwin Iserloh, Bd. 2, Paderborn u.a. 1988, S. 561–570. – Handbuch des deutschen Bildungsgeschichte Bd. 1: 15.–17. Jahrhundert. Von der Renaissance und der Reformation bis zum Zeitalter der Glaubenskämpfe, hg. v. Notker Hammerstein, München 1996.

g) Eherecht und Eheverständnis

Auch auf dem Feld des Eherechtes kam es mit der Reformation zu einer Neuordnung. Daß die Ehe für Luther ‚ein weltlich Ding‘ war, bedeutete für ihn keineswegs, die notwendigen Regelungen ausschließlich den Juristen und den zuständigen Obrigkeiten zu überlassen, vielmehr hatten im lutherischen wie im reformierten Bereich bei Problemfällen üblicherweise die Theologen mitzusprechen.

– Daß das Eheversprechen zweier Partner eine Ehe begründete, brachte Probleme mit sich. Wegen der nicht selten tatsächlich oder nur angeblich heimlich (klandestin) geschlossenen Ehen, bei denen einer der Partner das Gelöbnis bestritt, verlangte man ein vor Zeugen gegebenes Eheversprechen. Im Blick auf die ohne Zustimmung der Eltern gewünschten oder zustande gekommenen Ehen riet Luther den Kindern, die Einwilligung der Eltern einzuholen, mahnte aber auch diese, die Ehen ihrer Kinder nicht zu behindern, und stellte sie den Kindern für Fälle egoistischer oder auch angeblich fürsorglicher Behinderung gegen den Willen der Eltern frei.

– Schwierigkeiten ergaben sich vor allem aus den die Ehe hindernden Verwandtschaftsgraden, die das tradierte geistliche Recht weit ausgedehnt hatte, so daß nicht selten bei Eheschließungen kostspielige Dispense eingeholt werden mußten. Die Reformatoren wollten grundsätzlich nur die in Lev 26 ausdrücklich genannte Verwandtschaft als Ehehindernis anerkennen. Doch setzte sich in diesem Punkt allmählich wieder das tradierte geistliche Recht durch.

– Unzuträglichkeiten brachte auch die herkömmliche Unauflöslichkeit der Ehe mit sich, die allenfalls durch eine rückwirkende Ungültigkeitserklärung (die es vor allem bei Ehen von Adeligen gab) aufgehoben werden konnte oder eine Trennung von Tisch und Bett erlaubte, aber auch andere Möglichkeiten zur Milderung des Scheidungsverbots kannte. Im Blick auf das böswillige Verlassen eines Ehepartners durch den anderen – auf diese Weise konnte bei fehlendem Meldewesen das Scheidungsverbot auch umgangen werden –, aber auch bei nachweisbarem Ehebruch waren die Reformatoren bereit, dem unschuldigen Teil die Wiederheirat zu gestatten. Dabei ging Bucer, der den sexuellen Verkehr für ehekonstitutiv ansah und außereheliche Promiskuität unter allen Umständen vermeiden wollte, noch weiter und sprach sich für die Scheidungsmöglichkeit in allen Fällen aus, in denen der sexuelle Verkehr der Ehepartner nicht mehr möglich war. Tatsächlich aber ging man in protestantischen Gebieten mit der Scheidung keineswegs großzügig, sondern eher streng um. Im Täufertum gab es stärker als in den sich bildenden evangelischen Kirchen die Frage, ob ein gläubiger, d.h. täuferischer Partner einen nichtgläubigen verlassen dürfe oder gar müsse. Dabei wurde die Erlaubnis im allgemeinen zugestanden, die geforderte ‚Meidung‘ aber stieß auch auf Widerspruch.

Für das Eherecht und die auf diesem Feld geführten Prozesse wurde in den Städten nicht selten ausschließlich das Stadtgericht zuständig, wobei man aber auf den Rat der Theologen zurückgriff. Andernorts entstanden nach dem Vorbild Zürichs gemischt besetzte Ehegerichte. Im lutherischen Bereich wurde das Ehegericht den Konsistorien, der aus Juristen und Theologen besetzten Behörden anvertraut.

Hartwig Dieterich, Das protestantische Eherecht in Deutschland bis zur Mitte des 17. Jahrhunderts, München 1970. – Maurice Schild, Ehe/Eherecht/Ehescheidung, Reformationszeit, in: TRE 9, Berlin/New York 1992, S. 336–346. – Scott Hendrix, Luther on Marriage: LuthQ 14, 2000, S. 335–350. – Robert M. Kingdon, Adultery and Divorce in Calvin's Geneva, Cambridge/London 1995. – Angelika Dörfler-Dierken, „Es ist warlich eyn geringe lust darbey." Erasmus als Eheberater im Luthertum, in: ZKG 113, 2002, S. 172–189. – Scott Hendrix, The Reform of Marriage in Calvin's Geneva, in: Caritas et Reformatio. Essays on Church and Society in Honor of Carter Lindberg, hg. v. David M. Whitford, St. Louis 2002, S. 113–132. – Herman J. Selderhuis, Huwelijk en Echtscheiding bij Martin Bucer, Leiden 1994. – Ders., Das Eherecht Martin Bucers, in: Martin Bucer und das Recht, hg. v. Christoph Strohm, Genf 2002, S. 185–199.

In der neueren Forschung wurde über die Rechtsfragen hinaus vor allem nach der Rolle der Frau in der Reformation und nach der Veränderung ihrer Situation und Stellung gefragt. Tatsächlich vollzogen sich im Zusammenhang mit den rechtlichen Änderungen auch solche im Verständnis der Ehe mit Rückwirkungen auf die Situation der Frau. Für Luther gehörten Arbeit und Gebären nicht nur zu den Folgen des Falles, sondern geradezu zur Schöpfungsordnung. Die Frau wurde also – da die Reformation das klösterliche Leben aufhob (vgl. o. S. 175f) – stärker als bisher auf die Rolle als Hausfrau und Mutter gewiesen, zumal man sie dem natürlichen Sexualtrieb gegenüber im Vergleich zum Mann eher als schwächer beurteilte. Das war mit einer an jede Frau herangetragenen Erwartung des Eheschlusses verbunden. Denn trotz der Hochschätzung der Virginität auf altgläubiger Seite spottete man auch dort über die ‚alte Jungfer'. Zwar blieb es in der Ehe bei ehelicher Unterordnung und Gehorsam, aber man entwickelte doch auch einen wachsenden Sinn dafür, daß die Beziehung zwischen Eheleuten nicht nur mit Amt und Pflicht, sondern auch mit Liebe und Zuneigung zu tun hatte. Darüber hinaus hatte jedenfalls Luther den Mann durchaus auch als Gehilfen der Frau verstanden, wenn er ihm die Pflege der Ehefrau und das Windelnwaschen zumutete, selbst wenn das keineswegs den üblichen Umgang von Ehegatten miteinander prägte.

Die Hochschätzung der Ehe und die Einschränkung sexuellen Verkehrs auf sie hatte auch einen Wandel in der Beurteilung der Prostitution zur Folge. Im Spätmittelalter gab es – von der Kirche geduldet – zum ‚Schutz der Frauen' in den Städten die offiziellen Bordelle mit den ‚schönen', den ‚freien' oder ‚gemeinen' Frauen. Zutritt sollten eigentlich nur unverheiratete Männer haben. Luther hatte schon 1520 dieses Argument für die Bordelle nicht anerkannt und deren Aufhebung gefordert. Dem schlossen sich nicht wenige städtische Prediger – im lutherischen wie im reformierten Bereich – an. Tatsächlich wurde in manchen Städten das ‚Frauenhaus' geschlossen, was freilich nur die Entstehung privater Bordelle und der Straßenprostitution förderte. Doch ging man nun gegen das, was man jetzt im Unterschied zu den spätmittelalterlichen Zuchtordnungen, in denen die Prostitution nicht auftauchte, weil man sie als ein Gewerbe neben anderen betrachtete, von ratswegen dagegen vor, weil es als ‚unzüchtig' galt. Dabei wurden üblicherweise die ‚Kupplerinnen' schärfer als die Prostituierten – beide aber öffentlich – bestraft. Allerdings konnten sich derartige Tendenzen selten auf Dauer und flächendeckend durchsetzen.

Stefan Ehrenpreis, Ute Lotz-Heumann, Reformation und konfessionelles Zeitalter, Darmstadt 2002, S. 92–99. – Barbara Henze, Kontinuität und Wandel des Eheverständnisses im Gefolge von Reformation und katholischer Reform, in: „In Christo ist weder Man noch Weyb". Frauen in der Zeit der Reformation und der katholischen Reform, Münster 1999 (KLK 59), S. 129–151. – Claudia Ulbrich, Frauen in der Reformation, in: Die Frühe Neuzeit in der Geschichtswissenschaft. Forschungstendenzen und Forschungserträge, hg. v. Nada Boškovska Leimgruber, Paderborn 1997, S. 163–177. – Gerta Scharffenorth, Mann und Frau im Glauben Martin Luthers, in: Wandel der Geschlechterbeziehungen zu Beginn der Neuzeit, hg. v. Heike Wunder und Christina Vanja, Frankfurt/M. 1991, S. 97–108. – Lyndal Roper, Das fromme Haus. Frauen und Moral in der Reformationszeit, Frankfurt/New York 1995.

h) Bann und Kirchenzucht

In der Ablehnung der zeitgenössischen Bannpraxis waren sich im Blick auf den kleinen Bann, den Ausschluß von der Abendmahlskommunion, wie auf den großen Bann, den Ausschluß aus der Kirche mit gesellschaftlichen Folgen, alle Reformatoren einig und stimmten darin auch mit den Obrigkeiten, die in den Gravamina darüber geklagt hatten, überein. Andrerseits wollten sie aber im Blick auf grobe, öffentliche Sünden und hartnäckige Sünder auf Kirchenzucht nicht verzichten, sie jedoch entsprechend Matth 18,15–18 seelsorgerlich gehandhabt wissen. Allerdings waren die Obrigkeiten aufgrund des früheren Mißbrauchs zunächst nicht bereit, eine von der obrigkeitlichen Sittenzucht unabhängige Kirchenzucht zuzulassen. Andrerseits erschien den Theologen die ihres Erachtens zu lax gehandhabte obrigkeitliche Sittenzucht nicht ausreichend, so daß eben dieser Punkt besonders umstritten war. Erst sehr allmählich gelang es, die Kirchenzucht durchzusetzen, wobei sich im Blick auf Stellenwert, Organisation und Durchführung deutliche Unterschiede ergaben.
– Im lutherischen Bereich fiel auf die Kirchenzucht kein großes Gewicht, da Luther ohnehin die Reinheit der Lehre der des Lebens entschieden vorordnete. Zwar wurde der Ausschluß in den Bugenhagenschen Kirchenordnungen vorgesehen und in der Confessio Augustana beiläufig erwähnt, aber erst aufgrund der in Württemberg auf den kirchlichen Instanzenzug genau verteilten Durchführung kam es dann auch im Luthertum zu einer institutionell geklärten, wenn auch unterschiedlich streng durchgeführten Kirchenzucht.
– Im schweizerisch-oberdeutschen Bereich, in dem die Reformation stärker als Verchristlichung der Gesellschaft verstanden wurde, erhielt die Kirchenzucht ein sehr viel höheres Gewicht. In Zürich ging mit Zwinglis Zustimmung obrigkeitliche Sitten- und christliche Kirchenzucht institutionalisiert im Ehe- und Sittengericht Hand in Hand. Bei diesem Modell blieb es auch, als Johannes Oekolampad in Basel eine von der Obrigkeit unabhängige kirchliche Zucht propagierte. Für die setzte sich dann auch Martin Bucer ein, konnte sie aber nie in Straßburg, sondern nur in Hessen verwirklichen. Den höchsten Stellenwert erhielt die gemeindliche Zucht bei Calvin, wobei er deren Unabhängigkeit in Auseinandersetzung mit dem Rat erst allmählich

durchsetzen konnte. Die reformierten Bekenntnisschriften haben daher mit Ausnahme der Zürcher, stets großen Wert auf den Ausschluß vom Abendmahl gelegt. Daß sie, zumal in der Rigorosität, mit der sie in Genf gehandhabt wurde, immer wieder auf Widerspruch stieß, kann nicht verwundern.

– Für die Täufer erhielt die Kirchenzucht neben der Bekenntnistaufe einen eher noch höheren Stellenwert, da mit beiden Einrichtungen die Reinheit der Gemeinde garantiert werden sollte. Doch kam es auch unter ihnen zu Auseinandersetzungen und Trennungen über die Frage, wie hart die Kirchenzucht durchgesetzt werden sollte.

Hans-Jürgen Goertz, Kirchenzucht, Reformationszeit, in: TRE 19, Berlin/New York 1990, S. 176–183. – Kirchenzucht und Sozialdisziplinierung im frühneuzeitlichen Europa, hg. v. Heinz Schilling, Berlin 1994. – Ruth Götze, Wie Luther Kirchenzucht übte, Göttingen 1958. – Martin Brecht, Lutherische Kirchenzucht bis in die Anfänge des 17. Jahrhunderts im Spannungsfeld von Pfarramt und Gesellschaft, in: Die lutherische Konfessionalisierung in Deutschland, hg. v. Hans-Christoph Rublack, Gütersloh 1992 (SVRG 197), S. 400–420. – Helga Schnabel-Schüle, Calvinistische Kirchenzucht in Württemberg?, in: ZWLG 49, 1990, S. 168–223. – Amy Nelson Burnett, The Yoke of Christ. Martin Bucer and Christian Discipline, Kirksville/Miss 1994 (SCES 26). – Olaf Kuhr, Die Macht des Bannes und der Buße. Kirchenzucht und Erneuerung der Kirche bei Johannes Oekolampad (1482–1531), Bern u.a. 1999 (BSHST 68). – Walther Köhler, Zürcher Ehegericht und Genfer Konsistorium, 2 Bde., Leipzig 1932 und 1942 (QASRG 7 und 10).

i) Das Problem des Kirchengutes

Der oft wiederholten Behauptung, der Zugriff auf das Kirchengut sei die eigentliche Motivation für städtische und fürstliche Reformationen gewesen, ist entgegen zu halten, daß man bis zum Augsburger Religionsfrieden von 1555 (vgl. u. S. 201–203) keineswegs sicher sein konnte, die daraus stammenden Vermögensmassen auf Dauer und ohne Entschädigung zu behalten. Nach den Visitationen und vor allem in den 30er Jahren gab es ständige Auseinandersetzungen mit dem Reichskammergericht über das Kirchengut. Tatsächlich aber griffen die Obrigkeiten meist sehr schnell auf das Kirchengut zu, nicht zuletzt, weil man jederzeit mit dem Zugriff anderer Interessenten rechnen mußte. Im Blick auf die (Meß-)Stiftungen, die nicht mehr vollzogen wurden, lehnte man eine Rückgabe an die Stifterfamilien ab, weil zum Gottesdienst Gestiftetes dabei bleiben müsse. Faktisch kam es vor allem in den städtischen ‚gemeinen Kästen' zu einer Vereinigung (Kumulation) der aus unterschiedlichen Quellen stammenden Kirchengüter (Pfründen, Stiftungen, Zinsen, Gefälle) in der Hand der Obrigkeiten die davon den Unterhalt des Kirchenwesens, der Pfarrer, der Schulen und die Armenfürsorge bestreiten sollten. Doch auch einer Säkularisierung von Kirchengut (Innovation) zum allgemeinen Nutzen (Straßen- und Brückenbau, Senkung von Steuern oder Tilgung von Landesschulden) stimmten die Reformatoren zu. Sie führten aber in den 30er Jahren, als man in manchen Territorien bedenkenlos Kirchengut säkularisierte, einen Zweifrontenkrieg, indem sie auf den Schmalkaldischen Bundestagen bei den Obrigkeiten den rechten Umgang mit Kirchengut anmahnten und immer wieder über die mangelhafte Pfarr- und Schulfürsorge klagten, den Altgläubigen gegenüber aber den Zugriff und die Verwendung auf evangelischer Seite verteidigten. Die Verwaltung des Kirchengutes konnte direkt mit dem der Stadt oder des Landes vereint, aber auch getrennt verwaltet werden. Im Blick auf die geistlichen Fürstentümer gab es zwar schon früh Säkularisierungstendenzen, doch hatten diese – abgesehen vom Fall Utrecht – lediglich bei einigen landsässigen Stiften Erfolg.

Kurt Körber, Kirchengüterfrage und schmalkaldischer Bund, Leipzig 1913 (SVRG 111/12). – Hans Lehnert, Kirchengut und Reformation, Erlangen 1935 (Erlanger Abhandlungen zur mittleren und neueren Geschichte 20). – Martin Stupperich, Die Neuordnung der Kirchenfinanzen im Zeitalter der Reformation, in: Die Finanzen der Kirche, hg. v. Wolfgang Lienemann, München 1989 (FBESG 34), S. 602–681. – Eike Wolgast, Hochstift und Reformation, Stuttgart 1995 (BGRK 16). – Gottfried Seebaß, Martin Bucers Beitrag zu den Diskussionen über die Verwendung der Kirchengüter, in: Martin Bucer und das Recht, hg. v. Christoph Strohm, Genf 2002, S. 167–183.

k) Kirchenordnungen und Kirchenverfassungen

Für die verschiedenen Bereiche der kirchlichen Neuordnung entstanden zunächst einzelne Ordnungen, Almosen- und Kastenordnungen, gottesdienstliche Ordnungen, Zuchtordnungen, Visitationsordnungen, Prädikantenordnungen usw. Erst bei einer wirklich umfassenden und auf Visitation beruhenden Reformation kam es zu einer Zusammenfassung derartiger Einzelordnungen oder auch zu Neuentwürfen umfassender Kirchenordnungen. Dabei ergaben sich in der ersten Hälfte des 16. Jahrhunderts, wenn man von frühen Formen, wie etwa der hessischen Kirchenordnung von 1526, die eine Kirchenordnung auf Gemeinden und Synoden aufbauen wollte (KTGQ 3, Nr. 35), absieht, im wesentlichen vier Typen:
– Im lutherischen Bereich sind es vor allem die von Bugenhagen entworfenen Kirchenordnungen für Städte (Braunschweig, Hamburg, Lübeck) und Territorien (Braunschweig-Wolfenbüttel, Pommern, Dänemark), denen eine Fülle weiterer Ordnungen folgten (KTGQ 3, Nr. 38). Sie bieten üblicherweise in einer Dreigliederung das, was zum Kirchenwesen gehört: die Ordnungen für die Schulen, die Ordnungen für die Gottesdienste und die geistlichen Ämter sowie die Ordnungen für die Armenfürsorge.
– Von prägender Bedeutung wurde auch die Brandenburgisch-Nürnbergische Kirchenordnung, deren Lehrteil und Katechismus von Andreas Osiander, deren agendarischer Teil aber in mühseliger Zusammenarbeit zwischen den Ansbacher Theologen unter Führung von Johannes Brenz und den Nürnbergern in Auseinandersetzung mit Osiander zwischen 1529 und 1533 erarbeitet wurde. In ihr gab es aber keine Ordnungen für die Kirchenverfassung, für das Eherecht und das Fürsorgewesen, da das alles ausschließlich in der Hand der Obrigkeit lag. Auf dieser Ordnung fußten eine ganze Reihe weiterer Ordnungen.
– Für den oberdeutschen Bereich wurden die von Martin Bucer entworfenen Ordnungen einflußreich (Ulm, Straßburg, Augsburg, Hessen). In ihnen wird einerseits Wert auf die Mitarbeit der Gemeinde durch die Kirchenpfleger gelegt, außerdem finden sich detaillierte Bestimmungen über die Kirchenzucht.
– Im reformierten Bereich wurden die von Calvin für Genf geschaffenen Ordnungen

maßgebend. – daneben in Deutschland vor allem die Pfälzische Kirchenordnung von 1563.

Die Evangelischen Kirchenordnungen des XVI. Jahrhunderts, hg. v. Emil Sehling, Band 1ff, Leipzig (später Tübingen) 1902ff. – Calvin-Studienausgabe hg. v. Eberhard Busch u.a., Bd. 1,1: Reformatorische Anfänge (1533–1541), Neukirchen 1994, S. 109–129. – Anneliese Sprengler-Ruppenthal, Kirchenordnungen II,1 Evangelische der Reformationszeit, in: TRE 18, Berlin/New York 1989, S. 670–703. – Dies., Ges. Aufsätze zu den Kirchenordnungen des 16. Jahrhunderts, Tübingen 2004 (JusEcc 74).

Bei den Kirchenverfassungen sind wiederum die des lutherischen und des oberdeutsch-reformierten Bereichs zu unterscheiden.

– Zur Aufsicht über die Pfarrer entstand im lutherischen Bereich das Amt des Superintendenten (Übersetzung von episkopos, Bischof), daneben ergab sich aus den Visitationen in Wittenberg ein aus Juristen und Theologen bestehendes Konsistorium, dem zunächst vor allem Ehesachen, dann auch Kirchenzucht und Disziplinarsachen zugewiesen waren. Das Württembergische Konsistorium übernimmt dann vor allem die Verwaltungsaufgaben, während das spätere kursächsische die Aufgaben des Wittenberger und Württembergischen kombiniert. In den Reichsstädten gab es normalerweise unter einem Vorsitzenden (Senior, Propst) das ‚geistliche Ministerium‘, das aus den Stadtgeistlichen oder aus ihnen ausgewählten bestand.

– Im Unterschied zum lutherischen Bereich, in dem keine kirchlichen Gemeindeverfassungen entstanden, werden die gerade für den oberdeutschen und reformierten Bereich kennzeichnend, wie sich an den Verfassungsvorschlägen Bucers und vor allem Calvins zeigt. Letzterer unterscheidet in der Venerable Compagnie die ministri und doctores (zuständig für Lehre und Verkündigung), daneben die diaconi und die seniores. Letztere sind wie schon bei Bucer gemeinsam mit den pastores als Konsistorium für Gemeindeleitung und Kirchenzucht zuständig (vgl. u. S. 209).

Martin Heckel, Reformation II. Rechtsgeschichtlich, in: Evangelisches Staatslexikon Bd. 2, [3]Stuttgart1987, Sp. 2897–2931.

F. Katholische Reform im Reich

Georg Pfeilschifter (Hg.), Acta Reformationis Catholicae, 6 Bde., Regensburg 1959–1974. – Gottfried Maron: Katholische Reform und Gegenreformation, in: TRE 18, Berlin/New York 1989, S. 45–72. – Remigius Bäumer, Johannes Cochläus (1479–1552), Münster 1980 (KLK 40). – Erwin Iserloh, Johannes Eck (1486–1543), Münster 1981 (KLK 41). – Katholische Theologen der Reformationszeit, hg. v. Erwin Iserloh/Heribert Smolinski u. Pater Walter, 6 Bde., Münster 1984–2004 (KLK 44–48, 64). – Klaus Ganzer, Aspekte der katholischen Reformbewegung im 16. Jahrhundert, Stuttgart 1991.

1. Katholische Kontroverstheologie

Im Unterschied zur evangelischen Seite, der die Druckereien offenstanden und deren Schriften teilweise auch auf Veranlassung von Obrigkeiten gedruckt wurden, hatten es die altgläubigen Gegner mit Druck und Absatz ihrer Schriften sehr viel schwerer. Gleichwohl gab es von Anfang an altgläubige Antworten auf die Herausforderungen durch die reformatorischen Flugschriften. Dabei handelt es sich sehr häufig um direkte Repliken auf bestimmte Schriften Luthers und anderer Reformatoren, so daß die Themen von der reformatorischen Seite vorgegeben wurden. Man verteidigte den Ablaß, und Kardinal Cajetan erreichte mit seinen Traktaten schließlich die Bulle ‚Cum postquam' (9.11.1518) mit der offiziellen Festlegung der Lehre vom Ablaß. Die Leipziger Disputation rief dem Lutherprozeß folgend die Auseinandersetzungen über die Frage der kirchlichen Autoritäten, Schrift und Tradition, Papst und Konzilien hervor. Mit dem Jahr 1520 traten dann die von Luther thematisierten Sakramente, christliche Freiheit und Rechtfertigung in den Vordergrund, wobei stets betont wurde, daß zu Gnade und Glaube die Werke der Liebe hinzutreten müßten. Im weiteren Verlauf der 20er Jahre folgten dann die Schriften, die sich mit den abgelehnten kirchlichen Traditionen befaßten, mit den Bildern, der Messe, Heiligen- und Marienverehrung sowie dem Fegfeuer. In einer Fülle von Schriften setzte sich Johannes Cochlaeus (1479–1552) mit der Reformation und Luther auseinander. Auf zusammenfassende Darlegungen reformatorischer Lehre wie in den Loci Melanchthons antworteten ähnliche Schriften, so das immer neu überarbeitete ‚Enchiridion locorum communium adversus Lutherum' (Handbuch der Hauptartikel gegen Luther) des Johann Eck (seit 1525), Johannes Groppers (1503–1559) ‚Enchiridion christianae institutionis' (Handbuch christlicher Unterrichtung, 1538) und schließlich Melchior Canos (1509–1560) ‚De locis theologicis' (Über die theologischen Hauptartikel, 1543). Solche Publikationen und die ebenfalls vorhandenen Katechismen bedeuteten den Schritt von antireformatorischer Polemik zur abgrenzenden Darlegung des Glaubens und seiner Verkündigung. Die Verfasser kontroverstheologischer Schriften zählten nach Hunderten. Sieht man von denen ab, die sich in lokalen oder regionalen Auseinandersetzungen äußerten, so sind in erster Linie Johann Eck, Hieronymus Emser (1478–1527), der erwähnte Cochläus und Thomas Murner in Straßburg (1475–1537) zu nennen.

Lutherische und zwinglisch-oberdeutsche Reformation wurden gleicherweise abgelehnt, selbst wenn man die Reformbedürftigkeit der Kirche sah und dafür auch Vorschläge unterbreitete. Die dem Verfasser der ‚Teutschen Theologei' von 1528, dem Bischof des Bistums Chiemsee Berthold Pürstinger (1465–1543) zugeschriebene Flugschrift ‚Onus ecclesiae' (1524) wandte sich scharf gegen die Mißstände in der Kirche und forderte erneut die Reform der Kirche ‚an Haupt und Gliedern'. Daß man zu den kirchlichen Gegnern nicht selten die Erasmianer und Erasmus selbst rechnete, schuf ein besonderes Problem, nicht nur für Erasmus selbst, sondern auch für die Akzeptanz seiner Schriften im weiteren Europa. Mit den Vertretern des ‚linken Flügels', den Täufern und Spiritualisten befaßte man sich gelegentlich, aber doch sehr viel seltener.

In den 30er und 40er Jahren kam es dann aufgrund der Versuche der protestantischen Seite, die Übereinstimmung der eigenen Positionen mit den Beschlüssen altkirchlicher Konzilien und den Kirchenvätern darzulegen, der päpstlichen Kirche aber unerträgliche Neuerungen gegenüber der kirchlichen Tradition nachzuweisen, zu intensiven Auseinandersetzungen mit breit ausgeführten Darlegungen, die das traditionelle Kirchenrecht, die neuen Ausgaben von Konzilsakten und -beschlüssen sowie die Editionen der Kirchenväter berücksichtigten.

Auf Seiten der Bischöfe fanden sich allerdings nur sehr wenige, die sich für die katholische Reform engagierten. Das blieb Sache der Weihbischöfe, einzelner Stiftsherrn und Prediger. Zentren der katholischen Reform und des Widerstandes gegen die Reformation waren Köln, Mainz, Trier und Würzburg.

Wilbirgis Klaiber, Katholische Kontroverstheologen und Reformer des 16. Jahrhunderts, Münster 1978. – Mark U. Edwards Jr., Catholic Controversial Literature 1518–1535, in: ARG 79, 1988, S. 189–205. – Auctoritas Patrum, hg. v. Leif Grane, Alfred Schindler, Markus Wriedt, 2 Bde., Mainz 1993/98 (VIEG 37 u. 44).

2. Reformvorhaben

Längst vor der Reformation hatte man immer wieder die Reform der Kirche und einzelne Reformen angemahnt. Und es gab europäische Länder, in denen diese Reform auch Früchte trug. In Deutschland wurde sie durch die Reformation eher gehemmt. Denn zum einen beharrte man im Gegensatz zur Reformation auf dem Überkommenen, zum anderen wollte man sich nicht durch Reformen in irgendeiner Weise verdächtig machen. Schließlich aber behinderte auch das Warten auf eine zentrale, von Rom ausgehende Kirchenreform eine schrittweise voranschreitende katholische Reform. Die aber kam trotz des berühmten ‚Consilium de emendanda ecclesia' von 1537 nicht, sondern erst mit dem Tridentinischen Konzil, das dann allmählich zur katholischen Reform auch in Deutschland führte (vgl. u. S. 269–275).

Allerdings gab es durchaus Reformansätze und eine nicht zu unterschätzende Gruppe von Theologen, die wie Georg Witzel (1501–1573), Georg Cassander (1513–1566) und Johannes Gropper (1503–1559), Julius Pflug (1499–1562) und Michael Helding (1506–1561) zwischen Reformation und Beharrung auf dem Herkommen einen Mittelweg zu gehen versuchten. Sie waren von erasmischem Geist geprägt, orientierten sich an der Alten Kirche und waren bereit in der Rechtfertigungslehre nach einem Kompromiß zu suchen sowie in einigen Punkten – Laienkelch und Priesterehe – der Reformation entgegenzukommen. Aber damit konnten sie sich nicht durchsetzen. Es kam zu keiner umfassenden katholischen Reform. Gerade in Deutschland waren die Bischöfe eher Landes- als Kirchenfürsten und Seelsorger ihrer Diözesen, gingen auch auf das Drängen der Obrigkeiten (Georgs von Sachsen und anderer) auf eine Reform kaum ein. In jedem Fall aber war auch die katholische Reform auf Duldung, Förderung und Durchsetzung durch die altgläubigen Obrigkeiten angewiesen.

Ein frühes Beispiel für katholische Reform wurden neben dem herzoglichen Sachsen die vereinten Herzogtümer Jülich-Kleve Berg mit den Grafschaften Mark und Ravensberg, in denen unter Johann III. (1490]1511–1539) und seinem Sohn Wilhelm (1516]1539–1592) auf dem Hintergrund eines bereits im Spätmittelalter ausgebauten landesherrlichen Kirchenregiments von 1532 an sehr bewußt ein ‚Sonder'- und

,Mittelweg' beschritten wurde, bei dem man – immer mit dem Vorbehalt der Gültigkeit bis zur nationalen oder gesamtkirchlichen Lösung – reformatorische Anliegen seelsorgerlich integrierte, aber jede Festlegung vermied und die kaiserliche Politik des Religionsausgleichs unterstützte (vgl. u. S. 195f), sich an ihr nach dem verlorenen Krieg um Geldern 1543 auch später mit Interim und Formula reformationis orientierte (vgl. u. S. 198f) und diese Konzeption noch über den Augsburger Religionsfrieden und den Abschluß des Tridentinums hinaus verfolgte.

Hansgeorg Molitor, Die untridentinische Reform. Anfänge katholischer Erneuerung in der Reichskirche, in: Ecclesia militans. FS für Remigius Bäumer, hg. v. Walter Brandmüller u.a., Bd. 1, Paderborn 1988, S. 399–431. – Heribert Smolinsky, Jülich-Kleve-Berg, in: Die Territorien des Reichs im Zeitalter der Reformation und Konfessionalisierung Bd. 3: Der Nordwesten, Münster 1991 (KLK 51), S. 86–107. – Christian Schulte, Versuchte konfessionelle Neutralität im Reformationszeitalter der Herzogtümer Jülich-Kleve-Berg, in: Historische Horizonte. Vorträge der dritten Emder Tagung zur Geschichte des reformierten Protestantismus, hg. v. Sigrid Leckebusch u. Hans Georg Ulrichs, Wuppertal 2002, S. 119–132. – Barbara Henze, Aus Liebe zur Kirche Reform. Die Bemühungen Georg Witzels (1501–1573) um die Kircheneinheit, Münster 1995 (RGST 133).

G. Reich und Reformation

1. Die Reichstage bis zum Augsburger Reichstag von 1530

Helmut Neuhaus, Das Reich in der frühen Neuzeit, München 1997 (Enzyklopädie Deutscher Geschichte 42). – Armin Kohnle, Eike Wolgast, Reichstage der Reformationszeit, in: TRE 28, Berlin/New York 1997, S. 57–470. – Eike Wolgast, Die Religionsfrage auf den Reichstagen 1521 bis 1550/51, in: Der Passauer Vertrag von 1552, hg. v. Winfried Becker, Neustadt/Aisch 2003, S. 9–28. – Armin Kohnle, Reichstag und Reformation. Kaiserliche und ständische Religionspolitik von den Anfängen der causa Lutheri bis zum Nürnberger Religionsfrieden, Gütersloh 2001 (QFRG 72).

a) Speyer 1526

Seit den Nürnberger Reichstagen und der Ablehnung des Nationalkonzils durch den Kaiser (vgl. o. S. 121) war klar, daß es eine Lösung der Religionsfrage zunächst nur auf territorialer Ebene geben konnte. Gleichwohl blieb die Frage, wie sich Kaiser und Reich dazu stellen würden. Dabei kam die europäisch-politische Konstellation der Reformation zugute. Denn die Auseinandersetzungen mit Frankreich und dem Papst einerseits, mit den Türken im Südosten andrerseits und schließlich die Rivalität der bayerischen Wittelsbacher gegenüber den Habsburgern erlaubten den habsburgischen Brüdern Karl und Ferdinand nicht, das Reich gegen die evangelischen Stände zu mobilisieren, die ihrerseits sehr bald als Partei auftraten und agierten. Trotz der Aufforderung, bis zum Konzil das Wormser Edikt durchzuführen (KTGQ 3, Nr. 34a), beriet man auf dem Reichstag (Juni/Juli 1526) über die Zugeständnisse von Laienkelch und Priesterehe, und einigte sich, da der Kaiser jeden Beschluß in Religionsfragen untersagt hatte, auf die Bitte um ein Konzil, bis zu dem es jeder halten solle, wie er es vor Gott und dem Kaiser verantworten könne (KTGQ 3, Nr. 34b; DGQD 3, Nr. 59). Obwohl als kurzfristige Zwischenlösung gedacht, sahen die evangelischen Stände darin die Freiheit zur Reformation ihrer Gebiete, die dann auch einsetzte. Auf altgläubiger Seite aber blieb man bei den schon im Wormser Edikt verlangten Maßnahmen gegen die Reformation (DGQD 3, Nr. 55).

Walter Friedensburg, Der Reichstag zu Speier 1526, Berlin 1887 (Historische Untersuchungen 5. – Neudr. Nieuwkoop 1970).

b) Speyer 1529

Im Unterschied zum Kaiser, der wegen seines Krieges mit dem Papst und Frankreich die Situation in Deutschland eher entschärfen wollte, verlangte sein Bruder Ferdinand, obwohl Ungarn und selbst Wien von den Türken bedroht wurde (DGQD 3, Nr. 581.1 und 2), auf dem 2. Speyerer Reichstag (Frühjahr 1529) das Ende aller Reformationen und die strikte Durchführung antireformatorischer Maßnahmen. Als ein gemeinsamer Ausschuß der drei Kurien des Reichstags (Kurfürsten, Fürsten und Reichsstädte) dem nachgab und der Reichstagsabschied das aufnahm, wandten sich fünf evangelische Fürsten und 14 Reichsstädte mit ihrer als ‚Protestation‘ bezeichneten Appellation (19./22.4.1529; KTGQ 3, Nr. 37a) gegen jeden Mehrheitsbeschluß in Glaubensfragen – ein aus dem traditionellen Widerspruchsrecht der Minderheit entwickelter nachhaltiger Schritt auf dem Weg zu neuzeitlicher Religionsfreiheit (DGQD 3, Nr. 59). Die der Appellation beigetretenen Stände wurden in der Folgezeit häufig als ‚die Protestierenden‘ bezeichnet, woraus sich später die Bezeichnung ‚Protestanten‘ ergab. Dennoch verlangte der Abschied, daß nunmehr keine weiteren reformatorischen Änderungen vorgenommen werden sollten (KTGQ 3, Nr. 37a).

Johannes Kühn, Die Geschichte des Speyerer Reichstags 1529, Leipzig 1929 (SVRG 146). – Diethelm Böttcher, Die Protestation vom 19. April 1529 gemeinrechtlich betrachtet, in: ZHF 29, 2002, S. 39–55.

c) Augsburg 1530

Durch den Friedensschluß von Barcelona am 29.6.1529, der einen im Sacco di Roma (1527) auch Rom selbst verwüstenden Krieg (DGQD 3, Nr. 56) zwischen Kaiser und Papst beendete sowie durch den sogenannten ‚Damenfrieden‘ von Cambrai vom 3.8.1529, den die Tante Karls V., Margarete, Statthalterin der Niederlande, und die Mutter König Franz I., Louise von Savoyen, vermittelt hatten und der die Auseinandersetzungen Habsburgs mit Frankreich vorläufig abschloß (DGQD 3, Nr. 57), befand sich der in Bologna zum Kaiser gekrönte Karl V. in einer politisch glänzenden Lage, als er den Reichstag nach Augsburg berief, um nach Anhörung aller Meinungen zu einem Vergleich zu kommen (DGQD 3, Nr. 65.1). Da die Protestierenden zu dieser Zeit trotz aller Anstrengungen weder über ein gemeinsames Bekenntnis noch über ein Bündnis verfügten (vgl. u. S. 189f), gab es im Vorfeld eine Reihe von Sondergesandtschaften evangelischer Stände an den Kaiser. Im übrigen bereitete man sich entsprechend dem Beschluß von 1526 auf eine Verteidigung der erfolgten Reformationen vor. Auf lutherischer Seite wandelte sich die von Melanchthon entworfene sächsische Apologie allmählich zu einem Bekenntnis (‚Confessio Augustana‘), das Luthers Zustimmung fand (KTGQ 3, Nr. 42b), von einigen Fürsten und Städten angenommen und am 25.6. in deutscher Sprache vor dem Kaiser verlesen wurde (DGQD 3, Nr. 65.2). Für die vier oberdeutschen Städte (Konstanz, Lindau, Memmingen und Straßburg), die sich wegen des Abendmahlsartikels der Confessio Augustana nicht anschließen wollten, legten die Straßburger Theologen das Vierstädtebekenntnis, die ‚Confessio tetrapolitana‘ vor (KTGQ 3, Nr. 44), während Zwingli seine ‚Fidei ratio‘ sandte (Rechenschaft über den Glauben; KTGQ 3, Nr. 43). Trotz der Ablehnung der vom Kaiser in Auftrag gegebenen Widerlegungsschrift der altgläubigen Seite (‚Confutatio‘; KTGQ 3, Nr. 45; DGQD 3, Nr. 65.3), kam es zu Ausgleichsverhandlungen, die zwar Ergebnisse, aber keinen Erfolg brachten (August 1530). Die Annahme der von Melanchthon aufgesetzten Apologie lehnte der Kaiser (September 1530) ab. Nachdem er die Zusicherung der Hilfe gegen die Türken erhalten hatte, gab es keine Zugeständnisse mehr. Ein Entwurf des Reichstagsabschieds vom 22.9. (KTGQ 3, Nr. 46a) wurde im endgültigen vom 19.11.1530 (KTGQ 3, Nr. 46b; DGQD 3, Nr. 65.4) noch verschärft: Man verlangte bis April 1531 die Rückkehr zum alten Glauben – eine bedrohliche Situation, die in manchen evangelischen Städten zu Abstimmungen über die Annahme des Reichstagsabschieds, vor allem aber zu einem protestantischen Bündnis führte.

Johannes von Walter, Der Reichstag zu Augsburg, in: LuJ 12, 1930, S. 1–90. – Confessio Augustana und Confutatio. Der Augsburger Reichstag 1530 und die Einheit der Kirche, hg. v. Erwin Iserloh, Münster 1980 (RGST 118). – Herbert Immenkötter, Der Reichstag zu Augsburg und die Confutatio, Münster 1979 (KLK 39). – Im Schatten der Confessio Augustana. Die Religionsverhandlungen des Augsburger Reichstages 1530 im historischen Kontext, hg. v. Herbert Immenkötter u. Gunther Wenz, Münster 1997 (RGST 136). – Ernst Koch, Aufbruch und Weg. Studien zur lutherischen Bekenntnisbildung im 16. Jahrhundert, Berlin 1983 (AZTh.R). – Bekenntnis und Einheit der Kirche. Studien zum Konkordienbuch, hg. v. Martin Brecht und Reinhard Schwarz, Stuttgart 1980. Christian Peters, Apologia Confessionis Augustanae, Stuttgart 1997 (CThW R. B15).

2. Die Politisierung der Religionsfrage und des Protestantismus

a) Bündnisbestrebungen und Widerstandsfrage

Städte und Territorien, die sich aufgrund einer im Reich nicht zu erreichenden Lösung der Religionsfrage schon vor und nach dem Speyerer Reichstag von 1526 zur Durchführung der Reformation entschlossen, verletzten damit gültiges Reichsrecht, schienen aber auch altgläubigen Nachbarn unerträglich, gelegentlich sogar bedrohlich.

Verständlich, daß man deswegen auch sehr bald auf altgläubiger wie evangelischer Seite nach Verbündeten Ausschau hielt.

Die altgläubige Seite machte den Anfang, als sich im Sommer 1524 die Bayernherzöge mit den meisten süddeutschen Bischöfen zur Abwehr von Ketzerei und zur Durchführung erster vorsichtiger Reformen zum Regensburger Bund zusammenschlossen. Der Bauernkrieg, den man auf altgläubiger Seite der Reformation anlastete, führte zum Dessauer Bündnis (Juli 1525), das Herzog Georg von Sachsen, Kurfürst Joachim von Brandenburg und die Herzöge Erich (1470]1495–1540) und Heinrich von Braunschweig schlossen. Auf evangelischer Seite verbanden sich zunächst Hessen und das kurfürstliche Sachsen (Gotha, Februar 1526), eine Vereinigung, die sich mit den Herzögen Ernst (1497]1521–1546) und Franz von Braunschweig-Lüneburg (1508]1521–1549), Philipp von Braunschweig-Grubenhagen (1476]1496–1551), Heinrich von Mecklenburg (1479]1503–1552), Fürst Wolfgang von Anhalt (1492]1508–1566) und dem Grafen Albrecht von Mansfeld (1486–1560) sowie der Stadt Magdeburg zum Torgauer Bündnis erweiterte (Juni 1526). Daß damit latent die Gefahr des Religionskrieges verbunden war, zeigte sich, als man Anfang 1528 aufgrund einer Fälschung Otto von Packs (ca.1482–1537) in den ‚Packschen Händeln‘ auf evangelischer Seite an die Existenz eines angeblichen Offensivbündnisses altgläubiger Fürsten glaubte, entsprechende Rüstungen unternahm und einen Präventivschlag erwog.

Eike Wolgast, Die Wittenberger Theologie und die Politik der evangelischen Stände, Gütersloh 1977, QFRG 47), S. 108–125.

Die Situation nach dem Reichstag von 1529 führte dann sogleich zu einem geheimen Defensivbündnis zwischen Hessen, Kursachsen und den Städten Nürnberg, Ulm und Straßburg. In der Folgezeit sollte sich freilich zeigen, daß diesen Bündnisbestrebungen zwei Probleme im Weg standen: Die Frage eines Bündnisses bei unterschiedlichem Bekenntnis und die des Widerstandes gegen den Kaiser.

– Philipp von Hessen wollte im Interesse seiner antihabsburgischen und proevangelischen Politik eine Einigung nicht nur mit den Oberdeutschen, sondern auch den Schweizern und einigen traditionell antihabsburgischen europäischen Mächten herbeiführen. Das aber lehnten die Wittenberger Theologen und deswegen auch Kursachsen ab. Zur Abgrenzung von den Schweizern formulierten sie eine Reihe zunächst geheimgehaltener Artikel. So scheiterte der Versuch Philipps, mit dem von einer großen Zahl schweizerisch-oberdeutscher und lutherischer Theologen besuchten Marburger Religionsgespräch (1.–4.10.1529) den Ausgleich und eine gemeinsame Bekenntnisgrundlage zu erreichen (KTGQ 3, Nr. 41). Doch kam es immerhin zu einem gegenseitig besseren Verständnis und in den Marburger Artikeln in 14 Punkten zu einem Konsens, während man im 15. über das Abendmahl neben dem Konsens den bleibenden Dissens festhielt (DGQD 3, Nr. 64). Als dann auf einer Zusammenkunft in Schwabach (16.–19.10.1529) die oben erwähnten Artikel der Wittenberger präsentiert und zur Voraussetzung eines Bündnisses erklärt wurden (‚Schwabacher Artikel‘), verweigerten die oberdeutschen Städte die Annahme, und ohne sie war auch Nürnberg nicht bereit, einem Bündnis beizutreten. Daran änderte auch eine Zusammenkunft in Schmalkalden nichts, so daß man Ende 1529 und zu Beginn des Augsburger Reichstages politisch in äußerst schwieriger Lage war.

Das Marburger Religionsgespräch 1529, hg. v. Gerhard May, Gütersloh 1970 (TKTG 13). – Walther Köhler, Das Marburger Religionsgespräch 1529. Versuch einer Rekonstruktion, Leipzig 1929 (SVRG 148). – Gabriele Haug-Moritz, Reich und Konfessionsdissens. Überlegungen zur Reichskonfessionspolitik Philipps des Großmütigen von Hessen, in: HJLG 46, 1996, S. 137–159.

– Etwa gleichzeitig stellte sich auch die Frage, ob man um des Glaubens willen notfalls auch gegen den Kaiser Widerstand leisten dürfe. Philipp von Hessen hielt dies für theologisch und politisch legitim, und ebenso dachten die Räte des Kurfürsten von Sachsen. Sie konnten nicht nur die schon im Spätmittelalter gültigen Gründe für den Widerstand ins Feld führen, sondern ebenso die Struktur des Reiches, das eben nicht – wie Luther meinte – eine klar pyramidale Herrschaftsstruktur mit dem Kaiser an der Spitze hatte. Luther aber und ebenso Nürnberg und Markgraf Georg von Ansbach lehnten das ab (DGQD 3, Nr. 67). Luther neigte in politisch brisanten Situationen normalerweise zum Abwarten und hielt eine weit vorausschauende Planung oder gar Rüstung für den Beweis fehlenden Gottvertrauens. Erst als sich die Frage nach dem Augsburger Reichstag 1530 und im Zusammenhang der folgenden Bündnisverhandlungen neu stellte, ließ Luther die juristischen Argumente gelten, war aber immer noch gegen jede theologische Begründung. Im Unterschied zu ihm befürwortete Melanchthon schon 1536 den fürstlichen Widerstand. Luther aber erklärte erst 1539 den Widerstand gegen einen Kaiser, der sich vom antichristlichen Papsttum bestimmen lasse, das er als gesellschaftsbedrohenden ‚Werwolf' charakterisierte, für erlaubt.

Das Widerstandsrecht als Problem der deutschen Protestanten 1523–1546, hg. v. Heinz Scheible, Gütersloh 1969 (TKTG 10). – Eike Wolgast, Die Wittenberger Theologie und die Politik der evangelischen Stände, Gütersloh 1977, QFRG 47), S. 114–200.

b) Der Schmalkaldische Bund

Gabriele Haug-Moritz, Der Schmalkaldische Bund 1530–1541/42, Leinfelden-Echterdingen 2002 (Schriften zur südwestdeutschen Landeskunde 44). – Gabriele Haug-Moritz/Georg Schmidt, Schmalkaldischer Bund, in: TRE 30, Berlin/New York 1999, S. 221–228.

Entstehung des Bundes

Die politische Lage führte im Februar 1531 zu einem protestantischen Bündnis, das nach dem Abschlußort Schmalkalden in Thüringen ‚Schmalkaldischer Bund' genannt wurde (DGQD 3, Nr. 68; KTGQ 3, Nr. 47). Dem konnten auch, da man die Bedenken wegen des Bekenntnisses zurückstellte und eine andere Option nach der Niederlage Zürichs nicht mehr bestand, eine Reihe oberdeutscher Städte beitreten. Dieser militärische Defensivbund sollte die evangelischen Obrigkeiten nicht nur vor einem Angriff bewahren, sondern führte auch bei verschiedenen Städten und Fürsten aufgrund der damit bestehenden politischen Rückendeckung zur Entscheidung für die Reformation und zum Beitritt zum Schmalkaldischen Bund.

Wittenberger Konkordie und Ausweitung des Bundes
Das unterschiedliche Abendmahlsverständnis wirkte freilich weiterhin belastend. Nicht nur um der politischen Stärke willen, sondern auch von der grundsätzlichen Einheit des Protestantismus überzeugt, nahm Bucer noch während des Augsburger Reichstags von 1530 seine Bemühungen auf, zu einem Konsens in der Abendmahlslehre zu kommen. Dabei stützte er sich vor allem auf die von Luther 1528 herausgestellte ‚unio sacramentalis‘ zwischen Christus und den Abendmahlselementen. Gefördert von Philipp von Hessen, zunehmend aber auch von Melanchthon, versuchte er in immer neuen Formulierungen, die beiden Lager einander verständlich zu machen, um so auf schweizerisch-oberdeutscher und lutherischer Seite einen Konsens zu erzielen. Ein erster Ansatz wurde – ohne Bucers Beteiligung im Blick auf die Durchführung der Reformation in Württemberg – mit der Stuttgarter Konkordie 1534 erreicht. Sie stützte sich im Wesentlichen auf eine von lutherischer Seite schon in Marburg vorgelegte Verständigungsformel. Bucer erreichte den Konsens schließlich im Juni 1536 in der Wittenberger Konkordie (KTGQ 3, Nr. 49). Neben Taufe und Absolution einigte man sich in der Abendmahlsfrage. Man verwarf ausdrücklich die Transsubstantiation, umschrieb die unio sacramentalis unter Ausschluß einer räumlichen Einschließung von Leib und Blut Christi und umging ein den Konsens bedrohendes dorniges Problem mit der an Stelle der ‚manducatio impiorum‘ (des Genusses durch Ungläubige) formulierten ‚manducatio indignorum‘, die auf oberdeutscher und lutherischer Seite unterschiedlich verstanden wurde: die Unwürdigen waren für die Oberdeutschen die dem Glauben nicht entsprechend Lebenden, für Luther und die seinen aber die ‚Ungläubigen‘. Für diese Konkordie fand Bucer dann freilich nur die Zustimmung der Oberdeutschen, nicht aber der Schweizer. Schließlich konnte 1537 sogar die Confessio Augustana als Bekenntnisgrundlage des Bundes akzeptiert werden. Das führte auf lange Sicht zur Lutheranisierung einiger süddeutscher Reichsstädte.

Ernst Bizer, Studien zur Geschichte des Abendmahlsstreits im 16. Jahrhundert, [3]Darmstadt 1972. – Martin Bucers Deutsche Schriften Bd. 6,1: Schriften zur Wittenberger Konkordie (1534–1537), bearb. v. Robert Stupperich, Marijn de Kroon, Hartmut Rudolph, Gütersloh 1988. – Marijn de Kroon, Ein unbekannter „Syllogismus" Martin Bucers zum Ius Reformationis aus der Zeit der Wittenberger Konkordie, in: ARG 77, 1986, S. 158–185.

Daß sich das religionspolitische Ziel des Bundes nur zu leicht mit einer antihabsburgischen Politik verbinden konnte, zeigte sich in dem freilich nur zwei Jahre währendem Saalfelder Bund, der Bayern, Dänemark, Frankreich, Hessen und Kursachsen vereinigte (1531).

Die politische Stärke des Protestantismus und die Ausbreitung der Reformation
Daß der seit langem bestehende Schwäbische Bund in Süddeutschland, der deutlich altgläubig dominiert war, 1534 nicht verlängert und der Schmalkaldische Bund ge-

gründet wurde, führte zwischen 1531 und 1546 zu einer deutlichen Ausbreitung und Konsolidierung der Reformation.

– Nicht nur die oberdeutschen Städte Ulm (1531) und Augsburg (1534/37) führten nun die Reformation durch oder vollendeten sie. Von Bedeutung wurde vor allem, daß Philipp von Hessen mit militärischer Gewalt den vertriebenen Herzog Ulrich von Württemberg, der sich seit 1523 der Reformation genähert hatte, in sein von Habsburg annektiertes Herzogtum zurückführte, so daß es nach dem Vertrag von Kaden 1534 durch den Lutheraner Erhard Schnepf im Norden und den Konstanzer Reformator Ambrosius Blarer im Süden zur Reformation des Herzogtums kam, wobei sich ein eigenartiger Kompromiß zwischen lutherischer und oberdeutscher Reformation ergab. 1534 entschlossen sich aber auch die pommerschen Herzöge Barnim IX. (1501]1523–1573) und Philipp I. (1515]1531–1560) trotz Adelsopposition zur Reformation ihrer Lande, die von Johannes Bugenhagen geprägt wurde. Im herzoglichen Sachsen wurde nach dem Tod Georgs des Bärtigen 1539 durch seinen Bruder Heinrich (1473]1539–1541) die Reformation durchgeführt. Zu dieser Zeit kam es auch in der Neumark und in der zur Kurpfalz gehörenden Oberpfalz (Amberg) wenig später 1542/3 auch in Pfalz-Neuburg zur Reformation.

Handbuch der baden-württembergischen Geschichte, Bd. 1, Tl. 2: Vom Spätmittelalter bis zum Ende des Alten Reiches, hg. v. Meinrad Schaab u. Hansmartin Schwarzmaier, Stuttgart 2000. – Volker Leppin, Theologischer Streit und politische Symbolik: Zu den Anfängen der württembergischen Reformation, in: ARG 90, 1999, S. 159–187.

– Im Zusammenhang der kaiserlichen Vermittlungspolitik, in der auch die Reform der alten Kirche angemahnt wurde, versuchte man in verschiedenen Territorien, bei der Reform der Kirche einen mittleren Weg zwischen alter Kirche und Reformation einzuschlagen. Joachim II. von Brandenburg (1505]1535–1571) beendete 1539 die Unterdrückung der Reformation durch seinen Vater, führte aber mit Unterstützung Melanchthons eine das traditionelle Kirchenwesen weithin schonende Form der Reformation durch, für die er neben der Zustimmung Luthers auch die des Kaisers einholte. Eine noch stärker vermittelnde Linie – evangelische Predigt bei Beibehaltung traditioneller kirchlicher Formen – verfolgte Johann III. schon seit 1532 in seinen Herzogtümern Jülich-Kleve-Berg mit Mark und Ravensburg (vgl. o. S. 185f).

Albrecht Pius Luttenberger, Glaubenseinheit und Reichsfriede. Konzeptionen und Wege konfessionsneutraler Reichspolitik (1530–1552) (Kurpfalz, Jülich, Kurbrandenburg), Göttingen 1982 (SHKBA 20).

– Daß das Defensivbündnis des Schmalkaldischen Bundes auch problematische Folgen haben konnte, zeigte sich 1542, als Kurfürst Johann Friedrich von Sachsen (1502]1532–1554) und der Landgraf von Hessen unter dem Vorwand, man müsse den bedrängten evangelischen Städten Braunschweig und Goslar zu Hilfe kommen, militärisch gegen Herzog Heinrich von Braunschweig-Wolfenbüttel vorgingen, den Herzog verjagten, das Land besetzten und dann die Reformation durch Visitation und Kirchenordnung gegen deutlichen Widerstand im Land durchsetzten.

3. Kaiserliche Versuche zur Lösung der Religionsfrage

a) Die Anstände

Die politische Gesamtlage in Europa und die starke Position des Protestantismus zwangen den Kaiser in den 30er Jahren immer wieder, den Frieden und den Ausgleich mit den Protestanten zu suchen. Vor allem der ohne Zustimmung der Protestanten zum König gewählte Ferdinand I. bewog den Kaiser um der für seine Länder wichtigen Türkenhilfe willen, den evangelischen Reichsständen einen ‚Anstand‘, nämlich den Verzicht auf Durchsetzung des Rechts und einen vorläufigen Frieden, zu gewähren. Im ‚Nürnberger Anstand‘ (1532) erreichten die Protestanten freilich nicht die von ihnen gewünschten weitreichenden Zugeständnisse: das ius reformationis, das Emigrationsrecht der Untertanen, kein Vorgehen gegen die Protestierenden wegen Beeinträchtigungen der bischöflichen Jurisdiktion und der Übernahme von Kirchengütern. Sie mußten sich mit der Gewährung des Landfriedens durch den Kaiser (auch für künftige Anhänger der Confessio Augustana) und der Sistierung der Prozesse am Reichskammergericht begnügen. Das war nicht nur für die Schmalkaldener, sondern auch für die Habsburger von Vorteil, weil der türkische Angriff gestoppt und letztlich ein drohendes internationales antihabsburgisches Bündnis aufgebrochen werden konnte.

Rosemarie Anslinger, Nürnberger Anstand, in: TRE 24, Berlin/New York 1994, S. 707f.

Nachdem die protestantischen Fürsten – die Theologen waren zur Auseinandersetzung bereit – 1537 den Besuch eines päpstlichen Konzils definitiv abgelehnt hatten, mußte erneut der Ausgleich mit den evangelischen Reichsständen gesucht werden. Denn es bestand nicht nur die politische Bedrohung durch die Osmanen an der Südostgrenze wie im westlichen Mittelmeer und die durch Frankreich, sondern auch eine im Reich selbst gewachsene Kriegsgefahr, weil König Ferdinand im ‚Nürnberger Bund‘ ein Bündnis altgläubiger Fürsten erreicht (1538) hatte. Erst nach mühsamen Verhandlungen kam es zum ‚Frankfurter Anstand‘, der den Evangelischen einen halbjährigen, unter bestimmten Bedingungen auch 1¼ jährigen Frieden zusicherte und Ausgleichsgespräche zwischen den Religionsparteien vorsah. An diesem Ergebnis gab es auf päpstlicher Seite Kritik, weil man einen Alleingang des Kaisers in der Religionsfrage fürchtete, ebenso aber auch bei manchen Protestanten, die die Beschränkung auf die derzeit zur Confessio Augustana sich Bekennenden für unerträglich hielten. Auch der Kaiser war nur aufgrund seiner politisch gefährdeten Lage bereit, die Politik der Religionsgespräche aufzunehmen.

Rainer Wohlfeil, Frankfurter Anstand, in: TRE 11, Berlin/New York 1983, S. 342–346.

b) Die Konzilsfrage

Letztlich blieb für den Kaiser nur eine gesamtkirchliche Reform akzeptabel. Die aber konnte nur auf einem Generalkonzil erreicht werden. Doch dieses Konzil, das der Kaiser in den 30er Jahren nachdrücklich betrieb, wünschten weder die Päpste, noch der französische König. In den 20er Jahren war an ein solches Konzil, an das die evangelischen Theologen und Reichsstände trotz des bestehenden päpstlichen Verbots immer wieder appellierten und das die Reichsstände forderten, aufgrund der bis zu militärischen Auseinandersetzungen gehenden Feindschaft Papst Clemens VII. gegen den Kaiser nicht zu denken, und nach der Einigung 1529 stellte die Kurie Vorbedingungen, die faktisch das Konzil erneut sabotierten.

– Erst 1533 gab der Papst dem Drängen des Kaisers nach und ließ sondieren, ob ein Konzil möglich sei. Zu dieser Zeit standen die wesentlichen Bedingungen auf protestantischer Seite freilich längst fest: Es müsse ein allgemeines (also alle Länder, aber auch Laien und Geistliche umfassendes), ein freies (also nicht unter päpstlicher Leitung oder Einfluß stehendes) und ein christliches (also nur die Heilige Schrift als Autorität anerkennendes) Konzil auf deutschem Boden sein. Gleichwohl lehnten sie die Konzilsberufung nicht ab. Sie scheiterte an der Ablehnung des französischen Königs.

– Papst Paul III. (1468]1534–1549) freilich – einer Kirchenreform geneigt – berief nach einer Sondierung durch Paolo Pietro Vergerio d. J. (1497/89–1565), die 1535 in Kursachsen auf schroffe Ablehnung stieß, und einer Mahnung des Kaisers (DGQD 3, Nr. 70) dann doch das Konzil für Mai 1537 nach Mantua ein. Die in der Ausschreibungsbulle genannten Ziele waren für die Protestanten freilich alles andere als einladend. Gleichwohl erklärten sich die evangelischen Theologen in ausführlichen Gutachten größtenteils bereit, das Konzil, von dem sie wenig erwarteten, das aber auch der Kaiser nachdrücklich befürwortete, zu besuchen. Luther entwarf mit den ‚Schmalkaldischen Artikeln' sogar eine Verhandlungsrichtlinie (DGQD 3, Nr. 71; KTGQ 3, Nr. 50), die freilich durch Melanchthons Traktat ‚De potestate Papae' in gewisser Weise konterkariert wurde. Die protestantischen Fürsten aber lehnten den Besuch auf einem Bundestag in Schmalkalden (Februar/März 1537) strikt ab. Allerdings war auch Frankreich nicht bereit, das Konzil zu beschicken, und innerhalb der kirchlichen Hierarchie bestand auch wenig Interesse.

Eike Wolgast, Das Konzil in der Erörterung der kursächsischen Theologen und Politiker: Arg 73 (1982) 122–152. – Thomas Brockmann, Die Konzilsfrage in den Flug- und Streitschriften des deutschen Sprachraums 1518–1563, Göttingen 1999 (Schriften der Historischen Kommission bei der Bayerischen Akademie der Wissenschaften 57).

– Aber die angesichts der Türkengefahr seit dem Regensburger Reichstag 1541 im Raum stehende Drohung des Kaisers, den Religionsstreit notfalls auf nationaler Ebene zu lösen, brachte nach mühsamen Verhandlungen die Berufung eines Konzils nach Trient, dessen Zustandekommen aber wieder an Frankreich scheiterte. Erst der Sieg des Kaisers über Frankreich schuf im Frieden von Crépy 1544 die Voraussetzung für eine erfolgreiche Konzilsberufung Pauls III. nach Trient, freilich weder im

Sinn des Kaisers – es ging nicht in erster Linie um eine Reform der Kirche, sondern die Abwehr der lutherischen Ketzerei – noch der evangelischen Seite, die eine vorlaufende Anerkennung der Konzilsbeschlüsse ablehnte.

c) Die Religionsgespräche

Der Kaiser verstand die im Frankfurter Anstand 1539 vereinbarten Gespräche über einen Religionsvergleich keineswegs als Lösung der Religionsfrage, sondern als Bedingung für den Frieden im Reich. Die Theologen beider Seiten betrachteten sie ebenfalls mit Skepsis. Lediglich die stärker vom Humanismus und erasmianischen Friedensgedanken beeinflußten Theologen, auf katholischer Seite die Reformtheologen Johann Gropper, Julius Pflug und Georg Witzel (vgl. o. S. 185), auf evangelischer Seite in erster Linie Martin Bucer, waren ernsthaft daran interessiert.

– Auf dem ersten Konvent in Hagenau (Juni/Juli 1540) kam man über Vor- und Verfahrensfragen nicht hinaus, beschloß aber immerhin, nicht von dem Ergebnis der Augsburger Ausgleichsverhandlungen von 1530, sondern der Confessio Augustana auszugehen. Sie wurde von Melanchthon, der seit 1530 sowohl an der Confessio wie an deren Apologie immer wieder Änderungen vorgenommen hatte, noch einmal im Blick auf das Gespräch – in der Terminologie entgegenkommend, in der Sache härter – zu jener Fassung umgearbeitet, die als Confessio Augustana Variata (1540) später wegen des Abendmahlsartikels eine erhebliche Relevanz im innerevangelischen Streit erhalten sollte (KTGQ 3, Nr. 55a).

– Auch auf dem Wormser Gespräch (Nov. 1540–Jan. 1541) kam man zunächst nicht wirklich vorwärts, nahm dann aber doch, wenn auch mit wenig Erfolg, das Gespräch über die Confessio Augustana auf. Angesichts des schleppenden Fortgangs beauftragte der kaiserliche Gesandte Nicolas de Granvelle (1484–1550) eine auf Ausgleich bedachte Gruppe beider Seiten (Bucer/Gropper) mit Geheimverhandlungen, als deren Ergebnis schließlich das ‚Wormser Buch‘ in 27 Lehrartikeln eine Reihe zentraler Themen (Sünde, Rechtfertigung, Kirche, Sakramente, Zeremonien) behandelte. Als Philipp von Hessen dies als Grundlage weiterer Gespräche akzeptierte, vertagte Granvelle das Wormser Gespräch.

– Auf dem Regensburger Reichstag (April/Mai 1541) wurde das Gespräch fortgesetzt, wobei das Wormser Buch in einer durch die päpstlichen Gesandten Giovanni Morone (1509–1580) und Gasparo Contarini (1483–1543) bereits veränderten Fassung zugrundegelegt wurde (DGQD 3, Nr. 72). Auf Wunsch des Kaisers verhandelten Johannes Eck, Johannes Gropper und Julius Pflug mit Bucer, Melanchthon und Johann Pistorius (1502–1582). Man erarbeitete ein neues Ergebnis in der Rechtfertigungslehre, wobei man die imputierte Gerechtigkeit Christi mit der in der Liebe gewirkten effektiven Gerechtigkeit verband. Das Ergebnis in den 23 Artikeln des ‚Regensburger Buches‘, wobei nur in wenigen Übereinstimmung erzielt worden war, wurde dem Kaiser übergeben (KTGQ 3, Nr. 55b). Doch lehnten es die nichtbeteiligten altgläubigen und evangelischen Theologen und Reichsstände gleicherweise ab.

– Im Grunde war damit für den Kaiser auch der Weg friedlicher Verständigung gescheitert. Zwar berief er zur Vorbereitung des inzwischen eröffneten Trienter Konzils noch einmal ein Religionsgespräch nach Regensburg ein (Januar/März 1546), das aber wiederum kein Ergebnis brachte, zumal man auf beiden Seiten bereits durchschaute, daß es dem Kaiser im Blick auf die Vorbereitung der von ihm geplanten gewaltsamen Lösung damit nicht Ernst war.

Georg Kuhaupt, Veröffentlichte Kirchenpolitik. Kirche im publizistischen Streit zur Zeit der Religionsgespräche (1538–1541), Göttingen 1998 (FKDG 69). – Athina Lexutt, Rechtfertigung im Gespräch. Das Rechtfertigungsverständnis in den Religionsgesprächen von Hagenau, Worms und Regensburg 1540/41, Göttingen 1996 (FKDG 64). – Die Religionsgespräche der Reformationszeit, hg. v. Gerhard Müller, Gütersloh 1980 (SVRG 191). – Irene Dingel, Religionsgespräche IV, 4.1.2, in: TRE 28, Berlin/New York 1997, S. 658–661, 671 und 675.

d) Schmalkaldischer Krieg und Interim

Die Veränderung der politischen Konstellationen
Bis gegen Ende der 30er Jahre machte der Protestantismus aufgrund der politischen Lage in Europa und unter dem Schutz des Schmalkaldischen Bundes beachtliche Fortschritte. Das änderte sich in den 40er Jahren. Die politische Position des Kaisers wurde zunehmend stärker, die der Protestanten aus verschiedenen Gründen deutlich schwächer.
– Verhängnisvoll wurde die Doppelehe Philipps von Hessen. Der politische Kopf und einer der beiden Hauptleute des Schmalkaldischen Bundes schloß mit dem Hoffräulein Margarete von der Saale (1522–1566) ohne Scheidung von seiner Frau Christina (1505–1549), der Tochter Herzog Georgs des Bärtigen von Sachsen, eine zweite Ehe. Die um Rat gefragten Theologen Bucer, Luther und Melanchthon hatten die ihnen gegenüber geltend gemachte ‚Not‘ des Landgrafen anerkannt und zur heimlichen Eheschließung geraten, aber auch vor den Folgen gewarnt (DGQD 3, Nr. 69). Da im Reichsrecht auf Bigamie die Todesstrafe stand und die Sache natürlich nicht geheim blieb, mußte Philipp mit dem Kaiser einen Vertrag schließen (März 1541): Philipp erkaufte seine Straffreiheit mit der Zusicherung, den Beitritt des Herzogs von Kleve zum Schmalkaldischen Bund ebenso wie ein mögliches Bündnis mit Frankreich und England zu hintertreiben und den Kaiser nicht als möglichen Gegner des Bundes zu betrachten.
– Politisch höchst problematisch war neben dieser Affäre auch, daß sich der sächsische Kurfürst nicht nur trotz Abmahnungen über die Wahl des Naumburger Domkapitels hinweg- und mit Georg III. von Anhalt (1507–1553) einen evangelischen Bischof einsetzte, sondern ebenso der Braunschweigische Krieg von 1542 und vor allem der zweite Feldzug des Jahres 1545 mit der Gefangennahme Herzog Heinrichs d. J. von Braunschweig-Wolfenbüttel. Denn das wurde auf kaiserlich-altgläubiger Seite als Bruch des Landfriedens angesehen, wurde aber auch auf protestantischer Seite durch den Schwiegersohn des Braunschweigers, Hans von Küstrin (1513]1535–1571), und Herzog Moritz von Sachsen (1521]1541–1553) mißbilligt.
– Entscheidend wurde das gespannte Verhältnis zwischen dem kurfürstlichen und

herzoglichem Sachsen. Herzog Moritz hatte sich dem Schmalkaldischen Bund nicht angeschlossen (DGQD 3, Nr. 77) und geriet mit Kurfürst Johann Friedrich in einen Streit über das kleine Amt Wurzen, der fast zum Krieg geführt hätte.

– Hinzu trat die deutliche Stärkung der Position des Kaisers. Die politische Gesamtlage entspannte sich durch seinen Sieg über Frankreich (1544) und einen Waffenstillstand mit den Türken (Oktober 1545). So konnte er von Franz I. die Beschickung des Konzils und Unterstützung im Kampf gegen die Ketzerei erreichen. Der Papst eröffnete nicht nur das bis dahin stets verschobene Konzil (Dezember 1545), sondern war auch zu militärischer Hilfe im Krieg gegen die Protestanten (Juni 1545) bereit.

– Auch im Reich erzielte der Kaiser Erfolge. Eine drohende nordwestdeutsche Ausbreitung der Reformation wurde gestoppt. Denn den Streit mit Herzog Wilhelm von Kleve (1516/1539–1592) um die Erbfolge im Herzogtum Geldern konnte er, da der Schmalkaldische Bund nicht eingriff, für sich entscheiden und damit auch die Reformation in dessen Gebiet bremsen (Sommer 1543). Das wiederum wirkte zurück auf das Kurfürstentum Köln, in dem Erzbischof Hermann von Wied (1477]1515–1547[1552) mit Unterstützung Bucers und Melanchthons gegen den heftigen Widerstand von Domkapitel, Universität und Stadt Köln seit 1543 die Reformation betrieb, die gleichzeitig auf die Bistümer Minden, Münster und Osnabrück unter Franz von Waldeck (1491]1532–1553) überzugreifen drohte. Ohne Unterstützung des Schmalkaldischen Bundes konnte sich der Erzbischof gegen Kaiser und Kurie nicht behaupten.

– Schließlich gelang es dem Kaiser, mit Albrecht Alkibiades von Brandenburg (1522]1536–1557), Hans von Küstrin und Moritz von Sachsen protestantische Fürsten für sich zu gewinnen und gleichzeitig altgläubige Fürsten wie die Bayernherzöge zur Neutralität zu verpflichten.

Der Schmalkaldische Krieg

Im Juni erklärte der Kaiser, nach seinen Rüstungen befragt, er müsse gegen ungehorsame Fürsten vorgehen. Mit der Reichsacht gegen Philipp von Hessen und Johann Friedrich von Sachsen wegen des Braunschweiger Krieges, wollte der Kaiser eine konfessionelle Solidarisierung mit ihnen verhindern, obwohl es der Intention nach ein Religionskrieg war. Die süddeutschen Mitglieder des Schmalkaldischen Bundes verlegten dem Kaiser, der von päpstlichen und niederländischen Truppen Zuzug erhielt zunächst den Weg nach Norden. Sie erhielten Unterstützung durch Philipp von Hessen und Johann Friedrich von Sachsen. Erst als der Kaiser Moritz von Sachsen die Kurwürde seines Vetters Johann Friedrich und die Magdeburger Schutzherrschaft versprach, fiel dieser im November in Kursachsen ein und zwang Johann Friedrich in Eilmärschen zurückzukehren. Da die Bundesstädte ihre finanziellen Möglichkeiten nicht wirklich ausschöpften, gab es bald keinen Sold mehr für die Bundestruppen. So siegte der Kaiser in Süddeutschland und kassierte erhebliche Strafgelder. Obwohl der Papst im Frühjahr 1547 das Bündnis mit dem Kaiser kündigte, gelang diesem nach der Vereinigung seiner Truppen mit denen seines Bruders Ferdinand und Moritz' von Sachsen bei Mühlberg (24.4.1547) ein entscheidender Sieg (DGQD 3, Nr. 78). Fast die Hälfte Kursachsens und die Kurwürde fielen an Moritz. Johann Friedrich und der sich unterwerfende Philipp von Hessen blieben in Gefangenschaft. Der Kölner Erzbischof wurde ab- und Julius Pflug als Bischof von Naumburg eingesetzt. In Böhmen konnte Ferdinand nun die erbliche Thronfolge der Habsburger durchsetzen. Nur die norddeutschen Städte blieben aufgrund eines Sieges der Grafen von Oldenburg und Mansfeldt über kaiserliche Truppen bei Drakenburg (Mai 1547) unbehelligt.

Heinz Schilling, Veni, vidi, Deus dixit – Karl V. zwischen Religionskrieg und Religionsfrieden, in: ARG 89, 1998, S. 144–166. – Georg Schmidt, Siegrid Westphal, Schmalkaldischer Krieg, in: TRE 30, Berlin/New York 1999, S. 228–231. – Günter Wartenberg, Moritz von Sachsen, in: TRE 23, Berlin/New York 1994, S. 302–311.

Verfassungsfragen und Interim

Nach dem Krieg, der den Kaiser nach dem Tod Franz I. von Frankreich und Heinrichs VIII. von England (1491]1507–1547) zum unbestritten mächtigsten Monarchen Europas machte, wollte Karl V. auf dem ‚geharnischten‘ Reichstag in Augsburg (Sept. 1547–Juli 1548) durch einen ‚Reichsbund‘ mit den Ständen die kaiserliche Stellung im Reich erheblich stärken und die Religionsfrage lösen, scheiterte aber mit beidem.

– Den Plänen für die Stärkung der kaiserlichen Position stellten sich die Fürsten entgegen, so daß der Kaiser es schließlich bei der seine Stellung stärkenden Neuordnung des Kammergerichts, dem Burgundischen Vertrag mit verstärkter Unabhängigkeit seiner Niederlande vom Reich, der Gewährung einer Türkenhilfe und einer vorsorglichen Kriegskasse zufrieden geben mußte. In den schwäbischen Reichsstädten beseitigte er zugunsten rein patrizischer die alten gemischt patrizisch-zünftischen Ratsgremien. Sie wurden nach dem mit der Durchführung beauftragten Rat Michael Haß als ‚Hasenräte‘ bezeichnet. Konstanz verlor sogar den Status der freien Reichsstadt.

– Auch in der Religionsfrage konnte der Kaiser sich nicht durchsetzen. Noch während des Krieges hatte das Trienter Konzil nicht nur deutlich antiprotestantische Dekrete beschlossen (vgl. u. S. 271f), der Papst hatte das Konzil außerdem in den Kirchenstaat nach Bologna verlegt und zunächst sistiert – beides gegen die Wünsche des Kaisers. Zwar brachte der Kaiser die Stände zur Annahme einer Resolution, mit der die Religionsfrage an das Konzil gewiesen wurde, doch die antikaiserliche päpstliche Politik, die sogar ein Bündnis mit Frankreich und den Türken erwog, machte diesen Erfolg des Kaisers zunichte. Er mußte erneut den Weg einer auf das Reich beschränkten innerkirchlichen Reform bis zum Konzil beschreiten. Einen ersten Entwurf dafür, der die Restitution der alten Kirche forderte, nahm der Kaiser nicht an. Dann arbeitete eine Kommission, der vermittelnde altgläubige Theologen und der kurbrandenburgische Hofprediger Johann Agricola (1492–1566) angehörten, für die Zeit zwischen dem Reichstag und dem Konzil ein ‚Interim‘ aus. Es gestand als Ausnahme Laienkelch und Priesterehe zu, interpretierte das Meßopfer als Gedächtnis- und Dankopfer, blieb aber in der Rechtfertigungslehre bei dem verworfenen Regensburger Ergebnis von 1541, lenkte zu den sieben Sakramenten zurück und behielt die Fülle altkirchlicher Zeremonien sowie die gesamte Lehr- und Jurisdiktionsgewalt des Papstes und der Bischöfe bei. Faktisch lief das Interim auf eine Rekatholisierung hinaus (DGQD 3, Nr. 80; KTGQ 3, Nr. 56a).

– Da die altgläubigen Reichsstände das Interim unter Hinweis darauf, daß ihr Kirchenwesen in Ordnung sei, ablehnten, wurde es faktisch zu einem Sondergesetz für die Protestanten. Nur den Bischöfen konnte Karl an Stelle des Interim die ‚Formula reformationis' aufdrängen, die – ohne auf das Konzil Rücksicht zu nehmen – eine Fülle konkreter Reformvorschläge enthielt.

Das Interim wurde schließlich in den Reichstagsabschied aufgenommen und damit Reichsgesetz. Doch konnte der Kaiser seine Annahme und selbst den teilweisen Vollzug nur mit massiven Drohungen in den oberdeutschen Reichsstädten mühsam durchsetzen. In Norddeutschland wurde Magdeburg als ‚unseres Herrgotts Kanzlei' zum Zentrum des Widerstandes, der mit Flugschriften und Liedern den gemeinen Mann bewegte, von den evangelischen Obrigkeiten geduldet wurde und ein wirklich konfessionelles Bewußtsein unter den Protestanten schuf. Hier entwickelte man dann auch theoretische Begründungen für das Widerstandsrecht der unteren gegen die oberen Obrigkeiten, die später in den konfessionell untermalten Auseinandersetzungen aufgegriffen und weiterentwickelt wurden, nicht zuletzt in Westeuropa.

Esther Hildebrandt, The Magdeburg Bekenntnis as a possible Link between German and English Resistance Theory in the Sixteenth Century, in: ARG 71 (1980) 227–253. – Robert v. Friedeburg, Widerstandsrecht und Konfessionskonflikt. Notwehr und Gemeiner Mann im deutsch-britischen Vergleich 1530–1669, Berlin 1999 (Schriften zur Europäischen Rechts- und Verfassungsgeschichte 27). – Thomas Kaufmann, Das Ende der Reformation. Magdeburgs „Herrgotts Kanzlei" (1548–1551/2), Tübingen 2003 (BHTh 123).

Trotz der Ablehnung gab es dann doch einige weltliche und geistliche Stände, die aus unterschiedlichen Gründen das Interim annahmen. Die Bischöfe versuchten, es in den evangelisch gewordenen Gebieten ihrer Diözesen durchzusetzen, allerdings ohne durchschlagenden Erfolg, nicht zuletzt weil es an Priestern mangelte, die die widerstrebenden evangelischen Geistlichen hätten ersetzen können.

Im herzoglichen Sachsen, für das Herzog Moritz nun die Kurwürde und den Kurkreis mit der Universität Wittenberg erhielt, wurden unter maßgeblicher Beteiligung Melanchthons im Blick auf das Interim die Leipziger Artikel ausgearbeitet. Sie versuchten, in dem man auf die in den Augsburger Verhandlungen vom August 1530 erwogenen äußersten Zugeständnisse an die altgläubige Seite zurückgriff, einen ‚Sonderweg'. Da sie aber zwischen zu verwerfenden abgöttischen und akzeptablen ‚Adiaphora' unterschieden und darüber hinaus das kirchliche Lehramt und die bischöfliche Jurisdiktion anerkannten, wurden sie von den Evangelischen im Reich fast einhellig abgelehnt und als ‚Leipziger Interim' verworfen und scharf bekämpft.

Daß Melanchthon nicht nur in dem an den ‚Verräter' Moritz von Sachsen fallenden Kurkreis und in der Universität Wittenberg blieb, sondern sich auch noch zu einem solchen Schritt auf das Interim zu entschloß, mußte bei all denen, die ihre Ämter um des Interims willen aufgeben wollten oder mußten, sein Ansehen auf Dauer schwer schädigen. Das wurde zur grundlegenden Voraussetzung der Auseinandersetzungen um den lutherischen Charakter seiner Theologie, das eigentliche Thema der gesamten ‚nachlutherischen Streitigkeiten', aus denen das orthodoxe Luthertum als eine konfessionell eigengeprägte Größe hervorging (vgl. u. S. 238–242).

Das Augsburger Interim von 1548, hg. v. Joachim Mehlhausen, [2]Neukirchen 1996. – Horst Rabe, Die Entstehung des Augsburger Interims 1547/ 1548, in: ARG 94, 2003, S. 6–104. – Ders. Reichsbund und Interim, Köln/Wien 1971. – Ders., Die geistlichen Reichsstände und das Interim 1548–1551, in: Landes- und Reichsgeschichte, FS Hansgeorg Molitor, hg. v. J. Engelbrecht und St. Laux, Bielefeld 2004, S. 65–95.

4. Fürstenaufstand und Religionsfriede

a) Der Fürstenaufstand

Die auf militärischen Druck gestützte Machtpolitik Karls konnte angesichts der Kosten von Söldnerheeren keinen dauerhaften Bestand haben. Sie führte aber auch unabhängig von der Religionsfrage zur Opposition der Fürsten. Angesichts der Nachfolgeregelung, in der die Kaiserkrone nach Ferdinands Tod an Philipp II. von Spanien (1527]1556–1598) gehen sollte, regte sich der Widerstand ‚fürstlicher Libertät‘ gegen die ‚spanische Servitut‘. Auch kam es zwischen Karl und Ferdinand zu Spannungen, da die Familie des Letzteren beim niederländischen und italienischen Erbe des Hauses übergangen wurde, weder ausreichende Türkenhilfe noch Unterstützung für den Felonieprozeß (Vorgehen gegen einen seinen Pflichten nicht nachkommenden Lehnsmann) gegen die Württemberger Herzöge erhielt. Außerdem zielte Ferdinands Politik im Unterschied zu der Karls nicht auf die Universalmonarchie, sondern ohne Rücksicht auf das gültige Ketzerrecht auf die politisch notwendige Verständigung im Reich.

Zwar konnte Karl die protestantischen Fürsten noch zum Besuch des von Julius III. (1487]1550–1555) nach Trient zurückverlegten Konzils zwingen. Melanchthon und Brenz arbeiteten dafür in der ‚Confessio Saxonica‘ und ‚Confessio Virtembergica‘ eigene Bekenntnisse aus, doch blieben die Gesandten – mit Ausnahme der sich dem Konzil unterwerfenden kurbrandenburgischen – bei den alten Bedingungen für ein von den Protestanten zu akzeptierendes Konzil. Damit war dann auch die Konzilspolitik Karls endgültig gescheitert.

Gegen seine Gewaltpolitik schlossen schon 1550 im Norden Deutschlands Hans von Küstrin, Johann Albrecht von Mecklenburg (1525]1547–1576) und Albrecht von Preußen den Königsberger Bund. Dem traten später neben dem Herzog von Lüneburg auch Wilhelm von Hessen (1532]1567–1592) und Moritz von Sachsen bei, schieden aber wieder aus, als sie im Vertrag von Chambord (Jan. 1552) Heinrich II. von Frankreich (1519]1547–1559), der die antihabsburgische Politik seines Vaters bis hin zum Bündnis mit dem türkischen Sultan fortsetzte, für Subsidien und Truppenwerbung das Reichsvikariat über die lothringischen Bistümer (Metz, Toul, Verdun) zusicherten. Mit seinem zum Vollzug der Reichsacht an Magdeburg gehaltenen Heer wandte sich Moritz nach der kampflosen Übergabe jener Stadt nach Süden gegen den Kaiser, während Markgraf Albrecht Alkibiades in die fränkischen Bistümer und Heinrich von Frankreich in Lothringen einfiel. Der Kaiser floh aus Innsbruck nach Süden, das Konzil in Trient löste sich auf und wurde auf unbestimmte Zeit vom Papst suspendiert.

Moritz von Sachsen, der wegen seiner Rolle im Schmalkaldischen Krieg als ‚Judas von Meißen' galt (DGQD 3, Nr. 79), verfolgte in den sich anschließenden Verhandlungen mit Ferdinand als ‚Retter des Protestantismus' das Ziel eines dauerhaften Friedens, dessen Grundzüge der ‚Passauer Vertrag' (Aug. 1552; DGQD 3, Nr. 82) festlegte, der freilich entsprechend den Einwänden Karls wieder nur bis zum nächsten Reichstag gelten sollte. Gleichwohl bedeutete dies in vielen Gebieten eine langsame oder schnellere Aufhebung der Folgen des Interims.

Volker Henning Drecoll, Der Passauer Vertrag, Berlin/New York 2000. – Der Passauer Vertrag von 1552. Entstehung, reichsrechtliche Bedeutung und konfessionsgeschichtliche Wertung, hg. v. Winfried Becker, Neustadt/Aisch 2003 (EAKB 80).

b) Der Religionsfriede

Im Reich bildeten sich aufgrund der Schwäche des Kaisers, der sich mit dem Landfriedensbrecher Albrecht Alkibiades verbündete, aber gleichwohl in Lothringen gegen Frankreich keinen Erfolg hatte, neue Machtkonstellationen. Evangelische und katholische Fürsten fanden sich zur Abwehr der habsburgischen Nachfolgepläne und der Erhaltung des Passauer Vertrags im ‚Heidelberger Bund' zusammen, ohne freilich politisch aktiv zu werden. Moritz suchte zur Absicherung gegen seine grollende ernestinische Verwandtschaft und im Blick auf einen Religionsfrieden ein Bündnis mit Ferdinand, das diesem im Blick auf die Türkenabwehr willkommen war. Das aber wurde nicht mehr ratifiziert, da Moritz, nachdem es zwischen Brandenburg, Hessen und den beiden Sachsen zu einer Verständigung gekommen war, gegen Albrecht Alkibiades zog und in der Schlacht von Sievershausen fiel (Juli 1553).

Der im Passauer Vertrag in Aussicht genommene Reichstag und das Religionsgespräch wurden von Karl verzögert und letztlich, da er ihm widerstrebende Beschlüsse in der Religionsfrage erwartete, Ferdinand übertragen, der den Reichstag nach Augsburg (Febr.–Sept. 1555) einberief. Schon im Vorfeld zeigte sich, daß auf allen Seiten mehr Interesse an einem dauerhaften Frieden als am unsicheren Ausgang eines weitern Religionsgesprächs bestand. Der an sich dem Religionsausgleich gewidmete Reichstag kam aber erst voran, als sich die meisten Stände dem Wunsch der Protestanten nach einem Frieden anstelle des Vergleichs anschlossen. Die juristischen Räte arbeiteten in mühsamen Verhandlungen den Frieden aus, der schließlich trotz, aber auch wegen seiner zahlreichen Unklarheiten und offen bleibenden Fragen zustande kam (KTGQ 3, Nr. 57; DGQD 3, Nr. 84.1).

Der Friede galt nur für die Reichsstände, die damit das Recht des ius reformandi, das Recht zur Änderung der Religion) erhielten (cuius regio, eius religio; der Herrscher bestimmt die Religion), nicht aber für die einzelnen Untertanen, denen nur das Recht zur Auswanderung blieb (Art. 11) – ein harter, aber durch die Kleinräumigkeit vieler Herrschaften gemilderter Beschluß. Unklar blieb freilich, was für die Ritter und Städte gelten sollte, die keine oder eine umstrittene Reichsstandschaft besaßen. Von den Sonderregelungen, mit denen die Protestanten für landsässigen Adel und Städte den Frieden verlangten und die Katholiken den Bischöfen das ius reformandi bestritten, wurde nur letztere im ‚Reservatum ecclesiasticum' (geistlicher Vorbehalt) garantiert: ein Fürstbischof konnte für seine Person evangelisch werden, nicht aber sein Territorium reformieren. Damit wurde die Existenz der geistlichen Fürstentümer auf Dauer gestellt. Offen blieb freilich, ob dieser Vorbehalt nur für die Person des Hierarchen oder auch für die Glieder der Stiftskapitel gelten sollte, was für den protestantischen Adel den Verlust dieser Stellen bedeutet hätte. Offen blieb auch, was zu geschehen hatte, wenn es zur Wahl eines Protestanten als Bischof kommen sollte. Und die ‚Declaratio Ferdinandea' (Erklärung Ferdinands), mit der im Blick auf das reservatum wenigstens das bestehende evangelische Kirchenwesen für Adel und Städte in den geistlichen Territorien garantiert werden sollte, blieb, da sie nicht Bestandteil des Friedens wurde, in ihrer rechtlichen Geltung umstritten (DGQD 3, Nr. 84.2).

Der Friede sollte auch ausschließlich für die Altgläubigen und die Anhänger der Confessio Augustana gelten (Art. 3 und 4). Damit wurde in ihren Gebieten die Jurisdiktion der altgläubigen Bischöfe suspendiert (Art. 8) und das mittelalterliche Ketzerrecht für sie außer Kraft gesetzt. Das galt aber nicht für andere Gruppierungen, Zwinglianer und Vertreter des ‚linken Flügels' (Art. 5). Unklar blieb gleichwohl, wer als Anhänger der Confessio Augustana zu gelten habe, da deren verschiedene Fassungen nicht erwähnt wurden. Immerhin hatte Calvin die Variata von 1540 (vgl. o. S. 195) unterschrieben. Und schließlich bestand die Gefahr, daß man – vor allem auf altgläubiger Seite – den Charakter des Bekenntnisses legalistisch verstand und jede Abweichung von dessen Wortlaut als Abfall vom Bekenntnis interpretierte.

Der Friede bestimmte, daß die vor dem Passauer Vertrag vollzogene Einziehung von Kirchengut anerkannt werden sollte (Art. 7), ließ aber die wichtige Frage offen, was im Blick auf landsässige altgläubige Institutionen und deren Besitz gelten sollte. Das Reichskammergericht, mit dem es seit 1532 ständig Auseinandersetzungen über die Frage gegeben hatte, ob das Kirchengut zu den Religionssachen gehöre, wurde ausdrücklich auf die Bestimmungen des Friedens verpflichtet (Art. 15).

Der Friede sollte für das gesamte Reich gelten, dennoch wurden die österreichischen Erblande der Habsburger ausgenommen.

Der Friede sollte bis zur Vergleichung der Religion gelten, die man auf einem Religionsgespräch zu erreichen hoffte, enthielt aber auch die Bestimmung, daß er – falls keine Einheit erzielt werde – weiterhin Bestand und Gültigkeit haben sollte (Art. 12). Offen blieb freilich auch, welcher Rechtscharakter dem Religionsfrieden zukam. Den Altgläubigen galt er als eine von der Not erzwungene Ausnahmeregelung, die deswegen restriktiv ausgelegt werden müsse, während die Protestanten ihn im Blick auf seine von der Religionsvergleichung unabhängige Gültigkeit als lex fundamentalis des Reiches betrachteten.

Der Friede wurde ohne die Zustimmung der beiden Universalmächte, Papst und Kaiser geschlossen – Zeichen einer neuen Zeit. Der Papst protestierte trotz seiner antispanisch- und antihabsburgischen Haltung nicht, war sogar zu weitergehenden Konzessionen an die Protestanten bereit und riskierte wenig später einen Krieg gegen die spanischen Habsburger. Der Kaiser, der noch vor dem Friedensschluß seinen Rücktrittswillen bekundete, verzichtete letztlich auf den Protest gegen die Artikel, die die

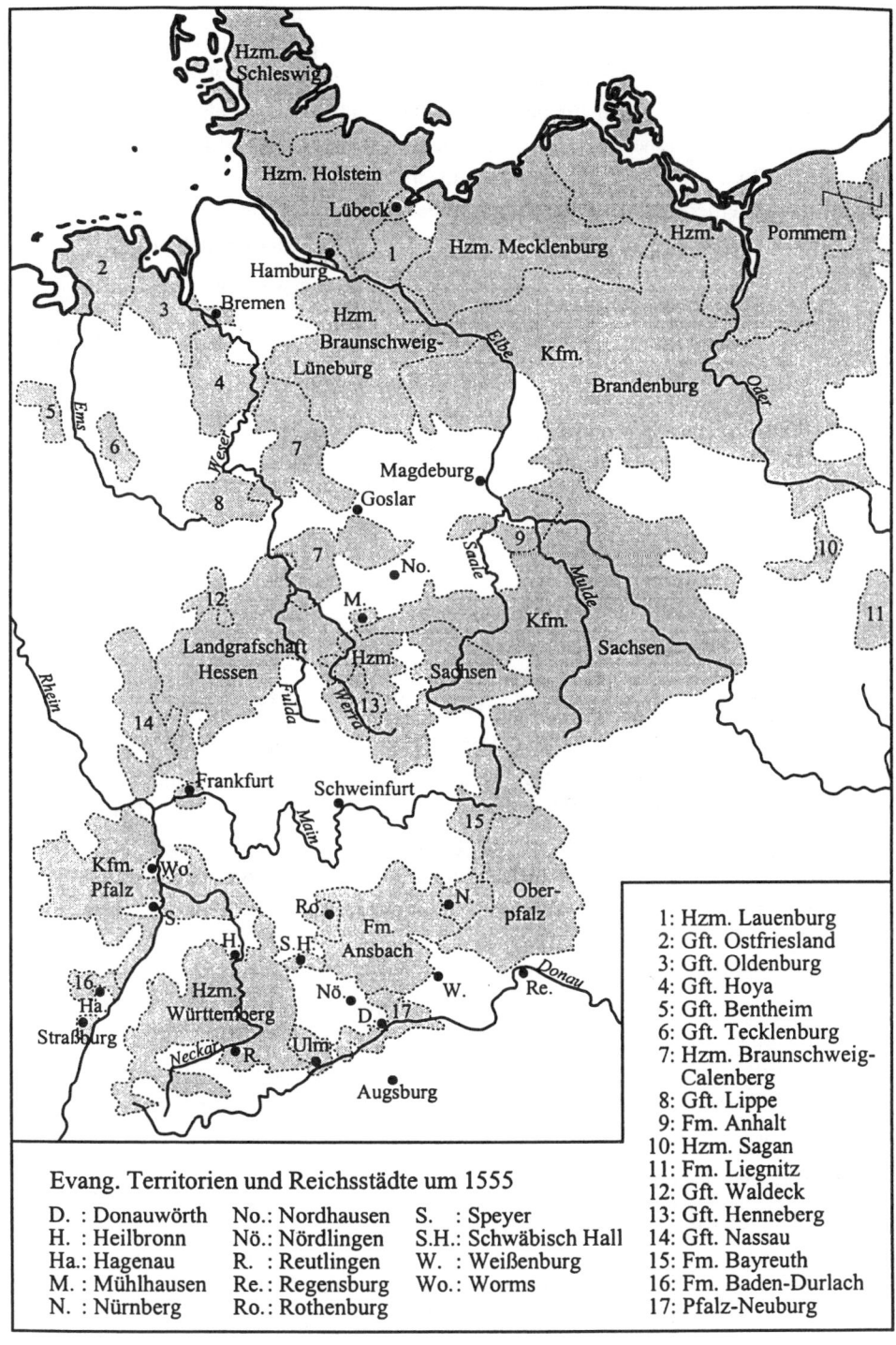

Hzm. Schleswig

Hzm. Holstein

Lübeck

1

Hzm. Mecklenburg

Hzm. Pommern

Hamburg

2

Bremen

3

Hzm. Braunschweig-Lüneburg

Kfm. Brandenburg

Elbe

Oder

4

Ems

5

Weser

6

7

Magdeburg

Goslar

8

9

Mulde

10

Saale

7

No.

M

Kfm. Sachsen

Sachsen

11

12

Landgrafschaft Hessen

Hzm. Sachsen

Rhein

Fulda

Werra

13

14

Frankfurt

Main

Schweinfurt

15

Kfm. Pfalz

Wo.

S

Ro.

N.

Ober-pfalz

H.

S.H.

Fm. Ansbach

16.

Nö.

W.

Re.

Donau

Ha.

Hzm. Württemberg

D.

17

Straßburg

Neckar

R.

Ulm

Augsburg

Legende:

1: Hzm. Lauenburg
2: Gft. Ostfriesland
3: Gft. Oldenburg
4: Gft. Hoya
5: Gft. Bentheim
6: Gft. Tecklenburg
7: Hzm. Braunschweig-Calenberg
8: Gft. Lippe
9: Fm. Anhalt
10: Hzm. Sagan
11: Fm. Liegnitz
12: Gft. Waldeck
13: Gft. Henneberg
14: Gft. Nassau
15: Fm. Bayreuth
16: Fm. Baden-Durlach
17: Pfalz-Neuburg

Evang. Territorien und Reichsstädte um 1555

D. : Donauwörth	No.: Nordhausen	S. : Speyer
H. : Heilbronn	Nö.: Nördlingen	S.H.: Schwäbisch Hall
Ha.: Hagenau	R. : Reutlingen	W. : Weißenburg
M. : Mühlhausen	Re. : Regensburg	Wo.: Worms
N. : Nürnberg	Ro. : Rothenburg	

Stellung der alten Kirche tangierten, obwohl er den Rücktritt erst 1556 vollzog und Ferdinand das Kaisertum erst nach seinem Tod 1558 erhielt.

Den Glaubensstreit legte der Friede nicht bei, suspendierte aber die Wahrheitsfrage gegenüber den Konfessionen für das Reich. Das blieb zwar ein christliches, wurde aber offiziell konfessionell neutral. Religiös-konfessionelle Geschlossenheit gab es nur auf dem Boden der Territorien – eine Entscheidung, die die Territorialfürsten und das föderale Element stärkten und die Konfessionssituation Deutschlands über den Westfälischen Frieden von 1648 bis zum Ende des 2. Weltkriegs nachhaltig prägte.

Martin Heckel, Deutschland im Konfessionellen Zeitalter, [2]Göttingen 2001. – Bernd Christian Schneider, Ius Reformandi, Tübingen 2001 (JusEcc 68), S. 148–171, Axel Gotthard, Der Augsburger Religionsfrieden, Münster 2004 (RGST 148). – Als Frieden möglich war. 450 Jahre Augsburger Religionsfrieden, hg. v. V. Carl A. Hoffmann u.a., Regensburg 2005.

H. Reformation und katholische Reform in Europa

1. Die Reformation in der Schweiz – Genf als das dritte reformatorische Zentrum

a) Die Entwicklung in Zürich und Bern

In Zürich übernahm nach Zwinglis Tod Heinrich Bullinger (1504–1575) als Antistes die Führung der Zürcher Kirche und Reformation. Er vertiefte die Sakramentslehre Zwinglis und entwickelte grundlegend eine weit nachwirkende Föderaltheologie (Theologie der Bundesschlüsse Gottes mit den Menschen). Standfest in den am Ort nicht ausbleibenden Auseinandersetzungen mit dem Rat, führte Bullinger einen weit gestreuten Briefwechsel, der sich auch in lutherische Gebiete erstreckte. Einflußreich aber wurde er über seine mehr als 300 Schriften auch mit seiner Theologie – vor allem der Confessio Helvetica posterior von 1566 – insbesondere für die Reformation in Ungarn und Polen, aber auch in Frankreich. Englische Bischöfe trugen immer wieder ihre Probleme an ihn heran, und Bullinger verteidigte die Herrschaft Elisabeths I. mit einer Schrift gegen die päpstliche Bulle ‚Regnans in excelsis' (27.4.1570; vgl. u. S. 259f). Gegenüber den Bestrebungen, auch in England eine calvinistisch-presbyterianische Kirchenverfassung einzuführen, stellte sich Bullingers Schüler Rudolf Gwalter schon 1572 auf die Seite derer, die die bischöfliche Staatskirche verteidigten.

Fritz Blanke, Immanuel Leuschner, Heinrich Bullinger, Zürich 1990. – Heinrich Bullinger, 1504–1575. Gesammelte Aufsätze zum 400. Todestag, hg. v. Ulrich Gäbler und Erland Herkenrath, Zürich 1975 (ZBRG 7 u. 8). – Andreas Mühling, Heinrich Bullingers europäische Kirchenpolitik, Bern u.a. 2001 (ZBRG 19). – Heinrich Bullinger u. seine Zeit, hg. v. Emilio Campi, Zwingliana 31, 2004. – Zum 500. Geburtstag von Heinrich Bullinger: EvTh 64, 2004, S. 91–167.

Im Unterschied zum gemäßigten Weg Bullingers in Zürich baute Wolfgang Musculus (1497–1563), der sich schon in Augsburg für eine konsequente Ratsreformation engagiert hatte, das Berner Staatskirchentum in scharfem Gegensatz zum Genfer

Konsistorium und der calvinistisch-presbyterialen Kirchenverfassung weiter aus, wobei er die päpstlichen Machtansprüche und die Versuche, eine von der Obrigkeit unabhängige Kirche zu konstituieren gleichsetzte und es ablehnte, die Kirchenverfassung aus dem Neuen Testament abzuleiten. Seine Loci, die das vertraten, widmete er Friedrich III. von der Pfalz (1515]1557–1576). Über seine staatskirchliche Konzeption kam es besonders mit den calvinistisch bestimmten Theologen in Lausanne und im Waadtland (Theodor Beza) zu schweren Auseinandersetzungen.

Rudolf Dellsperger, Rudolf Freudenberger und Wolfgang Weber (Hg.), Wolfgang Musculus (1497–1563) und die oberdeutsche Reformation, Berlin 1997.

b) Genf und Calvin

Ioannis Calvini Opera selecta, hg. v. Peter Barth und Wilhelm Niesel, 5 Bde., München 1952–1963. – Johannes Calvins Lebenswerk in seinen Briefen, hg. v. Rudolf. Schwarz, 3 Bde. Neukirchen 1961/2. – Unterricht in der christlichen Religion, übers. und bearb. v. Otto Weber, ³Neukirchen 1963. –Willem van't Spijker, Calvin, Göttingen 2001 (KIG 3/J2). – Francois Wendel, Calvin, Neukirchen 1968. – Richard Gamble, Calvin and Calvinism. A Fourteenth-volume Anthology of scholarly Articles, New York / London 1992.

Die Stadt Genf gehörte nicht zur Eidgenossenschaft, war auch nicht Reichsstadt, sondern hatte als Stadtherrn den bis 1533 als Reichsstand geltenden Bischof, den man gern loswerden wollte. Der Bischof suchte die Unterstützung des Herzogs von Savoyen, die Stadt aber gegen Bischof und Herzog die Hilfe des seit 1528 reformierten Bern. Als mit den Predigten Guillaume Farels (1489–1565) und Pierre Virets (1511–1571) eine evangelische Bewegung entstand (die ‚Guillermins'), verließ der Bischof die Stadt, die sich nach einer Disputation 1535 im folgenden Jahr der Reformation zuwandte, wobei der Rat nach Berner Vorbild die Kirchenleitung übernehmen wollte. Zu seiner Unterstützung gewann Farel 1536 den Franzosen Jean Calvin, der Lehrer am Gymnasium und Prediger an der Domkirche St. Peter wurde.

Calvins Weg zum Reformator

Jean Calvin, am 10.7.1509 in Noyon (Picardie, Nordwestfrankreich) geboren, genoß eine vornehme Erziehung. Schon dem Zwölfjährigen konnte der Vater eine Pfründe als Kaplan verschaffen, die er allerdings nie versah und später aufgab. Sie ermöglichte ein Studium in Paris am Collège de la Marche und in dem berühmten Collège de Montaigu – berüchtigt wegen der harten geistigen und körperlichen Zucht, der er ein Magenleiden verdankte. Hier lernte er die antiken Philosophen, die Kirchenväter sowie die nominalistische Scholastik kennen und wurde zum geübten Disputator. Schon damals traf er reformfreundliche Humanisten. Sein Vetter Robert Olivetan, der später die Bibel ins Französische übersetzte, zu der Calvin das Vorwort lieferte, floh 1528 nach Straßburg. Aufgrund von Auseinandersetzungen mit der Kirche bestimmte der Vater den Sohn zum Jurastudium, das diesen nachhaltig prägte. Calvin absolvierte es in Orléans und Bourges und schloß es 1532 mit dem Lizenziaten ab. Nach dem Tod des Vaters wandte sich Calvin der humanistisch-wissenschaftlichen

Laufbahn zu. Mit dem Hebräischen und dem Griechischen vertraut, setzte er die Studien am humanistisch geprägten Collège Royal (Collège de France) fort. Deren Frucht war ein Kommentar zu Senecas De clementia, in dem sich Humanistisches und Christliches eng verbanden. Mit den Humanisten lehnte er die Scholastiker ab und bevorzugte die Kirchenväter. – in der Auslegung der Schrift folgte er gern den Annotationen des Erasmus zum Neuen Testament.

Ähnlich wie bei Luther bereitet die zeitliche und inhaltliche Bestimmung von Calvins Bekehrung Schwierigkeiten. Und wie bei jenem schließen sich langsame Entwicklung und plötzliche Bekehrung nicht aus. Der Bruch mit der Kirche, dem eine Entwicklung vorangegangen sein könnte, vollzog sich wohl zwischen Herbst 1533 und Frühjahr 1534. Dabei hat für Calvin die Rechtfertigungserfahrung, die er in den Schriften der deutschen Reformatoren fand, eine wesentliche Rolle gespielt. Als Humanist ging es Calvin um die vera religio anstelle von Götzendienst. Als man in Paris nach den Gesinnungsgenossen des Rektors der Sorbonne fahndete, der beim Amtsantritt eine Rede gehalten hatte, die in einer Auslegung der Seligpreisungen erasmische und lutherische Einflüsse erkennen ließ und scharfen Widerspruch hervorrief, verließ er die Stadt.

Damit begann ein Wanderleben unter dem Decknamen Charles d'Espeville. In der Bibliothek eines Freundes konnte er sich den Kirchenvätern, vor allem Augustin widmen, dem er später in der Sünden- und Gnadenlehre, der Sakramentenlehre und der Prädestination weithin folgte. Er nahm nun auch Verbindung zu den evangelisch gesinnten Kreisen auf, die ihm in Poitiers und Nerac, am Hof der Margarete von Navarra (1492–1542), wo er Faber Stapulensis (ca.1450–1536) traf, in Paris und Orléans Schutz gewährten. Aufgrund verschärfter Verfolgung ging er im Herbst 1534 über Straßburg nach Basel. Nach einem kurzen Aufenthalt am Hof der Herzogin Renata von Ferrara (1510–1575), wo er den späteren großen Psalmendichter Clement Marot (ca.1497–1544) traf, reiste Calvin in die Heimat, um die letzten Bindungen an sie zu lösen und in Basel zu leben. Da Kriegswirren den direkten Weg dorthin versperrten, nahm er den Umweg über die Schweiz und Genf. Unter dem Druck Guillaume Farels entschloß er sich, dort zu bleiben.

Die erste Genfer Zeit

Calvin wollte – bereits bestehende Tendenzen aufgreifend – aus Genf eine wahrhaft christliche Stadt machen. Dazu bedurfte es eines Bekenntnisses, eines Katechismus und einer Lebensordnung:

– In der Ordnung (Calvini Opera selecta 1, 369–377), den ,Artikeln' (KTGQ 3, Nr. 58a2), verlangte Calvin evangelischen Gottesdienst mit Psalmengesang, sonntägliche Abendmahlsfeier, Überwachung des Lebens der Bürger durch besonders geeignete Männer, ein neues Eherecht und kirchlichen Unterricht. Der Rat allerdings duldete weder die häufige Abendmahlsfeier noch die Kirchenzucht.

– Der Katechismus löste sich vom Überkommenen. Er ging aus von der allen nötigen Gotteserkenntnis und dem Unterschied von wahrer und falscher Religion, sprach vom Menschen und seiner Sünde, seiner Erlösung allein durch Christus im Glauben (unter Einschluß von Glaubensbekenntnis und Vaterunser) und behandelte dann die

Sakramente, Kirche und Obrigkeit – die Anlage entsprach den loci Melanchthons in deren 2. Auflage (Calvini Opera selecta 1, 378–417).

– Einen ähnlich heilsgeschichtlich-systematischen Aufbau hatte das Bekenntnis (Calvini Opera selecta 1, 418–425).

In Genf konnte sich Calvin nicht wirklich durchsetzen. Die Stadt hatte aus politischen Gründen – im Gegensatz zum Bischof und zum Herzog von Savoyen – die Reformation angenommen und war auf die Unterstützung Berns angewiesen. Als der Rat beschloß, die Kirche nach Berner Vorbild einzurichten und keine Kirchenzucht zu dulden, stellten Calvin und andere die Abendmahlsfeiern ein. Daraufhin wurden sie als Unruhestifter ausgewiesen (25.4.1538).

Willam G. Naphy, Calvin and the Consolidation of the Genevan Reformation, Manchester/New York 1994.

In Straßburg

Calvin ging über Basel nach Straßburg, übernahm dort auf Drängen Bucers für die folgenden drei Jahre (1538–1541) die Leitung der französischen Flüchtlingsgemeinde und hielt Vorlesungen an dem neugegründeten Gymnasium (der späteren Universität). In Bucer verehrte Calvin, selbst wenn er dessen Ausgleichsversuchen mit den Altgläubigen skeptisch gegenüberstand, seinen geistlichen Vater, und Bucers Theologie gewann hohe Bedeutung für Calvin, wie seine Auffassungen vom Gebet, vom Abendmahl und der Prädestination zeigen. Aus Bucers Schrift ,Von der wahren Seelsorge' (1537) stammt seine Überzeugung, daß die kirchlichen Ordnungen im Prinzip göttlichen Rechtes seien und man eine vorbildliche Kirche schaffen müsse. Die Lehre von den vier Ämtern (vgl. u. S. 208f) ging ebenfalls auf Bucer zurück. Auch die späteren Genfer Gottesdienstordnungen lehnten sich deutlich an die Straßburger Ordnungen für Gottesdienst, Taufe und Abendmahl von 1540 an. Kirchenzucht war auch in Straßburg nicht durchzusetzen, wohl aber Anmeldung und Unterricht vor dem Empfang des Abendmahls. Auf diesem Feld mit seinen Abendmahlsartikeln von 1538 eine Verständigung zwischen Zwinglianern und Lutheranern zu erreichen, gelang ihm ebenso wenig wie Bucer. Auf den Religionsgesprächen, an denen er teilnahm – in Regensburg 1541 als offizieller Vertreter Straßburgs – lernte er die deutschen Kirchen und ihre Theologen kennen, nicht Luther selbst, den er bewunderte und kritisierte, wohl aber Melanchthon. An den deutschen Kirchen tadelte Calvin das tradierte Meßformular, fehlende Kirchenzucht und zu starke Abhängigkeit von der Obrigkeit. In Straßburg heiratete er eine geflohene Französin, Idelette de Bure (gest. 1549). Von ihren drei Kindern überlebte keins, so daß Calvin faktisch ohne Familie lebte.

Zweite Wirksamkeit in Genf

Inzwischen veränderte sich in Genf die Lage. Politisch und kirchlich hatten sich drei Gruppen gebildet:

– Diejenigen, die mit den Artikeln vom Frühjahr 1539 einen engen Anschluß an Bern suchten und ein Staatskirchentum nach Berner Muster wollten (die ,Artikulanten').

– Ihnen standen diejenigen gegenüber, die eine größere Unabhängigkeit von Bern wünschten und das mit einer Parteinahme für Calvin und Farel verbanden (die ‚Guillermins‘).

– Die kleine Gruppe der Altgläubigen hatte kaum Chancen, da sie mit der Hypothek bischöflicher Herrschaft über die Stadt belastet war und der Zusammenarbeit mit dem Herzog von Savoyen verdächtigt wurde.

Als die Anhänger Farels und Calvins schließlich die Oberhand gewannen und die Nachfolger Calvins und Farels auswiesen, drohte eine Auseinandersetzung mit Bern. Diese Situation ermutigte den Kardinal Jacopo Sadoleto (1477]1536–1547), die Bürger der Stadt zur Rückkehr in den Schoß der Kirche aufzufordern. Calvin schrieb von Straßburg aus eine Entgegnung, eine konzentrierte und klare Darlegung der reformatorischen Lehre (Calvin, Opera selecta 1, 457–489; KTGQ 3, Nr. 58a3). Die Rückberufung Calvins konnte nur mühsam gegen den Widerstand Bucers, des Straßburger Rats und der Stadt Bern, deren Zustimmung Calvin verlangte, 1541 durchgesetzt werden.

Damit begann die zweite, von 1541 bis zu Calvins Tod 1564 dauernde Wirksamkeit in Genf. Wieder wollte er die christliche Stadt verwirklichen. Am 20.11.1541 wurde die Kirchenverfassung ‚Les ordonnances ecclesiastique‘ (Calvini Opera selecta 2, 325–385) angenommen. Später wurden sie um eine Gottesdienstordnung (‚La forme de prièr et chanter ecclesiastique avec la manière d'administrer les sacraments et consacrer le mariage selon la coustume de l'église ancienne‘, Calvini Opera selecta 2, S. 1–58) und den Katechismus (Calvini Opera selecta 2, 59–157), der Glaube, Gesetz, Gebet und Sakramente behandelte, erweitert. Zentraler Inhalt der Ordonance war die von Bucer beeinflußte Vierämterlehre (vgl. Eph 4,11, I Kor 12,28 und Röm 12,7). mit den als Dienst im Leib Christi verstandenen und von der Gemeinde übertragenen Ämtern:

– Die *Pastoren* haben den Auftrag zu Wortverkündigung und Sakramentsverwaltung. Sie kommen wöchentlich als venerable compagnie des pasteurs zusammen, um Schriftauslegung und Seelsorge zu besprechen. Calvin selbst predigte ohne schriftliche Vorbereitung (etwa tausend Nachschriften sind erhalten) In ihnen nahm Calvin zu allem, was in der Stadt vorging, Stellung.

– Die *Doktoren* haben für die Lehre in der Gemeinde zu sorgen. Sie halten Vorlesungen über biblische Bücher und bilden den Pfarrernachwuchs aus. Die nach Straßburger Vorbild geplante Akademie wurde erst 1555 eingerichtet (schola privata mit den drei Sprachen und den artes; schola publica mit allmählich vier Fakultäten). Die Lehrer waren wie Theodor Beza (1519–1605; der Nachfolger Calvins) großenteils 1558/59 von den Bernern aus Lausanne und dem Waadtland ausgewiesen worden, als sie die dortige Kirche nach Genfer Vorbild einrichten wollten. Die Genfer Akademie wurde dann Vorbild für die französischen Akademien in Saumur und Montpellier. An ihr wurden viele der Männer gebildet, die später geistliche und politische Führungspositionen einnahmen: Guy de Brès, Reformator Belgiens (ca.1522–1567), Kaspar Olevian (1536–1587) für die Kurpfalz, Philippe Marrnix (1538–1598), Sekretär Wilhelms von Oranien, John Knox (ca.1514–1572), Reformator Schottlands, und viele andere. Calvin selbst hielt seine Vorlesungen, die alle nachgeschrieben wurden, in der Marienkirche – eine fast vollständige Auslegung der Heiligen Schrift. Die Akademie machte Genf unter Calvin und seinem Nachfolger Theodor Beza für lange Zeit zum Zentrum des protestantischen Europa mit internationalem Lehrkörper, guter Ausbildung und strenger Sittenzucht. Erst später konnten die französischen Akademien, aber auch Leiden in den Niederlanden, Heidelberg und Herborn im Reich Genf den Rang streitig machen. Gleiches gilt für den Druck reformierter Publikationen.

Allerdings duldete Calvin keine Abweichung von seiner Lehre. Der Humanist Sebastian Castellio (1515–1563) wurde nicht Pfarrer, weil er die Kanonizität des Hohen Liedes anzweifelte, und mußte die Stadt verlassen, als er Kritik an den Genfer Geistlichen übte. Seit den 50er Jahren gab es auch Widerspruch gegen Calvins Prädestinationslehre. Als Jérôme Bolsec (gest. um 1584) behauptete, mit ihr erhalte Gott tyrannische Züge und werde zum Urheber der Sünde, wurde er verbannt. Bolsec rächte sich mit einer Calvin in den Schmutz ziehenden Biographie. Der Genfer Rat beschloß später, niemand solle gegen die Lehre Calvins und seine Institutio etwas sagen. Weithin Aufsehen erregte die Verbrennung des Antitrinitariers Michael Servet (KTGQ 3, Nr. 58 a5). Allerdings hatten alle befragten Kirchen dem Todesurteil, das in Übereinstimmung mit der von Karl V. 1532 erlassenen Peinlichen Gerichtsordnung ergangen war, zugestimmt. Es wurde am 27.10.1553 vollzogen. Sebastian Castellio löste daraufhin mit seinem Buch ‚De haereticis an sint persequendi' (Ob Häretiker verfolgt werden dürfen) eine erste publizistische Debatte über die Toleranz aus. Später wurde das Amt der Doktoren in den meisten calvinistischen Gebieten mit dem der Pastoren verbunden.

Pastoren und Doktoren bildeten gemeinsam die *Vénérable compagnie*, in der über Predigt, Lehre und die Wahl der Geistlichen entschieden wurde.

– Den *Presbytern* ist die Aufsicht über das Gemeindeleben anvertraut. Zusammen mit den Pfarrern bilden sie das *Konsistorium*. Calvin wollte es von der weltlichen Gewalt genau getrennt wissen. Faktisch aber wurden die Ältesten vom Rat aus den in ihm vertretenen Familien gewählt, erst ab 1561 waren auch Neubürger (d.h. französische Flüchtlinge) wählbar. Außerdem führte der Bürgermeister den Vorsitz im Konsistorium, mußte allerdings ab 1561 den Amtsstab an der Tür abgeben. Die Kirchenzucht, mit der christliches Verhalten überwacht werden sollte, wurde zur Quelle dauernder Auseinandersetzungen. Gegen Reste des überlieferten Glaubens ging man vor, wenn man die Anfertigung von Kelchen verbot, den Besitz der Legenda aurea und selbst die Namengebung nach Heiligen ablehnte. Tanzen und Kartenspiel waren ebenso wie weltliche Theaterstücke verboten. Das alles stieß auf den Widerstand derer, die Calvin als ‚Libertins' bezeichnete, die aber in Wahrheit nur eine Beschränkung der Kirchen- auf die städtische Sittenzucht wünschten. Es gab Auseinandersetzungen mit Gliedern führender Familien (Ameaux, Perrin und Favre), deren Verhältnis zu Calvin schwer gestört wurde. Fast schien es, als ob die Libertins die Oberhand bekommen würden, doch bahnte sich 1555 ein Umschwung an.

– Den *Diakonen* war die Fürsorge in der Stadt anvertraut war, in der der Bettel unter Strafe gestellt wurde. Auch hier wollte Calvin das, was längst städtisch geworden war, in die Hand der Kirchengemeinden legen.

Calvin war hoch gebildet, willensstark und von eiserner Arbeitskraft, er soll bis 18 Stunden am Tag gearbeitet haben. Seine Härte mag damit zusammenhängen, daß er, obwohl er Auseinandersetzungen fürchtete, sich ständig zu ihnen gezwungen sah. Als er mit 54 Jahren am 27.5.1564 starb, war Genf zum dritten reformatorischen Zentrum in Europa geworden, das Zürich überflügelt hatte.

Gillian Lewis, Calvinism in Geneva in the Time of Calvin and Beza (1541–1605), in: International Calvinism 1541–1715, hg. v. Menna Prestwich, Oxford 1985, S. 39–70. – Calvin im Kontext der Schweizer Reformation, hg. v. Peter Opitz, Zürich 2003.

c) Die Theologie Calvins

Calvinus Theologus, hg. v. Wilhelm H. Neuser, Neukirchen-Vluyn 1976. – Calvinus Ecclesiae Doctor, hg. v. Wilhelm H. Neuser, Kampen 1980. – Calvinus Ecclesiae Genevensis Custos, hg. v. Wilhelm H. Neuser, Frankfurt/M u.a. 1984. – Calvinus Sacrae Scripturae Professor, hg. v. Wilhelm H. Neuser, Grand Rapids 1994. – Calvinus Sacrae Scripturae Professor, Grand Rapids 1994. – Calvinus Sincerioris Religionis Vindex – Calvin as Protector of the Purer Religion, hg. v. Wilhelm H. Neuser u. Brian G. Armstrong, Kirksville 1997 (SCES 36). – Calvinus Servus Christi, hg. v. Wilhelm H. Neuser, Budapest 1998. – Calvinus Praeceptor Ecclesiae, hg. v. Herman Selderhuis, Geneva 2004. – Herman J. Selderhuis, Gott in der Mitte, Calvins Theologie der Psalmen, Leipzig 2004.

Die Institutio

Calvin hat nie Theologie studiert, wurde aber neben Luther und Melanchthon mit der ‚Institutio Christianae religionis‘ zum bedeutendsten Theologen der Reformationszeit. Das Werk – darin eines der zweiten Generation – sicherte in großartiger Geschlossenheit und systematischer Kraft den Ertrag reformatorischer Theologie in ständiger Abgrenzung gegen Rom und den ‚linken Flügel‘. Etwas ihr Vergleichbares haben das Luthertum und der Anglikanismus nie besessen. Calvin hat an diesem Werk ein Leben lang gearbeitet.

– Die erste Ausgabe (Basel März 1536, wohl auch französisch) behandelte, da sie die Gebildeten wahre Frömmigkeit lehren und dem französischen König bessere Kenntnis der reformatorischen Lehre vermitteln sollte, in den vier ersten Teilen die Stücke des lutherischen Katechismus, in den letzten beiden die falschen Sakramente und die christliche Freiheit.

– Die zweite Ausgabe (1539 lateinisch, 1541 französisch) sollte als Schlüssel zum Verständnis der Heiligen Schrift (vgl. Melanchthons Loci) vor allem Studenten erreichen und Calvins exegetische Vorlesungen von dogmatischen Ausführungen entlasten. Daher setzt Calvin mit zwei großen Kapiteln, zur Erkenntnis Gottes und des Menschen ein. Es folgen Ausführungen über Gesetz und Glaube (Glaubensbekenntnis). Vier neue Kapitel behandeln Buße, Rechtfertigung, den Unterschied von Altem und Neuem Testament, Vorsehung und Prädestination. Dem folgt ein Kapitel zum Gebet und drei zu den Sakramenten. Die drei Themen des alten 6. Kapitels sind einzeln ausgearbeitet: libertas christiana, potestas ecclesiastica und administratio politica. Erst dann folgt das Kapitel über die falschen Sakramente und am Ende, neu, eine christliche Ethik, de vita christiana. Ein heilsgeschichtlich-systematischer Aufriß und im Blick auf die Quellen (Schrift, Kirchenväter, die Sentenzen des Lombarden, die Kirchengeschichte) deutlich materialreicher.

– Die dritte Ausgabe (lateinisch 1543, französisch 1545) brachte erneut Veränderungen. Nach dem Gesetz werden nun die Gelübde behandelt. Die Auslegung des Glaubensbekenntnisses gliedert sich vierfach: Schöpfung, Erlösung, Geist, Kirche. Nach dem Unterschied der beiden Testamente werden nun die christliche Freiheit und die menschlichen Traditionen erörtert, gefolgt von der Prädestination. Die Berücksichtigung der Kirchenverfassung erweitert das Kapitel über die Kirche. Das weltliche Regiment wird am Schluß vor der Ethik behandelt. In den folgenden Ausgaben wurde der Text weiter verbessert, durch Unterteilung in Paragraphen übersichtlicher und erhielt zusätzliche Ausführungen über Schriftautorität, Heiligen- und Bildverehrung, das Gewissen und die Auferstehung des Fleisches.

– Schon schwerkrank ist Calvin noch einmal an eine Neubearbeitung gegangen (lateinisch 1559, französisch 1561). Nun wurde der gesamte Stoff zu einer vierteiligen Auslegung des Glaubensbekenntnisses, aber mit einem systematischen Aufriß verbunden. Die Auseinandersetzung mit den Positionen Servets in der Trinitätslehre (vgl. o. S. 164f), denen Osianders in der Rechtfertigungslehre (vgl. u. S. 238f), denen Westphals in der Abendmahlslehre (vgl. u. S. 252), mit Rom und mit den Libertinern in der Ethik und der Kirchenverfassung hat den Umfang erheblich wachsen lassen. Diese Auflage liefert das systematische Gerüst oder den hermeneutischen Schlüssel für die Theologie Calvins, die er vor allem in seinen Bibelkommentaren und seinen Predigten entfaltet hat (KTGQ 3, Nr. 58a6).

Der systematische Gesamtbau

– Zentral ist für Calvin im ersten Buch der Institutio (I) der Zusammenhang von Gottes- und Selbsterkenntnis (1–2). In seiner Theologie geht es daher nie um theoretisches Wissen, sondern um existentielle Erkenntnis. Ziel ist die Verherrlichung Gottes durch rechte Verehrung in pietas. Nach dem Fall freilich kann der Mensch Gott in Natur und Geschichte nur so weit erkennen, daß er unentschuldbar und verdammungswürdig ist (3–5). Wahre Gotteserkenntnis gibt nur das Wort Gottes, das in Christus Gestalt annahm und in der Schrift vorliegt. Für deren Wahrheit lassen sich Alter, Wunder, Weissagungen, Durchsetzungsvermögen und glaubenweckende Kraft anführen; deswegen erhält sie ihre Autorität durch das innere Zeugnis des Geistes (testimonium spiritus sancti internum) im Gläubigen (6–9).

Die Schöpfung zeigt Gottes Fürsorge für den Menschen. Engel und Teufel werden nur kurz berührt. Der Mensch gehört mit Leib und Seele der sinnlichen wie der geistigen Welt an und ist in seiner ursprünglichen Reinheit und Frömmigkeit das Bild Gottes, das erst in Christus wieder sichtbar wird. Gott ist in seiner providentia (universalis et specialis, der allgemeinen und der speziellen Vorsehung) aber auch der Erhalter, alles regierend, lenkend, schützend, umsorgend, und zwar mediis interpositis; sine mediis; contra media (unter Benutzung von Mitteln, ohne sie und gegen sie). Nichts geschieht in der Welt ohne ihn; die Zweitursachen wirken nur kraft seiner Wirkung. Dabei schließen sich Gottes Alleinwirksamkeit und verantwortliches menschliches Handeln nicht aus. Gott bedient sich auch des Satans und der Gottlosen, um seine Pläne auszuführen, was sie aber nicht entschuldigt. Kraft eines horribile decretum (erschreckenden Beschlusses) will Gott, daß Adams Sünde auf die Nachkommen übergeht. Gleichwohl ist Gott nicht Urheber des Bösen, denn der Mensch sündigt nicht aufgrund von coactio (Zwang), sondern willentlich, aber aufgrund der Herrschaft des Bösen mit necessitas (Notwendigkeit), in der er sich frei wähnt.

– Drei große Themen hat das zweite Buch der Institutio (II): Zunächst das tiefe Verderben des Menschen, von dem nur Christus erlösen kann. Durch den Fall und die Erbsünde hat der Mensch den freien Willens trotz allem, was für ihn zu sprechen scheint (z.B. Ermahnungen, Lohn und Strafe) verloren (1–5). So richtet sich auch schon im alten Bund der Glaube auf den künftigen Mittler, auf den das Zeremonialgesetz und das davidische Königtum hindeuten. Auch das Moralgesetz weist als unerfüllbar auf Christus, muß aber in seinen drei usus gesehen werden (usus elenchticus, politicus, in renatis; der überführende, der politisch-bürgerliche und der für die Wiedergeborenen gültige Gebrauch des Gesetzes). Zentrum des Gesetzes ist der Dekalog, dessen erste Tafel für die Juden im Zeremonial-, dessen zweite Tafel für sie im richterlichen Gesetz konkretisiert wurde, und der im höchsten Gebot zusammengefaßt ist, wobei es keine Unterscheidung von Geboten und Räten, schweren und leichten Sünden gibt (6–8).

Das zweite Thema ist das Gesetz und das Alte Testament. Im Unterschied zu Luther betont Calvin die Einheit der Bibel in beiden Testamenten. Für ihn findet sich im Gesetz der Heilswille Gottes über das Volk des alten Bundes. Doch arbeitet er auch Ähnlichkeiten und Unterschiede von Altem und Neuem Testament heraus: In dem einen Gottesbund, der sich nur nach administratio und forma unterscheidet, wurden auch die Alten aus Gnade gerecht, hatten die gleichen Bundeszeichen und hofften auf Unsterblichkeit und ewiges Leben. Im Neuen Testament wird das Heil aber nicht mehr als irdisches Gut dargestellt, und die Bilder des Alten sind erfüllt. Das Gesetz konnte den Menschen nicht bessern (Buchstabe/Geist), das Evangelium aber machte frei vom Gesetzesjoch und riß die Volksschranken nieder (9–11). Das Gesetz bleibt aber Gottes Wille an uns; deswegen ist im Unterschied zu Luther nicht die sündenaufweisende Funktion des Gesetzes der usus praecipuus, sondern der tertius usus legis beim Gerechtfertigten. Die Einheit der Schrift wird gegenüber dem Unterschied der Testamente stark betont. Daher besaß das Alte Testament im Calvinismus stets eine viel größere Bedeutung als im Luthertum, selbst bis in die Namengebung hinein.

Das dritte große Thema sind Erlöser und Erlösung. Gegen Osiander gilt mit Anselm, daß Christus um unserer Sünde willen Mensch wurde. In der Personeinheit wird auf den Unterschied der Naturen Wert gelegt, so daß für Calvin – im Unterschied zu Luthers Betonung der Untrennbarkeit beider Naturen nach der Inkarnation – Christi göttliche Natur auch ohne die menschliche wirkt (später als extra Calvinisticum bezeichnet). Im Zentrum aber steht das dreifache Amt Christi, mit dem die alttestamentlichen Ämter ‚aufgehoben‘ werden: Prophet, König und Priester. Als Prophet ist seine Lehre Inbegriff aller Weisheit, als König regiert er durch seinen Geist in den Gläubigen, als Priester bringt er sich als Opfer dar. Zentral ist das Werk Christi in Tod und Höllenfahrt, Auferstehung und Himmelfahrt. Auch die Christologie ist von

der Prädestination umschlossen. Die Menschheit Christi war bestimmt, sich mit der Gottheit zu vereinen. Nicht um Christi willen, sondern weil Gott es so wollte, haben wir das Heil; er ist das prädestinierte Werkzeug, die Prädestinierten zu Gott zu bringen. Doch unterscheidet Calvin genau: Von Gott aus gesehen ist die Prädestination Christi als Heilsmittler das erste, von uns aus gesehen beginnt Gottes Liebe mit Christi Opfer, von dem aus wir zum Dekret Gottes aufsteigen (12–17). Insofern dient die Prädestinationslehre zur Unterstreichung der Soteriologie.
– In sechs großen Themenkreisen spricht das dritte Buch (III) über unsere Verbindung mit Christus.

Sie vollzieht sich, das entfaltet der erste Themenkreis, durch den vom Heiligen Geist in uns gewirkten Glauben, der nicht fides implicita und historica, sondern, Christus ergreifend, existenzprägend ist (1–2). Zwar wirkt das Wort nicht ohne den Geist; der aber ist antispiritualistisch an das Wort gebunden.

Näher entfaltet wird das im zweiten und dritten Themenkreis in Buße und Rechtfertigung. Buße ist im Unterschied zur tradierten scholastischen Lehre und deren Folgen in Fegfeuer und Ablaß im Sinn Luthers Mitsterben und -auferstehen mit Christus. (3–5). Hier wird auch ausführlich über das neue Leben in Christus gesprochen, das sich mit einem asketischen Zug als Selbstverleugnung und im maßvollen Umgang mit Gottes guten Gaben in der Heiligung zeigt. Deren Motive sind Gottes Ehre, Christi Vorbild und Dankbarkeit für Gottes Wohltaten. Asketen und Libertiner werden abgewiesen (6–10).

Erst nach der Heiligung als dem eigentlichen Ziel des Handelns Gottes wird als drittes Thema die Rechtfertigung behandelt. Vom Menschen aus gesehen aber ist sie das erste. Sie basiert – unter Ablehnung Osianders – auf Sündenvergebung und vollzieht sich als doppelte Rechtfertigung, der des Sünders und der der Werke des Gerechtfertigten, der noch Sünder bleibt. Die Werke werden in Absetzung von der altgläubigen Lehre ausführlich erörtert (11–18). Dem folgt als viertes Thema die christliche Freiheit, die in der Freiheit vom Zwang des Gesetzes und den Kirchengeboten besteht, aber am Ärgernis des Nächsten ihre Grenze findet. Mit ihr verbunden ist das Gebet, das als konkrete demütige Bitte in Erhörungsgewißheit geschehen soll. Unser ausschließlicher Fürsprecher ist unter Ablehnung aller Heiligenverehrung Christus (19; 20). Dem folgt als fünftes Thema die Erwählungslehre. Dadurch behält die Prädestination, die ausdrücklich nicht zur Präszienz ermäßigt wird, ihre christologische Verankerung und ihren Bezug auf die Heilsgewißheit. Auch hier denkt Calvin seelsorgerlich und will die Mitte wahren: Nicht verschweigen, was die Schrift sagt, aber auch nicht spekulativ darüber reden. Prädestination ist nach Eph 1,4ff, Röm 9,11 und Joh 15,16 wirkendes Tun Gottes. Deswegen kann der Gläubige aufgrund der Erwählung des Heils absolut gewiß sein, denn Gott hält sich an die in Röm 8,30 genannten Stadien und schenkt den Gläubigen auch die Gabe der Beharrung. Dem Gläubigen können die guten Werke Zeichen der Erwählung sein, obwohl sie in ihrer Unvollkommenheit die Gewißheit auch bedrohen. Mit gleicher Konsequenz wird festgehalten, daß die Sünder zum Unheil bestimmt sind. Merkmal der Verwerfung sind das Fehlen von Glaube und Heiligung. Dennoch ist uns die Identifizierung von Erwählten und Verdammten nicht möglich. Calvin macht das durch zwei Gedanken erträglicher: Gott verwirft nicht grundlos, denn der Mensch fällt durch eigene Schuld. Calvin kann so lehren, weil er keinerlei Zweifel an Gottes Güte und Gerechtigkeit hat. Da wir Gottes Urteil nicht kennen, muß man das Heil in Christus suchen. So bemühte sich Calvin, seine Lehre von der gemina praedestinatio (der doppelten Bestimmung zu Verdammnis und Seligkeit), die für ihn kein Predigtthema ist, und die Gottesvorstellung vom Bild des willkürlich schaltenden Tyrannen und dem Vorwurf des Urhebers der Sünde freizuhalten (21–24).

Konsequent schließt sich als sechstes Thema die Heilsvollendung an, der eschatologische Ausblick auf Auferstehung und das Gericht. Dabei betont Calvin neben der Unsterblichkeit der Seele die Auferstehung des Leibes und lehnt die Vorstellung vom Seelenschlaf ab. Schon jetzt haben die Seelen der Verstorbenen Anteil am Gottesreich oder an der Verdammnis.

– Im Buch IV werden in fünf großen Themenkomplexen die Mittel besprochen, mit denen uns Gott zur Gemeinschaft mit Christus einlädt und in ihr erhält. Die Kirche wird unterschieden nach sichtbarer, in der immer auch Verworfene sind, und unsichtbarer, der Gemeinschaft der Erwählten, die bei Calvin ein größeres Gewicht als bei Luther erhält. Sie ist als regnum Christi Ziel des Handelns Gottes. Sie wird an Predigt und Sakramenten, aber auch an der Vierämterstruktur und der Kirchenzucht kenntlich. Allerdings darf man sich auch nicht wegen geringer Differenzen in der Lehre oder aufgrund eines falschen Vollkommenheitsbewußtseins von ihr trennen. Die Glieder der Kirche bleiben immer unvollkommen (1–2). Als zweites Thema folgt die Strukturierung der rechten Kirche durch die vier Ämter (3–7; vgl. o. S. 208–210).

Dem folgen im dritten Themenkomplex Lehre, Ordnungen und Rechtsprechung der Kirche. Dabei wird die alleinige Geltung des Wortes Gottes herausgestellt und kirchliche Tradition, Lehramt der Kirche und Autorität von Konzilien verworfen, wenn sie vor diesem Maßstab nicht bestehen. Calvin lehnt dann unter Hinweis auf die christliche Freiheit die Zeremonien der alten Kirche und deren Gesetzlichkeit ab, begründet aber gleichzeitig aus I Kor 14,40, daß alles geordnet zugehen müsse. Die Grundlinien dafür bietet mit göttlicher Autorität die Schrift, obwohl im einzelnen Freiheit bleibt. Wenn eine von der Obrigkeit getrennte Kirchenzucht befürwortet wird, dann nicht, um eine reine Gemeinde herzustellen. Sie ist um der Ehre Gottes Willen gegen Falschgläubige und grobe Sünder anzuwenden, soll die Gemeinde schützen und Betroffene zur Umkehr rufen. Der Vollzug ist an Mt 18,15–18 orientiert. Dabei unterliegen Amtsträger strengerer Zucht als andere. Der Zölibat darf nicht gefordert werden, bei Gelübden und Mönchtum ist zu prüfen, ob sie einer Berufung entsprechen (11–13).

Zur Kirche gehören, wie im vierten Komplex entfaltet wird, neben dem Wort die Sakramente. Auch hier wird der Mittelweg zwischen Zwinglis Spiritualisierung und Luthers Realismus gesucht. Sie sind äußere Zeichen, die das Zeugnis des Wortes bekräftigen, eine Anpassung des Herrn an unsere Schwachheit; doch sind Gottes Geist und Gnade nicht in die Sakramente eingeschlossen (gegen Rom) oder unlöslich mit ihnen verbunden (gegen Luther). Gott wirkt durch sie nach seinem Wohlgefallen. Unter Verwerfung der fünf falschen Sakramente (wobei die Konfirmation als kirchliche Zeremonie angenommen wird) behandelt Calvin mit Absage an Luthers Erwägungen über den Kinderglauben die Taufe, die wie bei Zwingli den im Bund geheiligten Kindern zukommt, selbst wenn eine Nottaufe, weil für ihn unzulässiger Weise meist von Frauen vollzogen, unnötig ist. Das Abendmahl wird als leibliche und geistliche Speise für Leib und Seele verstanden. In ihm ist Christus ganz, totus als Person, aber nicht totum mit der menschlichen Natur, spiritualiter beim Gläubigen und verbindet sich mit ihm.

In seinen Ausführungen über die weltliche Obrigkeit unterscheidet Calvin im fünften Themenkreis grundsätzlich zwei Reiche, das geistliche Reich, von Christus durch die Hirten mit dem Wort regiert, dem alle sich beugen sollen, und das weltliche, die beide unter der Herrschaft Christi stehen. Im Blick auf das weltliche spricht Calvin über Regierung, Gesetze und Volk. Die Regierung (Monarchie und Demokratie werden traditionsgemäß zugunsten einer aristokratisch-demokratischen Mischform abgelehnt) ist von Gott gesetzt, um das Zusammenleben der Menschen zu regeln und zu schützen, soll aber auch über der Einhaltung beider Tafeln des Dekalogs wachen. Todesstrafe und Gegenwehr sind ihr erlaubt – das erste ohne Grausamkeit, das zweite als ultima ratio – ebenso Steuererhebung, aber nicht im eigenen Interesse. Die Regierung als lebendiges Gesetz und das Gesetz als stumme Regierung – Calvin nimmt wieder traditionelle Gedanken auf – müssen sich an Gottesverehrung und Bruderliebe ausrichten und beides unter Beachtung von Umständen und Billigkeit konkretisieren. Den unteren Ämtern wird die Kontrolle der oberen zugewiesen. Auch das Volk darf die Rechtsmittel suchen und anwenden, freilich nur als Suche des Rechts, das auch dem anderen seines läßt. Jeder Regierung wird Gehorsam geschuldet, auch der gottlos-tyrannischen, die als Strafe für die Sünde der Untertanen gilt Dem Verlangen, Gottes Gebot zu verletzen, muß man sich leidend entziehen, denn Tyrannei ist nicht von Dauer. Gott wird Tyrannen nicht dulden, wie das Alte Testament zeigt (20).

2. Die Niederlande

In den Niederlanden, die als burgundisches Erbe über Maria von Burgund an Maximilian I., dessen Sohn und schließlich den Enkel Karl I (V.) von Spanien gefallen waren und 1548 als burgundischer Reichskreis zusammengefaßt wurden, verurteilte die Universität Löwen als erste Luthers Schriften (1519) und ihr folgte die vom Kaiser angeordnete Vernichtung seiner Schriften. Gleichwohl wurden in den Niederlanden Luthers Schriften und die einer Reihe lutherischer Reformatoren weiterhin gedruckt. Die ersten reformatorischen Prediger fanden sich unter den Angehörigen des Augustinereremitenordens. Doch gab es in den Niederlanden spiritualistische Traditionen, die sich ebenfalls sehr früh bemerkbar machten. Die Verfolgung wurde im Lauf der Jahre härter. Nach den Augustinereremiten (DGQD 3, Nr. 52) Hendrik Voes und Jan von Essen, die am 1.7.1523 verbrannt wurden, folgten weitere. Nach 1529 wurde jeder Häretiker mit dem Tod bestraft, was ebenso wie die 1545 eingerichteten Inquisitionstribunale von der Bevölkerung weithin mißbilligt wurde.

Die wirtschaftlich schwierige Situation der dreißiger Jahre begünstigte die Ausbreitung des apokalyptischen Täufertums Melchior Hoffmans in Friesland, Holland und Seeland, das dann auch die Münsteraner Täufer stärkte (vgl. o. S. 162f). Nach dem Fall Münsters war es vor allem der Spiritualismus von David Joris, der viele heimliche Anhänger fand, die aber weiterhin in ihren Kirchen lebten. Seine Schriften wirkten noch bis ins 18. Jahrhundert hinein. Auch andere Spiritualisten wie Franck und Schwenckfeld (vgl. o. S. 155–157) hatten Anhänger. Eine Gruppierung, die, auf spiritualistischem Hintergrund, die Toleranz befürwortete, war die ‚Familie der Liebe‘, die Hendrik Niclaes (ca.1502–1578/80) um 1540 gründete und deren Gedanken – liebevolle Nachfolge im Blick auf das Ende – in vielen Schriften propagiert wurden. Zweifellos hielten sich unter dem Druck der Verfolgung viele in der alten Kirche, die dem Protestantismus in seinen unterschiedlichen Spielarten nahestanden. Lediglich die Täufer, die sich um Menno Simons sammelten (vgl. o. S. 163f), bildeten trotz scharfer Verfolgung eine eigene deutlich abgetrennte Bruderschaft, die vor allem in der zweiten Jahrhunderthälfte zahlreich wurde. Gleiches galt für die Anhänger Calvins, der keinen Nikodemismus – die Verheimlichung des eigenen Bekenntnisses (nach Joh 3,1f) – dulden wollte. Sie flohen vor den Verfolgungen nach Emden und Frankreich, bildeten aber auch in Wesel (1545), London (1550) und Frankfurt (1554) Flüchtlingsgemeinden. In den südlichen Niederlanden gab es die gut organisierten ‚Kirchen unter dem Kreuz‘ mit dem Mittelpunkt in Antwerpen. Im scharfen Gegensatz zur alten Kirche wurden die Calvinisten mit der von Guy des Brès verfaßten Confessio Belgica (1561) zur führenden protestantischen Gruppe in den südlichen Niederlanden. Gegen Ende der 50er Jahre ließ auch die Verfolgung, die gelegentlich in der Bevölkerung auf Widerstand stieß, nach.

Otto J. de Jong, Nederlands Kerkgeschiedenis ³Nijkerk 1985. – Otto Erich Strasser-Bertrand, Otto Jan de Jong, Geschichte des Protestantismus in Frankreich und den Niederlanden, Göttingen 1975 (KIG 3/M2). – Heinz Schilling, Niederländische Exulanten im 16. Jahrhundert, Gütersloh 1972 (SVRG 187). – A. Hamilton, The Family of Love, Cambridge 1981.

3. Frankreich

Im Unterschied zu Deutschland gab es in Frankreich unter Franz I. (1494]1515–1547) aus dem Haus Valois eine starke zentrale Königsmacht, die Dank des Konkordats von 1516 faktisch auch über die von Rom weithin unabhängige Kirche verfügte. In ihr gab es eine lebendige spätmittelalterliche Frömmigkeit, und die Reformbestrebungen in Ordens- und Weltklerus hatten Erfolg.

Ansatzpunkte für die Reformation bildeten vor allem reformkatholisch-humanistische Kreise, die über die lateinischen Werke Luthers und Zwinglis von der Reformation erreicht wurden. Besonders einflußreich war der Kreis um den reformfreundlichen Bischof Guillaume Briçonnet von Meaux, (1470]1515–1534) dessen Führer Jacques Lefèvre d'Étaples (Jakob Faber Stapulensis) mit einer biblisch-mystisch-christozentrischen Frömmigkeit war. Die Vertreter dieser Kreise nannte man ‚bibliens‘ oder auch ‚luthériens‘. Einen Zufluchtsort fanden sie am Hof der Marguerite von Navarra in Nérac. Aus ihnen gingen Reformatoren wie Guillaume Farel und reformkatholische Bischöfe wie Gérard Roussel hervor.

Doch griff die Inquisition bereits seit 1525 nach den Vertretern des Evangélisme oder Réformisme, die sich in Lyon, Orléans, Bourges, Tours und Alençon fanden. Der einem reformkatholischen Humanismus nicht abgeneigte König Franz I. ging nach der Plakataffäre, dem Anschlag eines zwinglianischen, gegen die Messe gerichteten Blattes, 1534 in Paris, trotz seiner Verhandlungen mit den deutschen Protestanten, rücksichtslos gegen die luthériens vor, die man so nannte, obwohl damals bereits die Übersetzungen von Luthers erbaulichen Schriften von den stärker polemischen der Schweizer Reformatoren abgelöst wurden. Viele evangelisch Gesinnte verließen Frankreich. Ab 1540 verschärfte der König die Verfolgung, die sich nun gegen die églises plantées und gegen die églises dressées (die gerade gegründeten wie die bereits in Ordnungen verfaßten Gemeinden) sowie ab 1545 auch gegen die Waldenser in der Provence richtete. Gleichwohl gingen von Genf aus immer neue Prediger nach Frankreich, die neue Gemeinden gründeten. Doch blieben die Protestanten stets eine kleine Minderheit.

Otto Erich Strasser-Bertrand, Otto Jan de Jong, Geschichte des Protestantismus in Frankreich und den Niederlanden, Göttingen 1975 (KIG 3/M2). – Frederik J. Baumgartner, France in the Sixteenth Century, Houndsmill/Basingstoke/London 1995. – Denis Crouzet, Genèse de la Réforme française 1520–1562, Paris 1996. – Karl Josef Seidel, Frankreich und die deutschen Protestanten, Münster 1970 (RGST 102).

4. Entstehung lutherischer Staatskirchen im Norden

Nordische Königreiche und Konfession 1500–1660, hg. v. Matthias Asche und Anton Schindling, Münster 2003 (KLK 62).

Die Reformation der nordischen Länder zeigt zwei wichtige Besonderheiten gegenüber anderen: Zum einen fand die Reformation in den bis auf Dänemark städtearmen Reichen kaum Anknüpfungspunkte im Humanismus, was auf Dauer ein eigenständiges, melanchthonisch geprägtes Luthertum und eine volkssprachliche Reformation begünstigte, zum andern wurde die Reformation, die sich nicht auf eine wirklich breite Predigt- und Volksbewegung stützen konnte, von den Herrschern für das gesamte Reich eingeführt, so daß sich aufgrund der Verbindung von Krone und Kirche mit Ausnahme der Erzbistümer eine weitgehende Beibehaltung der Kirchenstruktur und keine Kirchenspaltung ergab. Allerdings spielten in den Teilreichen die jeweiligen Machtverhältnisse eine entscheidende Rolle und ebenso der enorme kirchliche Landbesitz von 20–40% des bebauten Landes. Noch vor der Reformation hatte bis 1523 die auf den Adel der Reiche keine Rücksicht nehmende Machtpolitik Christians II. von Dänemark (1481]1513–1523[1559), der kurzfristig mit der Reformation sympathisierte und Karlstadt nach Kopenhagen holte, zur Loslösung Schwedens, zu seiner Vertreibung aus Dänemark und zur Wahl Friedrichs I. (1471]1523–1533) zum dänischen König geführt. In Schweden wie in Dänemark stärkte die Reformation direkt und indirekt die Macht der Monarchen gegenüber den Ständen.

a) Dänemark (mit Norwegen, Island)

In *Dänemark* verbreitete sich die Reformation einerseits von den Herzogtümern Schleswig und Holstein aus nach Norden, massiv gefördert seit 1526 durch den damaligen Herzog und späteren dänischen König Christian III. (1503]1534–1559). Daneben fand sich in den Städten ein für die Reformation aufgeschlossener, kirchenkritischer Bibelhumanismus (Hans Tausen, 1494–1561, in Viborg, später in Kopenhagen und Malmö; Poul Helgesen, 1485–1535, in Kopenhagen). Zwar hatte Friedrich I. noch die Unterdrückung des Luthertums zusagen müssen, duldete es aber gleichwohl seit 1526. Entscheidend wurde der nach seinem Tod entstehende Machtkampf der Jahre 1533 bis 1536, in dem Lübeck unter Jürgen Wullenwever (1492–1535) im Interesse seines Handels die gegen die Thronfolge Christians III. gerichteten Aktionen unterstützte. Das spaltete den dänischen Adel, der teilweise Christian III. als König anerkannte. Nach dem Sieg setzte der neue König 1536 alle Bischöfe ab, kassierte deren Landbesitz und setzte mit Aufhebung des Erzbistums Lund evangelische Superintendenten an ihre Stelle. Die Neuordnung der nun dem entschieden lutherischen König unterstellten Kirche und der Kopenhagener Universität übernahm Johannes Bugenhagen (1537). Zur evangelischen Prägung trugen vor allem Peder Palladius (1503–1560) mit einer Fülle volkssprachlicher Schriften und ein dichtes Netz von Lateinschulen zur Ausbildung des Pfarrernachwuchses bei. Die konfessionelllutherische Uniformität sollten das Bekenntnis von 1561 und die sog. Fremdenartikel von 1567 garantieren. Doch schloß sich Dänemark später der Konkordienformel (vgl. u. S. 243–245) nicht an.

Zwar gab es in den Städten *Norwegens* (Bergen) reformatorische Einflüsse, doch wurde das Land nicht evangelisch, als Christian III. es zu einem Teil Dänemarks erklärte, das Erzbistum Trondheim aufhob und die Bischöfe, die eine gescheiterte Rückkehr Christians II. unterstützt hatten, durch evangelische Superintendenten ablöste. Da eine volkssprachliche Bibelübersetzung ebenso wie Katechismus und Erbauungsliteratur fehlte, setzte sich die Reformation nur langsam mit der Bildung eines Pfarrerstandes und der Einrichtung von Schulen in der zweiten Jahrhunderthälfte durch. Erst 1607 erhielt Norwegen eine eigene Kirchenordnung.

Anders als in Norwegen kam es in *Island* zur Spaltung, als über die engen Handelsbeziehungen zu Deutschland das Luthertum eindrang und durch den Einsatz von Gissur Einarsson (1512–1548) im südlichen Bistum Skálholt zur Volksbewegung wurde. In der nördlichen Diözese wurde erst 1550 mit der Hinrichtung Bischof Jon Arasons und der Konfiskation der Klöster und Kirchengüter vom König die Reformation gewaltsam eingeführt.

b) Schweden (mit Finnland)

Schweden hatte erst nach blutigen Auseinandersetzungen mit den königstreuen Bischöfen unter Gustav Eriksson Vasa (1495]1521–1560) mit Unterstützung Lübecks seine Unabhängigkeit erreicht. Eine evangelische Bewegung gab es unter Einfluß von Deutschen vor allem in Stockholm, dann freilich energisch von Olaus Petri (1493–1552), dessen Bruder Laurentius (1499–1573) der erste evangelische Erzbischof Uppsalas wurde (1531), mit volkssprachlichen Übersetzungen der Bibel und Schriften deutscher Reformatoren sowie erbaulichen Traktaten gefördert. Dem König lag vor allem an dem reichen Kirchengut. Weil das auch den Interessen des Adels und der Bauern entgegenkam, löste er auf dem Reichstag von Västerås 1527 die Kirche faktisch von Rom und übernahm die Kirchengüter und die Kontrolle der Kirche, in der unter Beibehaltung der alten Strukturen evangelische Predigt erlaubt wurde. Seine später stärker werdenden staatskirchlichen Bestrebungen stießen auf den Widerstand der Kirche. Ein Aufstand der Altgläubigen führte 1544 zum Verbot des Katholizismus und zu weiterer Säkularisierung von Kirchengut. Schweden wurde zur Erbmonarchie, der Reichstag zum königlichen Rat.

In dem zu Schweden gehörendem *Finnland* bildete sich eine eigene reformatorische Bewegung, die vom Bischof von Åbo durch Entsendung von Studenten nach Wittenberg gefördert wurde, unter denen Mikael Agricola (1509–1557) herausragte und für die Verbreitung reformatorischer Schriften in der Volkssprache sorgte. Unterstützt wurde das auch durch eine evangelische Reform der Domschule. Sie entfaltete missionarische Kräfte bis ins nördliche Finnland. Die dann von Schweden durchgesetzte Reformation bewahrte weithin die traditionellen Strukturen, war aber mit massivem Verlust von Kirchengut verbunden.

5. Die Lösung der englischen Kirche von Rom

The Tudor Constitution. Documents and Commentary, hg. v. Geoffrey R. Elton, Cambridge 1995. – Paul Meissner, England im Zeitalter von Humanismus, Renaissance und Reformation, Heidelberg 1952. – Arthur G. Dickens, The English Reformation [7]London 1974. – Claire Cross, Church and People 1450–1660. The Triumph of the Laity in the English Church, London 1976. – Geoffrey R. Elton, Reform and Reformation: England 1509–1558, London 1977. – Ders., England unter den Tudors, München 1983. – J. Guy, Tudor England, Oxford 1988. – Eamon Duffy, The Stripping of the Altars. Traditional Religion in England 1400–1580, New Haven 1992. – Uwe Baumann, Heinrich VIII., [3]Reinbek 1998. – Günther Gassmann, Die Lehrentwicklung im Anglikanismus von Heinrich VIII. bis zu William Temple, in: Handbuch der Dogmen- und Theologiegeschichte 2, [2]Göttingen 1998, S. 353–410.

a) Die Ausgangssituation

Die englische Kirche war schon im Spätmittelalter auf dem Weg, sich von Rom zu lösen. Jedenfalls regierten die Könige im Einvernehmen mit den Päpsten die Kirche ihres Reiches wie eine Eigenkirche. Schon im 14. Jahrhundert hatte man, verärgert über die päpstliche Unterstützung der französischen Seite im Hundertjährigen Krieg mit der statute of provisors (1351) die Möglichkeit päpstlicher Eingriffe in die Besetzungen kirchlicher Stellen und mit der statute of praemunire (1353) die Appellationen an außerenglische Gerichte beseitigt. Ein Konkordat mit der englischen Kirche, das den Einfluß des Herrschers sicherte, wurde auf dem Konstanzer Konzil geschlossen (vgl. o. S. 39f). Die Päpste versuchten in der Folgezeit auch nicht, sich in die Leitung der englischen Kirche einzuschalten.

Schon unter dem ersten Tudor Heinrich VII. konnte England das Desaster der Rosenkriege des 15. Jahrhunderts zwischen den Häusern Lancaster und York überwinden und unter Heinrich VIII. (1491|1509–1547) die Konsolidierung fortsetzen. Im Krieg gegen Frankreich gewann man das Tournai, Wales wurde bis 1543 integriert, während das bei Irland, als dessen König sich Heinrich seit 1541 bezeichnete, nicht gelang. Faktisch regiert wurde England unter Heinrich VIII. zunächst von Kardinal Thomas Wolsey (1472/74–1530). Dieser wurde alleiniger und allmächtiger Ratgeber des Königs, machte sich aber durch sein Vorgehen gegen die ‚enclosures‘ (die Umwandlung von Acker in Weide und deren Einzäunung) bei den Grundbesitzern und durch seine Zentralisation der Rechtsprechung im Court of Chancery (dem Zivilgericht der Kanzlei) und der Star-Chamber (dem Strafgerichtshof der Kanzlei) bei den Richtern im Land als den Repräsentanten des Common Law (des Rechts, das sich aufgrund richterlicher Fallentscheidungen ergab) verhaßt. Auch außenpolitisch war Wolsey nicht erfolgreich. Angesichts des Sieges Franz I. in Oberitalien führte er England an die Seite des Neffen der Königin Katharina (von Aragon, 1485–1536), des neuen Kaisers Karl V., ohne sich aber am Krieg gegen Franz nachdrücklich zu beteiligen. Nach dem kaiserlichen Sieg bei Pavia, der aber England nichts einbrachte, schloß sich Heinrich der Liga von Cognac (1526) an und erklärte schließlich 1528 dem Kaiser, der damals den Papst in seiner Gewalt hatte, den Krieg. Beendet wurde er 1529 vom Papst, Frankreich und dem Kaiser, ohne England zu berücksichtigen.

Die Kirche Englands regierte Wolsey als Kardinal und legatus a latere des Papstes auf Lebenszeit, selbst wenn er nicht den Stuhl des englischen Primas in Canterbury, sondern den von York innehatte. Irgendeine Reform der Kirche war von einem Mann, der die Kirche selbst fiskalistisch ausbeutete und ihre Schäden in seiner Person repräsentierte, nicht zu erwarten. Denn auch in England gab es schreiende Mißstände: Die Kirche besaß ein Drittel des Grundbesitzes. An diesem Reichtum partizipierten aber allein die hohe Geistlichkeit und die mit wenigen Insassen besetzten Klöster; man klagte über den Zehnten und die kirchlichen Gerichte, über das privilegium cleri (die Sonderstellung des Klerus) und das Asylrecht. Es gab Kritik am Klerus, aber man blieb kirchentreu und orthodox. Häretiker wie die Lollarden (vgl. o. S. 48) hatten kaum Chancen, ebensowenig lutherische Tendenzen. Der König erhielt für die 1521 gegen Luther unter seinem Namen erschienene ‚Assertio septem sacramentorum‘ den Titel eines defensor fidei, den er später auch führte; Schriften Luthers und seiner Anhänger wie William Tyndale (1494?–1536), der das Neue Testament ins Englische übersetzte, wurden verbrannt. Auch der englische Humanismus tendierte – geprägt von Erasmus – zu christlichem Altertum und schlichter

Bibelfrömmigkeit, nicht aber zu der ‚neuen Lehre' Luthers. Zur Lösung von Rom führten ganz andere Gründe.

b) Nachfolgefrage und Scheidung Heinrichs VIII.

Heinrich VIII. hatte mit einem Dispens von Papst Julius II. gegen die klare Bestimmung von Lev 20, 21 die Witwe seines Bruders, Katharina von Aragon geheiratet. Daß sie Fehlgeburten erlitt, daß andere Kinder tot geboren wurden und nur Maria (1516) als Tochter übrigblieb, machte die in England seit den Bürgerkriegen gefürchtete Nachfolgefrage akut. Heinrich wollte einen legitimen Thronerben und auch deswegen die Ehe mit der Hofdame Anne Boleyn (1507?–1536). Wolsey versuchte, vom Papst – zumal der Dispens Julius II. für die Ehe mit Katharina nicht unumstritten war – die Nichtigkeitserklärung zu erreichen, erhielt aber nur die Erlaubnis, die Sache in England und ohne Einbeziehung des Papstes zu klären. Katharina war zu keiner Lösung bereit. Ihr Neffe, Kaiser Karl, drängte den Papst, die Sache an sich zu ziehen. Heinrich selbst wollte eine rechtlich einwandfreie Auflösung der alten und eine unbestreitbare Gültigkeit der neuen Ehe. Der in England 1529 begonnene Prozeß wurde vertagt, ohne wieder aufgenommen zu werden. Wolsey wurde gestürzt. Nun versuchte Heinrich – der Kanzler Thomas More (1477/78–1535) hatte sich ausbedungen, nicht damit befaßt zu werden – drei Jahre lang, den Papst für seine Sache zu gewinnen, wobei er auch die Unterstützung des antiklerikalen Parlaments suchte, das Statuten gegen kirchliche Abgaben im Todesfall, gegen Pfründenhäufung und Absenz verabschiedete. Außerdem ließ er auf Rat Thomas Cranmers (1486–1556) in den europäischen Universitäten Gutachten einholen, wobei sich die französischen und einige norditalienische für den König, die anderen gegen ihn aussprachen. Die Kirche seines Landes ließ Heinrich unter Anklage stellen und gegen Zahlung riesiger Summen begnadigen. Doch der Papst blieb hart. Daraufhin ging man gegen die englische Kirche und den Papst vor. Parlament und König erreichten, daß sich die englische Kirche der obersten Gesetzgebungsgewalt des Königs als ihrem supreme head unterwarf (‚Act for the sumission of the clergy to the king's majesty', 15.5.1532). Gleichzeitig beschloß man, keine Annaten zu zahlen und die Weihe der Bischöfe durch die Erzbischöfe ohne päpstliche Zustimmung vollziehen zu lassen. 1533 heiratete Heinrich heimlich Anne Boleyn, die damals bereits schwanger war und im September die Tochter Elisabeth (I.) gebar. Da aufgrund der ‚Acts of Appeals in Restraint of Appeals' keine Appellationen an Rom mehr erlaubt waren und der König Cranmer zum Erzbischof von Canterbury machte (1532), wurde die Ehe mit Katharina für null und nichtig erklärt, Anne zur Königin gekrönt.
Weil Rom dieser Lösung nicht zustimmte, kam es nun zur Trennung. Ein Gesetz legte fest, daß bei der Wahl von Bischöfen und Äbten nur königlich genehmigte Kandidaten möglich waren; die höchste kirchliche Entscheidungsinstanz wurde Canterbury, doch konnte von ihr an königliche Kommissionen appelliert werden. Die Ungültigkeit der ersten und die Gültigkeit der zweiten Ehe des Königs erhielt Gesetzeskraft. Die ‚Act of Supremacy' (3.11.1534) erklärte den König zum supreme head

of the Church of England; die Krone erhielt von nun an den Zehnten (KTGQ 3, Nr. 61a). Den König als abtrünnig oder Ketzer zu bezeichnen, galt als Hochverrat (,Treason-Act').

c) Kirchliche und theologische Entwicklung in England bis zu Heinrichs Tod

Im Innern setzte sich der König mühelos durch. Die Suprematsakte fand überraschend wenig Widerstand. Nur John Fisher, Bischof von Rochester (1469–1535), Thomas More und einige Kartäusermönche wurden zu Märtyrern. Erst das Vorgehen gegen die Klöster 1536 führte im Norden zu der aufstandsartigen ,Pilgrimage of Grace', die der König besänftigte, aber durch Hinrichtungen brutal ahndete. Anschließend ging er gegen die großen Klöster im Land vor, deren Besitz an die Krone, an Hoch- und Landadel fiel. Das verband den Adel auf Dauer mit der Trennung von Rom. Ähnliches geschah in Irland, das die englische Trennung von Rom übernahm, sich aber gegen die Anglisierungspolitik wehrte. Der König fühlte sich als wirkliches Haupt der Kirche, wenn er Thomas Cromwell (1485–1540) zum Generalvikar ernannte. Das Parlament wurde in einer Weise an der Durchführung beteiligt, daß man tatsächlich vom ,king in parliament' sprechen konnte. Gegenüber den Freibezirken, Wales und Irland wurde die Oberhoheit der Krone durchgesetzt; Verwaltungsreformen dienten ebenfalls der Festigung der Macht. Da Anne Boleyn keinen männlichen Erben gebar, wurde sie wegen angeblichen Ehebruchs hingerichtet, ihre Tochter Elisabeth für illegitim erklärt. Der König heiratete Jane Seymour (ca.1509–1537), die ihm endlich 1537 mit Edward (VI.) den Erben schenkte.

Außenpolitisch fürchtete Cromwell stets die Macht des Papstes, der den König 1535 gebannt sowie die entsprechende Bulle 1538 in Kraft gesetzt hatte und für den Kardinal Reginald Pole (1500–1558) tätig war. Er versuchte deswegen je nach Lage mit Frankreich, dem Kaiser oder den deutschen Protestanten zu verhandeln und drängte Heinrich schließlich aus politischen Gründen zur Heirat mit Anna von Cleve (1515–1557). Das trug zu seinem Sturz 1540 bei. In den vierziger Jahren ließ sich Heinrich auf Kriege gegen Schottland und Frankreich ein, beide ohne größere Erfolge und mit ruinösen Folgen für Wirtschaft und Staatsfinanzen.

Die Religionsfrage versuchte der König auf einer mittleren Linie zu lösen. Die ,Zehn Artikel' vom Juli 1536 zeigten in der Anerkennung von nur drei Sakramenten reformatorischen Einfluß, auch wurde die Benutzung der ,Matthew's Bible', eine auf den protestantischen Übersetzungen von William Tyndale (ca.1494–1536) und Miles Coverdale (1487/88–1569) beruhende Bibelübersetzung, allen Pfarrern zur Pflicht gemacht. Aber schon das ,Bishops' Book' von 1537 war wieder ganz konservativ, ebenso wie die 1539 erlassenen ,Sechs Artikel'. Und als der König dann Katherine Howard (ca.1520–1542) heiratete, konnte sich die kirchlich-konservative Partei, deren Führer ihr Onkel war, sicher fühlen. Doch dauerte das nicht lange. Versuche, die alte Religion voll wiederherzustellen, und der Prozeß gegen Katherine wegen vor- und ehelicher Unkeuschheit, der mit ihrer Hinrichtung endete, drängten diese Partei wieder zurück. Kurz vor seinem Tod ging Heinrich noch einmal – im Zusammenhang der Nachfolgefragen – gegen sie vor. Doch war es 1543 auch wieder zu Maßnahmen gegen die Reformer gekommen, wenn die Bibellektüre eingeschränkt und mit dem ‚King's Book' die alte Lehre – bis auf das Papsttum – restituiert wurde. Dennoch ließ Heinrich seinen Sohn von reformatorischen Lehrern erziehen, so daß er protestantisch wurde.

Arthur G. Dickens, The Early Expansion of Protestantism in England, 1520–1558, in: ARG 78, 1987, S. 187–222.

6. Die Reformation im Osten Europas

a) Preußen und das Baltikum

Handbuch der Geschichte Ost- und Westpreußens, hg. v. Ernst Opgenoorth, Bd. II,1, Lüneburg 1994. – War and Peace in the Baltic 1560–1790, hg. v. Stewart Oakley, London/New York 1992. – Baltische Kirchengeschichte, hg. v. Reinhard Wittram, Göttingen 1956. – Walther Hubatsch, Geschichte der evangelischen Kirche Ostpreußens, Bd. 1, Göttingen 1968. – Andreas Zieger, Das religiöse und kirchliche Leben in Preußen und Kurland im Spiegel der evangelischen Kirchenordnungen des 16. Jahrhunderts, Köln 1967. – Hans-Jürgen Bömelburg, Reformierte Eliten im Preußenland: Religion, Politik und Loyalitäten in der Familie Dohna, in: ARG 95, 2004, S. 210–239. – Ingė Lukšaitė, Reformation im Großfürstentum Litauen und in Kleinlitauen von den 20er Jahren des 16. Jahrhunderts bis zum ersten Jahrzehnt des 17. Jahrhunderts (Zusammenfassung), Vilnius 2000.

Beim Beginn der Reformation im Reich befand sich der Hochmeister des Deutschen Ordens, Albrecht von Brandenburg, nach dem verlorenen ‚Reuterkrieg', mit dem er das im Zweiten Thorner Frieden von 1466 abgetretene ‚königliche' (polnisch-westliche) Preußen hatte zurückgewinnen wollen, in verzweifelter Lage. Weil er im Reich keinerlei Unterstützung fand und der Waffenstillstand mit Polen 1525 auslief, säkularisierte er, nachdem er auf den Nürnberger Reichstagen für die Reformation gewonnen worden war, auf Luthers Empfehlung und unter Verzicht auf den Besitz des Ordens im Reich den Ordensstaat zum weltlichen Herzogtum, das er vom polnischen König zu Lehen nahm. Die von ihm seit 1523 mit der Berufung evangelischer Prediger (Johannes Brießmann; 1488–1549, Paul Speratus, 1484–1551) betriebene Ausweitung der Reformation fand keinerlei Widerstand, da die beiden ‚Landesbischöfe' (Georg von Polentz, 1478]1519–1550, in Samland; Erhard Queiß, ca.1490]1523–1529, in Pomesanien) diese nachdrücklich direkt unterstützten. Das betraf zunächst die deutschsprachige Bevölkerung, doch bemühte man sich auch um Übersetzungen reformatorischer Schriften ins Prussische, Polnische und Litauische sowie um entsprechende Predigten. Preußen erhielt damit für die Reformation in Ostmitteleuropa eine besondere Bedeutung. Mit Visitation und Kirchenordnung bildete sich neben den auf das Geistliche beschränkten Bischöfen ein klar landesherrliches Kirchenregiment. Mit der Gründung der Universität Königsberg 1544 schuf man eine landeseigene Bildungsstätte. An ihr entstand dann freilich auch der das Land lange Zeit hindurch schwer belastende Osiandrische Streit (vgl. u. S. 238f).

Im Baltikum, das aus dem nördlichen Gebiet des Deutschen Ordens und vier Bistümern (Riga, Dorpat, Ösel-Wiek, Kurland-Pilten) bestand, begannen verständlicherweise aufgrund evangelischer Predigt zunächst in der deutschen Bürgerschaft der Städte Riga, Dorpat (Tartu), Reval (Tallin) und Narwa reformatorische Bewegungen, die auch zu Bilderstürmen führten, dann aber von den Räten ohne Rücksicht auf die Bischöfe zu städtischen Reformationen ausgestaltet wurden. Von dort aus breitete sich die Reformation in den 30er Jahren in der Ritterschaft und über die Patronate auch im Land aus. Weder der Deutschordensmeister, der freilich im Unterschied zu Preußen keine Säkularisation vollzog, noch die Bischöfe setzten dem ernstlichen Widerstand entgegen. Man bemühte sich, auch Esten und Letten durch Übersetzungen von Teilen der Bibel und des Katechismus für die Reformation zu gewinnen. Doch blieb es zunächst, wo das – selten genug – gelang, bei der Bildung nichtdeutscher neben den deutschen Gemeinden. Der Augsburger Religionsfriede von 1555 erhielt auch hier, da die Gebiete als Lehen des Reiches galten, Gültigkeit. Allerdings fiel das Land nach dem livländischem Krieg größtenteils an Polen, der nördliche (Estland) an Schweden, Ösel und ein Teil Kurlands an Dänemark. Der Restordensstaat wurde als Herzogtum Kurland säkularisiert.

b) Polen

Jerzy Kłoczowski, Polen, in: TRE 26, Berlin/New York 1996, S. 761–764 u. 777. – Hans Neumeyer, Kirchengeschichte von Danzig und Westpreußen in evangelischer Sicht, 2 Bde., Leer 1971 u. 1977. – Gottfried Schramm, Der polnische Adel und die Reformation 1548–1607, Wiesbaden 1965 (VIEG 36). – Preußen und Polen. Politik, Stände, Kirche und Kultur vom 16. bis zum 18. Jahrhundert, hg. v. Janusz Małek, Stuttgart 1992. – Janusz Tazbir, Geschichte der polnischen Toleranz, Warschau 1977. – Lorenz Hein, Italienische Protestanten und ihr Einfluß auf die Reformation in Polen während der beiden Jahrzehnte vor dem Sandomirer Konsens (1570), Leiden 1974. – Michael G. Müller, Zweite Reformation und ständische Autonomie im königlichen Preußen. Danzig, Elbing und Thorn während der Konfessionalisierung 1557–1660, Berlin 1997. – Christoph Schmidt, Auf Felsen gesät. Die Reformation in Polen und Livland, Göttingen 2000.

In Polen und seinen verschiedenen Teilen (Königliches Preußen, Groß- und Kleinpolen, Großfürstentum Litauen, Teile des ehemaligen Ordenslandes) gab es – was die Ausbreitung der Reformation begünstigte – keine starke zentrale Königsmacht. Ihren Ansatzpunkt fand die Reformation auch hier zunächst bei den deutschsprachigen Bürgern der Städte im königlichen Polen, vor allem in Danzig (Gdánsk), wo sie sich nach einem Aufstand gegen den Rat durchsetzte. Von Bedeutung wurde, daß in Königsberg im herzoglichen Preußen Übersetzungen reformatorischer Schriften ins Polnische erschienen. So konnte sich das Luthertum auch in den Städten und unter dem Adel Großpolens ausbreiten. In Kleinpolen spielten die humanistischen Zirkel Krakaus, vor allem aber der Adel, der der Kirche den riesigen Landbesitz neidete, für die Ausbreitung der Reformation eine ausschlaggebende Rolle. Allerdings war eine Bildung evangelischer Gemeinden erst möglich, nach dem Sigismund I. (1467]1506–1548) der in seinen Statuten den Abfall von der herkömmlichen Religion mit dem Tod bedroht hatte, gestorben war. Sehr schnell ging der Adel in Litauen, Wolhynien, Ruthenien und Kleinpolen dann zum Calvinismus über, für den sich in Kleinpolen vor allem Johannes a Lasco (1499–1560) einsetzte. Das wirkte sich in der zweiten Hälfte des Jahrhunderts auch auf das herzogliche Preußen aus, in dem Adelsfamilien trotz der sich daraus in dem lutherischen Land ergebenden Schwierigkeiten zum Calvinismus übertraten. Daneben gab es die nach Großpolen geflüchteten Böhmischen Brüder und in Kleinpolen seit 1540 aufgrund der aus Italien stammenden Königin auch italienische Antitrinitarier (vgl. u. S. 282f). Sie gewannen auch calvinistische Prediger für sich, und kamen unter Fausto Sozzini (1539–1604) als Ecclesia minor oder Polnische Brüder zu einer Einigung ihrer unterschiedlichen Gruppen mit dem Zentrum in Rakow. Wenn man die kirchliche Jurisdiktion zunächst nur suspendierte (1555), so wurde sie später (1558) ebenso wie die Ketzergesetzgebung (1562) aufgehoben.

c) Böhmen und Mähren, Schlesien

Winfried Eberhard, Konfessionsbildung und Stände in Böhmen 1478–1530, München/Wien 1981. – Ders., Monarchie und Widerstand. Zur ständischen Oppositionsbildung im Herrschaftssystem Ferdinands I. in Böhmen, München/Wien 1985 (VCC 54).

In *Böhmen* gab es wie in Polen mächtige Stände. Unter ihrem Schutz hatten sich noch im 15. Jahrhundert aus den hussitischen Traditionen verschiedene kirchliche Gruppierungen bilden können: die Utraquisten, mit einem eher konservativen und einem stärker biblizistischen Flügel, den ‚neuen‘ Utraquisten, und die Böhmischen Brüder, die ‚Brüderunität‘, die freilich keine offizielle Duldung wie die Utraquisten erreichten (vgl. o. S. 36f).
Das Luthertum fand seine ersten Anhänger aufgrund von Kontakten zu Sachsen vor allem im nördlichen Böhmen im Gebiet der Grafen Schlick, wozu lutherische Schulmeister in den Städten und später einwandernde sächsische Handwerker erheblich beitrugen. Freilich gab es keine kirchliche Organisation, sondern lediglich einzelne Gemeinden. Doch kamen auch die bestehenden böhmischen Gruppen mit Luther in Kontakt. Die ‚neuen‘ Utraquisten, die vor allem Adelige und Bürger Prags umfaßten, nahmen 1523 die Verbindung auf. Unter Gallus Cahera, einem Schüler Luthers, erklärten sie die Bibel zur alleinigen Norm, erkannten nur Taufe und Abendmahl als Sakramente an, lehnten aber eine Realpräsenz ab. Ihr Erfolg in den Städten stärkte den konservativen Flügel der Utraquisten, der von Ferdinand I. massiv unterstützt wurde, um ihn zur Rückkehr zur römischen Kirche zu bewegen. Bei den Böhmischen Brüdern verhinderten ihr Biblizismus und die symbolische Abendmahlsauffassung eine Verbindung mit dem Luthertum, selbst wenn Studierende aus ihren Reihen nach Wittenberg gingen und Luther ihre Rechtfertigungsschrift gegen Ferdinand mit einem Vorwort versah. Ebensowenig kam es zu einer Annäherung der neuen Utraquisten an die Böhmischen Brüder, die nach dem Schmalkaldischen Krieg großenteils nach Polen auswanderten. Trotz königlichem Einschreiten breitete sich das Luthertum dann in den 50er und 60er Jahren vor allem in West- und Nordböhmen weiter aus. Unter seiner Führung kam es zu einer Verständigung der Nichtkatholiken. Böhmische Brüder und neue Utraquisten erkannten einander an. Man

erarbeitete mit der ‚Confessio Bohemica' 1575 eine auf der Augsburgischen Konfession beruhende gemeinsame Konfession sowie eine Kirchenordnung aus. Allerdings gab Maximilian II. (1527]1564–1576) nur eine mündliche Anerkennung und das Versprechen der Religionsfreiheit. Zu dieser Zeit beschränkte sich das Luthertum allmählich auf die deutschsprachigen Gebiete, während im übrigen der Calvinismus mehr und mehr Anhänger fand, so daß die Studierenden die reformierten Universitäten im Reich, der Schweiz und den Niederlanden aufsuchten.

Auch in *Mähren* gingen Adelige und Städte zum Luthertum über. Da es hier aber faktisch so etwas wie ein ius reformandi des Adels gab, konnte sich auch das Täufertum in seinen unterschiedlichen Spielarten (Hubmaier, Hutterische Brüder und andere Gruppierungen, vgl. o. S. 159–162) ausbreiten. Doch kam es – anders als in Böhmen – zu keiner einheitlichen Front gegen die alte Kirche.

In *Schlesien* fand die Reformation in der zentralen Stadt Breslau und dem Fürstentum Liegnitz sowie im Fürstentum Jägerndorf und Oppeln-Ratibor durch Markgraf Georg den Frommen schon seit 1522/24 Aufnahme. In Liegnitz kam es zu Auseinandersetzungen mit den Spiritualisten Caspar von Schwenckfeld und Valentin Krautwald (vgl. o. S. 155f), die der Herzog zugunsten des Luthertums unterdrückte. Mit der Reformation entstand an vielen Orten ein blühendes humanistisches Schul- und Bildungswesen, das zu einer insgesamt eher melanchthonischen Prägung der Kirche führte.

d) Ungarn/Siebenbürgen

Márta Fata, Ungarn, das Reich des Stephanskrone, im Zeitalter der Reformation und Konfessionalisierung, Münster 2000 (KLK 60). – Mihály Bucsay, Der Prostestantismus in Ungarn 1521–1978, Bd. I 1977 (STKG 1.R 3/1). – Luther und Siebenbürgen, hg. v. Georg u. Renate Weber, Köln/Wien 1985 (SiebAr 19). – Ludwig Binder, Grundlagen und Formen der Toleranz in Siebenbürgen bis zur Mitte des 17. Jahrhunderts, Köln/Wien 1976 (SiebAr 11). – Zóltan Csepregi, Konfessionsbildung und Einheitsbemühungen im Königreich Ungarn zur Regierungszeit Ferdinands I., in: ARG 94, 2003, S. 234–2175. – Konfessionsbildung und Konfessionskultur in Siebenbürgen in der Frühen Neuzeit, hg. v. Volker Leppin/Ulrich Wien, Stuttgart 2005 (Quellen und Studien zur Geschichte des östlichen Europa 66). – Daniel Veseĺ, Die lutherische Reformation in der Slowakei, in: Europa in der frühen Neuzeit. FS für Günther Mühlpfordt zum 75. Geburtstag, hg. v. Erich Donnert, Bd. 3, Köln/Weimar 1997, S. 579–596.

Für die Ausbreitung der Reformation in Ungarn war die ab 1541 auf lange Zeit bestehende Dreiteilung des Landes von hoher Bedeutung: West- und Oberungarn standen unter der Herrschaft der Habsburger, Mittel- und Südungarn wurden von den Türken beherrscht wurde, Ostungarn mit Siebenbürgen bildeten eine den Türken tributpflichtige selbständige politische Einheit. Daneben war die Stellung der Magnaten entscheidend, die ihre Machtstellung vor allem gegen die Habsburger behaupten wollten. Da es in Ungarn ganz unterschiedliche ethnische Gruppen gab, verbanden sich die Reformation und ihre unterschiedlichen Ausprägungen schon früh mit ihnen und führten zu entsprechender Differenzierung.

Waren noch 1523/25 Ketzergesetze gegen das Eindringen des Luthertums erlassen worden, so änderte sich das grundlegend nach der Schlacht bei Mohács (1526), in der neben dem König auch viele ungarische Prälaten den Tod fanden. Zwar blieb es bei der herkömmlichen kirchlichen Organisation, aber die meisten Bischofsstühle blieben angesichts der Thronstreitigkeiten zwischen Ferdinand I. und Johann Zápolya (1487]1538–1540) vakant. Nur im östlichen Ungarn wurde die Unterdrückung unter Zápolya fortgesetzt.

In der Auseinandersetzung mit den Habsburgern unterstützten die Magnaten das über wandernde Prediger, Schulmeister und Drucker eindringende Luthertum. Auch in den oberungarischen Städten mit teilweise deutscher Bürgerschaft, aber auch bei den Slowaken auf dem Land setzte sich seit den vierziger Jahren das Luthertum durch. Hier wurden für verschiedene Städte die Confessio Pentapolitana (1549) und Heptapolitana (1559) in Anlehnung an die Augsburgische Konfession angenommen.

Im mittleren Ungarn breitete sich zunächst ebenfalls ein melanchthonisch geprägtes Luthertum aus, das aber sehr bald schweizerische Einflüsse aufnahm und sich im Gegensatz zum oberungarischen Luthertum, das sich in der Hoffnung auf Duldung scharf von den Reformierten absetzte, mit der Annahme der Confessio Catholica Debrecinensis (1562) und 1567 mit Bullingers Confessio Helvetica Posterior als schweizerisch-reformiert konstituierte.

Noch unter Johann Zápolya konnte sich das Luthertum – gefördert vor allem durch Johann Honter (1498–1579) in Kronstadt – unter den Siebenbürger Sachsen verbreiten. Nach Zápolyas Tod erhielt es von Honter mit der ‚Formula reformationis Coronensis‘, der sich auch Hermannstadt anschloß, eine feste Grundlage. Bei den Magyaren (den ungarisch-stämmigen) schloß man sich den reformierten Ostungarn an, während die Szekler (ein ungarisches Hilfsvolk, dessen Name und Herkunft umstritten sind) altgläubig blieben. In weitergehenden Beschlüssen schuf der von den Nationen bestimmte Landtag eine Religionsfreiheit, die schließlich offiziell sogar die von Jan Sigismund Zápolya (1540]1560–1571) geförderten Unitarier (vgl. u. S. 282–284) umfaßte und auch den orthodoxen Kultus der Rumänen duldete.

7. Katholische Reform und Reformation in Italien und Spanien

a) Italien

Massimo Marcocchi, La Riforma cattolica. Documenti e testminonianze. Figure e istituzioni dal secolo XV alla metà del secolo XVII, 2 Bde., Brescia 1967/70. – Klaus Ganzer, Die religiösen Bewegungen im Italien des 16. Jahrhunderts, Münster 2003 (KLK 63). – Manfred E. Welti, Kleine Geschichte der italienischen Reformation, Gütersloh 1985 (SVRG 193).

Auch in Italien gab es – im Norden wie im Süden – religiöse Bewegungen, die an Reform und Reformation interessiert waren. Der Humanismus und die einflußreichen Schriften des Erasmus übten einerseits Kritik an biblischen und kirchlichen Überlieferungen, verstärkten aber auch den Ruf nach einer Reform von Frömmigkeit und Kirche. Es bildeten sich neue Bruderschaften und Oratorien frommer Laien und Kleriker. Aus einem dieser Oratorien, dem ‚der göttlichen Liebe‘, entstand 1524 mit den Theatinern (so genannt nach dem lateinischen Namen Theate des Bistums Chieti, dem Gian Pietro Carafa, später Papst Paul IV., 1476]1555–1559, vorstand) ein neuer Orden. Um bestimmte Schriften und Personen bildeten sich Frömmigkeitszirkel, die in ihren Konzeptionen höchst unterschiedlich, aber doch untereinander vielfältig persönlich verbunden waren und zusammenfassend als ‚Evangelismo‘ bezeichnet werden. Einflußreich waren nicht nur die Schriften des Erasmus, sondern auch die Meditationen des in Florenz hingerichteten Bußpredigers Savonarola über den 30. und 50. Psalm (vgl. o. S. 52), die Schriften des Juan de Valdés (ca.1500–1541) sowie der ‚Nutzbringende Traktat über die Wohltaten Jesu Christi des Gekreuzigten‘, mit einem evangelischen Rechtfertigungsverständnis. Es bildeten sich Zirkel um Gian Matteo Giberti (1493–1543), den pastoralen Bischof von Verona, der mit dem Kardinal Gasparo Contarini (1483–1542) und dem Kapuzinergeneral Bernhardino Ochino (1487–1564/65) verbunden war, und um den Engländer und späteren Kardinal Reginald Pole, der, nachdem sich der Kreis um den Spanier Juan de Valdés in Neapel aufgelöst hatte, in Viterbo zum Haupt der ironisch so genannten ‚ecclesia Viterbensis‘ wurde. Man bemühte sich um eine intensivere Seelsorge und Katechese, um Diakonie und eine bessere Ausbildung der Kleriker. Zu diesen Kreisen gehörten auch Giulia Gonzaga (1513–1566), Herzogin von Trajetta, Vittoria Colonna (1490–1547), aber auch Michelangelo Buonarrotti. Aus diesen Kreisen kamen die wichtigsten Reformschriften: ein Reformgutachten der Contarini-Freunde Tommaso Gustiniani (1476–1528) und Vincenzo Quirini (1479–1514) an Leo X., und später das ‚Consilium de emendanda ecclesia‘ für Paul III.

Allerdings gab es auch diejenigen, die sich von der überlieferten Kirche weiter entfernten, sich dem Täufertum öffneten oder antitrinatrische Thesen vertraten. Ihnen blieb nur die Flucht, zunächst über Graubünden in die Schweiz und schließlich weiter nach Polen (Bernardino Ochino, Lelio Sozzini).

Nach dem Religionsgespräch von Regensburg im Jahr 1541 wurde die Situation für diese Kreise immer schwieriger, da intransigente Kräfte an der Kurie die Oberhand gewannen. Schon Paul III. schuf 1542 eine Neuorganisation der Inquisition, die unter Gian Pietro Carafa (1476–1559) jede Art vermuteter Heterodoxie verfolgte. Mit dessen Wahl zum Papst als Paul IV. (1555–1559) wurde endgültig der Weg harter Repression beschritten, die auch vor Kardinälen wie Giovanni Morone (1509–1580), Contarini und Pole nicht halt machte. Gleichzeitig führte der Index librorum prohibitorum (das Verzeichnis der verbotenen Bücher) zu einer radikalen Bücherzensur, der nicht nur die Werke der europäischen Reformatoren, sondern auch die von Savonarola und Erasmus zum Opfer fielen. Davon wurde die italienische Kultur des 16. Jahrhunderts insgesamt schwer getroffen.

b) Spanien

J. H. Elliot, Imperial Spain, London 1990. – Antonio M. Rouco-Varela, Staat und Kirche im Spanien des 16. Jahrhunderts, München 1965 (MThS.K 23). – Ernst H. Schäfer, Beiträge zur Geschichte des spanischen Protestantismus im 16. Jahrhundert, 3 Bde., Gütersloh 1902. – Irene

New, Die spanische Inquisition und die Lutheraner im 16. Jahrhundert, in: ARG 90, 1999, S. 289–320.

In Spanien bestand eine völlig andere Situation. Seit den Reformkonzilien hatte es bis zum Ausgang des 15. und im frühen 16. Jahrhundert im Blick auf die Kirche ein enges Zusammenspiel der Könige mit dem Papst gegeben. Aufgrund der Reconquista verfügten die Könige über einen großen Teil der kirchlichen Einkünfte. Das ursprünglich nur auf Granada und die Gebiete der Neuen Welt bezogene Recht, die Prälaten zu nominieren, wurde 1523 – entsprechend dem französischen Konkordat – auf ganz Spanien ausgedehnt. Ebenso erhielten die Könige auf Dauer die Großmeisterwürde der reichen und einflußreichen spanischen Ritterorden. Vor allem aber ernannte die Krone auch das Personal der Inquisition und überwachte die Gerichte durch einen königlichen Inquisitionsrat. Den Synoden stand stets ein königlicher Beamter vor, Appellationen nach Rom gab es nicht, auch wurden päpstliche Bullen erst nach königlichem Placet verkündet. Freilich ruhte das alles nicht auf ‚gallikanischen‘ Tendenzen, sondern darauf, daß die Päpste die spanischen Könige mit der padronada (dem Recht zur Besetzung kirchlicher Stellen und der Aufsicht über sie) faktisch zu ihren Vikaren gemacht hatten. Die damit verbundenen Möglichkeiten wurden genutzt: Man verlangte die Residenz von Bischöfen und Klerikern und versuchte im Interesse einer funktionierenden bischöflichen Aufsicht die Exemtionen einzuschränken (Sevilla 1478).

Hinzukam, daß unter den katholischen Königen Ferdinand und Isabella auch die Zeit der Toleranz zu Ende gegangen war. Nachdem man 1492 die Juden vor die Alternative von Taufe oder Vertreibung gestellt hatte, standen konvertierte Juden unter Abfallverdacht. Dasselbe galt, nachdem man zunächst in Granada und 1525 im ganzen Land den Anhängern des Islam die gleiche Alternative auferlegt hatte, für die neubekehrten ‚Moriscos‘. Und obwohl es zunächst noch Stimmen gab, die sich gegen die Diskriminierung der Konvertierten wandten, setzte sich für eine Fülle kirchlicher Stellen die Überprüfung der limpieza de sangre (Reinheit des Blutes) durch.

Außerdem erlebte Spanien noch vor der Reformation eine wirksame Ordensreform, die mit Unterstützung der Päpste vor allem von dem Franziskaner Ximenez de Cisneros (1436–1517) durchgesetzt wurde. Die Regularkleriker waren es auch, die die Universitäten dem Humanismus öffneten, dessen bedeutendste Frucht die Complutensische Polyglotte (1522) der Universität von Alcalá war, die erstmals einen kritischen Vulgata-Text, die Septuaginta und eine Edition des hebräischen Textes in der lateinischen Christenheit bot (vgl. o. S. 80). Doch blieb das auf die Gebildeten beschränkt. Volkssprachliche Bibelübersetzungen waren längst verboten. – ihre Lektüre galt als ketzerisch. Aber auch gegen die Schriften des Erasmus ging die Inquisition seit 1527 vor. Unter diesen Umständen fand die Reformation nur in einigen Städten (Sevilla, Valladolid) in kleinen Kreisen von Theologen und Patriziern Aufnahme, die als ‚Alumbrados‘ (Erleuchtete) Bibelmeditation und demütig christliches Leben praktizieren wollten. Doch wurden sie schnell entdeckt und ausgerottet. Spanien wurde mit einer aufblühenden scholastisch-theologischen Wissenschaft und einer lebendigen Mystik zur zentralen Macht der Gegenreformation.

III. Konfessionelles Zeitalter

Heinz Schilling, Literaturbericht ‚Konfessionsbildung und Konfessionalisierung, in: GWU 41, 1991, S. 447–463. – Ders., Literaturbericht Konfessionelles Zeitalter Teil I–IV, GWU 48, 1997, S. 350–369; 682–694; 748–766. – Ders. Literaturbericht Konfessionelles Zeitalter, in: GWU 52, 2001, S. 346–371.

Heinrich Richard Schmidt, Konfessionalisierung im 16. Jahrhundert, München 1992 (Enzyklopädie deutscher Geschichte 12). – Die reformierte Konfessionalisierung in Deutschland – Das Problem der „Zweiten Reformation", hg. v. Heinz Schilling, Gütersloh 1986 (SVRG 195. – Die lutherische Konfessionalisierung in Deutschland, hg. v. Hans-Christoph Rublack, Gütersloh 1992 (SVRG 197). – Die katholische Konfessionalisierung, hg. v. Wolfgang Reinhard und Heinz Schilling, Gütersloh 1995 (SVRG 198). – Maximilian Lanzinner und Gerhard Schormann, Konfessionelles Zeitalter 1555–1618, Dreißigjähriger Krieg 1618–1648, Stuttgart 2001 (Gebhardt, Handbuch der deutschen Geschichte Bd. 10).

Ernst Walter Zeeden, Das Zeitalter der Gegenreformation, Freiburg 1967. – Ders., Hegemonialkriege und Glaubenskämpfe 1556–1648, [2]Frankfurt 1992. – Hartmut Lehmann, Das Zeitalter des Absolutismus, Stuttgart 1980. – Moriz Ritter, Deutsche Geschichte im Zeitalter der Gegenreformation und des Dreißigjährigen Krieges 1555–1648, 3 Bde., Stuttgart 1889–1908 (Neudr. Darmstadt 1962). – Volker Press, Kriege und Krisen. Deutschland 1600–1715, München 1991.

Kurt Dietrich Schmidt, Katholische Reform und Gegenreformation, Göttingen 1975 (KIG 3/L,1). – Ernst Koch, Das konfessionelle Zeitalter – Katholizismus, Luthertum, Calvinismus, Leipzig 2000 (KGE 2/8). – Die Territorien des Reichs im Zeitalter der Reformation und Konfessionalisierung, Bd. 7: Bilanz – Forschungsperspektiven – Register, Münster 1997 (KLK 57).

Heinrich Heppe, Geschichte des deutschen Protestantismus in den Jahren 1555–1581, 4 Bde., Marburg 1852–1859. – Paul Tschackert, Die Entstehung der lutherischen und der reformierten Kirchenlehre samt ihren innerprotestantischen Gegensätzen, Göttingen 1910. – Reinhold Seeberg, Lehrbuch der Dogmengeschichte Bd. 4,2, [5]Darmstadt 1959, S. 480–529.

Harry Oelke, Die Konfessionsbildung des 16. Jahrhunderts im Spiegel illustrierter Flugblätter, Berlin 1992 (AKG 57).

Das konfessionelle Zeitalter umgreift drei grundlegende Vorgänge: die Konfessionsbildung, die Konfessionalisierung und die Herausbildung entsprechender Konfessionskulturen, zu der aber auch die Ansätze von Toleranz und Säkularisierung gehören.

– Dabei meint ‚Konfessionsbildung' jenen bereits um 1530 einsetzenden Vorgang, innerhalb dessen sich die Konfessionen bewußt herausbilden, gegeneinander abgrenzen, konfessionsspezifische Züge bewußt herausarbeiten und eben damit konfessionelle Identitäten ausbilden. Wenn Luther noch ganz selbstverständlich voraussetzte, daß sich der Christ bei seinem Morgengebet und sonst bekreuzige, so war die Bekreuzigung – abgesehen von der Verwendung in bestimmten lutherischen Riten – zu Beginn des 17. Jahrhunderts ‚katholisch' geworden.

– Mit ‚Konfessionalisierung' ist im Sinn Schillings und Reinhards jener Vorgang gemeint, in dem diese Konfessionen – durchaus gleichzeitig mit der Konfessionsbildung und nicht etwa diese voraussetzend – obrigkeitlich geduldet oder vorangetrieben, politisch und gesamtgesellschaftlich bestimmend wurden. Religion als ‚vinculum societatis', wie die Juristen des 17. Jahrhunderts sie nannten, war eben noch kein sektorisierter Teil von Staat und Gesellschaft, sondern ein beide insgesamt bestimmender Faktor. Dabei fällt das Interesse gerade nicht auf die Herausarbeitung des

Konfessionsspezifischen und seiner Unterschiede, sondern auf die zwar nicht formal und inhaltlich, wohl aber strukturell und funktional ähnlichen oder gleichlaufenden Prozesse. Insofern läuft auch eine Kritik, die am Konzept der Konfessionalisierung die Vernachlässigung des die Konfessionen unterscheidend Ausgearbeiteten oder gar die Suspension der Wahrheitsfrage beanstandet, ins Leere.

– Unter ‚Konfessionskulturen‘ wird mit Kaufmann jener – wiederum der Konfessionsbildung und Konfessionalisierung parallel laufende Vorgang gemeint, in dem die Konfessionen, aber ebenso die christlichen Gruppen, die nicht zu einer bestimmenden Konfession wurden, von ihrem Glauben her die unterschiedlichsten lebensweltlichen Zusammenhänge durchdrangen und prägten. Damit wird deutlich, daß es nicht lediglich um eine sich ‚etatistisch von oben‘ vollziehende Konfessionalisierung ging, sondern sich entsprechende Vorgänge auch im Raum der Familie, der gesellschaftlichen Gruppierungen, Korporationen und Institutionen ohne einen entsprechenden Druck ‚von oben‘ vollzogen, so daß man in diesem Sinn auch von einer Form der ‚Selbstkonfessionalisierung‘ oder beim nachweislichen Fehlen einer obrigkeitlich-zentralgelenkten Konfessionalisierung vom ‚Nebeneinander verschiedener Konfessionalisierungen‘ (Mörke) oder einer ‚konkurrierenden Konfessionalisierung von unten‘ (Dietz/Ehrenpreis) sprechen könnte.

– Schließlich gehört – auch dies in Parallelität zu den genannten Vorgängen – hinzu, daß eben das Widereinander der Konfessionen und ihre oft obrigkeitliche Durchsetzung in der Bevölkerung keineswegs ergeben akzeptiert, sondern dagegen durchaus direkter oder hinhaltender Widerstand geleistet wurde. Daneben aber zeigten sich nicht nur die Grenzen des Konfessionalisierbaren, sondern in dem Verlangen nach Toleranz und in den Versuchen, bestimmte gesellschaftliche Bereiche von der konfessionellen Prägung überhaupt auszunehmen und damit zu ‚säkularisieren‘, auch der Versuch, die Konfessionalisierung grundsätzlich einzuhegen oder zu überwinden.

Die Konfessionskirchen waren – mit wenigen Ausnahmen – fast überall mit der werdenden frühneuzeitlichen Staatsbürokratie verbunden, aber auch dort, wo dies nicht der Fall war, auf seine Duldung angewiesen. Das gilt nicht nur für die Konsistorien der lutherischen National- und Landeskirchen unter dem Summepiskopat des Landesherrn und die anglikanische Kirche unter dem Herrscher als supreme head oder governor, sondern ebenso für den Calvinismus, der in seiner landeskirchlichen Spielart ohnehin, aber auch in seinen kircheneigenen Strukturen stets eng mit den politischen Eliten verbunden war. Auch im nachtridentinischen Katholizismus bildete sich die Allianz von Kirche und Staat, wobei die Einfluß- und Kontrollmöglichkeiten des Staates unterschiedlich ausgebildet waren und unterschiedlich angewendet wurden. Dieser enge Zusammenhang wurde nicht nur bewußt von beiden Seiten geschaffen, er ergab sich auch, weil eine Fülle von früheren Kompetenzbereichen der Kirchen – etwa Ehe und Familie, Erziehung und Ausbildung sowie der gesamte Bereich der Sozialfürsorge – nun auch zunehmend zum Interessen- und Gestaltungsgebiet der Staaten wurden, selbst wenn die Kirchen im Calvinismus und Katholizismus dafür zum Teil eigene kirchliche Institutionen ausbildeten oder weiterführten. Damit erschlossen sich den Aktivitäten des Staates ganz neue Gebiete seiner Tätigkeit, die ihn tendenziell zu dem werden ließen, was man später als Kultur- und Sozialstaat bezeichnete. Dabei war freilich die Phase, innerhalb deren sich die Konfessionen des frühmodernen Staates für ihre Durchsetzung und ihre Ziele bedienen konnten, relativ kurz, während sehr bald der Staat seinerseits die Konfession in seinen Dienst stellte und mit seinen eigenen Interessen verband. Das galt nicht zuletzt auch für das Kirchenvermögen, das sich der Staat im evangelischen Bereich direkt und indirekt aneignete, auf das er aber auch im katholischen Bereich zunehmend zugriff, selbst wenn das nur mit Zustimmung der Kirche erfolgen konnte. Allerdings vollzog sich die Konfessionalisierung nicht überall in Zusammenhang mit der Obrigkeit, so etwa in Polen, in Böhmen, Mähren und Siebenbürgen – obwohl es auch dort eine Art von Konfessionalisierung gab, die aber angemessener als eine von den jeweiligen Obrigkeiten geduldete Ausbildung von Konfessionskulturen bezeichnet werden könnte.

Konfessionsbildung und Konfessionalisierung führten zur konsequenten Ausbildung von konfessionellen Identitäten. Dabei waren die dazu eingesetzten Mittel strukturell ähnlich, formal, inhaltlich und in der Art der Argumentation aber durchaus unterschieden.

– Man brauchte klar umrissene Orientierungspunkte, wie man sie in den Bekenntnisschriften und den Konzilsbeschlüssen zur Hand hatte. Dabei ging es um die konfessionelle ‚Eindeutigkeit‘, die aber faktisch auch mit der Zurückdrängung des Unklaren und Nichteindeutigen erkauft werden mußte und deswegen immer ‚Verengung‘ bedeutete. Dieser Vorgang läßt sich nicht nur im Blick auf das Luthertum in den nachlutherischen Streitigkeiten, sondern ebenso bei der nachtridentinisch-katholischen Kirche im Verhältnis zur katholischen Reform, vom Spätmittelalter zu schweigen, beobachten.

– Zur Instruktion der Bevölkerung dienten Katechismen, die nicht selten auch regelmäßig ausgelegt wurden. Hinzutraten dann die üblich gewordenen Predigten und die ganze Fülle der religiösen Schriften, die Gebets- und Gesangbücher in erster Linie, daneben die Postillen, erbauliche Traktate, einprägsame und kommentierte Einblattdrucke und vieles andere. Zur Identitätsbildung trug nicht zuletzt auf allen Seiten das Andenken an diejenigen bei, die als Märtyrer der eigenen Konfession zählten und deren Geschicke man in umfassenden Martyrologien zusammenstellte. Für die Lutheraner tat das Ludwig Rabus (1524–1592) nach dem Vorbild des Reformierten Jean Crespin (ca.1520–1572), der 1554 ‚Le Livre de Martyrs‘ (1554) veröffentlicht hatte, in einer acht Bände umfassenden ‚Historie der Märtyrer‘ (1554–1557); in den Niederlanden erinnerte man 1559 an die Opfer der Verfolgungen in der ‚Geschichte und Tod der frommen Märtyrer‘ des Adrian van Haemstede (ca.1525–1562); für die Anglikaner wurden die ‚Acts and Monuments‘ von John Foxe zentral, ebenso der ‚Märtyrerspiegel‘ der Mennoniten (vgl. u. S. 259 u. 280). Der gezielten Indoktrination in den Bereichen der mündlichen und schriftlichen Kommunikation entsprachen das Verbot und die Ausmerzung des konfessionell nicht Anerkannten unter Einsatz von Zensur und der stillschweigenden oder expliziten Ausarbeiten eines Index librorum prohibitorum.

– Gleichzeitig betrieb man eine professionalisierte Ausbildung des kirchlichen Personals und der Beamtenschaft auf den Universitäten, die ihrerseits strikt kontrolliert und an die Konfession gebunden werden sollten, selbst wenn das weder bei den Theologen, noch bei Juristen und Medizinern immer gelang. Auf diese Weise sorgte man für die notwendigen Multiplikatoren, deren man dringend bedurfte. Darüber hinaus gab es im evangelischen Bereich eine institutionell stärker oder schwächer ausgebildete Einbeziehung von Laien in die Arbeit der kirchlichen Institutionen. Doch auch der Katholizismus wünschte und förderte auf vielen verschiedenen Wegen das Laienengagement für die Kirche. Über das kirchliche Personal konnte der Staat angesichts eines ja erst allmählich entstehenden Verwaltungsapparates, das Territorium, Städte und Dörfer, in einer Intensität durchdringen, wie es das bis dahin nicht gegeben hatte.

– Konfessionalisierung bedeutete immer auch Kontrolle. Visitationen und Inquisition dienten der Überprüfung. Die Lebensvorgänge in den Gemeinden wurden nun genauestens über die ‚kirchliche Buchführung‘ in den ‚Kirchenbüchern‘ – in Tauf-, Ehe- und Sterberegistern – erfaßt und damit den Obrigkeiten Material zur Verfügung gestellt, wie es das bis dahin nie gegeben hatte. Hinzukamen die unterschiedlichen Formen von Kirchen- und Sittenzucht, ob beide nun miteinander verbunden waren oder sich voneinander unterschieden nebeneinander vollzogen. Denn das, was verboten und geahndet wurde, orientierte sich weithin an den gleichen Normen, und machte auch keine wirklich gravierenden Unterschiede zwischen Männern und Frauen. Mit alldem sollte das kirchliche Leben konfessionell normiert und vereinheitlicht, alles Abweichende aber aufgespürt und ausgemerzt werden. Dazu gehörte nicht zuletzt eine traditionell geprägte, vorkonfessionelle Volksreligion, die immer auch Verbindung zu Magie und zu kirchlich nicht rezipiertem Brauchtum hatte.

Mit alldem war – zumal im evangelischen Bereich, in dem die exemte Stellung des Klerus aufgehoben wurde, – eine sachliche und personelle Ausweitung und eben damit auch eine weitergehende staatliche ‚Verdichtung‘ verbunden, der auch die mit der Konfessionalisierung verbundene Sakralisierung der Herrschaft entgegenkam, die unter Hinweis auf das Dekaloggebot, die Eltern zu achten, die Untertanen zum Gehorsam verpflichtete. Wurde so auf der einen Seite der Staat gestärkt, so konnte es eine Schwächung bedeuten, wenn die im Land bestimmende Kirche oder eine starke konfessionelle Minderheit gegen den Herrscher stand und sich mit den gegen ihn stehenden ständischen Kräften verband. Die früher gängigen Pauschalurteile, daß das Luthertum den Untertanengehorsam und die Stärkung des Staates, der Calvinismus aber Freiheit und Demokratie befördert habe, sind längst revidiert. Der lutherische Widerstand gegen das Interim ging dem calvinistischen voraus. Widerstandstheorien und Widerstandspotential waren in den Konfessionen nicht grundsätzlich verschieden.

– Da die europäischen Staaten sich vielfach noch in der Phase von Bildung und Ausbau befanden, trug die Konfessionalisierung erheblich zur deren kulturell-politischen Identität bei, selbst wenn es zu deren bleibender Ausbildung erst nach dem Ende der konfessionell bestimmten oder untermalten Auseinandersetzungen kam. Für Spanien, das in der Phase der Konfessionalisierung kulturell und politisch seine ‚goldenes Zeitalter' erlebte, spielte – auf dem Hintergrund der vorangegangenen ‚Reconquista' (die christliche Rückeroberung des Landes) – der tridentinische Katholizismus die entscheidende Rolle. Die protestantischen Gegenstücke dazu wurden die lutherisch geprägten Staaten Skandinaviens, in Schweden freilich erst nach der Abwehr der katholischen Vasalinie. Komplizierter lagen die Dinge in den Ländern, in denen sich, wenn auch in unterschiedlicher Form und Stärke eine Bi- oder Mehrkonfessionalität ergeben hatte. In Frankreich setzte sich schließlich nach den Hugenottenkriegen vor allem im 17. Jahrhundert der Katholizismus als national gültig durch. Auch in Polen, das zunächst aufgrund der Stärke des Adels konfessionell vielfältig gewesen war und in dem es weiterhin eine große Zahl von ‚Akatholiken' gab, war, wurde letztlich gegenreformatorisch der Katholizismus prägend. Das gilt auch für Böhmen und Mähren nach dem Ende des 30jährigen Krieges, selbst wenn dort der tridentinische Katholizismus nicht das national ausschließliche Element werden konnte.

Nicht überall gab es eine so eindeutig konfessionell geprägte Identität. In den Niederlanden gab es Provinzen, in denen Katholizismus oder Täufertum stark vertreten waren; die prägende Kraft aber wurde gleichwohl der Calvinismus, freilich nicht in seiner konsequenten Ausprägung, jedoch deutlich antispanisch und antikatholisch – gerade auch im Ausgreifen der Niederlande auf überseeische Kolonialgebiete. Die antispanische und antikatholische Grundstimmung fand sich aufgrund der Erfahrungen mit der ‚blutigen Maria' und des Einflusses der später zurückkehrenden Emigranten und der Abwehr der spanischen ‚Armada' auch in England. Eine konfessionell reformierte Identität allerdings wurde dort nur mühsam errungen und mußte abgesehen vom Luthertum fast alle Spielarten des Reformiertentums bis hin zu den separatistischen Puritanern integrieren.

– Im Unterschied zu den Niederlanden und England, wo es trotz faktischer Mehrkonfessionalität zur Ausbildung einer nationalen konfessionellen Identität kam, gelang das weder in der Schweiz noch in Deutschland. In beiden Ländern kam es zu einer Lösung, bei der man die Entscheidung über die Konfessionalität den unteren Ebenen zuwies. In der Schweiz wurde schon mit dem ersten Kappeler Frieden 1529 festgelegt, daß die Orte (Kantone) und die Zugewandten über die Konfession entscheiden durften. Im Reich zeichnete sich sehr früh ab, daß aufgrund der kaiserlichen Option für eine Reform der Gesamtkirche eine national-einheitliche Lösung der Religionsfrage nicht möglich sein, sondern daß sie sich auf der Ebene der Territorien und unteren Obrigkeiten vollziehen würde, selbst wenn es dazu erst mit dem Augsburger Religionsfrieden, endgültig erst mit dem Westfälischen Frieden von 1648 kam. Dabei hatte die Konfessionalisierung keineswegs nur eine für das Reich negative Wirkung, da sich über die Religionspolitik auch bisher reichsfernere Stände im Norden und Nordosten der sich bildenden Staatlichkeit des Reichs öffneten. Problematisch wurde das erst im letzten Viertel des 16. Jahrhunderts, als die Kaiser nicht mehr als Schiedsrichter, sondern als ‚parteiisch' wahrgenommen wurden.

Noch weniger gelang die Bildung einer kulturell-national und konfessionell geprägten Identität in den Gebieten, wo sich die Konfessionen mit verschiedenen Volksgruppen verbanden, wie das vor allem in Ungarn und in Siebenbürgen der Fall war.

In diesen Fällen diente die Konfession daher weniger der gesamtstaatlichen Identität als vielmehr der Bewahrung und Abgrenzung der jeweiligen Volksgruppe.

Neben der innerstaatlichen Bedeutung der Konfessionen mußten sie aber, nachdem sich die universalistisch-kaiserliche Konzeption Karls V. als Illusion erwiesen hatte, neben den Interessen der Dynastie, des Staates und seinem jeweiligen tradierten Beziehungsgeflecht auch für die zwischenstaatlichen Beziehungen der sich bildenden europäischen Mächtekonstellationen eine Rolle spielen. Das war vor allem in der Phase vom letzten Viertel des 16. bis in den Beginn des 17. Jahrhunderts der Fall, in der die spanische Vorherrschaft bestimmend war, aber von den Niederlanden, Frankreich und England immer erneut in Frage gestellt wurde. Mit dem Ende der sogenannten ‚Religionskriege‘ trat dann die Konfession deutlich hinter die Staatsräson zurück, ohne freilich jede Bedeutung zu verlieren. Über die Konfession und ihre Repräsentanten konnte man aber auch in ganz neuer Weise die Bevölkerung für das mobilisieren, was im Interesse von Dynastie und Staat lag, konnte Vorherrschaftsansprüche mit dem alttestamentlichen Erwählungsgedanken verbinden und anderen ein religiös negatives Klischee aufprägen.

In der genannten Phase gab es ein im Wesentlichen duales System zweier Konfessionsblöcke. Unter Philipp II. richtete Spanien seine Politik immer stärker und einseitiger gegenreformatorisch aus. Dem trat ein protestantischer, vor allem calvinistischer und oft auch apokalyptisch aufgeladener Internationalismus gegenüber, der durch den Aufstand der Niederlande ausgelöst und durch die Hugenottenkriege verstärkt wurde. Getragen wurde er von den Niederlanden und den reformierten Territorien im Reich, aber auch von England, Dänemark und Schweden. Freilich zeigte sich sehr schnell, daß die Konfession in den Hintergrund treten konnte, wenn wesentliche Interessen massiv bedroht waren. So waren die katholischen deutschen Territorialfürsten angesichts kaiserlich-zentralistischer Tendenzen durchaus an einer fürstlichsolidarischen Verständigung mit den Protestanten interessiert. Aber auch Frankreich und Schweden übersprangen aus unterschiedlichen Motiven und Interessenlagen die konfessionelle Grenze, die sie trennte. Damit zeigte sich auch in diesem Bereich, und teilweise schon sehr früh, daß die Konfessionalisierung als andere Seite die säkularisierenden Tendenzen neben sich hatte.

Dabei sind, ohne daß das hier ausführlich dargestellt werden muß, auch die Rahmenbedingungen in Rechnung zu stellen. Das Klima veränderte sich in der sogenannten ‚kleinen Eiszeit‘ des letzten Viertels des 16. Jahrhunderts und des ersten des 17. Jahrhunderts deutlich, zog schlechtere Ernährung und dann Epidemien nach sich. Die Bevölkerung stagnierte weithin, die wirtschaftliche Gesamtlage war problematisch. Man erfuhr daher die Zeit – verstärkt auch durch die ‚Religionskriege‘ – als krisenhaft. Das führte einerseits zu chiliastisch-eschatologischen Spekulationen und brachte eine ängstliche Beobachtung alles Extrordinären am Himmel und auf Erden mit sich, verstärkte den Bedarf an stabilisierenden Ordnungen, förderte aber auch die Verfolgung von vermeintlich Schuldigen – den Anhängern einer anderen Konfession, den Juden und den Hexen.

A. Die Herausbildung der Konfessionen und ihre Konsolidierung

1. Das Luthertum

Bekenntnis und Einheit der Kirche. Studien zum Konkordienbuch, hg. v. Martin Brecht u. Reinhard Schwarz, Stuttgart 1980. – Widerspruch, Dialog und Einigung, Studien zur Konkordienformel der lutherischen Reformation, hg. v. Wenzel Lohff u. Lewis W. Spitz, Stuttgart 1977. – Discord, Dialogue and Concord. Studies in the Lutheran Reformation's Formula of Concord, hg. v. Lewis W. Spitz u. Wenzel Lohff, Philadelphia 1977. – Bernhard Lohse, Dogma und Bekenntnis in der Reformation: Von Luther bis zum Konkordienbuch, in: Handbuch der Dogmen- und Theologiegeschichte Bd. 2: Die Lehrentwicklung im Rahmen der Konfessionalität, hg. v. Carl Andresen, [2]Göttingen 1998, S. 1–166. – Die lutherische Konfessionalisierung in Deutschland, hg. v. Hans-Christoph Rublack, Gütersloh 1992 (SVRG 197). – Volker Leppin, Antichrist und Jüngster Tag. Das Profil apokalyptischer Flugschriftenpublizistik im deutschen Luthertum 1548–1618, Gütersloh 1999 (QFRG 69). – Melanchthon in seinen Schülern, hg. v. Heinz Scheible, Wiesbaden 1997 (WF73).

Die von Luther ausgegangene Reformation bildete keine Einheit mehr. Es war schicksalhaft, daß Luther am Vorabend des Schmalkaldischen Krieges starb, dessen Ende mit dem Interim eine akute Bedrohung der Reformation im Reich darstellte und die Frage nach der Identität des Luthertums implizierte. Als Bedrohung wurde aber auch die etwa gleichzeitig erfolgende Verständigung von Zwinglianismus und Calvinismus im Consensus Tigurinus (vgl. u. S. 250f) empfunden. Von daher erhielten die Auseinandersetzungen, die über die Frage der Stellung zum Interim begannen, ihre Schärfe. Und gleichzeitig kam es mit ihnen zu intensiven Diskussionen über die Differenzen zwischen Luther und Melanchton und beider Autorität. Diese Auseinandersetzungen bedeuten deswegen den Übergang zu den sich abgrenzenden Konfessionen und den mit ihnen sich bildenden unterschiedlichen Orthodoxien. Dabei lassen sich typisierend, aber ohne daß es sich dabei um festgeschlossene oder einheitliche Gruppen handelt, zwei Richtungen unterscheiden: Die Gnesiolutheraner (von γνήσιος: die rechtmäßigen Lutheraner) und die Philippisten. Die Gnesiolutheraner meinten in einer mit Luther angebrochenen Endzeit zu leben, in der man die reine Lehre – das pure docere aus CA VII wurde immer stärker als ausformulierte doctrina statt als Evangeliumsverkündigung verstanden – bewahren müsse. Sie wollten mit ihren deutschen Streitschriften die Gemeinden erreichen und vertraten ihre Überzeugung auch kompromißlos gegenüber den Obrigkeiten. Den Philippisten dagegen – weniger apokalyptisch und stärker humanistisch geprägt – ging es um eine christliche Gesellschaft, so daß sie im Blick auf theologische Unterschiede eher irenisch gestimmt waren, eine evangelische Weite wahren wollten und sich – deswegen später als ,Kryptocalvinisten' verdächtigt –, dem Calvinismus nähern und öffnen konnten. Freilich waren alle, die sich am Streit beteiligten, Schüler der beiden großen Wittenberger und so fanden sich immer auch lutheranisierende Philippisten und melanchthonisierende Gnesiolutheraner. Abgesehen von dem die sogenannten ,nachlutherischen Streitigkeiten' auslösenden Interimistischen oder Adiaphoristischen Streit drehten sich alle Auseinandersetzungen um Fragen, die unmittelbar oder mittelbar mit der Rechtfertigungslehre und mit Melanchthons Theologie zusammenhingen. Zur Debatte standen immer wieder das Verhältnis von Rechtfertigung und Heiligung sowie die Überlegungen, mit denen Melanchthon versucht hatte, das Rechtfertigungsgeschehen anthropologisch einsichtig zu machen.

a) Die nach- und innerlutherischen Streitigkeiten

Interim und Adiaphora

Im Blick auf die drohende Rekatholisierung registrierte man auf lutherischer Seite mit hoher Empfindlichkeit, wie sich die Theologen zum Interim stellten. Daß man mit Billigung Melanchthons, der deutlich zwischen der theologischen Ablehnung des Interim und einer für die Obrigkeit notwendig differenzierenden Sicht unterschieden hatte (KTGQ 3, Nr. 56b), in Kursachsen einen Teil der vom Interim aufgezwungenen und von der Obrigkeit verlangten zeremonialen Änderungen als Adiaphora (von ἀδιάφορος = weder gut noch böse; gleichgültig) glaubte hinnehmen zu können, rief 1548 sofort den strikten Widerspruch derjenigen hervor, die ihre Ämter wegen des Interims verloren hatten oder als treue Anhänger des inhaftierten Ernestiners Johann Friedrich den kursächsischen Kompromiß als ‚Leipziger Interim' perhorreszierten und darin unter Führung von Nikolaus von Amsdorf (1483–1565) und Matthias Flacius Illyricus (1520–1575) einen unerträglichen Pakt mit dem päpstlichen Antichrist sahen (KTGQ 3, Nr. 56c). Für sie war in statu confessionis selbst in nebensächlichen Fragen (Fasten, Bilder, Glockenleuten) kein Kompromiß möglich. ‚Nihil est adiaphoron in casu confessionis et scandali' (In der Situation von Bekenntnis und Ärgernis gibt es nichts Gleichgültiges.). Und da man mit dieser Position auch gegen die den Kompromiß suchenden evangelischen Obrigkeiten stand, entwickelte man nun eine lutherische Widerstandslehre, die einerseits den Gehorsam gegen die Obrigkeit in geistlichen Dingen strikt ablehnte, andrerseits der unteren Obrigkeit das Recht zum aktiven Widerstand gegen eine obere zusprach, die der Aufgabe der Obrigkeit nach Röm 13,4 nicht mehr gerecht wird (KTGQ 3, Nr. 56d). Der Streit flaute ab, als die Bedrohung durch das Interim nachließ, aber das Ansehen Melanchthons und der ihm zustimmenden ‚Adiaphoristen' war bleibend geschädigt.

Günter Wartenberg, Philipp Melanchthon und die sächsisch-albertinische Interimspolitik, in: Ders., Wittenberger Reformation und territoriale Politik. Ausgewählte Aufsätze, hg. v. Jonas Flöter u. Markus Hein, Leipzig 2003 (AKThG 11), 87–103. – Oliver K. Olson, Matthias Flacius and the Survival of Luther's Reform, Wiesbaden: Harrassowitz, 2002 (WARF 20). – Thomas Kaufmann, Das Ende der Reformation. Magdeburgs »Herrgotts Kanzlei« (1548–1551/2), Tübingen 2003 (BHTh 123).

Osiandrischer Streit

Daß Andreas Osiander (1496–1552) eine durchaus eigengeprägte reformatorische Theologie entwickelt hatte, war schon während der Jahre seiner reformatorischen Wirksamkeit in Nürnberg von 1522 bis 1548 an verschiedenen Punkten und gelegentlichen Auseinandersetzungen mit den Wittenbergern aufgefallen. Zum Streit kam es darüber erst, als er 1549 im preußischen Königsberg von Herzog Albrecht nicht nur zum Pfarrer, sondern unter Bruch der Universitätsstatuten zum Professor ernannt wurde und nun – in einer von Melanchthon geprägten Kollegenschaft – seine Theologie systematisch ausgearbeitet mit hohem Selbstbewußtsein vortrug.

Osiander wandte sich im Interesse der wirklichen Neuwerdung des Menschen im rechtfertigenden Glauben unter Berufung auf Luther gegen das Übergewicht der melanchthonischen forensisch-imputativen Rechtfertigung. Er unterschied im Mittlerbegriff das – historisch vergangene – Handeln Christi mit Gott in seinem Erlösungswerk vom gegenwärtigen Handeln mit den Gläubigen in Rechtfertigung und Heiligung. Außerdem parallelisierte er die altkirchliche Lehre über Christi göttliche und menschliche Natur mit der Entgegensetzung von Glaube und Werk in der Rechtfertigung. Christus sei nicht aufgrund seines Werkes, sondern seiner göttlichen Natur gerecht gewesen. So erhielt aufgrund des Gegensatzes von Glaube und Werk seine Christologie einen nestorianischen Schein, wenn er darauf bestand, daß nur die göttliche Natur Christi unsere Gerechtigkeit sei, und seine Rechtfertigungslehre aufgrund der Naturenchristologie einen katholisierend-mystischen Zug, wenn er darauf bestand, daß uns die göttliche Natur eingegossen werden müsse und uns erneuere. Mit Unverständnis quittierte man seine Überzeugung, daß Adam nach der similitudo des Sohnes Gottes und nach der imago des zukünftig zu inkarnierenden Christus geschaffen worden sei, so daß dieser auch ohne den Sündenfall hätte Mensch werden müssen. Dahinter standen kabbalistische Traditionen ebenso wie überzogene Folgerungen aus der im übrigen allgemein anerkannten These, daß in Gott alles wesenhaft und nichts akzidentiell sei.

Unbeeindruckt von der mit Ausnahme der Württemberger unter Johannes Brenz einhelligen Ablehnung durch Gnesiolutheraner wie Philippisten versuchte der Herzog Osianders Lehre auch über dessen Tod hinaus gegen heftigen Widerstand bei Ständen und Theologen durchzusetzen. Die Versuche zu Ausgleich und Befriedung der gespaltenen Kirche Preußens zogen sich über ein Jahrzehnt hin und endeten schließlich mit einer gegen den Herzog von den Ständen des Herzogtums und der polnischen Krone erzwungenen Abwendung vom Osiandrismus und einer Neuordnung der preußischen Kirche 1567/68.

Andreas Osiander d.Ä., Gesamtausgabe, hg. v. Gerhard Müller und Gottfried Seebaß, Bd. 9 u. 10, Gütersloh 1994 u. 1997. – Martin Stupperich, Osiander in Preußen 1549–1552, Berlin 1973 (AKG 44). – Jörg Rainer Fligge, Herzog Albrecht von Preußen und der Osiandrismus 1522–1568, phil. Diss. Bonn 1972.

Der Osiandrische Streit hatte noch zwei weitere Klärungen zur Folge.
– Gegen Osianders These, daß Christus nur nach der göttlichen Natur unsere Gerechtigkeit sei, setzte der 1551 nach Königsberg gekommene Franciscus Stancarus (ca.1501–1574) die These, daß Christus allein nach seiner menschlichen Natur die Gerechtigkeit sei, weil wir ihr das Versöhnungswerk verdankten, was aber einhellig abgelehnt wurde.

– Der Gothaer Superintendent Justus Menius (1499–1558) bestand gegen Osianders angebliche Abwertung des Satisfaktionswerks Christi auf dessen doppelt satisfaktorischem Handeln in der aktiven Gesetzeserfüllung und der passiven durch sein Leiden. Im Unterschied dazu wurde 1567 publik, daß der Ansbacher Superintendent Georg Karg (1512–1576) nur den passiven Gehorsam als satisfaktorisch gelten lassen wolle, da Christus das Gesetz nicht stellvertretend für uns, sondern für seine Person habe erfüllen müssen, so wie dazu auch die Gläubigen aufgerufen seien. Allgemeiner Widerspruch führte zu seiner Absetzung, die nach seinem Widerruf 1570 rückgängig gemacht wurde.

Majoristischer Streit
Um die Frage der Heiligung ging es auch bei dem Streit über die guten Werke. Im Unterschied zu Luthers Überzeugung, der Glaube sei nicht ohne Werke, betonte Melanchthon, der Glaube dürfe nicht ohne gute Werke sein. Schon 1536 hatte daher Nikolaus von Amsdorf kritisiert, daß Melanchthon in der 2. Auflage seiner Loci 1535 die guten Werke als unerläßlich für die Seligkeit bezeichnet hatte. Daran nahm im Zusammenhang einer Auseinandersetzung mit Caspar Cruciger (1504–1548) auch Conrad Cordatus (1480–1546) Anstoß, so daß es 1536/37 von Luthers Seite zur Klärung kam, daß nämlich die guten Werke zwar notwendig, aber nicht heilsnotwendig seien und in diesem Leben immer unvollkommen blieben. Melanchthon und Cruciger einer-, Cordatus andrerseits akzeptierten das, blieben aber im Grunde bei ihrer abweichenden Meinung. So war es nicht erstaunlich, daß die Frage erneut aufbrach und es zu wütenden Protesten der Gnesiolutheraner (Amsdorf, Flacius) kam, als der zu den Adiaphoristen gezählte Georg Major (1502–1574) 1552 die Behauptung aufstellte, die guten Werke seien zur Seligkeit notwendig. Das tangiere nicht nur die Rechtfertigung sola fide, sondern eben auch die Gewißheit des Heils. Daß sich Justus Menius vorsichtig positiv zu Major äußerte, trug den Streit ins ernestinische Sachsen. Vergeblich versuchte der Herzog, den Streit mit dem ‚Eisenacher Synodalrezeß‘ (1556) beizulegen. Der Streit hielt an bis 1574, zumal Amsdorf 1559 die Gegenthese aufstellte, daß gute Werke zur Seligkeit schädlich seien, falls man sie vor Gott geltend zu machen gedenke.

Die Auseinandersetzungen über das Gesetz – die Antinomer und das Problem des tertius usus legis
Mit der Frage von Rechtfertigung und Heiligung hing auch die nach dem Gesetz zusammen. Auch hier gab es Unterschiede zwischen Luther und Melanchthon, die schon früher zu Schwierigkeiten geführt hatten.
– Bereits 1527 hatte Johann Agricola (1492/94–1566), damals Schulmeister in Eisleben, kritisiert, daß nach Melanchthons Visitationsartikeln Gesetzespredigt und Buße dem Evangelium und dem Glauben vorausgehen müßten. Die damals durch Luther beigelegte Auseinandersetzung brach 1536/37 erneut auf. Agricola sah – mit Hinweis auf frühere Äußerungen Luthers – im Gesetz einen verfehlten Versuch Gottes, der Sünde zu wehren. Die Buße entstehe nicht am Gesetz, sondern im Blick auf die violatio filii (Entehrung des Sohnes). Seine Anhänger mögen das zur These

vergröbert haben, das Gesetz gehöre nicht auf die Kanzel, sondern aufs Rathaus. Luther nahm das zum Anlaß, in den Antinomerdisputationen (KTGQ 3, Nr. 51) und anderen Schriften seine Lehre von Gesetz und Evangelium zu klären, wobei er auf dem usus elenchticus (den überführenden Gebrauch) neben dem usus politicus (dem weltlich-bürgerlichen Gebrauch) bestand, weil sonst das Evangelium zum Gesetz werde. Der Streit brach immer wieder auf, bis es zu einem Prozeß gegen Agricola kam, der dessen Ausgang nicht abwartete, sondern als Hofprediger nach Brandenburg ging.

Steffen Kjeldgaard-Pedersen, Gesetz, Evangelium und Buße. Theologiegeschichtliche Studien zum Verhältnis zwischen dem jungen Johann Agricola (Eisleben) und Martin Luther, Leiden 1983 (AThD 16). – Timothy J. Wengert, Law and Gospel. Philipp Melanchthon's Debate with John Agricola of Eisleben over „Poenitentia", Grand Rapids 1997 (Texts and Studies in Reformation and Post-Reformation Thought). – Matthias Richter, Gesetz und Heil. Eine Untersuchung zur Vorgeschichte und zum Verlauf des sog. Zweiten Antinomistischen Streits, Göttingen 1996 (FKDG 67).

– Gleichwohl brach am Eisenacher Rezeß von 1556 diese Frage erneut auf. Dessen These, man müsse in der Lehre vom Gesetz prinzipiell auch von der Notwendigkeit guter Werke sprechen, wollten weder Amsdorff noch der Erfurter Pfarrer Andreas Poach (1516–1585) gelten lassen, da das Gesetz nur zu zeigen habe, daß der Sünder es unmöglich erfüllen könne. Andere Gnesiolutheraner wie Flacius und Joachim Mörlin (1514–1571) waren dagegen der Auffassung, damit werde das Gesetz und seine Gehorsamsforderung nicht mehr wirklich ernst genommen.

– Noch umstrittener wurde der von Melanchthon vertretene tertius usus legis, also die Geltung des Gesetzes für den gerechtfertigten Gläubigen. Gegen ihn wandte sich Anton Otho (ca.1505–1580), Pfarrer in Nordhausen. Der Streit war in Nordhausen mit einem Gutachten Melanchthons nicht beizulegen, weitete sich vielmehr aus, da Otho bei Kollegen in Jena Unterstützung fand. Daß man diese und Otho 1568 auf Intervention von Kurfürst August von Sachsen (1526]1553–1586) auswies, klärte die Situation in Nordhausen, beendete aber den Streit ebensowenig wie das von Kurfürst August im gleichen Jahr nach Altenburg einberufene Religionsgespräch. Und auch an der Universität Frankfurt an der Oder kam es zu einer Auseinandersetzung über diese Frage zwischen dem Lutheraner Andreas Musculus (1514–1581) und dem Melanchthonianer Abdias Praetorius (1524–1573).

Synergistischer Streit

In seinem Bemühen, die Rechtfertigungslehre anthropologisch einsichtig zu machen, hatte Melanchthon seit seinem Kolosserkommentar von 1527 und der 2. Auflage der loci von 1535 zu den Ursachen der Bekehrung auch den Willen des Menschen gerechnet. Anstoß erregte das aber erst, als im majoristischen Streit (vgl. o. S. 240) der Leipziger Superintendent und Theologieprofessor Johann Pfeffinger (1493–1573) 1555 eine Thesenreihe zur Willensfreiheit publizierte, in der er erklärte, der Mensch leiste, wenn Gott den Anfang gemacht habe, in Zustimmung und Ergreifen des Wortes eine synergia bei der Bekehrung, so daß es nicht an der Prädestination Gottes, sondern am Willen des Menschen liege, wenn er nicht bekehrt werde. Dagegen wandten sich ernestinisch-sächsische Theologen und dann vor allem Amsdorf und Flacius, die darin die katholisierende Tendenz der Adiaphoristen in der Verleugnung der Rechtfertigungslehre erneut bestätigt sahen. Der Streit weitete sich aus, als der Jenaer Theologieprofessor Victorin Strigel (1524–1569) sich 1559 weigerte, das ‚Weimarer Konfutationsbuch‘, das mit Pfeffingers Lehre die Synergisten verurteilte, zu unterschreiben. Bei einer im folgenden Jahr gehaltenen Disputation zwischen Strigel und Flacius behauptete Strigel, daß der Wille des Menschen Teil seiner geschöpflichen Ausstattung und deswegen auch in der beginnenden Bekehrung durch Gott beteiligt sei und die Erbsünde deswegen nicht zur Substanz des Menschen rechne, sondern als Akzidens zu werten sei. Flacius, der schon früher, ohne es naturalistisch zu verstehen, behauptet hatte, daß der Mensch nach dem Fall zum Bild des Satans geworden sei und sein Wille sich in der Bekehrung nicht nur passiv, sondern sich sogar widerstrebend verhalte, setzte dem die Behauptung entgegen, die Erbsünde sei die forma substantialis des Menschen. Das schien nun ontologisch den Unterschied zwischen Geschöpf und Sünder aufzuheben und wurde deswegen mit wenigen Ausnahmen (Christoph Irenaeus, 1522–1595; Cyriakus Spangenberg, 1528–1604) von Philippisten und Gnesiolutheranern gleichermaßen abgelehnt, so daß Flacius, aus Jena 1561 ausgewiesen wurde. Seine Clavis scripturae sacrae (Schlüssel zur Heiligen Schrift, 1567) aber wurde dennoch zu einer für die lutherische Orthodoxie wegweisenden Hermeneutik (KTGQ 3, Nr. 59b)

Thomas Kaufmann, Synergismus I. Reformationszeit, in: TRE 32, Berlin/New York 2001, S. 508–518.

b) Das Bemühen um eine lutherische Einheit

Fürstliche Einigungsbestrebungen und Fürstentage
Der Augsburger Religionsfriede von 1555 (vgl. o. S. 201–204) hatte, da die Protestanten das Generalkonzil ablehnten und die Altgläubigen kein Nationalkonzil wollten, zum Ausgleich der Religionsfrage wiederum ein Religionsgespräch verlangt. Den protestantischen Fürsten war klar, daß man dem Gegner unmöglich zerstritten gegenüber treten konnte. Man mußte versuchen, vorher zu einer Einigung zu kommen. Eine Gelegenheit bot die Kaiserwahl Ferdinands I. in Frankfurt/M. 1557. Doch brachte sie kein Ergebnis da die ernestinischen Gnesiolutheraner auf namentlicher Verwerfung der abweichend Lehrenden bestanden und Melanchthon mit Recht ‚neues Feuer‘. fürchtete. Die Behauptung, man sei in den Grundfragen einig, nützte nichts. Die Gegner spielten während des Wormser Gesprächs (Sept. 1557) sogleich die Karte der Spaltungen unter den Protestanten aus, und erreichten, daß die Gnesiolutheraner den Bekenntnisstand ausriefen und vorzeitig abreisten. Ein peinlicher Eklat.

Benno von Bundschuh, Das Wormser Religionsgespräch von 1557 unter besonderer Berücksichtigung der kaiserlichen Religionspolitik, Münster 1988 (RGST124).

Nun nahmen die Fürsten die Sache in die Hand. Aufgrund eines Gutachtens Melanchthons (CR 9, 463ff) einigte man sich über die Rechtfertigungslehre (iustitia imputata), den notwendigen neuen Gehorsam, die wahre Gegenwart Christi im Abendmahl und die in Verfolgungszeiten nicht mehr akzeptablen Adiaphora. Aber diesen ‚Frankfurter Rezeß‘ (1558) nahmen die sächsischen Ernestiner nicht an, stellten ihm vielmehr das ‚Weimarer Konfutationsbuch‘ (1559) entgegen.

Um des Friedens willen mußte aber inzwischen auch geklärt werden, wer ‚Verwandter‘ der Confessio Augustana sei. Da Melanchthon die Confessio immer wieder (1531; deutsche Ausgabe 1533; 1540 und 1542!), ohne daß das je auf protestantischer Seite Anstoß erregte, geändert hatte, erhob sich nun aufgrund der Auseinandersetzungen über das Abendmahl (vgl. u. S. 252) die Frage, welche Fassung gültig sein solle. Auf dem Naumburger Fürstentag 1561 verglich man mühselig die verschiedenen Ausgaben, um am Ende – man wollte die auf der Variata insistierende Pfalz, die auf dem Weg zum Calvinismus war (vgl. u. S. 304), nicht ausschließen – zu erklären, man stehe zu Confessio Augustana und deren Apologie, betrachte aber die Variata als erklärende Auslegung. Doch auch dem stimmten das herzogliche Sachsen und Mecklenburg nicht zu. Damit waren auch die Bemühungen der Fürsten gescheitert.

Corpora Doctrinae und theologische Lehre

Angesichts fehlender Einheit untereinander mußte man aufgrund des ius reformationis wenigstens für die Übereinstimmung innerhalb der Territorien sorgen. Längst gab es territoriale Lehrverpflichtungen in Kirchenordnungen und Katechismen, in den Anstellungsreversen von Geistlichen und dem Wittenberger Doktoreid von 1533. Nunmehr aber galt es, angesichts der Auseinandersetzungen die Auslegung der Confessio Augustana durch eine Sammlung maßgeblicher Schriften zu sichern. Das geschah, nachdem als Privatunternehmen das ‚Corpus doctrinae Misnicum‘ (KTGQ 3, Nr. 59a) oder – da es ausschließlich melanchthonische Schriften enthielt – ‚Philippicum‘ (1561) erschienen war und in vielen Gebieten (Pommern, Kursachsen, Brandenburg, Nürnberg, Schleswig-Holstein, Dänemark) offizielle Geltung erlangt hatte, immer öfter. Dabei enthielten die von den Gnesiolutheranern bestimmten Sammlungen die Confessio Augustana invariata, aber auch Luthers Katechismen und die Schmalkaldischen Artikel (vgl. o. S. 194). Hinzu trat – neben der jeweiligen Kirchenordnung – oft auch eine Erklärung zu den jüngsten Streitigkeiten durch den im jeweiligen Land führenden Theologen. So stellte sich die Frage, ob man hier nicht über Vergleich und Ausgleich doch noch zu einem gesamtlutherischen Corpus doctrinae kommen könne.

Wolf-Dieter Hauschild, Corpus doctrinae und Bekenntnisschriften, in: Bekenntnis und Einheit der Kirche, hg. v. Reinhard Schwarz und Martin Brecht, Stuttgart 1980, S. 235–252

Der Weg des theologischen Ausgleichs bis zu Konkordienformel und Konkordienbuch

Ein gesamtlutherisches Corpus konnte letztlich nur in einer theologischen Einigung über die in den vergangenen Auseinandersetzungen strittigen Fragen erreicht werden. Für ein solches Unternehmen besaß Herzog Christoph von Württemberg (1515]1550–

1568) dem die Einigung besonders am Herzen lag, in Jakob Andreae (1528–1590) den richtigen Mann. Andreae hatte schon früher in Weimar den synergistischen (1569) und in Straßburg (1563) den Streit um die Prädestination beizulegen versucht. Auf dem Maulbronner Gespräch (1564) hatte er gegen die reformierten Pfälzer die lutherische Abendmahlslehre vertreten und 1568 bei der Reformation Braunschweig-Wolfenbüttels mitgewirkt. So legte er im Blick auf eine Einigung eine Schrift vor, die die Rechtfertigung, die guten Werke, den freien Willen, die Adiaphora und das Abendmahl behandelte (,Bekenntnis und kurze Erklärung etlicher zwiespaltiger Artikel'). Die beiden Sachsen aber stellten sich dagegen: Kursachsen wegen der Ubiquitätslehre, das herzogliche Sachsen wegen der fehlenden namentlichen Verwerfungen. Zwar einigte man sich im Zerbster Konvent (Sommer 1570) auf die Confessio Augustana, deren Apologie, Luthers Schmalkaldische Artikel und seine Katechismen, mußte aber auch das melanchthonische Corpus Misnicum und deswegen auch die Schriften von Johannes Brenz als richtungweisende Auslegungen der Heiligen Schrift anerkennen.

Aber auch damit kam man nicht weiter. So verfaßte Andreae 1573 seine ,Sechs Predigten von den Spaltungen', die sich seit 1548 unter den Theologen der Confessio Augustana erhoben hatten. Sie behandelten Rechtfertigung, gute Werke, Erbsünde und freien Willen, Adiaphora, Gesetz und Evangelium und die Christologie. Auf Wunsch der niedersächsischen Theologen arbeitete er sie in Thesen und Antithesen zur ,Schwäbischen Konkordie' um, die im wesentlichen bereits die Artikel der späteren Formula concordiae enthielt (Nov. 1574). Aufgrund zahlreicher gutachtlicher Äußerungen aus dem niedersächsischen Raum veränderte sie der Braunschweiger Martin Chemnitz zur ,Schwäbisch-(nieder)sächsischen Konkordie' (Sommer 1575). Die Reihenfolge der Artikel entsprach der Confessio Augustana, die über den freien Willen und das Abendmahl (Christologie) hatte man geändert. Damit nicht einverstanden, erarbeitete ein Konvent württembergischer und hennebergischer Theologen Anfang 1576 die ,Maulbronner Formel' (Pressel im Jahrbuch für deutsche Theologie 11, 1866, S. 640–711). Inzwischen aber war nicht nur Kurfürst August von Sachsen nach dem Sturz der Philippisten (vgl. u. S. 304) zum tatkräftigen Förderer der Konkordie geworden, es war auch ein Teil der ausgesprochenen Streittheologen gestorben. So konnte ein kleiner Theologenkonvent im Mai 1576 auf der Basis der Schwäbisch-sächsischen Konkordie und der Maulbronner Formel (FM) das ,Torgische Buch' (die ,Solida declaratio', SD) ausarbeiten, das von Andreae kurz zusammengefaßt wurde (,Epitome', Ep). Nun ging das Ergebnis an die lutherischen Stände. Aufgrund der verschiedenen Gutachten wurde dann auf einem Theologenkonvent im Kloster Berge bei Magdeburg im Mai 1577 das Torgische zum ,Bergischen Buch', zur ,Formula concordiae' (Solida declaratio und Epitome umfassend) umgearbeitet (KTGQ 3, Nr. 59d). Sofort ging man dann an die Sammlung der Unterschriften, wobei nicht selten, gerade in den alten philippistischen Gebieten, auch Zwang angewandt wurde.

Das Konkordienwerk war ein Ausgleichs- und Einigungsversuch. Deswegen hat sich die Konkordienformel in den Entscheidungen der einzelnen Artikel bemüht, die Spitzensätze von Gnesiolutheranern und Philippisten beiseitezulassen und einen Ausgleich zu erreichen, der lutherisches Erbe und melanchthonische Tradition miteinander verband. Man hat aus diesem Grund der Formula concordiae mit Recht Abweichungen von beiden vorgehalten, ihr auch inkonsequente Gedankengänge vorwerfen können. Aber gerade darin zeigt sich, wie die Glaubensaussage die benutzte Begrifflichkeit immer wieder zu sprengen versucht. Und stets war man bemüht, von der Lehrformulierung zum Zentrum, der Rechtfertigung, vorzustoßen. Die Konkordienformel selbst verstand sich als notwendige Auslegung der Confessio Augustana, nicht aber – auch um des Augsburger Religionsfriedens willen – als neues Bekenntnis.

Seit der zweiten Hälfte des 19. Jahrhunderts wurde die Konkordienformel vielfach negativ beurteilt. Das geschah einmal im Rückblick. Je nachdem, ob man der melanchthonischen oder der lutherischen Theologie zuneigte, bewertete man sie negativ als Hinwendung zum lutherischen Dogmatismus (Heppe) oder als melanchthonische Unterwanderung der lutherischen Theologie (Ritschl, Harnack, Loofs). Das geschah aber auch im Ausblick: Dann sah man in der Konkordienformel den Anfang einer starren Orthodoxie (O. Ritschl, H.E. Weber). Erst wenn man unter Berücksichtigung der historischen Auseinandersetzungen danach fragt, ob es gelungen ist, die Sache der Reformation, die Botschaft von der Rechtfertigung des Sünders und ihre Erfahrung festzuhalten, wird deutlich, welche Arbeit die Väter der Formula concordiae geleistet haben. So bahnte sich erst in neuerer Zeit eine gerechtere Bewertung der Konkordienformel als eines Bekenntnisses an, das in Bescheidung auf die strittigen Probleme (keine volle Dogmatik oder gar Kirchenordnung) den Konsens über die Lehre formulieren will, soweit der um der Reinheit des Evangeliums willen (Rechtfertigung des Sünders) und in Abgrenzung gegen die Ränder des kirchlichen Pluralismus notwendig war.

Nach langen Verhandlungen über die Vorrede konnte schließlich 1580 mit dem ‚Konkordienbuch‘ auch das gemeinsame Corpus doctrinae erscheinen, das die drei altkirchlichen Bekenntnisse (Apostolikum, Nicaenum, Athanasianum), Confessio Augustana, Apologie, Schmalkaldische Artikel, Melanchthons Traktat (vgl. o. S. 194), die lutherischen Katechismen sowie die Konkordienformel enthielt. Insgesamt wahrte das Konkordienbuch mit der Zusammenstellung lutherischer und melanchthonischer Lehrschriften den wesentlichen Charakter der deutschen Reformation.

Eine umfassende Konkordie wurde es nicht, da weder die Konkordienformel noch das Konkordienbuch allgemein rezipiert wurde. Die Ablehnung hatte ganz unterschiedliche Gründe:

– Von vornherein ausgeschlossen waren die bereits von Calvin oder ausgeprägten Philippisten bestimmten Gebiete. In ihnen löste das Konkordienwerk sogar einen Schub hin zur reformierten Konfessionalisierung aus.

– Daneben gab es eine ganze Reihe von Gebieten, die die Zurückdrängung melanchthonischer Lehrschriften nicht mitmachen wollte und die in den Lehrstreitigkeiten vollzogene Entwicklung lutherischer Theologie – vor allem die christologische Begründung der Realpräsenz im Abendmahl – nicht akzeptierte. Dazu gehörten Pommern, Holstein, Anhalt, Hessen, Nürnberg, Brandenburg sowie geistliche Fürstentümer, die unter evangelischen Administratoren standen, da sie ein ‚neues Bekenntnis wegen des Religionsfriedens nicht unterzeichnen mochten. Auch Herzog Julius von Braunschweig-Wolfenbüttel (1528]1568–1589) unterschrieb trotz langer und intensiver Förderung nicht. Aber man darf die Trennung dieser Gruppe vom Konkordienbuch nicht zu hoch bewerten, selbst wenn deren Universitäten (Kiel, Rostock, Helmstedt, Marburg) eine gewisse Sonderentwicklung nahmen.

Irene Dingel, Concordia controversa. Die öffentlichen Diskussionen um das lutherische Konkordienwerk am Ende des 16. Jahrhunderts, Gütersloh 1996 (QFRG 63).

– Im Unterschied zu anderen Konfessionen setzte im Luthertum mit den Auseinandersetzungen über das Interim und den folgenden ‚nachlutherischen Streitigkeiten' schon sehr früh ein Differenzierungsprozeß ein, der durch Konkordienformel und Konkordienbuch keineswegs im Sinne einer Einheitstheologie rückgängig gemacht wurde. Zwar stützte sich die lutherische Orthodoxie immer auf Konkordienformel und Konkordienbuch, wie sich besonders klar an Leonhard Hutters Compendium locorum theologicorum zeigt, aber ‚die Orthodoxie' integrierte keineswegs die Breite dessen, was sich selbst in der Nachfolge Luthers verstand und zum Luthertum rechnete, wenn man an Johann Arndt (1555–1621) und Johann Valentin Andreae (1586–1654) sowie an jene Erscheinungen denkt, die man früher – den falschen Eindruck einer eigenen ‚Gruppe' erweckend – als ‚Reformorthodoxie' bezeichnete, oder die die Geschichte der lutherischen Orthodoxie begleitenden Auseinandersetzungen im 17. Jahrhundert in den Blick nimmt.

c) Universitätstheologie

Es waren nicht ausschließlich, aber doch in erster Linie die Universitätstheologen, die sich neben den geistlichen Ministerien großer Städte an den nachlutherischen Auseinandersetzungen beteiligten. Und die Universitätstheologie erhielt ständig wachsenden Einfluß, zumal nicht nur im katholischen Bereich (Würzburg, 1582, Graz 1585), sondern ebenso – allerdings ohne die Privilegierung zu erreichen – im reformierten (Herborn 1584, Rinteln 1621) und lutherischen neue Universitäten entstanden (Jena 1548/1557; Straßburg 1566/1621, Helmstedt 1576, Altdorf 1576/1622, Gießen 1607). Hinzukamen noch die Akademischen Gymnasien, die man in Coburg, Danzig (später zeitweilig reformiert) Gotha, Hamburg und Stettin (reformiert: Zerbst 1581, Bremen 1584) gründete. Immer war das Interesse der fürstlichen oder städtischen Obrigkeiten für die Gründung ausschlaggebend, und nicht selten wurde in den Statuten auch die konfessionelle Prägung der jeweiligen Hochschule festgeschrieben. Der nachhaltig obrigkeitliche Einfluß zeigte sich nicht zuletzt darin, daß einige Universitäten aus konfessionellen Gründen harte Eingriffe der Landesherren hinzunehmen hatten. Das galt für Königsberg in den Osiandrischen Streitigkeiten. Jena mußte die vielfältigen Wandlungen sächsisch-ernestinischer Religionspolitik mitvollziehen. Wittenberg wurde in der Zeit des sogenannten Kryptocalvinismus vom Wechsel der sächsisch-albertinischen Orientierung betroffen. Heidelberg mußte in den 80er Jahren den mehrfachen Konfessionswechsel seiner Kurfürsten nachvollziehen. Für die aus Marburg vertriebenen Lutheraner wurde die Universität Gießen neu gegründet. Innerhalb der lutherischen Universitäten entwickelten sich deutliche Unterschiede zwischen den an der Konkordienformel orientierten Universitäten und denen, die – wie Helmstedt, Altdorf und später Frankfurt/Oder – eine solche Bindung nicht kannten.

Neben den exegetischen Vorlesungen, für die die Clavis scripturae sacrae (1567) und die Glossa compendiaria des Matthias Flacius Illyricus gern herangezogene Hilfsmittel waren, rückten allmählich Dogmatik und Polemik in der Form oder der Auslegung der melanchthonischen Loci stärker ins Zentrum. Philosophisch gewannen der Neustoizismus für die Naturphilosophie und die Ethik, der Aristotelismus für die formale Durcharbeitung mit Hilfe der Kategorien generalis-specialis, improprie-proprie und der vier causae (efficiens, materialis, formalis und finalis), aber auch inhaltlich für die Entwicklung einer neuen Schulmetaphysik grundlegende Bedeutung. Der Widerspruch des französischen Philosophen Pierre de la Ramée (1515–1572), der an einigen Universitäten rezipiert wurde, konnte sich dagegen auf Dauer nicht behaupten. Neben die loci theologici Melanchthons traten die weiterer Verfasser (1591 und postum die von Martin Chemnitz [1522–1586]; 1610 die von Matthias Hafenreffer [1561–1619]; 1622 die von Johann Gerhard [1582–1637]) und wurden ab 1610 im konkordistischen Luthertum durch das Compendium locorum theologicorum des Wittenbergers Leonhard Hutter (1563–1616) verdrängt. Etwa gleichzeitig begann Balthasar Mentzer (1565–1627) die Theologie, die stets als eine scientia practica bestimmt wurde, im Unterschied zu der in den Grundzügen dem Apostolicum folgenden loci analytisch aufzubauen, indem man von der Bestimmung des Menschen zur Seligkeit ausgehend nach den Mitteln ihrer Verwirklichung fragte.

Notker Hammerstein, Bildung und Wissenschaft vom 15. bis zum 17. Jahrhundert, München 2003 (Enzyklopädie Deutscher Geschichte 64). – Theologen und Theologie an der Universität Tübingen, hg. v. Martin Brecht, Tübingen 1977 (Contubernium 15). – Die theologische Fakultät Wittenberg 1502–1602, hg. v. Irene Dingel und Günter Wartenberg, Leipzig 2002 (LStRLO 5). – Thomas Kaufmann, Universität und lutherische Konfessionalisierung, Gütersloh 1997 (QFRG 66). – Martin Brecht, Theologiestudium II, in: TRE 33, Berlin/New York 2002, S. 354–358.

d) Frömmigkeit

Neben das Bemühen, die biblische Botschaft in korrekter Lehre zu erfassen, trat immer auch der Wille, der Gemeinde mit erbaulichen Schriften zu dienen. Es ist daher unzutreffend von einem Auseinandertreten von Theologie und Frömmigkeit (Zeller) zu sprechen oder die Verfasser solcher Schriften als eigene Gruppe von Reformorthodoxen von anderen zu unterscheiden. Damit wird nicht bestritten, daß die Verfasser selbst ihre Zeit angesichts einer wiedererstarkenden Papstkirche und gewaltsamer Gegenreformationen sowie unter dem Eindruck von Seuchen und Hungersnöten als krisenhaft erfuhren und von daher intensiv zur Buße riefen. Neben die schon von Luther erhobene Klage über die Fruchtlosigkeit der Predigt trat als

Grundthema das Verhältnis von Glaube und Leben beim einzelnen Christen. Daß es darum nicht zum besten stand, läßt sich den vielfachen Klagen in den Visitationsakten entnehmen, selbst wenn man deren Auflistung dessen, was Anstoß erregte und geändert werden mußte, nicht verallgemeinern darf. Der im Leben zu bewährende Glaube wird seit Johann Arndts ‚Vier Büchern vom wahren Christentum' zunehmend als ‚Christentum' verstanden. Weil man mit den erbaulichen Schriften Seelsorge am einzelnen in konkreten Situationen leisten wollte, entsteht ganz selbstverständlich der Eindruck eines ‚Individualisierungsschubes' (Kaufmann).

Auf lutherischer Seite waren im Unterschied zur reformierten Seite, auf der man sich viel stärker auf die Heilige Schrift selbst und den Katechismus konzentrierte, die erbaulichen Bücher prägend, weniger die Bibel selbst, deren Gesamtausgaben immer noch teuer und kostbar waren. Aber schon Luther hatte mit seinen Postillen, den Auslegungen der sonntäglichen Evangelien- und Epistellesungen, etwas geschaffen, was nicht nur den Multiplikatoren, sondern auch der häuslichen Andacht dienen konnte. Solche Postillen wurden laufend und zunehmend veröffentlicht und boten eine durchaus lebensnahe Auslegung der Schrift. Hinzutraten Erläuterungen ganzer biblischer Bücher, vor allem des Buches Jesus Sirach, dann auch des Hohenliedes. Als besonders charakteristisch tritt im Unterschied zum Psalmengesang der reformierten Gemeinde im Luthertum das geistliche Lied hervor. Eine ganze Reihe von Liedern aus der zweiten Hälfte des 16. und der ersten des 17. Jahrhunderts haben sich bis heute gehalten (EG 128 und 146 von Moller; EG 70, 147 von Nicolai). Dabei kann freilich von einer singenden Gemeinde keine Rede sein. Der gottesdienstliche Gesang lag bei den Chören; über die sich nicht beteiligende Gemeinde wurde immer wieder geklagt. Die Gesangbücher und ihre Lieder dienten mehr der häuslichen Andacht, hatten deswegen auch häufig weitere Anhänge. Neben sie traten die Gebetbücher, deren Verfasser ebenso wie die der anderen erbaulichen Schriften meist Theologen waren, nur gelegentlich Laien und unter ihnen auch Fürsten. Die Gebete wollen den Tag ebenso begleiten wie die Arbeit in den verschiedenen ‚Ständen' und ‚Berufen', wollen aber auch Sprache bieten in den sprachlos machenden Notsituationen des alltäglichen Lebens oder des Lebensendes. Ihre Titel klingen schon in der ersten Hälfte des 16. Jahrhunderts gelegentlich ‚pietistisch' (Feuerzeug christlicher Andacht, 1537). Zu erwähnen ist aber vor allem das weitverbreitete und immer wieder aufgelegte Gebetbuch des Johann Habermann (Avenarius, 1516–1590). Schließlich gibt es die Fülle erbaulicher Schriften und Traktate. Unter ihren Verfassern ragen Stephan Prätorius (1536–1603), Martin Moller (1547–1606), Johann Arndt (1555–1621), Philipp Nicolai (1566–1608) und Johann Gerhard (1582–1637) deutlich heraus. Vor allem Arndts ‚Vier Bücher vom wahren Christentum' (nach der Publikation des ersten, 1610 alle vier) die das Leben des Christen aus den Gottesoffenbarungen im liber scripturae, vitae Christi, conscientiae und naturae vor Augen stellen wollen, haben eine europaweite Wirkung entfaltet, der aber die der ‚Meditationes sacrae' Johann Gerhards (1616), die der Erweckung wahrer Frömmigkeit dienen wollen, nur wenig nachstehen.

Das Bild tritt gegenüber dem Wort deutlich zurück. Zwar gibt es die Illustrationen zur Bibel, zum Katechismus und zu den Passionalen. Es finden sich auch neben den konfessionell polemischen erbauliche illustrierte Einblattdrucke und mit dem Aufkommen der Emblematik wird auch sie aufgegriffen.

Für die Lieder und Gebete gilt ebenso wie für die Traktate und die illustrierten Flugblätter, daß man zunehmend die Traditionen der mittelalterlich-bernhardinischen Mystik, aber auch die des Spätmittelalters aufgreift und sich auch nicht scheut, auf die mystischen Spiritualisten der eigenen Zeit und selbst auf mystisch geprägte jesuitische Texte zurückzugreifen. Dieser massive Schub führte einerseits zu einer die Konfessionsgrenzen im Blick auf das gelebte ‚Christentum' aufweichenden Frömmigkeit, wie sich gerade bei erbaulichen Flugblättern zeigt, schlug sich aber auch dogmatisch in der Ausarbeitung der unio mystica nieder, konnte auch als heterodox verdächtigt werden und tatsächlich an die Grenze des zu Integrierenden führen, wie es sich in den Auseinandersetzungen um Arndts ‚Vier Bücher vom wahren Christentum' und ihre bis heute umstrittene Charakterisierung zeigt.

Martin Brecht, Das Aufkommen der neuen Frömmigkeitsbewegung in Deutschland, in: Der Pietismus vom siebzehnten bis zum frühen achtzehnten Jahrhundert, hg. v. Martin Brecht, Göttingen 1993 (Geschichte des Pietismus Bd. 1 hg. v. Martin Brecht u.a.), S. 113–203. – Thomas Kaufmann, Dreißigjähriger Krieg und Westfälischer Friede, Tübingen 1998 (BHTh 104), S. 79–112. – Albrecht Beutel, Evangelische Predigt vom 16. bis 18. Jahrhundert, in: TRE 27, Berlin/New York 1997, S. 296–311. – Das protestantische Kirchenlied im 16. und 17. Jahrhundert, hg. v. Walther Killy, Wiesbaden 1996 (Wolfenbütteler Forschungen 31). – Frieder Schulz, Gebetbücher III, in: TRE 12, Berlin/New York 1984, S. 109–119. – Bernard Vogler, Die Gebetbücher der lutherischen Orthodoxie (1550–1700), in: Die lutherische Konfessionalisierung in Deutschland, hg. v. Hans-Christoph Rublack, Gütersloh 1992 (SVRG 197), S. 424–434. – Johann Anselm Steiger, Johann Gerhard (1582–1632) Studien zu Theologie und Frömmigkeit des Kirchenvaters der lutherischen Orthodoxie, Stuttgart-Bad Cannstatt 1997 (Doctrina et Pietas, Abt. 1: Johann Gerhard-Archiv, Bd. 1). – Johann Arndt, Von wahrem Christenthumb. Die Urausgabe des ersten Buches (1605) hg. v. Johann Anselm Steiger, Hildesheim u.a. 2005 (Philipp Jakob Spener, Schriften, Sonderreihe Band 4: Johann Arndt-Archiv Bd. 1). – Elke Axmacher, Praxis Evangeliorum. Theologie und Frömmigkeit bei Martin Moller (1547–1606), Göttingen 1989 (FKDG 43). – Martin Brecht, Philipp Nicolai. Lutherische Orthodoxie und neue Frömmigkeit, in: JWKG 84, 1990, S. 159–183. – Eva-Maria Bangerter-Schmid, Erbauliche illustrierte Flugblätter aus den Jahren 1570–1670, Frankfurt/M. u.a. 1986 (Mikrokosmos. Beiträge zur Literaturwissenschaft und Bedeutungsforschung 20). – Harry Oelke, Die Konfessionsbildung des 16. Jahrhunderts im Spiegel illustrierter Flugblätter, Berlin/New York 1992 (AKG 57).

2. Die Reformierten

Wilhelm H. Neuser, Dogma und Bekenntnis in der Reformation. Von Zwingli und Calvin bis zur Synode von Westminster, in: Handbuch der Dogmen- und Theologiegeschichte 2, hg. v. Carl Andresen, [2]Göttingen 1998, S. 167–352. – Later Calvinism. International Perspectives, hg. v. W. Fred Graham, Kirksville/MO 1994 (SCES 22).

a) Zürich und Genf

In der Schweiz hatte sich mit der Genfer Reformation unter Calvin (vgl. o. S. 205–215) neben Zürich ein weiteres, eigengeprägtes Zentrum gebildet. Die Unterschiede traten in der Lehre weniger in Erscheinung, obwohl sie durchaus auch dort bestanden; sie zeigten sich vor allem auf den Feldern von Kirchenordnung und Kirchenverfassung.

– Unterschiedlich war vor allem das Verhältnis von Kirche und Obrigkeit. In Zürich enthielten sich die Theologen, wie man es von ihnen erwartete, unter Leitung Heinrich Bullingers nach dem Desaster des 2. Kappeler Krieges (vgl. o. S. 142) des unmittelbaren politischen Einflusses, nahmen aber sehr wohl zu grundsätzlichen Fragen der Stadt Stellung. Es blieb daher bei der engen Zusammenarbeit zwischen Rat und städtischen Theologen und bei dem gemeinsam ausgeübten Kirchenregiment. Calvins Forderung nach einer presbyterial, obrigkeitsunabhängig verfaßten Kirche und der entsprechenden Kirchenzucht fand in Zürich keine Resonanz. ‚Zürcher Ehegericht' und ‚Genfer Konsistorium' markierten den Unterschied.

Helmut Kressner, Schweizer Ursprünge des anglikanischen Staatskirchentums, Gütersloh 1953 (SVRG 170); Torrance Kirby, „The Charge of Religion Belongeth unto Princes". Peter Martyr Vermigli on the Unity of Civil and Ecclesiastical Jurisdiction, in: ARG 94, 2003, S. 160–175.

– Nicht nur die hier bestehende Spannung, sondern auch die zur konkordistischen Abendmahlstheologie Bucers wurden nicht direkt mit Zürich, sondern indirekt zwischen Bern und Genf ausgetragen. Denn gerade in Bern kam es zu einem Zusammenstoß zwischen den Zwinglianern und denen, die wie Sebastian Meyer (1467?–1545?), Simon Sulzer (1508–1585) und anderen unter Bucers Einfluß eine der Wittenberger Konkordie nahe Abendmahlslehre und im Sinne Bucers und Calvins eine von der Obrigkeit unabhängige Kirchenzucht vertraten. Sie wurden deswegen früher nicht selten fälschlich als ‚Lutheraner' bezeichnet. Darüber hinaus hatte das Berner Kirchenwesen manches beibehalten, was die Genfer und Calvin, nicht aber die erwähnten Berner Theologen verwarfen. Da sich der Genfer Rat aus politischen Gründen an Bern orientierte und andrerseits in der Westschweiz die Interessen Berns und die Einflüsse der calvinischen Reformation aufeinanderstießen, kam es nach den Auseinandersetzungen über die Abendmahlsfrage in den dreißiger und vierziger Jahren 1558/59 zu weiteren Schwierigkeiten mit den Theologen in Lausanne und dem Wallis, die zur Auswanderung einflußreicher Theologen, unter ihnen Theodor Beza, nach Genf führten.

Amy Nelson Burnett, The Myth of the Swiss Lutherans: Martin Bucer and the Eucharistic Controversy in Bern, in: Zwingliana 32, 2005, S. 45–70.

Entschiedenen Zwinglianern in Zürich galt Calvin als Lutheraner. Erkannte er doch die Confessio Augustana Variata (vgl. o. S. 195) an, die auf die von Zürich abgelehnte Wittenberger Konkordie (vgl. o. S. 191) zurückgriff, und suchte in seiner Sakramentstheologie sehr deutlich einen Mittelweg zwischen Zwingli und Luther. Calvin selbst aber war nicht nur angesichts der Spannungen zu Bern und der Machtstellung des Kaisers, sondern auch aus Interesse an der Einheit der Kirche an einem Ausgleich mit Zürich interessiert. Mit dem Übergang Berns auf die Seite Bullingers und Zürichs drohte eine Isolierung Genfs, die Calvin vermeiden wollte. So kam es 1549 zu dem Consensus Tigurinus (dem Zürcher Konsens, KTGQ 3, Nr. 58a4), wobei sich beide Seiten entgegenkamen. Denn Bullinger trennte sich deutlich von Zwinglis symbolischem Verständnis der Einsetzungsworte, Calvin aber akzeptierte, daß die Elemente nicht als instrumenta der Gegenwart Christi galten. Außerdem nahm man die christologische Begründung der Ablehnung der Realpräsenz auf, die Bucer und die Wittenberger Konkordie umgangen hatten. Der Consensus wurde dann zwar nicht von Bern, wohl aber von den meisten reformatorischen Städten der Schweiz angenommen. Als der Consensus Tigurinus in Deutschland seit 1551 bekannt wurde, sah man darin mit Recht eine klare Annäherung Calvins an die Abendmahlslehre Bullingers und Zürichs. Der davon ausgelöste zweite Abendmahlsstreit (vgl. u. S. 252) führte nicht nur zur klaren Trennung der lutherischen Theologen von Calvin, sondern verschärfte auch den Gegensatz zu Melanchthon, der sich nicht eindeutig gegen Calvin erklärte.

Calvin-Studienausgabe, hg. v. Eberhard Busch u.a., Bd. 4: Reformatorische Klärungen, Neukirchen-Vluyn 2002, S. 16–23. – Ernst Bizer, Studien zur Geschichte des Abendmahlsstreites im 16. Jahrhundert, Gütersloh 1940 (Neudr. Darmstadt 1962), 243–274. – Ulrich Gäbler, Das Zustandekommen des Consensus Tigurinus im Jahre 1549, in: ThLZ 104, 1979, S. 322–332.

b) Die Ausstrahlung der Schweizer Reformation

Neben Zürich, dessen Reformation unter Bullinger eine wahrhaft europäische Ausstrahlung erreichte (vgl. o. S. 204) wurde das von Calvin geprägte Genf gleicherweise zum Vorbild für alle, die, humanistisch geprägt, an einer wahrhaft christlichen Gesellschaft interessiert waren. Und darüber hinaus war Calvin in seinen späteren Jahren unermüdlich und sehr bewußt für seine Auffassungen geradezu missionarisch tätig. Dazu nutzte er vor allem seinen ausgedehnten Briefwechsel und die Widmungen seiner Schriften an Herrscher und Adelige, selbst wenn er damit gelegentlich – und nicht nur bei ausgesprochenen Lutheranern – auf Ablehnung stieß. Darüber hinaus aber verbreitete sich der ‚Calvinismus‘ vor allem über die Studierenden der Genfer Akademie, deren Bedeutung der der Institutio Calvins (vgl. o. S. 210–215) zur Seite trat. Das gilt besonders für Frankreich, wohin besonders intensive Beziehungen bestanden. Nach Genf strömten die französischen Flüchtlinge in so großer Zahl, daß sie einen bedeutenden Faktor in der Stadt bildeten. Von Genf aus wurden aber auch allein zwischen 1555 und 1562 mehr als 90 Pastoren nach Frankreich gesandt. Es gilt aber auch für osteuropäische Länder wie Polen und Ungarn und ebenso für die Niederlande und Friesland, wo Emden und Antwerpen zu bedeutenden Gemeinden wurden, sowie für England und Schottland.

International Calvinism, hg. v. Menna Prestwich, Oxford 1985. – Later Calvinism. International Perspectives, hg. v. W. Fred Graham, Kirksville/Missouri 1994. – Die Zürcher Reformation: Ausstrahlungen und Wirkungen, hg. v. Alfred Schindler u. Hans Stickelberger, Bern 2001. – Ernst Walter Zeeden, Calvins Einwirken auf die Reformation in Polen-Litauen, in: Ders., Konfessionsbildung. Studien zur Reformation, Gegenreformation und katholischen Reform, Stuttgart 1985 (SMAFN 15), S. 192–221.

c) Abgrenzungen gegen das Luthertum

Abendmahlsstreit

Als der Consensus Tigurinus 1551 publiziert wurde, wirkte das auf die Lutheraner, als habe Calvin seine Position zugunsten der Zürcher aufgegeben. Hinzu kam die Ausbreitung des Calvinismus im westlichen Europa, so daß sich das Luthertum bedroht fühlte. So kam es zum scharfen Angriff des Hamburger Pfarrers Joachim Westphal (1525–1569) gegen Calvin und zu einer heftigen Streitschriftenkontroverse, die nicht nur Calvins Verhältnis zu den Lutheranern zerstörte, sondern auch das zu Bullinger belastete, dem Calvin zu nachgiebig zu werden schien.

Die grundlegende Bedeutung der Abendmahlsfrage für die Herausbildung reformierter, philippistischer und calvinistischer Positionen zeigte sich aber auch daran, daß es in Bremen (1556–1562) und in Heidelberg (1559) zu Zusammenstößen zwischen Lutheranern und Philippisten über diese Frage kam. Daß sich Melanchthon in beiden Auseinandersetzungen nicht auf die aufgebrochenen Fragen einließ, sondern es wie in der Confessio Augustana Variata bei der Umschreibung biblischer Aussagen beließ, machte ihn und die Philippisten vollends verdächtig.

Helmut Gollwitzer, Coena Domini. Die altlutherische Abendmahlslehre in ihrer Auseinandersetzung mit dem Calvinismus dargestellt an der lutherischen Frühorthodoxie, München 1937. – Wilhelm H. Neuser, Dogma und Bekenntnis in der Reformation. Von Zwingli und Calvin bis zur Synode von Westminster, in: Handbuch der Dogmen- und Theologiegeschichte 2, hg. v. Carl Andresen, [2]Göttingen 1998, S. 167–352, bes. S. 272–281. – Wim Janse, Albert Hardenberg als Theologe. Profil eines Bucer-Schülers, Leiden 1994 (SHCT 57). – Gottfried Seebaß, Der Abendmahlsartikel der Confessio Augustana Variata von 1540, in: Dona Melanchthoniana, FS Heinz Scheible, Stuttgart-Bad Cannstatt 2001, S. 411–424.

Christologie

Mit dem Abendmahl waren seit den Auseinandersetzungen zwischen Zwingli und Luther die um die Christologie eng verbunden. Und so ergab sich auch auf diesem Feld eine deutliche Abgrenzung der Lutheraner von Calvin und den zu ihm hinneigenden Philippisten, deren entscheidende Punkte die substantielle (und nicht nur spirituelle) Gegenwart von Leib und Blut Christi sowie die manducatio oralis et impiorum (der mündliche und der Genuß der Nichtglaubenden) waren. Freilich war man sich auf lutherisch-melanchthonischer Seite nur in der Ablehnung Calvins und der Philippisten einig, nicht aber in der Durchführung der Christologie.

In Württemberg entwickelte Johannes Brenz zwischen 1561 und 1564 die lutherischen Ansätze zu einer wirklichen Ubiquitätslehre weiter und schuf damit das ‚neue Dogma' des Luthertums. Brenz argumentierte mit drei grundlegenden Gedanken: Zunächst ist für Gott alles in Zeit und Raum Getrennte und Geschiedene gleich präsent, weil er jenseits der Kategorien von Raum und Zeit steht. Für Christus gilt grundlegend die Personeinheit. Deswegen ist er seiner menschlichen Natur nach nicht erst bei der Himmelfahrt, sondern schon bei der Inkarnation erhöht und der Majestät Gottes teilhaftig geworden, nur verbarg er das während seines Erdenlebens. Nach dem Maulbronner Gespräch von 1564 mit den pfälzischen Theologen hat Jakob Andreae diese Brenzsche Christologie leicht abgewandelt, indem er die Naturen unter dem Gesichtspunkt ihrer Tätigkeit betrachtete und den Stand der Erniedrigung von dem der Erhöhung schärfer unterschied. Melanchthon hat diese württembergische Christologie als ‚Hechinger Latein‘ verspottet und die damit verbundene reale communicatio idiomatum (die wirkliche Mitteilung der Eigenschaften, sc. der göttlichen an die menschliche Natur) nicht anerkannt. Unter den lutherischen Theologen hat sich später nur Andreas Musculus (1514–1581) an der Universität in Frankfurt/Oder um die Klärung der Frage bemüht, ob und welche Folgerungen aus der realen Eigenschaftsmitteilung für die göttliche Natur gezogen werden müßten.

Im Unterschied zu Brenz, bei dem sich die christologischen Darlegungen letzten Endes von der Frage der Abendmahlspräsenz, von der sie ausgegangen waren, lösten, blieben die norddeutschen Lutheraner unter Führung von Martin Chemnitz dabei, lediglich die Möglichkeit der Präsenz Christi im Abendmahl zu begründen. Im Unterschied zu Brenz lehrten sie deswegen nicht eine allgemeine Ubiquität, sondern allein daß Christus um der Personeinheit willen auch seiner menschlichen Natur nach dort sein könne, wo er wolle und es für das Abendmahl zugesagt habe (KTGQ 3, Nr. 59e1). Zu einem wirklichen Streit aber kam es wegen dieser Unterschiede nicht.

Die christologische Begründung der Realpräsenz war in der einen wie der anderen Form für die reformierte Seite unannehmbar. So wurde die ‚Ubiquität‘ zu einem der Haupttrennungspunkte zwischen lutherischer und reformierter Tradition.

Johannes Brenz, Die christologischen Schriften, hg. v. Theodor Mahlmann Bd. 1, Tübingen 1981. – Theodor Mahlmann, Das neue Dogma der lutherischen Christologie, Gütersloh 1969. – Jörg Baur, Christologie und Subjektivität. Geschichtlicher Ort und dogmatischer Rang der Christologie der Konkordienformel, in: Ders., Einsicht und Glaube, Göttingen 1978, S. 189–205. – Ders., Ubiquität, in: TRE 34, Berlin/New York 2002, S. 224–241. – Hans Christian Brandy, Die späte Christologie des Johannes Brenz, Tübingen 1991 (BHTh 80). – Ernst Koch, „Das Geheimnis unserer Erlösung“. Die Christologie des Andreas Musculus als Beitrag zur Formulierung verbindlicher christlicher Lehre im späten 16. Jahrhundert, in: Veritas et communicatio. FS Ulrich Kühn, hg. v. Heiko Franke u.a., Göttingen 1992, S. 243–256.

Prädestination und Erwählung

Im Zusammenhang des Abendmahlsstreites lehnte Tileman Heshus (1527–1588) auch Calvins Prädestinationslehre ab, die aber sogleich von Theodor Beza verteidigt und verschärft wurde. Daraufhin kam es in Straßburg 1561 zur Auseinandersetzung zwischen dem über Genf nach Straßburg gekommenen Italiener Hieronymus Zanchi (1516–1590) und Johannes Marbach (1521–1581). Zanchi verankerte unter Berufung auf Luther die Gewißheit des Heils in einem unveränderlichen Dekret Gottes, der den Prädestinierten auch Perseveranz gewähre, während für die Verworfenen Christi Werk unwirksam sei. Dagegen vertrat Marbach aus seelsorgerlichem Interesse um der Verläßlichkeit der Heilszusage in Christus und um der Heilsgewißheit willen mit Unterstützung von Jakob Andreae Luthers Lehre vom universalen Heilswillen Gottes, an den sich der Mensch zu halten und die Frage von Unglaube und Verwerfung als Geheimnis Gottes zu respektieren habe.

Theodor Mahlmann, Prädestination V, in: TRE 27, Berlin/New York 1997, S. 118–156.

Im letzten Jahrzehnt des 16. Jahrhunderts kam es noch einmal zu Auseinandersetzungen im Blick auf Prädestination und Erwählung. Gegen die von lutherischer und reformierter Seite im Mömpelgarder Gespräch von 1586 angenommene Erwählung der Glaubenden, hatte der Berner Samuel Huber (1547–1624) protestiert, weil er die Erwählung mit dem universal geltenden Heilswillen Gottes im Erlösungswerk Christi verband. Das stand durchaus im Einklang mit der Bullingerschen Prädestinationslehre; gleichwohl wurde er nach einem Kolloquium, an dem Theodor Beza, mit dem sich Huber schon früher auseinandergesetzt hatte, maßgeblich teilnahm, ausgewiesen. Er ging nach Tübingen und nahm, nachdem es auch hier wegen der von den Tübingern verlangten Unterscheidung der umfassenden Liebe Gottes von seiner Erwählung zu Spannungen gekommen war, einen Ruf nach Wittenberg an. Aber auch dort führte Hubers Ablehnung einer besonderen Erwählung der Glaubenden 1593 zu einem zwei Jahre andauerndem Konflikt, der nicht beigelegt werden konnte. Zur Klärung der von Huber ausgelösten Fragen, vertrat sein Kollege Ägidius Hunnius (1550–1603) die These, daß sich mit dem verkündeten Gnadenwillen Gottes auch die Erwählung vollziehe, in der Gott den Glauben des Menschen vorhersehe. Doch auch diese Einbindung der Erwählung in die Vorsehung schien Huber, der schließlich auch aus Sachsen ausgewiesen wurde und dann keine Anstellung mehr fand, calvinistisch. Dennoch setzte sich Hunnius mit seiner Lösung auf der lutherischen Seite weithin durch.

Rune Söderlund, Ex praevisa fide. Zum Verständnis der Prädestinationslehre in der lutherischen Orthodoxie, Hannover 1983 (AGTL N.F. 3). – Gottfried Adam, Der Streit um die Prädestination im ausgehenden 16. Jahrhundert, Neukirchen 1970 (GGLRK 30).

d) Innerreformierte Spannungen

Differenzen über die Kirchenzucht
Wie in Genf selbst, so kam es auch andernorts zur Auseinandersetzung über die Kirchenzucht. In der Kurpfalz (vgl. u. S. 304) lag die Kirchenzucht zunächst beim Kirchenrat. Als dann von Kaspar Olevian eine Kirchenzucht nach Genfer Muster verlangt wurde, kam es zur Auseinandersetzung mit dem von den Zürcher Theologen beeinflußten Mediziner Thomas Erastus (1523–1583), der für ein strenges Staatskirchentum eintrat, so daß sich später dafür im Englischen der Begriff ‚Erastianism‘ bildete. Erastus vertrat die Auffassung, daß die Kirche im Äußeren von der Obrigkeit geleitet werden solle und eine presbyteriale Kirchenzucht in eine Tyrannei der Geistlichen ausarten werde. Anläßlich einer akademischen Disputation wurden diese Meinungsverschiedenheiten publik. Faktisch kam es 1570 zu einem Kompromiß, insofern bei der obrigkeitlichen Kirchenzucht die Presbyter eingebunden wurden und es nun neben dem obrigkeitlichen ein kirchliches Zuchtverfahren gab. Die Spannungen führten 1576 aber schließlich doch zur Exkommunikation und zum Prozeß gegen Erastus.

Die Frage des Abendmahls

Eine innerreformierte Kontroverse um das Abendmahl entstand in Bremen (1584–1589), als dort der Prediger Joseph Naso behauptete, man dürfe von keiner Art der Gegenwart von Christi Leib und Blut im Abendmahl sprechen, weil dieses lediglich ein Zeichen des von Gott durch das Blut Christi aufgerichteten Bundes sei und die Empfänger zur Liebe verpflichte. Damit wurde im Grunde die Abendmahls- und Bundeslehre Zwinglis erneuert. Die 1587 publik werdende Kontroverse zeigte einerseits, daß die Unterschiede zwischen Zürcher und Calvinischer Abendmahlslehre trotz des Consensus Tigurinus wieder aufbrechen konnten, war aber vor allem reichsrechtlich nicht unbedenklich, weil Nasos Thesen, denen Johann Piscator (1546–1625) auf der Hohen Schule in Herborn beipflichtete, mit der Confessio Augustana Variata nicht mehr in Übereinstimmung zu bringen waren.

Jürgen Moltmann, Christoph Pezel, Bremen 1958.

Christi Gesetzesgehorsam und das Verständnis der Imputation

1588 stellte Johann Piscator in Herborn die These auf, daß dem Menschen in der Rechtfertigung nur der Gehorsam des Leidens und Sterbens Christi zugerechnet werde, nicht aber der in seinem gesamten Leben durchgängig geleistete Gehorsam. Er war der Auffassung, man dürfe den Gehorsam Christi gegen das Gesetz nicht in die Imputation einbeziehen, weil daraus gefolgert werden könnte, daß die Gläubigen das göttliche Gesetz nicht erfüllen müßten, obwohl sie dazu iure creationis und recreationis (kraft Schöpfung und Neuschöpfung) verpflichtet seien. Mit dieser Auffassung konnte er sich aber bei den reformierten Theologen ebensowenig wie Georg Karg im Luthertum durchsetzen (vgl. o. S. 240).

Wilhelm H. Neuser, Dogma und Bekenntnis in der Reformation. Von Zwingli und Calvin bis zur Synode von Westminster, in: Handbuch der Dogmen- und Theologiegeschichte 2, hg. v. Carl Andresen, [2]Göttingen 1998, S. 166–352, bes. S. 330–333.

Auseinandersetzungen um die Prädestination und den Arminianismus – die Synode von Dordrecht

Die konsequente Ausbildung der Prädestinationslehre, insbesondere bei Theodor Beza führte schon früh zu Widerspruch. Gegenüber der strengen Prädestinationslehre des Petrus Martyr Vermigli (1499–1562), der nach seiner Flucht aus Italien in Straßburg (1542–1547; 1553–1556) und dann in Oxford (1547–1553) lehrte, bevor er nach Zürich kam, erhob Theodor Bibliander (ca.1504–1564) Einspruch, weil er mit der Konzeption einer Prädestination der Ordnungen (nämlich Glaube und Unglaube) die Verdammnis nicht auf die Prädestination Gottes, sondern auf die Schuld des Menschen zurückführen wollte. Die von 1557 bis 1560 dauernden Auseinandersetzungen endeten mit der Absetzung Biblianders und dem Sieg der calvinischen Prädestinationslehre.

Die in diesem Punkt zwischen Zürich und Genf unterschiedlichen Positionen, trafen auch in den Niederlanden aufeinander. Das wurde schon auf der Emdener Synode 1571 deutlich. Ihre Brisanz erhielten sie aber erst, als der Amsterdamer Prediger

Jakob Harmenszoon (Arminius; 1560–1609), sich in Predigten über Röm 7 pelagianisch verdächtig machte und die doppelte Prädestination leugnete. Als Professor in Leiden begründete er 1604 Gottes Verwerfungsratschluß mit dem schuldhaften Unglauben der Menschen, da Gott von Ewigkeit her beschlossen habe, die Menschen mit dem Glauben zu beschenken und zu rechtfertigen. Ihm gegenüber vertrat sein Kollege Franciscus Gomarus (1563–1641) einen konsequent prälapsarischen, also vor dem Sündenfall ergangenen, Ratschluß Gottes über Erwählte und Verdammte. Eine 1609 vom holländischen Syndikus Johann von Oldenbarneveldt versuchte Vermittlung hatte keinen Erfolg. Wenig später starb Armininus.

Nun übernahmen Simon Episcopius (1583–1643) und der Hofprediger Johannes Uytenbogaert (1577–1644) die Führung. Auf Veranlassung Oldenbarneveldts reichten sie 1610 eine remonstratio (eine Zurückweisung, sc. der herrschenden calvinistischen Lehre) an die Staaten ein. Sie bestritten in ihr, weil sie ein historisches Schriftverständnis vertraten,

– daß die Confessio Belgica und der Heidelberger Katechismus als unveränderliche Richtschnur des Glaubens gelten könnten,

– vertraten das Recht der Obrigkeit, in der Kirche für Frieden zu sorgen,

– und stellten fünf Artikel über die Erlösung auf: daß die Erbsünde nur als eine Schwäche des Menschen angesehen werden dürfe, da es Sünde und Schuld nur aufgrund eigener Verantwortung gebe, daß Christi Werk kein wirksam satisfaktorisches sei, da die Strafe stets vom Schuldigen getragen werden müsse, und es deswegen nur als ‚Strafexempel‘ gelten könne, daß die Erlösung allen Menschen gelte, die Gnade aber vom freien Willen angenommen werden müsse und die Sakramente nur Bundeszeichen seien.

Dieser Schrift, derentwegen man ihre Vertreter als ‚Remonstranten‘ bezeichnete, stellten die ‚Gomaristen‘, die Anhänger des Gomarus die Kontraremonstranz vom März 1611 entgegen. Es kam zum Kanzelstreit und zu Störungen von Gottesdiensten der Remonstranten. Daß die Staaten verboten, die Fragen des obrigkeitlichen Kirchenregiments und der Prädestination auf den Kanzeln zu verhandeln, nützte nichts. Immer lauter forderten die Calvinisten den Zusammentritt und die Entscheidung einer Nationalsynode.

Die Auseinandersetzung verquickte sich aber auch mit der politischen und kirchenpolitischen Spannung zwischen Oldenbarneveldt und dem Statthalter Moritz von Oranien, der sich – wohl nicht nur aus politischen Gründen – auf die Seite der ‚Kontraremonstranten‘ stellte. Er befürwortete die geforderte Nationalsynode und erreichte auf verschiedensten Wegen den entsprechenden Beschluß der Generalstaaten. Holland, Utrecht und Oberijssel protestierten, weil das imperium circa ecclesiastica bei den Provinzen liege. Aber dem Prinzen gelang es, die Provinz Holland allmählich zu isolieren.

So konnte vom 13.11. bis zum 29.5.1619 die auch von Schotten, Engländern, deutschen und schweizerischen Kirchen besuchte Synode in Dordrecht tagen. Auf ihr wurden die Remonstranten wie Angeklagte behandelt, verhört und verurteilt. Sie beantworteten später die Verurteilung mit einem eigenen Bekenntnis (1621). Die Synode beschloß dann, neben der Confessio Belgica den Heidelberger Katechismus anzuerkennen, eine neue Bibelübersetzung zu schaffen (1637 vollendet) und die Lehrer auf die Kirchenlehre zu verpflichten. Bezüglich der Lehre legte man analog dem Tridentinum in fünf capita und 93 canones (mit Rejektionen) nieder:

– Gott hat – allerdings infralapsarisch – einen doppelten Ratschluß in Erwählung und Verdammung vollzogen;
– Christus ist nur für die Erwählten gestorben;
– die Berufung ergeht an alle, aber die unwiderstehliche Gnade wird nur den Erwählten zu teil;
– die können zwar auch sündigen, aber nicht gegen den Geist,
– so daß ihnen also die Gabe der Perseveranz verliehen ist (vgl. KTGQ 3, Nr. 58d).

Olaf Mörke, ‚Konfessionalisierung‘ als politisch-soziales Strukturprinzip? Das Verhältnis von Religion und Staatsbildung in der Republik der Vereinigten Niederlande im 16. und 17. Jahrhundert, in: Tijdschrift voor Sociale Geschiedenis 19, 1990, 31–58.

e) Die Bemühungen um gesamtreformierte und gesamtprotestantische Einigung – Reformierte Irenik und Religionsgespräche

Hans Leube, Kalvinismus und Luthertum im Zeitalter der Orthodoxie, Bd. 1: Der Kampf um die Herrschaft im protestantischen Deutschland, Leipzig 1928 (Neudr. Aalen 1966), S. 1–73. – Thomas Kaufmann, Dreißigjähriger Krieg und Westfälischer Friede, Tübingen 1998 (BHhTh 104).

Trotz der Berufung auf die Confessio Augustana Variata blieb die Frage des reichsrechtlichen Schutzes der Reformierten umstritten. Im Vorfeld des Augsburger Reichstages von 1566 hatte daher Friedrich III. von der Pfalz eine europaweite Verbindung reformierter Kirchen angestrebt und war in Genf, den Niederlanden und England auf Interesse gestoßen, freilich ohne greifbares Ergebnis.

Der Zusammenschluß eines Teils des Luthertums in der Konkordienformel (vgl. o. S. 243–246) führte auf Initiative Elisabeths I. von England (1533]1558–1603) im September 1577 zu einem Konvent reformierter Theologen in Frankfurt am Main, um einer drohenden Isolierung der Reformierten entgegenzuwirken. Zwar kam es zu einer ‚Harmonia Confessionum‘, doch handelte es sich dabei nicht um ein gemeinsames Bekenntnis, sondern um eine Sammlung reformierter Bekenntnisse. Vor einer in Aussicht genommenen größeren Synode schreckte man zurück. Und auch das 1593 erschienene ‚Irenicum‘ des Franciscus Junius (1545–1602), das mit dem Hinweis auf die Einheit im Blick auf I Kor 3,11 argumentierte, hatte keinerlei Erfolg.

Wie schon zwischen 1529 und 1531 so standen auch die weiteren Versuche, eine lutherisch-reformierte Einheit zustandezubringen im Schatten der politischen Bestrebungen der Kurpfalz, ein Bündnis der Gebiete mit reformatorischen Kirchen zu erreichen. Auch dem sollte die reformierte Irenik dienen, der es einerseits darum ging, die konfessionelle Polemik einzudämmen, und die andrerseits nachweisen wollte, daß man trotz der strittigen Punkte in vielen anderen einig sei und mit der Confessio Augustana übereinstimme. Solche Erwägungen, die sich auch in dem ‚Irenicum‘ des David Pareus (1548–1622) fanden, mit dem er 1615 eine gesamtprotestantische Synode anregte, auf der man die Glaubensartikel am Wortlaut der Schrift überprüfen solle, führten zu einer intensiveren Diskussion der Unterscheidung von fundamentalen und nichtfundamentalen Artikeln – ein Thema der folgenden orthodoxen Dogmatik.

Im übrigen aber hatten diese irenischen Bemühungen keinen Erfolg. Da sie am Ende des alten und zu Beginn des neuen Jahrhunderts mit dem Übergang weiterer Territorien und Herrscherhäuser (wie Anhalt, Hessen, Brandenburg u.a.; vgl. u. S. 204–307) zur reformiert-calvinistischen Kirchenbildung zusammentrafen, sahen die Lutheraner in ihnen nur Ablenkungsmanöver. Immerhin konnte das Reformationsjubiläum 1617 den Gegensatz gegen das antichristliche Papsttum derart in den Vordergrund treten lassen, daß darüber die konfessionellen zurücktraten. Aber es bedurfte doch noch des kaiserlichen Restitutionsedikts während des Dreißigjährigen Krieges (1629), um mindestens zeitweilig aufgrund politischer Notwendigkeiten den beiden Konfessionen gemeinsamen Gegensatz zum Katholizismus in den Vordergrund treten zu lassen.

3. Die anglikanische Reformation in England und die schottische reformierte Kirche

Rosemary O'Day, The Debate on the English Reformation, London 1986. – Diarmiad McCulloch, Die zweite Phase der englischen Reformation (1547–1603), Münster 1998 (KLK58). – Helmut Kressner, Schweizer Ursprünge des anglikanischen Staatskirchentums, Gütersloh 1953 (SVRG 170).

a) Die Reformation unter Edward VI.

An Stelle des neunjährigen Edward VI. (1537]1547–1553) übernahm sein Onkel, Edward Seymour, später Herzog von Somerset, die Regierung, entfernte auch den letzten Katholiken aus dem Staatsrat und unterband jede Verfolgung der Protestanten, die zu dieser Zeit Zuzug durch Flüchtlinge vom Kontinent erhielten, unter ihnen Peter Martyr Vermigli (1499–1562) und Martin Bucer. Außerdem wurden die Antihäresiegesetze und auch die Sechs Artikel außer Kraft gesetzt (vgl. o. S. 222). Mit dem ,Chantries Act' wurde die Fülle von (Meß-)Stiftungen aufgehoben. Allerdings kam das erste Prayer Book, das mit der ersten ,Act of Uniformity' 1549 verpflichtend wurde, den Altgläubigen durchaus noch entgegen. Doch führten die Maßnahmen Somersets gegen die Ausweitung und Einzäunung des Weidelandes (enclosures) und ein Aufstand zu seinem Sturz. Aber der ihm folgende Herzog von Northumberland, John Dudley, setzte die reformatorischen Maßnahmen fort, indem er Männer wie Nicholas Ridley (ca.1500–1555) und John Hooper (ca.1497–1500), eifrige und verheiratete Protestanten, die sich gegen die herkömmlichen Priestergewänder wandten, zu Bischöfen ernannte und mit einer zweiten Uniformitätsakte das unter Mithilfe Bucers revidierte Prayer Book von 1552 einführte, das zwar das Knien beim Abendmahl noch vorschrieb, es aber in der ,Black Rubric' ausdrücklich von der Anbetung absetzte. Mit dem Tod Edwards war aber auch die Reformation, ohnehin vom Volk mehr hingenommen als begrüßt, bedroht, denn nicht die aufgrund einer Thronfolgeänderung zur Königin ausgerufene Jane Grey, sondern Maria, die Tochter aus der ersten Ehe Heinrichs VIII. mit Katharina von Aragon konnte sich durchsetzen.

b) Die altgläubige Restauration der ‚bloody Mary'

Maria (1516]1553–1558) war katholisch geblieben, stolz auf ihre spanische Abstammung und willens, die englische Kirche wieder an Rom zu binden. Das war freilich nur mit dem Parlament und unter Anwendung ihrer – für sie unrechtmäßigen – Gewalt als supreme head der Kirche von England möglich. Das Parlament kam den Wünschen der Königin 1554 entgegen, weigerte sich aber strikt, das Kirchengut zu restituieren, worauf der 1555 zum Erzbischof von Canterbury ernannte Kardinal Reginald Pole bestand. Andere den Protestanten entgegenkommende und von der Königin gewünschte Maßnahmen, wurden von der Kurie abgelehnt. Daß Maria Philipp II. von Spanien (Oktober 1553) heiratete, mißfiel den katholischen Bischöfen Englands, die nun wieder zum Zug kamen, ebenso wie dem Parlament. Und die 1555 einsetzenden Verbrennungen von evangelischen Bischöfen (Ridley; Hooper; Hugh Latimer, 1485–1555; Cranmer) und weiteren Protestanten, die John Foxe (1516–1587) in seinen weit verbreiteten und hochangesehenen ‚Acts and Monuments' als Märtyrer feierte, entfachten einen unversöhnlichen Haß auf das Papsttum. Die Spannungen zwischen dem antispanischen Papst Paul IV. und Philipp II. führten dazu, daß Pole seines Legatenamtes enthoben und England in einen verlustreichen Krieg gegen Frankreich gezogen wurde. Als Maria 1558 starb, hatte sie nichts von dem erreicht, was sie gewollt hatte Doch hinterließ sie einen romtreuen Episkopat und eine aktive katholische Partei in der Gentry, dem niederen Adel.

Andrew Pettegree, Marian Protestantism, Aldershot 1996 (St. Andrews Studies in Reformation History).

c) England, Schottland und Irland im Zeitalter Elisabeths I.

Ihre Nachfolge trat Elisabeth an, die Tochter aus der Ehe Heinrichs VIII. mit Anne Boleyn. Sie war evangelisch erzogen und geblieben, hatte aber nach ihrer Krönung, zu der sich nur mit Mühe einer der marianischen Bischöfe bereitfand, in der Religionsfrage nur zwei Möglichkeiten: Sie konnte um der außenpolitischen Sicherheit des Landes willen, der ein Zusammengehen Schottlands, Frankreichs und Spaniens bedrohlich war, vorsichtig zum Kurs Heinrichs VIII. zurücklenken oder sie konnte – und dafür sprach die Situation im Land – an die Reformation Edwards anknüpfen. Die ‚Act of Supremacy' von (29.4.1559) machte Elisabeth zum „supreme governor as well in all spiritual or ecclesiastical things or causes as temporal", was nicht dasselbe meinte wie ‚head', da sie in dieser Funktion die Kirche ‚von außen' leitete. Mit der ‚Act of Uniformity' vom gleichen Tag wurde eine leicht abgeänderte Fassung des Prayer Books von 1552 rechtlich bindend gemacht, die aber der Königin, die lieber das erste Prayer Book in Kraft gesetzt hätte, in der Auslassung der ‚Black

Rubric' und der Aufnahme einer ‚Ornament Rubric' entgegenkam. Die altgläubigen Bischöfe verweigerten geschlossen ihre Zustimmung, und die Königin mußte die Sitze mit gemäßigten Protestanten und radikaleren Exilprotestanten besetzen. Im Klerus, der 1559 noch mit den Bischöfen protestiert hatte, gab es Widerstand bei höchstens 3%. In der Folgezeit hatte Elisabeth das Glück, daß Spanien durch den Krieg in den Niederlanden und Frankreich durch die Hugenottenkriege gebunden war. Im Innern schwelte die Religionsfrage. Die Bischöfe entwarfen 1563 im Blick auf die Lehre die 39 (auf den deutlich protestantischen 42 Cranmerschen fußenden) Artikel (KTGQ 3, Nr. 60b), die freilich erst 1571 in Kraft gesetzt wurden, nachdem 1570 auch ein offizieller, vom Genfer und Heidelberger beeinflußter Katechismus erschienen war. Auf diese Weise verschärfte sich die Spannung zwischen einer Lehre in der reformierten Tradition und einer Kirchenordnung und einer Liturgie, die stark traditionell bestimmt waren. Die Königin, die in Fragen der Kirchenordnung eine mittlere, nicht eindeutig klare Position bezog – die Bischöfe kritisierten die Ausstattung ihrer Kapelle mit Kruzifix und Kerzen –, war seit 1564 nicht bereit, der vorgeschlagenen Abschaffung der Meßgewänder der Geistlichen zuzustimmen, und verlangte einen härteren Kurs. Sie kam aber schon 1566 in die unangenehme Lage, mit der ‚Apology' von Bischof Jewel (1522–1571) und den ‚Advertisements' des Primas von Canterbury Matthew Parker (1504–1575) die radikaleren Protestanten – Vertreter eines frühen Puritanismus – in die Schranken weisen zu müssen, denen sie auch die geforderte Freistellung des ‚Prayer Book' versagte. Die entschiedenen Protestanten betrachteten seitdem die Bischöfe als Handlanger einer papistenfreundlichen Partei und wandten sich an das Parlament (KTGQ 3, Nr. 60c). Erst mit John Whitgift (ca.1530–1604) erhielt die Königin einen Primas, der bereit war, gegen die radikaleren protestantischen Geistlichen vorzugehen.

Seit 1568 verschärfte sich die katholische Bedrohung: In Instituten in Douai (1568) und Rom (1579) wurden Priester zur Stärkung des Katholizismus in England ausgebildet; man fürchtete die nach England geflohene Maria Stuart, zumal der Papst Elisabeth gebannt und ihre Untertanen vom Treueid entbunden hatte (1570). Dennoch versuchte Elisabeth, eine offene Unterstützung der Niederländer im Kampf gegen Spanien zu vermeiden und ein gutes Verhältnis zu Frankreich zu wahren. Im Land aber verstärkten sich der nationale Antikatholizismus und die Bemühungen der Puritaner, denen es in dem seit 1572 andauernden Flugschriftenkrieg und mit deutlicher Unterstützung des Unterhauses nicht mehr um die Gewänder, sondern um eine presbyterianische Verfassung der Kirche ging. Ihr Vorkämpfer war Thomas Cartwright (1535–1603), der 1574 England verlassen mußte, aber 1585 zurückkehrte. Damals versuchte man sogar, eine ‚General Assembly' in London zu veranstalten. Die Königin nahm allmählich eine härtere Haltung gegenüber den Nonkonformisten ein; sie entließ Erzbischof Grindal (1519?–1583), der nichts gegen die außergottesdienstlichen Versammlungen (prophezyings) unternahm (1577) und ging schon 1582 gegen separatistische Gruppen unter Robert Browne (ca.1550–1636) und 1587 unter Henry Barrow (ca.1550–1593) vor. Seit 1583 wandte sich dann Erzbischof Whitgift gegen alle Versuche, eine presbyterianische Kirchenordnung einzuführen, und verfolgte deren Vertreter.

Mit Richard Hookers (ca.1554–1600) ‚The Laws of Ecclesiastical Polity' (1593–1600) erhielt die Staatskirche ihren Theoretiker und mit Whitgift denjenigen, der den ‚Erastianism' – so genannt nach dem eine calvinistische Staatskirche vertretenden Heidelberger Mediziner Thomas Erastus (vgl. o. S. 254) – mit Hilfe des Court of High Commission und seiner harten 24 Artikel (1583) gegen die Puritaner unbarmherzig durchsetzte. Sein Nachfolger Richard Bancroft (1544–1610) versuchte, den Puritanismus insgesamt als eine innenpolitische Gefahr darzustellen. Da außerdem führende Köpfe der Puritaner und ihr Fürsprecher am Hof (Robert Dudley Graf Leicester, 1532–1588) starben, nahm der puritanische Einfluß ab. Gestärkt wurden dagegen die Separatisten, die nur eine kongregationalistische, auf der Ebene der Ortsgemeinde endende Kirchenverfassung wollten. Zur Auseinandersetzung über die rechte Kirchenverfassung trat die über die Sonntagsheiligung, die die Puritaner am alttestamentlichen Sabbatgebot ausrichten wollten. Gegen die Puritaner ging man ähnlich rigoros wie gegen die Katholiken vor. 1584 wurden Hunderte von presbyterianisch denkenden Geistlichen entlassen. Doch war die Bewegung nicht zu unterdrücken. So hinterließ Elisabeth, als sie 1603 starb und Jakob VI. von Schottland als Jakob I. den Thron bestieg, eine kirchlich schwierige Lage, die – von den Stuartkönigen in ihrer Brisanz nicht erkannt – schließlich zu den englischen Bürgerkriegen beitrug.

Michael Gleich, Der religiöse Kompromiß von 1559 im Kontext der Regierungspraxis und politischen Strategie Elizabeths I., Essen 1987. – Andrew Pettegree, Confessionalisation in North Western Europe, in: Konfessionalisierung in Ostmitteleuropa, hg. v. Joachim Bahlcke u. Arno Strohmeyer, Stuttgart 1999 (Forschungen zur Geschichte und Kultur des östlichen Mitteleuropa 7), S. 105–120. – Richard L. Greaves, Society and Religion in Elizabethian England, Minneapolis 1981. – P. Lake, Anglicans and Puritans: Presbyterian and English Conformist Thought from Whitgift to Hooker, London 1988.

Anders als in England, wo die Königin solchen Versuchen entgegentrat, gelang den vom Kontinent zurückkehrenden Flüchtlingen, vor allem John Knox (ca.1513–1572) und Andrew Melville (1545–1622) in Schottland, wo es seit den 50er Jahren protestantische Gemeinden (‚privy kirks') unter dem Schutz von Adeligen gab, mit der Versammlung von 1560, in der die ‚Confessio Scotica' und das ‚Book of Discipline' angenommen wurden, die Etablierung einer calvinistischen Kirche. Auch die Auseinandersetzung mit der altgläubigen Königin Maria Stuart (1542–1567[1587]) scheute man nicht und gestand ihr und dem Hof keine altgläubigen Messen zu. Die mißglückten Heiraten Marias führten zum Aufstand, und nach ihrer Gefangennahme und Abdankung (24.7.1567) wurde die 1560 vom Parlament akzeptierte Kirchenverfassung vom Regentschaftsvormund für den unmündigen Jakob VI., Graf Moray, anerkannt. In den 70er Jahren stellte man nicht nur die Hierarchie in Frage, sondern verlangte auch eine vom Staat unabhängige Kirchenverwaltung. Doch ließ sich das dementsprechende ‚Second Book of Discipline' 1578 nicht durchsetzen. Als dann Jakob 1581 die Regierung selbst übernahm, gewannen seit 1583 altgläubige Adelige an Einfluß, und Jakob erwog, die Kirchenverfassung nach englischem Vorbild zu gestalten. Der Versuch, mit den ‚Black Acts' von 1584 die Presbyterien aufzuheben, scheiterte 1585. Gleichwohl versuchte der König, der der Überzeugung war ‚no bishop, no king', die Kirche mit Hilfe der Bischöfe unter Kontrolle zu halten.

Gordon Donaldson, The Scottish Reformation, Cambridge 1960. – Duncan Shaw, Zwinglianische Einflüsse in der Schottischen Reformation, in: Zwingliana 17, 1986–1988, S. 375–400. – Michael F. Graham, The Uses of Reform. „Godly Discipline" and Popular Behavior in Scotland and beyond 1560–1610, Leiden 1996.

Nach Irland kam die Reformation vor allem unter der Herrschaft Elisabeths. Dabei verband sich der Widerstand der lokalen ‚altenglischen' Eliten gegen diese Herrschaft sehr schnell mit dem gegen den Protestantismus, in dessen Abwehr man sich bewußt dem gegenreformatorischen, nachtridentinischen Katholizismus anschloß.

Ute Lotz-Heumann, Die doppelte Konfessionalisierung in Irland. Konflikt und Koexistenz im 16. und in der ersten Hälfte des 17. Jahrhunderts, Tübingen 2000 (SuR, NR 13).

4. Die römisch-katholische Konfessionskirche

Die Reform der Kirche war eines der das ausgehende Mittelalter beherrschenden Themen (vgl. o. S. 31f). Vier Wege wurden, mit unterschiedlichem Erfolg, dazu beschritten:

– Der Versuch, mit Hilfe eines Generalkonzils die westliche Christenheit zu reformieren, war mit den Reformkonzilien praktisch gescheitert. Seitdem war klar, daß es eine Reform gegen Kurie und Papst nicht geben konnte.

– Auch von seiten der Päpste wurden wiederholt Ansätze und Vorschläge zur Reform unterbreitet. Das gilt für das V. Laterankonzil ebenso wie für Hadrian VI. oder Paul III. mit dem berühmten Consilium de emendanda ecclesia (Ratschlag zur Kirchenverbesserung) von 1535. Wirklichen Erfolg aber hatten alle diese Reformvorschläge nicht, weil die Kurie und die Päpste immer wieder zurückschreckten.

– So blieb der Weg einer Teilreform von unten, der dann auch von einzelnen Vertretern der Hierarchie wie von den Obrigkeiten beschritten wurde. Deren Reformen hatten freilich stets politische Implikationen. Auch die frühen reformatorischen Maßnahmen im Deutschen Reich müssen zunächst einmal als solche Reformmaßnahmen gesehen und verstanden werden. Man wollte keine Kirchenspaltung, sondern den Einsatz für die Reform der Gesamtkirche, den man in einzelnen Punkten längst gewohnt war.

– Für die Erneuerung wurden aber vor allem die Traditionen von Frömmigkeit und Mystik von Bedeutung – Kräfte, die sich in neu entstehenden Orden konzentrierten.

a) Neue Orden

Trotz der massiven Kritik des Protestantismus entfaltete das Mönchtum innerhalb der alten Kirche weiterhin seine traditionell reformerischen Kräfte. In ihnen allen verband sich eine unterschiedlich gestaltete Spiritualität mit pädagogischen, seelsorgerlichen, diakonischen und missionarischen Aufgaben. Das vollzog sich in großer Breite:

– Einmal als Reformbewegungen innerhalb der alten Orden. Unter ihnen sind neben den Feullianten (Toulouse 1586), die zur alten Zisterzienserstrenge zurückkehren wollten, vor allem die Kapuziner (nach 1538 auch Kapuzinerinnen) zu nennen. Sie bildeten sich aus den observanten Franziskanern, wurden 1528 anerkannt, aber erst nach 1540 und noch einmal nach 1600 zu einem schnell wachsenden Orden, der sich der Predigt für die Unterschichten, einer eucharistisch bestimmten Frömmigkeit und der Pflege von unheilbar Kranken, später auch der Mission (vor allem im Vorderen Orient) widmete. Allerdings entstanden dem Orden erhebliche Schwierigkeiten, als der General Bernardino Ochino sich 1542 der Reformation zuwandte und nach Genf floh. In Spanien kam es 1562 unter Teresa von Avila (1515–1582) zu einer strikten Reform der Karmeliterinnen, die sich in Spanien und Frankreich schnell ausbreitete. Sie war es auch, die eine Reform der Karmeliter anregte, die 1568 in Avila begann. Man lebte nach der alten Regel von 1247 ohne die Erleichterungen, die Eugen IV. 1435 gewährt hatte. Nach Auseinandersetzungen über die Reform kam es schließlich 1593 zur Anerkennung der ‚Unbeschuhten Karmeliter‘ als eigenem Orden. Im Unterschied zum spanischen legte der italienische Zweig, der sich in Mitteleuropa verbreitete, besonderen Wert auf die Seelsorgearbeit.

– Zum andern als Neubildung von Gruppen regulierter Kleriker in Orden und Kongregationen. Neben den aus der Bruderschaft des Oratoriums der göttlichen Liebe in Rom 1524 hervorgegangenen Theatinern, die trotz ihrer geringen Zahl vor allem in Italien besonders nach dem Tridentinum als beispielhafte Gemeindepriester wirkten, ist eine ebenfalls kleine Gruppe von Regularklerikern, die in Mailand entstandenen Barnabiten, zu nennen, die sich vor allem der Predigt und der Beichte widmeten und erst durch Carlo Borromeos (1538–1584) Förderung an Bedeutung zunahmen. Eine ähnliche Gruppe waren die 1534 in Venedig gegründeten und 1540 päpstlich anerkannten Somasker (nach Somasca/Lombardei), die sich wie auch ihr weiblicher Zweig in erster Linie der Jugenderziehung zuwandten. Die sich um Filippo Neri (1515–195) seit 1567 sammelnden Filippini wurden erst 1575 als Oratorianer anerkannt und erhielten 1612 ihre endgültige Regel. Seelsorgearbeit und Pflege der geistlichen Musik (Oratorium) stand bei ihnen im Vordergrund. Stärker organisiert wurden die Oratorianer in Frankreich durch Pierre de Bérulle (1575–1629).

– Drittens als neue Mönchs- und Frauenorden. Dazu gehört der 1535 von Angela Merici (1470/5–1540) in Brescia gegründete Orden der Ursulinen, die sich – stark gefördert von Borromeo – der Mädchenerziehung widmeten. Die Barmherzigen Brüder, die sich in Granada 1540 zusammenfanden und sich schnell verbreiteten, trieben unentgeltliche Krankenpflege.

– Schließlich gab es neben dem allen eine Fülle von Laienbruderschaften.

Es waren diese Gruppen, die neben den Jesuiten dafür sorgten, daß es auf altgläubiger Seite nicht bei Antiprotestantismus und Gegenreformation blieb, sondern eine lebendige neue Frömmigkeit entstand

Relious Orders of the Catholic Reformation. In Honor of John C. Olin, hg. v. Richard L. DeMolen, New York 1994. – Giuseppe Alberigo, Karl Borromäus, Münster 1995 (KLK 55).

b) Die Gesellschaft Jesu

Ignacio Tellechea, Ignatius von Loyola. „Allein und zu Fuß". Eine Biographie, [2]Zürich 1995. – Ignatius von Loyola, Deutsche Werkausgabe, Bd. 1: Briefe und Unterweisungen, hg. v. Peter Knauer, Würzburg 1993; Bd. 2: Gründungstexte der Gesellschaft Jesu, hg. v. Peter Knauer, Würzburg 1998. – John W. O'Malley, Die ersten Jesuiten, Würzburg 1995. – Gottfried Maron, Ignatius von Loyola. Mystik – Theologie – Kirche, Göttingen 2001. – The Jesuits. Culture, Sciences, and the Arts, 1540–1773, hg. V. John W. O'Malley u.a., Toronto 1999.

Unter den neuen Gruppen von Regularklerikern wurde keine auf Dauer so bedeutsam wie die Societas Jesu. Sie verband in einmaliger Weise Askese mit Weltläufigkeit, Kontemplation mit Tatendrang, selbständiges Handeln mit striktem Gehorsam, gemeinschaftsbezogenes Leben mit individuellem Einsatz.

Ihr Gründer war der baskische Adelige Iñigo López de Oñaz y Loyola (1491–1556), der sich während seiner Genesung von einer Verwundung bei der Verteidigung Pamplonas durch die Lektüre von Heiligenlegenden und der vita Christi des Ludolf von Sachsen grundlegend wandelte, seine Waffen im Kloster Montserrat niederlegte und ein Büßer wurde. Im Spital von Manresa widmete er sich 1522/23 der imitatio Christi des Thomas von Kempen und erlebte eine Bekehrung und Erleuchtung. Seine Christus- und Marienfrömmigkeit verband sich mit dem Willen zum unbedingten Gehorsam gegen Gott. Die Wallfahrt nach Jerusalem endete mit einer Ausweisung, da sein Missionseifer das Zusammenleben von Juden, Christen und Muslims gefährdete. Während der folgenden Studienzeit in Barcelona, Alcalá und Salamanca 1524–1527 wurde er als Alumbrado (vgl. o. S. 229) verdächtigt. In der Pariser Studienzeit 1528–1535 vollendete er die früher begonnenen Exerzitien und beschloß mit sechs Freunden 1534 ein gemeinsames Leben im Gehorsam gegen Gott, in Keuschheit und im Dienst zur Mission im Heiligen Land, andernfalls zur Übernahme einer vom Papst zu bestimmenden Aufgabe. An Stelle der nicht zu verwirklichenden Reise nach Jerusalem ging er nach Rom und kam dort 1539 aufgrund einer Christusvision zum Entschluß, die Nachfolge Christi in einer Gesellschaft zu leben. Noch im selben Jahr entwarf er die Formula Instituti Societatis Jesu für die Compañia de Jesús, die der Papst 1540 anerkannte (‚Regimini militantis ecclesiae', KTGQ 3, Nr. 60b1). Die Aufgabe der Gesellschaft in der militia Christi und in striktem Gehorsam gegen den Papst war umfassend gedacht: Geistliche Übungen, Verkündigung, Seelsorge, Unterweisung der Jugend wurden mit karitativer Arbeit verbunden.

Die Gesellschaft, deren Konstitutionen mehrfach überarbeitet wurden (KTGQ 3, Nr. 60b2), umfaßte fünf Gruppen: die Novizen (zweijähriges Noviziat), die Scholastiker (die ausgebildet wurden), die geistlichen Koadjutoren (Priester), die weltlichen Koadjutoren (Laien, die die üblichen Mönchsgelübde ablegten) und die Patres (die sich mit der Profeß zusätzlich zu den herkömmlichen Mönchsgelübden zum Gehorsam gegen den Papst verpflichteten). Es gab keine eigene Tracht, keine stabilitas loci. An der Spitze der Gesellschaft stand der General, der von der Kongregation auf

Lebenszeit gewählt wurde (so Ignatius selbst); er bestimmte die Provinzialen als Leiter der Provinzen der Gesellschaft, ebenso die Rektoren, die Leiter der Häuser der Gesellschaft, die Superioren und die Novizenmeister. Er entschied auch über den Einsatz der Glieder, die zu ständigen Berichten über ihre Arbeit und ihre Person verpflichtet wurden.

In der Arbeit der Gesellschaft stand neben der Kinderlehre die soziale Arbeit zunächst im Vordergrund. Die Gesellschaft erhielt das Recht, Bettler zu sammeln, Kranke in Spitale zu legen, Gesunde zur Arbeit zu zwingen. Für die elternlosen Kinder wurden Waisenhäuser eingerichtet, 1546 ein Verein für prostitutionsgefährdete Mädchen gegründet (ein Martha-Haus für frühere Prostituierte gab es bereits). Schon 1543 war auch ein Haus für jüdische Konvertiten eröffnet worden. Für die äußere Mission wirkte Franz Xavier (1506–1552) in den portugiesischen Kolonien (vgl. u. S. 329). Noch zu Lebzeiten des Ignatius hat die Gesellschaft dann ihre Struktur völlig gewandelt: Aus einer Priestergesellschaft für Kirchenreform und kirchliche Sozialarbeit wurde eine Institution, die vor allem – neben der äußeren Mission – auf zwei Gebieten arbeitete: dem der schulischen Erziehung und im Kampf gegen die Ketzerei. Verantwortlich dafür waren die Gründung der Universität Gandia in Spanien 1546 und der Wunsch Messinas, an der dortigen Universität Jesuiten als Professoren zu haben. Daraufhin gründete Ignatius mit dem Collegium Romanum in Rom 1551 eine Musterschule. Außerdem drängte er auf die Einrichtung des Heiligen Offiziums als Inquisitionsbehörde und sorgte für spezielle Ausbildungsstätten für die in protestantischen Gebieten einzusetzenden Priester: Dem Collegium Germanicum in Rom folgten später ähnliche Institutionen für andere europäische Nationen. Der hervorragende Ruf der jesuitischen Schulen und Kollegien führte ihnen viele Schüler zu und viele Gebildete zur katholischen Kirche zurück.

Vier Punkte sind an der Arbeit der Gesellschaft besonders hervorzuheben: die Exerzitien, der Einsatz für die Bildung, die Handhabung der Beichte und die äußere Mission.

– An den Exercitia spiritualia, dem Grundkurs der Gesellschaft, hat Ignatius lange gearbeitet (KTGQ 3, Nr. 60a3). Das Ziel ist es, in vier Wochen ein bewußt gestaltetes christliches Leben zu beginnen. Das geschieht durch ständige Selbstprüfung, durch Meditation und Kontemplation unter Berücksichtigung aller Sinne und bewußtem Einfluß auf den eigenen Körper. Wer darüber Gott in allen Dingen findet, der wird dankbar seinen Willen erfüllen.

– In den Kollegien wurden die Schüler unentgeltlich unterrichtet. Ziel war die eloquens et sapiens pietas. Lehrstoff, Lehrbücher, Stundenplan und Prüfungen waren genauestens vorgeschrieben und geregelt (DGQD 4, Nr. 16). Von der sonst üblichen Prügelstrafe wurde nur sparsam Gebrauch gemacht. Mit Prämien und Ämtern nutzte man jugendlichen Ehrgeiz; die marianischen Kongregationen förderten ein eigenes Vereinswesen. An den Universitäten erhielten die Jesuiten sehr bald die Professuren in den artes und der Theologie.

– Bei der Beichte bestanden die Jesuiten weniger auf der Sündenaufzählung, vielmehr sollte sich ihnen der Beichtende ganz öffnen und anvertrauen. Niemand sollte ungetröstet den Beichtstuhl verlassen. Darüber kam es zu einer in der Moraltheologie ausgefeilten Kasuistik.

Die Gründungen der Jesuiten in Europa bis 1615

Gründungen in den Jahren:

	1540 bis 1556	1557 bis 1580	1581 bis 1615
Kolleg	◐	●	●
Residenz	⬕	◼	◼
Station	△	▲	▲

0 — 100 — 200 — 300 km

267

– Als Missionare wirkten die Jesuiten rastlos sowohl in Indien und Ostasien wie in der neuen Welt (vgl. u. S. 329–331, 335). Doch muß die Jesuitenmission in ihrer kulturellen Bedeutung auch wegen ihrer Rückwirkung auf Europa hoch veranschlagt werden. Jesuiten wirkten als Geographen und Kartographen, beschrieben Fauna und Flora der Länder, in denen sie wirkten, betätigten sich ethnographisch und wurden über der Mission zu Sprachwissenschaftlern. Was an Quellen zur Geschichte der Naturwissenschaften in ihren Berichten und Relationen enthalten ist, ist noch längst nicht aufgearbeitet.

c) Erneuerung von Frömmigkeit und Mystik in Spanien und Frankreich

Für die Erneuerung und Intensivierung der Frömmigkeit im katholischen Europa erhielten die Traditionen der Mystik besondere Bedeutung. In Spanien waren es vor allem die Mendikanten, die sich für eine seelsorgerliche Theologie und umsichtige Seelenführung unter Aufnahme mystischer Traditionen einsetzten, bei den Dominikanern Juan de Avila (1499–1569) und Ludwig von Granada (1504–1588), bei den Franziskanern Francisco de Osuna (ca.1492–1591), bei den Augustinereremiten Alfons de Orozco (1500–1591). Von weit größerer Bedeutung aber wurde die Mystik des Karmel. Teresa von Avila verband eine sensible Beobachtung seelischer Vorgänge mit mystischen Erfahrungen und Anleitungen zur Vereinigung mit Gott (‚El castillo interior‘, 1577). Daneben arbeitete sie ununterbrochen für die Reform der Klöster der Karmeliterinnen und Karmeliter (1567–1582).

Teresa stand seit 1568 in enger Verbindung mit Juan de la Cruz (1542–1591) Er war der theologisch gebildete Spiritual des Konventes von der Menschwerdung, der unter Teresas Leitung stand. Seine Versuche, ein Gesamtsystem der mystischen Theologien zu entwerfen, führten ihn in Konflikt mit der Inquisition und in zeitweilige Kerkerhaft in Toledo. Die eigenen Erfahrungen wurden ihm zur Bestätigung dafür, daß nur eine durch Leid geläuterte Seele sich mit Gott vereinen könne.

Unter dem Einfluß der spanisch-karmelitischen Mystik trat in Frankreich die sogenannte ‚abstrakte Mystik‘ der Gottessuche des Kapuziners Benedikt von Canfield (1562–1610) zurück gegenüber der des Franz von Sales (1567–1622). In seiner ‚Introduction à la vie dévote‘ (Philothea, Einführung in ein Leben der Hingabe, 1608), die neben Askese zum täglichen Gebet und Sakramentsempfang anleitete, wurde die asketische Härte der spanischen Mystik in einer weltoffenen christozentrischen Frömmigkeit gemildert. Seine Werke – darunter der wirkungsmächtige ‚Traité de l' Amour de Dieu‘ (Traktat über die Gottesliebe, 1616) – wurden auch ins Deutsche übersetzt und waren in vielen Auflagen verbreitet.

Mariano Delgado, Mystik in harten Zeiten. Zum historischen Kontext der Mystik Teresa de Avila und Juan de la Cruz, in: ZKG 111, 2000, S. 56–69.

d) Das Tridentinum

Gerhard Müller, Tridentinum, in: TRE 34, Berlin/New York 2002, S. 62–74. – Klaus Ganzer, Kirche auf dem Weg durch die Zeit, Münster 1997 (RGST.S 4). – Hubert Jedin, Geschichte des Konzils von Trient, 4 Bde., Freiburg 1949–1975.

Vorgeschichte

Die Konzilsforderung hatte von evangelischer wie altgläubiger Seite die Entwicklung der Reformation begleitet (vgl. o. S. 194). Voraussetzung für eine Realisierung waren die Initiative des Papstes, der Friede zwischen den großen Mächten und die Teilnahme der Protestanten.

– Clemens VII. hatte das Konzil nie gewollt. Erst Paul III. war dazu bereit, wählte aber Mantua und später Vicenza zum Konzilsort. Die Eröffnung aber scheiterte an der Weigerung einiger Nationen, es zu beschicken, und am Konzilsort, der den deutschen und kaiserlichen Wünschen nicht entsprach. Erst 1542 einigten sich Papst und Kaiser auf den Tagungsort Trient als der südlichsten Stadt des Reiches (DGQD 3, Nr. 73.1).

– Vor allem verhinderten die ständigen Auseinandersetzungen zwischen Frankreich und dem Kaiser das Konzil. Erst nach dem Sieg von 1544 konnte auch mit der Teilnahme Frankreichs gerechnet werden.

– Auf seiten der Protestanten schließlich hatten die Fürsten im Unterschied zu den Theologen den Besuch des Konzils schon 1537 rundheraus abgelehnt (vgl. o. S. 194). Der Kaiser hoffte aber, sie nach der militärischen Niederlage zum Besuch zwingen zu können. Insofern war er nicht damit einverstanden, daß der Papst das Konzil am 13.12.1545 in Trient eröffnete, wenn auch nur mit zunächst 31 Konzilsvätern.

Geschäftsordnung und Charakter

Eine mögliche antikuriale Entwicklung wurde von vornherein ausgeschlossen, indem man das Konzil strikt an den Papst band:

– Die Leitung des Konzils lag ausschließlich bei den weisungsgebundenen Legaten des Papstes, der auch alle Konzilsbeamten ernannte. Die Legaten allein bestimmten, was beraten wurde und wer in den beratenden Gremien sitzen sollte.

– Die Entstehung der Konzilsergebnisse war ein langer Prozeß. Die von den Legaten aufgestellten Vorlagen wurden zunächst in den Kongregationen der praelati und theologi minores beraten. Die theologischen Berater kamen größtenteils aus den Orden der Dominikaner und Franziskaner sowie der Gesellschaft Jesu. Die Ergebnisse – Beschlußentwürfe – gingen an die Generalkongregationen der Konzilsväter. Anschließend übernahmen Deputationen die Aufgabe, aus den Diskussionsbeiträgen der Konzilsväter die endgültigen Beschlußvorlagen auszuarbeiten. Die wiederum gingen dann in die Sessionen, die Vollversammlungen des Konzils (insgesamt 25), in denen sie angenommen werden mußten.

– Im Unterschied zu den Konzilien des 15. Jahrhunderts wurde nicht mehr nach Nationen, sondern nach Köpfen abgestimmt, ohne daß man sich vertreten lassen konnte. So waren arme und weit entfernt wirkende Bischöfe faktisch ausgeschlossen, während die Kurie mit entsprechenden Zuschüssen die Zahl der teilnehmenden italienischen Bischöfe (es gab 263 Bistümer in Italien) leicht vermehren konnte. Damit war das Übergewicht der Italiener und Spanier gesichert.

– Schließlich sollten die Beschlüsse des Konzils erst mit der Zustimmung des Papstes ihre Gültigkeit erhalten.

In einem solchen Prozeß blieben auf jeder Stufe genügend Möglichkeiten zu Lenkung und Einflußnahme.

Verlauf

Politische Konflikte und innerkirchliche Differenzen bestimmten den Verlauf des Konzils derart, daß es zu drei weit auseinander liegenden Tagungsperioden kam, so daß auch die Frage, ob es sich um ein fortgesetztes oder um ein jeweils neues Konzil handele, umstritten war und stets neu geklärt werden mußte.

– In der ersten Periode in Trient von 1545 bis 1547 wurden, obwohl das dem Kaiser im Blick auf eine mögliche spätere Teilnahme der Protestanten nicht recht war, dogmatisch abgrenzende Dekrete zu Schrift und Tradition, Rechtfertigung und Sakramentenlehre beschlossen. Daneben standen die vom Kaiser gewünschten Reformdekrete, die sich mit der Residenzpflicht der Bischöfe, der Pfründenkumulation und einer Pastoralreform befaßten.

Als dann der Kaiser mit dem Sieg über die Protestanten eine erhebliche Machtposition erreicht hatte, konnte der Papst, dem eigenen Wunsch und dem der Mehrheit der italienischen Bischöfe entsprechend, unter Hinweis auf den in Trient ausgebrochenen Flecktyphus das Konzil am 11.3.1547 nach Bologna verlegen. Doch blieb die Minderheit kaiserlicher Bischöfe in Trient. Deswegen wurden zwar die Beratungen in Bologna fortgesetzt, aber keine Dekrete beschlossen. Schließlich kam es aufgrund des kaiserlichen Protests zur Suspendierung des Konzils.

– Es war der politische Druck des Kaisers, der nicht nur die Veröffentlichung der Dekrete der ersten Periode verhinderte, sondern auch den neugewählten Papst Julius III. (den früheren kurientreuen Legaten Giovanni Maria del Monte, 1487]1550–1555) dazu brachte, das Konzil, dessen Fortsetzung er zugesagt hatte, 1551 nach Trient einzuberufen. An dieser zweiten Periode nahmen auch deutsche, aber keine französischen Bischöfe teil. Daß Karl V. verschiedene protestantische Reichsstände zur Beschickung des Konzils veranlaßte, brachte keinen Erfolg. Schon die ersten Gespräche scheiterten; die von Melanchthon und Brenz aufgesetzten Bekenntnisse (Confessio Saxonica und Confessio Virtembergica) wurden nicht zur Kenntnis genommen, die geforderte Revision der früheren dogmatischen Dekrete anhand der Schrift und ohne päpstlichen Einfluß wurde verweigert. Im übrigen beschloß man Dekrete zu Eucharistie, Buße und Letzter Ölung. Der Fürstenaufstand in Deutschland (vgl. o. S. 200) führte dazu, daß viele Konzilsväter Trient verließen, so daß das Konzil am 28.4.1552 erneut vertagt wurde.

– Die Hoffnungen, die man auf Marcellus II. (1501]1555–1555; den früheren reformgeneigten Legaten Marcello Cervini) gesetzt hatte, erfüllten sich nicht, da er kurz nach der Wahl starb. Sein Nachfolger Paul IV. (Giampietro Carafa, 1476]1555–1559) wollte notwendige Reformen ebenso wie die Abwehr der Häretiker mit einem

1559 erlassenen Index der verbotenen Bücher und der Inquisition selbst in die Hand nehmen und lehnte in ständiger Feindschaft gegen die Habsburger das Konzil ab. Erst der Nachfolger Pius IV. (1499]1559–1565) hoffte, das Konzil – da die Frage einer Reform der Gesamtkirche angesichts der Verbreitung der Reformation in Europa inzwischen nicht mehr zur Debatte stand, andrerseits aber in Frankreich nationalkirchliche Bestrebungen drohten – zu einer Reform in seinem Sinn nutzen zu können. Es wurde in seiner dritten Periode 1562 – als fortgesetzt – erneut in Trient eröffnet und von Deutschland, Frankreich und Spanien stärker besucht als je zuvor. Dekrete über den Laienkelch und das Meßopfer konnten verabschiedet werden. In der Reformdiskussion um das Bischofsamt aber trafen episkopale und kuriale Tendenzen so hart aufeinander, daß der Konzilspräsident Giovanni Morone, der unter Paul IV. noch im Inquisitionskerker gesessen hatte, nur mit Hilfe aufschiebender Kompromisse und durch das Eingreifen des Papstes das Scheitern verhindern, eine Reihe dogmatischer und reformerischer Dekrete verabschieden lassen und das Konzil 1563 zu dem von allen gewünschten Ende bringen konnte.

Ergebnisse

Die Ergebnisse des Konzils liegen in den Dekreten vor, die teilweise aus Lehrdarlegungen mit verwerfenden Canones, teilweise nur aus Canones und teilweise aus Erörterungen und Anordnungen zu kirchlichen Reformen bestehen. Dem Konzil ging es insgesamt weniger um die Reform als um die Abgrenzung vom Protestantismus. Damit wurde es zur Grundlage der Gegenreformation und verengte die Kirche unter Abstoßung vieler bis dahin auch möglicher reformkatholischer Positionen grundlegend zur römisch-katholischen Konfessionskirche, selbst wenn das nicht dem Selbstverständnis entsprach und entspricht. Bei der positiven Darlegung der Lehre nahm man Unklarheiten bewußt in Kauf, da ‚innerkatholische' Streitigkeiten nicht entschieden werden sollten.

Im Blick auf die Lehre brachte das Konzil umfassende und auf Dauer wirksame Ergebnisse:
– Als Grundlagen wurden die Schrift, deren Kanon auch einen Teil der alttestamentlichen Apokryphen umfaßte (DGQD 3, Nr. 73.2), und die Tradition – der Begriff wurde inhaltlich nicht geklärt – als für die Kirche gleichwertige Offenbarungsquellen genannt, deren Interpretation dem kirchlichen Lehramt vorbehalten blieb (DH 1501–1508; KTGQ 3, Nr. 60c1).
– In der Rechtfertigung wurde die Erbsünde, ohne genauere Definition als durch die Taufe getilgt und als bloßer Anreiz zur Tatsünde verstanden, wobei man die Frage der unbefleckten Empfängnis Marias ausklammerte (DH 1510–1516). Die Rechtfertigung selbst wurde im Blick auf die in der Taufe erfolgende Erneuerung des Menschen und seine Willensfreiheit als zuvorkommende Gnade verstanden, zu der aber die mit gewährter Gnadengabe erfolgende Gebotserfüllung und die verdienstlichen guten Werke hinzutreten müssen. Die Lehre von der doppelten Gerechtigkeit wurde abgelehnt und die umstrittene Frage der Verdienste so gelöst, daß man ein mehrdeutiges ‚promereri' verwandte (DH 1520–83). So wurden Rechtfertigung und Heili-

gung bewußt zusammengenommen und in der Rechtfertigung das Handeln Gottes und des Menschen gleichermaßen betont (KTGQ 3, Nr. 60c2). Dabei waren es vor allem die Verwerfungen, die den antiprotestantischen Charakter nachdrücklich hervorhoben, sich dabei freilich oft auf Aussagen stützten, die aus dem Zusammenhang gerissen waren.

– Angesichts der Unterbrechungen des Konzils und der herkömmlichen Differenzen legte das Konzil in der Sakramentenlehre jeweils nur sehr knapp einleitend die Lehre dar. Aller Nachdruck fiel auf die antireformatorischen Canones, besser vorbereitet und treffender als bei anderen Themen. In der allgemeinen Sakramentenlehre wurde die Siebenzahl und die Wirkung ex opere operato festgehalten (DH 1639). Bei der Taufe verwarf man großenteils mißverstandene reformatorische Positionen. (DH 1614–1627), bei der Firmung hob man deren sakramentalen Charakter gegenüber der Konfirmation hervor (DH 1628–30). Im Blick auf das Abendmahl bestätigte man die Transsubstantiation und alle daraus sich ergebenden Formen des mittelalterlichen Kults (DH 1635–1661), bekräftigte nach langen Diskussionen die Lehre vom Meß-opfer (DH 1738–1759), das als wirkliches, wenn auch kein anderes als das Opfer Christi verstanden wurde, verwarf die communio sub utraque (DH 1725–1734,1760) und hob vor allem den vielfachen Nutzen des Sakraments hervor. Dem Empfang der Eucharistie wurde die Beichte und damit das Bußsakrament bindend vorgeordnet. Bei dessen Erörterung, die mit der der Letzten Ölung verbunden wurde, wies man die Ablehnung der Sündenaufzählung in der Beichte, das Verständnis der Absolution als Verkündigung des Evangeliums und die Verwerfung der Satisfaktion zurück (DH 1667–1693 und 1701–1715). Erstmals wurde auch der Ablaß und zugleich damit auch das Fegfeuer gegen die reformatorische Kritik dogmatisiert. (DH 1835 und 1820). Auch für die Letzte Ölung wurde der sakramentale Charakter festgeschrieben (DH 1694–1700 und 1716–1719). Die Sakramentalität der Ehe wurde bestätigt, allerdings ihre Gültigkeit an bestimmte Bedingungen geknüpft, die von den Reformatoren anerkannte Möglichkeit der Scheidung verworfen und der Zölibat für Kleriker und Mönche beibehalten (DH 1797–1816).

Von besonderer Bedeutung war auch die Dogmatisierung des Weihesakraments, bei dem gegen die Reformation der priesterliche Charakter des Amtes betont und das Bischofsamt mit seinen besonderen Vollmachten festgeschrieben wurde (DH 1763–1778). Hingegen erklärte man das Bischofsamt nicht als iure divino eingesetzt, wie überhaupt diese Frage ebensowenig wie der gesamte Kirchenbegriff geklärt wurde. Dennoch war deutlich, daß mit den Entscheidungen zu den Sakramenten und der Weihe im scharfen Kontrast zur Reformation die Kirche aufgrund der von ihr verwalteten Sakramente als hierarchische Heilsanstalt verstanden und damit der Charakter der Kirche für die Folgezeit festgelegt wurde.

Neben den dogmatischen beschloß das Konzil eine Reihe von Reformdekreten (KTGQ 3, Nr. 60c3).

– Sie befaßten sich hauptsächlich mit den Pflichten der Bischöfe. Deren Residenz-pflicht wurde nicht durchgesetzt, auch die Kumulation von Bistümern nicht verboten. In den Erzbistümern sollten alle drei Jahre Provinzialsynoden, in den Bistümern jährliche Synoden stattfinden. Die Kompetenz des Bischofs wurde auf die eigene Diözese begrenzt, gegenüber Exemten aber erweitert und ihm jährliche Visitation zur Pflicht gemacht. Die Residenzpflicht der Seelsorger wurde festgeschrieben, außerdem eine bessere Priesterausbildung in Seminaren gefordert.

– Zu den Reformdekreten gehörten auch die Beschlüsse über die Klöster (DH 1079–1085) und die Ehe (DH 1601, 1797–1812, 1813–1816). Die von den Päpsten Pius V. (‚Circa pastoralis‘, 1566) und Gregor XIII. (‚De sacris virginibus‘, 1572) streng ausgelegten Bestimmungen über die strikt einzuhaltende Klausur der geistlichen Frauen, führten dazu, daß diese nun im Unterschied zum Spätmittelalter in der alltäglichen Öffentlichkeit ganz zurücktraten. Im Blick auf die Ehe wurden deren Sakramentalität und Unauflöslichkeit ebenso wie die Ehehindernisse bestätigt. Obwohl es bei der Höherwertung nichtehelichen Lebens blieb, machte sich auch im katholischen Bereich eine gesteigerte Wertschätzung von Ehe, Frauen- und Mutterschaft bemerkbar. Langfristig ergab sich aus der Festlegung des Dekrets ‚Tametsi‘, daß eine Ehe nur vor kirchlicher Öffentlichkeit gültig geschlossen werden konnte, eine Diskriminierung des vorehelichen Geschlechtsverkehrs, die es früher, als der Konsens die Ehe konstituierte und der Geschlechtsverkehr sie bestätigte so nicht gegeben hatte. Damit unterlag dann auch die Frage ehelicher Geburt einem neuem Maßstab.

Barbara Henze, Kontinuität und Wandel des Eheverständnisses im Gefolge von Reformation und katholischer Reform, in: „In Christo ist weder Man noch Weyb“. Frauen in der Zeit der Reformation und der katholischen Reform, Münster 1999 (KLK 59), S. 129–151. – Gisela Muschiol, Die Reformation, das Konzil von Trient und die Folgen. Weibliche Orden zwischen Auflösung und Einschließung, in: a.a.O., S. 172–198.

Daß Spanier und Deutsche die tridentinische Reform insgesamt für halbherzig hielten, ist verständlich. Eine Reform der Kurie und der Mißstände, über die die Obrigkeiten seit jeher klagten, wurde nicht einmal angedacht.

Wie von vornherein vorgesehen, bestätigte der Papst die Konzilsbeschlüsse, behielt aber deren Interpretation – eine Veröffentlichung der Akten begann dann erst im 19. Jahrhundert – einer Kardinalskongregation vor. Die Frage war, wie weit sich die Beschlüsse durchsetzen würden.

Die Durchsetzung der tridentinischen Reform

Entscheidend für den Erfolg der Tridentinischen Reform und der ‚katholischen Reform‘ überhaupt wurde, daß sich in der zweiten Hälfte des 16. Jahrhunderts tatsächlich ein ‚Reformpapsttum‘ an die Spitze der Kirchenreform stellte. Für diesen Wandel wurde die Wahl Pius IV., der seinen Neffen Carlo Borromeo (1565–1584) zum Kardinalnepoten machte, entscheidend. Durch dessen Einfluß auf folgende Papstwahlen ergab sich eine Kontinuität von drei Reformpäpsten: Pius V. (1504]1566–1572), Gregor XIII. (1502]1572–1585) und Sixtus V. (1521]1585–1590). Diese Päpste griffen die Beschlüsse des Konzils auf und führten die ihnen zugewiesenen Aufgaben mit der Intention einer Zentralisierung der Kirche aus. Zwar wurde das noch keineswegs wirklich erreicht, aber die alte Kirche wurde nun wirklich zur römisch-katholischen und zu einer straff disziplinierten Institution – ein deutlicher

Bruch mit der spätmittelalterlichen Entwicklung, die eher zu weithin romunabhängigen Landeskirchen tendierte.

– Längst arbeitete man an der geforderten maßgeblichen lateinischen Bibelübersetzung. Aber erst Sixtus V. setzte eine eigene Kommission ein. Ohne deren Ergebnis abzuwarten, wurde die Bibel (ohne 3. und 4. Esra, 3. Makk. und Gebet Manasses) 1590 publiziert. Die Konstitution ‚Aeternus ille' erklärte sie als vera, legitima, authentica und perpetuo valitura. Da aber die Ausgabe auch von Katholiken heftig angegriffen wurde, mußte Gregor XIV. (1535]1590–1591) eine neue Kommission einsetzen. So erschien 1592 unter Papst Clemens VIII. (1536]1592–1606) die neue Fassung der Sixto-Clementina, ein Vorgang, den die Protestanten zu Anfragen an die päpstliche Unfehlbarkeit nutzten.

– Zum andern ging es um eine handliche Zusammenfassung der tridentischen Lehre. 1563 plante man ein Bekenntnis, das alle Kleriker und weltlichen Beamten katholischer Staaten beschwören sollten. Dagegen protestierten die Gesandten der Fürsten. So erließ Pius IV. 1564 einen Eid für alle Kleriker und Universitätslehrer, die ‚Professio fidei Tridentina'. Sie enthielt das Nicaenum und eine knappe Erwähnung der tridentinischen Beschlüsse mit einer Betonung auf Schrift und Tradition sowie den Sakramenten. Über das Konzil hinausgehend wurde auch der Gehorsam gegen den Papst verankert.

– Auch die Vollendung des Katechismus hatte man, obwohl seit 1562 eine Kommission arbeitete, in der 25. Sessio dem Papst übertragen. Hauptmitarbeiter waren dominikanische Theologen. Das Endergebnis, der ‚Catechismus Romanus' von 1566, eignete sich weniger als Kinder- und Laienkatechismus, wie ursprünglich gefordert, sondern eher für Lehrer und Katecheten. In vier Abschnitten behandelte er das Symbol, die Sakramente, den Dekalog und das Vaterunser. Große Wirkung auf den Unterricht hatte er nicht, da die Jesuiten später im Gnadenstreit die thomanische Prägung kritisierten. In Deutschland besaß der von dem Jesuiten Petrus Canisius (1521–1597) geschaffene Katechismus eine sehr viel höhere Bedeutung (KTGQ 3, Nr. 60d3).

– Bereits Paul IV. hatte an der Reform des Stundengebets (Brevier) und der Ordnung für die Messe (Missale) arbeiten lassen. Aber erst 1568 erschien das Breviarium Romanum, das den Unterschied zwischen privatem und öffentlichem Stundengebet aufhob und das Kirchenjahr stärker berücksichtigte, unter Clemens VIII. aber überarbeitet wurde. 1570 erschien das Missale Romanum, 1596 das Pontificale (die dem Bischof [pontifex] vorbehaltenen Zeremonien an Personen und Sachen; endgültig erst 1644), 1600 das Ceremoniale (das nicht die Zeremonien in ihrem Ablauf, sondern Kleidung, Gesten, Haltungen, Prozessionen usw. regelt), schließlich 1614 das Rituale (Sakramentsfeiern, Benediktionen, Prozessionen etc.). Damit wurde eine allmähliche Vereinheitlichung des gesamten Zeremonialwesens erreicht.

– Schließlich ist die revidierte Ausgabe des Corpus iuris canonici (Decretum Gratiani 1139/42; 5 Bücher der Dekretalen Gregors IX. 1234; die nachgregorianischen Dekrete durch Bonifaz VIII. 1298 als liber sextus; liber septimus = Constitutiones Clementinae; Extravagantes, Ende 15. Jh.) zu nennen. 1563 wurde eine Kommission eingesetzt, die einen authentischen liber septimus erarbeiten sollte, der aber nicht anerkannt wurde. 1582 erschien die Neuausgabe des Corpus iuris mit der Glosse, der üblichen dazugehörenden Kommentierung, in drei Bänden.

– Die Verfolgung der Ketzerei wurde schärfer; Inquisitionsprozesse häuften sich. Um den Index der verbotenen Bücher auf dem Stand zu halten, wurde dafür 1571 eine eigene Kommission gebildet. Schließlich wurde die an jedem Gründonnerstag zu verlesene ‚Nachtmahlsbulle' unter Pius V. und noch einmal 1627 unter Urban VIII. (1568]1623–44), verschärft, so daß schließlich alle reformatorischen Gruppen unter dem Anathema standen.

Darüber hinaus arbeiteten die Päpste im Geist des Tridentinums an der Reform. Schon Pius V. sorgte für deren Durchführung in Italien, wo Carlo Borromeo in Mailand das Vorbild eines guten Bischofs wurde. Gregor XIII. machte die Nuntiaturen zu Instrumenten zentral gelenkter Kirchenreform. Sixtus V., regelte die bischöflichen Rombesuche neu: Italienische und griechische Bischöfe mußten alle drei, die übrigen europäischen Bischöfe alle vier oder fünf, die überseeischen alle zehn Jahre zur relatio status dioecesis in Rom erscheinen. Gregor gründete nicht nur das Collegio Romano – die heutige ‚Gregoriana' –, sondern auch für die katholische Reform in Deutschland die Congregatio Germanica, die 1622 in der Congregatio de propaganda fide aufging. Unter Sixtus V. erfolgte eine Kurienreform. Schon längst gab es neben den alten Einrichtungen (Konsistorium, Kanzlei, Kammer) die Kardinalskongregationen für Inquisition (1542), Konzilsauslegung (1564), Index (1571) und den Verkehr mit den Bischöfen (1572). Jetzt wurde den 15 Kardinalskongregationen jeweils ein Ressort zugewiesen und die Zahl der Kardinäle auf 70 erhöht. Das bedeutete aber gleichzeitig auch eine Entmachtung des Kardinalskollegiums als ganzen. Nun konnte sich ein päpstlicher Absolutismus entwickeln, der für die folgenden Vertreter des Barockpapsttums von Paul V. bis zu Alexander VII. charakteristisch wurde und – freilich mit einem stärkeren Gewicht des Geistlichen – an den Stil der Renaissancepäpste erinnerte.

In den einzelnen europäischen Ländern und Diözesen wurde die tridentinische Reform allerdings teilweise nur sehr zögernd und erst sehr allmählich umgesetzt.

Wolfgang Reinhard, Reformpapsttum zwischen Renaissance und Barock, in: Ders., Ausgewählte Abhandlungen, Berlin 1997 (HF 60), S. 37–52.

Macht und Ansehen der Päpste zeigten sich in den Pilgerströmen des Jahres 1600. Doch wurde die Autorität des Papsttums nur in den katholischen Ländern anerkannt. Das zeigte sich, als Gregor XIII. am 24.2.1583 eine Kalenderreform zur Angleichung des astronomischen an das gezählte Jahr (ersteres hat nicht 365 Tage und 6 Stunden, sondern 11 Min. 14 Sek. weniger) vollzog, was im Interesse der Osterfestberechnung (der erste Sonntag nach dem ersten Vollmond nach Frühlingstagundnachtgleiche) notwendig war. Man ließ den 5. bis 14. Oktober 1582 ausfallen und beschloß zur erneuten Angleichung alle 400 Jahre 3 Tage ausfallen zu lassen (1600, 2000). Der Erlaß des Kalenders bewies die Grenzen päpstlicher Macht. An Orten mit stark gemischter Bevölkerung wie in Wien und Augsburg kam es zu Konflikten; die protestantischen Länder nahmen die Reform nur sehr allmählich an (Deutschland im 17.,

England und Schweden Mitte des 18. Jh., die orthodoxen Länder erst 1923) und das, obwohl die Reform durchaus sinnvoll war (DGQD 4, Nr. 14).

Die Folgen

Als römisch-katholische Konfessionskirche gewann die Kirche nach dem langen Ringen um Reform an Stärke. Sie konnte nun gegenreformatorisch aktiv werden. Dazu haben drei Momente beigetragen:

– Mit der Abgrenzung gegen den Protestantismus hatte man in vielen offenen Fragen die Lehre fixiert und konnte das ,Katholische' antiprotestantisch eindeutig definieren.

– Mit dem Tridentinum wurde entschieden, daß Papst und Kirche unlöslich zusammengehören. Unter den Angriffen der Protestanten wurde das Papsttum stärker als im Mittelalter zum Kennzeichen der katholischen Kirche.

– Mit dem Tridentinum und den folgenden Päpsten wurde die Kirche im eminenten Sinn zur ,römischen' Kirche. Die spätmittelalterliche Tendenz zu National- und Landeskirchen wurde abgebrochen.

Damit wird aber auch die katholische Kirche zur Konfessionskirche neben anderen. Das zeigt sich vor allem in zwei Punkten:

– Die Weite spätmittelalterlicher Theologie verschwand. Die Theologie wurde erheblich stärkerer Zensur unterworfen.

– Die Kirche bildete im Gegensatz zum Protestantismus nun weiterhin einseitig die diesem entgegengesetzten Züge aus: das Meritorische, das Sakramentale, das Hierarchische und das Sinnenfreudige des Kultus. Das prägte dann auf Dauer auch die Volksfrömmigkeit.

Volksfrömmigkeit in der frühen Neuzeit, hg. von Hansgeorg Molitor u. Heribert Smolinsky, Münster 1994 KLK 54).

B. Abseits der Konfessionen

Hans-Jürgen Goertz, Religiöse Bewegungen in der frühen Neuzeit, München 1993 (Enzyklopädie deutscher Geschichte 20). – George Huntston Williams, The Radical Reformation [3]Kirksville 1992 (SCES 15).

1. Mystischer Spiritualismus

a) Die Schwenckfelder

Im Südwesten Deutschlands gab es ebenso wie in Schlesien kleine Gruppen von Anhängern Caspar von Schwenckfelds. Doch lebten manche Schwenckfelder auch ganz vereinzelt. Größer als deren Wirkung ist die der gedruckten Schriften Schwenckfelds zu veranschlagen. Für ihre Bewahrung und ihre Rezeption bedeutete der Straßburger Dichter Daniel Sudermann (1550–1631) viel. Er vertiefte Schwenckfelds Gedanken durch die intensive Lektüre der Schriften Taulers und der Theologia Deutsch. Bekannt sind die Strophen, mit denen er das Lied „Es kommt ein Schiff geladen" spiritualistisch fortführte.

Von hohem Interesse sind die Lebensläufe der isoliert lebenden und wirkenden Schwenckfelder, wie etwa des Aggaeus von Albada (1525–1587), hochberühmter Jurist und geschätzter Ratgeber selbst gegenreformatorischer Bischöfe (Würzburg). Trotz seiner spiritualistischen Option lebte er weithin unbehelligt und widmete sich gegen Ende seines Lebens ganz den Schriften Schwenckfelds und ihrer Verbreitung Lose Gemeinschaften fanden sich weiterhin vor allem in Südwestdeutschland und in Schlesien bis zum Ende des 17. Jahrhunderts. Unter Karl VI. (1685]1711–1740) schwer verfolgt, suchte ein Teil in der Brüdergemeine Zinzendorfs Zuflucht, wanderte aber, als man sie zum Anschluß drängte, nach Pennsylvanien aus (1734) und bildete dort eine rund 1500 Seelen umfassende ‚Familienkirche', der man die kritische Ausgabe des Corpus Schwenkfeldianorum verdankt.

Monica Pieper, Daniel Sudermann (1550–ca.1631) als Vertreter des mystischen Spiritualismus, Stuttgart 1985 (VIEG 121). – Wiebe Bergsma, Aggaeus von Albada (1525–1587), Groningen phil. Diss. 1983. – Horst Weigelt, Spiritualistische Tradition im Protestantismus. Die Geschichte des Schwenckfeldertums in Schlesien, Berlin 1973 (AKG 43).

b) Theophrast von Hohenheim, gen. Paracelsus

Der unehelich aus schwäbischem Adel stammende Paracelsus, der ein unstetes und weitgespanntes Wanderleben führte, gehört nach seiner Lebenszeit (1493/94–1541) in die Reformationszeit, hat aber mit seinen Kommentaren zu biblischen Büchern, Sermonen und abendmahlstheologischen Schriften eine weitreichende Wirkung in kirchlich-spiritualistischen und pansophischen Traditionen offenen Kreisen erst entfaltet, als seine Werke seit dem Ende des 16. Jahrhunderts in Basel und Straßburg gedruckt wurden. Von Renaissancephilosophie und Humanismus beeinflußt, wandte er sich in der Medizin – er verbrannte 1527 auf dem Basler Markt die Schriften der Schulmedizin – wie in der Theologie gegen die herkömmliche Buch- und scholastische Wissenschaft, denen er die experientia (Erfahrung/Erfahrenheit) entgegenstellte. Das brachte ihn zu einem scharfen Antiklerikalismus und zur Abwertung aller ‚Mauerkirchen', die er als ‚vier paar Hosen aus einem Tuch' bezeichnete. Von der Einheit von Natur- und Schriftoffenbarung ausgehend, trug er eine Theologie vor, in der er den Menschen als dem Makrokosmos entsprechenden Mikrokosmos verstand, dessen Bestimmung es sei, anstelle der aus Adam stammenden weltlich-sterblichen eine in der Taufe von Christus zu gewinnende himmlisch-unsterbliche Leibgeisteinheit zu verwirklichen, deren Kriterium die Früchte des Glaubens in der Liebe und deren Nahrung das Abendmahl bildet. Dieser eigenartige spiritualistische Realismus wirkte besonders attraktiv. Seine die Menschheit Christi nur als Hülle verstehende Christologie, aber auch sein Verständnis Marias machten ihn auch in der Theologie zu dem Außenseiter, der er in der Medizin war.

c) Valentin Weigel

Von weit größerer Bedeutung wurde Valentin Weigel (1533–1588). Als lutherischer Pfarrer in Zschopau im Erzgebirge schrieb er heimlich spiritualistische Traktate, die zunächst handschriftlich umliefen, bis sie seit 1609 gedruckt wurden. Dabei wurden die echten Weigel-Schriften mit Pseudoweigeliana verbunden, die teilweise von seinem Schüler und Amtsnachfolger Benedikt Biedermann (ca.1545–ca.1621) stammten. Seinen Spiritualismus führt Weigel gnoseologisch, kosmologisch und soteriologisch durch:

– Die Erkenntnis von Welt und Mensch ist nach Natur und Gnade zu unterscheiden. Die Natur erkennen wir mit dem Auge, Gott aber nur kraft der Gnade, wenn er in uns wohnt; denn Gott sieht sich selbst durch sich selber.

– Zeit und Raum sind stets mit Körperlichkeit. verbunden. Gott aber ist Geist. Deswegen sind auch Himmel und Hölle keine Orte. Sie bedeuten vielmehr mit dem Willen Gottes eins, bzw. entzwei zu sein.

– Nur wahre Gelassenheit, Bereitschaft zum Tragen des Kreuzes und Aufgabe des Ichs und seines Willens führen zur Einheit mit Gott. Daher lehnt Weigel äußere Gnadenmittel und den Christus für uns ab zugunsten des Christus in uns.

Bei Weigel werden die Traditionen von Tauler und der Theologia deutsch mit einem extremen Spiritualismus verbunden. Seine Gedanken wurden nur in kleinen Kreisen von Anhängern gepflegt, haben aber über seine Schriften weit gewirkt, so daß die mystischen Spiritualisten weithin einfach als Weigelianer bezeichnet wurden.

Valentin Weigel, Sämtl. Schriften, hg. v. Will Erich Peuckert u. Winfried Zeller, Stuttgart 1962ff, fortgesetzt in einer Neuedition von Horst Pfefferl, bisher Bd. 3, 4, 7 u. 8, Stuttgart-Bad Cannstatt 1996ff. – Horst Pfefferl, Weigel, Valentin (1533–1588), in: TRE 35, Berlin/New York 2003, S. 447–453.

d) Jakob Böhme

Den schlesischen Schuster und Autodidakten Jacob Böhme (1575–1624) überfiel nach jahrelangem Grübeln seine Erkenntnis „wie ein Platzregen". 1600 erlebte er den Durchbruch ‚in die innerste Geburt der Gottheit'. Als direkte Gottesoffenbarung schrieb er ‚Aurora oder die Morgenröte im Aufgang' 1612 nieder, begann aber aufgrund des Zusammenstoßes mit dem Görlitzer Prediger Gregorius Richter (1560–1624) und dem Rat erst 1618 erneut mit dem Schreiben. Zunächst nur in kleinen Kreisen schlesischer Geistlicher, Ärzte und Adeliger bekannt, wurde er mit der seit 1683 in Amsterdam erschienenen Gesamtausgabe seiner Werke von weitreichendem Einfluß.

Mit der Selbstgefälligkeit und dem Selbstvertrauen des Dilettanten hat Böhme tiefsinnige Gedanken und absonderliche Allegorien und Ausdeutungen von Steinen,

Farben und chemischen Begriffen zu einem holistischen System verbunden, von dem er überzeugt war, daß es Gottes eigenes Wissen in ihm sei. Dabei kam Böhme in seinem System allenthalben in Konflikt mit der kirchlichen Lehre:

– In der Trinitätslehre werden die Unterschiede von Vater, Sohn und Geist aufgehoben und als Selbsterfassung Gottes verstanden, womit unmittelbar die Schöpfung der himmlischen Welt gesetzt ist, so daß Gott und Schöpfung ineinander übergehen.

– Bei der Antwort auf die Frage nach dem Bösen verlegt Böhme den Gegensatz von Gut und Böse, Liebe und Zorn in die beiden Prinzipien des Vaters und des Sohnes in Gott zurück. Erst durch den Fall Luzifers aus der himmlischen Welt entsteht das höllische Reich, mit dem zugleich Gott durch sein Wort die Welt schafft. Sie ist eine Spiegelung Gottes und daher auch seine Offenbarung in den Zeichen der Natur.

– Herr der Welt ist der allen drei Reichen angehörende Mensch. Er ist als Mikrokosmos Abbild der göttlichen Welt. Erst durch seinen Fall geht die göttliche Seite seiner Seele verloren, er trennt sich von der göttlichen Sophia, trennt sich in Mann und Weib, und sein Leib wird von der irdisch materiellen Welt abhängig. So wird die Schöpfung Folge des Falles und eine Abwertung des Leiblich-Geschlechtlichen vollzogen.

– Dementsprechend wird die Christologie umgeprägt. Das ewige Wort, das Böhme als Jesus, den irdischen Erlöser aber als Christus bezeichnet, erhält in der jungfräulichen Geburt den himmlisch-paradiesisch-siderischen Leib Adams neben dem irdischen. Letzterer allein stirbt und wird in der Auferstehung völlig aufgehoben. Scharf wendet sich Böhme gegen jede Form forensischer Rechtfertigungslehre und die stellvertretende Genugtuung Christi, weil der Weg Christi in uns nachvollzogen werden muß. Das ist möglich, weil im Menschen ein tief verborgener Wille nach Gott da ist, so daß er durch Gelassenheit seines Willens bis in die Hölle hinein, in der das Vertrauen entsteht, zum Christ wird. Dem folgen die Werke der Liebe. Das verbindet sich bei Böhme mit einer scharfen Kritik an seiner Zeit, an der Obrigkeit und den Ständen; denn Ehre, Gewalt, Hab und Gut darf ausschließlich zur Pflege der Brüder dienen. Damit ist die Rechtfertigung völlig in die Wiedergeburt aufgelöst.

– Entsprechend ist die Eschatologie gestaltet: Die ganze siderisch-elementare Welt vergeht im Feuer, und die Menschen erhalten einen himmlischen oder höllischen Leib. Allerdings lag von Böhmes Denken her immer auch die Lehre von der Apokatastasis, der Versöhnung aller, nahe, durch die am Ende die Verselbständigung des Satans zurückgenommen wird. Böhme ist der Überzeugung, daß die sechste Zeit des Weltenbaumes, in der die Kirche Babels die Gotteskinder verfolgt, zu Ende geht, daß schon in seinen Offenbarungen die siebte, das Reich Christi, vor der Tür steht. Die Geschichte hindurch streiten die Kirche Abels, der wahren Gotteskinder, und Kains miteinander. Das führt zu scharfer Kritik an den kirchlichen und gesellschaftlichen Zuständen. Doch anerkennt Böhme die Kirchen als Mittel für das lebendige Wirken Christi, wenn wiedergeborene Prediger das Wort verkündigen.

Böhme hat nicht nur durch seine spekulativen Konzeptionen, sondern durch seine ‚Theologischen Sendschreiben‘ und eine Sammlung von Traktaten, ‚Der Weg zu Christo‘, auch als Erbauungsschriftsteller gewirkt, weniger durch einen Kreis von

Anhängern. Der Verbreitung seiner Schriften, die dann auch in den Niederlanden und England ihre Wirkung entfaltet haben, widmete sich Abraham von Franckenberg (1593–1652). Die großen und oft sonderbaren Einzelgänger des 17. Jahrhunderts sind alle in irgendeiner Weise vom mystischen Spiritualismus Schwenckfelds, Weigels und Böhmes beeinflußt worden.

Martin Brecht, Die deutschen Spiritualisten des 17. Jahrhunderts, in: Der Pietismus vom siebzehnten bis zum frühen achtzehnten Jahrhundert, hg. v. Martin Brecht, Göttingen 1993 (Geschichte des Pietismus Bd. 1, hg. v. Martin Brecht), S. 205–240. – Gott, Natur und Mensch in der Sicht Jakob Böhmes und seiner Rezeption, hg. v. J. Garewicz u. A. M. Haas, Wiesbaden 1994 (Wolfenbütteler Arbeiten zur Barockforschung 24). – Eberhard H. Pältz, Jakob Böhme, in: TRE 6, Berlin/New York 1980, S. 748–754. – Martin Brecht, Der Beitrag des Spiritualismus der Reformationszeit zur Erneuerung der lutherischen Kirche im 17. Jahrhundert, in: Wegscheiden der Reformation, hg. v. Günter Vogler, Weimar 1994, S. 369–379.

2. Täuferische Gruppen

a) Mennoniten und Schweizer Brüder

Rigoristische Kirchenzucht führte bei den niederländischen Täufern zu Trennungen, weil sich bestimmte Gruppen dem gesellschaftlichen Leben öffneten und die verworfene ‚Welt' nicht in den gleichen Erscheinungen wie Menno sahen. Aber auch von den oberdeutschen und Schweizer Täufern distanzierte sich Menno wegen ihrer laxen Haltung.

Vor allem in Flandern erlebte das Täufertum trotz harter Verfolgung in den Jahren 1552 bis 1569 einen starken Aufschwung. Verfolgung und Martyrium wurde ihnen so zum vornehmsten Kennzeichen der rechten Christen. Mit Tilemann J. van Braghts Märtyrerspiegel, 1660, erhielt man ein Martyrologium (wie es das gleichzeitig auch bei den englischen Protestanten und den deutschen Lutheranern gab). Viele Täufer wanderten in die nördlichen Niederlande aus, in denen sie geduldet wurden und in den Provinzen Friesland und Groningen bis zu 20% der Bevölkerung ausmachten.

Peter Burschel, Sterben und Unsterblichkeit. Zur Kultur des Martyriums in der frühen Neuzeit, München 2004 (Ancien Régime Aufklärung und Revolution 35).

Von den Mennoniten trennten sich in der Mitte der 50er Jahre die ‚Waterländer', die den Bann viel weniger strikt handhaben, auch den Eid nicht schlechthin ablehnten und Mennos monophysitische Christologie verwarfen. In den 60er Jahren kam es über den Bann zu weiterer Spaltung zwischen den rigoristischen ‚Friesen' unter Leonard Bouwens (1515–1582) und den laxeren ‚Flamen' unter Dirk Philipps (1504–1568), und das setzte sich in beiden Gruppen in den ‚Alten' und ‚Jungen' Flamen, den ‚Harten' und den ‚Slappen' Friesen. fort. Doch kam es im letzten Viertel des Jahrhunderts zu Wiedervereinigungen und – auf der Basis vereinbarter Punkte für Lehre und Lebensordnung – sogar zu einer weitgehenden Aussöhnung mit den oberdeutschen Täufern. Aber erst nach dem Dordrechter Bekenntnis von 1632 schloß man sich 1639 in Amsterdam unter Ausscheidung der ganz Laxen und ganz Rigorosen zu den ,Verenigden Dopsgezinden' zusammen. So ergab sich auch im Täufertum eine Art von allmählicher ,Konfessionsbildung'.

Die Schweizer Täufer konnten sich aufgrund dauernder Verfolgungen nur in den Bergen des Kantons Bern, im württembergischen Mömpelgard (Montbeliard) und im Elsaß halten. Zwischen ihnen und den Mennoniten gab es immer wieder Kontakte, aber es kam zu keiner wirklichen Einigung.

Hans-Jürgen Goertz, Menno, Mennoniten: TRE 22, Berlin/New York 1992, S. 444–457.

b) Hutterische Brüder

Durch die Ablehnung jedes Eigentums strikt von allen anderen Täufern getrennt, blieben die Hutterischen Brüder in Mähren eine ganz eigene Gemeinschaft.

In den Jahren 1535 und 1536 sowie zwischen 1546 und 1550 waren sie schweren Verfolgungen ausgesetzt, weil Ferdinand I. sie weder in Mähren noch in Ungarn dulden wollte. Doch erlebten sie dank der starken Stellung des mährischen Adels nach 1550 unter den großen Gemeindeleitern Leonhard Lanzenstiehl (gest. 1565), Peter Riedemann (1506–1556) und Peter Walpot (ca.1518–1578), die auch die grundlegend-zusammenfassenden Schriften ihrer Lehre verfaßten, eine ,goldene Zeit'. Auf gepachtetem Grund errichtete man in Mähren die ,Haushaben' der Bruderhöfe, in denen unter Aufhebung der Familie als Grundeinheit nach Geschlechtern getrennt gearbeitet, gegessen und gewohnt und die Kinder gemeinsam und vorbildlich erzogen wurden. Ackerbau und Handwerk, Kindergärten und Schulen gewannen den Hutterern hohes Ansehen, und ihre landwirtschaftliche und gewerbliche Produktivität förderte ihre Duldung durch den Adel. In 70 Gemeinden wurden sie zur zahlenmäßig stärksten Täufergruppe in Böhmen und Mähren. Von Mähren aus zogen Wandermissionare ins Reich und sorgten für weiteren Zustrom. Gegen Ende der achtziger Jahre freilich begann ein Niedergang, der sich verstärkte, als im Dreißigjährigen Krieg in Böhmen und Mähren eine rigorose Gegenreformation einsetzte. Die Hutterer wurden gezwungen, das Land zu verlassen, gingen unter zeitweiliger Aufgabe der Gütergemeinschaft nach Oberungarn (Slowakei) und Transsylvanien, wo man sie als Habaner bezeichnete, ein Begriff, der sich an ihre Keramik heftete. Ihre späteren südrussischen Zufluchtsorte verließen sie 1874 um der allgemeinen Wehrpflicht willen und zogen in die Vereinigten Staaten und Kanada, wo sie ihre Bruderhöfen neu errichten konnten.

Andrea Chudaska, Peter Riedemann. Konfessionsbildendes Täufertum im 16. Jahrhundert, Gütersloh 2003 (QFRG 76). – Astrid von Schlachta, Hutterische Konfession und Tradition (1578–1619), Mainz 2003 (VIEG 198).

3. Waldenser

Am Beginn des 16. Jahrhunderts fanden sich die Waldenser in den Tälern der Ost-
alpen, in der Provence und in Kalabrien. Zu ihrer schriftlichen Tradition gehörten
franko-provencalische Bibelübersetzungen, aber auch Texte aus hussitischen Kreisen
und der Böhmischen Brüder. 1530 schickten die Waldenser der Dauphiné und der
Provence zwei Gesandte, Masson und Georg, zu Oekolampad, der den Nikodemismus der waldensischen Barben (Prediger) scharf kritisierte. Mehr Verständnis fanden
sie bei Martin Bucer in Straßburg. 1532 kam es zu verschiedenen Treffen der süd-
italienischen und französischen waldensischen Prediger, der Barben, mit Guillaume
Farel und anderen Vertretern der Reformation. Man drängte die Barben, Armut und
Ehelosigkeit aufzugeben und die Gottesdienste grundlegend zu reformieren. Entsprechende Leitsätze wurden auf einem Treffen in Angrogna gefaßt. Trotz des Protests
dagegen wurden sie auf einer weiteren Zusammenkunft im Tal St. Martin 1533 bestätigt. Außerdem veranlaßte man die Waldenser, eine französische Bibelübersetzung
herstellen zu lassen, die 1535 in Neuchâtel erschien.

Im Piemont konnten die Waldenser während der Zeit der französischen Besetzung
(1536–1559) relativ ruhig leben. Sie schlossen sich in dieser Zeit immer enger an die
Genfer Reformation an. Unter Emanuel Philibert von Savoyen (1528]1553–1580)
aber, der sogleich nach Regierungsantritt ein Mandat gegen die ‚Lutheraner‘ erließ,
änderte sich das. Die Übersendung der Confessio Gallicana und ein Gespräch mit
dem Jesuiten Antonio Possevino (1533/34–1561) hatten nicht den erhofften Erfolg.
Der Herzog ging gegen die sich wehrenden Waldenser vor, die aber 1561 in genau
umschriebenem Gebiet die Erlaubnis zu öffentlichen Gottesdiensten erhielten.

Ganz anders war die Lage der Waldenser in der Dauphiné und der Provence, die sich
im Unterschied zu den Piemontesen sogleich und offen von der alten Kirche trennten
und deswegen bereits seit 1535 verfolgt wurden. Daran änderte auch die Übersendung ihres reformierten Bekenntnisses an Kardinal Sadoleto und Franz I. von Frankreich 1543 nichts. Das Parlament von Aix en Provence beschloß scharfe antiwalden-
sische Maßnahmen, die dann 1545 von einem königlichen Heer vor allem im Ge-
birgszug des Luberon erbarmungslos durchgeführt wurden. Wer sich nicht durch die
Flucht retten konnte, wurde getötet, eingekerkert oder auf die Galeeren geschickt.
Eine Intervention Straßburgs bei Franz I. hatte keinerlei Erfolg. Erst später kehrten
die Geflohenen in das Gebiet zurück. Doch wurden sie in Piemont und in der Provence weiterhin unterdrückt.

Euan K. Cameron, Waldenser, in: TRE 35, Berlin/New York 2003, S. 388–402.

4. Antitrinitarier und Sozzinianer

George H. Williams, The Radical Reformation, [3]Kirksville1992 (SCES XV), S. 991–1035 und
1099–1176.

In der zweiten Hälfte des 16. Jahrhunderts erreichte auch der Antitrinitarismus eine

Gemeindebildung. Vor allem unter den aus Italien geflohenen Protestanten und Nichtkatholiken gab es Antitrinitarier. Der zunächst nach Genf geflohene und dann in der juristischen Fakultät Basel lehrende Matteo Gribaldi (ca.1500–1564) vertrat eine kraß subordinatianische Vorstellung von Christus, wobei er die Trinität ausdrücklich verwarf. An ihn schloß sich Giovanni Gentile (ca.1520–1566) an, der in Genf und in Polen lebte, nach seiner Rückkehr aber in Bern 1566 enthauptet wurde. Sabellianismus und Arianismus ablehnend, kam er einer Dreigötterlehre nahe. Neben ihm versuchte Lelio Sozzini aus Siena (1525–1565) mit Hilfe des Neuen Testaments Inkarnation, Zweinaturen- und Trinitätslehre zu widerlegen. Jesus war ihm ein von Gott mit besonderer Vollmacht ausgestatteten Prediger, wurde deswegen aber doch als Gottes Sohn bezeichnet. Ebenso verwarf Sozzini die leibliche Auferstehung.

Auf dem Hintergrund von Humanismus und reformiertem Protestantismus fanden sich in Polen adelige Gönner und Schützer des Antitrinitarismus, der sich zum Unitarismus weiterentwickelte. Unter dem Einfluß der Schriften Sozzinis trennte sich der reformierte Pfarrer Gregor Pauli (in Krakau seit 1557) vom Bekenntnis, verwarf Präexistenz und Gottheit Jesu überhaupt, ging zum Unitarismus über und wurde der Führer der sich in Kleinpolen um Rakow sammelnden Unitarier.

Dem Arzt Georgio Biandrata (1516–1588) gelang es dann aufgrund der Beschlüsse der Siebenbürger Landtage von 1568 und 1571, die den Bischöfen die Absetzung inakzeptabler Lehren vertretender Pfarrer untersagten, dem Unitarismus als einer Spielform reformatorischer Bewegungen zur Duldung und zur Institutionalisierung als bischöflich geleiteter Kirche mit Synoden und einem Kolleg in Klausenburg zu verhelfen. Später wurde im ‚Consensus ministrorum' auch ein eigenes Bekenntnis und ein Katechismus aufgestellt, in dem die Anbetung Christi festgehalten wurde.

Denn auch der Unitarismus blieb nicht einheitlich, sondern spaltete sich über dieser Frage. Wie der litauische Bibelübersetzer Simon Budny (gest. 1593) trennte sich schließlich in Siebenbürgen auch der zunächst zum Calvinismus übergegangene und von Biandrata für den Antitrinitarismus gewonnene Klausenburger Superintendent Franz Dávid (ca.1520–1579) unter dem Einfluß eines früheren Dominikaners aus Chios (Jakob Paläologus, ca.1520–1585, in Siebenbürgen 1572–1575; hingerichtet in Rom 1585) wegen der Anbetung Jesu von den Unitariern. So entstanden als eine eigene Gruppe die Nonadorantisten, gegen die sich nicht nur die adoranten Unitarier in Siebenbürgen, sondern auch die in Polen wandten.

Mihály Balázs, Early Transsylvanian Antitrinitarism (1566–1571), Baden-Baden 1996 (BiDi.S 7). – Ders., Gab es eine unitarische Konfessionalisierung im Siebenbürgen des 16. Jahrhunderts; Ders., Einflüsse des Baseler Humanismus auf den Siebenbürger Antitrinitarismus, beide in: Konfessionsbildung und Konfessionskultur in Siebenbürgen in der Frühen Neuzeit, hg. v. Volker Leppin u. Ulrich Wien, Stuttgart 2005 (Quellen und Studien zur Geschichte des östlichen Europa 66), S. 135–142 u. 143–152.

Für die dauerhafte Prägung und Ausbildung des Unitarismus gewann der Neffe des Lelio, Fausto Sozzini (1539–1604) entscheidende Bedeutung. Neben die Ablehnung der Trinitätslehre trat nun auch die der kirchlichen Soteriologie, da man die Satisfaktionslehre verwarf. Demgegenüber rückte die Verkündigung Jesu, in den Mittelpunkt. Glaube an Jesus ist vor allem Glaubensnachfolge und -gehorsam, zu der der Mensch, da eine Erbsünde nicht anerkannt wird, auch in der Lage ist. Der zur Nachfolge gehörende Pazifismus führte immer wieder zu Kontakten mit den Täufern, die aber wegen der Leugnung der Trinität nie lange bestanden.

Diese Ansätze haben die Schüler des Fausto Sozzini im Rakower Katechismus (1605 polnisch, deutsch 1608, lateinisch 1609) weiter- und durchgebildet und so den Sozzinianismus begründet. Der von Gott und Christus geoffenbarte Weg zum Leben besteht in der Lehre Christi, die die Gebote Gottes wiederholt und ergänzt, Kreuztragen und Nachfolge fordert. Christus ist dafür das Vorbild, ein stellvertretendes Leiden oder eine Erlösung gibt es nicht. Wunder und Auferstehung bestätigen seine Lehre. Im Unterschied zu Fausto Sozzini verlangte man nun den Gehorsam gegen die Obrigkeit, auch bei Steuer und Kriegsdienst und in der Übernahme obrigkeitlicher Ämter. Immer stärker traten dann Rationalismus und Moralismus in den Vordergrund: Die Lehre der Gemeinschaft durfte zwar etwas supra rationem, aber nichts contra rationem enthalten.

Die Gegenreformation in Polen hat seit 1658 den Sozzinianismus und die Antitrinitarier heftig verfolgt. Vor diesen Verfolgungen wichen sie nach Holland (Amsterdam) und England aus. In Amsterdam erschienen ihre wichtigsten Publikationen 1668 die ‚Bibliotheca Fratrum Polonorum quos unitarios vocant‘, 1684 eine ‚Historia reformationis Poloniae‘ und 1685 die ‚Religio rationalis‘.

Gustav Adolf Benrath, Der Antitrinitarismus, in: Handbuch der Dogmen- und Theologiegeschichte 3, hg. v. Carl Andresen 3, [2]Göttingen 1998, S. 49–70. – Gottfried Schramm, Antitrinitarier in Polen, Genf 1959. – Urban Waclaw, Der Antitrinitarismus in den Böhmischen Ländern und in der Slowakei im 16. und 17. Jahrhundert, Baden-Baden/Bouxwiller 1986 (BiDi.S 2). – The Polish brethren. Documentation of the History and Thought of Unitarism in the Polish-Lithuanian Commonwealth and the Diaspora, 1601–1685, 2 Bde., Missoula 1980. – Waclaw Urban, Sozzini/Sozinianer, in: TRE 31, Berlin/New York 2000, S. 598–604. – Zbigniew Ogonowski, Der Sozzinianismus, in: Grundriß der Geschichte der Philosophie. Die Philosophie des 17. Jahrhunderts, Bd. 4: Das heilige römische Reich deutscher Nation. Nord- und Ostmitteleuropa, Basel 2001, S. 1261–1345.

Nur eine Episode bildete der Antitrinitarismus in Heidelberg. Über ein Gutachten zu antitrinitarischen Büchern, das von einem polnischen Adeligen erbeten wurde, kam der Ladenburger Superintendent Johannes Sylvanus (hingerichtet 1572) zum Antitrinitarismus. Zusammen mit dem Pfarrer Adam Neuser (gest. 1576) nahm er Kontakt zum Gesandten Siebenbürgens beim Reichstag von Speyer 1570 auf, um in Siebenbürgen eine Stelle zu finden. Neuser gelang die Flucht in die Türkei. Als der Gesandte mit Hilfe eines Briefs von Sylvanus belegte, daß auch im Reich Antitrinitarier geduldet würden, verhaftete man Sylvanus und andere (Sommer 1570) und machte ihnen den Prozeß, der 1572 mit dem Todesurteil endete. Lessing schrieb eine Rettung Neusers, in der er die Heidelberger Kirchenräte als blutrünstigen Theologen charakterisierte, obgleich zu jener Zeit überall im Reich auf Leugnung der Trinität die Todesstrafe stand.

Christopher Burchill, The Heidelberg Antitrinitarians, Baden-Baden 1989 (BiDi.R 11). – Frieder Hepp, Religion und Herrschaft in der Kurpfalz um 1600, Heidelberg 1993, S. 55–80 (Lit!).

C. Das Problem von Toleranz und Repression

Religiöse Toleranz. Dokumente zur Geschichte einer Forderung, hg. v. Hans R. Guggisberg Stuttgart-Bad Cannstatt 1984 (Neuzeit im Aufbau 4). – Toleranz und Reformation, hg. v. Manfred Hoffmann, Gütersloh 1979 (TKTG 24). – Zur Geschichte der Toleranz und Religionsfreiheit, hg. v. Heinrich Lutz, Darmstadt 1977 (WdF 246). – Eckehart Stöve, Toleranz I, in: TRE 33, Berlin/New York 2002, S. 646–663.

1. Grenzen der Konfessionalisierung – Ansätze zur Säkularisierung

Grenzen der Konfessionalisierung zeigten sich sehr bald dort, wo aus politischen Gründen und Erwägungen, bei Eheschließungen oder erwarteten Erbschaftsfällen des regierenden Adels, die Frage der Konfession – jedenfalls auf protestantischer Seite – oft kein Hindernis darstellte. Der Übertritt Heinrichs IV. in Frankreich zum Katholizismus und der des Kurfürsten Johann Sigismund von Brandenburg zum Calvinismus sind frühe Beispiele für das, was im 16. Jahrhundert noch selten war, im folgenden und im 18. Jahrhundert aber üblich wurde.

Auch im universitären Bereich stieß die Konfessionalisierung an Grenzen, wenn humanistisch geprägte Gelehrte in den nichttheologischen Fakultäten bereit waren, die Konfession zu wechseln.

2. Das Verhältnis der Konfessionen und Gruppen

a) Das Verhältnis von Altgläubigen und Protestanten zu- und untereinander

Solange keine Rechtsbasis für die Reformation eines Territoriums erreicht war, konnten nur die Altgläubigen die religiöse Einheit und Konformität ihres Territoriums mit harter Hand durchsetzen.

Auf evangelischer Seite war das schwieriger, weil man im Blick auf die Klagen der Bischöfe und der geistlichen Institutionen bis zu den kaiserlichen Fried- oder Anständen (seit 1532, vgl. o. S. 193) und im Grunde bis zum Augsburger Religionsfrieden (vgl. o. S. 201–204) nicht über das unangefochtene ius reformationis verfügte, selbst wenn man es faktisch in der Neuordnung der Kirche in Anspruch nahm. Gegen die Altgläubigen mußte man – die eigene Machtstellung bedenkend – umsichtig vorgehen, auch wenn man öffentliche Gottesdienste und Meßfeiern strikt verbot.

In Deutschland wurde mit dem Augsburger Religionsfrieden die Religionsfrage auf territorialer Ebene gelöst. Ähnliches gilt für die Gebiete Europas, in denen ein starker Adel sich mit dem Schutz abweichender Konfessionen und Gruppierungen gegen die Landesherrschaft (zunächst) behaupten konnte, in Polen, in Transsylvanien, in Böhmen und Mähren, teilweise auch in habsburgischen Gebieten.

Grundsätzlich anders gestaltete sich das Verhältnis von Altgläubigen und Lutheranern zur schweizerischen Reformation. Die Ablehnung der Realpräsenz machte sie zu ‚Sakramentierern‘, die man nicht duldete. Daran änderten weder die befristeten Friedensschlüsse noch der Augsburger Religionsfrieden etwas, da er weder Zwinglianer noch – nach dem Verständnis der Lutheraner – Calvinisten einschloß. Dennoch bestritt man dem sich auf die Confessio Augustana Variata berufenden Pfälzer Kurfürsten, der in seinem Land eine reformierte Kirchenbildung durchsetzte, nicht den Schutz des Religionsfriedens. Hier wirkte sich trotz konfessioneller Gegensätze die kur- und fürstliche Solidarität aus.

b) Das Verhältnis zu den Außenseitern

Am meisten litten die Vertreter des ‚linken Flügels‘, von Altgläubigen und Evangelischen gleichermaßen verfolgt, wenn auch in den einzelnen Territorien in unterschiedlicher Härte. Wiedertaufe stand wie Trinitätsleugnung schon im römisch-kaiserlichern Recht unter Todesstrafe Anfangs bestand durchaus die Gefahr, daß man auf evangelischer Seite mit harter Täuferverfolgung den Konsens mit den Altgläubigen herausstellen wollte. Faktisch aber gingen die evangelischen Obrigkeiten sehr viel nachsichtiger gegen sie vor. Man unterschied zwischen Lehrern und Verführten, drängte auf Unterrichtung, verhängte Ausweisung oder – wenn man sich für Christen in anderen Gebieten ebenfalls verantwortlich fühlte – Dauerhaft. Todesurteile kamen auf evangelischer Seite vor, waren aber selten und erfolgten, da man das tradierte Ketzerrecht ablehnte, aufgrund des Vorwurfs der Blasphemie, des Aufruhrverdachts und im Blick auf Eidesverweigerung oder Verweigerung des bewaffneten Wachdienstes wegen Verletzung bürgerlicher Pflichten.

Da die Vertreter des ‚linken Flügels‘ nirgends für längere Zeit eine obrigkeitlich geförderte Reformation in ihrem Sinn erreichten, konnten sie nur dort Gemeinden bilden, wo sie adeligen Schutz fanden wie in Böhmen, Mähren und Polen. Sie waren daher von der Stärke adeliger Macht gegenüber dem jeweiligen Landesherrn und dem Wohlwollen ihres Schutzherrn abhängig, der sie nicht zuletzt ihrer wirtschaftlichen Potenz wegen duldete. Im deutschen Reich war ausschlaggebend, daß schon früh Reichstagsmandate gegen die Gruppen des ‚linken Flügels‘ erlassen und sie im Augsburger Religionsfrieden nicht berücksichtigt wurden. Lediglich in Siebenbürgen gab es nach 1571 vier ‚rezipierte Religionen‘ (Katholiken, Lutheraner, Reformierte und Antitrinitarier, wozu noch die Orthodoxen kamen) und auch in den Niederlanden erreichten sie mit der Konsolidierung der Generalstaaten eine gesicherte Stellung.

3. Toleranzdiskussionen

a) Einzelne Vertreter

Der heutige Gebrauch des Toleranzbegriffs rückt diesen zu nah an Religionsfreiheit heran. Ursprünglich bezeichnet Toleranz eine Haltung, in der man das eigentlich Unerträgliche zur Vermeidung größerer Übel erträgt, wie man den excommunicatus vitandus vom excommunicatus tolerandus unterschied. Toleriert wird also das, was eigentlich nicht toleriert werden sollte. Doch wurde in den Diskussionen über die Toleranz gelegentlich auch schon die Religionsfreiheit in den Blick genommen.

Erste Diskussionen über die Toleranz, ja über Religionsfreiheit gab es schon sehr früh, als in den deutschen Reichsstädten von ratswegen die Reformation eingeführt wurde. Da es bis in die Räte hinein Anhänger der lutherischen, zwinglisch-oberdeutschen, aber auch der täuferischen und spiritualistischen Reformation gab, verlangten die jeweiligen Minderheiten unter Hinweis auf frühe Äußerungen Luthers gegen die Ketzerverfolgung und auf das friedliche Nebeneinander von unterschiedenen Gruppen in Böhmen, die Obrigkeit solle sich auf die den Frieden wahrende Funktion beschränken und unterschiedliche Gruppen zulassen. Solche Diskussionen gab es Anfang der 30er Jahre in Nürnberg, Straßburg und Augsburg. Doch war eine solche Position nicht durchsetzbar. Die Obrigkeiten fühlten sich verpflichtet, für den rechten Gottesdienst zu sorgen. Außerdem waren sie überzeugt, daß die Duldung unterschiedlicher konfessioneller Gruppierungen, die sich stets mit innen- und außenpolitischen Spannungen verbinden konnten, Unfrieden hervorrufen müsse.

Gottfried Seebaß, Confessionalization and Tolerance. Early Resistance against the Cura Religionis in the German Imperial Cities, in: Caritas et Reformatio. Essays on Church and Society in Honor of Carter Lindberg, hg. v. David M. Whitford, St. Louis 2002, S. 59–72.

Später war die Verbrennung Servets (vgl. o. S. 164f) für Sebastian Castellio der Anlaß, unter Hinweis auf Luther, der die Verbrennung der Ketzer mißbilligt hatte, und auf Johannes Brenz, der sich gegen die Verfolgung der Täufer gewandt hatte, vor allem aufgrund christlicher Liebe die Toleranz zu fordern. Doch erst als sich in den französischen und niederländischen Auseinandersetzungen der zweiten Hälfte des 16. Jahrhunderts die Toleranz für den Erhalt des Staates als schlechterdings notwendig erwies, fanden solche Positionen bei den ‚Politikern‘ und andernorts Anhang.

Hans R. Guggisberg, Sebastian Castellio 1515–1563, Göttingen 1997.

Charakteristischerweise sind es in der zweiten Hälfte des 16. Jahrhunderts neben den Spiritualisten vor allem einzelne Vertreter des Späthumanismus, die sich gegen die Konfessionalisierung der gesamten Lebenswelt zur Wehr setzen. Trotz aller Unterschiede verwenden sie dabei ein erasmisch bestimmtes Grundmuster. Danach ist ihnen das christliche Leben stets wichtiger als die inzwischen in fast allen Punkten umstrittene christliche Lehre. Das Christentum ist eine Religion der Nachfolge Christi in der Liebe. Im Blick auf die Lehre ergaben sich im wesentlichen zwei Möglichkeiten:
– Entweder man reduzierte sie auf Fundamental- oder heilsnotwendige Artikel, wie es Sebastian Castellio (1515–1563) und Jacob Acontius (1515–1567) taten. Castellio lehnte unter Hinweis auf den Rat des Gamaliel (Act 5,38–40), die Schonung der Schwachen durch Paulus (Röm 14,1–4) und das Gleichnis vom Unkraut unter dem Weizen (Mt 13,24–30) jede Glaubensverfolgung ab. Im Gericht fragt Christus nicht nach den Unterscheidungslehren, sondern nach unserem Leben. Auch Jacob Acontius, der seit 1559 in London lebte, argumentierte in seinen ‚Stratagemata Satanae‘ (Krieglisten Satans) mit dem Unkrautgleichnis. Konfessionelle Auseinandersetzungen betrachtet er als teuflische Anschläge, die sich vermeiden lassen, wenn man sich auf das Heilsnotwendige am Christentum beschränkt.

– Oder man behandelt sie wie z.B. Dirk Volkertszoon Coornhert (1522–1590) insgesamt als völlig zweitrangig. Dabei stand im Hintergrund ein Skeptizismus im Blick auf die Wahrheit der unterschiedlichen Konfessionen, die sich erst im Eschaton erweisen werde. Glaubensverfolgung verstieß für ihn gegen jedes menschliche und göttliche Recht. Noch weiter ging der Kaufmann Heinrich Niclaes (1501–1580), der sich berufen fühlte, in der Endzeit die Familie Christi, bestehend aus den mit Christus Gestorbenen und in seiner Liebe Lebenden, in einem ‚Haus der Nächstenliebe‘ zu versammeln, das auch Juden, Türken und Heiden offenstehen sollte. Er gab seiner Gemeinschaft eine eigene Ordnung mit einer siebenstufigen Hierarchie, verbot Besitz und gebot Askese. Die kleinen Gruppen seiner Anhänger in den Niederlanden, am Niederrhein und in England blieben aber ohne größere Bedeutung.

In den Niederlanden wird später Hugo Grotius die rechtliche Grundlage für die individuelle Religionsfreiheit und Duldung aller die Gesetze achtenden Gruppierungen legen. Ausgeschlossen wurden nur jene, welche die für ihn allen Menschen zugängliche Religion im Glauben an den Schöpfer- und Erhaltergott in Frage stellten. Tatsächlich wurden die Niederlande im 17. Jahrhundert auf dieser Grundlage zu einem gelobten Land der Toleranz und der Glaubensflüchtlinge.

Gerrit Voogt, Constraint on Trial. Dirck Volckertz Coornhert and Religious Freedom, Kirksville 2000 (SCES 52).

b) Die Diskussion im Deutschen Reich nach dem Augsburger Religionsfrieden

In Deutschland ging es bei der Auslegung des Religionsfriedens nicht um die Frage der Toleranz, sondern um die libertas conscientiae. Diese Diskussion schlug sich in Reichstagsakten, in Akten des Reichskammergerichts und der juristischen Consilienliteratur nieder, die auch publiziert wurde. Die Protestanten sahen in einer Interpretation des Friedens mit Religionszwang eine Verletzung des Landfriedens. Sie verteidigten die libertas religionis und conscientiae aller Glieder des Reiches. Sie interpretierten den Religionsfrieden als Landfrieden, der auch die landsässigen Untertanen vor Gewalt schütze. Allmählich wurde so die christliche Freiheit in der protestantischen Theologie und der Reichspublizistik in eine rechtliche verwandelt, in die libertas religionis.

Martin Heckel, Zu den Anfängen der Religionsfreiheit im Konfessionellen Zeitalter, in: Ders., Gesammelte Schriften Bd. 5, Tübingen 2004, S. 81–134. – Horst Dreitzel, Toleranz und Gewissensfreiheit im konfessionellen Zeitalter. Zur Diskussion im Reich zwischen Augsburger Religionsfrieden und Aufklärung, in: Religion und Religiosität im Zeitalter des Barock, hg. v. Dieter Breuer, Bd. 1, Wiesbaden 1995 (Wolfenbütteler Barockforschungen 25), S. 115–128.

c) Frankreich

In Frankreich ist es vor allem die sich in den Hugenottenkriegen bildende Partei der ‚Politiker‘ (Michel de L'Hôpital, 1505–1573, und Etienne Pasquier, 1529–1615), die mit Hinweis auf Staatsräson und Staatsinteresse den Gedanken der Toleranz vertritt.

Da eine Versöhnung durch Religionsgespräche nicht möglich ist, wird Toleranz im Innern zur Voraussetzung der Macht nach Außen. In dem nur handschriftlich verbreiteten ‚Colloquium heptaplomeres' (Siebenergespräch über die Religion, zwischen Katholik, Lutheraner, Calvinist, Jude, Moslem, Humanist und dem Vertreter einer Art Naturreligion) blieben die Partner uneins, hielten aber, da Gewissensfreiheit das Entscheidende ist, gleichwohl an ihrer Freundschaft fest. Der im Land übliche Kult ist zu achten, eine Bekenntnispflicht besteht nicht.

4. Die Stellung der Juden

Friedrich Battenberg, Das europäische Zeitalter der Juden, Darmstadt 1990. – Heiko A. Oberman, Wurzeln des Antisemitismus, Berlin 1981. – Gerhard Müller, Antisemitismus VII: TRE 3, Berlin/New York 1978, 143–155.

a) Die Lage der Juden in Europa und im Reich

Die Situation der Juden in Europa hatte sich seit dem Spätmittelalter erheblich verändert. Die westlichen Königreiche, Frankreich (1294), England (1290) und Spanien (mit Neapel und Sizilien), hatten die Juden seit dem 14. Jahrhundert nach Pogromen entweder vertrieben oder aber – wie in Spanien – zu Zwangskonversionen gegriffen. Doch verließen auch viele der durch Zwang bekehrten Juden (Marranen) das Land wegen des ständigen Drucks der Inquisition. Die sephardischen Juden wandten sich teilweise in die spanischen Niederlande, teilweise wanderten sie in die osteuropäischen Staaten, aber auch in die türkisch beherrschten Gebiete auf dem Balkan ab. Auch die Territorien und Städte des Deutschen Reiches hatten großenteils die Juden vertrieben. Doch konnten sie sich teilweise in um die Städte gelegenen kleineren Orten ansiedeln, und auch kleinere Territorien boten dazu die Möglichkeit. Größere Judengemeinden gab es nur noch in wenigen Städten (Frankfurt, Friedberg, Worms, Prag, Wien). Dabei setzte sich – ausgehend von Venedig 1516 – allmählich die Gettoisierung durch, die einerseits die Abgrenzung verschärfte, andrerseits aber auch zu einer vorher nicht gegebenen Niederlassungsmöglichkeit und damit zur Möglichkeit einer erneuten Integration der Juden in früheren Vertreibungsgebieten führte. Und zumal die zum Judentum zurückkehrenden conversi, die in Italien und dann auch in Amsterdam, Hamburg und London neue ‚sephardische' Gemeinden gründeten konnten aufgrund familiärer Beziehungen zu christlich Gebliebenen zu einer neuen gegenseitigen Wahrnahme von Juden und Christen führen. Allerdings beschränkte man die Juden faktisch auf nichtzünftisch geordnete Bereiche in Handel und Gewerbe (Luxuswaren, Trödel, Vieh), auf Pfandleihe und Kleindarlehen. Die Vereinzelung und Verarmung der Juden zu wandernden Betteljuden führte zur Bestätigung des legendären Bildes vom ‚ewig wandernden Juden' Ahasver. Insgesamt kam es durch die Vertreibungen zu einer deutlichen Verschiebung des Schwerpunktes des aschkenasischen Judentums nach Polen und Litauen, wo sich die Juden privilegiert und begünstigt vom König in den Städten niederlassen konnten.

Die angesichts der Zerstreuung und Weite der Synagogengemeinden notwendige Konsolidierung des Judentums auf individueller Ebene vollzog sich durch das Werk des sephardischen Rabbiners Joseph ben Ephraim Caro (1488–1576) dessen die praktische Halacha zusammenfassender ‚Schulchan Aruch' (Der gedeckte Tisch, 1564) bei den aschkenasischen Juden durch Moses ben Israel gen. Ramo (1525–1572) weit verbreitet und durch dessen ‚Ha Mappa' (Das Tischtuch, 1579) ergänzt wurde.

b) Die Bedeutung der Rezeption des römischen Rechts und die Stellung
   der Humanisten

Die intensivierte Rezeption des römischen Rechtes führte dazu, daß aus dem Corpus Iuris Civilis gefolgert wurde, daß die Juden, wenn sie ruhig und friedlich lebten, nicht vertrieben werden dürften und mit den Christen den Schutz des Rechts genössen. Die Juden wurden nicht mehr mit der kirchlichen Gesetzgebung als ‚servi', sondern als ‚cives' und ‚concives' betrachtet. Das hieß allerdings keineswegs bürgerliche Gleichstellung. Vielmehr wurden die genaueren Bedingungen durch ‚Judenordnungen' festgelegt, die die Städte seit dem 15. Jahrhundert und die Landesherrn im 16. Jahrhundert vermehrt erließen (DGQD 4, Nr. 10) und zu denen, wenn auch kaum wirksam, Ordnungen auf Reichsebene traten (Reichspolizeiordnungen 1530, 1548, 1577).

Von erheblicher Bedeutung wurde der gelehrte Humanismus, der mit dem Ruf ad fontes auch die Kenntnis der dritten heiligen Sprache des Kreuzestitulus verlangte: des Hebräischen. Um die Kenntnis dieser Sprache erwarb sich Johannes Reuchlin besondere Verdienste. Das führte vor allem im Protestantismus dazu, daß der alttestamentliche Kanon und die Auslegung nicht mehr wie die Vulgata vom Inhalt der Septuaginta, sondern vom hebräischen Kanon geprägt wurde und man sich bei der Exegese verstärkt auch auf die jüdische Auslegung bezog. Darüber hinaus ergab sich eine bessere Kenntnis des Judentums, die sich gelegentlich explizit gegen die tradierten, im Volk umlaufenden Beschuldigungen gegen die Juden richteten (vgl. u. S. 293), selbst wenn es weiterhin Ritualmordvorwürfe und -prozesse gab.

Man darf aus Reuchlins Einsatz für die Erhaltung der jüdischen Tradition (vgl. o. S. 78f) allerdings nicht auf eine besondere Judenfreundschaft der Humanisten schließen. Im Gegenteil: Die spiritualistisch gespeiste Kirchenkritik des Erasmus und anderer Humanisten an der veräußerlichten, zeremonialgesetzlich bestimmten Kirche ihrer Zeit sprach – ohne dabei das konkrete Judentum ins Auge zu fassen – von einer Judaisierung der Kirche. Und die Beschäftigung italienischer Neuplatonisten wie Giovanni Pico de la Mirandolas, Reuchlins und protestantischer Theologen mit der Kabbala war geleitet von der aufgrund des gemeinsamen neuplatonischen Hintergrunds verständlichen Überzeugung, es handele sich in ihr um eine verschleierte Form christlicher Inkarnations- und Trinitätstheologie, die man offenbar machen müsse.

c) Die Stellung der Kirche zu den Juden

Die alte Kirche und der nachtridentinische Katholizismus
Der im 15. Jahrhundert vor allem von den Predigern der Bettelorden geschürte Antijudaismus blieb virulent und sorgte für die weitere Tradierung der überlieferten Vorwürfe der Brunnenvergiftung, des Ritualmords und des Hostienfrevels. Oft waren es gerade die Konvertiten, die höchst einseitig über das Judentum informierten und zur Unterdrückung aufforderten. Nach dem Tridentinum aber gab es auch antijudaistische Äußerungen und Maßnahmen der Päpste. Paul III. verfügte 1548 und 1553 die Verbrennung hebräischer Schriften, denen ähnliche Maßnahmen in norditalienischen Städten folgten. Paul IV. versuchte mit der Bulle ‚Cum nimis absurdum' 1555, unter Rückgriff auf die hochmittelalterliche kirchliche Gesetzgebung eine scharfe Abgrenzung von den Juden zu erreichen, ohne sich damit bei den weltlichen Obrigkeiten durchzusetzen. Schließlich wurden die Juden 1569 aus den päpstlichen Gebieten vertrieben. An der herkömmlichen, in manchen Punkten antijudaistischen liturgischen Gestaltung der Karwoche änderte sich bis in das 20. Jahrhundert hinein nichts. Demgegenüber sorgte die kaiserliche Gesetzgebung in der zweiten Hälfte des 16. Jahrhunderts eher für einen klar umschriebenen Rechtsraum für die Juden.

Der Protestantismus: Luther und andere Reformatoren
Zwar ist Luthers Stellung zu den Juden immer wieder thematisiert worden, doch darf das nicht zu der Vorstellung führen, sie sei paradigmatisch für die Reformatoren und die Reformation überhaupt.
Tatsächlich konnten für die lutherische Polemik gegen die äußerliche Erfüllung des Gesetzes und die Werke die Juden ebenso leicht pradigmatisch werden wie für den stärker spiritualistisch geprägten Zwingli der äußerliche Kultus, den man als ‚jüdisch', nicht nur an der alten Kirche, sondern auch am Luthertum kritisierte. So ergab sich keine grundsätzlich veränderte Stellung gegenüber dem Judentum.
Luther legte, was über die Juden im Alten Testament gesagt wird, allegorisch auf die Christen, tropologisch auf die Macht der Sünde aus. Insgesamt ist der Jude für ihn der von Natur aus sich vor Gott selbst rechtfertigende Mensch, und in dieser Sünde sind Christen und Juden eins.
Von daher und aufgrund seiner Antichristauffassung ergaben sich zwei wichtige, weitreichende und bleibende Veränderungen:
– Zum einen wird die Haß verbreitende traditionelle Passionsfrömmigkeit und der Vorwurf des Gottes- oder Christusmordes aufgehoben durch den Gedanken, daß es die Sünde aller Sünder, also auch der Christen ist, die Christus ans Kreuz gebracht hat.
– Zum andern erwartet man den Antichrist nun nicht mehr mit der mittelalterlichen Legende aus dem jüdischen Stamm Dan, sondern man identifiziert ihn mit dem Papsttum mitten in der Kirche. Doch kann Luther deswegen weiterhin die Juden, neben dem Papst, den Türken und den Heiden zu den endzeitlich das Christentum bedrohenden Mächten rechnen.
Im Blick auf die Juden selbst hat Luther bleibend die gleichen Überzeugungen ge-

äußert: Die Juden haben Christus verworfen und stehen deswegen unter Gottes bleibendem Zorn. Sie lästern Christus und sind christus- und christenfeindlich. Deswegen lassen sie sich auch nicht bekehren, obwohl sie jetzt nicht mehr mit der ihnen vertrauten Gesetzesfrömmigkeit der alten Kirche, sondern dem Evangelium konfrontiert werden. Erst am Ende der Zeit ist mit einer gottgewirkten Bekehrung zu rechnen.

Zur jüdischen Frömmigkeit hatte Luther aufgrund seines Verständnisses des Gesetzes keinen Zugang. Er hat Talmud und Kabbala ebenso wie ihre christliche Deutung stets abgelehnt. Auch hat er von der jüdischen Auslegung des Alten Testaments keinen Gebrauch gemacht, da er der Auffassung war, die Juden seien vom Glauben ihrer Väter, dem Glauben an den kommenden Christus, der sich nach dessen Erscheinen in den an den gekommenen wandeln müsse, abgefallen. Tatsächlich hat Luther bis in seine Übersetzung des Alten Testaments hinein dieses konsequent als christliches Buch verstanden und behandelt.

In seiner Schrift von 1523 ‚Daß Jesus Christus ein geborener Jude sei‘, kritisiert Luther das Verhalten der Christen gegenüber den Juden als lieblos und einer Bekehrung entgegenstehend. Daß er sich in den späteren sogenannten ‚Judenschriften‘, die in Wahrheit die Christen vor den Juden warnen wollen, ganz anders äußerte, hat unterschiedliche Gründe: bestimmte negative Erfahrungen Luthers mit einzelnen Juden, seine Vorstellung von einer in Böhmen wirksamen jüdischen Mission, bei der es sich tatsächlich um die Übernahme von Beschneidung und Sabbat durch legalistisch-spiritualistisch-christliche Gruppen handelte, und seine gesteigerte Erwartung des Ansturms widerchristlicher Mächte gegen das Evangelium vor dem Ende.

Die von Luther in diesen Schriften (KTGQ 3, Nr. 54) gemachten konkreten Vorschläge für den Umgang der Obrigkeit (nicht der Bevölkerung) mit den Juden enthalten zwar, was auch früher gefordert oder vollzogen worden war, sind aber gleichwohl in mit ihrer Empfehlung einer ‚scharfen Barmherzigkeit‘ ganz unerträglich. Sie wurden allerdings auch von den Obrigkeiten nicht umgesetzt, führten aber in einigen protestantischen Gebieten zu Ausweisungen. Sie erklären sich aus der Vorstellung von der Verantwortung der Obrigkeit für den rechten Gottesdienst, der gleichzeitig die bürgerliche Wohlfahrt garantiert. Dabei darf nicht übersehen werden, daß Luthers Schrift von 1523 oft aufgelegt und übersetzt wurde und man sich bis ins 18. Jahrhundert hinein immer wieder auf sie berief. Demgegenüber sind seine späteren Schriften nur im ausgehenden 16. und beginnenden 17. Jahrhundert nachgedruckt worden. Im übrigen aber fanden sie sich nur in den großen und teuren Gesamtausgaben, konnten also keine weitreichende Wirkung entfalten. Erst der rassische Antisemitismus im 19. und 20. Jahrhundert hat diese Schriften – teilweise mit dem nicht unberechtigten Vorwurf, die Kirche habe diese Schriften absichtlich beiseitegelassen – wieder publik und seinen Zwecken dienstbar gemacht.

Johannes Wallmann, The Reception of Luther's Writings on the Jews from the Reformation to the End of the 19th Century: Lutheran Quarterly, Ser. 4, 1, 1987, S. 72–97. – Kenneth Hagen, Luther's So-Called Judenschriften: A Genre Approach, in: ARG 90, 1999, S. 130–158. – Peter von der Osten-Sacken, Martin Luther und die Juden, Stuttgart 2002.

Luthers Stellung zu den Juden war keineswegs exemplarisch für die Reformatoren. Zwingli betrachtete die Mißstände der katholischen Kirche seiner Zeit als Folge jüdischer Einflüsse, wertete die Zerstreuung wie üblich als Strafe und lehnte die jüdisch-alttestamentliche Exegese grundsätzlich ab. Das gleiche gilt für Bullinger, selbst wenn dieser die Schärfe der lutherischen Schriften, die auch Melanchthon und andere nicht billigten, kritisierte. Auch für Calvin war das Schicksal des jüdischen Volkes zunächst einmal Ausdruck des Zornes und der Strafe Gottes. Doch hat Calvin in dem Maß, in dem die reformierten Christen das Schicksal von Vertreibung und Zerstreuung erlebten, eine Art Schicksalsgemeinschaft zwischen Juden und Christen gespürt. Neben Andreas Osiander, der sich 1541 mit seiner Schrift ‚Ob es wahr und glaublich sei, daß die Juden der Christenkinder Blut brauchen‘ im Blick auf einen angeblichen Fall von Ritualmord gegen die unsinnigen tradierten Vorwürfe gegen die Juden wandte, hat sich auch Urbanus Rhegius bleibend für eine gewinnende Verkündigung an die Juden und für ihren Schutz eingesetzt. In Straßburg sprach sich später der Pfarrer Elias Schadaeus (ca.1540–1593) sogar für die Auflösung der Gettos und den freien Zugang der Juden zu den bürgerlichen Berufen aus.

Auf lange Sicht freilich wurde vor allem die Haltung Martin Bucers und seines Ratschlags für Philipp von Hessen wichtig. Bucer rechnete, wie selbstverständlich alle Reformatoren, mit einer Konversion der Juden am Ende der Zeit, hielt aber auch einzelne Bekehrungen für möglich. Die Obrigkeit hat die doppelte Aufgabe, durch Unterdrückungsmaßnahmen die Christen zu schützen und die Juden nicht zu verhärten, andrerseits aber auch durch erzwungenen Predigtbesuch die Bekehrung zu fördern. Das lieferte ein Grundmuster für die Orthodoxie, die die Duldung im Blick auf die Bekehrung für notwendig hielt, der Missionspflicht aber mit erzwungenem Predigtbesuch und mit apologetischen Schriften, die sich auf Trinität und Messianität Jesu konzentrierten, nachzukommen glaubte. Problematisch waren weiterhin die Schriften jüdischer Konvertiten, die nur selten zum werbenden Umgang mit den früheren Glaubensbrüdern aufforderten, sondern häufiger Streit- oder gar üble Schmähschriften waren. Gleichwohl entnahm man ihnen die Informationen über das Judentum.

Achim Detmers, Reformation und Judentum. Israel-Lehren und Einstellungen zum Judentum von Luther bis zum frühen Calvin, Stuttgart 2001. – Thomas Kaufmann, Die theologische Bewertung des Judentums im Protestantismus des späten 16. Jahrhunderts, in: ARG 91, 2000, S. 191–237. – Scott H. Hendrix, Toleration of the Jews in the German Reformation. Urbanus Rhegius and Braunschweig (1535–1540), in: ARG 81, 1990, S. 189–216. – Martin Friedrich, Die evangelische Theologie des konfessionellen Zeitalters und ihre Sicht des Judentums; in: Im Zeichen der Krise. Religiosität in Europa im 17. Jahrhundert, hg. v. Harmut Lehmann u. Anne Charlott Trepp, Göttingen 1999 (VMPIG 152), S. 225–242. – Ders., Zwischen Abkehr und Bekehrung. Die Stellung der deutschen evangelischen Theologie zum Judentum im 17. Jahrhundert, Tübingen 1988 (BHT 72).

d) Veränderungen in der Stellung der Juden

In der ersten Hälfte des 17. Jahrhunderts änderte sich die Lage der Juden in Europa noch einmal erheblich.

– Nach dem Untergang des Judentums in den westlichen Königreichen gerieten die Juden in der zweiten Hälfte des 16. Jahrhunderts auch in Norditalien und Venedig – dem letzten Refugium nach der Ausweisung aus dem Kirchenstaat – unter steigenden Druck. Dagegen fanden die Marranen, die man nach 1549 auch aus den spanischen Niederlanden vertrieb, eine Zuflucht in den gegen Spanien kämpfenden nördlichen Provinzen – Amsterdam wurde geradezu zu einem holländischen Jerusalem – und ebenso Hamburg und das dänische Glückstadt. Dorthin kamen nach 1601 auch portugiesische Marranen und nach den späteren polnisch-litauischen Pogromen auch aschkenasische Juden. Von den Seestädten aus kam es allmählich auch in verschiedenen Städten und Territorien des Reiches zu einer Wiederzulassung der Juden, ohne daß diese ein urbanes Element hätten werden können.

– Aber auch in Frankreich, wo die Juden nur im päpstlichen Avignon und Venaissin sowie in den später gewonnenen Provinzen Elsaß und Lothringen geduldet wurden, konnten sich in den Küstenstädten an Atlantik und Mittelmeer im Verlauf des 17. Jahrhunderts wieder kleine marranische Judengemeinden bilden.

– Unter Hinweis drauf, daß das Ende nicht kommen könne, ohne eine vollständige Zerstreuung der Juden über die Welt, erreichte Manasseh ben Israel (1604–1657) von Oliver Cromwell die stillschweigende Duldung jüdischer Niederlassungen in England, die von den späteren Königen geschützt wurden. London blieb ein Zentrum sephardischer Juden, während die Aschkenasim in die Provinzstädte gingen. Zwar gab es auch in England die üblichen antijüdischen Vorurteile und immer wieder ökonomisch bedingte Widerstände in der Bevölkerung. Doch blieb das Verhältnis zu den Christen wohl nicht zuletzt aufgrund der alttestamentlich-puritanisch geprägten Frömmigkeit konfliktfreier als auf dem Kontinent.

– Die Entwicklung im Deutschen Reich ist dadurch gekennzeichnet, daß es einerseits nicht gelang, die unter Josel ben Gershom von Rosheim (1478–ca.1554) im 16. Jahrhundert geschaffenen Ansätze zu einer Organisation der Judenschaft auf Reichsebene mit Erfolg fortzuführen, da sich die Landesherren mit dem Vorwurf einer Rabbinenverschwörung dagegen wandten und der Kaiser das Bemühen nicht nachdrücklich stützte. In der Fortsetzung der Landesjudenordnungen kam es vielmehr zu einer Organisation auf territorialer Ebene, an der auch die Obrigkeiten interessiert waren. Wo eine Ansiedlung der Juden in Städten geduldet wurde, war das mit einer deutlicheren Gettoisierung als früher verbunden. Wichtiger war, daß sich nach dem ersten Drittel des 17. Jahrhunderts innerhalb der Judenschaft eine soziale und rechtliche Differenzierung vollzog, insofern sich auf der einen Seite die Hoffaktoren und die Hofjuden, die den Finanzbedarf der absolutistischen Fürsten ohne Rücksicht auf die Ständebewilligungen deckten, mit ihrer Klientel absonderten, selbst wenn sie gleichzeitig Schutzfunktionen für die Gemeinden übernahmen, und auf der anderen Seite sehr viele Juden zu wandernden Betteljuden wurden, die den Kontakt zu den Gemeinden verloren. Daß die Zeit der wilden Pogrome eigentlich vorbei war, zeigte sich 1614 beim Fettmilch-Aufstand in Frankfurt/M. ebenso wie bei dem Pogrom vom Ostermontag 1615 in Worms. In beiden Fällen griff der Kaiser ein und zwang die Räte, die ohnehin das Vorgehen gegen die Juden nicht unterstützt hatten, zur Wiederherstellung des alten Zustands.

– Einen schweren Einbruch erlebte das aschkenasische Judentum in Polen und Litauen. Dort hatten sich die Juden seit dem 14. Jahrhundert, von den Königen begünstigt, in den Städten niederlassen und relativ frei an Handel und Gewerbe teilnehmen können. Dabei boten sich in Litauen anfangs sogar noch günstigere Bedingungen als in Polen. In der zweiten Hälfte des 15. Jahrhunderts war es aber auch in Polen zu Pogrom und Ausweisung gekommen, die aber schnell rückgängig gemacht wurde. Daß sie dann als Steuer- und Zollverwalter sowie als Pächter der Güter des Hochadels auftraten, gefährdete sie, als die Macht des Königs gegen Ende des 16. Jahrhunderts schwächer wurde, die nachtridentinisch-gegenreformatorische Kirche die Zurückdrängung der Juden wünschte und vermehrt Ritualmordprozesse angestrengt wurden.

5. Die Hexenverfolgungen

Wolfgang Behringer, Hexen, München 1998. – Hexenwelten, hg. v. Richard van Dülmen, Frankfurt/M. 1987. – Gerhard Schormann, Hexen: TRE 15, 297–304.

a) Das Phänomen

Obwohl sich im Spätmittelalter im Blick auf die Beurteilung und in der Stellung zu Zauberei und Hexenwesen wichtige Veränderungen vollzogen hatten, kannte die erste Hälfte des 16. Jahrhunderts noch kein Ausufern der Hexenprozesse zu regelrechten Verfolgungswellen. Das geschah erst seit der zweiten Hälfte des Jahrhunderts, freilich in räumlich und zeitlich durchaus unterschiedlicher Intensität. Nicht betroffen waren die Gebiete der vorderorientalischen und der orthodoxen Kirchen auf dem Balkan. Auch in den von den Europäern erreichten und besiedelten überseeischen Gebieten waren sie seltener. Doch auch innerhalb der westlichen Christenheit finden sich nach Raum und Zeit deutliche Unterschiede.
– Die iberischen Staaten und Süditalien blieben weitgehend von wirklichen Hexenverfolgungen verschont; deutlich weniger Opfer als in anderen Gebieten gibt es in Irland, England und den skandinavischen Ländern, sowie in Osteuropa, in Polen, Böhmen, Ungarn. Dagegen konzentrieren sich die Prozesse in Frankreich, den Beneluxstaaten, den Alpenländern mit Norditalien, Schottland und dem Deutschen Reich. Im Reich freilich wiederum mit deutlichen Unterschieden: Das Niederrheingebiet, die nord- und ostdeutsche Tiefebene (mit Ausnahme Mecklenburgs) und Bayern weisen deutlich weniger Prozesse auf als der mitteldeutsch-territorial zersplitterte Raum: Lothringen im Westen, Westfalen, die Harzgegend, Anhalt, Sachsen und die Bistümer Würzburg, Bamberg, Eichstätt und Augsburg. Daß geistliche Gebiete besonders betroffen waren, mag auch mit der fanatischen Härte zusammenhängen, mit der manche Bischöfe in der Religionsfrage und mit ihr zusammenhängenden Fragen verfuhren. Im Übrigen waren Dörfer, kleinere und mittlere Städte deutlich stärker betroffen als die großen Städte.
– Auch zeitlich gibt es deutliche Unterschiede. In Frankreich finden sich die Prozesse

massiert zwischen 1580 und 1630, in Deutschland gibt es Wellen zwischen 1580–1590, um 1630 (und erneut 1660–1680), in den skandinavischen und östlichen Staaten erst später. Auch die zeitlichen Wellen lassen sich nicht eindeutig erklären, doch spielten nachweislich die Veränderung des Klimas in der sogenannten ‚kleinen Eiszeit' und die damit zusammenhängenden krisenhaften Situationen im Blick auf Ernährung und Gesundheit sowie die Folgen der Hegemonial- und Konfessionskriege und die daraus bei gleichzeitigem Bevölkerungswachstum resultierenden Belastungen für die dörflichen und kleinstädtischen Gemeinschaften eine wichtige Rolle.

– Ebenso deutliche Unterschiede gibt es im Blick auf die Opfer der Prozesse. Man findet – freilich auch mit Unterschieden – 80% Frauen, die wiederum deutlich häufiger dörflichen als städtischen und viel häufiger den Unterschichten als den oberen Schichten entstammen. Nur in Finnland und Island sind eher Männer beschuldigt worden.

Die Opfer zu beziffern ist nur schwer möglich. Man muß aber sicher mit über Fünfzigtausend rechnen, wobei rund ein Drittel auf protestantische, etwa zwei Drittel auf katholische Länder fallen – neben dem Genozid an den Armeniern und dem Holocaust des vergangenen Jahrhunderts zweifellos eine der großen nichtkriegsbedingten Massentötungen von Menschen.

b) Die Stellung der Kirchen

Für die zweite Jahrhunderthälfte kann mit einer durch die Geistlichen und Juristen aller Konfessionen geförderten stärkeren Verbreitung des Hexenschemas gerechnet werden, weil man im Zuge der mit der Konfessionalisierung einhergehenden Intensivierung des Christlichen sich auch schärfer gegen magische und zauberische Praktiken wandte.

– Auf katholischer Seite waren es die an geistlichen wie weltlichen Höfen einflußreichen Jesuiten, die, Petrus Canisius folgend, im Hintergrund die Hexenprozesse betrieben. Und seit einem Prozeß gegen den Theologen Cornelius Loos (1546–1595) galt der Zweifel an dem inzwischen ausgearbeiteten Schema von Hexerei und Hexenwesen selbst als Ketzerei. Von Bedeutung und auch in Übersetzungen verbreitet wurden der ‚Tracatus de confessionibus maleficorum et sagarum' des Trierer Weihbischofs Peter Binsfeld (1589) und die ‚Disquisitionum Magicarum libri VI' (1589) des Jesuiten Martin Delrio (1551–1608). So war es wohl kein Zufall, daß in Deutschland die geistlichen Fürstentümer besonders intensive Verfolgungen erlebten. In Frankreich waren es eher Laien und Richter an weltlichen Gerichten, die den Hexenwahn anheizten. Zu nennen ist Jean Bodin (1530–1596) mit ‚De Magorum Daemonomia' (1580)

– Im protestantischen Bereich hatte es ohne Widerspruch der Reformatoren auch unter Luthers, Zwinglis und Calvins Augen Hexenprozesse und -verbrennungen gegeben, ohne daß es zu wirklichen Verfolgungen gekommen wäre. Auch gehörte keiner der Reformatoren zu den ‚Scharfmachern'. Vielmehr haben sie im Blick auf die Unglücks- und Schadensfälle, die die Überzeugung vom Schadenszauber stärken konnten, darauf hingewiesen, daß es sich dabei um Strafen oder Prüfungen handele, die nicht ohne Gottes Zulassung zustande kommen könnten. Das änderte sich in der zweiten Hälfte des Jahrhunderts.

Im lutherischen Bereich begannen die Verfolgungen nach 1540 in Dänemark und dem dazugehörenden südlichen Schweden, nach 1560 auch in Württemberg und Mecklenburg. Zwar gab es auch im lutherischen Bereich die Stimmen, die eine gnadenlose Verfolgung forderten, doch kam es nicht zu jener Intensität wie in den geistlichen Fürstentümern. Auf reformierter Seite waren es vor allem der schottische Reformator John Knox, der sich für eine Verfolgung einsetzte, die dann unter Jakob VI., der selbst eine ‚Demonology‘ verfaßte, ihren Höhepunkt erreichte. Von erheblichem Einfluß wurde aber auch der Genfer Theologieprofessor Lambert Daneau (ca.1530–1595), der in seinem ‚Traktat Les sorciers‘, der auch auf Lateinisch, Deutsch und Englisch erschien, eine strikte Verfolgung befürwortete.

Schon seit dem Spätmittelalter gab es freilich vereinzelt auch Widerspruch gegen die Hexenprozesse, und der verstärkte sich, als die Prozesse zu regelrechten Verfolgungen wurden. Doch kam der Widerspruch weit häufiger als von Klerikern und Geistlichen von Laien, die mit zunehmender Konfessionalisierung ihrerseits – nicht zuletzt wegen einer indifferenten oder toleranten Haltung in den Fragen des Glaubens und der Religion – als ‚Epikuräer‘, ‚Politiker‘ und ‚Atheisten‘ kritisiert und diffamiert wurden. Zu ihnen gehörten die Mediziner Johann Weyer (1516–1588; ‚De praestigiis daemonum‘, 1563), Thomas Erastus und Johann Ewich (1525–1588) neben dem Juristen Johann Georg Goedelmann.

Auf katholischer Seite war es Cornelius Loos, der 1591 in dem Traktat ‚De vera et falsa magia‘ die Verfolgung in Kurtrier kritisierte und 1592 zum Widerruf gezwungen wurde. Der Jesuit Friedrich von Spee (1591–1635) griff 1631 in der berühmten ‚Cautio criminalis‘ die Kritik seines Ordensbruders Adam Tanner (1572–1632) auf, der 1627 die bayerischen Prozesse mißbilligt hatte. Auf reformierter Seite wandte sich der Prediger Anton Praetorius pseudonym 1598 in einer mehrfach aufgelegten Schrift gegen das Hexenschema, selbst wenn er Zauberei für möglich hielt. Gleiches gilt für die lutherischen Theologen Theodor Thumm in Tübingen, der 1621 eine Bestrafung der auf Einbildung beruhenden Zauberei und Hexerei ablehnte, und Johann Matthäus Meyfarth (1590–1642) mit seiner ‚Christlichen Erinnerung‘ (1635).

Wolfgang Behringer, „Vom Unkraut unter dem Weizen". Die Stellung der Kirchen zum Hexenproblem, in: Hexenwelten, hg. v. Richard van Dülmen, Frankfurt/Main 1987, S. 15–47 u. 309–311. – Vom Unfug des Hexen-Processes. Gegner der Hexenverfolgungen von Johann Weyer bis Friedrich Spee, hg. v. Hartmut Lehmann und Otto Ulbricht, Wiesbaden 1992 (WF55). – Jörg Haustein, Martin Luthers Stellung zum Zauber- und Hexenwesen, Stuttgart 1990 (MKHS 2).

c) Erklärungen

Die Diskussionen über das Für und Wider begleiteten die Hexenprozesse, verstärkten sie auch, riefen sie aber nicht hervor. So wurden zu ihrer Erklärung eine Fülle unterschiedlicher Überlegungen angestellt. Die Vorstellung, mit den Hexenprozessen habe man einen in Europa untergründig tradierten Dianakult und dessen Priester vernichtet (Murray) läßt sich nicht belegen. Ebensowenig einleuchtend ist die These, daß man mit ihnen in katholischen Gebieten eigentlich den Protestantismus ausrotten wollte. Auch die Behauptung, es habe sich um ein Mittel der Sozialdisziplinierung gegen dörflich-bäuerliche Kulturtradition gehandelt, will nicht überzeugen, da die Initative zu den Prozessen nicht selten von der Bevölkerung selbst und deren Furcht vor Schadenszauber ausging, obwohl natürlich die Obrigkeiten Mandate gegen das ‚Hexenwesen' erließen (KTGQ 3, Nr. 59c). Auch die Behauptung, es habe sich um einen ‚Feldzug' gegen das weibliche Geschlecht gehandelt, ist abwegig. Richtig ist freilich, daß in den Dörfern die Frauen, die als Hebammen mit Geburt und als Kräuterkundige mit Krankheiten zu tun hatten, besonderen Gefährdungen ausgesetzt waren, da ihnen bei irgendwelchen Mißerfolgen sehr leicht ein Schadenszauber nachgesagt werden konnte. Doch muß zur Erklärung das Zusammenspiel verschiedener Faktoren in Rechnung gestellt werden. Dazu gehören der Bevölkerungsanstieg und die gleichzeitigen, durch Mißernten, Seuchen und Kriege ausgelösten Nöte, deren Erklärung mit Hilfe des Schadenzaubers immer nahelag. Dieser Zusammenhang ist besonders bei der Verfolgungswelle von 1626–1630 nicht zu übersehen. Zu berücksichtigen sind die im 16. Jahrhundert verstärkte Überzeugung vom Zusammenhang irdischer Wohlfahrt und rechter Gottesverehrung, aber sicher auch das Interesse der die Prozesse Durchführenden, die – im Unterschied zu den Landesherrn – an den Prozessen gut verdienen konnten. Zur Ausweitung trugen selbstverständlich die durch die Vorstellung von Hexensabbat und -tanz ausgelösten Fragen nach weiteren Hexen bei, die zumal bei ungeregelter Anwendung der Folter zur Ausweitung der Prozesse führen mußte. Die Depravierung des Rechtsinstruments der Folter in den Hexenprozessen dürfte zu deren allmählichen Verbot beigetragen haben. Für sich allein genommen vermag aber keiner der vielen Erklärungsversuche und -faktoren das Phänomen in seinen räumlichen wie zeitlichen Konzentrationen gültig zu erklären.

d) Das Ende der Hexenverfolgungen

Erst in der ersten Hälfte des 18. Jahrhunderts gingen die Wellen der Hexenprozesse in Europa zu Ende. Dafür muß sicher auch die Wirkung der oben erwähnten Widersprüche veranschlagt werden, kann aber zur Erklärung nicht ausreichen. Tatsächlich läßt sich auch das oft unvermittelte Abbrechen und das Ende der Verfolgungswellen so wenig eindeutig erklären, wie die Wellen selbst. Auch hier dürften verschiedene Faktoren zusammengewirkt haben: der Wille, zur rationalen Erklärung der als Hexerei bezeichneten Phänomene bzw. die Bestreitung von deren Realität, eine theologische Überwindung der Dämonologie und die Überwindung des Zusammenhangs von Gottesverehrung und salus publica in einer zunehmend säkularisierten Staatsauffassung. In dem Maß, in dem die Eliten den Hexenglauben ablehnten wurde er mehr und mehr zum Volksaberglauben.

D. Die konfessionell geprägten Konflikte

1. Deutschland

Martin Heckel, Deutschland im Konfessionellen Zeitalter, [2]Göttingen 2001.

a) Die ungelösten Probleme des Religionsfriedens

Der Augsburger Religionsfriede hatte – wohl von beiden Seiten bewußt hingenommen – eine Fülle ungelöster Probleme und offener Fragen hinterlassen, die in der Folgezeit den Frieden belasteten und allmählich zu seiner Aushöhlung führten:
– War der Friedensschluß als Grundnorm, so die protestantische, oder als aufgrund einer Notlage zeitbedingtes Zugeständnis, so die katholische Seite, zu verstehen?
– Wer konnte mit Recht als Anhänger der Confessio Augustana gelten und wie war dieses Bekenntnis zu verstehen; als gültiges, stets neu zu entfaltendes Bekenntnis, so die evangelische, oder als abgeschlossene kirchliche Norm, über die hinaus nichts formuliert und gesagt werden durfte, so die katholische Seite?
– Mußte die Bestreitung des ius reformandi für die Bistümer aufgrund des Reservatum ecclesiasticum von den Protestanten hingenommen werden?
– Wieweit erstreckte sich dieses Reservatum, auf die Person des Bischofs oder auch auf die Domherrn, und wie stand es mit dem reichsmittelbaren Kirchengut, den Kirchengütern also, die nicht ein Prälat mit Reichsstandschaft innehatte?
– Mußte die Bestreitung des ius reformandi für die Reichsstädte wegen unklarer Reichsstandschaft von den Protestanten akzeptiert werden oder nicht?
– Wie stand es um die Rechtsgültigkeit der Declaratio Ferdinandea (vgl. o. S. 202) und den Schutz der Evangelischen in katholischen Gebieten?
– Wer sollte die Kompetenz haben, den Frieden im strittigen Fall auszulegen, der Reichstag, so die protestantische, oder die kaiserlichen Zentralbehörden, so die katholische Auffassung.

Martin Heckel, Autonomia und Pacis Compositio, in: Ders., Gesammelte Schriften Bd. 1, Tübingen 1989, S. 1–82. – Axel Gotthard, Der Augsburger Religionsfrieden, Münster 2004 (RGST 148).

b) Das Ringen der Konfessionen

Weitere Ausbreitung der lutherischen Reformation
Da der Augsburger Religionsfriede umstritten war, brachte er keine Zementierung des status quo. Dabei ging es – abgesehen von Braunschweig-Wolfenbüttel, wo unter Herzog Julius die Reformation eingeführt wurde, – vor allem um die geistlichen Gebiete, auf die man trotz des ‚Reservatum ecclesiasticum', das man protestantischerseits nicht anerkannte, zugriff. Wo die Reichsunmittelbarkeit schon nicht mehr gegeben oder umstritten war, versuchte man die Bistümer landständisch einzugliedern. So

verfuhr Sachsen mit den Bistümern Meißen, Merseburg und Naumburg. Das kurfürstliche Brandenburg ging nach dem Tod der Bischöfe ebenso gegen Havelberg und Lebus vor und versuchte, in Halberstadt und Magdeburg Sekundogenituren zu errichten. Derartigem Zugriff erlagen die Bistümer Schwerin und Ratzeburg durch die Mecklenburgischen Fürsten, die Bistümer Lübeck, Verden und Camin ebenfalls durch ihre fürstlichen Nachbarn. Das gelang, weil evangelisch gesinnte Domherren in die Domkapitel kamen, was zur Spaltung und zur Wahl eines evangelischen Prinzen zum Bischof oder Administrator führte, der die Verwaltung übernahm. Dabei konnte man sogar kaiserliche Belehnungen oder Lehnsindulte, gelegentlich sogar päpstliche Bestätigungen erhalten, selbst wenn die Reichsstandschaft umstritten blieb. Ganz selbstverständlich erfolgte auch der Zugriff auf das in evangelischen Gebieten gelegene reichsmittelbare Kirchengut der Klöster und anderer kirchlicher Institutionen.

Eike Wolgast, Hochstift und Reformation, Stuttgart 1995 (BGRK 16).

Obwohl das ius reformandi der Reichsstädte umstritten war, gab es in Trier und Aachen Versuche, die Reformation einzuführen, die aber nicht gelangen. Dagegen drängte man in den durch den Religionsfrieden geschützten gemischtkonfessionellen Reichsstädten oft das katholische Element zurück, beseitigte den katholischen Gottesdienst und zog Kirchen und Kirchengut ein.

Selbst in einem Teil der habsburgischen Erblande konnte der Protestantismus Boden gewinnen. Im Blick auf die Türkensteuer gewährte Maximilian II. in seinen Erblanden dem Adel und dessen Untertanen Religionsfreiheit (1568), was zu einer breiten Durchsetzung der Reformation in Österreich ob und unter der Enns führte. Dagegen wurde in Innerösterreich, wo man zunächst ebenfalls den Protestantismus geduldet hatte, unter Erzherzog Karl (1540]1564–1590) seit 1579 konsequent die Gegenreformation eingeleitet.

Regina Pörtner, Gegenreformation und ständischer Legalismus, 1564–1626, in: ZHF 27, 2000, S. 499–542.

Katholische Abwehr und Gegenreformation
Die Durchsetzung der Tridentinischen Reform, der das bereits 1552 gebildete Collegium Germanicum, die 1573 geschaffene Congregatio Germanica und die gleichzeitig eingerichteten ständigen Nuntiaturen dienen sollten, kam nur langsam voran. Die Schaffung von Priesterseminaren verzögerte sich. Gleichwohl gab es auf katholischer Seite – vor allem bei den Jesuiten – überlegte Pläne und erhebliche Anstrengungen, das Vordringen des Protestantismus in Deutschland zu beenden. Dazu wurden auch alle vorhandenen rechtlichen Möglichkeiten genutzt:
– Die Übernahme der geistlichen Fürstentümer wurde auf die Dauer nicht mehr hingenommen, das ius reformandi der Reichsstädte gelegentlich erfolgreich bestritten. Als die Stadt Aachen, in der schon früher die evangelische Bewegung unterdrückt worden war, mit Zustimmung der Protestanten das ius reformandi zugunsten der Re-

formation anwenden wollte, wurde ihr dies katholischerseits bestritten; und so entschied auch das Urteil des Reichshofrats 1593, dem schließlich 1598 die Reichsexekution und die Wiederherstellung des Katholizismus in der Stadt folgte.

– In Abwehr des so oft geübten evangelischen Vorgehens dehnte die katholische Interpretation des Friedens den geistlichen Vorbehalt auch auf die Domkapitel aus, und schloß – gegen deren Protest und Klage – die evangelischen Adeligen von ihren traditionellen Sitzen in den Domkapiteln aus.

– Bedrohlich wurde die Situation im Reich, als Erzbischof Gebhard von Köln 1582 zunächst heimlich konvertierte, heiratete und anschließend die lutherische Konfession freistellte. Doch fand er nur die Unterstützung des Pfalzgrafen Johann Casimir, so daß ihn das Domkapitel, unterstützt von spanischen Truppen aus den Niederlanden, absetzen und vertreiben konnte. Köln wurde danach für zwei Jahrhunderte eine wittelsbachische Sekundogenitur.

– Im Straßburger Bistum setzten sich die ausgeschlossenen protestantischen Domherren mit Gewalt zur Wehr, so daß es in der Folgezeit zur Spaltung des Kapitels kam. Als dann die protestantischen Domherrn 1591 einen evangelischen Prinzen zum Bischof wählten, rückte der Kardinal von Lothringen mit Truppen ein und stellte dem einen katholischen Bischof entgegen. Die Teilung des Stifts fand schließlich 1599 ein Ende, als der Kardinal mit dem Bistum belehnt wurde.

– Auch die Übernahme des reichsmittelbaren Kirchenguts wurde immer wieder angefochten, doch ergingen erst im sogenannten Vierklösterstreit (Kloster Christgarten in der Grafschaft Öttingen; Karmeliterkloster in Hirschhorn; Frauenalb in Baden-Durlach; Margarethenkloster in Straßburg) 1593/99 Restitutionsentscheidungen, die den gesamten Protestantismus zu bedrohen schienen.

– Im Zuge der Gegenreformationen kam es zu harter Durchsetzung des Katholizismus. Das gilt vor allem für Baiern unter Wilhelm V. (1548]1579–1598[1626) und seinem Nachfolger Maximilian I. (1573]1598–1651), für die Reichsabtei Fulda und das Bistum Würzburg, wo durch Julius Echter von Mespelbrunn (1545]1573–1617) – gegen die Proteste der evangelischen Ritterschaft – nichts Evangelisches und keine Protestanten im Lande geduldet wurden Auch die Bistümer Bamberg, Münster, Paderborn und das Erzbistum Salzburg wurden gleichzeitig gewaltsam rekatholisiert. Dabei bediente man sich vor allem auch des Kapuzinerordens und der Societas Jesu (DGQD 3, Nr. 83), deren Kollegien in Ingolstadt, München, Prag und Olmütz Anziehungskraft besaßen (KTGQ 3, Nr. 60d1). Auf die ‚Declaratio Ferdinandea' (vgl. o. S. 202), die man als nicht gültig betrachtete und die ein Reichstag von 1582 praktisch aufhob, wurde dabei keine Rücksicht genommen.

Die katholische Konfessionalisierung, hg. v. Wolfgang Reinhard u. Heinz Schilling, Gütersloh 1995 (SVRG). – Katholische Reform und Gegenreformation in Innerösterreich 1564–1628, hg. v. France M. Dolinar, Klagenfurt 1994. – Arno Herzig, Der Zwang zum wahren Glauben, Göttingen 2000.

Die reformierte Konfessionalisierung in Deutschland – das Problem der „Zweiten Reformation", hg. v. Heinz Schilling, Gütersloh 1986 (SVRG 195). – Henry J. Cohn, The Territorial Princes in Germany's Second reformation 1559–1622, in: Menna Prestwich (Hg.), International Calvinism 1541–1715, Oxford 1985, S. 135–165. – Harm Klueting, Die reformierte Konfessionalisierung als „negative Gegenreformation", in: Zeitschrift für Kirchengeschichte 109, 1998, 167–199 und 306–327. – Ders., Reformierte Konfessionalisierung in West- und Ostmitteleuropa, in: Konfessionsbildung und Konfessionskultur in Siebenbürgen in der Frühen Neuzeit, hg. v. Volker Leppin/Ulrich Wien, Stuttgart 2005 (Quellen und Studien zur Geschichte des östlichen Europa 66), S. 25–55. – Territorialstaat und Calvinismus, hg. v. Meinrad Schaab, Stuttgart 1993. – Volker Preß, Außerhalb des Religionsfriedens? Das reformierte Bekenntnis im Reich bis 1648, in: Wegscheiden der Reformation, hg. v. Günter Vogler, Weimar 1994, S. 309–335.

In Deutschland vollzog sich zwischen 1555 und 1618 eine reformierte Kirchenbildung, in deren Verlauf eine ganze Reihe von Territorien zur reformierten Konfession übergingen, wobei sie weder dem Zürcher noch dem Modell Calvins unbedingt und strikt folgten. Dieser Vorgang wird üblicherweise als ‚zweite Reformation' bezeichnet. Selbst wenn dieser Begriff nicht zeitgenössisch und deswegen nicht unumstritten ist, bezeichnet er treffend, daß es mit Ausnahme der nordwestdeutschen und der reformierten Flüchtlingsgemeinden ausnahmslos lutherische Gebiete waren, die reformiert und calvinistisch wurden, und daß man dies als ‚Reformation der Kirche' verstand, weil man gegenüber der lutherischen eine ‚Emendation' eine ‚völligere' Reformation intendierte, wobei man vor allem auf eine striktere Trennung vom traditionellen Kirchenwesen in ‚einfachen' Formen mit reformiert-calvinistischer Begründung bedacht war. Insofern verband sich auch in den Ordnungen und Bekenntnissen vielfach das Kultisch-Rituelle mit dem Lehrhaft-Dogmatischen. Die kirchlich-theologisch entscheidenden Punkte waren stets die Aufnahme des Bilderverbots und seine obrigkeitliche Durchsetzung, die Aufhebung des Exorzismus in der Taufe, die Feier des Abendmahls mit gebrochenem Brot statt Hostien und die Ablehnung der Ubiquitätslehre (vgl. o. S. 252f). Insofern machte sich der Übergang zur ‚reformierten' Kirche stets auch für die Bevölkerung sehr deutlich bemerkbar.

Diese reformierte Kirchenbildung im Reich fand ihren Ansatz nirgends in einer von Publikationen und Predigt hervorgerufenen Volksbewegung, sondern hatte ihre Protagonisten in den humanistisch gebildeten Kreisen im Umfeld der Höfe, einem ‚Calvinismus aulicus' in Heidelberg (Wolgast), bei Theologen, Juristen und Medizinern, denen es aufgrund ihrer philippistischen Prägung um einen ‚einfacheren', geistigen Kult, um Frömmigkeit, Volksbildung und Sittenzucht zu tun war. Deswegen ging es in erster Linie um entsprechende institutionelle Veränderungen. Dabei stand das Selbstbewußtsein, gegenüber der lutherischen Reformation der Lehre nun auch eine des Lebens und im Blick auf papistische Reste eine vollkommenere, reinere Reformation zu vollziehen, in einem merkwürdigen Gegensatz zu einer immer wieder auch herausgekehrten Irenik.

Zu erreichen waren diese Reformationen, da sie im Unterschied zu anderen europäischen Ländern, in denen die reformierte die ‚erste' Reformation darstellte, im Reich kaum An- oder Rückhalt in der Bevölkerung fanden, nur mit Hilfe der Obrigkeiten, denen man deswegen diese Aufgabe übertrug, die sie mit harter obrigkeitlicher Hand, begleitet von einer überlegt-geplanten Publikations- und Bildungspolitik, durchsetzten. Deswegen erhielten auch dynastisch-verwandtschaftliche Verbindungen für die Übernahme der reformierten Tradition eine erhebliche Bedeutung. Daß auch die Pfarrerschaft schwerer zu gewinnen war, zeigen die überall begegnenden Mandate gegen konfessionelle Polemik.

Zur Diskussion über den Begriff der ‚zweiten Reformation‘ und seine Problematik vgl. Harm Klueting, „Zweite Reformation" – Konfessionsbildung – Konfessionalisierung: HZ 277, 2003, 309–341

Vorangetrieben wurde diese ‚Calvinisierung‘ und die Entstehung reformierter Kirchen in Deutschland durch die Abgrenzungen des Luthertums auf dem Feld der Abendmahlslehre, der damit zusammenhängenden Christologie und der Prädestinationslehre (vgl. o. S. 252–254). Deswegen wurde auch die Konkordienformel, die in diesen Punkten die Abgrenzungen festschrieb nicht zum Abschluß, sondern eher zum auslösenden Faktor fortschreitender konfessioneller Klärung.

Mit der reformierten Kirchenbildung waren immer auch politische Implikationen verbunden:

– Die ‚zweite Reformation‘ bedeutete im allgemeinen auch eine deutliche Stärkung frühmoderner Staatlichkeit gegenüber der herkömmlichen Landeshoheit.

– Reichsrechtlich war sie möglich, weil der reformierte Pfälzer Kurfürst sich zur Confessio Augustana Variata bekannte und 1566 – und dem folgend auch die weiteren reformiert werdenden Gebiete – nicht aus dem Religionsfrieden ausgeschlossen wurden.

– Schließlich war mit ihr eine tiefgreifende Veränderung der politischen Konstellationen verbunden. Denn die vielfach verwandtschaftlich miteinander verbundenen Fürsten betrieben – im Unterschied zu den lutherischen – eine auch den westeuropäischen Protestantismus berücksichtigende und daher europaweit ausgreifende Politik.

Andreas Wirsching, Konfessionalisierung der Außenpolitik. Die Kurpfalz und der Beginn der französischen Religionskriege (1559–1562), in: HJ 106, 1986, S. 333–360. – Eike Wolgast, Reformierte Konfession und Politik im 16. Jahrhundert. Studien zur Geschichte der Kurpfalz im Reformationszeitalter, Heidelberg 1998 (Schriften der Heidelberger Akademie der Wissenschaften 10, 1998).

Die reformiert-calvinistische Kirchenbildung besaß im Reich drei wichtige Ansatzpunkte: die Kurpfalz im Südwesten, die reformierten Gemeinden im Westen und Nordwesten des Reiches und die 1574 aus Sachsen vertriebenen Philippisten. Vor allem über sie kam es in manchen Gebieten zu einer Öffnung für den Calvinismus.

– Calvinistische Gemeinden bildeten sich zunächst in den westlichen Randgebieten des Reiches, in Metz, Trier, Aachen und am Niederrhein. Vor allem in Nordwestdeutschland gab es calvinistisch-reformierte Gemeinden, die sich aus niederländischen und später auch englischen Flüchtlingen schon 1545 und erneut nach 1554 in Wesel bildeten. In dieser Stadt kam es, nach einem fehlgeschlagenen Lutheranisierungsversuch nach 1564 zur Annahme des Heidelberger Katechismus. Andernorts (in den lutherischen Küstenstädten an Nord- und Ostsee) wurde – zur Empörung Calvins – den Flüchtlingen die Aufnahme verweigert. Nach 1567 kam eine weitere Welle niederländisch-wallonischer Flüchtlinge in die Städte Nordwestdeutschlands und die reformierte Grafschaft Moers. 1571 hielt man eine Synode zu Emden, das damals unter dem Einfluß niederländischer und englischer Flüchtlinge bereits als das Genf des Nordens bezeichnet wurde und für den Calvinismus der Niederlande die gleiche Bedeutung wie Genf für den französischen erhielt. Auf ihr wurden die unterschiedlichen Gemeinden anerkannt, die durch gemeinsames Bekenntnis, Presbyterial- und Synodalverfassung sowie Kirchenzucht zusammengehalten wurden. Die Verbindung zu den Niederlanden wurde später von einer clevischen und einer jülichschen Synode abgelöst.

– Von erheblicher Bedeutung wurde der Übergang der Kurpfalz. Hier hatte schon Ottheinrich (1502]1556–1559) mit den Berufungen an die Universität keinen konfessionell eindeutigen Kurs gehalten. Unter seinem Nachfolger Friedrich III., dem Frommen (1515]1559–1576), kam es über einen Abendmahlsstreit in Heidelberg und eine folgende Disputation zu einer antilutherischen Entscheidung und einem aus persönlicher Überzeugung vollzogenen Übertritt des Fürsten zum Reformiertentum. Das fand seinen Ausdruck in der Kurpfälzer Kirchenordnung und dem Heidelberger Katechismus des Jahres 1563, die von Caspar Olevianus und Zacharias Ursinus (1534–1583) erarbeitet wurden, aber beide nicht ausgeprägt calvinistisch waren. Besonders der Katechismus mit seiner Gliederung: Von des Menschen Elend, Erlösung und Dankbarkeit wurde später in einer großen Zahl reformierter Kirchen eine maßgebende Bekenntnisschrift (KTGQ 3, Nr. 58b). Außerdem nahm man in der Pfalz französische und niederländische Exulanten auf und öffnete ihnen die Pfarren und die Universität. Der Gegensatz zum Luthertum erwies sich auf dem Gespräch mit württembergischen Theologen in Maulbronn (10.–15.4.1564) als unüberbrückbar. Daß in Neustadt 1588 eine neue Bibelausgabe mit einer calvinistisch-theologischen Einführung ohne die lutherischen Vorreden erschien, führte zu weiteren Auseinandersetzungen. In der Oberpfalz freilich konnte Friedrich III. das Luthertum nicht verdrängen, und unter seinem Sohn Ludwig VI. (1539]1576–1583) gab es noch einmal eine kurze Restauration des Luthertums. Ihr aber folgte unter der Regentschaft Johann Casimirs (1543]1583–1591) und unter Kurfürst Friedrich IV. (1574]1593–1610) sowie unter dem Einfluß der von Christian von Anhalt-Bernburg (1568]1586–1630) bestimmten antihabsburgisch-westeuropäisch orientierten Politik die Ausbildung Heidelbergs zum universitärem Zentrum und zum Vorort der Reformierten in Deutschland. Als dann Pfalz-Simmern 1598 an die Kurpfalz fiel, wurde auch dies Gebiet reformiert.

Paul Münch, Zucht und Ordnung. Reformierte Kirchenverfassungen im 16. und 17. Jahrhundert, Stuttgart 1978. – Eike Wolgast, Reformierte Konfession und Politik im 16. Jahrhundert. Studien zur Geschichte der Kurpfalz im Reformationszeitalter, Heidelberg 1998.– Traudel Himmighöfer, Die Neustadter Bibel von 1587/88, Speyer 1986 (VVPfKG 12).

Für den allmählichen Übergang weiterer Gebiet zum Reformiertentum wurde der Zusammenbruch des Philippismus in Sachsen und die Vertreibung der sogenannten

Kryptocalvinisten entscheidend. Während der Arbeit an der Konkordienformel kam es über der Ubiquitätslehre zu Auseinandersetzungen mit den Wittenberger Philippisten, die im Wittenberger Katechismus von 1574 in der Abendmahlslehre zum Calvinismus tendierten und dies in der ,Wittenberger Grundveste' verteidigten. Der ,Consensus Dresdensis' vermochte Kurfürst August, der mit der Übernahme der Regentschaft auch im ernestinischen Sachsen die Gnesiolutheraner vertrieb, noch einmal zu beruhigen. Als aber 1574 in Leipzig die ,Exegesis perspicua controversiae de coena domini' des Arztes Johann Cureus (1532–1573) erschien, der auch in Schlesien gegen das strenge Luthertum aufgetreten war, trennte sich der Kurfürst von seinem philippistischen Räten Caspar Peucer (1525–1602), Georg Cracow (1525–1575) und dem Leibarzt Crato von Krafftsheim (1519–1585) und erzwang die Unterschrift unter die ,Torgauer Artikel' (1574). Die Theologen, die Kursachsen deswegen verließen – Christoph Pezel (1539–1604), der jüngere Caspar Cruciger (1525–1597) und andere – wurden, da sie sich nach Nassau, Hessen und Anhalt wandten zu Multiplikatoren des Übergangs vom Philippismus zum Calvinismus, doch spielten auch Verbindungen zur Kurpfalz dabei eine Rolle.

Irene Dingel, Die Torgauer Artikel (1574) als Vermittlungsversuch zwischen der Theologie Luthers und Melanchthons, in: Praxis Pietatis. Beiträge zu Theologie und Frömmigkeit in der frühen Neuzeit, FS Wolfgang Sommer, Stuttgart 1999, S. 119–134.

– Zu erwähnen sind eine Reihe von Grafschaften im Nordwesten und Westen des Reiches. 1566 wurden die Herrschaften Bedburg und Moers des Grafen von Neuenahr reformiert, später auch die Grafschaften von Nassau-Dillenburg, die mit der Kurpfalz verbunden waren. Hier kam es nach einem mißglückten Versuch zur Durchführung eines strengen Luthertums seit 1572 und verstärkt durch den aus Heidelberg vertriebenen Olevian und die aus Wittenberg gekommenen Theologen Friedrich Widebram (1532–1585) und Christoph Pezel zu einem reformierten Kirchenwesen und der Übernahme des Heidelberger Katechismus. Dem folgte auch der Wetterauer Grafenverein. Mit der hohen Schule in Herborn entstand 1574 eine weitere, wenn auch nicht privilegierte reformierte Universität. Auch die Grafen von Isenburg Büdingen, die von Solms, Wied und Sayn schlossen sich dem reformierten Bekenntnis an, ebenso die Grafen von Bentheim in Westfalen.

– Im melanchtonisch-philippistisch geprägten Anhalt fand der aus sächsischem Gefängnis entlassene Caspar Peucer Aufnahme. Konkordienformel und Ubiquität lehnte man ab. Unter Johann Georg I. (1567]1586–1618), der später eine Tochter des Pfalzgrafen Johann Casimir heiratete, begann seit 1589 vorsichtig, intensiver nach 1595 eine Durchsetzung reformierter Gottesdienstreformen – sicher auch eine Antwort auf die ungehemmte Polemik lutherischer Theologen gegen die Anhalter nach der Ablehnung der Unterzeichnung der Konkordienformel. Dabei stieß das ,Reformationswerk' auf eine geradezu tumultuarische Ablehnung in der Bevölkerung. Die bei der Teilung von 1606 entstandenen Teilfürstentümer richteten sich an der Pfälzer Kirchenordnung und dem Heidelberger Katechismus aus.

Werner Freitag, Konfliktfelder und Konfliktparteien im Prozeß der lutherischen und reformierten Konfessionalisierung – das Fürstentum Anhalt und die Hochstifte Halberstadt und Magdeburg, in: ARG 92, 2001, S. 165–195.

– Wie in der Kurpfalz der reformierten Wende eine Auseinandersetzung über das Abendmahl vorangegangen war, so war es auch in Bremen. Schon vor dem zweiten Abendmahlsstreit begann der Streit zwischen dem Lutheraner Johann Timann (1500–1557) und dem Melanchthonianer Albert Hardenberg (ca.1510–1574). Er verschärfte sich 1559 mit dem Kommen des aus Heidelberg vertriebenen Gnesiolutheraners Tilemann Heshus (1527–1588) und endete mit der Ausweisung Hardenbergs, da der sich weigerte, die Confessio Augustana zu unterschreiben. Doch setzte man sich in der Folgezeit unter dem Bürgermeister Daniel von Büren (1512–1593) gegen eine strikte Lutheranisierung zu Wehr. Zu neuerlichem Streit über das Abendmahl kam es 1572 zwischen Jodocus Glanäus (gest. 1614) und dem Superintendenten Markus Mening (gest. 1581). An Stelle des abgesetzten Glanäus kam 1580 Christoph Pezel, der einen eigenen Katechismus und calvinisierende Zeremonien einführte. Zwar lehnte man es in Bremen ab, sich als calvinisch bezeichnen zu lassen, aber der ‚Consensus ministerii Bremensis ecclesiae' von 1595 zeigt den eindeutigen Übergang zum Calvinismus.
– Unter Simon VI. (1563–1613) kam es in der Grafschaft Lippe unter hartem Widerstand der Stadt Lemgo zum Ausbau eines reformierten Kirchenwesens.

Heinz Schilling, Konfessionskonflikt und Staatsbildung, Gütersloh 1981 (QFRG 48).

– In Kursachsen vollzog man unter Christian I. (1560]1586–1591), der mit einer Tochter Friedrichs III. von der Pfalz verheiratet war, und seinem Kanzler Nikolaus Krell (1550–1601) die Abkehr von der Konkordienformel, die man als Verhinderung eines politisch starken Protestantismus betrachtete und seit 1586 nicht mehr unterschreiben ließ. Nachdrücklich förderte man bei der Neubesetzung von Stellen – Polykarp Leyser (1552–1610) und Nikolaus Selnecker (1530–1592) nahmen damals Rufe nach auswärts an – entschiedene Philippisten, bei Hof, in Universität und Kirche, verbunden mit dem Verbot theologischen Gezänks. Das Exorzismusverbot bei der Taufe rief Unruhe in der Bevölkerung hervor. Eine neuer Katechismus und eine mit antilutherischen Erläuterungen versehene Bibelausgabe zeigten die deutliche Tendenz zum Calvinismus. Doch bevor die zum Abschluß kam und vor weiteren Maßnahmen, starb Christian bereits 1591. Die Vormundschaft der ernestinischen Linie führte den Gegenschlag herbei. Der Kanzler Nikolaus Krell wurde nach langem Prozeß 1601 hingerichtet.
– Auch in Baden-Durlach sagte sich der Markgraf Ernst Friedrich von der Konkordienformel los und begründete diesen Schritt in dem gegen die Formel gerichteten ‚Staffortschen Buch'. Doch blieb das, da er die Kirche seines Landes bis zu seinem Tod 1604 nicht durchgreifend reformieren konnte, eine Episode.

Reformierte Spuren in Baden, hg. v. Udo Wennemuth, Karlsruhe 2001 (VVKGB 57).

– Nach dem Tod Philipps von Hessen ergab sich unter den vier regierenden Brüdern eine unterschiedlich konfessionelle Parteinahme. Über die Frage des Anschlusses an die Konkordienformel kam es 1582 zum Ende der gemeinsamen Generalsynoden. Über Wilhelm IV. von Hessen-Kassel (1532]1567–1592), der zum Reformiertentum tendierte, ging der Nachfolger Moritz (1572]1592–1632) – auch aufgrund der Verbindungen zu den Grafen von Nassau – mit den ‚Verbesserungspunkten‘ von 1605 deutlich hinaus und schritt vom Philippismus zum Anschluß an die reformierten Kirchen weiter, den er in seinem Land rigoros durchsetzte, was von einer Flut von Flugschriften für und wider begleitet wurde. Schon 1604 hatte Moritz einen Teil Oberhessens mit der Universität Marburg erhalten. Die dort von ihm vertriebenen Lutheraner fanden dann an der von Ludwig V. (1577]1596–1626) für Hessen-Darmstadt neugegründeten Universität Gießen (1607) Aufnahme.

Werner Troßbach, Volkskultur und Gewissensnot. Zum Bilderstreit in der „zweiten Reformation“, in: ZHF 23, 1996, S. 473–500.

– Der Brandenburger Kurfürst Joachim Friedrich (1546]1598–1608) sanktionierte zwar noch 1602 die Konkordienformel, näherte sich aber im Blick auf das Rheinland und seine Wünsche nach gottesdienstlichen Reformen den Reformierten und schloß 1605 ein förmliches Bündnis mit der Kurpfalz. Sein Sohn Johann Sigismund (1572]1608–1619) bekannte sich aufgrund eigener Überzeugung zunächst 1606 in der Kurpfalz heimlich, dann 1613 wie vorher sein Bruder Ernst (1583–1613; ‚Düsseldorfer Buch‘ mit zwölffacher Begründung reformierter Abendmahlslehre, 1610) auch öffentlich zum Calvinismus und rechtfertigte dies mit der ‚Confessio Sigismundi‘ 1614. Zwar schloß er an der Universität Frankfurt/Oder das strikte Luthertum aus, gewährte aber den Ständen eine Zusicherung, daß weder sie noch die landesherrlichen Pfarren zum Calvinismus gedrängt würden. Auch die Kurfürstin blieb lutherisch. Gleichwohl bedeutete dies mit der Abwendung von Kursachsen und der Hinwendung zur Pfalz eine politische Neuorientierung des Landes.

Bodo Nischan, Prince, People and Confession. The Second Reformation in Brandenburg, Philadelphia 1994.

Das Luthertum fühlte sich angesichts dieser Entwicklungen gegen Ende des Jahrhunderts vom Calvinismus bedroht und war daher nicht bereit, in irgendeiner Form auf die vor allem von den Pfälzer Theologen immer wieder unterbreiteten irenischen Angebote einzugehen (vgl. o. S. 257f). Darüber hinaus beobachtete man an den lutherischen Höfen die europäisch-protestantische Politik der calvinistischen Fürsten mit äußerstem Mißtrauen.

c) Die Bildung religionspolitischer Parteien

Über den Unklarheiten des Augsburger Religionsfriedens kam es angesichts der sich verschärfenden Konfessionalisierung seit den siebziger Jahren, als die überkonfessionell den Frieden sichernde Reichsfürstengruppe (Kursachsen, Kurmainz, Württemberg und Bayern) zerfiel, zu sich ständig wiederholenden Auseinandersetzungen. Sie betrafen strittige Bischofswahlen und reformationswillige Bischöfe (Kölner

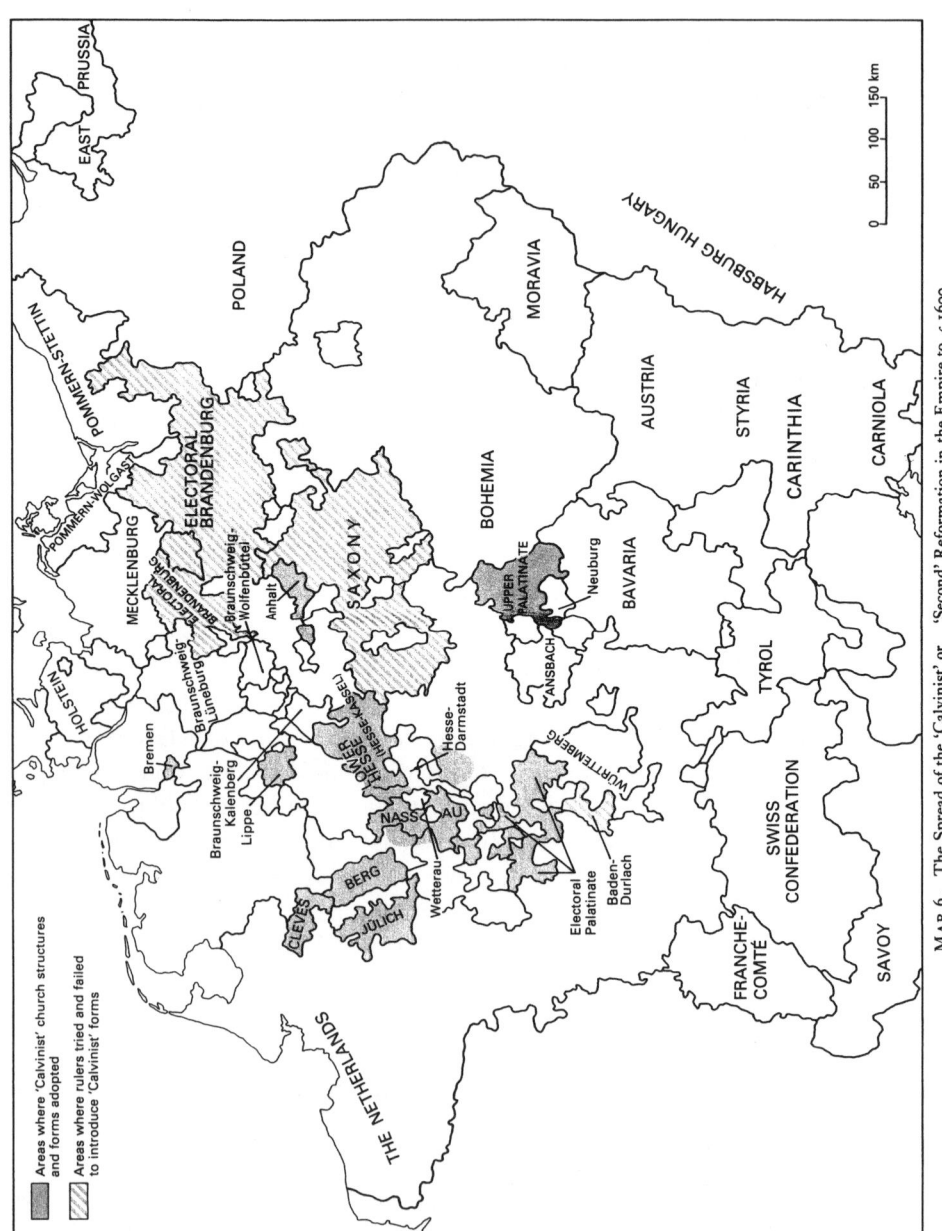

MAP 6. The Spread of the 'Calvinist' or 'Second' Reformation in the Empire to *c.*1600

Areas where 'Calvinist' church structures and forms adopted

Areas where rulers tried and failed to introduce 'Calvinist' forms

EAST PRUSSIA

POLAND

POMMERN-STETTIN

POMMERN-WOLGAST

MECKLENBURG

HOLSTEIN

ELECTORAL BRANDENBURG

ELECTORAL BRANDENBURG

Braunschweig-Wolfenbüttel

Braunschweig-Lüneburg

Bremen

Braunschweig-Kalenberg

Lippe

Anhalt

SAXONY

BOHEMIA

MORAVIA

UPPER PALATINATE

Neuburg

ANSBACH

BAVARIA

AUSTRIA

STYRIA

CARINTHIA

CARNIOLA

LOWER HESSE-KASSEL

HESSE-KASSEL

Hesse-Darmstadt

WÜRTTEMBERG

NASSAU

CLEVES

BERG

JÜLICH

Wetterau

Electoral Palatinate

Baden-Durlach

TYROL

SWISS CONFEDERATION

FRANCHE-COMTÉ

SAVOY

THE NETHERLANDS

HABSBURG HUNGARY

0 50 100 150 km

308

Krieg, Straßburger Kapitelstreit), die von den Protestanten vorgenommenen Säkularisierungen reichsmittelbaren (Vierklösterstreit, 1590er Jahre) und -unmittelbaren Kirchengutes (eine Reihe von Bistümern in Nord- und Nordwestdeutschland; Magdeburger Sessionsstreit), die Reichsstandschaft protestantischer Bistumsadministratoren, aber auch das gegen den Willen der Bevölkerung von katholischer Seite hart ausgeübte ius reformandi, sowie das ius reformandi der Reichstädte (Aachen 1582; Donauwörth 1608).

Faktisch kam es dazu, daß allmählich alle Instanzen, die an der Auslegung des Religionsfriedens und der Entscheidung von Streitfragen beteiligt sein konnten, lahmgelegt wurden: das Reichskammergericht, die darüberstehende Visitationskommission, der Deputationstag (1601, ein Ausschuß von Reichsständen in dem die Protestanten deutlich unterlegen waren) und schließlich der Reichstag, auf dem man 1608 keine Bestätigung des Religionsfriedens mehr erreichte, und den die Protestanten 1613 angesichts eines Mehrheitsbeschlusses der katholischen Stände verließen.

Zu dieser Zeit aber hatten sich längst der Reichsverfassung widersprechende konfessionell-militärische Bündnisse gebildet: unter der politisch und konfessionell stets vorwärtsdrängenden Kurpfalz die protestantische Union von Auhausen (1608; DGQD 4, Nr. 22), unter Maximilian I. von Bayern (1573]1597–1651) in München die katholische Liga (1609; DGQD 4, Nr. 25). Die Union, die Verbindungen nach England, zu den Niederlanden, Frankreich und Schweden unterhielt, einte aber nicht wirklich alle protestantischen Stände, da einige weiterhin auf Ausgleich bedacht waren (Kursachsen, Hessen-Darmstadt), andere wegen ausgebliebener Unterstützung verärgert waren (Brandenburg; Jülich-Klevischer Erbfolgekrieg 1609).

Die gegenreformatorischen Aktivitäten des Kaisers Matthias (1557]1612–1619), die auch die im Majestätsbrief Rudolfs II. (1552]1575–1612) den böhmischen Ständen gewährten Freiheiten (9.7.1609; DGQD 4, Nr. 24) bedrohten, alarmierten die Protestanten, zumal die protestantischen Stände der habsburgischen Erblande erstaunlich schnell zurückgedrängt werden konnten. So bereitete sich der Dreißigjährige Krieg vor.

Axel Gotthard, „Politice seint wir bäpstisch". Kursachsen und der deutsche Protestantismus im frühen 17. Jahrhundert, in: ZHF 20, 1993, S. 275–319. – Franziska Neuer-Landfried, Die katholische Liga. Gründung, Neugründung und Organisation eines Sonderbundes 1608–1620, Kallmünz 1968 (Münchner historische Studien, Abt. Bayerische Geschichte 9).

2. Der Westen

a) Frankreich

Menna Prestwich, Calvinism in France, in: International Calvinism 1541–1717, Oxford 1985, S. 71–107. – Brian G. Armstrong, Semper reformanda: The Case of the French Reformed Church, in: Later Calvinism, hg. v. W. Fred Graham, Kirkville 1994 (SCES 22), S. 119–140.

bis zur Bartholomäusnacht

Der französische Protestantismus kam seit der Rückkehr Calvins nach Genf (1541) immer stärker unter dessen Einfluß. Er wirkte klärend, weil Calvin in der Auseinandersetzung mit den sog. ‚Nikodemiten' das offene Bekenntnis und die Trennung von der traditionellen Kirche, notfalls auch die Flucht forderte, die viele antraten. Doch gab es dagegen zunächst auch den Widerstand der stärker humanistisch Geprägten, die ihr Vorbild in der Basler Reformation sahen. Tatsächlich brachte die Regierung Heinrichs II. (1519]1547–1559) trotz ihrer scharfen antihäretischen Gesetze und der Verbindung von staatlichem und kirchlichem Vorgehen keineswegs eine Zunahme der Verfolgung, sondern eher ein Abflauen. So konnten sich seit 1555 vor allem in den Städten, aber auch regional begrenzt auf dem Land (im Norden im Pariser Bekken, in der Picardie und der Normandie, im Süden in Savoyen, der Dauphiné und der Provence) zunehmend Gemeinden nach Genfer Vorbild bilden. Am 25.5.1559 fand sogar eine heimliche Nationalsynode in Paris statt, bei der ein von Calvin entworfenes, nur leicht verändertes Bekenntnis, die ‚Confessio Gallicana' (KTGQ 3, Nr. 58c1) und eine Kirchenordnung nach Genfer Vorbild angenommen wurde. Häufig wandten sich Gemeindeglieder öffentlich gegen Mißbräuche der alten Kirche, was dann zu Gegenaktionen führte.

bis zum Edikt von Nantes

Der Friedensschluß zwischen Spanien und Frankreich (April 1559) hätte die Voraussetzung für eine intensivierte Verfolgung werden können. Doch kam es durch den unerwarteten Tod Heinrichs II. und dem Fehlen starker Könige für lange Jahre zu einem Ringen um die politische Macht. Die Hugenottenkriege waren daher auch keineswegs einfach ‚Religionskriege', sondern ein konfessionell untermaltes Ringen um die Macht. Denn die nacheinander regierenden Söhne des Königs – der 15jährige kränkliche Franz II. (1544]1559/1560), dessen 10jähriger Bruder Karl IX. (1550]1560–74) und schließlich Heinrich III. (1551]1574–1589) – waren zu einer klar durchgehaltenen politischen Linie ebenso unfähig wie ihre Mutter Katharina von Medici (1519–1589), die mit einer Art Schaukelpolitik ausschließlich das Ziel verfolgte, ihren Kindern den Thron zu erhalten. Es lassen sich in dem vierzigjährigen Ringen drei Phasen unterscheiden: die Zeit der schwachen Könige (1559–1572), der Zerfall des Königreiches (1573–84) und die Reaktion auf die drohende Thronfolge eines protestantischen Prinzen (1585–1598).

– Gegen die Königinmutter Katharina von Medici, die aus politischen Gründen mit Hilfe der sogenannten ‚Politiker' und der Toleranz für die Hugenotten den konfessionellen Frieden suchte, standen die Guisen – Franz (1534–1563), Karl (1524–1574) und Heinrich (1550–1588) – als Führer der katholischen Partei. Der Protestantismus fand die Unterstützung der Margarete von Navarra (1492–1542), ihrer Tochter Jean d'Albret (1528]1555–172) sowie der Brüder Anton von Bourbon (1508–1562) und des Prinzen Louis von Condé (1530–1569). Die eigentlichen Führer wurden die Brüder Gaspar (1519–1572), Odet (1523–1571) und François de Coligny (1521–1569). Das Religionsgespräch von Poissy und das folgende Duldungsedikt von 1562 führten zu einem Massaker der Guisen, das den ersten Religionskrieg auslöste, der mit einem erneuten Friedensedikt endete. Angesichts der Bedrohung durch die spanischen Niederlande kam es 1567 zum 2. und 3. Religionskrieg (1567–1570), der mit einem Edikt von St. Germain den Hugenotten erstmals Sicherheitsplätze brachte. Als Gaspard Coligny den König zu einem antispanischen Kurs zu bewegen suchte, verwandelte die Guise-Partei die als Versöhnung arrangierte Hochzeit Heinrichs von Navarra (1553]1572–1610) mit der Königsschwester Marguérite (1553–1615) in die ,Pariser Bluthochzeit' (Bartholomäusnacht 23./24.8.1572), einen Massenmord an den Hugenotten in der Stadt und folgend in den Provinzen.

– Der folgende 4. Religionskrieg (1572/73) führte dazu, daß im Südwesten und Süden unabhängige Gebiete der Hugenotten mit eigener Verwaltung entstanden. Die unentschiedene Haltung der Könige, Karls IX. und Heinrichs III., führten bei den sogenannten Monarchomachen auf protestantischer wie katholischer Seite zu Überlegungen über den gerechtfertigten Widerstand und Tyrannenmord (KTGQ 3, Nr. 58c2). Daß der 5. Religionskrieg (1575–1576) wiederum mit einem für die Protestanten günstigem Friedensedikt endete, führte zur Bildung der katholischen Ligue, die aber auch im 6. und 7. Religionskrieg (1577–1580) die kirchliche Einheit nicht durchsetzen konnte. Katharina von Medici und Heinrich III. versuchten mit Hilfe der ,Politiker' im Interesse der Einheit des Reiches eine Politik der Koexistenz, die von der Liga unter Heinrich von Guise vehement abgelehnt wurde.

– Brisant wurde die Situation seit 1585, als mit der Kinderlosigkeit des Königs die Thronfolge des seit 1576 auf Seiten der Protestanten engagierten Heinrichs von Navarra drohte und die Guisen ein Verbot des Protestantismus durchsetzten. Der nun ausbrechende 8. und 9. Religionskrieg (1585–1589) verschärfte sich durch die Ermordung Heinrichs von Guise und König Heinrichs III. Doch trotz militärischer Siege konnte sich Heinrich (IV.) von Navarra erst durchsetzen, als er zum Katholizismus übertrat.

Philipp Benedict, Settlements: France, in: Handbook of European History 2, Leiden u.a. 1995, S. 436–438. – Michael Wagner, Kreuzzug oder Klassenkampf, in: Zeitschrift für Historische Forschung 25,1998, S. 85–110. – Mack P. Holt, The French Wars of Religion 1562–1629, Cambridge 1995. – James R. Farr, Confessionalization and Social Discipline in France, 1530–1685, in: ARG 94, 2003, S. 276–293.

Nur mühsam konnte am 13.4.1598 mit dem Edikt von Nantes der Friede erreicht werden. Es summierte, was sich in den verschiedenen Friedensedikten der Kriege herauskristallisiert hatte: Die Protestanten erhielten Gewissensfreiheit, Kultfreiheit aber lediglich dort, wo bereits Gottesdienste bestanden und in je zwei Städten jedes Bezirks. Dagegen war am Hof, in Paris und den Bischofsstädten reformierter Kult verboten. Die Errichtung eigener Kirchen, Schulen und Akademien wurde zugestanden, ebenso mit königlicher Erlaubnis die Abhaltung von Synoden. Doch mußte das Kirchengut restituiert und der katholische Kultus überall geduldet werden. Außerdem erhielten die Hugenotten etwa 150 Sicherheitsplätze mit eigenen Garnisonen auf 8 Jahre (KTGQ 3, Nr. 58c3). Heinrich IV. gelang es, das Edikt durchzusetzen und bis zu seiner Ermordung 1610 den Frieden zu erhalten. Danach wurde es im 17. Jahrhundert schrittweise aufgehoben. Das konnten die Hugenotten, selbst wenn Versuche dazu unternommen wurden, mit Waffengewalt nicht mehr verhindern. Ludwig XIII. (1601]1610–1643) sicherte zwar, nachdem er den Katholizismus in der Region Bearn restauriert hatte, noch einmal die Einhaltung des Edikts zu. Doch unter Kardinal Armand Jean de Richelieu (1585–1642), der antispanisch und -habsburgisch außen-politisch die deutschen Protestanten unterstützte, wurden nach der Einnahme La Rochelles mit dem Edikt von Nîmes (1629) alle politischen Zugeständnisse auf-gehoben und lediglich die kirchlichen und bürgerlichen Rechte erhalten. Damit wa-ren die Protestanten aus einer auch politischen Kraft ausschließlich zur Kirche ge-worden, freilich auch ganz vom absolutistischen Königtum abhängig.

b) Die Niederlande

J. J. Wolter und M.E.H.N. Mout, Settlements: The Netherlands, in: Handbook of European His-tory 2, Leiden/New York/Köln 1995, S. 385–415. – Geoffrey Parker, Der Aufstand der Nieder-lande, München 1979. – The Origins and Development of the Dutch Revolt, hg. v. Graham Darby, London/New York 2001. – Martin van Geldern, The Political Thought of the Dutch Re-volt 1555–1590, Cambridge 1992. – Rolf-Ulrich Kunze, ,Vader des Vaderlands'. Protorevolu-tionär oder toleranter Fürst? Zur Rolle Wilhelms von Oranien im Aufstand der Niederlande, in: AkuG 82, 2000, S. 93–120.

Ständische und religiöse Opposition

In den Niederlanden entwickelte sich Ende der 50er Jahre eine ständische Opposition gegen die Maßnahmen Philipp II. von Spanien, die den politischen Einfluß des Adels und die Selbstverwaltung der Städte deutlich einschränkte. Das verband sich mit der Ablehnung der Ketzerverfolgung. Als die Statthalterin Margarete von Parma (1522–1586) auf eine Eingabe der Adelspartei unter Wilhelm von Oranien (1533–1584) hinhaltend reagierte, wurde das fälschlich als Wende der Verfolgungspolitik verstan-den. Exulanten kehrten zurück; die calvinistischen Prediger verlangten öffentliche Gottesdienste in den Kirchen. Als dann die Repression erneut einsetzte, kam es zwi-schen dem 10. und 20.8.1566 sowie auch danach an vielen Orten zum Bildersturm, der, obwohl von nur kleinen Gruppen vollzogen, kaum Widerstand fand. Allerdings wurde deutlich: Im Norden war man viel weniger radikal als die Calvinisten des Südens, und in der Bevölkerung stieß das aggressive Vorgehen auf Ablehnung.

Reaktion Spaniens und der Aufstand

Als die Statthalterin ihre Herrschaft festigen konnte und als neuer Gouverneur der Herzog von Alba (1507–1582) mit Heeresmacht im Land erschien, (1567) begann eine massenhafte Auswanderung. In Wesel (1568) und in Emden (1571) beschlossen die geflohenen Calvinisten eine strikt presbyterial-synodale Kirchenordnung im Blick auf die Niederlande. Die harten Maßnahmen des Herzogs von Alba durch ein conseil des troubles führten zum Aufstand, einem vierjährigen Krieg der Provinzen und einem Kleinkrieg der Busch- und Wassergeusen gegen die Spanier. Leiden er-hielt für seinen Widerstand 1575 eine Universität. Der Aufstand wurde von einer in-tensiven Diskussion über die Legitimität des Widerstands begleitet. Die Nord- und Südprovinzen konnten sich in der Pazifikation von Gent (1576) verständigen. Doch wurde sie von dem neuen Statthalter Juan d´Austria (1547–1578) nicht akzeptiert. Im erneut ausbrechenden Krieg (1577) konnte Alexander Farnese, Herzog von Parma (1545–1592), die südlichen Staaten zurückerobern. Hatten die Katholiken zunächst den Aufstand unterstützt, so gingen sie doch auf die spanische Seite über, als in Flandern und den nördlichen Provinzen Holland und Seeland nicht nur der Calvinismus geduldet, sondern der altgläubige Gottesdienst verboten wurde.

Die Entstehung der Republik und die kirchliche Entwicklung in den Niederlanden
Eine Spaltung der Niederlande zeichnete sich ab, als Farnese mit den Südprovinzen aufgrund deren innerer Spaltung zwischen antispanischen Kräften und den damit unzufriedenen ‚Malcontenten‘ in der Union von Arras (1579) zur Verständigung kam, und die Nordprovinzen dieser im gleichen Jahr die Union von Utrecht und die Generalstaaten 1581 die Unabhängigkeitserklärung von sieben Provinzen unter Führung Hollands entgegenstellten.

In den fortgeführten Krieg griff ohne Erfolg 1585 auch England ein. Im Süden führte der spanische Sieg Mitte der 80er Jahre zu einer harten Rekatholisierung, vor der die Protestanten in die Republik der sieben nördlichen Provinzen flüchteten, die nicht einmal die Hälfte der alten Niederlande umfaßten. Da Spanien sich gleichzeitig gegen die Türken und England wandte, konnte man bis 1596 nördlich und südlich des Rheins die spanische Herrschaft weiter zurückdrängen und aufgrund von Bündnissen mit Frankreich und England eine Konsolidierung erreichen. Im Norden verstärkten die Flüchtlinge das calvinistische Element, das mit seiner Forderung nach kirchlich-autonomer Organisation auf den Widerstand der Magistrate in Holland stieß, sich aber schließlich doch durchsetzen konnte. Faktisch wurde die calvinistische Kirche Staatskirche, selbst wenn angesichts der Härte ihrer Kirchenzucht die Zahl der wirklichen Gemeindeglieder nicht groß war und lutherische Gemeinden, Täufergemeinden und Katholiken (mit häuslichem Kultus) geduldet wurden. Die Niederlande traten aufgrund einer prosperierenden Wirtschaft in ein Goldenes Zeitalter ein, in dem die Wissenschaften an zahlreichen neugegründeten Universitäten und die Künste mit einer Fülle großer Maler neben Rembrandt Harmenszoon van Rijn (1606–1669) blühten. Zudem konnten sie als ein Hort der Toleranz gelten.

Mit den Magistraten und innerhalb der calvinistischen Kirche gab es Auseinandersetzungen über den Einfluß der Magistrate auf die Kirche, die sich mit den Differenzen zwischen Remonstranten und Contraremonstranten verband (vgl. o. S. 255–257). Die Kräfte, die sich am strikten Calvinismus, seiner Kirchenordnung und Kirchenzucht stießen, unterstützten die Remonstranten, besonders der holländische Syndikus Johann von Oldenbarneveldt (1547–1606) und der Gelehrte Hugo Grotius (1583–1645). Dagegen stellte sich der Statthalter Moritz von Oranien (1567–1625), der über die Organisation des Heerwesens und als Feldherr eine starke Position erlangt hatte. Er befürwortete einen die Provinzen gleichmäßig berücksichtigenden Zusammenschluß; Oldenbarneveldt hingegen wollte die Vormachtstellung Hollands gewahrt wissen. Der von letzterem 1609 durchgesetzte Waffenstillstand mit Spanien hatte zur Belastung der Beziehungen geführt. Als Oldenbarneveldt Truppen für Holland anwerben ließ, war der Konflikt da: Der Prinz ließ die einflußreichen Stadtsyndici der holländischen Städte verhaften und besetzte die Räte neu in seinem Sinn – nichts Geringeres als ein Staatsstreich. Oldenbarneveldt und Grotius wurden verhaftet. Ersterer wurde hingerichtet, während Grotius mit Hilfe seiner Frau in einer Bücherkiste dem lebenslang verhängten Gefängnis entkommen konnte. Nach ihrer Verurteilung durch die Dordrechter Synode ging man auch rücksichtslos gegen die remonstrantischen Geistlichen vor. Doch wurden sie später geduldet.

Olaf Mörke, ‚Konfessionalisierung‘ als politisch-soziales Grundprinzip?, in: Tijdschrift voor Sociale Geschiedenis 16, 1990, S. 31–60. – Derk Visser, Establishing the Reformed Church: Clergy and Magistrates in the Low Countries 1572–1620, in: Later Calvinism, hg. v. W. Fred Graham, Kirksville 1994 (SCES XXII), S. 389–408. – Johan Huizinga, Holländische Kultur im siebzehnten Jahrhundert, Frankfurt/Main 1977. – Simon Schama, Überfluß und schöner Schein. Zur Kultur der Niederlande im Goldenen Zeitalter, München 1988.

3. Die Auseinandersetzungen in Nord- und Osteuropa

a) Erfolgreiche Gegenreformation in Polen

Konfessionalisierung in Ostmitteleuropa. Wirkungen des religiösen Wandels im 16. und 17. Jahrhundert in Staat, Gesellschaft und Kultur, hg. v. Joachim Bahlcke und Arno Strohmeyer, Stuttgart 1999 (Forschungen zur Geschichte und Kultur des östlichen Mitteleuropa 7).

Stanislaus Hosius (1504–1579), seit 1551 Bischof von Ermland, betrieb mit Hilfe der Jesuiten und ihrer Kollegien, aber auch der Kapuziner und Lazaristen die Rekatholisierung Polens, die aber auch begünstigt wurde, weil klar führende Gestalten, aber auch Schulen auf protestantischer Seite fehlten. Aufgrund der Erneuerung der katholischen Kirche nach Trient und der Auseinandersetzungen zwischen den protestantischen Gruppen kehrten eine Reihe von Adeligen zum Katholizismus zurück. Da man für die Zeit nach Sigismund II. (1520]1548–1572) mit einem katholischen Nachfolger rechnete, erweiterte man die früher vollzogene gegenseitige Anerkennung der Böhmischen Brüder und Calvinisten, die die Confessio Helvetica posterior anerkannten, im ‚Consensus Sendomiriensis‘ (1570) um die der Lutheraner, die sich auf Melanchthons Confessio Saxonica stützten, und bildete schließlich die ‚Warschauer Konföderation‘ (1573), in der die volle Religionsfreiheit für den Adel zugesagt wurde.

Unter Stephan Báthory (1533]1575–1586) blieb die Toleranz noch erhalten. Entscheidend wurde, daß sich Adel und Magnaten über die Frage der königlichen Güter und die der Kirche nicht einig waren. Das sorgte ebenso wie die ausschließliche Übernahme von Katholiken in königliche Ämter unter Sigismund III. (1566]1587–1632) dafür, daß die Magnaten mit der Krone gingen und zum Katholizismus zurückkehrten.

Unter ihm kam es auch für die östlichen ruthenischen Gebiete Polens 1595 zur Aufnahme der Griechisch-Orthodoxen als Unierte in die römische Kirchengemeinschaft. Dagegen wandten sich allerdings ruthenische Adelige, die auch Verbindung zu den Protestanten suchten, später aber doch die Union anerkannten, teilweise auch zum

Katholizismus konvertierten. Doch stand der Widerstand gegen die Union auch noch hinter den Kosakenaufständen des 17. Jahrhunderts, die schließlich dazu führten daß Polen das Land östlich des Dnjepr an Rußland verlor. Ein 1607 aus der Sorge vor absolutistischen Tendenzen des Königs entstandener protestantischer Adelsaufstand wurde niedergeschlagen, die Macht des protestantischen Adels auf Dauer gebrochen. So konnte sich im Lauf des 17. Jahrhunderts die Gegenreformation immer erfolgreicher durchsetzen. Zwar gab es unter Wladislaw IV. (1595]1632–1648) nach 1632 noch einmal eine tolerante Phase mit einem Religionsgespräch in Thorn 1645, aber unter dem (Kardinal) König Johann Kasimir (1609]1648–1672) war das seit 1648 endgültig vorbei.

b) Humanistisch-katholische Reform oder gescheiterte Gegenreformation in Schweden?

In Schweden war die gesamtkirchliche Situation durchaus nicht eindeutig. Bauern und Adel hingen trotz der veränderten Situation teilweise an der traditionellen Kirche. Anders als in Dänemark duldete man unter Erik XIV. (1533]1560–1577), der selbst dem Calvinismus zuneigte, die Niederlassung französischer und niederländischer Calvinisten. Dagegen wandte sich der Erzbischof von Uppsala Laurentius Petri, der in seiner schließlich 1571 verbindlich gemachten Kirchenordnung die lutherische Abendmahlslehre fixierte, im übrigen aber ein im Äußerlichen sich kaum von dem vorreformatorischen unterscheidendes Kirchenwesen festschrieb. So konnte Johann III. (1537]1568–1592), der sich während seiner von seinem Bruder und Vorgänger verhängten Festungshaft intensiv mit den Kirchenvätern beschäftigt hatte, einen auf Georg Witzel und Georg Cassander zurückgreifenden erasmianisch-reformkatholischen Kurs einschlagen. Mit der ‚Nova ordinantia‘, die 1575 von den Bischöfen angenommen wurde, kehrte man zur Bischofsweihe mit Mitra und Stab und zur Heiligenverehrung zurück, erlaubte auch den noch bestehenden ‚Feldklöstern‘ – also den Benediktinern und Zisterziensern neben den Prämonstratensern – Neuaufnahmen. Im folgenden Jahr erschien dann das sogen. ‚Rote Buch‘, eine Liturgie, die weithin die alte Messe erneuerte und 1577 vom Reichstag verbindlich gemacht wurde. Ob der König, der von einem jesuitisch-päpstlichen Legaten das Abendmahl nach altem Ritus empfing, im Blick auf seine Frau Katharina, die Tochter des letzten Jagiellonenkönigs von Polen, auf die polnische Krone spekulierend selbst konvertierte, ist nicht mehr zu klären. Immerhin bemühte er sich um ein Entgegenkommen des Papstes im Blick auf muttersprachliche Meßfeier, das Abendmahl sub utraque specie und Priesterehe, allerdings vergeblich, wohl weil der Legat die Rückkehr der schwedischen Kirche für ganz unwahrscheinlich hielt.

Der um das ‚Rote Buch‘ geführte Liturgiestreit der nächsten Jahre verquickte sich mit dem politischen Gegensatz zwischen Johann III. und seinem Bruder Herzog Karl von Södermannland (1550]1604–1611). Zwar verbanden sich beide noch einmal gegen den Hochadel, der die polnische Kandidatur von Johanns Sohn Sigismund (1566]1592–1632) zur Stärkung seiner Stellung in Schweden nutzen wollte. Aber als nach Johanns Tod 1592 die Nachfolge des polnisch-katholischen Vasa Sigismund drohte, verband sich Karl mit dem Hochadel zum Schutz der Unabhängigkeit und der schwedischen Reformation, setzte mit Unterstützung der Geistlichkeit alle kirchlichen Ordnungen Johanns außer Kraft und zwang Sigismund, ausschließlich die Confessio Augustana als Bekenntnis in Schweden anzuerkennen. Auf einem vom König nicht anerkannten Reichstag 1595 ließ Karl die Messe verbieten. In der folgenden Auseinandersetzung zwischen Karl und dem König stellte sich der Hochadel auf die Seite des Königs, während Karl sich auf die Städte, den gemeinen Mann sowie die Geistlichkeit stützte. Als er ihm ergebene Statthalter anstelle der königlichen einsetzte, kam es 1598 zur Schlacht, in der Karl siegte. Der Reichstag von 1599 stellte dem König das Ultimatum, nach Schweden zu kommen und sich protestantisch unterweisen zu lassen. Darauf ließ sich Sigismund so wenig wie auf die gleiche Bedingung für seinen Sohn ein. An den ausgelieferten schwedischen Adeligen vollzog Karl das Blutbad von Linköping 1600. Er wurde Regent und nahm den Königstitel erst 1604 an, als Herzog Johann von Östergötland verzichtet hatte. Als König nahm Karl IX. die Versuche zur Mission unter den Lappen, die es bereits unter Gustav Vasa gegeben hatte, wieder auf und ließ in Lappland Kirchen erbauen, freilich mit mäßigem Erfolg. Sein Sohn Gustav II. Adolf griff aus machtpolitischen Interessen in den 30jährigen Krieg ein und führte Schweden zur Vormachtstellung im Ostseeraum. Doch verzichteten die polnischen Vasa erst 1660 offiziell auf ihre Ansprüche auf den schwedischen Thron.

Martin Friedrich, Johann III. von Schweden (1568–1592). Ein König im Spannungsfeld von Gegenreformation und Konfessionalisierung, in: ZKG 109, 1998, S. 200–215.

4. Der europäische Südosten

Ostmitteleuropäische Bekenntnisschriften der evangelischen Kirchen A. und H.B. Bd. 3,1, 1564–1576, hg. v. Peter Barton u. Lázló Makkai, Budapest 1967.

a) Böhmen und Mähren

Die Gegenreformation in Böhmen und Mähren wurde seit den 80er Jahren gemeinsam von der Hierarchie und den Orden, vor allem den Jesuiten, den Prämonstratensern und den Kapuzinern ins Werk gesetzt. Auf Betreiben des Nuntius wurden die Evangelischen aus Hofämtern entfernt, ebenso nahm man ihnen die städtischen Ämter. 1602 wandte sich ein Edikt gegen die Gemeinden der Böhmischen Brüder. Die konfessionellen Gegensätze verschärften sich. Doch konnte der böhmische Adel, der im Unterschied zum mährischen Rudolf II. unterstützte, im Majestätsbrief 1609 die Religionsfreiheit erreichen, übte sogar eine Art Nebenregiment aus. Als sich dann unter Kaiser Matthias die gegenreformatorischen Maßnahmen häuften, kam es zum Prager Fenstersturz und anschließend zum Aufstand gegen die Habsburger. Die Wahl Friedrich V. von der Pfalz führte direkt in den Dreißigjährigen Krieg. Der Sieg Kaiser Ferdinands II. machte in der Landesordnung von 1627 Böhmen zur habsburgischen Erbmonarchie und den Katholizismus zur allein anerkannten Religion. Den Protestanten und Böhmischen Brüdern blieb nach einem Blutgericht in Prag nur die Auswanderung in die lutherischen Gebiete des Reichs bzw. nach Polen und der Slowakei.

Auch in Schlesien kam es weithin zur Rekatholisierung. Die in eigenen Majestäts-briefen von Rudolf II. und Matthias zugesicherte Religionsfreiheit machte der Drei-ßigjährige Krieg zunichte. Oberschlesien und die Grafschaft Glatz wurden ganz re-katholisiert, nur Breslau und einige niederschlesische Herrschaften blieben evange-lisch.

b) Gegenreformation in Ungarn

Im westlichen Ungarn unterdrückte Ferdinand die Protestanten. Der Reichstag erließ allerdings 1548 nur ein Edikt, das sich gegen Täufer und (schweizerische) Sakra-mentierer richtete. Als dann – in Siebenbürgen unter Stephan Báthory – Jesuiten ins Land geholt wurden, wandte sich der Reichstag dagegen (1588). Daß in Ungarn ins-gesamt die alte Kirchenstruktur erhalten blieb, obwohl die Bischofssitze oft unbesetzt waren, wurde im 17. Jahrhundert zum Ausgangspunkt der Gegenreformation. Schon unter Rudolph II. und verstärkt unter Matthias begann die Rekatholisierung. Das führte zu einem Aufstand. Kurz drauf kam es unter Stephan Bocskay (1557–1606) zu einem weiteren Aufstand, der von allen Protestanten in Siebenbürgen und Ober-ungarn unterstützt wurde. Im Frieden von Wien (1606) wurde Adel und Städten Re-ligionsfreiheit zugesichert, später sogar auf die einzelnen Untertanen ausgedehnt. Gleichwohl gelang es Bischof Peter Pázmány (1570–1637) mit Hilfe jesuitischer Kollegien und gefördert von den Kaisern, bis 1637 die Magnatenfamilien des westli-chen Ungarn und die von Oberungarn größtenteils zurückzugewinnen. Insgesamt aber blieb eine protestantische Adelsopposition in Ungarn vorerst erhalten. Erst in der zweiten Hälfte des 17. Jahrhunderts gelang es den Habsburgern gegen erfolg-losen Widerstand, den Protestantismus in Ungarn weithin mit Gewalt zu unterdrük-ken. Lediglich in Siebenbürgen blieb die Religionsfreiheit erhalten.

Zu erwähnen sind in diesem Zusammenhang die Bemühungen des Kreises um den Freiherrn Hans Ungnad von Sonneck (1493–1564) in Urach und den Krainer Refor-mator Primus Truber, der sich nicht nur um eine Verbreitung evangelischer Schriften in den südslavischen Sprachen bemühte, sondern auch eine Mission unter den Tür-ken auf dem Balkan ins Auge faßte, selbst wenn dem kein Erfolg beschieden war.

Christoph Weismann, „Der Winden, Crabaten und Türken Bekehrung". Reformation und Buch-druck bei den Südslawen 1550–1595, in: KO 29, 1986, S. 9–37. – Regina Pörtner, Confessiona-lization and Ethnicity: The Slovenian Reformation and Counter-Reformation in the 16th and 17th Centuries, in: ARG 93, 2002, S. 239–277. – Andreas Müller, „... damit dem Herrn Cristo vnder der Crobaten, Wenden, ja den Türcken ein Kirch gesamelt ...". Zum Reformationswerk des Primus Truber unter den Südslawen, in: ZKG 116, 2005, S. 30–45.

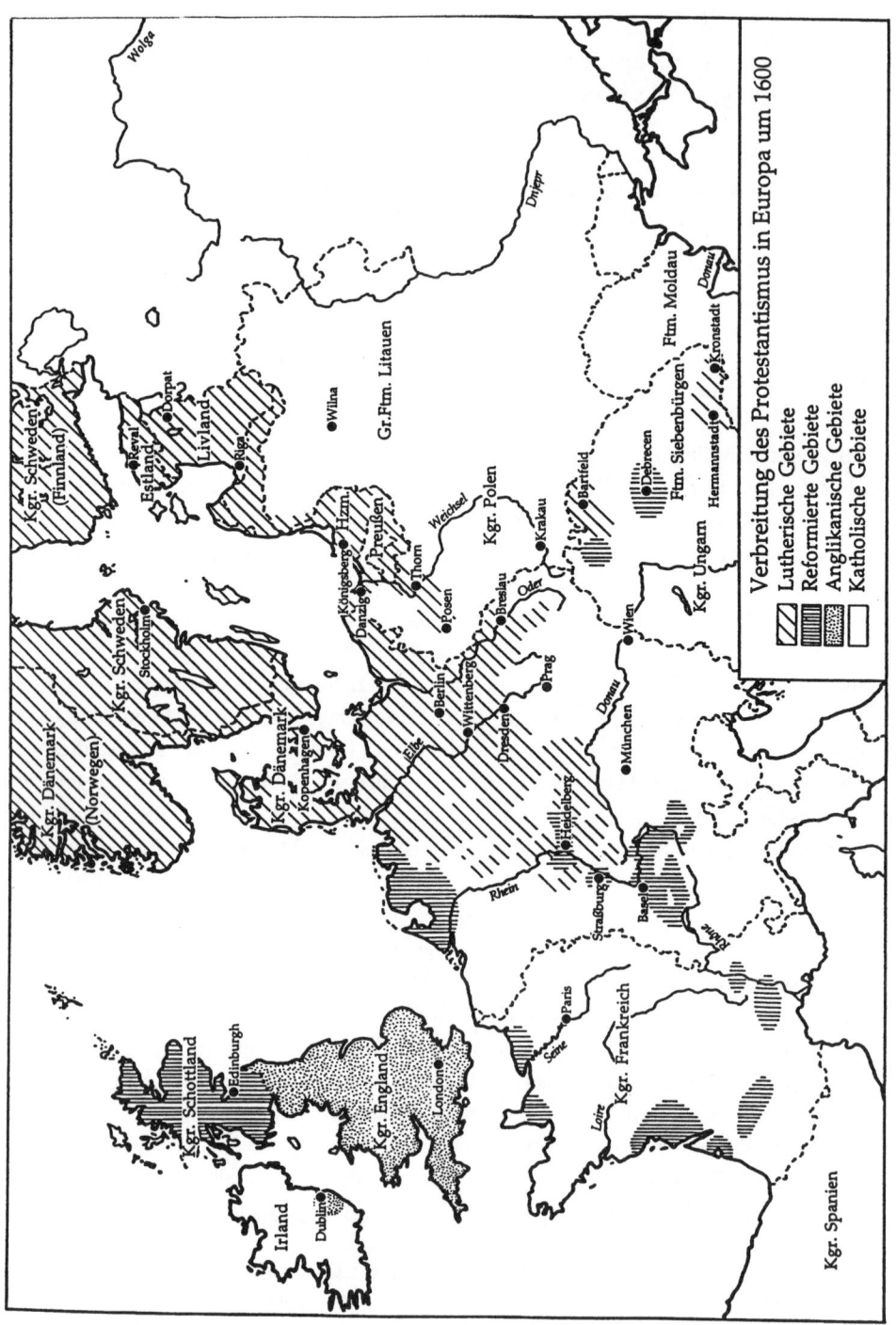

Verbreitung des Protestantismus in Europa um 1600

Lutherische Gebiete
Reformierte Gebiete
Anglikanische Gebiete
Katholische Gebiete

E. Das östliche Christentum

1. Die byzantinische Kirche

Die alte Symphonie zwischen Kaiser und Kirche gab es für die orthodoxe Kirche nicht mehr. Das hätte auch eine Chance für die kirchliche Autonomie sein können, doch nahm das Patriarchat auch unter der türkischen Herrschaft Schaden. Da mit ihm das Recht zur Steuererhebung von den Christen verbunden war, betrachtete man es als ein zu ‚verpachtendes‘ Amt. Bei seiner Vergabe und weiterhin jährlich war an den Sultan eine Abgabe zu zahlen, die nicht nur gern erhöht wurde, sondern die man auch durch schnellen Wechsel, durch Ab- und Wiedereinsetzung noch lukrativer gestalten konnte. Und die Patriarchen konnten ihrerseits beim Eintreiben der Abgaben auf das hinweisen, was sie dem Sultan zu zahlen hatten. Ihre Oberhoheit über die Orthodoxen in den Balkanstaaten wurde geringer, ja die dortigen Fürsten, etwa die von Moldau und Rumänien, versuchten immer wieder auf die Patriarchenerhebungen Einfluß zu nehmen. Hingegen gelang es den Mönchen auf dem Athos nur selten, einen Patriarchen (so Metrophanes III. 1565–1572 und 1579–1580) durchzubringen. So ergab sich eine Kluft zwischen der Hierarchie und den Gemeinden, die sich vor allem an den Mönchen und den Klöstern orientierten und von ihnen betreut wurden. Sie lebten bedrückt in wirtschaftlich und kulturell armseligen Zuständen. Zu beklagen war vor allem die mangelnde Bildung der Priester und Mönche. Lediglich in Venedig gab es eine gebildete griechische Kolonie, die auch immer wieder Studierende anzog. Hingegen wurde die Patriarchatsakademie in Konstantinopel erst 1593 reorganisiert und verbessert. Aber zu wirklich durchgreifenden Reformen des kirchlichen Bildungswesens kam es nicht.

2. Die russische Kirche

Selbst wenn man seit dem Fall Konstantinopels in der Tradition der Symphonia zwischen Kaiser und Kirche in Rußland daran ging, Byzanz als weltliche Macht mit einem Kaisertum und als geistliche mit einem autokephalen Metropoliten zu beerben, wollte man doch keineswegs mit Konstantinopel brechen. Man ‚nationalisierte‘ die Kirche sehr bewußt, wenn man um die Mitte des 16. Jahrhunderts mehr als dreißig Heiligsprechungen von Russen vornahm. Doch standen daneben die panorthodoxen Ansprüche. Zar Ivan IV. (der Schreckliche; 1530]1547–1584), der das russische Reich mit der Eroberung Kazans (1552) und Astrachans (1556) sowie der Unterwerfung von westsibirischen Chanaten (1582) erheblich erweiterte und nur mit seinem Versuch, im Krieg um Livland einen Zugang zur Ostsee zu schaffen, scheiterte, verstand sich selbst als Abkomme der byzantinischen Kaiser und versuchte, als Hüter der Gesamtorthodoxie aufzutreten, wenn er dem Patriarchen von Alexandria erhebliche Zahlungen gewährte und von ihm als Retter der Orthodoxie gewürdigt wurde. Freilich war die Bezeichnung Moskaus als des ‚dritten Rom‘ nicht nur eine die Zaren stärkende Ideologie, sondern immer auch der kritische Hinweis darauf, daß er die

Aufgabe habe, die Orthodoxie zu wahren. Tatsächlich kam es mit dem Stoglav, den ‚hundert Kapiteln' der vom Zar selbst eröffneten Synode von 1551, zu einer kanonistischen Reform und zu einer Neuordnung der Kirche. Vor allem aber versuchte man mit Hinweis auf die durch das ‚häretische' Rom zerstörte Pentarchie der fünf Patriarchate, die es wiederherzustellen gelte, den Metropoliten von Moskau zum Patriarchen erheben zu lassen. Zu diesem Schritt fand sich im Blick auf die westlichkatholische Expansion Polens und Litauens der Patriarch Jeremias II. von Konstantinopel 1589 unter dem Zaren Boris Godunow (1598–1605) bereit, selbst wenn die anderen Patriarchen das erst 1593 akzeptierten und dem Patriarchen von Moskau und der ganzen Rus den rangletzten Platz zuwiesen. Selbstverständlich wurden die Patriarchen nunmehr vom Zaren ein- und abgesetzt.

In der Kirche selbst gab es weiterhin die publizistisch geführten Auseinandersetzungen zwischen ‚Besitzenden', die in den reichen Klöstern das koinobitische Klosterideal reformieren wollten, und ‚Besitzlosen', die den Grundbesitz der Klöster grundsätzlich ablehnten. Protagonist der letzteren wurde der hochgebildete Maximos der Grieche (Maksim Grek, 1470–1556), den man auch am Hof bewunderte. Da er aber in typisch humanistischer Manier die russischen Übersetzungen altkirchlicher Werke ebenso kritisierte wie den apokryphen Charakter einiger sehr beliebter Bücher, zog er Kritik auf sich und wurde schließlich 1525 wegen Häresie verurteilt, wobei ihn seine Gegner auch der deutschen lutherischen Häresie verdächtigten. Unter Ivan IV. gelang es dann den ‚Besitzenden' sich durchzusetzen. Das laurenähnliche Skit-Leben (von σκήτη = Ansammlung von Einsiedlerhütten) wurde untersagt; ausschließlich die koinobitischen Klöster blieben erhalten.

Schon unter Fjodor I., für den Nikita Romanow bis 1586 und danach bis 1589 Boris Godunow die Regentschaft führten, wurden Steuerprivilegien der Kirche aufgehoben. Da ein anderer Sohn Ivans IV. Dmitrij bereits 1591 umgekommen war, begann nun die ‚Zeit der Wirren'. Boris Godunow wurde zum Zar gewählt, konnte aber der Verelendung auf dem Land nicht Herr werden. Nach seinem Tod (1605) gab es mit dem ‚falschen Dmitrij' 1606 und dem sog. ‚Schelm von Tušino' zwei Usurpatoren und mit Wasilij Suskij (1606–1610) einen gewählten Zaren, der sich freilich gegen Bauern, Kosaken und Dienstadelige nicht durchsetzen konnte. Das Moskauer Patriarchat setzte sich mit seinem einzig rechtmäßigen Patriarchen Germogen stets für die Romanows ein, deren Familie mit Michail (gewählt am 7.2.1613) den ersten Zaren stellte, für den freilich faktisch sein Vater, der vom Patriarchen von Jerusalem zum Patriarchen geweihte Fedor Nikitič Romanow unter dem Namen Filaret regierte. Unter Einsatz aller Mittel und mit Energie machte er seine Jurisdiktion über alle an der Kirchenverwaltung Beteiligten geltend und übernahm die Verwaltung des Kirchenvermögens. Ebenso setzte er die ‚Wiedertaufe' aller Unierten und Nichtorthodoxen durch – klares Zeichen für das Bewußtsein, in der eigenen die allein rechte Kirche zu haben.

Paul Buschkovitch, Religion and Society in Russia. The Sixteenth and Seventeenth Century, Oxford 1992. – Die russischen Zaren 1547–1917, hg. v. Hans-Joachim Torke, München 1995.

3. Das Verhältnis zum Westen

a) zur katholischen Kirche

Das Verhältnis zur katholischen Kirche blieb belastet. Die Union von Florenz (vgl. o. S. 37, 85f) war offiziell aufgehoben. Dennoch gab es immer wieder Griechen, die sich prounionistisch äußerten. Sie kamen hauptsächlich aus den venezianischen Besitzungen auf Kreta und den Ionischen Inseln, wo man neben- und miteinander lebte. Das erleichterte zwar Konversionen zum Katholizismus, die auch durch die Gründung des Athanasius-Kollegs durch Gregor XIII. 1577 befördert wurden, doch war das alles eher geeignet, die alte Feindschaft am Leben zu halten. Hinzukam, daß die türkischen Herrscher geneigt waren, offizielle Kontakte zur katholischen Kirche als Verrat zu betrachten. Unter diesen Umständen hatten auch die Jesuiten, die Schulen in Pera, Smyrna und Thessaloniki eröffneten, kaum Erfolge. All das änderte sich erst, als das türkische Reich im 17. Jahrhundert schwächer wurde und man in Konstantinopel erneut auf Unterstützung aus dem Abendland rechnete.

Belastet aber wurde das Verhältnis zur Orthodoxie auch durch die Vorgänge in Polen. Dessen Vorstöße nach Ruthenien, der Zusammenschluß Polens und Litauens zu einem Staat und die unter Sigismund III. beginnende Unterdrückung der Orthodoxen wurde in Moskau wie in Konstantinopel sehr genau wahrgenommen, ebenso die Gründung eines jesuitischen Collegium Russicum zur Erziehung russisch-orthodoxer Schüler. Zwar hatte Ivan IV. den Jesuiten Antonio Possevino (1533–1611) als Vermittler zwischen sich und dem polnischen König Stephan Báthory gewünscht, aber die von Rom damit angestrebte Union kam nicht zustande. Als dann aufgrund der von Clemens VIII. erlassenen Unionsbulle ‚Magnus Dominus' (23.12.1595), die eine Synode von Brest-Litowsk annahm (1595), auch in Polen unierte Kirchen mit Rom entstanden, fühlten sich die Orthodoxen in Moskau und in Konstantinopel gleichermaßen davon bedroht, und die in Polen unterdrückten Orthodoxen näherten sich dadurch den Lutheranern und Calvinisten.

b) zu den Protestanten

In den frühen Jahren der Reformation hatte man sich auf seiten der Reformatoren gerade für eine von der Tradition abweichende Kirchenverfassung, gegen die Ansprüche des Papsttums und für unterschiedliche gottesdienstliche Ordnung gern auf die orthodoxen Kirchen bezogen, die man auch nicht als schismatisch betrachtete. Das vor allem bei Melanchthon wachsende Interesse am christlichen Altertum führte zum Wunsch nach einer direkten Kontaktaufnahme. Der erste Versuch über Antonius den Eparchen 1542 hatte keinen Erfolg. Ein 1555 unternommener zweiter Anlauf über den Abenteurer Jakob Basilikos (1515–1563), der sich zum Fürsten der Moldau machte und mit dem Versuch, dort das Luthertum einzuführen, scheiterte, schlug ebenfalls fehl. Auch die durch den Diakon Demetrios 1559 überbrachte griechische Übersetzung der Confessio Augustana, die Melanchthon überarbeitet hatte, führte nicht weiter. Erst durch Stephan Gerlach, den Prediger des kaiserlichen, gleichwohl lutherischen Gesandten in Konstantinopel kam es zu einem Kontakt zwischen dem Patriarchen, dem Tübinger Gräzisten Martin Crusius (1526–1607) und Jakob Andreae, dem zwischen 1573 und 1583 ein intensiver Briefwechsel mit dem Patriarchen Jeremias II. (1536–1595) folgte, der aber – man denke nur an Heiligenverehrung, Marienverehrung, Bilder etc. – verständlicherweise auch nicht erfolgreich war. Griechische Theologen, die später nach Wittenberg kamen und sich dort 1622 für eine Union äußerten, konnten damit in ihrer Kirche nichts bewirken; sie galten wie die, die die Union mit Rom befürworteten, einfach als Abtrünnige.

Dorothea Wendebourg, Reformation und Orthodoxie. Der ökumenische Briefwechsel zwischen der Leitung der Württembergischen Kirche und Patriarch Jeremias II. von Konstantinopel in den Jahren 1573–1581, Göttingen 1986.

Auch zur russischen Kirche ergaben sich Verbindungen. In Moskaus Ausländervorstadt war 1557 eine lutherische Kirche entstanden, und im gleichen Jahr kam es zu einem Gespräch zwischen dem schwedischen Erzbischof Laurentius Petri und dem Moskauer Metropoliten (1542–1563) Makarij, das aber schon an der Unfähigkeit zu präzisen Übersetzungen scheiterte. Und auch Zar Ivan IV. zeigte, als er sich 1569 kundig zu machen versuchte, keinerlei Verständnis für die lutherische Theologie.

Kontakte gab es auch zu den Reformierten. Kyrillos Lukaris (1570–1638), der die Union von Brest scharf ablehnte, vielleicht schon deswegen früher Kontakte zu Lutheranern in Wilna hatte und einen von ihnen gemachten, in Konstantinopel aber abgelehnten Unionsvorschlag überbracht hatte, lernte als hauptsächlich in Konstantinopel residierender Patriarch von Alexandria (Kyrill III.) 1602 den Gesandten der Generalstaaten kennen, der ihn nicht nur mit Literatur versorgte, sondern auch einen dann regelmäßig werdenden Briefwechsel mit Johannes Uytenbogaert (1557–1644), dem Arminianer und Vertrauten Oldenbarnevelds (vgl. o. S. 255f) vermittelte. Die von dem Patriarchen 1629 abgegebene ‚Confessio fidei‘ (1629), war so deutlich calvinistisch geprägt, daß sie im Westen erhebliche Aufmerksamkeit fand. Doch wurde sie, da sich Kyrill, inzwischen Patriarch von Konstantinopel (1620–1638) und mit Hilfe einer durch den englischen Gesandten ermöglichten Druckerei antikatholisch engagiert, nie öffentlich dazu bekannte, von vielen Orthodoxen in ihrer Echtheit bezweifelt. Gleichwohl wurde er 1638 wegen ‚Häresie‘ verurteilt und abgesetzt.

4. Die orientalischen Kirchen

Noch im 15. Jahrhundert zerfiel das georgische Reich in drei Königreiche und eine weitere Herrschaft, die von den Türken unterworfen, turkisiert und islamisiert wurde. Im 16. Jahrhundert hatten die Teilreiche dann unter den ständigen Einfällen von türkischer und von persischer Seite schwer zu leiden und konnten sich nur mühsam halten. Dagegen suchte man zunehmend Schutz bei Rußland, das auch auf diese

Weise seine Herrschaft in Richtung Kaukasus ausdehnte. Von Bedeutung wurde für die *georgische Kirche*, daß der Katholikos des seit dem 13. Jahrhundert bestehenden westgeorgischen Katholikats Evdemon I. (1557–1578) das Kloster Gelati restaurierte und eine Fülle von Handschriften abschreiben ließ. Dagegen kam Ostgeorgien unter deutlich persisch-kulturellen Einfluß.

Die *Maroniten*, die wie die anderen orientalischen Kirchen seit der ersten Hälfte des 16. Jahrhunderts unter türkischer Herrschaft lebten, unterhielten stets eine enge Beziehung zum Westen. Sie nahmen auch unter dem Mönch Mussa al Akkari am 5. Laterankonzil in Rom teil. Als dieser 1524 zum Patriarchen gewählt wurde, versuchte er ein Maronitenkolleg in Rom zu gründen, zu dem es aber tatsächlich erst 1581 kam. Das führte in der Folgezeit zu einer Intensivierung des westlichen Einflusses auf die gesamte Kirche.

Die *(chaldäisch-)nestorianische Kirche* wurde seit dem Beginn des 16. Jahrhunderts unter der Herrschaft der Türken faktisch zu einer Stammeskirche unter dem nördlich von Mossul residierendem Patriarchen. 1551 verband sich eine gegen die Erblichkeit des Patriarchats gerichtete Gruppe unter eigenem Patriarchen in Kurdistan mit Rom. Von nun an trugen die Patriarchen in Mossul den Amtsnamen Elias, die in Kurdistan den Amtsnamen Simon.

Die *westsyrisch-jakobitische Kirche* kam in der ersten Hälfte des 16. Jahrhunderts unter die den vorderen Orient umgreifende Herrschaft der Türken und wurde dementsprechend offiziell dem armenischen Patriarchen in Istanbul unterstellt. Doch gab es keine umfassendere Islamisierung, wohl aber einen allmählichen Rückgang. In den Jahren 1555, 1560 und 1583 betrieb man von westlich-katholischer Seite immer wieder Unionsversuche, die aber nur bei wenigen Gläubigen und Bischöfen erfolgreich waren.

Armenien geriet im 16. Jahrhundert unter die Herrschaft der Türken sowie der Perser. Da die Safawiden die Perser zur Annahme des schiitischen Islam zwangen, förderten sie dann aus Gegensatz zu den sunnitischen Türken auch die Armenier. Gleichwohl siedelte man zu Beginn des 17. Jahrhunderts eine große Zahl von Armeniern nach Isfahan um. Die unter den Türken lebenden Armenier konnten weiterhin ihrem weitgespannten Handel nachgehen, der durch die ständig wachsende Diaspora in Galizien (Lemberg), in Venedig und andernorts in Westeuropa sehr gefördert wurde und die Kirche massiv unterstützte. Von großer Bedeutung wurden für die armenische Kirche die Druckereien, die man in Amsterdam, Venedig, Rom und Konstantinopel betreiben konnte. Denn Literatur und Kirche waren schon früh und blieben für die Armenier das einigende Band.

In Ägypten wurde die *koptische Kirche* schon seit der Mamlukenzeit schwer bedrängt und weithin islamisiert. Daran änderte die türkische Herrschaft nichts. Gleiches galt für die nubische Kirche in Oberägypten, selbst wenn es im 16. Jahrhundert und auch später noch vereinzelt Christen, Kirchen und Kapellen gab. Vor allem für die äthiopische Kirche bedeutete die türkische Herrschaft in Ägypten, die eine Koordination der an Äthiopien grenzenden islamischen Herrscher betrieb, eine tiefgreifende Wende. Seit 1527 bedrohte der Emir von Harar zunehmend die Kirche Äthiopiens. Der Druck des Islam wurde ständig stärker. Das führte damals zur Übertragung der in arabischer Sprache vorhandenen apologetischen Literatur gegen den Islam ins Äthiopische. Eine gewisse Entlastung brachte eine von Goa kommende portugiesische Expedition. Die seit der Union von Florenz (siehe o.) bestehenden Kontakte zu Rom wurden daraufhin von den Jesuiten intensiviert, hatten aber erst am Beginn des 17. Jahrhunderts gewisse Erfolge, die freilich 1632 zu einem Gegenschlag und scharfer Trennung vom Westen führten.

F. Das Christentum in Übersee

Dokumente zur Geschichte der europäischen Expansion, hg. v. Eberhard Schmitt u.a., 4 Bde., München 1984ff. – Außereuropäische Christentumsgeschichte (Asien, Afrika, Lateinamerika) 1450–1990, hg. v. Klaus Koschorke, Frieder Ludwig und Mariano Delgado, Neukirchen-Vluyn 2004 (KTGQ 6). – Dietmar Henze, Enzyklopädie der Entdecker und Erforscher der Erde, 5 Bde., Graz 1978–2004. – Wolfgang Reinhard, Geschichte der europäischen Expansion, 4 Bde., Stuttgart 1983–1990. – Hans Werner Gensichen, Missionsgeschichte der neueren Zeit, Göttingen 1961 (KIG 4, Lfg. T). – Von der Reform zur Reformation (1450–1530), hg. v. Marc Venard, bearb. u. hg. v. Heribert Smolinsky, Freiburg u.a. 1995 (Die Geschichte des Christentums 7), S. 521–611. – Die Zeit der Konfessionen (1530–1620/30) hg. v. Marc Venard, deutsche Ausgabe bearb. und hg. v. Heribert Smolinsky, Freiburg 1992 (Die Geschichte des Christentums Bd. 8), S. 740–958. – Hans Jürgen Prien, Die Geschichte des Christentums in Lateinamerika, Göttingen 1978.

1. Das Zeitalter der Entdeckungen

Noch in der ersten Hälfte des 14. Jahrhunderts gab es in Europa gute Kenntnisse und Verbindungen nach Asien. Als aber die pax Mongolica zerfiel, Islam und Buddhismus sich ausbreiteten und die türkische Abschottung des östlichen Mittelmeers sich vollzog, rissen diese Verbindungen ab. Erst seit der Mitte und verstärkt seit dem Ende des 15. Jahrhunderts wurden, motiviert von händlerischem und kriegerischem Gewinnstreben wie vom Kreuzzugsgedanken und der Suche nach den Vertretern der östlichen Christenheit als möglichen Verbündeten im Rücken des Islam, von der iberischen Halbinsel aus Entdeckung und Eroberung unbekannter Küsten und Länder vorangetrieben.

Die Portugiesen gingen voran. Sie segelten die westafrikanische Küste entlang und schufen sich für ihren Handel Stützpunkte auf den vorgelagerten Inseln oder an der Küste. Gleiches versuchten sie in der ersten Dekade des 16. Jahrhunderts auch an der marokkanischen Küste, aber ohne bleibenden Erfolg. Bereits 1474 umfuhren sie das Kap Bojador und erreichten wenige Jahre später das Königreich Kongo. Mit den Fahrten des Bartolomeo Diaz (ca.1450–1500) und Vasco da Gamas (ca.1469–1524) gelang – zunächst durch einen Zufall – die Umrundung Afrikas, so daß sie Indien erreichten, sehr bald auch Hinterindien und die malaiische Inselwelt (KTGQ 6, Nr. 4), China und Japan. Von da an versuchten sie mit rigorosen Mitteln und brutaler Gewalt den muslimischen Handel innerhalb des indischen Ozeans – damals ein mare islamicum – unter ihre Kontrolle zu bringen. Von Indien aus nahm man auch Kontakt mit den christlichen Äthiopiern auf, doch mußte man nach der türkischen Eroberung Ägyptens den Gedanken an eine Befreiung des Heiligen Landes von Süden her aufgeben.

Auch die atlantischen Inseln wurden entdeckt, die Kanaren durch einen Genuesen bereits Anfang des 14. Jahrhunderts und in der ersten Hälfte des 15. Jahrhunderts Madeira und die Azoren. Die Spanier setzten sich zunächst nur an der nordafrikanischen Mittelmeerküste in wenigen Orten fest, dann aber auch – in Auseinandersetzung mit den Portugiesen – auf den Kanarischen Inseln. Nach der Entdeckung der westindischen Inseln durch Kolumbus 1492 und dem folgend der Entdeckung und Eroberung Mittelamerikas sowie des nordwestlichen Südamerikas mußten die Einflußsphären der beiden iberischen Staaten gegeneinander abgegrenzt, die Erde, die man 1522 erstmals umsegelte, neu verteilt werden.

Denn ihre Ansprüche hatten sich Portugiesen und Spanier päpstlich bestätigen lassen: mit der Bulle ‚Romanus Pontifex‘ (1454), die Spanier mit dem motu proprio ‚Inter cetera‘ (1493). Aber die darin festgelegte Trennungslinie des 38. Längengrades wurde dann zur Sicherung der portugiesischen Seefahrt um Afrika, die eine Fahrt gegen den Uhrzeigersinn verlangte, im Vertrag von Tordesillas 1494 auf den 46 Längengrad, 370 Seemeilen westlich der Kapverdischen Inseln festgelegt, so daß Brasilien später portugiesisch wurde. Im Pazifik vollzog sich diese Abgrenzung erst im Vertrag von Zaragossa 1529, der die Linie östlich der Philippinen zog, die aber gleichwohl spanisch blieben. Daß der Papst bei diesen Grenzziehungen mitwirkte oder sie bestätigte, hatte seinen Hintergrund in der Vorstellung, daß mit dem Kommen Christi alle Rechte von Ungläubigen auf privates oder öffentliches Eigentum erloschen seien und Christus die universale potestas seinem Stellvertreter übertragen habe. Allerdings schwächten die Päpste gleichzeitig ihren direkten kirchlichen Einfluß in den neugewonnenen und zu missionierenden Gebieten, da sie Portugal und Spanien – teilweise vermittelt über die Ritterorden – den Patronat zusprachen. Übrigens waren schon im 16. Jahrhundert andere europäische Nationen – Franzosen, Engländer und Holländer – nicht bereit, die päpstlich verbrieften Rechte der iberischen Königreiche zu respektieren.

Von erheblicher Bedeutung wurde es, daß die Portugiesen an den von ihnen berührten Küsten Afrikas, Indiens und der malaiischen Inseln vielfach auf muslimisierte Herrscher und Einwohner trafen und daß eine päpstliche Bulle die Schwarzen Afrikas jenseits von Kap Bojador den Muslimen gleichsetzte. Denn die Muslime galten als schuldhaft Ungläubige und erklärte Feinde der Christen. Gegen sie ließ sich der auf der iberischen Halbinsel und dem Balkan ausgefochtene Kampf direkt fortsetzen. Dagegen galten nach thomistischer Auffassung die anderen Ungläubigen als ‚unschuldig‘, so daß man gegen sie eigentlich nicht in den Krieg ziehen, sie auch nicht unterwerfen durfte.

2. Die Mission in Afrika

a) Nordafrika und der Maghreb

Die Nordküste Afrikas zum westlichen Mittelmeer und zum Atlantik, der *Maghreb*, lag im Einflußbereich Spaniens und Portugals, während im östlichen Mittelmeer der europäisch-christliche Einfluß ständig zurückgegangen war. Auch Karl V. hatte bei seinen Expeditionen gegen Tunis (1535) und Algier (1541) keine großen Erfolge gegen die Seeräuber zu verzeichnen. Und zwischen 1550 und 1570 gingen die spanischen Festungen an der nordafrikanischen Küste bis auf wenige Stützpunkte verloren. Daran änderte auch der überragende Seesieg von Lepanto (7.10.1571) wenig, da er nicht wirklich genutzt wurde. Ähnlich ging es nach 1550 den Portugiesen im Blick auf die Küsten des nördlichen Afrika, wo sie im ersten Jahrzehnt des 16. Jahrhunderts eine ganze Reihe von Stützpunkten erobern konnten. Eine Expedition gegen Marokko endete 1578 mit einem Desaster und dem Tod des Königs. Das Christentum hatte unter solchen Umständen keine Fortschritte zu verzeichnen; auch die aus Spanien an die nordafrikanische Küste geflohenen Morisken, legten großen Teils den christlichen Glauben wieder ab.

b) Schwarzafrika

Schon im 15. Jahrhundert hatten die Portugiesen mit Hilfe seemännisch erfahrener Italiener die Fahrten an der afrikanischen Küste entlang nach Süden aufgenommen. Und es war ihnen – auch mit päpstlicher Unterstützung – gelungen, den Einfluß Spaniens zurückzudrängen und den Handel mit Gold, Pfeffer, Elfenbein und Sklaven zu monopolisieren. Schwarzafrika lag deswegen ganz im portugiesischen Interessenbereich, spielte dann aber sehr bald gegenüber Asien nur eine marginale Rolle. Da den Portugiesen hauptsächlich am Handel lag und die in den überseeischen Gebieten sich niederlassenden Portugiesen – oft handelte es sich um Marranen und Verbannte – nicht selten einheimische Frauen und mit ihnen deren Bräuche annahmen, beschränkte sich die Christianisierung auf die Sklaven, die man seit 1444 von den Kanarischen Inseln und aus Schwarzafrika auf die Inseln im Atlantik und nach Portugal selbst brachte. Daß sich der Herrscher des *Kongo* bereits 1491 dem Christentum zuwandte, weckte große Hoffnungen. Zwar blieben auch die folgenden Könige bis zum Beginn des 17. Jahrhunderts Christen, aber sie schwankten zwischen dem Rigorismus der Konvertiten und dem Synkretismus. Vor allem die europäischen Eheverbote störten das Verwandtschaftssystem der Eingeborenen. Die Bildung eines eingeborenen Klerus wurde verhindert, obwohl gelegentlich Häuptlingssöhne Ausbildung und Weihe empfingen. Schlimmer war, daß das Land den Portugiesen im Tauschhandel nur Sklaven bieten konnte, die freilich gern akzeptiert wurden. Später (1575) verlagerte sich das Interesse auf das südlich gelegene *Angola*, das Hauptlieferant für den Sklavenhandel mit Lateinamerika wurde. Aber eine Siedlungskolonie wurde auch dieses Land nicht. Den Sklavenhandel rechtfertigte man heilsgeschichtlich mit der

Verfluchung Hams durch Noah, ethisch als Folge von ‚gerechten Kriegen', schließlich – mit der Taufe verbunden – als Rettung für das ewige Heil. Nur wenige Welt- oder Ordenspriester (Dominikaner, Kapuziner) hatten den Mut, sich gegen Sklaverei und Sklavenhandel zu wenden.

An der ostafrikanischen Küste blieb *Mocambique* für die Portugiesen eine Zwischenstation auf dem Weg nach Indien. Doch entwickelte man über das Sambesital Kontakte zu dem Königreich Monomotapa (Zimbabwe), dessen König in der ersten Hälfte des 17. Jahrhunderts Christ wurde und sich Portugal unterstellte. Um diese Zeit gab es auch Jesuitenmission an den Küsten *Madagaskars*.

Der Indienhandel der Portugiesen, der sich nach den Fahrten von Bartolomeo Diaz und Vasco da Gama sehr schnell entwickelte, geriet sofort in die mit Gewalt und Terror ausgetragenen Auseinandersetzungen mit dem arabischen Handel zwischen Indien dem Persischen Golf und dem Roten Meer: ‚Pfeffer-Kreuzfahrer gegen Zimthadschis'. Doch gelang den Portugiesen die Eroberung Adens und die Sperrung des Roten Meeres nicht, wohl aber die Inbesitznahme von Ormuz an der Einfahrt in den persischen Golf.

Noch während der ersten Hälfte des 16. Jahrhunderts erhielten die Portugiesen auch genauere Kunde von *Äthiopien*, dem Reich des legendären Priesterkönigs Johannes. Intensive Beziehungen aber gab es nicht. Doch unterstützten sie zwischen 1541 und 1543 die Äthiopier im Abwehrkampf gegen die umgebenden muslimischen Stämme, so daß ihnen das Schicksal der nubischen Christen nach der türkischen Eroberung von 1523 erspart blieb. Aber das Wirken der Jesuiten, die sogar ein Patriarchat in Äthiopien innehatten, führte schließlich dazu, daß man sie 1634/35 vertrieb. Bis ins 19. Jahrhundert blieben die äthiopischen Christen und ihr Land dann isoliert.

3. Die Mission in Indien und Südostasien

In Indien setzten sich die Portugiesen zunächst wie in Afrika nur an den Küsten fest, hatten in vielen Niederlassungen auch nur ein Protektorat. Lediglich in *Goa* besaßen sie die volle Herrschaft. Während man gegen die Muslime mit aller Härte vorging, gab es den Hindus gegenüber keine Aggressivität, vielmehr betrachtete man sie als Verbündete im Kampf gegen den Islam. Schon seit 1501 hatte man auch die Thomas-Christen wahrgenommen, die zu dieser Zeit an der östlichen *Koromandelküste* kaum noch zu finden waren, sondern nur an der westlichen *Malabarküste* (KTGQ 6, 1, 5, 7, 18–20). Obwohl es sich um Nestorianer handelte und auch die Verbindung zu dem in Mossul regierenden Katholikos noch bestand, begegneten der portugiesische Klerus und die Ordensleute den Thomaschristen mit einer gewissen Toleranz, die dazu führte, daß viele sich dem lateinischen Christentum zuwandten. Doch legten die Thomaschristen später keinen Wert auf engere Gemeinschaft, so daß man schließlich bei der Latinisierung der Christen an der Malabarküste erheblichen Druck ausübte (KTGQ 6, Nr. 19f). Neben den Thomaschristen hören wir aber auch schon 1508 von vereinzelten nestorianischen und armenischen Christen in Indien und Hinterindien (KTGQ 6, Nr. 2).

Ursprünglich war das gesamte Ostasien kirchlich der Madeira-Diözese Funchal unterstellt, doch wurde Goa 1539 mit einem Franziskaner als Bischof eigenes Bistum und damit zu einem Ausgangs- und Stützpunkt der portugiesischen Mission (KTGQ 6, Nr. 9). Die eigentliche Mission in Indien und Ostasien betrieben die Jesuiten. Das geschah freilich ohne genauere Kenntnis des Hinduismus. Und die Mission – unterstützt von nachgekommenen Augustiner-Eremiten und Dominikanern sowie einer Druckerei in Goa, die auch in einheimischen Sprachen druckte – führte nur zu mäßigen Erfolgen, vor allem bei der untersten Kaste der Unreinen und in Südindien bei den Paravern (KTGQ 6, Nr. 10b, 16). Doch gründete man von Goa aus weitere Bistümer bis nach China und Japan, so daß Goa zum Erzbistum und der Erzbischof zum Primas des Ostens wurde. Allmählich entstand auch ein einheimischer Klerus, der sich der Mission widmete.

Mit dem Beginn des 17. Jahrhunderts begann unter dem Jesuiten Roberto de Nobili (1577–1656) in Madurai an der Ostküste Indiens eine Mission, die nach dem Vorbild des Matteo Ricci (1552–1610) in China die Methode der Akkomodation anwandte, wobei er als büßender und die einheimischen Traditionen schonender Asket auch Erfolge unter den Gliedern oberer Kasten hatte. Doch kam es über die Missionsmethode zu schweren Auseinandersetzungen mit den Oberen in Goa und Rom, bis Gregor XV. (1554]1621–1623) das Vorgehen anerkannte, das im weiteren Verlauf des 17. Jahrhunderts zu großen Erfolgen führte.

Auch nach *Nordindien* und in das Mogulreich gelangte gegen Ende des 16. Jahrhunderts die christliche Mission über die vom Großmogul berufenen Jesuiten (KTGQ 6, Nr. 22). Sie konnten sich am Hof und in den Hauptstädten halten, hatten aber wenig Resonanz in der Bevölkerung, obwohl man neben dem Persischen auch das Hindostani für die Mission einsetzte. Auch die Taufe dreier Prinzen konnte, da sie wieder abfielen, nicht nachhaltig wirken. Ein 1613 ausbrechender Krieg zwischen den Portugiesen und dem Mogulreich störte die Mission empfindlich. Doch zeitigte das Wirken von Hieronymus Xavier (1549–1617) – unterstützt von armenischen Christen sowie von Angehörigen anderer östlicher Kirchen, die im Mogulreich lebten, – allmählich Erfolge. Gegen Ende des 16. Jahrhunderts gründeten dann auch Niederländer und Engländer in Vorderindien Faktoreien, freilich ohne gleichzeitig intensiver Mission zu treiben.

Sri Lanka (Ceylon) hat eine eigene Missionsgeschichte. Die Mission begann aufgrund der ihre Wohnsitze jahreszeitlich wechselnden Paraver im Norden im Königreich Jaffna, außerdem an der Westküste in Kotte und im Innern Ceylons in Kandy. Doch auch hier blieben die Erfolge – ohne wirkliche Unterstützung durch die portugiesischen Beamten – eher gering, und es kam auch zu harten Verfolgungen durch den Herrscher von Jaffna (KTGQ 6, Nr. 17). Erst in der zweiten Hälfte des 16. Jahrhunderts konnte die Mission größere Erfolge verzeichnen.

Von der Ostküste Indiens aus erreichte die Mission dann auch *Bengalen* und *Hinterindien* mit den Königreichen Pegu und Awa in Burma, deren Gemeinden freilich im 17. Jahrhundert ausgerottet wurden.

4. Die Mission in Ostasien

a) Die Philippinen

Von Malakka aus, das die Portugiesen 1510 in Besitz nahmen, schickten sie bis 1520 immer wieder Expeditionen zu den Gewürzinseln, den Molukken, setzten sich dort fest und kauften Karl V. die aufgrund des Vertrags von Tordesillas möglichen Ansprüche 1529 ab. Erst gegen Ende des 16. Jahrhunderts setzten Engländer und Niederländer dem florierenden portugiesischen Gewürzhandel ein Ende.

Von den Molukken aus wurden auch Missionare auf die Philippinnen geschickt, die diesen Namen nach dem spanischen Erbprinzen Philipp II. erhielten. Denn diese Inselgruppe fügten in ihrem nördlichen und mittleren Teil die Spanier vom amerikanischen Neuspanien aus ihrem Kolonialreich ein. Das geschah seit 1543 und war möglich, weil sich hier keine politisch starken Kräfte, sondern lediglich größere Familienverbände fanden. Zwar gab es erste missionarische Versuche schon 1521 im Zusammenhang der Reise von Ferdinand Magellan (ca.1480–1521; KTGQ 6, Nr. 14a), aber erst, nachdem man den Rückweg über den nördlichen Pazifik nach Amerika geschafft hatte und die Philippinnen zu einer Art Subkolonie Neuspaniens wurden, nahm man auch die Mission der Inseln intensiv in Angriff, bei der im Gegensatz zu den andernorts erfolgreichen Akkomodationsversuchen der Jesuiten die einheimischen Kulte verteufelt wurden. Später gingen Mission durch die Orden und ‚Pazifizierung‘ Hand in Hand (KTGQ 6, Nr. 14b, 8b, 22). Allerdings mußte man sich auf den südlichen Philippinen noch lange mit den Muslimen auseinandersetzen. Insgesamt drangen in der Inselwelt östlich Malakkas Islam und Christentum in Konkurrenz zueinander missionarisch vor.

1542 war der Jesuit Franz Xaver (1506–1552) als Apostolischer Nuntius nach Indien gekommen und reiste von da aus über Cochin – das ein zweites christliches Zentrum geworden war – an die Koromandelküste Südostindiens, besuchte Sao Tomé bei Madras und begab sich über Ceylon nach Malakka und zu den Molukken (KTGQ 6, Nr. 11). Allerdings hatten die Portugiesen dort, auf Ternate, Tidore und den Bandainseln, nur Forts oder Handelsniederlassungen errichtet, so daß auch die Mission keine guten Wirkungsmöglichkeiten fand.

b) Japan

Nachdem Franz Xaver schon 1547 drei Japaner in Malakka getauft hatte, kam er selbst 1549 bis 1551 nach Japan (KTGQ 6, Nr. 12, 15). Dank seiner regen Missionstätigkeit, die besonders auch durch strenge Askese, die sich in der Karwoche steigerte, anzog, konnte sich das Christentum auf den Inseln Kyushu und Hondo gut entwickeln. Das wurde unterstützt durch die Einrichtung einer Druckerei für Japanisch, aber auch durch den Übertritt einiger regionaler Machthaber, den Daimyo, die sich Vorteile von dem Handel mit den Europäern versprachen. Die Portugiesen trieben über ihren an der chinesischen Küste gelegenen Stützpunkt *Macao* einen intensiven Warenaustausch zwischen Japan und China. Doch führten Auseinandersetzungen zwischen portugiesischen und von den Philippinen kommenden spanischen Missionaren ebenso wie die rücksichtslose Handelskonkurrenz der Portugiesen, Spanier, Engländer und Holländer sowie die seit der Mitte des 16. Jahrhunderts sich erneut stärkende Zentralgewalt unter den Shogun, den eigentlichen Machthabern, auf japanischer Seite zu einer nicht unbegründeten Furcht vor Okkupationen und zur Sorge um territoriale Einheit und nationale Identität. So kam es am Ende des 16. Jahrhunderts zu schwerer Bedrängnis der von Jesuiten geschaffenen blühenden japanischen Kirche, zu immer heftiger werdenden Verfolgungen und zu massenhaften Martyrien (KTGQ 6, Nr. 23). Das zwang schließlich die wenigen restlichen Christen, als sich Japan 1635 allen Fremden verschloß, für zwei Jahrhunderte in den Untergrund.

c) China

In China hatten sich nach dem Ende der Mongolenherrschaft weder die Nestorianermission des frühen Mittelalters noch die Franziskanermission des Hochmittelalters halten können. Unter der Ming-Dynastie (1368–1644) schloß sich China von der Außenwelt ab, deren Vertreter ihm angesichts der eigenen alten Kultur und ihres Gebarens nur als Barbaren erscheinen konnten. Gleichwohl hören wir später von Resten nicht nur des Judentums, sondern auch des Christentums in China (KTGQ 6, Nr. 3).
Von Malakka aus hatten die Portugiesen auch die chinesische Küste angesteuert, waren nach Kanton gekommen und hatten 1517–1521 eine Gesandtschaft zum Kaiser in Peking durchgeführt, die ihnen schließlich 1522 eine Handelsniederlassung in Ningbo einbrachte. Schon damals planten spanische Franziskaner und Dominikaner in Mexiko eine Chinamission, erhielten aber keine Erlaubnis dazu. Auch der Jesuit Franz Xaver hielt eine Mission in China, die auf guter Kenntnis von Sprache und Kultur bei den oberen Gesellschaftsschichten ansetzen sollte, im Blick auf ganz Ostasien für vordringlich. Sein Versuch endete aber auf der Insel Shangzhuan, auf der er 1552 starb (KTGQ 6, Nr. 13). Erst als die Portugiesen 1557 *Macao* pachteten und von dort aus ihren Handel mit China treiben konnten, gründeten die Jesuiten ebenfalls eine Niederlassung. Doch machten die ersten Unternehmungen deutlich, wie schwer es war, in China Fuß zu fassen. Auch die Versuche von den Philippinen kommender Augustiner und Franziskaner endeten ohne jeden Erfolg, wurden auch von den Portugiesen als unerwünschte spanische Einmischung gewertet.
Erst der italienische Jesuit Michele Ruggieri (1543–1607), der dann sehr bald von Matteo Ricci (1552–1610) unterstützt wurde, erreichte dank seiner Sprachbeherrschung und seiner Kenntnis chinesischer Kultur die Möglichkeit, sich in Kanton niederzulassen (KTGQ 6, Nr. 24). Beide erkannten sehr bald, daß sie in China nicht als buddhistische Bonzen, sondern vor allem als Gelehrte akzeptiert werden würden, und als solche konnten sie sich mit Uhren, mit nautischen und astronomischen Instrumenten gut einführen. Nur ganz allmählich vermochte Ricci seine Niederlassungen von Süden nach Norden vorzuschieben, bis der Kaiser sogar den Aufenthalt in Peking duldete. Dabei arbeitete Ricci vor allem mit naturwissenschaftlichen, philoso-

phischen und auch religiösen Schriften, die ihm Freundschaft und Hilfe chinesischer Gelehrter einbrachten, so daß man schließlich selbst *Korea* erreichte. Die Jesuiten verstanden zwar Buddhismus und Taoismus als Götzendienst, hielten aber den Konfuzianismus für eine Form des allen Menschen ins Herz geschriebenen göttlichen Gesetzes. Aus diesem Grund duldete man auch die Verehrung des Konfuzius und den Ahnenkult und stellte die den Chinesen schwer faßbaren Punkte wie den Kreuzestod Christi oder die Monogamie zurück. So gelang es, zu durchaus beachtlichen Erfolgen zu kommen.

Zu Beginn des 17. Jahrhunderts wurde die Mission erheblich erschwert. Das lag einerseits an den Einfällen der Mandschu, die für China eine wirkliche Bedrohung bedeuteten, es lag aber auch an der inneren Schwächung durch die Auseinandersetzung mit den aus Japan vertriebenen Jesuiten, die aufgrund ihrer dortigen Erfahrungen, die Verwendung chinesischer termini bei der Verkündigung und Teile der Akkomodationsmethode Riccis, die seine Ordensbrüder in Macao nach langen Diskussionen schließlich gebilligt hatten, ablehnten. Einige Jesuiten gaben die vorsichtige Methode Riccis auf und predigten offen das Evangelium. Das führte 1621/22 zu den ersten Verfolgungen.

Erst die dringende Notwendigkeit einer chinesischen Kalenderreform brachte die Wende, da man sie aufgrund des Vorschlags eines Konvertiten den Jesuiten anvertraute. Unter den Jesuiten, die damals nach China aufbrachen, waren herausragende Naturwissenschaftler. Vor allem Johann Adam Schall von Bell (1592–1638) konnte mit einer korrekt vorausberechneten Sonnenfinsternis die chinesischen und muslimischen Astronomen am Kaiserhof verdrängen. Da man kurz zuvor eine Stele mit Aufzeichnungen aus der Geschichte der nestorianischen Kirche entdeckt hatte, verlor das Christentum in China auch das odium der ‚neuen Religion‘. Es kam zu einer neuen Blüte der Mission, die aber verebbte, als nach 1630 die Jesuiten das Missionsmonopol verloren und auch spanische Mendikanten ins Land kamen.

Das ostasiatische Kolonialreich der Portugiesen war freilich insgesamt nur von kurzer Dauer. Denn schon seit dem Ende des 16. und dann verstärkt in der ersten Hälfte des 17. Jahrhunderts tauchten die Nordwesteuropäer in Ostasien auf, gelegentlich die Engländer, aber sehr viel massiver, und dann die portugiesischen Besitzungen erobernd und das Handelsmonopol der Portugiesen zerstörend, die Niederländer. Sie bemächtigten sich über die Vereinigte Ostindische Companie zunächst der portugiesischen Besitzungen auf den Molukken und eroberten in der zweiten Hälfte des 17. Jahrhunderts von ihren Stützpunkten in Indien aus auch den indisch-portugiesischen Besitz.

5. Die Mission in Amerika

a) Spanisch-Amerika

Daß die Wikinger auf ihren Fahrten auch Nordamerika erreicht hatten, war längst in Vergessenheit geraten. Erst Columbus entdeckte in spanischen Diensten aufgrund einer Überschätzung der Größe des asiatischen Kontinents und einer Unterschätzung der Entfernung über See auf seinen verschiedenen Fahrten seit 1492 die wegen seines Irrtums westindisch genannten Inseln und die Küste Mittel- und Südamerikas, deren Bewohner man daher Indios (Inder; Indianer) nannte. Aber erst die Fahrten Amerigo Vespuccis (1451–1512), nachdem man dann seit 1507 den Kontinent Amerika nannte, entlang der südamerikanischen Küste nach Süden, die Überquerung der Landenge von Panama und die Fahrt von Ferdinand Magellan durch die nach ihm benannte Straße zwischen Südamerika und Feuerland 1520 zeigten, daß man tatsächlich einen völlig neuen Kontinent entdeckt hatte, dessen auch im Norden bestehende Trennung von Asien um 1560 feststand.

Bruchlos ließ sich an die mit der Eroberung Granadas in Spanien beendete ‚reconquista‘ (die Rückeroberung Spaniens von den Moslems) die ‚conquista‘ (die Eroberung) anschließen, die 1519 bis 1536 mit Treulosigkeit, Betrug, Mord und Plünderung einhergehende Eroberung Mexikos durch Hernán Cortés (1485–1547), der dann nach Süden die Inbesitznahme von Nicaragua und Panama, im Norden die der südlichen Staaten der heutigen USA folgte. Von Mittelamerika aus unterwarf Francisco Pizarro (1478–1541) zwischen 1523 und 1537 auch Peru mit dem Reich der Inka. Von dort aus stießen die Spanier nach Süden ins heutige Chile, nach Südosten an den Rio de la Plata und nach Buenos Aires, aber ebenso nach Osten dem Amazonas bis zur Mündung folgend vor. Das führte zu dauerhaften spanischen Herrschaften in Mittel- und Südamerika, die nicht als Kolonien, sondern als Teilreiche der Krone galten. Die ‚Conquistadoren‘, getrieben von Goldgier und den mit Eroberung und Reichtum verbundenen sozialen Aufstiegsmöglichkeiten, hatten zwar der spanischen Krone für die Stellung des Statthalters vertragliche Zusicherungen gemacht, doch wurden die nicht eingehalten. Von Anfang galt von den königliche Befehlen: „Sie werden geachtet, aber nicht beachtet.“ Um die Jahrhundertmitte gab es zwei Vizekönigreiche: Neuspanien für Mittelamerika und Peru für Südamerika mit Ausnahme Venezuelas und Panamas. Unter den Vizekönigen standen die audiencias (die hohen Gerichtshöfe mit ihren Jurisdiktionsgebieten), die gobernaciones (die Statthalterschaften) und die corregimientos (die munizipal-richterlichen Bereiche), die von den corregidores (den Richtern) der Spanier und Indios verwaltet wurden. In Spanien bediente sich der König des ‚Indienrates‘ zur Verwaltung der Kolonien. Die Spanier gründeten vielfach neue Städte nach spanischem Vorbild. Im Zusammenspiel der spanischen Obrigkeit und den Orden zwang man die Indios in ‚reducciones‘ (neu angelegte Dörfer, in denen man die verstreut lebenden Indios zusammenführte), die – durchaus ambivalent – einerseits eine ausbeutende Herrschaft ermöglichten, aber auch dem Schutz vor Willkür dienen konnten. Gleichwohl war das Ganze mit einer gigantischen Enteignung der Indios verbunden.

Das Recht zur ‚conquista‘ und der daraus sich ergebenden Behandlung der Indios wurde angesichts der massenhaften Versklavung, der rigorosen Ausbeutung und der enormen Sterblichkeit Gegenstand heftiger Diskussionen. Vor allem in den Bettelorden, bei Franziskanern und Dominikanern, gab es Kritik an dem Vorgehen der Spanier, die ihren ersten Höhepunkt bei Bartolomé de Las Casas (1484–1566) fand. Weder Papst noch Kaiser gestand er die Oberherrschaft über die neuerschlossenen

Gebiete zu. Einen Rechtstitel könne allein die Ausbreitung des Glaubens liefern, der friedlich verkündigt und freiwillig angenommen werden müsse. Das führte ihn bis zur Behauptung der Möglichkeit ‚gerechter Kriege' der Indios gegen die Spanier und zu Wiedergutmachungsforderungen gegen letztere. Selbst die Menschenopfer mancher altamerikanischen Religionen verstand er als Hinweis auf deren hohen Respekt vor dem Göttlichen. Anders argumentierte Francisco de Vitoria (1483–1546) in seinen grundlegenden Überlegungen zum Völkerrecht. Herrschaft kommt für ihn a Deo per populum, so daß auch die heidnischen Herrscher Legitimität besitzen. Ebenso ergeben sich für ihn aus der communitas orbis die gleichen naturrechtlichen Rechte und Pflichten für Christen und Heiden. Doch erkannte er eine indirekte Gewalt des Papstes über die Herrscher ebenso an wie das Recht auf Verbreitung der Wahrheit, die für ihn selbstverständlich mit der katholischen Lehre identisch war. So ergaben sich letzten Endes auch für ihn durchaus gültige Rechtstitel für die spanische Eroberung. Anders urteilte der Jesuit José Acosta (1540–1600). Er unterschied die Menschen nach dem Grad ihrer Zivilisation und Kultur – eine verfeinerte Theorie gegenüber der Überlegung, daß es sich bei den Indios lediglich um homunculi handele – und gestand den weniger Zivilisierten gegenüber ein Recht auf ‚Erziehung' mit allen gängigen Mitteln zu.

Daniel Deckers, Die Kontroverse um die Rechtmäßigkeit der Eroberung Amerikas, in: ZHF 21, 1994, S. 345–373; Hans-Jürgen Prien, Hérnan Cortés' Rechtfertigung seiner Eroberung Mexikos und der spanischen Conquista Amerikas, in: ZHF 22, 1995, S. 71–93.

Tatsächlich gab es eine jeweils unterschiedliche Stellung zur Behandlung der Indios, die in Peru unter der ‚mita', der Zwangsarbeit in den Silber- und Quecksilberbergwerken, in Mittelamerika unter der landwirtschaftlichen Zwangsarbeit in den ‚encomiendas', jenen Dörfern, die mit ihren Bewohnern einem Spanier zu Schutz und Fürsorge auf Zeit anvertraut wurden, faktisch aber zur Sklaverei führten, entsetzlich litten. Mit zwei Bullen, ‚Veritas ipsa' und ‚Sublimis deus' vom 2. und 9.6.1537, nahm Papst Paul III. gegen die Versklavung der Indios Stellung. Und tatsächlich wurde sie auf Betreiben von Las Casas in den berühmten ‚Neuen Gesetzen' des Jahres 1542 verboten, selbst wenn deren Durchsetzung kaum gelang – in Peru führten sie sogar zu einem Aufstand der Spanier – und sich auch an der Zwangsarbeit nichts änderte. Dennoch war der dramatische Schwund der einheimischen Bevölkerung, wie sich vor allem an den Stämmen zeigen läßt, die der spanischen Herrschaft nicht unterlagen, keineswegs nur und in erster Linie die Folge des Arbeitszwanges und der direkten Gewalt, sondern vor allem eine Folge der Zerstörung der hergebrachten sozialen und politischen Kontexte sowie der von den Europäern eingeschleppten Seuchen, gegen die keine Immunabwehr bestand.

Die Kritik an der Behandlung der Indios – die gleichzeitig ständig in die Gebiete importierten Sklaven aus Schwarzafrika, die um 1600 schon 10% der Bevölkerung ausmachten, blieben völlig unbeachtet – war in Spanien solange willkommen, wie sie der Ausdehnung und Durchsetzung königlicher Macht gegenüber den Spaniern und Kreolen in der neuen Welt dienlich war. Das änderte sich, als die Protestanten in der zweiten Hälfte des Jahrhunderts diese Kritik ausgiebig propagandistisch gegen

Spanien ausschlachteten. Denn die intensiven Diskussionen über und die harten Anklagen gegen die Spanische Herrschaft in Mittelamerika stärkten vor allem im protestantischen Europa eine negative Sicht Spaniens, die die Spanier apologetisch als ‚leyendra negra', als schwarze Legende, bezeichneten und die von der neueren amerikanischen Forschung tatsächlich revidiert wurde, die dabei freilich gelegentlich auch über das Ziel der Korrektur hinausschoß.

Für die Mission öffnete sich ein riesiges Feld. Nicht selten verstand man auf katholischer Seite die hier liegenden Möglichkeiten als einen Ersatz für die zum Protestantismus abgefallenen Teile Europas. In der riesigen Zahl von Menschen, die in der Bibel nicht erwähnt waren, sah man entweder Nachkommen des von Noah verfluchten Ham oder aber der 10 verlorenen Stämme Israels, die vom Judentum zum Heidentum abgefallen seien. Und die Ähnlichkeiten in den Riten der einheimischen Religionen mit christlichen erklärte man entweder mit einer früheren Mission des Apostels Thomas in ‚Indien' oder aber – für die Eingeborenen gefährlicher – als eine dämonische Nachäffung christlicher Zeremonien.

Die anfangs vollzogenen Massentaufen, wichen sehr bald wirklicher Mission. Die Missionare, die zunächst hauptsächlich aus den beiden großen Bettelorden kamen, wurden später vielfach durch die Jesuiten ersetzt, während die Pfarreien die Weltpriester übernahmen. Dabei war man aus Furcht vor unerwünschten Folgen bemüht, eine Hispanisierung der Indios verhindern. Man bemühte sich deswegen um die Sprachen der Indios, schuf Schrift, Wörterbücher und Grammatiken befaßte sich aber auch intensiv mit der präkolumbianischen Kultur und Religion – das alles freilich nur, um besser missionieren und das Alte zerstören zu können, was üblicherweise systematisch geschah. Daß die Kultstätten gern von Kirchen und Kapellen besetzt wurden, förderte einen Synkretismus, der sich ohnehin entwickelte und für den auch ‚unsere liebe Frau von Guadalupe' ein Beispiel ist. In Peru ging man gegen Ende des 16. und Anfang des 17. Jahrhunderts massiv gegen die weiterhin lebendigen Kulte vor. Schon 1577 kam es deswegen zum Verbot religionskundlicher Schriften, von denen man eine Gefahr für die Christen befürchtete. Allerdings setzte man die auch hier tätige Inquisition bei diesem Vorgehen nicht ein. Insgesamt verbreitete man mit dem Christentum stets auch abendländische Sitte und Kultur (besonders in Fragen der Ehe und des Eherechts), so daß sich abgesehen von der Musik auch keine einheimisch-christlich-kirchliche Kunst entwickelte, sondern es bei synkretisierenden Imitationen europäischer Vorlagen blieb. Die Kirche und ihre Mission diente faktisch immer auch der Disziplinierung der neuen Untertanen und war darüber hinaus an den Grenzen spanischer Herrschaft sichernd und sie erweiternd tätig.

Schon früh, manchmal noch vor der ‚Befriedung', wurden Bistümer und dann Erzbistümer gegründet. Allerdings wachten die spanischen Könige eifersüchtig über ihrem ‚Gesamtpatronat', ließen keine Nuntiatur zu und erlaubten den Bischöfen keinen direkten Kontakt zur Kurie. Auch der Besuch des Konzils von Trient wurde nicht gestattet. Am liebsten hätte man für Neuspanien sogar unabhängige Ordensobere und einen eigenen Patriarchen gehabt. Doch wurden – wie in Spanien – durchaus fähige Bischöfe eingesetzt. Mit der Gründung von Universitäten – 1538 Santo Domingo, 1551 Mexiko und Lima – und Priesterseminaren kümmerte man sich um die Ausbildung der Geistlichen. Doch entwickelte sich trotz erster Anfänge kein einheimischer Klerus, da später Mestizen, Indios und Schwarze von bestimmten Ämtern überhaupt ausgeschlossen und die gesellschaftlichen Schranken zwischen Spaniern, Kreolen und den erwähnten Gruppen hochgesetzt wurden.

b) Portugiesisch-Amerika

Weil man den günstigsten Weg ums Kap der Guten Hoffnung und nach Indien nur mit einem weiten Bogen durch den Südatlantik nach Westen erreichen konnte, entdeckte der Portugiese Pedro Álvarez Cabral (1467/68–1520) die brasilianische Küste, die die Portugiesen in Besitz nahmen. Doch wurden ihre Gebiete nicht in gleicher Weise besiedelt und kolonialisiert wie die der Spanier, selbst wenn sie nicht duldeten, daß sich die Franzosen an der Nordküste Brasiliens und um Rio de Janeiro festsetzten, sondern sie vertrieben. Den von diesen unternommenen Versuch zur Mission der Topinambouindianer unterstützte Calvin durch die Entsendung einiger Genfer, die aber in Auseinandersetzungen mit katholischen Franzosen gerieten. Die Kontrolle von Verwaltung und Kirche war bei den Portugiesen deutlich schwächer. Daher konnten die portugiesischen Siedler die Indios – die Tupis im Norden und die Guaranis im Süden Brasiliens – rücksichtslos versklaven und wirtschaftlich und sexuell ausbeuten, Mischlinge zwischen Weißen und Indios wurden hier charakteristischerweise als ‚Mamlüken‘ bezeichnet. Und auch die Durchsetzung einer Beschränkung der Sklaverei auf die im ‚gerechten Krieg‘ Unterworfenen nützte nicht viel, da die Tupis Anthropophagen waren und daher ohnehin versklavt werden durften. Viele von ihnen flohen in den sertao, das Landesinnere, in das aber auch die Siedler immer wieder Vorstöße unternahmen.

Die Jesuiten versuchten die Indios in aldeiamentos (kleinen Dörfern) und reducciones (vgl. o. S. 332) seßhaft zu machen und vor den Siedlern zu schützen. Doch Epidemien und Hungersnöte, aber auch ständige Übergriffe der portugiesischen Siedler führten zur Dezimierung. Schließlich wichen die Jesuiten mit etwa 12000 Indios nach Süden aus und ließen sich im spanischen Herrschaftsbereich zwischen den Flüssen Parana und Uruguay nieder. Hier entstand im 17. Jahrhundert das, was man, in seiner Bedeutung oft überschätzt und irreführend den ‚Jesuitenstaat‘ genannt hat.

Ein einheimischer Klerus konnte auch im portugiesischen Brasilien nicht entstehen, zumal es keine Universitäten und keine Priesterseminare gab. Doch gründete man seit dem Ende des 16. Jahrhunderts Bruderschaften für schwarze Sklaven und Indios, die deren Identität schützten, freilich auch synkretistischen Kulten Vorschub leisten konnten. Jedenfalls blieben die Erfolge der christlichen Mission unter den Ureinwohnern sehr bescheiden.

c) Nordamerika

Auch die nordamerikanische Atlantikküste wurde bald nach der Entdeckung Mittelamerikas bekannt, weil man nun einen nördlichen Seeweg nach Ostindien suchte. In

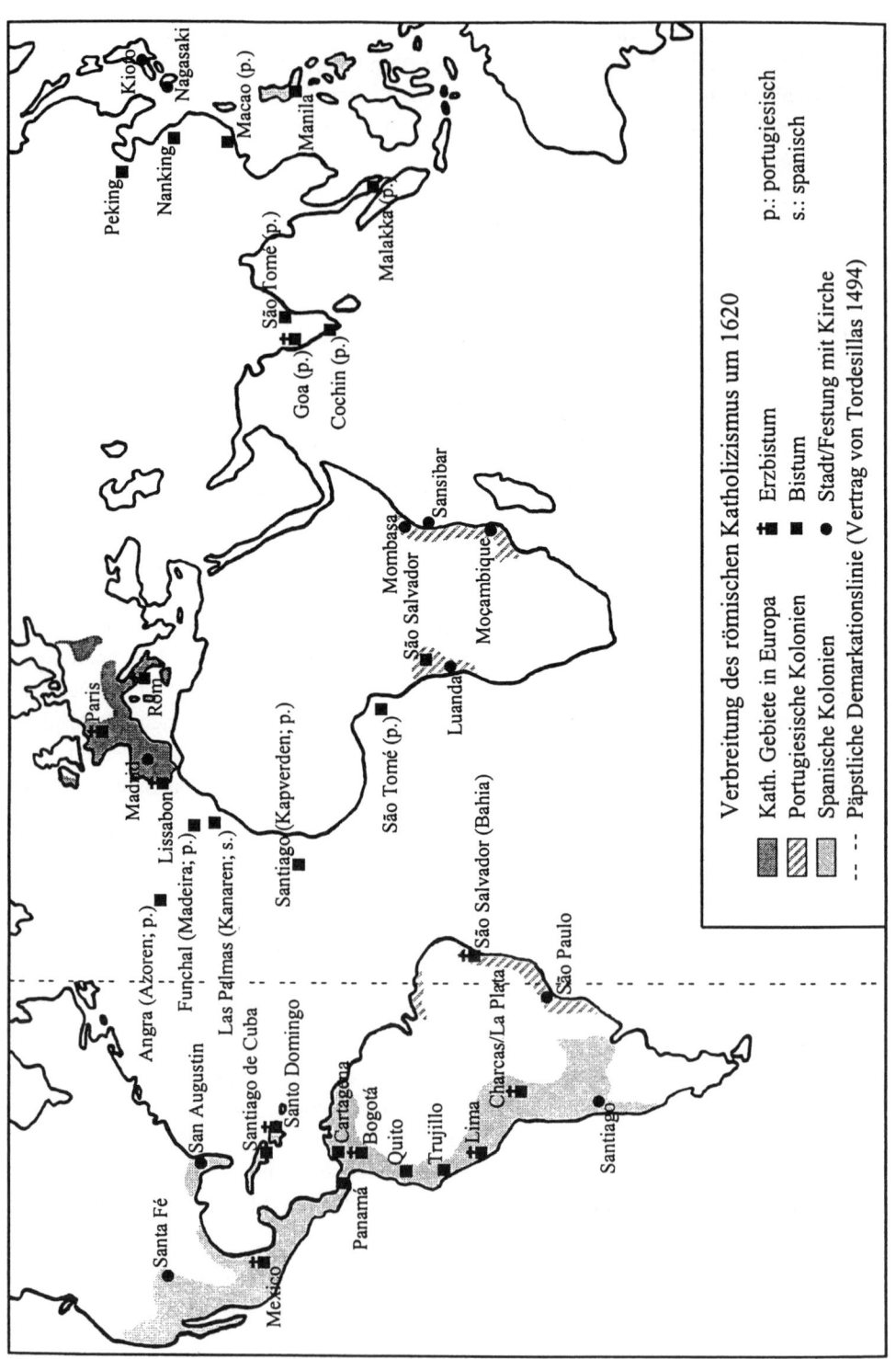

Verbreitung des römischen Katholizismus um 1620

p.: portugiesisch
s.: spanisch

† Erzbistum
■ Bistum
● Stadt/Festung mit Kirche

Kath. Gebiete in Europa
Portugiesische Kolonien
Spanische Kolonien
--- Päpstliche Demarkationslinie (Vertrag von Tordesillas 1494)

Kioto
Nagasaki
Macao (p.)
Manila
Peking
Nanking
Malakka (p.)
São Tomé (p.)
Goa (p.)
Cochin (p.)
Sansibar
Mombasa
São Salvador
Moçambique
Paris
Rom
Madrid
Lissabon
Funchal (Madeira; p.)
Las Palmas (Kanaren; s.)
Santiago (Kapverden; p.)
São Tomé (p.)
Luanda
São Salvador (Bahia)
Angra (Azoren; p.)
São Paulo
Santa Fé
San Augustin
Santiago de Cuba
Santo Domingo
Cartagena
Bogotá
Quito
Trujillo
Lima
Charcas/La Plata
Panamá
Santiago
México

englischem Auftrag kam der Venezianer Giovanni Caboto (ca.1455–ca.1499) 1497 nach Neufundland, In Konkurrenz zu den Spaniern unternahmen die Portugiesen Fahrten bis nach Grönland (1499), und Franz I. von Frankreich beauftragte Giovanni da Verrazano (1485–1528) und Jacques Cartier (1491–1557) die Nordwestdurchfahrt zu suchen, die aber ebenso wenig wie das stets gesuchte Gold gefunden wurde, so daß das Interesse an Niederlassungen und Handelsstützpunkten gering blieb. Auf Dauer ließen sich hier erst im 17. Jahrhundert Engländer, Franzosen und Niederländer nieder. Auf französischer Seite war die Krone an kolonialen Eroberungen zunächst nicht interessiert; es handelte sich um Unternehmungen von Geschäftsleuten, nicht selten auch Hugenotten. So konnte Gaspard Coligny (vgl. o. S. 310f) sogar auf den Gedanken einer hugenottischen Zuflucht in Florida kommen. Doch duldeten die Spanier dort weder das französische noch das protestantische Ausgreifen. Die Mission übernahmen mit etwa 20 Reduktionen die spanischen Franziskaner. Erst unter Richelieu interessierte sich die französische Krone für die Mission in überseeischen Gebieten, in Neufrankreich entlang dem St.-Lorenzstrom, schloß aber sofort die Hugenotten definitiv davon aus.

6. Mission und Konfession

a) Mission und Luthertum

Die Ausbreitung des Christentums in Übersee vollzog sich bis zum Ende des 16. Jahrhunderts fast ausschließlich als Mission der katholischen Kirche.

Das hatte seinen Grund keineswegs darin, daß den anderen Konfessionen die missionarische Dimension des Glaubens unbekannt oder gleichgültig gewesen wäre. Tatsächlich aber vollzog sich Mission in erster Linie und fast ausschließlich in Zusammenhang mit dem Handel und mit der Inbesitznahme überseeischer Länder. Beides aber lag fast ausschließlich in den Händen der Portugiesen und Spanier, so daß sich von daher die Mission der katholischen Kirche ergab, die freilich mit der allmählichen Durchsetzung des Tridentinums bereits antiprotestantisch geprägt war und dementsprechend die Auseinandersetzung mit der Reformation und das Problem des konfessionalisierten Christentums weltweit aktuell werden ließ. Doch brachte erst das 17. Jahrhundert eine Intensivierung protestantischer Mission und den Einsatz protestantischer Mächte.

Es gab aber neben der Verbindung von Handel und Kolonisierung noch weitere wichtige Gründe, die einer protestantischen Mission zunächst im Weg standen:
– Luther konnte, weil er davon ausging, daß sich öffentliche Predigt immer nur durch ordentliche von der christlichen Gemeinde mit Zustimmung der jeweiligen Obrigkeit berufene Prediger vollziehen dürfe, die Vorstellung einer Mission durch ausgesandte Geistliche in anderen Ländern nicht entwickeln. Die lutherische Orthodoxie hat dann später den Grundsatz der ausschließlich durch Berufene zu vollziehenden Predigt so scharf herausgestellt, daß sie von daher an eine in die offene Welt ‚sendende' Kirche nicht denken konnte. Luther hatte allerdings daneben nachdrücklich betont, daß in

heidnischen wie in muslimischen Gebieten der einzelne – auf welche Weise immer dorthin gekommene – Christ die Aufgabe habe, seinen Glauben zu leben und zu verkündigen. Die missionarische Kompetenz lag für ihn im Blick auf eine ‚äußere Mission' – um einen anachronistischen Terminus zu gebrauchen – daher nicht in erster Linie bei den Amtsträgern der Kirche oder der Kirche selbst sondern bei deren Gliedern. Und ähnlich wie bei Luther war auch bei Calvin das Evangelium immer als eine missionarische Größe verstanden worden.

– Zum andern wurde die Legende noch ernst genommen, daß die von Jesus ausgesandten Zwölf Apostel die Erde unter sich verteilt und ein jeder sein eigenes Missionsgebiet erreicht und beackert habe. Nur der Sünde der Christen sei es zu zuzuschreiben, daß sich das Christentum dann faktisch auf Europa beschränkte. Luther hatte das sicher bei Gabriel Biel gelesen, hat aber gleichwohl diese Theorie nicht weitergeführt. Seine Äußerungen zu den neuentdeckten Inseln im Westen lassen erkennen, daß er der Auffassung war, die dort lebenden Menschen hätte noch nie etwas von Christus gehört. Allerdings hatte er auch den Begriff der Ökumenizität der Kirche längst vor der Ausbildung der Landeskirchen und der territorialen Ausprägung der protestantischen Kirchen von dem Gedanken des Raumes gelöst. Ökumenisch war ihm die Kirche darin, daß die frohe Botschaft des Evangeliums eben wirklich allen Menschen galt. Gleichwohl ist die lutherische Orthodoxie später – auch aufgrund genauer Kenntnis und Analyse der Berichte katholischer Missionare (Philipp Nicolai) – zunächst zu jener Auffassung zurückgekehrt.

Aus diesen Gründen blieb es bei ganz wenigen missionarischen Unternehmungen der Protestanten im 16. Jahrhundert:

– Im Blick auf den Islam und seine den Europäern am nächsten lebenden Vertreter in den Türken So bemühte sich in der zweiten Hälfte des 16. Jahrhunderts ein Kreis um den Freiherrn Hans Ungnad von Sonneck (1493–1564) nicht nur um die Ausbreitung der Reformation in den Balkanländern, sondern auch unter den dortigen Muslimen, was schließlich auch von Herzog Ludwig von Württemberg mit Entsendung des Magisters Valentin Cleß nach Nordafrika aufgegriffen wurde. Noch näher an Luthers Vorstellungen führte die eher ‚private' Mission, die der reformierte Haushofmeister des kaiserlichen Gesandten in Konstantinopel Václav Budovec in Konstantinopel versuchte.

– Wo evangelische Obrigkeiten direkt mit Resten europäischen Heidentums zu tun hatten, kam es ebenfalls zu missionarischen Anstrengungen. So unterstützte der schwedische König Gustav Vasa (vgl. o. S. 219, 316) die Missionierung heidnischen Lappen durch schwedische Pfarrer, denen dann Karl IX. auch Kirchen errichten ließ.

– Hingegen war bei der von den Hugenotten versuchten Mission in Brasilien vor allem an ein Ausweichen der in ihrer Heimat Verfolgten in die Neue Welt gedacht – also das, was später englische und andere Glaubensverfolgte in Nordamerika suchten. So etwas konnte eigentlich immer nur beiläufig auch zur Mission führen.

Reinhard Schwarz, Die Entdeckung Amerikas – eine Frage an die Kirche, in: Luther 63, 1992, S. 60–66. – Paul Wetter, Der Missionsgedanke bei Martin Luther, Bonn 1998 (Missiologica evangelica 11). – Willi Hess, Das Missionsdenken bei Philipp Nicolai, Hamburg 1962 (AKGH 5). –

A. G. Gordon, The First Protestant Missionary Effort: Why Did It Fail?, in: IBMR 8, 1984, S. 12–17.

b) Mission im Streit der Konfessionen

Es konnte nicht ausbleiben, daß die Frage der Mission und des allmählich weltweit werdenden Christentums in die Auseinandersetzungen der Konfessionen hineingezogen wurden. Auf katholischer Seite entstand sehr bald die Vorstellung, die Kirche gewinne in den überseeischen Besitzungen Spaniens und Portugals das an Seelen zurück, was sie in Europa an die protestantischen Ketzer verloren habe. Daneben aber wies man – da man den evangelischen Kirchenbegriff von Confessio Augustana 7 und 8, der die Einheit der Kirche in ihrer Botschaft, nicht aber in ihren Ordnungen und Verfassungen verankerte, – nicht akzeptierte – immer wieder stolz darauf hin, daß die protestantischen Territorial- und Nationalkirchen in ihrer räumlichen Beschränktheit nicht die allgemeine Kirche sein könnten und schon damit den Wahrheitscharakter einbüßten.

In Auseinandersetzung mit solchen Thesen, wie sie von Robert Bellarmin (1542–1621) vorgetragen wurden, wies die lutherische Orthodoxie daraufhin, daß die Missionsmethoden der Portugiesen und Spanier mit ihrer Verbindung von Mission und gewaltsamer Unterdrückung, aber auch mit ihren unterschiedlichen Akkomodationsmethoden ein höchst fragwürdiges Christentum hervorbringe – eine Kritik, die sich bereits bei Martin Bucer findet, der damit auf die entsprechenden Diskussionen in Spanien Bezug nahm (vgl. o. S. 332f).

Klaus Koschorke, Konfessionelle Spaltung und weltweite Ausbreitung des Christentums im Zeitalter der Reformation, in: ZThK 91, 1994, S. 60–66. – J. A. Scherer, Lutheran Mission in Historical Perspective, in: Ders., Gospel, Church and Kingdom, Minneapolis 1987, S. 51–92. – Walter Holsten, Christentum und nichtchristliche Religion nach der Auffassung Martin Bucers, in: Ders., Das Evangelium und die Völker, Berlin 1939, S. 9–72.

Tatsächlich aber wurde durch die dann im 17. Jahrhundert auch auf protestantischer Seite intensiv einsetzende Mission das konfessionalisierte Christentum Westeuropas in die von den Europäern erreichten und missionierten Gebiete exportiert und damit auch für die christliche Mission prägend. Als das im Verlauf des 19. Jahrhunderts in immer größerer Intensität geschah, ergab sich eben daraus aber auch einer der wichtigen ökumenischen Anstöße des 20. Jahrhunderts.

Personenregister

Acontius, Jacob 287
Acosta, José 333
Agricola, Johann 115, 198, 240, 241
Agricola, Mikael 219
Ailly, Pierre d' 32
Akindynos, Gregor 84
Akkari, Mussa al 323
Albada, Aggaeus v. 156, 277
Alber, Erasmus 144
Albertus Magnus 46
Albornoz, Aegidius 25
Albrecht Alcibiades, Mgrf. v. Brandenburg 197, 200, 201, 223, 224
Albrecht I. (Hohenzollern), Hrz. v. Brandenburg-Preußen 129
Albrecht II. ‚der Große', Hrz. v. Mecklenburg-Schwerin 104
Albrecht, Erzbf. v. Mainz 102, 103, 129
Albrecht, Grf. v. Mansfeld 189
Albrecht, Hrz. v. Brandenburg-Preußen 200, 239
Albret, Jean d' 310
Aleander, Hieronymus 106
Alexander V. 33
Alexander VI. 38, 78, 87
Alexander VII. 275
Alexander, Hrz. v. Parma 313
Alfeld, Augustin 104
Alfons I. v. Aragon 41
Alighieri, Dante 29, 51, 73
Altdorfer, Albrecht 67
Amsdorf, Nikolaus v. 238, 240, 241, 242
Andreae, Jakob 244, 252, 253, 322
Andreae, Johann Valentin 246
Anna v. Cleve 222
Anselm v. Canterbury 212
Antonius ‚der Eparche' 321
Apuleius, Lucius 73
Aquitanien, Augustin v. 47
Aquitanien, Prosper v. 47
Arason, Jon siehe Jon, Bf. v. Hólar
Areopagita siehe Dionysius Areopagita
Arezzo, Angelo v. 44
Aristoteles 46, 70, 73, 75, 76, 80, 96, 100, 101
Arminius, Jakob 256
Arndt, Johann 246, 248, 249
Arsenios (Patriarch) 83
Asherham, Gabriel 161
Assisi, Franz v. 28
August, Kfrst. v. Sachsen 241, 244
Augustin 55, 62, 79, 99, 150
Aurispa, Giovanni 73
Austria, Juan d' 313
Autrécourt, Nicholas v. 46
Averroes 46

Bacon, Francis 70
Baconthorpe, John 44

Baldung, Hans, gen. Grien 67
Bancroft, Richard 261
Barnim IX., Hrz. v. Pommern 192
Barrow, Henry 260
Basilikos, Jakob 321
Batenburg, Jan van 164
Báthory, Stephan siehe Stephan, Kg. v. Polen
Beatrice v. Aragon 53
Behm, Hans 52
Bell, Johann Adam Schall 331
Bellarmin, Robert 338
Bembo, Pietro 72
Benedikt XI. 23, 24
Benedikt XII. 25, 27
Benedikt XIII. 33
Bergsma, Wiebe 157
Berthold, Bf v. Chiemsee 65, 184
Bérulle, Pierre de 263
Bessarion (Kardinal) 77
Besserer, Bernhard 156
Beza, Theodor 208, 209, 250, 253–255
Biandrata, Georgio 283
Bibliander, Theodor 255
Biedermann, Benedikt 278
Biel, Gabriel 100, 338
Binsfeld, Peter siehe Peter, Bf. v. Trier
Biondo, Flavio 74
Birgitta v. Schweden 26, 58
Blaurer, Ambrosius 142, 166, 192
Boccaccio, Giovanni 73
Bocskay, Stephan 317
Bodenstein v. Karlstadt, Andreas 59, 99, 104, 107, 117, 143, 149–154, 156, 157, 159, 160, 162, 173, 175, 217
Bodin, Jean 296
Böhme, Jacob 278, 280
Boleyn, Anne 221, 222, 259
Bolsec, Jérôme 209
Bona Sforza 72
Bonifaz VIII. 23, 24, 29, 274
Bora, Katharina v. 108, 176
Boris Godunow (Zar) 320
Borrhaus, Martin ‚Cellarius' 164
Borromeo, Carlo 263, 273, 275
Böschenstein, Johann 101
Bourbon, Anton v. 310
Bouwens, Leonhard 280
Bracciolini, Poggio 73
Braght, Tilemann J. van 280
Brant, Sebastian 65
Brenz, Johannes 100, 117, 136, 144, 166, 171, 172, 182, 200, 239, 244, 252, 253, 270, 287
Brès, Guy de 208, 216
Briçonnet, Guillaume siehe Guillaume, Bf. von Meaux
Brießmann, Johannes 223
Browne, Robert 260

341

Orte, Landschaften und geographische Bezeichnungen

355

Sachregister

Abbildungsnachweis

S. 34:   Die Obedienzen des Abendländischen Schismas vor 1409. – Kartographie: V. Schniepp.

S. 35:   Die Obedienzen des Abendländischen Schismas nach 1409. – Kartographie: V. Schniepp.

S. 42/43:   Die kirchliche Einteilung Europas um 1500. – Kartographie: V. Schniepp.

S. 94/95:   Europa im 16. Jahrhundert. – Kartographie V. Schniepp.

S. 97:   Entnommen aus: Wolf-Dieter Hauschild, Lehrbuch der Kirchen- und Dogmengeschichte, Band 2: Reformation und Neuzeit. – © by Gütersloher Verlagshaus, Gütersloh, in der Verlagsgruppe Random House GmbH, München.

S. 116:   Entnommen aus: J. Hubert/K. S. Latourette/J. Martin (Hg.), Atlas zur Kirchengeschichte. – © Verlag Herder, Freiburg im Breisgau, 1970.

S. 119:   Entnommen aus: Johannes Burkhardt, Das Reformationsjahrhundert. – © Verlag Kohlhammer, Stuttgart 2002.

S. 120:   Entnommen aus: Wolf-Dieter Hauschild, Lehrbuch der Kirchen- und Dogmengeschichte, Band 2: Reformation und Neuzeit. – © by Gütersloher Verlagshaus, Gütersloh, in der Verlagsgruppe Random House GmbH, München.

S. 134/135:   Entnommen aus: Horst Buszello/Peter Blickl/Rudolf Endres (Hrsg.): Der deutsche Bauernkrieg, Schöningh, Paderborn [3]1995, S. 396/397. – © Horst Buszello.

S. 203:   Entnommen aus: Wolf-Dieter Hauschild, Lehrbuch der Kirchen- und Dogmengeschichte, Band 2: Reformation und Neuzeit. – © by Gütersloher Verlagshaus, Gütersloh, in der Verlagsgruppe Random House GmbH, München.

S. 266/267:   Entnommen aus: J. Hubert/K. S. Latourette/J. Martin (Hg.), Atlas zur Kirchengeschichte. – © Verlag Herder, Freiburg im Breisgau, 1970.

S. 308:   Leicht veränderte Wiedergabe der Karte 6: »The Spread of the >Calvinist< or >Second< Reformation in the Empire to c.1600« (S. 366/367) aus dem Band »European Reformation« von E. Cameron (1991). – By Permission of Oxford University Press.

S. 318:   Entnommen aus: Wolf-Dieter Hauschild, Lehrbuch der Kirchen- und Dogmengeschichte, Band 2: Reformation und Neuzeit. – © by Gütersloher Verlagshaus, Gütersloh, in der Verlagsgruppe Random House GmbH, München.

S. 336:   Entnommen aus: Wolf-Dieter Hauschild, Lehrbuch der Kirchen- und Dogmengeschichte, Band 2: Reformation und Neuzeit. – © by Gütersloher Verlagshaus, Gütersloh, in der Verlagsgruppe Random House GmbH, München.

RM Die Religionen der Menschheit

Francis Rapp

Christentum IV
Zwischen Mittelalter und Neuzeit (1378 – 1552)

2006. VIII, 484 Seiten
Leinen
€ 120,–
Subskriptionspreis*: € 98,–
(*für Bezieher der Reihe „Religionen der Menschheit")

ISBN 3-17-015278-5
Religionen der Menschheit, Band 31

Das durch das Große Schisma (1378-1415) erschütterte Papsttum stellte seine Autorität nur mühsam wieder her und konnte die heiß ersehnte Reform nicht voranbringen. In weiten Teilen Europas stürzte das alte kirchliche Gebäude ein; die Reformation baute ein neues auf. Der Papstkirche gelang es jedoch, diese Krise zu überstehen. Das Trienter Konzil (1545-63) brachte längerfristig Reformerfolge und Konsolidierung.

Zu Beginn der Neuzeit bestanden zwei verschiedene Formen des Christentums im Abendland, die evangelische und die katholische.

Der Autor:

Prof. em. Dr. Francis Rapp lehrte Mittelalterliche Geschichte an der Université Marc Bloch Strasbourg.

▶ **www.kohlhammer.de**

W. Kohlhammer GmbH · 70549 Stuttgart
Tel. 0711/7863 - 7280 · Fax 0711/7863 - 8430